ESG COMPLIANCE FOR HEALTHCARE GLOBALIZATION

Wanli Zhou　Clarissa Shen

全球
医疗健康企业
ESG合规

周万里　沈艳蓉　主编

汉英对照

中国法制出版社
CHINA LEGAL PUBLISHING HOUSE

编者按

《全球医疗健康企业ESG合规》编写工作自2022年1月26日官宣以来，收到了近30位来自以研发和创新为己任的全球医药和医疗器械公司的CEO、大中华区总裁，全球知名医药健康咨询公司、在华外国商会、行业协会、健康研究院等机构负责人的反馈。我们由衷感谢接受我们采访的各位高管和他们所在企业、机构给予的信任与支持。同时，我们要感谢参与编写本书各章节的作者们，正是他们的专业洞见与无私分享，使医疗健康企业的高管和商务人士、认同ESG（环境、社会和治理）和合规投资理念的全球投资机构和个人投资者、跨医药行业的合规法务专业人士、高校的师生等读者们能在ESG如火如荼发展的大背景下，拥有属于大健康行业的ESG合规视角。我们也一并感谢华东师范大学法学院的陈巧老师和冯志同学在后勤工作上付出的辛勤劳动。

特别感谢中国欧盟商会主席伍德克先生、中国企业评价协会企业合规专业委员会主任贾宝元先生和诺和诺德全球高级副总裁兼大中国区总裁周霞萍女士，从繁重工作日程中拨冗为本书作序；鼓舞大健康行业的全球从业者在ESG时代，以患者为中心，更有所作为。

初心如磐，奋楫笃行。我们期待本书的初心——“在大健康行业倡导ESG合规，以此带动合规高等教育的研究和合规人才的培养，并为合规人才继续开发与培养做好铺垫工作”，能笃行致远，未来可期！

沈艳蓉

2023年1月23日

作者简介

周万里

德国波恩大学法学博士，经济系国民经济学学士，同济大学中德学院法学硕士。世界银行项目西门子诚信倡议“大夏合规”负责人。华东师范大学法学院副教授，上海企业合规检察研究基地执行主任。律师、合规监管人。上海市人民检察院、金山区人民检察院（首批）涉案企业合规第三方监督评估机制专业人员。出版专著和译著《经营者集中和银行援助的法律经济学》《合规型监管研究》《法律方法论》《欧盟公司法》《企业合规讲义》《合规学高等教育及其课程设计》《企业合规师手册》《合规管理体系手册》等。

第一章

沈艳蓉

现进修于中国政法大学法学硕士班，同时担任上海梦晓心理辅导支持中心公益项目高级顾问；sHero ESG顾问委员会委员；中因律师事务所三医大健康行业首席ESG顾问；华东师范大学企业合规研究中心研究员。曾担任世界银行“大夏合规”项目高级顾问、RDPAC合规工作组联席主席和中国合规专业人士协会理事。2009—2021年在法国赛诺菲、美国礼来和百时美施贵宝等公司担任中国区合规高管。2016—2021年担任中国欧盟商会上海董事会董事。参与编写 *Governance, Risk and Compliance Management in China* 一书。

第二章

何江颖

博才康济（Become Consulting）的创始人兼CEO，曾任光辉国际全球高级合伙人以及亚太区生命科学行业董事总经理。美国宾夕法尼亚大学美国沃顿商学院MBA，美国康涅狄格大学农业经济与资源经济学硕士，天津南开大学经济学学士。致力于为中国地区的医疗和大健康企业提供全面的战略人力资源解决方案。在多家组织和行业协会担任董事和高级顾问。

第三章

金　旭

环球律师事务所合伙人律师。北京大学法学学士和经济学学士、武汉大学法学硕士学位。主要执业领域为合规、收购与兼并、资本市场等，涉及的行业包括医药、制造业、高科技、房地产等，曾为多家企业提供合规及常年法律顾问服务。

第四章

张　蕊

环球律师事务所上海分所资深律师。研究生毕业于华东政法大学，并在英国伦敦政治经济学院取得了LLM学位。主要从业领域包括医药健康领域的日常公司法律事务以及合规风控。

第五章

周 磊

环球律师事务所生命科学及医疗业务的牵头人，在合规及并购领域拥有超过二十年的丰富经验。担任最高人民检察院涉案企业合规第三方监督机制专业人员、贸促会全国企业合规委员会专家、化药协会合规专委会委员、ACCP副理事长、创奇健康发展研究院监事长和行业专家委员、中欧校友医疗健康协会医药专委会秘书长、中国大健康BD联盟副会长等职务，曾多次应邀参与ESG相关的行业标准制定、教材编撰和课题研究工作。

第四章、第五章

胡燕来

北京观韬中茂（上海）律师事务所合伙人，专业劳动法律师，最高人民检察院民事行政案件咨询专家，出版劳动法专著《解雇——人力资源法律实务指引》《工资实务研究》《劳动法之完善研究》三本。

第六章

陈筝妮

环球律师事务所上海分所顾问律师。华东政法大学英文学士和法学学士、香港城市大学法学硕士学位。主要执业领域为监管合规、政府调查、内部调查、网络安全及数据合规，在合规调查领域有着丰富的经验，对电子取证、跨境数据保护与安全、敏感信息审查方面有丰富的实践经验。

第七章

何　璇

环球律师事务所顾问律师。华东政法大学法学学士和法学硕士，荷兰伊拉斯姆斯大学法学硕士学位。主要执业领域为公司与并购、合规风控与政府监管，曾为众多企业提供合规风控及政府监管方面的法律服务，包括但不限于反商业贿赂、数据保护等。

第七章

孙培岳

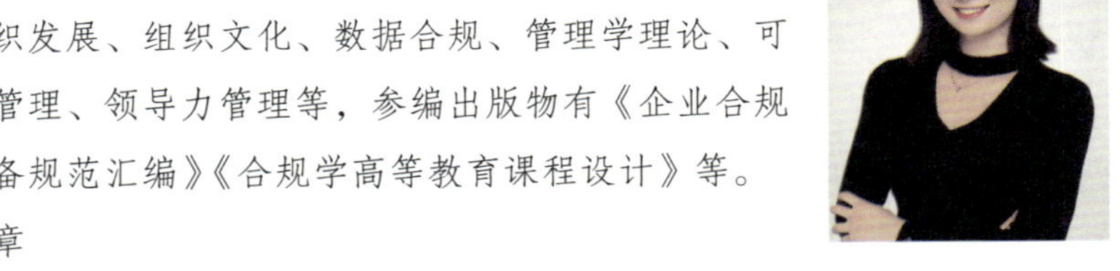

新西兰梅西大学管理科学与工程硕士专业，华东师范大学“大夏合规”项目高级研究员。主要研究领域为企业合规、组织发展、组织文化、数据合规、管理学理论、可持续发展管理、领导力管理等，参编出版物有《企业合规师执业必备规范汇编》《合规学高等教育课程设计》等。

第八章

张楚昊

上海市普陀区人民检察院第六检察部副主任，二级检察官，华东政法大学法学硕士学位。主要从事金融犯罪、知识产权犯罪刑事检察工作，专注检察理论、企业合规监管、知识产权等领域研究，参与上海市普陀区涉案企业合规第三方监督管理委员会及第三方专业人员名录库组建工作。在企业合规知识产权领域有丰富的实践经验。

第九章

毕英鸷

汇业律师事务所高级合伙人、成都分所主任。毕业于复旦大学法律硕士专业。执业领域包括融资租赁、私募股权与风险投资、证券与资本市场、公司治理。

第十章

陈　静

上海市黄浦区人民检察院第六检察部（法律政策研究室）检察官助理。华东政法大学刑法学硕士学位。主要研究领域为刑法学、刑事政策、检察理论与实务，参与多项最高人民检察院检察应用理论研究、最高人民检察院职务犯罪检察专项等企业合规相关课题。

第十一章

宋　迎

安杰世泽律师事务所合伙人，德国波恩大学法律硕士，武汉大学博士研究生，主要提供反垄断与反不正当竞争法律服务。2017—2022年，连续被钱伯斯（Chambers & Partners）评为竞争法/反垄断领域的中国推荐律师，并于2022年被LegalBand评为客户首选：合规律师十五强。

第十二章

詹 昊

安杰世泽律师事务所的管理合伙人。北京大学法学博士，特华博士后工作站经济学博士后。主要业务领域为反垄断与反不正当竞争、诉讼与仲裁。被钱伯斯（Chambers & Partners）多次评为中国反垄断/竞争法领域的“第一等律师”。担任ICC China竞争委员会副主席、ICC竞争委员会中国区大使。

第十二章

林位育

上海市徐汇区人民检察院二级检察官，华东政法大学法学硕士。主要执业领域为刑法和刑事诉讼法，在办理刑事案件、开展法律监督以及法学理论研究方面具有丰富的实践经验。

第十三章

“大夏合规丛书”序言

“大夏”源自“光大华夏”，其英文词“Great China”也被直译为“伟大的中国”。中国之伟大，不仅在于国力，更在于人心。悠悠历史，谦谦君子，中国人自古便崇尚德行，深知“不以规矩，不能成方圆”。在市场经济环境中，合规与道德越来越受到国家和社会的重视。为了传播合规文化、合规理念和合规学知识，“大夏合规丛书”（“Great China Compliance”）应运而生。

合规无处不在，以致我们感受不到它的存在。自2018年4月中兴通讯出口管制案以来，合规受到前所未有的重视。从国家标准化管理委员会2017年制定的《合规管理体系指南》和国务院国资委2018年发布的《中央企业合规管理指引（试行）》，到国家发展改革委等七部门2018年发布的《企业境外经营合规管理指引》和国务院反垄断委员会2020年发布的《经营者反垄断合规指南》，再到最高人民检察院2020年3月试点企业合规不起诉制度和2021年3月人力资源和社会保障部等三部门公布新职业“企业合规师”，我们看到合规的制度化、职业化和科学化的发展趋势。随着合规“春天”的到来，合规学在逐渐兴起。江苏、上海、深圳等地的政府和司法机关也陆续颁布了诸如江苏省《省属企业合规管理指引（试行）》（2019年），《上海市国资委监管企业合规管理指引（试行）》（2019年）、《经营者竞争合规指南》（2021年），以及深圳市《反贿赂管理体系》（2017年）等合规规范。在金融行业，合规法律制定得更早。

国际上的合规研究由来已久。目前，美国、英国、欧盟、德国、国际标准化组织、经合组织、联合国和世界银行集团等国家和组织力推合规的制度建设。例如，美国的《反海外腐败法》（1977年）对反腐败合规提出要求、英国《反贿赂法》（2010年）规定“商业组织预防贿赂失职罪”、欧盟的《通用数据保护条例》（2018年）及世界银行集团的《诚信合规指南》（2010年）等，我们都耳熟能详。

目前，我国的高等教育体系中还没有哪个学科能够完全涵盖合规领域的全貌。从目前的研究成果和实践运用来看，合规学是一门以合规为研究对象的交叉学科，它不仅涉及法学和管理学，还与经济学、心理学及伦理学有着密切的联系。因此，"大夏合规丛书"本着交叉学科的视角，试图向读者展现合规学的全貌。

合规虽无处不在，但有效的合规需要系统化和科学化的合规专业知识。"大夏合规丛书"是传播和分享合规专业知识的媒介。只有全社会认识到合规和道德在商业社会中的重要价值，并践行合规要求和道德规范，才能形成"联合行动"的氛围和效果。

祝愿读者知行合一，行稳致远。

以此为序。

周万里

2021年4月14日

序一

ESG时代全球医疗健康企业的合规责任

2021年4月，欧盟就《欧洲气候法》达成临时协议，致力在2030年前将温室气体的净排放量相较1990年水平减少55%以上。这项新法将引导欧盟制定未来10年与气候相关规定，到2050年实现净零排放的目标。在此之前的2020年联合国大会上，习近平主席宣布，中国将力争2030年实现碳达峰、2060年实现碳中和。

在欧洲，促进企业实现净排放目标有两大驱动力：一是监管，二是环境、社会和治理（ESG）要求。企业既有义务遵守法规，又要履行ESG方面的承诺，从而取得双管齐下的效果。

放眼全球，ESG理念与绿色低碳发展目标高度契合。各家医疗健康企业，无论其投资方来自哪个国家，在ESG时代下，保护运营所在地国家的生态环境、维护病患与消费者权益、对商业贿赂与腐败采取零容忍态度，以多元、平等和包容的方式推动公司治理，有利于企业保持青春与活力、实现可持续发展。

在中国欧盟商会，我们有39个工作组和论坛，其中涉及医疗健康企业的有医疗器械工作组、制药工作组、合规与商业道德工作组、环境与能源（碳市场）工作组和企业社会责任和政府事务论坛。每个年度，包括近40家国际制药公司和医疗器械公司在内的中国欧盟商会会员企业，会通过上述工作组和论坛，围绕着在华的合规运营和企业社会责任等话题，与中国政府和所有利益相关方进行广泛的探讨与交流。

作为中国欧盟商会主席，我很欣喜地看到大多

数欧洲企业正采取积极措施展开中国业务的脱碳行动，德国默克、丹麦的诺和诺德和意大利博莱科等会员企业，也积极参加本书的编写，分享他们在全球范围内ESG合规的经验及做法。

我从《全球医疗健康企业ESG合规》联合主编沈艳蓉女士处了解到，这一双语出版物是世界银行在华的全球合规项目之一（中国项目名称是“大夏合规”），获得了西门子集团的资助。感谢华东师范大学企业合规研究中心的邀请，让我有机会代表中国欧盟商会的医药健康企业为本书作序，期待中国欧盟商会将来能与本书的读者们就ESG话题进行更多的交流！

伍德克

中国欧盟商会主席

序二

合规治理时代医药企业应有作为

中国将推进“全面依法治国”纳入四个战略布局，明确到2035年基本建成“法治国家、法治政府、法治社会”的奋斗目标。在这一新的时代背景下，推进全面依法治企、法治兴企、法治强企已成为广泛共识。加快构建现代化企业合规治理体系，提升企业合规管理能力迫在眉睫。

中国政府已经开启了以推动企业合规管理建设为目标的各项法律改革并逐步健全完善。2018年，国务院国资委专门印发《中央企业合规管理指引》，要求所有央企全面建立合规治理体系，提高企业合规管理能力。同年，国家发改委、外交部、商务部、人民银行、国资委、外汇局、全国工商联七部委，联合发布《企业境外经营合规管理指引》。也就是在这年，ISO（国家标准化管理委员会）发布的《合规管理体系　指南》开始实施。因此，2018年被称为中国企业的“合规元年”。

大家公认的企业“合规”管理主要分为两种类型：一是“大合规”，这种合规管理不以特定领域和行业的法律风险防范为目标，注重要求企业全面建立合规治理体系；二是“专项合规”，也可以称为“小合规”，就是针对某些特定法律风险领域进行特殊化防范的合规管理制度，常见类型包括反腐败合规、反垄断合规、反洗钱合规、数据合规等。鉴于中国经济规模不断扩大，“一带一路”倡议得到积极响应和快速发展，更多的中国企业走出国门扩大对外投资与合作，“大合规”将不再能满足中国企业经营发展的长期需求，推动企业建立健全具有行业特色基础的“专项合规”是大势所趋。

医药卫生行业关乎国计民生，世界各国极为重视，并将其列为重点监管领域。医药企业合规管理依法经营问题并不是一个新问题，随着科学技术的迅猛发展，在中国乃至全球范围内生命科学行业、大健康保健行业、医药医疗卫生行业持续发生着深刻变化。在行业运营法治保障和市场监督管理方面，中国医药领域法律制度日臻完善，国家针对医药行业监管手段不断增多，监管力度不断增强，医药企业的依法经营合规管理，涉法风险防范管控问题成为业界人士关注的焦点。

近年来，中国相继出台多项鼓励性政策，大力支持医药产业发展，但为规范这一特殊行业的市场化、标准化、规范化、法治化、国际化、通行化运营，保障人民群众公共卫生医疗健康安全，对于医药医疗行业的监督管理措施持续增强。2019年，中国制定了一部医疗卫生领域基础性、综合性法律——《基本医疗卫生与健康促进法》，以及世界上首部单独针对疫苗的综合性法律——《疫苗管理法》，并修订了《药品管理法》以全面实施药品上市许可人制度、药品追溯制度，进一步健全完善医药医疗领域法律制度。

从实际经营管理业务的角度来看，合规管理防范法律风险之于企业，一般情况下是指影响其总体或部门生产经营目标的不确定性。在市场经济环境中，企业的生产经营行为应该遵循合规义务，而一旦违反合规义务，就会产生合规管理失管、失控、失误，从而给企业带来难以预估的风险，进而造成重大损失。

2020年修正后《刑法》关于生产、销售、提供假药、劣药的罪名以及定罪量刑标准都更加明确；深化医疗改革推进药品集中带量采购工作进入常态化；逐步推动零售药店分类分级管理；加强原料药生产企业反垄断监管等措施逐渐强化。要想应对国家监管以及市场竞争的压力和挑战，更好地抓住市场机遇服务民众，毫无疑问，加强医药企业自身合规管理建设是必由之路。

2020年7月1日，《药品生产监督管理办法》正式施行。生产监管办法的制定依据多个重要法律法规，包括《行政许可法》《中医药法》《疫苗管理法》《药品管理法》《药品管理法实施条例》等，适用于在中国境内上市药品的生产及监督管理全过程，包括生产场地在境内和境外的情形。该办法明确了取消“良好生产规范”（GMP）认证后，全面加强药品生产活动监管，并践行“四个最严”监管理念的全新监管思路。

对医药医疗行业企业而言，更应该把防范刑事犯罪风险置于合规管理工作之首要地位。一旦医药行业企业触及刑事法律风险，其付出的代价及成本是非常高昂的，甚至会给企业带来灭顶之灾。医药企业针对刑事合规风险防控，更应尽早建立企业刑事法律风险全面调查机制、企业法律事务刑事合规融合机制、企业刑事犯罪风险事先预防机制、企业刑事合规风险防范培训机制、企业重大决策刑事合规参与机制、特定企业刑事风险应对机制、企业刑事犯罪回应机制等具体措施。

医药企业在经营过程中稍有不慎，就可能触犯损害商业信誉罪、虚假广告罪、串通投标罪、合同诈骗罪、非法经营罪、提供虚假证明文件及单位行贿罪、生产销售假药罪等刑事犯罪。一旦涉及刑事案件犯罪，极有可能导致医药企业高管被追究刑事责任，企业停产停业声誉受损，甚至破产关门。

可见，医药医疗企业只有及早构建现代化的企业合规治理体系，尽快提升企业合规管理能力，强化防范企业经营法律风险，加强管控将潜在风险消灭于萌芽之中方为上策。

贾宝元

法治日报社高级编辑、《法人》杂志总编辑

中国企业评价协会企业合规专业委员会主任

序三

以患者为中心，诚信和ESG是医药行业的核心价值观

作为一名投身医药行业30余年的职业经理人，为ESG专题的论著作序，我深感肩上一份沉甸甸的责任。

我曾经是一名临床医生，立志恪守职业操守，服务公众健康。加入制药行业后，从一线工作、产品经理、领导一个市场、领导后期研发团队，到现在领导诺和诺德大中国区。我有幸参与过多个疾病领域的药品后期研发和上市，深知一款药物在多年的研发过程中承载着多少责任；生产、运输全流程中的质量保证承载着多少承诺；进入市场后医生的选择、患者的选择又承载着多少信任。几十年来，我也见证了制药行业对于患者和对于社会的责任和承诺。我为我们这份事业深感自豪。

我们的时代高速发展、日新月异。生物科技、基因工程、数字化等新的趋势为医药行业注入了全新的动能。行业的蓬勃发展让从业人员备受鼓舞，积极寻变。与此同时我也在思考，纵然变化是时代的趋势，总有一些方面始终是医药健康行业的立足之本，是从业人员和企业应该坚守的，那就是我们成就这份事业的核心的价值观，最基本但也是最可贵的品格，比如以患者为中心、诚实正直、社会责任、环境责任等。

本书探讨的ESG主题，在我看来是伴随时代的发展，医药健康领域企业的价值导向和经营方式，是一门有关诚实正直和社会及环境责任的品格塑造课，也是企业可持续发展的“立足之本”。我非常欣喜地看到ESG的主题在医药健康领域广受关注，

诺和诺德作为全球领先的生物制药企业，在公司的战略层面和运营层面都在积极倡导和践行ESG。我也希望借本书的发行，能够为行业的行稳致远尽一份力。希望我们每一位从业人员，能带着战略眼光和敬畏之心，认真思考我们对患者、对社会、对环境的责任，助力我们整个行业持续发展与创新。

周霞萍

诺和诺德全球高级副总裁兼大中国区总裁

CONTENTS | 目录

上　编　ESG法律与合规

上编 ESG法律与合规

第一章 | ESG法律与合规

ESG是可持续发展的新形态，在全球成为国际组织、主要国家以及跨国公司等关注的焦点。中国在2020年提出构建碳达峰碳中和的重大发展战略，并在2021年陆续发布相关政策，ESG成为实现“双碳”目标的重要抓手。ESG与数字化转型一道，共同构成当代社会发展的主旋律，成为各国法律政策和组织关注的重点领域。医疗卫生与健康事业关乎公民健康，涉及公民享有的社会保障权及健康权，为人类社会的存在和持续发展提供基本保障。提供医疗卫生与健康服务的企业，在国家的产业布局中承担特殊使命，在企业营利与社会福祉中寻找平衡。ESG对医疗健康企业而言，不是简单意义上的负担，更多的是意味着机遇、负责经营及可持续发展。[①]企业的ESG表现与财务绩效存在较强的正相关。[②]

本章目的是阐述ESG的基本含义，探索ESG法律体系，提出医疗健康企业开展ESG合规的基本框架。本书所称的医疗健康企业是广义的，包括制药企业、医疗器械企业、化妆品企业及医美企业等。

一、ESG

（一）概念

ESG是指关注企业环境、社会、治理绩效的投资理念和企业评价标准，

---

① Michael Düringer, Corporate Responsibility, S. 25.

② Clark, Gordon L. and Feiner, Andreas and Viehs, Michael, From the Stockholder to the Stakeholder: How Sustainability Can Drive Financial Outperformance (March 5, 2015). Available at SSRN: https://ssrn.com/abstract=2508281 (2022-12-28); DWS, ESG & Corporate Financial Performance: Mapping the global landscape, 2015.

是影响投资者决策以及衡量企业可持续发展能力的关键因素。[①]ESG是三个英文词“Environmental，Social，Governance”的简写，中文意思是“环境、社会、治理”。

1. 环境

环境是企业运行活动的外部存在，包括空气、水、土地、自然资源、植物、动物、人以及它们之间的相互关系。环境话题关注的不仅有资源利用、污染物排放等企业经营管理及投资行为对环境产生的影响，[②]还有生物多样性等主题。

2. 社会

社会是企业通过透明和遵守道德规范的行为，为其决策和活动对社会的影响而担当的责任。[③]社会关注的是企业与其各方利益相关者之间的协调和平衡，[④]也包括职场男女平等、多样性、包容性、人权以及消费者权益保护等现代话题。ESG中的社会，并非传统意义上的企业社会责任。这里的社会话题，包括但不限于企业社会责任的话题。[⑤]实践中，有些企业以企业社会责任报告取代ESG信息披露报告是不合适的。

3. 治理

治理是指公司治理，也即负责任的企业管理和控制，简称“责任公司治理”。它是指在企业的经营中实行的管理和控制体系，包括批准战略方向、

---

① 中国企业改革与发展研究会:《企业ESG披露指南》，2021年4月16日发布，2022年6月1日实施，3.1；中国企业改革与发展研究会:《企业ESG评价体系》，2022年11月16日发布，2023年1月1日实施，3.1；李志青、胡时霖:《ESG的起源与发展》，载李志青、符翀主编:《ESG理论与实务》，复旦大学出版社2021年版，第1页；王大地、黄洁主编:《ESG理论与实践》，经济管理出版社2021年版，第5页。

② 袁蓉丽、江纳、刘梦瑶:《ESG研究综述与展望》，载《财会月刊》2022年第17期。

③ 中国企业改革与发展研究会:《企业ESG披露指南》，2021年4月16日发布，2022年6月1日实施，3.3。

④ 袁蓉丽、江纳、刘梦瑶:《ESG研究综述与展望》，载《财会月刊》2022年第17期。

⑤ 李诗、黄世忠:《从CSR到ESG的演进——文献回顾与未来展望》，载《财务研究》2022年第4期。

监督和评价高层领导绩效、财务审计、风险管理以及信息披露等的活动。[①]公司治理关注治理结构和治理规则。[②]

4.整合视角下的ESG

ESG由环境、社会和公司治理三个话题组成，并不表示这三个话题相互之间是独立的，没有内在的联系。相反，环境、社会及公司治理三者之间紧密联系，可以称得上是整合体系、协同运作体系或一体化管理体系。公司治理属于组织的顶层设计，从体系视角构建环境要求和社会要求能够"落地"的组织架构和规则体系。早在2010年，就有调查问卷表明，至少85%的专业投资者认为，公司治理是企业令人信服的可持续发展的关键。[③]如图1.1所示，展示了公司治理处在ESG顶层设计的位置，环境及社会的要求则是在公司治理的框架下落地。环境与社会之间，也有交叉或重叠的具体议题。

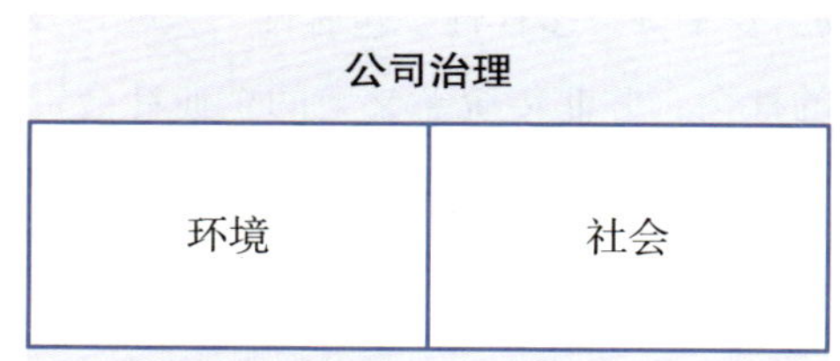

图1.1　公司治理与环境、社会的关系

另外，公司治理作为一种组织治理活动，其具体形态由公司的价值观决定。而环境和社会则是属于管理活动，不仅要对公司治理组织负责，也要服从公司特有的价值观和发展战略。如图1.2所示，环境、社会及公司治理，都是围绕组织价值观展开。

---

① 中国企业改革与发展研究会:《企业ESG披露指南》，2021年4月16日发布，2022年6月1日实施，3.4。

② 袁蓉丽、江纳、刘梦瑶:《ESG研究综述与展望》，载《财会月刊》2022年第17期。

③ DVFA, Gute Unternehmensführung ist Schlüssel zu Erfolg und Nachhaltigkeit, siehe: https://www.institutional-money.com/news/maerkte/headline/gute-unternehmensfuehrung-ist-schluessel-zu-erfolg-und-nachhaltigkeit-195233/ (2022-12-26).

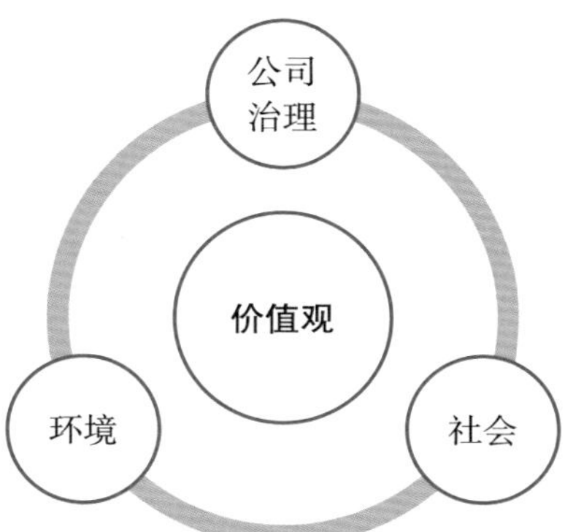

图1.2　价值观与ESG的关系

5. ESG主题

ESG有三个不同领域的主题。由于企业所在行业、法律性质、规模大小、业务模式、国际化程度、产品或服务的不同，每个企业的ESG重点主题也会有所不同。企业开展ESG建设，因此需要因地制宜，选择适合自己的ESG主题，使其不脱离企业的业务。表1.1列举了典型的ESG主题。

表1.1　ESG主题

E：环境[①]	S：社会[②]	G：公司治理[③]
• 资源消耗 • 污染防治 • 气候变化 • 生物多样性	• 员工权益 • 使用童工 • 强迫劳动 • 产品责任 • 供应链管理 • 社会响应	• 治理结构 • 治理机制（包括风险管理、合规管理、监督管理） • 治理效能（包括ESG融入企业战略、经营管理和投资决策等环节）

① 中国企业改革与发展研究会：《企业ESG评价体系》，2022年11月16日发布，2023年1月1日实施，附录A；Michael Düringer, Corporate Responsibility, 2022, S. 26。

② 中国企业改革与发展研究会：《企业ESG评价体系》，2022年11月16日发布，2023年1月1日实施，附录A；Michael Düringer, Corporate Responsibility, 2022, S. 26。

③ 中国企业改革与发展研究会：《企业ESG评价体系》，2022年11月16日发布，2023年1月1日实施，附录A。

6. ESG、可持续发展及企业社会责任

ESG与可持续发展及企业责任的理念一致，都关注企业与其环境、利益相关者的互动关系。从历史发展进程来看，可持续发展的概念是在1987年正式确立下来，企业社会责任兴盛于21世纪初，ESG则是伴随其后。其他的相关概念，还包括企业责任、企业公民和公司治理。

（1）可持续发展

可持续发展更多是关注企业如何积极回应环境和利益相关者的需求，而不是相关的风险识别与风险处置。最权威的可持续发展定义，源自1987年的《布兰特报告》，即"满足当代人的需要而又不对后代人满足其需要的能力构成危害的发展"。可持续发展的理念，要求企业衡量短期利益和长期利益、当代人利益和后代人利益，涉及的不仅是人与自然的关系，还有政治、社会及经济的关系。因此，有可持续三大支柱的说法，包括生态可持续、社会可持续以及经济可持续。[①]可持续发展，一方面需要当代人为了后代人的利益，维护自然资源和文化遗产；另一方面为了改进当代人的生活状况，又需要可持续发展的社会。这种二元性渗透在所有的关于可持续发展的讨论中，成为可持续发展主题争议及冲突的元问题。[②]

（2）企业社会责任

关于企业社会责任的定义非常多。[③]如欧盟委员会在2001年发布的《推动建立企业社会责任框架》绿皮书中，给企业社会责任所做的定义是："企业在自愿的基础上，将社会关切和环境关切融入其经营管理活动及与利益相关者的互动中。"[④]在2010年，欧盟委员会又给出新定义："企业对其给社会产生的影响承担责任。"[⑤]国际标准化组织在2010年发布的《社会责任指南》中，

---

① Michael Düringer, Corporate Responsibility, 2022, S.18.

② Armin Grundwald, Jürgen Kopfmüller, Nachhaltigkeit, 2022, S. 11ff.

③ Birgit Spießhofer, Unternehmerische Verantwortung, 2017, S. 27ff.

④ European Commission, Green Paper: Promoting a European Framework for Corporate Social Responsibility, recital 6, available under: https://eur-lex.europa.eu/LexUriServ/LexUriServ.do?uri=COM:2001:0366:FIN:EN:PDF%20 (2022-12-20).

⑤ European Commission, Communication from the Commission to the European Parliament, the Council, the European Economic and Social Committee and the Committee of the Regions a Renewed EU Strategy 2011-14 for Corporate Social Responsibility, 3.1, available under: https://eur-lex.europa.eu/legal-content/EN/TXT/PDF/?uri=CELEX:52011DC0681&from=EN (2022-12-20).

给“社会责任”所做的定义是：“组织因其决策和活动给社会和环境造成的影响，通过透明的和道德的行为而承担的责任。”[①]

总的来说，企业社会责任的理念，与利益相关者主义比较一致，关注的是企业的经营活动及其与生态环境、员工等利益相关者的互动，以及企业对可持续发展所做的贡献。因此，企业社会责任的落脚点是核心业务，以整合视角，权衡企业与利益相关者的关系，而不是如何使用利润——所谓的“花钱伦理”。[②]

（3）ESG

ESG从环境、社会和公司治理领域的非财务风险管理的视角，推动可持续发展。ESG与“三重底线”方法类似。三重底线由英国学者约翰·埃尔金顿（John Elkington，1949）在1994年提出，认为企业不仅要从投资者关注的财务绩效方面（“第一道底线”），而且要从服务员工和社会（“第二道底线”）以及尊重环境的视角（“第三道底线”），评估企业的绩效。[③]第二道底线与第三道底线与“E”和“S”的主题一致。相较于可持续发展和企业社会责任，ESG及三重底线方法都涉及非财务绩效的具体话题，更加具有体系性。

ESG相较于三重底线方法，引入公司，突出公司治理在环境及社会话题落地的基本框架。也即公司治理是为了落实环境和社会方面的义务和要求，包括非绩效话题的风险管理、合规管理、内部控制、制度管理以及报告机制等措施。[④]

---

① ISO 26000：2010，Guidance on social responsibility，2.18；可惜的是，我国标准《社会责任管理体系 要求及使用指南》中并没有关于社会责任的定义。

② Thomas Beschorner, Gesellschaftliche Verantwortung von Unternehmen, in Bonvin, Jean-Michel et al. (ed.): Wörterbuch der Schweizer Sozialpolitik. SEISMO, 2020, S. 205.

③ 尹倩：《基于约翰·埃尔金顿“三重底线理论”浅谈CSR对企业永续发展的影响》，载《东方企业文化》2022年第7期。基于三重底线方法（Triple Bottom Line，有时简称“TBL”），学界又发展出所谓的“3P理念”，即“人类、地球、利润”（“people，planet，profit”）或“人类、地球、繁荣”（“people，planet，prosperity”）。

④ Birgit Spießhofer, Unternehmerische Verantwortung, 2017, Fn. 109; Neil George Weiand/Nocole Rölike, ESG-ein neues Rechtsgebiet? Der Betrieb Beilage 2 Heft Nr. 20, Fn. 10.

（二）发展历程

1. 联合国

全球范围内，首次正式提出ESG概念的，出现在2004年12月时任联合国秘书长的科菲·安南主导，联合多家金融机构撰写的报告《有心者胜》（who cares wins）中。该报告首次提出ESG的概念，并探讨如何更好地将环境、社会与公司治理等相关问题融入资产管理和证券经纪业务等服务。[①]之后，ESG进入快速发展时期。其间，具有里程碑意义的发展，包括联合国在2006年发布的《联合国负责任投资原则》，2015年通过应对全球气候变化的《巴黎协定》和《2030年可持续发展议程》，以及ESG报告标准和ESG评级市场的蓬勃发展。

ESG概念的提出和发展，延续2004年之前已经发展的企业社会责任和可持续发展的理念。ESG的发展可以追溯到20世纪60年代兴起的社会责任投资理念。在1987年联合国世界环境与发展委员会发布的《我们的共同未来》（亦称《布兰特报告》）中，首次提出沿用至今的可持续发展的定义，即“满足当代人的需要而又不对后代人满足其需要的能力构成危害的发展”。1987年可称得上是“可持续发展元年”。基于《布兰特报告》，成为各国开展可持续发展工作的法律基础，则是1992年在巴西里约热内卢举办的联合国环境与发展大会，通过的《里约环境与发展宣言》，签署了《21世纪议程》《生物多样性公约》《气候变化框架公约》《关于森林问题的原则声明》等重要文件。可持续发展从此成为相关国际公约和国内法的范式，构成生态环境法、能源法、气候变迁法等ESG法律的基本原则。

2. 欧盟

欧盟委员会早在2001年就发布《推动建立企业社会责任框架》的绿皮书，使可持续发展成为经济和社会领域的热点话题。绿皮书确立自愿披露原则，企

---

① 李志青、胡时霖：《ESG的起源与发展》，载李志青、符翀主编：《ESG理论与实务》，复旦大学出版社2021年版，第3页；王大地、黄洁主编：《ESG理论与实践》，经济管理出版社2021年版，第20页；朱慈蕴、吕成龙：《ESG的兴起与现代公司法的能动回应》，载《中外法学》2022年第5期。

业自主决定是否将环境、社会及利益相关者的关切融入其经营管理活动。[①]2010年10月，欧盟委员会发布《欧盟企业社会责任国家战略（2011—2014）》，使欧盟的企业社会责任战略与联合国以及经济合作与发展组织的基本框架一致。[②]欧盟在2014年发布《非财务信息披露指引》，亦称《企业社会责任指令》，要求承担公共利益的企业在报告中披露生态和社会方面的信息。[③]2018年3月，欧盟委员会公布《可持续金融行动计划》，确立可持续投资、提升气候环境风险管理能力以及强化透明度的三大目标。[④]2019年12月，欧盟委员会又发布《欧洲绿色协议》，确定到2050年欧盟实现碳中和的目标。[⑤]

基于上述的《可持续金融行动计划》，欧盟分别在2016年公布《基准指数条例》，[⑥]在2019年公布《披露条例》[⑦]以及在2020年公布《分类条例》[⑧]。这

---

① European Commission, Green Paper: Promoting a European Framework for Corporate Social Responsibility, available under: https://eur-lex.europa.eu/LexUriServ/LexUriServ.do?uri=COM:2001:0366:FIN:EN:PDF%20 (2022-12-20).

② European Commission, Communication from the Commission to the European Parliament, the Council, the European Economic and Social Committee and the Committee of the Regions a Renewed EU Strategy 2011-14 for Corporate Social Responsibility, available under: https://eur-lex.europa.eu/legal-content/EN/TXT/PDF/?uri=CELEX:52011DC0681&from=EN (2022-12-20).

③ European Union, Council Directive 2014/107/EU of 9 December 2014 amending Directive 2011/16/EU as regards mandatory automatic exchange of information in the field of taxation, available under: https://eur-lex.europa.eu/legal-content/EN/TXT/PDF/?uri=CELEX:32014L0107&from=EN (2022-12-20).

④ European Commission, Action Plan: Financing Sustainable Growth, available under: https://eur-lex.europa.eu/legal-content/EN/TXT/PDF/?uri=CELEX:52018DC0097&from=EN (2022-12-20).

⑤ European Commission, Action Plan: Financing Sustainable Growth, available under: https://eur-lex.europa.eu/legal-content/EN/TXT/PDF/?uri=CELEX:52018DC0097&from=EN (2022-12-20); European Commission, The European Green Deal, available under: https://eur-lex.europa.eu/legal-content/EN/TXT/?qid=1576150542719&uri=COM%3A2019%3A640%3AFIN (2022-12-20).

⑥ EU, Benchmark Regulation (EU) 2016/1011, available under: https://eur-lex.europa.eu/legal-content/EN/TXT/PDF/?uri=CELEX:32016R1011&from=EN (2022-12-20).

⑦ EU, Disclosure Regulation (EU) 2019/2088, available under: https://eur-lex.europa.eu/legal-content/EN/TXT/PDF/?uri=CELEX:32019R2088&from=EN (2022-12-20).

⑧ EU, Taxonomy Regulation (EU) 2020/852, available under: https://eur-lex.europa.eu/legal-content/EN/TXT/PDF/?uri=CELEX:32020R0852&from=EN (2022-12-20).

三部条例连同《企业社会责任指令》，构成欧盟ESG法律的主体。[①]

3. 美国

据统计，在2020年美国平均有42%的投资者采用ESG战略，约1/3的资产投资与ESG相关。[②]可想而知，ESG法律与合规在其中的意义。

近三年，ESG在美国政府执法和经济界，成为热点话题。尤其是因为政府的施政方针，美国证券交易委员会在ESG信息披露执法和打击“漂绿”行为等方面，比较积极。美国是最早在证券法上要求上市公司信息披露的国家。早在1934年，证券交易委员会议依据《证券法》，要求上市公司披露季度或年度的财务信息。对于影响投资者决策的ESG信息，证券交易委员会不断强化、扩大相关的信息披露范围。上市公司的信息披露规则，主要法律依据是1933年《证券法》下的《S-K规则》。美国上市公司基于《S-K规则》提交给证券交易委员会的信息，包括业务描述、风险因素及涉诉情况等，必须全面且准确，并受证券交易委员会监督。

目前，美国上市公司承担气候相关的信息披露义务，披露的信息包括遵守环境法的成本、简要描述在案涉及环境法的政府调查程序或法院程序。在社会和公司治理议题方面，上市公司应披露董事选任程序，主要关注董事的性别及背景多样性。

近几年，证券交易委员会开展的ESG执法情况，包括以下几个方面：

首先，证券交易委员会在2020年8月26日发布的《基于S-K规则的商业、法律程序及风险因素披露现代化修订案》中，扩大了与ESG相关的信息披露

---

① Neil George Weiand/Nocole Rölike, ESG-ein neues Rechtsgebiet? Der Betrieb Beilage 2 Heft Nr. 20; Bern Geier/Katharina Hombach, ESG: Regelwerke im Zusammenspiel, BKR 2021, 6.

② Whyte, More Institutions Than Ever Are Considering ESG. Will They Follow Through?, available under: https://www.institutionalinvestor.com/article/b1npm5yq50b024/More-Institutions-Than-Ever-Are-Considering-ESG-Will-They-Follow-Through (2022-12-20); Garzon-Mitchell, Enhancing the Transparency of ESG Investing and Stewardship, available under: https://corpgov.law.harvard.edu/2022/06/27/enhancing-the-transparency-of-esg-investing-and-stewardship/#more-147287 (2022-12-20).

议题，即社会议题下的“人力资本”的信息披露。[①]关于人力资本议题的信息披露义务，涉及对注册人的人才资本管理的描述，包括注册人雇用的员工数、人力资本措施或目标等。

其次，2021年3月4日，证券交易委员会成立“气候与ESG特别工作组”，以积极调查、应对上市公司气候相关信息披露的违法行为。特别工作组设在证券交易委员会的稽查部（Division of Enforcement），由该部门的主要负责人负责特别工作组的工作。[②]为了实现气候与ESG特别工作组的工作目标，特别工作组应识别违反气候相关信息披露义务的违法行为、分析信息披露和合规问题、评价和跟进举报以及在证券交易委员会内部开展交流和合作。[③]

最后，证券交易委员会在2022年5月提出打击“漂绿”的建议，作为五大重点执法领域之一。[④]“漂绿”是企业和基金通过不同方式，使人相信ESG议题融入企业战略、决策及经营活动等，而事实并非如此。“漂绿”的本质是欺诈。打击“漂绿”的规则，包括对投资基金名称的要求以及咨询人员和投资基金的信息披露规则。

（三）ESG目标体系

ESG涵盖的话题多，涉及领域广。实践中，这些话题在诸多的国际和国内的政策文件中。其中，联合国在2015年通过的《2030年可持续发展议程》，虽然主题是可持续发展，但是确立的17项目标与ESG目标高度重合。因此，

---

① SEC, Rule Amendments to Modernize Disclosures of Business, Legal Proceedings, and Risk Factors Under Regulation S-K, available under: https://www.sec.gov/rules/final/2020/33-10825.pdf (2022-12-20).

② SEC, Spotlight on Enforcement Task Force Focused on Climate and ESG Issues, available under: https://www.sec.gov/spotlight/enforcement-task-force-focused-climate-esg-issues (2022-12-20).

③ Bartz/Schenkel/Reda, Aktuelle Entwicklungen in den USA-Neue ESG-Task Force der SEC, CCZ 2021, 192ff.

④ SEC, Statement on Environmental, Social, and Governance Disclosures for Investment Advisers and Investment Companies, available under: https://www.sec.gov/news/statement/peirce-statement-esg-052522 (2022-12-20); SEC, Examination Priorities 2022, pp.12, available under: https://www.sec.gov/files/2022-exam-priorities.pdf (2022-12-20).

跨国公司在设定ESG目标时，应确保ESG目标与17项目标一致。此外，就医疗健康行业而言，中共中央、国务院在2015年发布的《"健康中国2030"规划纲要》及全国人大常委会在2019年发布的《基本医疗卫生与健康促进法》作为医疗健康法律政策的基本目标，均涉及ESG的要素，对医疗健康ESG法律及合规产生根本性的影响。

1. 可持续发展目标

联合国2030年可持续发展目标共有17项总目标及169项子目标，议题包括无贫困、零饥饿、良好健康与福祉、优质教育、气候变化以及促进目标实现的伙伴关系等。[①] 与医疗健康企业最密切相关的目标，是目标三——良好健康与福祉，以确保民众享有健康的生活，促进各年龄段人群的福祉。企业主要是通过公平获得医学治疗、公平获得医疗产品及改善医疗水平的途径，推动实现目标三。[②]

2020年以来，新型冠状病毒感染疫情对全球民众的健康和福祉造成严重威胁，阻碍了实现目标三。疫情造成医疗卫生服务普及更加不均衡，破坏了艾滋病、结核病和疟疾防治的进程，也妨碍了儿童接种基本医疗。[③] 医疗健康企业的ESG建设在解决这些问题上，应当有所作为。

2. 医疗健康行业ESG总目标

除了联合国2030年可持续发展目标隐含的ESG目标，我国的医疗健康行业的ESG总目标源自《"健康中国2030"规划纲要》和《基本医疗卫生与健康促进法》。如表1.2所示，基于这两份文件，可以从环境、社会及公司治理的三个领域，提炼出ESG总目标。有些目标之间存在交叉或重叠关系，如环境保护与健康分属环境和社会的主题，或质量管理与控制分属社会与公司治理的主题。

---

① 《可持续发展目标》，载联合国，https://sdgs.un.org/zh/goals，最后访问日期：2022年12月22日。

② GISD, Sector-Specific SDG-related Metrics for Corporate Reporting, p. 17, available under: https://www.gisdalliance.org/sites/default/files/2021-10/GISD%20Sector-Specific%20Metrics%20-%20Final%20Report.pdf (2022-12-27).

③ 《可持续发展目标报告2022》，载联合国，https://unstats.un.org/sdgs/report/2022/The-Sustainable-Development-Goals-Report-2022_Chinese.pdf，最后访问日期：2022年12月22日。

表1.2 医疗健康行业ESG总目标

环境	社会	公司治理
• 环境问题治理[①] • 空气污染防治[②] • 水资源保护[③] • 土地资源保护[④] • 海洋资源保护 • 可再生能源开发利用[⑤] • 循环经济 • 物种多样性	• 基本医疗卫生服务和基本体育健身服务[⑥] • 疾病防治[⑦] • 药品定价[⑧] • 环境与健康[⑨] • 职业健康与安全[⑩] • 食品安全[⑪] • 药品安全[⑫] • 质量管理和控制[⑬] • 医药技术创新[⑭] • 健康人力资源建设[⑮] • 妇女、儿童健康[⑯]	• 环境、社会目标融入公司治理 • 管理层薪酬 • 风险管理 • 合规管理 • 举报

① 中共中央、国务院:《“健康中国2030”规划纲要》,第十四章;《基本医疗卫生与健康促进法》第71条。

② 中共中央、国务院:《“健康中国2030”规划纲要》,第三章。

③ 中共中央、国务院:《“健康中国2030”规划纲要》,第三章。

④ 中共中央、国务院:《“健康中国2030”规划纲要》,第十四章第一节。

⑤ 《可再生能源法》第1条。

⑥ 中共中央、国务院:《“健康中国2030”规划纲要》,第三章;《基本医疗卫生与健康促进法》第5条、第12条、第43条。

⑦ 中共中央、国务院:《“健康中国2030”规划纲要》,第三章;《基本医疗卫生与健康促进法》第6条第2款。

⑧ 中共中央、国务院:《“健康中国2030”规划纲要》,第十二章第一节;第62条。

⑨ 中共中央、国务院:《“健康中国2030”规划纲要》,第十四章第三节。

⑩ 中共中央、国务院:《“健康中国2030”规划纲要》,第十六章第一节;《基本医疗卫生与健康促进法》第23条第2款、第79条。

⑪ 中共中央、国务院:《“健康中国2030”规划纲要》,第十五章第一节。

⑫ 中共中央、国务院:《“健康中国2030”规划纲要》,第十五章第二节。

⑬ 《基本医疗卫生与健康促进法》第43条;《基本医疗卫生与健康促进法》第65条。

⑭ 中共中央、国务院:《“健康中国2030”规划纲要》,第二十章第一节。

⑮ 中共中央、国务院:《“健康中国2030”规划纲要》,第二十二章;《基本医疗卫生与健康促进法》第52条。

⑯ 中共中央、国务院:《“健康中国2030”规划纲要》,第十章第一节;《基本医疗卫生与健康促进法》第24条第1款。

续表

环境	社会	公司治理
	• 临床试验和医学研究① • 个人健康信息保护②	

二、ESG法律

（一）ESG法律体系

1. ESG法律概念

我国现行法律中，没有法律概念ESG，也没有形成独立的ESG法律体系、ESG法律部门甚至是ESG法学。如表1.3所示，ESG的概念主要出现在金融监管机关、国资委及证券交易所关于绿色金融和ESG信息披露等的规范性文件中。

表1.3　关于ESG的规定

序号	发布机构	发布时间	文件名	涉及ESG的内容
1	证监会	2018	《上市公司治理准则》	第八章　**利益相关者、环境保护与社会责任**。
2	银保监会	2019	《关于推动银行业和保险业高质量发展的指导意见》	银行业金融机构要建立健全环境与社会风险管理体系，将环境、社会、治理要求纳入授信全流程，强化**环境、社会、治理信息披露**和与利益相关者的交流互动。
3	上海市国资委	2021	《关于推动提高国有控股上市公司质量的实施意见》	建立健全**环境、社会和公司治理（ESG）信息披露制度**，强化公司治理信息披露，倡导公司治理最佳实践，加强企业环境信息披露。

① 中共中央、国务院：《“健康中国2030”规划纲要》，第八章第三节；《基本医疗卫生与健康促进法》第32条第3款、第43条第2款。

② 中共中央、国务院：《“健康中国2030”规划纲要》，第二十四章第二节；《基本医疗卫生与健康促进法》第92条。

续表

序号	发布机构	发布时间	文件名	涉及ESG的内容
4	银保监会	2022	《银行业保险业绿色金融指引》	• 银行保险机构应当完整、准确、全面贯彻新发展理念，从战略高度推进绿色金融，加大对绿色、低碳、循环经济的支持，防范**环境、社会和治理风险**，提升自身的**环境、社会和治理表现**，促进经济社会发展全面绿色转型。 • 银行保险机构应当根据国家绿色低碳发展目标和规划以及相关环保法律法规、产业政策、行业准入政策等规定，建立并不断完善**环境、社会和治理风险管理**的政策、制度和流程，明确绿色金融的支持方向和重点领域…… • 银行保险机构应当制定针对客户的**环境、社会和治理风险评估标准**，对客户风险进行分类管理与动态评估…… • 银行保险机构应当重视自身的**环境、社会和治理表现**，建立相关制度，加强绿色金融理念宣传教育，规范经营行为，实行绿色办公、绿色运营、绿色采购、绿色出行、“光盘”行动等，积极发展金融科技，提高信息化、集约化管理和服务水平，渐进有序减少碳足迹，最终实现运营的碳中和。
5	上海证券交易所	2022	《上海证券交易所“十四五”期间碳达峰碳中和行动方案》	• 上市公司环境责任意识得到提高，ESG**信息披露**形成规范体系。 • 深化ESG**投资理念**。中证指数公司不断完善ESG**评价体系**，持续扩大ESG**评价**的覆盖面，对外提供ESG数据服务，提升国际影响力和权威性。 • 丰富绿色指数。积极开发绿色主题指数、碳达峰碳中和指数及ESG**相关指数**，完善ESG**指数体系**，打造代表性绿色指数。 • 引导机构投资者积极参与上市公司治理，提升上市公司ESG**实践绩效**。

续表

序号	发布机构	发布时间	文件名	涉及ESG的内容
6	深圳证券交易所	2022	《深圳证券交易所上市公司自律监管指引第11号——信息披露工作考核》	本所对上市公司履行社会责任的披露情况进行考核，重点关注以下方面：……（二）是否主动披露**环境、社会责任和公司治理（ESG）履行情况**，报告内容是否充实、完整……
7	深圳证券交易所	2022	《深圳证券交易所上市公司自律监管指引第1号——主板上市公司规范运作》	上市公司可将社会责任报告与年度报告同时对外披露。社会责任报告的内容至少应当包括：（一）关于**职工保护、环境污染、商品质量、社区关系**等方面的社会责任制度的建设和执行情况……
8	证监会	2022	《上市公司投资者关系管理工作指引》	投资者关系管理中上市公司与投资者沟通的内容主要包括：……（四）公司的**环境、社会和治理信息**……
9	国务院国资委	2022	《提高央企控股上市公司质量工作方案》	贯彻落实新发展理念，探索建立健全**ESG体系**。中央企业集团公司要统筹推动上市公司完整、准确、全面贯彻新发展理念，进一步完善**环境、社会责任和公司治理（ESG）工作机制**，提升**ESG绩效**，在资本市场中发挥带头示范作用；立足国有企业实际，积极参与构建具有中国特色的**ESG信息披露规则**、**ESG绩效评级**和**ESG投资指引**，为中国**ESG发展**贡献力量。推动央企控股上市公司**ESG专业治理能力**、风险管理能力不断提高；推动更多央企控股上市公司披露**ESG专项报告**，力争到2023年相关专项报告披露“全覆盖”。

2.探索中的ESG法学

ESG成为独立的法律概念的前提，是其追求的目的。[①]法律人创造ESG的概念，是为了实现特定的目的。上文所论述的ESG目标体系，即为ESG法律概念存在的目的。ESG成为法律概念，并非“换汤不换药”，对可持续发展法、企业社会责任法、环境法、劳动法等法律法规的重新组合，是一种新的法律视角或方法。

首先，ESG的一个创新点是，它是个独立术语，而非三个领域的简单叠加。

其次，ESG展现了全局视角，同时关注三个领域及其相互关系，以解决可持续发展的具体问题。ESG出现之前，这三个领域是各自为营，相互独立发展。

再次，ESG具有较强的问题意识，自其产生以来，其追求的目的是通过保护生态环境、回应利益相关者的期望和要求，实现生态、社会及经济的可持续发展。人类进入21世纪以来，金融危机、极端气候、非人道不人性的工作环境等不断挑战人类生存条件。ESG法律概念的产生，有助于缓解或解决这些全球化问题。

最后，ESG的落脚点是公司治理，使ESG的具体目标能够与组织或公司的战略决策、业务活动、控制活动等整合或融合，成为组织治理、社会治理的组成部分。

（二）ESG法律部门

由于目前还没有专门的ESG法律，涉及环境、社会及公司治理的规定分散在各个法律法规中。从法律目的论的角度来看，[②]凡是以上述的ESG目标为法律目的的，均属于ESG法律部门。从法律体系论的角度来看，则是可以将ESG法律分为ESG总则和ESG分则。ESG总则适用于所有的行业和法律主体，具有普适性。ESG分则适用于具体的行业或法律主体。分则部分包含了涉及

---

① Heinz Peter Rill, Grundlegende Fragen bei der Entwicklung eines Rechtsbegriffs, in Rechtstheorie (Hrsg. Griller/Rill), 2002, S.1.

② ［奥］恩斯特·A.克莱默:《法律方法论》，周万里译，法律出版社2019年版，第118—120页。

行业或法律主体的特殊性规则。关于ESG法律的总则部分，可参见笔者编写的《企业合规师执业必备规范汇编》涉及"劳动人事合规""产品合规""能源合规""环境保护合规"及"人权合规"的主题内容。[①]医疗健康行业的特别规定，如涉及ESG主题，虽不是法律义务来源，但构成合规义务的渊源，也属于ESG法律的组成部分。

1. 环境领域

环境领域落实ESG目标的法律法规，包括《环境保护法》《水污染防治法》《大气污染防治法》《土壤污染防治法》《清洁生产促进法》《环境影响评价法》《可再生能源法》《节约能源法》等。医疗健康行业涉及环境保护的法律法规，包括《医疗废物管理条例》《医疗器械监督管理条例》等。

2. 社会领域

社会领域落实ESG目标的法律法规，包括《劳动法》《劳动合同法》《社会保险法》《产品质量法》《个人信息保护法》《工伤保险条例》等。

医疗健康行业涉及社会话题的法律法规，包括《药品管理法》的部分规定、[②]《使用有毒物品作业场所劳动保护条例》、《人类遗传资源管理条例》以及《国家健康医疗大数据标准、安全和服务管理办法（试行）》等。

3. 公司治理领域

公司治理领域落实ESG目标的法律法规或规范性文件，包括《公司法》[③]《信托法》[④]《企业内部控制基本规范》《上市公司治理准则》《合规管理体系要求及使用指南》等。

医药健康行业涉及公司治理的法律法规的，包括《关于建立医药购销领域商业贿赂不良记录的规定》等。在我国，中国化学制药工业协会2020年发布的《医药行业合规管理规范》、中国外商投资企业协会药品研制和开发行

---

① 周万里、孙培岳编：《企业合规师执业必备规范汇编》，法律出版社2021年版。

② 如《药品管理法》第20条及以下几条关于临床试验的规则，第85条关于药品定价的规则。

③ 朱慈蕴、吕成龙：《ESG的兴起与现代公司法的能动回应》，载《中外法学》2022年第5期。

④ 刘杰勇：《论ESG投资与信义义务的冲突和协调》，载《财经法学》2022年第5期。

业委员会（RDPAC）发布的《行业行为准则》（2022年修订版）。在全球范围内，先进医疗技术协会发布《道德准则》，对医疗健康企业与医疗机构、医生的互动关系的规则有较大的影响力，属于公司治理领域的主题。

三、ESG合规

ESG建设的本质是ESG合规管理。ESG风险，主要是ESG合规风险，成为企业开展ESG建设面临的主要风险。无论是金融机构或投资者做ESG投资，还是企业从事生产经营管理活动，ESG风险与ESG机会形影不离。上述的ESG目标、ESG法律及行业规定，构成企业的外部要求。为了满足ESG法律要求及企业自愿选择遵守的内外部要求，包括行业推荐性标准和行业的行为守则，企业一般是建立和维护ESG合规管理体系，以实现对ESG合规风险的有效管理。

国内外有很多的合规标准或指引，供企业开展合规管理体系建设时参考使用。其中以国际标准化组织的《合规管理体系 要求及使用指南》、美国司法部的《企业合规计划评估》、西门子合规体系以及国资委发布的国有企业合规管理体系指引或办法，最有影响力。[①]所有的这些合规体系框架均可适用于ESG合规建设。ESG合规体系的特殊性是，ESG主题宽泛，决定了ESG合规体系是一体化的或整合的合规体系。

这些合规管理体系标准或指引反映了建设有效合规管理的相同要素，下文从七要素的角度论述医疗健康企业开展ESG合规建设的基本框架。ESG合规的七要素，也参考了德国审计师协会的《合规管理体系合理评估原则》（2022年修订版）[②]及生物制药企业投资者ESG沟通倡议在2022年3月发布的

---

① 周万里主编：《合规管理体系手册》，法律出版社2023年版；皇甫长城、陈超然、周万里主编：《涉案企业合规手册》，法律出版社2023年版。

② IDW, IDW PS 980 n.F. (09.2022) zur Prüfung von Compliance Management Systemen verabschiedet, siehe: https://www.idw.de/idw/idw-aktuell/idw-ps-980-n-f-09-2022-zur-pruefung-von-compliance-management-systemen-verab-schiedet.html (2022-12-26).

《生物医药企业投资者ESG沟通指引4.0版》[①]。[②]

（一）战略与目标

1.确定战略与目标

在公司法中，基于董事会对整个公司的管理和监督承担最终责任的要求，董事会应当确立公司的合规战略及合规目标。[③]通过合规战略和合规目标，利益相关者能够看到ESG考虑是否以及如何影响到公司的业务、战略及策划。公司设定合规目标的一般性要求，可以参考上述的合规标准及SMART原则。[④]

具体而言，企业在设计ESG合规战略和合规目标时，考虑的问题包括：[⑤]企业开展ESG监视的主要目标是什么？ ESG考量如何与短期商业目标及长期商业目标整合？企业制定ESG战略的主要动机是什么？ ESG决策如何作出，在公司中如何沟通？

2.明确高优先级ESG主题

除了ESG合规战略和ESG合规目标，企业还应当明确ESG合规体系的范围，也即高优先级ESG主题。由于ESG涉及主题比较多，范围广，企业不可能做到面面俱到，企业需要基于其ESG战略、目标及自身情况，确定适合自己的高优先级ESG主题。每个高优先级ESG主题有对应的合规目标。[⑥]如表1.4中的12项主题，是生物制药企业与投资者经过沟通，一致认可的高优先

---

① The Biopharma Investor ESG Communications Initiative, Biopharma Investor ESG Communications Guidance 4.0, available under: https://biopharmasustainability.com/wp-content/uploads/Biopharma-Investor-ESG-Communications-Guidance-4.0-March-2022.pdf (2022-12-26).

② 周万里：《合规型监管研究》，人民出版社2021年版，第76—80页。

③ Daniel Lengauer, Compliance, 2019, S.20; The Biopharma Investor ESG Communications Initiative, Biopharma Investor ESG Communications Guidance 4.0, p. 9.

④ 周万里：《合规目标》，载周万里：《合规管理体系手册》，法律出版社2023年版。

⑤ The Biopharma Investor ESG Communications Initiative, Biopharma Investor ESG Communications Guidance 4.0, p. 11.

⑥ IDW Prüfungsstandard: Grundsätze ordnungsmäßiger Prüfung von Compliance Management Systemen (IDW PS 980 n.F. (09.2022)), A. 24.

级ESG主题。[①]

表1.4 生物制药行业的高优先级ESG主题

环境	社会	公司治理
• 气候变迁 • 环境影响 • 制药环境保护及抗生素耐药性	• 医疗卫生服务普及和药品定价 • 临床试验 • 人力资本管理 • 创新 • 产品质量与患者安全 • 供应链管理	• ESG治理 • 商业道德、诚信与合规 • 风险与危机管理

（二）合规组织

合规组织是承担ESG合规治理和管理职责的企业内部机关。承担ESG合规管理职责的，主要包括董事会、经理层及ESG合规牵头管理部门。董事会的角色是监督ESG管理工作，而管理层则是管理和评估ESG工作。为有效落实ESG合规管理，有些企业在董事会层面设立ESG委员会，协调公司的ESG合规工作。具体的ESG合规管理工作，则是由ESG合规管理牵头部门完成。在合规治理的要求下，该部门承担ESG合规日常管理工作。[②]

与合规管理的一般要求相同，ESG合规的有效性如何，在很大程度上由公司董事会决定。因此，董事会在ESG合规管理需要明确“高层基调”，做到言行一致，发挥榜样作用。董事尤其是独立董事，应当拥有高优先级ESG主题的知识。此外，有效的ESG合规管理，还需要明确的ESG合规文化及全员合规的理念，即从董事会，到经理层，再到中层领导和基层员工，都应当了解和重视ESG话题。

公司高管薪酬及员工绩效，与ESG表现结合，是推动ESG合规落地的

---

① The Biopharma Investor ESG Communications Initiative, Biopharma Investor ESG Communications Guidance 4.0, p. 7, available under: https://biopharmasustainability.com/wp-content/uploads/Biopharma-Investor-ESG-Communications-Guidance-4.0-March-2022.pdf (2022-12-26).

② 周万里：《合规与合规管理体系》，载周万里主编：《合规管理体系手册》，法律出版社2023年版。

一个重要措施。如我国的《上市公司治理准则》规定，上市公司的激励机制，应当有利于增强公司创新发展能力，促进上市公司可持续发展。[①]同样，2022年版的《德国上市公司治理准则》规定，监事会在确定董事会的薪酬时，薪酬结构以上市公司的可持续发展和长期发展为准的原则。[②]与财务绩效一样，非财务绩效对确定可变薪酬部分，具有重要权重。[③]

（三）合规风险

ESG合规风险是指企业因违反ESG主题的合规义务对企业产生不利影响的可能性。对此，企业应当识别、分析和评价ESG合规风险，即ESG合规风险评估，进而得出哪些是对企业的资产或长期价值可能造成不利影响的ESG合规风险。该评估过程应当与企业现有的其他的合规风险评估及风险评估框架整合，形成一体化或整合的企业风险管理框架。ESG合规风险评估是承上启下的环节，延续ESG战略与合规目标，并成为开展ESG合规方案建设的起点。[④]

此外，与ESG合规风险相对的ESG机会也应当在该步骤中得到考虑。企业应当识别、维护与ESG相关的机会，并将其融入商业策划，使ESG机遇考量成为公司战略、创新及业务发展流程的组成部分。[⑤]

（四）合规方案

合规方案，是指基于ESG合规风险评估结论，企业明确原则及程序、采取措施，以防范、发现和应对ESG合规风险。具体措施，包括行为守则、ESG合规手册、ESG内部控制、ESG合规职责描述、ESG合规培训、举报及内

---

① 《上市公司治理准则》第62条第2款。

② Die Regierungskommission, Der Deutsche Corporate Governance Kodex, Grundsatz 24.

③ Die Regierungskommission, Der Deutsche Corporate Governance Kodex, G.1.

④ IDW Prüfungsstandard: Grundsätze ordnungsmäßiger Prüfung von Compliance Management Systemen (IDW PS 980 n.F. (09.2022)), A. 25.

⑤ The Biopharma Investor ESG Communications Initiative, Biopharma Investor ESG Communications Guidance 4.0, p. 12, available under: https://biopharmasustainability.com/wp-content/uploads/Biopharma-Investor-ESG-Communications-Guidance-4.0-March-2022.pdf (2022-12-26).

部调查等。ESG合规方案建设工作，都应当有记录。如表1.5所示，针对特定的ESG合规风险，企业应采取相应的合规方案。①

表1.5 ESG合规方案

ESG主题	ESG合规风险	ESG合规方案
社会： 药品质量②	不符合药品质量标准	• 建立、维护和改进药品生产质量管理体系 • 原料、辅料供应商审核 • 质量检验 • 出厂放行规程 • 相关法律解释适用程序 • 举报渠道
公司治理： 反腐败③	邀请、宴请等给予财物或者其他不正当利益	• 礼品及宴请制度（价值限定、报批程序） • 飞行检查 • 反腐败合规培训 • 举报渠道

（五）绩效测量

ESG合规方案的实际效果如何，需要通过测量来评价。建立良好的指标体系，应建立在稳健的理论和方法论基础之上。企业董事会或经理层应当结合上述的ESG合规目标，确定细化的ESG主题目标及评价指标。凡是对企业的短中长期的财务绩效及价值创造产生实质影响的指标，都可以成为ESG指标。④

借助改变理论，可以深入理解ESG活动、产出、结果、影响及目标实现之间的逻辑关系。⑤绩效测量和评价，不仅可以由企业开展，也可以委托外部第三方完成。外部第三方包括ESG评级机构。它们提供或发布的关于企业

① IDW Prüfungsstandard: Grundsätze ordnungsmäßiger Prüfung von Compliance Management Systemen (IDW PS 980 n.F. (09.2022)), A. 26.

② 《药品管理法》第四章。

③ 《药品管理法》第88条第2款。

④ The Biopharma Investor ESG Communications Initiative, Biopharma Investor ESG Communications Guidance 4.0, p. 16, available under: https://biopharmasustainability.com/wp-content/uploads/Biopharma-Investor-ESG-Communications-Guidance-4.0-March-2022.pdf (2022-12-26).

⑤ 周万里：《合规目标》，载周万里主编：《合规管理体系手册》，法律出版社2023年版。

ESG绩效的评价和排名等，是企业开展ESG测量和评价的重要信息来源。

（六）合规沟通

通过ESG沟通，相关员工和商业伙伴能够了解企业的ESG战略与目标、合规组织及合规方案等。定期开展ESG合规培训和宣贯等活动，使员工能够理解其在ESG建设中的角色、职责，在ESG违规的情况下，及时到负责工作部门报告。

ESG监管和合规，强有力地促进了ESG沟通。ESG信息披露是一种重要的沟通方式。一般认为，ESG信息披露工作，可以参考公司财务信息披露的规则与机制。另外，ESG沟通涉及法务、合规、投资者关系等部门的交叉工作，因此，企业有必要建立ESG沟通工作流程及部门间合作机制。

（七）监督与改进

监督的目的是确定ESG合规建设的状态，ESG相关政策、制度及流程等是否得到贯彻，进而确定ESG合规建设的适当性和有效性。如发生ESG违规，企业应开展根源分析，明确违规的发生是个别风险还是系统风险。基于此，企业纠正ESG违规行为，持续改进ESG合规管理。

第二章 | ESG合规势在必行

2015年，联合国通过了《2030年可持续发展议程》，提出17项可持续发展目标Sustainable Development Goals（SDGs）。

图2.1 联合国可持续发展目标

这17项可持续发展目标是人类的共同愿景，也是世界各国领导人与各国人民之间达成的社会契约。它们既是一份造福人类和地球的行动清单，也是谋求取得成功的一幅蓝图。

2016年，共有175个国家签署了《巴黎协定》，承诺将全球气温升高幅度控制在2℃的范围之内；象征着各国领导人在应对气候变化和适应其影响方面达成基本共识。

2020年9月，GRI、SASB、CDP、CDSB和IIRC五个主导机构联合发布了构建统一ESG披露标准的计划。与此同时，世界经济论坛和全球四大会计师事务所也推出了统一的标准。

2022年，国务院国资委表示，“抓好中央企业社会责任体系构建工作，指导推动企业积极践行ESG理念，主动适应、引领国际规则标准制定，更好推动可持续发展”；推动更多央企控股上市公司披露ESG专项报告，力争到2023年相关专项报告披露“全覆盖”。[①]

2022年11月28日，欧洲议会（European Parliament）通过了《公司可持续发展报告指令》（Corporate Sustainability Reporting Directive，CSRD）。CSRD将强制要求相关主体的ESG鉴证义务，它的实施象征着欧盟和全球ESG信息披露迈入一个新的时代。香港联交所《环境、社会及管治报告指引》仍是编制ESG报告的主要参考依据。多数企业在报告中增加了董事会对ESG事宜的监管。[②]

一、ESG治理的意义及其在医疗健康产业中的重要性

贝恩公司全球合伙人、中国区可持续发展业务主席邹娟女士，在2022年8月的《哈佛商业评论》中文版中指出：“对企业的评价体系从财务绩效体系向ESG体系转变，背后是从股东视角向利益相关方视角转变，是商业文明的一次重大变革。”

医疗健康行业关乎国计民生，企业有责任打造健康的生态体系，更有义务推动与落实可持续发展理念。2022年，我有幸作为世界银行“大夏合规”项目的高级顾问，采访了近30位来自全球医疗健康产业和与之相关的协会、商会、咨询公司等机构的C-Suite高管。

在与中国的顶级律师们讨论“合规不起诉制度本土化探索”的座谈会上，康华特先生（上海博莱科信谊药业有限责任公司总经理）介绍了英国及法国“合规不起诉”相关的立法及案例，以及意大利在反贿赂领域的立法和

---

① 《国务院国资委成立科技创新局社会责任局　更好推动中央企业科技创新和社会责任工作高标准高质量开展》，载国务院国资委网站，http://www.sasac.gov.cn/n2588025/n2643314/c23711009/content.html，最后访问日期：2023年2月21日；《提高央企控股上市公司质量工作方案》（国务院国资委2022年发布）。

② 程玮、亚楠、粪月：《2022年中国内地在港上市企业ESG报告五大趋势与六大建议》，载公众号“金融界”，2022年11月30日。

规定。康华特先生尤其提到，越来越多的公司将组织管理和内部控制模式纳入其ESG评级模式。今后，基于信息透明、责任担当和廉洁诚信需求的公司治理原则，正成为实现所有ESG目标的先决条件。合规不是一个职能部门的责任，理应成为公司基因的一部分。企业有责任建立高于法律法规的全面合规治理体系，实现更高等级的公司治理标准。

回顾本次ESG采访之旅，一个信号强烈而又确定，那就是，企业若能从环境、社会和公司治理三个维度做好全面合规体系建设，就能从根本上造福病患，同时赢得企业的社会声誉和经济价值。

尽管与每一位受访者的交流采访是一对一进行的，我们还是发现了很多“英雄所见略同”的观点。左力女士（中国化学制药工业协会副会长）和李菁女士（安永大中华区金融服务气候变化与可持续发展合伙人），高度一致地表达了这样一个共识，“后疫情时代使全球更加关注可持续发展对社会和环境的影响，医药行业作为自带社会环境和经济属性的双重标准，其运营以及管理中的道德水平直接关乎大众的生命安全和健康。如何将医药行业的ESG与合规性融入企业的可持续发展中，是急需我们思考和探讨的”。

左力女士会长详细介绍了早在2021年年初就已生效的，由中国化学制药工业协会公布的《医药行业合规管理规范》。该合规管理规范涵盖了包括反商业贿赂、反垄断、产品推广、财务与税务、药品/医疗器械合同销售组织（Contract Sales Organization，CSO）管理、数据合规与网络安全、临床研究以及环境、健康与安全等内容，这些内容实质上契合了环境、社会和治理涉及的合规维度。

李菁女士也提到了《2022年全球医疗行业展望》业已将环境、社会和治理，医疗公平性，公共卫生机构重构等列为全球医疗行业六大问题，这表明ESG也是医药行业面临的重要挑战。为此，李菁女士还针对医疗健康行业提出了如下几项宝贵建议：

第一，加强ESG的战略规划，设定好短期、中期和长期的发展目标。一家好的企业需要在发展战略规划中，特别把环境保护、社会责任和公司治理融入公司经营发展战略中。规划要能够明确企业在环境、社会和治理领域的具体工作、具体的行动目标、使命和原则，同时把ESG作为一个管理手段和有效工具，融合到对内经营管理和对外业务输出中。

第二，在战略规划之下，搭建ESG的管治架构。或由公司高管牵头负责，或设置首席可持续发展官/首席责任官，下设ESG管理委员会/ESG工作小组/ESG管理办公室，负责把战略规划落到实处，把行动方案层层推进，将ESG表现与管理人员绩效考核挂钩，进行信息及时反馈。

第三，把企业经营业务、内部管理与ESG有机结合，把ESG作为有效的管理抓手。一方面，针对行业特色、发展所处阶段和相关性最强的重要性议题来制定一系列内部管理制度，形成公司的ESG制度库；另一方面，由于公众对医药企业的负面风险事件较为敏感，需要高度重视，不断加强ESG风险管理。

第四，用科技赋能，搭建IT化ESG信息管理系统或平台，进行ESG数据管理，能够实现实时收集、分析碳排放、能源资源使用、员工情况、职业培训发展、公益捐赠等各种量化KPI（关键绩效指标）数据，便于汇总分析，用于高层管理决策。

第五，ESG报告是一个非常好的传播渠道和平台，可以全面展示公司的使命、愿景、战略规划和价值目标。写好ESG报告，用数据说话，把故事讲好，增强资本市场和各利益相关方的信心。

第六，关注ESG评级管理，正确对待评级机构给予的评级结果，针对评级结果补齐短板，调整语言以适应资本市场阅读习惯。最为重要的是，医药企业需要从ESG管治架构、管理制度、战略规划、行动目标和措施上进行整体提升，以获得更好的评级结果。

第七，加强与监管部门、投资者、合作伙伴、媒体、公众等利益相关方沟通，更好地让利益相关方了解企业的可持续发展能力，实现ESG管理对投资价值带来的升值；同时，医药企业可以考虑加入有影响力的国际机构和组织，传播企业良好的ESG理念和实践，树立负责任的品牌形象。

二、法律风险与合规义务

在ESG领域，世界银行是较早的规则制定者。早在2006年，作为世行集团成员的国际金融公司（IFC）便制定了《社会与环境可持续性政策》（Policy on Social and Environmental Sustainability）。IFC所要求的“环境和社会评估与管理系统”（Environmental and Social Assessment and Management System），为我们提供了顶层政策框架—风险识别—管理方案—组织架构保障等一整套的方案，对于企业应对ESG合规风险和义务具有借鉴意义。由此可以预见，ESG或许在各方利益相关者的动态互动下，终将形成一套具有独立性、完整性和体系化的合规管理要求。世界银行的环境和社会评估与管理系统具有相当的参考意义。

同时，香港联合交易所于2020年施行更新的《环境、社会及管治报告指引》中，为上市公司增加了包括ESG管治架构在内的强制披露内容，将社会层面指标提升至“不遵守就解释”（Comply or Explain）。这些“强制化”的信息披露要求，或将成为国际主要证券交易所未来的风向标。按此趋势，全球医疗健康企业应当在加强ESG意识的同时，尽早将ESG纳入企业经营发展战略和企业管理建设中，以应对愈加严格的投资和监管要求。

为此，我们邀请了具有丰富实战经验的合规律师和检察官们，帮助我们就生态环境合规、劳动人事合规、知识产权与商业秘密合规、网络数据安全合规、反贿赂反垄断等专项合规上，结合过往行业内部经历过的合规事件，从环境、社会和公司治理三个维度，识别风险并建议解决方案。值得关注的是，上述提及的专项合规风险中，如反贿赂、网络数据安全、知识产权与商业秘密也是受访企业公认的企业ESG合规最大的风险所在。我们寄希望：医疗健康企业在全球化进程中，在合规的基础上，将ESG的工作落到实处，推动公司的可持续发展，从而促进合规的成果转化为可见的经济价值。

三、典型案例与解读

2022年的11月末，第六届中国卓越IR评选在深圳举办。在“投TA一票”的公开竞选中，我们阅读到了三生制药的事迹介绍。

三生制药一直坚持履行企业社会责任，始终将ESG管理作为集团管理工作的重点。上市以来，在年报中尽职披露ESG信息，2021年独立发布ESG报告，不断精进ESG管理，得到了社会和资本市场的认可。三生制药是首家获得MSCI（摩根士丹利资本国际公司，又称明晟公司）ESG A评级的中国生物科技行业上市公司，已被纳入MSCI ESG指数多年，2022年度，该集团MSCI ESG评级从去年的A级提升至AA级，超过88%的全球生物科技公司；CPD气候变化问卷评级保持在B级（管理级别），超过了74%的全球上榜企业；荣获了第六届金港股“最具社会责任上市公司”奖；荣膺由E药经理人和商道咨询联合颁布的“2022中国医药上市公司ESG竞争力TOP20”殊荣。

在公司管治方面，三生制药建立了自上而下的ESG管理架构确保ESG工作高效推进，由董事会成员参与组成ESG委员会，对集团ESG事宜整体负责并进行决策和监察，同时成立ESG工作小组负责具体工作实施。集团已经完善了长效化、常态化的审计监察机制；建立了三重合规风险防御体系防线；对员工进行了全方位的合规培训。

在社会责任方面，集团对33个已上市产品如特比澳、益比奥、益赛普、蔓迪等实行统一的质量管理标准，全部制药类附属公司均取得了GMP认证，其中沈阳三生、三生国健取得了PIC/S国家的认证。集团始终不忘民族企业应承担的社会责任，开展和资助了多个公益项目，受到社会各界广泛认可。从2014年起，公司与北京白求恩公益基金会合作开展了多个赠药项目，截至2021年年末，集团累计捐助特比澳14.8万支，惠及4.2万患者；累计捐助益赛普超162万支，惠及13.7万患者；累计捐助赛普汀1.2万支，援助药品总价值超20亿元。2019年至今，从全国脱贫攻坚到乡村振兴，公司再次携益赛普参与原国务院扶贫办、国家卫生健康委联合实施的强直性脊柱炎健康扶贫工程，捐款1.8亿元，为基层的强直性脊柱炎患者带去治疗机会。截至2022年6月，项目累计开展基层医生培训和患者筛查义诊活动509场，培训基层医生16970人次，筛查患者11742人，救治患者达7515人。

在环境保护方面，集团不断完善环境保护体系，各基地定期开展环境影响内部审计，污染物排放均符合国家环保要求。同时，集团还制定了环境层面四个ESG定量目标，目标涵盖水资源利用、能源利用、有害废弃物排放、温室气体排放四个方面，如计划2025年实现单位营业收入的有害废弃物排放较2018年下降30%。

在“让创新生物药触手可及”的使命驱动下，三生制药将继续秉持“珍爱生命、关注生存、创造生活”的理念，致力于用高质量的药品提高患者的生存质量，为人类健康造福而努力。

三生制药的ESG治理理念也在我们采访肖卫红总经理的对话中得到了印证。三生制药MSCI评级结果从2016年的B评级，到2017年和2018年的BB评级，再到2019年的BBB评级和2020年的A评级，以及2021年的AA评级。这份亮眼的成绩单已使三生制药超过了88%的全球生物科技公司，在ESG上的表现处于全球同业领先地位。

2022年11月28日新浪财经报道过三生制药董事长娄竞博士的观点：“这表明三生制药发展自身的同时不忘对各利益相关方的承诺。未来，三生制药将践行ESG管理理念，为公司长远稳健发展打下基础，为促进行业高质量发展贡献力量。”[①]该新闻报道提到了该公司ESG报告披露以下的几个亮点：一是由董事会级委员会负责公司环境管理战略和绩效，并由董事会对ESG目标进度进行定期检讨。二是对反贪污与商业道德、负责任营销等重要ESG议题进行定期审计，并开展外部审计。三是已建立完善的继任者发展计划，制订完善的领导力培训计划，提前培养重点岗位的候选人和领导力。四是具备完善的内部产品检验设备和能力，且检验范围较为广泛。

我们注意到，三生制药ESG报告的亮点和其在识别ESG评级体系，如结合自身的上市地点，选择MSCI评级体系；重点关注医疗行业细分下三生制药作为制药类企业需要关注的相关指标：医疗健康的可获得性、腐败及不稳定性、有害排放物与废弃物、产品质量与安全等。三生制药自2016年来，在ESG评级上收获的进步与提升，是企业一步一个脚印，不断识别诊断可能落后行业ESG关键议题并持续采取行动改善的结果。

对照李菁女士在前述中建议医疗健康行业要做到的七个行动方案，我们有理由相信全球医疗健康企业ESG合规机遇无限，尽管在这ESG旅程中可能挑战不少。

---

① 《喜讯！三生制药最新MSCI ESG评级跃升至AA级，已处于全球同业领先地位》，载财联社，https://www.cls.cn/detail/1196930，最后访问日期：2023年2月21日。

第三章 | ESG合规人才现状与发展

环境、社会和治理（ESG）是指衡量组织的可持续性和道德影响时的三个关键因素。近年来，ESG的成果和合规性获得了更多的关注和优先级，成为能够作为保护业务免受未来风险、推动股东回报、最大化可衡量的商业影响，以及为员工创造更好的吸引力和参与度的一种有效方式。ESG报告已经是美国券交易委员会（SEC）和香港联交所对上市公司的强制性要求。近年来，中国监管机构一直在积极推动A股上市公司自愿进行ESG报告。

实现ESG目标并产生有意义的影响，在很大程度上取决于强大的领导力和相关的人力资源管理。目前对首席可持续发展官（CSO）和ESG团队的需求水平远远超过供给。在全球范围内，公司在2020—2021年任命的CSO数量与前8年的总和一样多。93%的公司CSO是从外部雇用的，而不是从内部职位晋升的，其中80%的人已经在前公司担任了ESG或可持续发展的相关角色。

一、ESG人才的关键特质

早期的ESG领导者大多来自法律、合规、沟通或投资者关系等部门的中层职能主管，负责建立基本的ESG框架。近年来，随着ESG上升到董事会议程的中心，ESG领导者不仅需要设计、整合和实施跨组织的框架和政策，还需要通过具体的量化管理来帮助实现业务和社会价值。根据我们的采访和对优秀的CSO领导力研究，我们发现，成功的下一代ESG领导者需要具备五项关键的领导能力。

（一）战略愿景

作为变革推动者和具有前瞻性的业务领导者，他们对业务和宏观趋势有深刻的理解，以使风险管理和ESG实施与短期和长期目标保持一致；并平衡可持续性与盈利能力。当我们分析全球医疗健康组织中新任命的ESG领导者时，大约40%的人具有战略、商业或业务支持背景（如财务或供应链管理）或研究方面的经验，并且他们可以将这些经验升华成为ESG战略的形成和战略落地。

（二）系统管理

ESG领导者具有理解ESG问题的相互关联性和业务差异性的能力，以便设计整体方法。最重要的是，他们能够处理跨组织和跨国界系统的复杂性。在技术层面，他们必须能够识别或创建ESG指标并进行合规审查和审计。不幸的是，在医疗健康行业，我们很少能找到兼具ESG专业知识和全面系统知识的人。公司有时不得不使用团队配合的方法来解决问题，例如找一位成熟度高的高级领导者配一位强大的可持续发展专家。

（三）情境适应性

在高度分散的全球ESG监管格局和快速变化的商业环境下，ESG领导者必须具有很强的应变能力和对模棱两可的容忍度，以适应新形势并对内部与外部变化进行必要的调整。我们观察到优秀的CSO总是能预见风险并在不确定性中茁壮成长。相反，上一代ESG领导者更倾向于标准化和稳定，而不是及时调整和长期转型。

（四）影响力

ESG领导者在组织中扮演变革推动者的角色。由于ESG转型会导致组织转型，影响到业务的各个方面，特别是各级员工。因此，CSO需要能建立融洽的关系和信任，以确保获得整个组织利益相关者的支持。他们可以非常有说服力和可信度。很多时候，他们善解人意，关心他人在商业和个人事务中的问题。这种影响还伴随着授权和进入董事会层面。目前，全球只有不到37%的医疗保健CSO向高管级别的领导（C level）或董事会报告。在中国，上市的制药或医疗科技公司中还没有CSO，超过60%的ESG领导者向C-1或C-2汇报。

（五）责任感

根据麦肯锡的研究，有效地执行ESG可以帮助应对不断上升的运营成本，并将运营利润提高多达60%。优秀的CSO会将ESG指标和其他KPI一起衡量。通过将可达到的可衡量目标和面向未来的计划相结合，确保组织有更好的机会实现这些目标和影响。

这些重要的领导能力对于推动VUCA业务环境［volatility（易变性）、uncertainty（不确定性）、complexity（复杂性）、ambiguity（模糊性）］的变化是必要的。为了招募和进一步发展未来的CSO和ESG团队，我们建议组织关注表3.1所示的16项领导力属性，并能够应用到招聘和人才培养的环节中。

表3.1　ESG未来高管人才的关键特质

商业管理：	利益相关者管理：
• 全球视野 • 系统思维 • 战略思维 • 商业洞察力	• 合作 • 沉着冷静 • 影响力 • 人际适应性
变革管理：	**人员管理：**
• 模糊容忍度 • 勇气 • 概念分析 • 创新	• 开放与信任 • 赋能 • 教练 • 同理心

注：分析基于决策动态的领导力评估结果。

二、ESG人才转变与提升的关键主题

鉴于ESG人才的短缺以及CSO对这些未来领导能力的需求不断增加，企业需要对保留、发展和治理进行ESG集成，以便能够将组织的各个部分结合在一起。在我们与全球医疗客户的讨论中，发现四个关键主题，公司至少应该关注这些主题，以提升和转变其ESG团队和员工队伍素质。

（一）让CSO更接近高层

成功的公司使用“自上而下”的方法。他们培训董事会如何处理ESG问题，能够在整个组织中应用它，并将ESG考虑嵌入他们的日常工作中，因此员工也可以适用于不同的流程、不同的控制和决策。CSO要想真正发挥其作用，他们需要直接进入董事会。这可以通过任命CSO加入董事会，或直接向监督ESG战略并对ESG战略负责的董事会成员/ESG委员会的报告来实现。目前越来越多的中国上市医疗保健公司开始采用和实施这种自上而下的形式。一般有三种：一是董事会层面的ESG委员会，委员会成员均来自董事会，直接管理ESG战略和计划实施（比如丽珠医药）；二是董事会下设的ESG和合规委员会，由部分董事会领导并负责ESG议程和战略（比如泰格医药）；三是ESG领导委员会或领导工作组，100%由企业高管或职能负责人组成，向董事会报告（比如京东健康、百济神州、中国生物）。很显然，董事会的直接治理，与ESG合规性和ESG评级改善之间存在明显的相关性。

（二）创建授权型的组织结构和实践

由于ESG影响公司的各个部分，因此公司内部要有强有力的沟通和实践能力，将各个部门整合为一体。从ESG团队、供应链团队、CFO办公室到研发团队等，每个人都可以发挥作用并利用他们的经验。我们了解到，ESG团队设立通常在一开始偏向于集权式的中心领导，以确保战略、衡量和合规正确执行。随着组织变得更加成熟，子公司、业务部门也可以拥有自己的ESG团队，同时由中央ESG团队指导。重要的是，经过深思熟虑的审计报告以及清晰的衡量标准可以帮助促进ESG举措的广泛传播，并保持目标正常进行。

（三）着重ESG人才发展

我们都知道，找到深入了解ESG且经验丰富的人才或领导者是非常困难的。当公司在内部寻找潜在的ESG候选人时，我们的一些客户开始着眼于对ESG相邻或相关职能的人才进行再培训和能力提升，这可以最大限度地缩短教练周期和转型时间。例如，风险管理总监转变为气候风险管理总监，人力资源通才转变为DE&I（多元化、公平和包容性）通才，等等。

另一种常见的做法是对选定的内部候选人进行轮岗培训，让他们接触各种ESG问题和领域。轮岗的范围可能包括气候风险、合规、生物学、农业、健康、投资管理、采购、数字等。随着时间的推移，这有助于建立ESG组织的人才管道，当然，前提是有企业高层支持和关注，以及轮岗结束后对职业发展路径的认真规划和思考。

（四）加强ESG人才保留

对于医疗健康行业，许多组织都在努力吸引和保留人才，对ESG人才的保留更是毋庸置疑。强调ESG是雇主应对这些人才流动挑战和培养包容文化的一种方式。内部DE&I审计和与多元化相匹配可以提高年轻员工的敬业度和自豪感。此外，为了提升保留度，不少公司已开始将ESG团队和领导者调升到更高的公司级别。近年来，中国多家药企将其ESG负责人从高级经理提升为高级总监，从总监提升为副总裁。中国药企的第一位CSO的出现，应该也为期不远了。这发出了一个强烈的信号，使ESG职业道路更具有吸引力和长期性。

总之，企业未来对ESG的重视和推进将更加强烈。对于医疗健康组织来说，要获得可持续和成功的ESG成果，ESG领导力、人才发展以及公司治理模式至关重要。那些成功执行人力资源和组织战略的企业很有可能占到上风。

第四章 | 生态环境合规[①]

ESG是一种关注企业环境、社会、公司治理绩效的价值理念、投资策略和企业评价标准。在我国，有关ESG的法律规定分布在环保、劳动、竞争等相关基础法规，以及证监会和交易所发布的相关上市公司监管规定中。[②]近年来，随着ESG投资理念迅速普及，以及我国逐步重视对生态环境的保护，ESG环境维度成为企业应当关注的合规重点。

我国生态环境政策理念经历了从“污染防治观”到“生态文明观”的演变，[③]逐步加强对生态环境保护的监管。目前我国处于工业化中后期，环境污染事故进入高发期。实践中，医疗健康企业环保处罚案例时有发生，环保合规成为众多医疗健康企业的重要议题，是企业持续发展必不可少的关注要点。

一、环保法律体系概述

中华人民共和国生态环境部为我国环境保护的主管机关，负责生态环境基本、重大问题。各地方设立生态环境局或生态环境厅，主管各地方辖区内的环保事项。

笔者将我国医疗健康行业环保法律体系总结如图4.1所示。

---

① 感谢朱丽参与本章的撰写。

② 例如，2018年9月中国证监会修订的《上市公司治理准则》增加了ESG信息披露的相关规定，其第95条规定：“上市公司应当依照法律法规和有关部门的要求，披露环境信息以及履行扶贫等社会责任相关情况。”

③ 张小筠、刘戒骄：《新中国70年环境规制政策变迁与取向观察》，载《改革》2019年第10期。

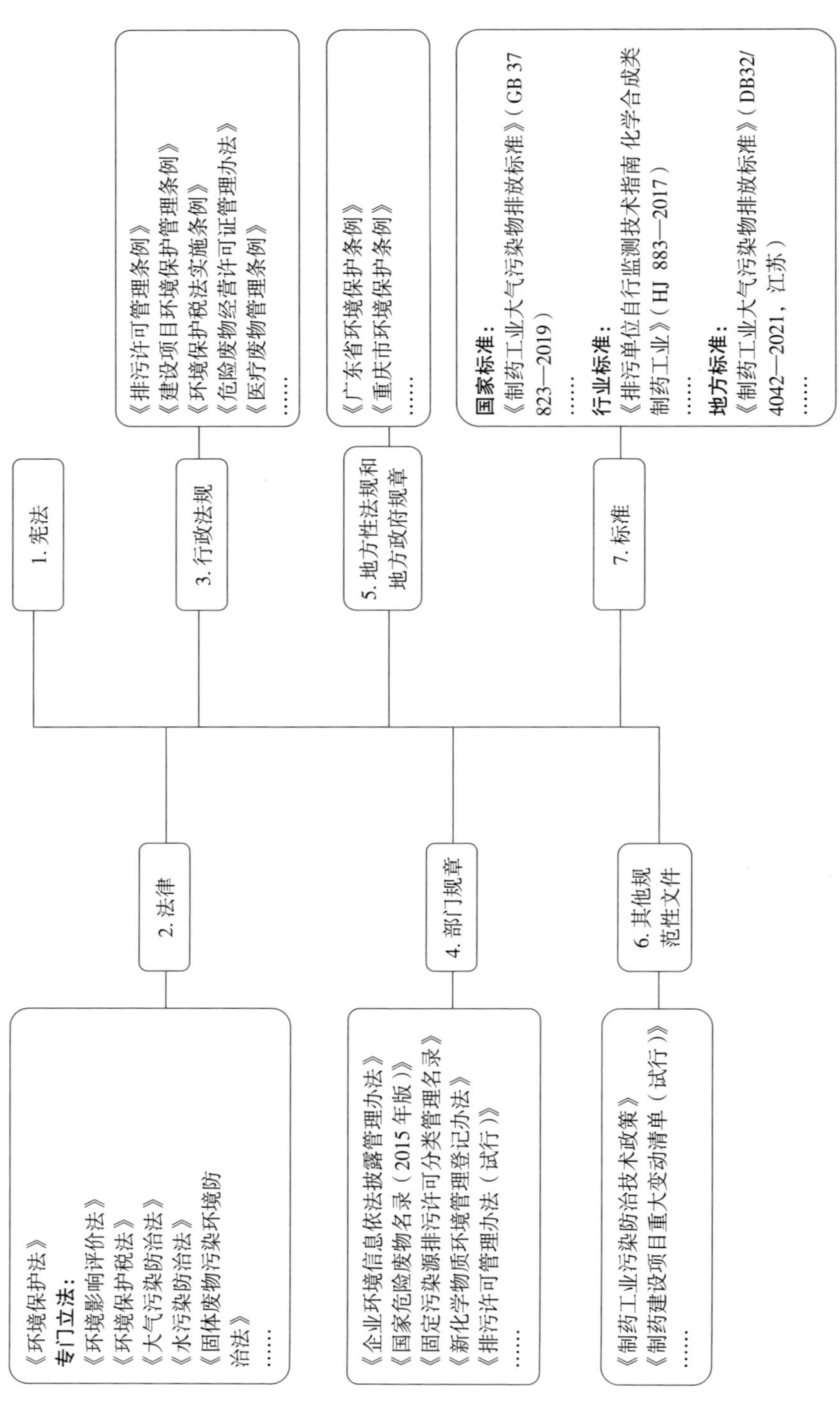

图 4.1 医疗健康行业环保法律体系

二、环保合规主要义务

我国有关环保法律法规多达上百部，笔者将其中普遍适用以及为医疗健康企业重点关注的合规义务梳理如下。

（一）环境影响评价

企业进行项目建设，凡对环境有影响的，根据《环境影响评价法》，应事前进行环境影响评价。环境影响评价实施分类管理，根据建设项目对环境影响的程度从重大、轻度到很小，企业分别编制环境影响报告书、环境影响报告表以及环境影响登记表。企业应当按照现行有效的《建设项目环境影响评价分类管理目录（2021年版）》判断编制何种环境影响评价文件。

根据《环境影响评价法》，环境影响评价文件经生态环境主管部门批准后，方可进行项目开工建设。需要注意的是，已批准的环境影响评价文件，如果项目发生重大变动，或者超过其5年有效期仍未开工建设，都需要重新履行报批手续。如何判断重大变动，污染影响类建设项目可依据《污染影响类建设项目重大变动清单（试行）》判断，其中已发布行业建设项目重大变动清单的，按行业建设项目重大变动清单执行，如制药类建设项目依据《制药建设项目重大变动清单（试行）》执行，该清单对制药项目规模、建设地点、生产工艺、环保措施等方面的重大变动作了细化规定。[①]

"未批先建"是环境影响评价方面常见的违法行为，包括未报批环境影响评价文件擅自开工建设、应重新报批的未履行重新报批手续等。相关行政处罚主要包括罚款（项目总投资额1%—5%）、责令停止建设、责令恢复原状；对建设单位直接负责的主管人员和其他责任人员予以行政处分等。就医疗健康企业而言，因"未批先建"受到行政处罚的案例时有发生，比如，云南某中医医院未履行建设项目环境影响评价相关审批手续，项目擅自开工建设，

---

① 例如，根据《制药建设项目重大变动清单（试行）》，化学合成类、提取类药品、生物工程类药品生产能力增加30%及以上，属于规模的重大变动。

项目部分主体已建成投入使用，被处以罚款20.5万元[①]；凉山某中药饮片公司在未取得环评批复的情况下建设中药饮片精深加工整体技改搬迁项目，被处以罚款140.28万元[②]；山东某药企未在环评报告及批复中提及提取工序原料及工艺的变更，属于建设项目发生重大变动却未重新报批，被处罚建设项目总投资额300万元的1%即3万元[③]。

应当注意的是，2018年修正的《环境影响评价法》强化了企业的责任，规定企业可以自行或者委托技术单位编制环境影响评价文件，但即使委托编制，企业自身仍然需要对环境影响评价文件的内容和结论负责。环境影响评价文件存在如重大缺陷、遗漏、虚假等质量问题的，企业自身和受委托单位均将面临处罚风险。在河南某环境影响评价有限公司出具虚假环境影响报告表案[④]中，环保部门除对受托编制环境影响报告表的单位处以罚款外，也对项目公司处以罚款。在湖南某医药项目环评文件严重质量问题案[⑤]中，因该项目环境影响报告表存在抄袭和严重质量问题，上一级环保部门撤销了下级环保部门对项目的环评批复。

（二）环保“三同时”制度

根据《环境保护法》，建设项目中防治污染的设施，必须与项目主体工程同时设计、同时施工、同时投产使用。根据《建设项目环境保护管理条例》，编制环境影响报告书、环境影响报告表的建设项目，其配套建设的环境保护设施经验收合格，方可投入生产或者使用。

2017年10月《建设项目环境保护管理条例》修订实施，建设项目环保验

---

① 昆明市生态环境局盘龙分局盘环罚字［2022］07号行政处罚决定书。

② 西昌市环境保护局西昌环罚［2018］21号行政处罚决定书。

③ 济宁市生态环境局金乡县分局济环金罚字［2019］89号行政处罚决定书。

④ 《赣州公开环评造假环境违法典型案例》，载赣州市生态环境局，http://sthjj.ganzhou.gov.cn/gzssthjj/hjzfxx/202205/8ea589670fad43a28b8bfde30905ffb1.shtml，最后访问日期：2022年12月20日。

⑤ 《生态环境部门加大环评问题查处力度　严惩环评领域弄虚作假行为》，载生态环境部，https://mee.gov.cn/ywdt/xwfb/202107/t20210705_845438.shtml，最后访问日期：2022年12月20日。

收工作由环保主管部门负责验收调整为由建设单位组织对配套建设的环保设施进行自主验收。[①]环境保护部（现生态环境部）随后发布《建设项目竣工环境保护验收暂行办法》，明确了建设单位进行环保设施自主验收的流程和方法。

根据《建设项目竣工环境保护验收暂行办法》，建设项目竣工后，建设单位应组织验收，编制验收报告。实践中，多数企业会委托专门技术机构编制验收报告。验收完成后，企业应公开验收报告，填报及公示验收信息等。环保设施经验收合格后，项目主体工程方可投入生产、使用。对于未经验收或验收不合格即投入使用的，企业将面临责令限期改正、责令停止生产或者使用、罚款以及环境违法信息计入诚信档案等法律后果，企业直接负责的主管人员和其他责任人员也将面临5万—20万元罚款的法律后果。

医疗健康企业常见的违法行为包括：在配套建设的环境保护设施未建成、未经验收或者验收不合格的情况下，建设项目即投入生产或者使用。例如，山西某中医医院放射性污染防治设施、放射防护设施未经验收合格即投入使用，被处以罚款7.8万元[②]；江苏某药企生产项目需配建的环境保护设施未验收即投入生产，被处以罚款53万元，其单位环保负责人被处罚款14.2万元[③]；山东某生物医药公司配套建设的环境保护设施未建成、未经验收，建设项目即投入使用，被处以罚款35万元[④]；浙江某药企建设项目需要配套建设的

① 2017年11月20日发布并实施的《关于发布〈建设项目竣工环境保护验收暂行办法〉的公告》规定，“建设项目需要配套建设水、噪声或者固体废物污染防治设施的，新修改的《中华人民共和国水污染防治法》生效实施前或者《中华人民共和国固体废物污染环境防治法》《中华人民共和国环境噪声污染防治法》修改完成前，应依法由环境保护部门对建设项目水、噪声或者固体废物污染防治设施进行验收”。2017年6月27日、2020年4月29日，全国人大常委会分别发布了《水污染防治法（2017修正）》（2018年1月1日实施）、《固体废物污染环境防治法（2020修订）》（2020年9月1日实施），前述修正（或修订）均删除了相关环保设施建设项目由环境保护行政主管部门验收的规定。根据现行法规，所有环保设施建设项目均已调整为由建设单位自主验收。

② 临汾市生态环境局临环罚字［2022］008063号行政处罚决定书。

③ 南通市生态环境局通05环罚字［2021］64号行政处罚决定书。

④ 济南市生态环境局济环罚字［2021］第G012号行政处罚决定书。

环境保护设施未经验收即从事原料药生产，被处以罚款49万元[①]。

值得注意的是，企业不可对未经验收投入使用超过一定年限后不再处罚存有侥幸心理。在于某某诉某区生态环境局行政处罚案[②]中，审理法院认为涉案企业同时存在未批先建，以及未经验收投入使用两种违法行为。对于未批先建，由于超过追诉期限，免予处罚。但未经验收投入使用行为一直持续，仍应予以处罚。

（三）排污许可

1989年，第三次全国环境保护会议首次提出“排污申报登记和排污许可证”制度[③]，随后各地开展了排污许可制度的试点和探索。2014年修改的《环境保护法》首次明确规定“国家依照法律规定实行排污许可管理制度”。2021年3月前，排污许可主要依据环境保护部（现生态环境部）2018年1月发布的《排污许可管理办法（试行）》执行。2021年1月起，国务院发布《排污许可管理条例》，排污许可法律层级上升至行政法规。

按照《排污许可管理条例》规定，根据污染物产生量、排放量、对环境影响程度等因素，将排污单位分为排污许可重点管理、简化管理两类，这两类企业均应申请取得排污许可证。此外，污染物产生量、排放量和对环境影响都很小的企业，可以填报排污登记表，不需要取得排污许可证。《固定污染源排污许可分类管理名录（2019年版）》解决哪些排污单位实施排污许可管理和应该纳入什么类别管理的问题，是排污许可证制度改革的重要支撑。[④]需要留意的是，即使某些特定业务、行业不在名录内，但如果被列入重点排

---

① 台州市生态环境局台环黄罚字［2021］36–1号行政处罚决定书。

② 《天津高院发布环境资源审判典型案例》，载天津法院网，http://tjfy.tjcourt.gov.cn/article/detail/2022/06/id/6721557.shtml，最后访问日期：2022年12月20日。

③ 生态环境部党史学习教育领导小组：《党领导新中国生态环境保护工作的历史经验与启示》，载《中国环境报》2021年11月25日，第1版。

④ 《生态环境部环评司有关负责人就〈固定污染源排污许可分类管理名录（2019年版）〉等系列文件答记者问》，载生态环境部，https://www.mee.gov.cn/xxgk2018/xxgk/xxgk15/202001/t20200107_757941.html，最后访问日期：2022年12月20日。

污单位名录的，或者某些污染物排放量大于一定标准[①]的，也会被认为属于重点管理企业，应当申请排污许可证。此外，即便企业经营业务未被纳入目录，但是其生产经营涉及通用工序的，仍应进一步判断是否会因通用工序而被纳入需要取得许可的范围。

排污许可证5年有效期到期后或有效期内发生项目污染物排放的一定变化，应重新申请排污许可证。为了确保实际污染物排放和核准范围一致，企业有义务开展监测工作，安装监测设备，保存监测记录，以及建立环境管理台账记录等。排污许可证不仅仅是传统意义上的政府行政许可，更是排污单位环境影响的承诺书，政府部门的监督依据，公众监督的切入点。[②]

在排污许可方面，医疗健康企业常见的违规行为包括未取得排污许可证排放污染物、污染物排放与排污许可证不符、未按照排污许可证要求开展自行监测、未建立环境管理台账记录等。根据《排污许可管理条例》，该行为可能导致企业遭受责令改正、限制生产、停业整治、处以20万—100万元罚款，甚至责令停业、关闭的行政处罚。例如，湖南某医院未取得排污许可证排放污染物，被处以罚款20万元[③]；辽宁某药企的口服液及固体制剂项目未取得排污许可证而进行排污，被处以20万元罚款[④]；山东某药企污染物排放方式和排放去向与排污许可证不相符，被处以罚款8.1875万元[⑤]；陕西某医院未按照排污许可证规定制定自行监测方案并开展自行监测，被处以罚款2万

---

① 《固定污染源排污许可分类管理名录（2019年版）》第7条规定："属于本名录第108类行业的排污单位，……有下列情形之一的，还应当对其生产设施和相应的排放口等申请取得重点管理排污许可证：（一）被列入重点排污单位名录的；（二）二氧化硫或者氮氧化物年排放量大于250吨的；（三）烟粉尘年排放量大于500吨的；（四）化学需氧量年排放量大于30吨，或者总氮年排放量大于10吨，或者总磷年排放量大于0.5吨的；（五）氨氮、石油类和挥发酚合计年排放量大于30吨的；（六）其他单项有毒有害大气、水污染物污染当量数大于3000的。污染当量数按照《中华人民共和国环境保护税法》的规定计算。"

② 孙守亮：《〈排污许可管理条例〉专家系列解读文章之一：将排污许可制打造成改善环境质量的制度利器》，载生态环境部，https://www.mee.gov.cn/zcwj/zcjd/202101/t20210129_819521.shtml，最后访问日期：2022年12月20日。

③ 常德市生态环境局常环罚字［2022］0603号行政处罚决定书。

④ 盘锦市生态环境局盘环罚决［2021］222号行政处罚决定书。

⑤ 淄博市生态环境局淄环罚字［2022］第15号行政处罚决定书。

元[①]；江苏某药企未保证污染物排放自动监测设备正常运行，被处以3.98万元罚款[②]；陕西某药企未建立环境管理台账记录，被处以罚款1万元[③]。

（四）运营期污染防治

在企业项目建成投产到项目服务期满的阶段，企业应当注意大气污染、水污染、噪声污染、固体废物污染、放射性污染等防治的合规，确保污染物排放合规、环保设施正常运行及已采取必要的环境污染防治措施。从实践案例来看，医疗健康企业运营期的环保违法行为主要集中在大气污染、水污染、固体废物污染、放射性污染领域。

1. 大气污染防治合规

除环境影响评价以及申请排污许可证按证排污等常规义务外，根据《大气污染防治法》，医疗健康企业还应重点关注如下合规义务：一是污染物排放监测，保存原始监测记录。二是安装使用监测设备及确保设备正常运行。三是关注企业所用工艺、设备和产品是否被淘汰。四是排放粉尘、硫化物和氮氧化物的，应当采用清洁生产工艺，配套建设除尘、脱硫、脱硝等装置，或采取技术改造等控制排放措施。五是产生含挥发性有机物废气（VOCs）的生产和服务活动，应当在密闭空间或者设备中进行，并按照规定安装、使用污染防治设施；无法密闭的，应当采取措施减少废气排放。六是采取集中收集处理、密闭、围挡、遮盖、清扫、洒水等措施，控制、减少粉尘和气态污染物排放。七是不得通过不正常运行大气污染防治设施等逃避监管的方式排放大气污染物。

违反上述大气污染防治义务的，企业可能面临责令改正、限制生产、停工或停产整治、罚款、责令停业或关闭的法律后果。且根据《环境保护法》第63条的规定，对于通过逃避监管的方式违法排放大气污染物的行为，直接负责的主管人员和其他直接责任人员可能面临5—15日拘留的法律后

① 咸阳市生态环境局三原分局陕D三原环罚［2021］46号行政处罚决定书。

② 连云港市生态环境局连环行罚字［2022］11号行政处罚决定书。

③ 西安市生态环境局陕A灞桥环罚［2021］42号行政处罚决定书。

果。实践中已有不少医疗健康企业因为违反上述大气污染防治义务被处罚，例如，山西某药企生产过程中产生的挥发性有机物收集管道断开，均未进行收集处理，被处以罚款5万元[①]；山东某药企超标排放挥发性有机物，被处以罚款69.0625万元[②]；湖北某药企精细化管理不到位，未严格控制粉尘和气态污染物的排放，造成环境污染，被处以罚款8.4万元[③]；河南某药企不正常运行防治污染设施，通过逃避监管的方式排放大气污染物，被处以罚款50万元，对其直接负责的主管人员和其他直接责任人员，生态环境局将案件移送公安机关[④]；山东某药企污水处理工段未采取有效措施，致使废气外溢，被处以罚款10万元[⑤]。

2.水污染防治合规

《水污染防治法》规定了企业水污染防治义务，从医疗健康企业水污染处罚案例来看，医疗健康企业应当注意遵守以下水污染防治义务：一是不得超标排放水污染物或将禁止排放的污染物排入水体；二是按规定设置水污染物排污口；三是不得利用渗井、渗坑、裂隙、溶洞，私设暗管，篡改、伪造监测数据，或者不正常运行水污染防治设施等逃避监管的方式排放水污染物。

若企业违反上述水污染防治义务，将面临责令改正、责令限制生产、停产整治、责令停业或关闭、罚款等法律后果。对于通过逃避监管的方式违法排放水污染物的行为，直接负责的主管人员和其他直接责任人员可能面临5—15日拘留的法律后果。例如，贵州某药企通过逃避监管的方式排放水污染物，被处以罚款48万元，对其直接负责的主管人员和其他直接责任人员，生态环境局将案件移送公安机关[⑥]；浙江某医院超标排放水污染物，被处以罚

① 临汾市生态环境局临环罚字［2022］006005号行政处罚决定书。

② 潍坊市生态环境局潍环罚字［2021］SG093号行政处罚决定书。

③ 鄂州市生态环境局鄂州环罚字［2021］22号行政处罚决定书。

④ 驻马店市生态环境局驻环罚决字［2019］第20号行政处罚决定书。

⑤ 《2019年6月份潍坊市生态环境局寿光分局对环境违法案件的行政处罚》，载寿光市人民政府，http://www.shouguang.gov.cn/sghbj/hbyw/hjjcha/202003/t20200317_5574164.html，最后访问日期：2022年12月20日。

⑥ 遵义市生态环境局遵道环罚字［2021］6号行政处罚决定书。

款10万元[①]；湖北某医院违反规定设置排污口，将院区污水通过雨水管网直排河中，被责令立即拆除或封堵向雨水管网排放污水的排污口，同时被处以罚款8万元[②]；辽宁某药企排放的污水中水污染物浓度超过当地相关污水排放标准限值，被处以罚款30万元[③]。

3. 固体废物污染防治合规

固体废物处置主要适用《固体废物污染环境防治法》。根据来源的不同，固体废物可分为工业固体废物、生活垃圾、建筑垃圾、农业固体废物等。根据污染特性，固体废物可分为一般固体废物和危险废物。医疗健康企业应特别关注有关工业固体废物、危险废物的规则。根据实践中医疗健康企业固体废物常见的违法行为，提示医疗健康企业应当注意遵守下列固体废物污染防治合规义务。

第一，针对一般工业固体废物而言，采取合理的固体废物污染防范措施，不得擅自倾倒、堆放、丢弃、遗撒固体废物；安全分类存放固体废物，按规定建设贮存设施、场所分类存放，或者采取无害化处置措施。

第二，针对危险废物而言，按规定设置危险废物标识；避免将危险废物混入非危险废物中贮存；依法制订危险废物管理计划、建立危险废物管理台账；严格审查第三方机构危险废物经营许可资格，避免将危险废物提供或者委托给无许可证的单位或者其他生产经营者从事经营活动；严格管控危险废物产生、收集、贮存、运输、利用、处置环节；转移危险废物应得到依法申请获批。

应当注意的是，对医疗废物的收集、运送、贮存、处置及监督，还应当遵守《医疗废物管理条例》《医疗卫生机构医疗废物管理办法》《医疗废物分类目录（2021年版）》等规定依法进行管理。企业违反上述固体废物污染防治义务的，可能面临责令改正、责令停业或关闭、罚款、没收违法所得的法律后果，还可能因为构成污染环境罪对企业判处罚金。例如，宁

---

① 金华市生态环境局义乌分局金义环罚字［2022］025号行政处罚决定书。

② 襄阳市生态环境局襄环罚字［2022］D02号行政处罚决定书。

③ 沈阳经济技术开发区生态环境分局沈环经开罚［2020］4号行政处罚决定书。

夏某药企露天堆放工业固体废物，贮存工业固体废物未采取符合国家环境保护标准的防护措施，被处以20万元罚款[①]；安徽某药企未按照环评要求建设符合国家环境保护标准防护措施的工业固体废物贮存场所，被处以10万元罚款[②]；浙江某药用包装材料公司未设置危险废物识别标志，被处以罚款4.24万元[③]；北京某医疗器械公司将危险废物混入非危险废物中贮存，被处以罚款1万元；[④]苏州某包装材料公司因未如实申报登记危险废物、将危险废物委托给无资质的单位从事经营活动、未按规定填写危险废物转移联单制度，分别被处以罚款5万元、10万元、9万元[⑤]；北京某体检医院转运固体废物未按照国家有关规定填写危险废物转移联单，被处以罚款15万元[⑥]；辽宁某医院擅自倾倒、堆放危险废物，被处以罚款20万元[⑦]。此外，企业法定代表人、主要负责人、直接负责的主管人员和其他责任人员也可能面临罚款、行政拘留，甚至被判处刑罚的法律后果。例如，上海某药企合成车间主任违反国家规定将公司危险废物交由他人倾倒、处置，构成污染环境罪，被判处有期徒刑6个月，罚金2万元[⑧]。

医疗废物、医药废物、废药物、药品等是国家危险废物名录明确规定的危险废物类别。对于危险废物的合规管理，建议企业根据国家关于如何管理危险废物的规定和划定危险废物具体范围的规定，根据自己的生产经营情况，建立符合企业生产实际的危险废物管理名录，并动态关注《国家危险废物名录（2021年版）》的更新，相应地及时更新企业自身的危险废物名录。建议企业加强对废物处置的回顾性审查，对于某些废物处置当时不属于危险废物的，一旦发现其被纳入国家危险废物名录，应当及时采取补救措施。还应当注意的是对于尚未纳入国家危险废物名录且不明确其危险性的固体废

① 石嘴山市生态环境局石平环罚字［2021］69号行政处罚决定书。

② 亳州市生态环境局亳环罚字［2021］76号行政处罚决定书。

③ 平湖市环境保护局平环乍罚字［2019］2号行政处罚决定书。

④ 北京市通州区生态环境局通环监罚字［2020］第137号行政处罚决定书。

⑤ 苏州市生态环境局苏环行罚字［2019］09第168号行政处罚决定书。

⑥ 北京市朝阳区生态环境局朝环境监察罚字［2021］13号行政处罚决定书。

⑦ 鞍山市生态环境局鞍环罚决［2020］第（15008）号行政处罚决定书。

⑧ 河南省林州市人民法院（2019）豫0581刑初129号刑事判决书。

物，建议企业严格按照有关危险废物鉴别标准和技术规范，对该等固体废物危险特性进行鉴别。经鉴别，具有危险特性、属于危险废物的，企业应当根据该等固体废物的主要有害成分和危险特性确定所属废物类别，进行归类管理。在山西某生化药业有限公司、田某等人非法处置过期药品污染环境案①中，该公司及其实际控制人田某在未对固体废物进行目录对照以及未对危险特性进行鉴别的情况下，擅自将过期的十余种药品私自倾倒、处置，构成污染环境罪，分别判处被告单位罚金5万元，田某有期徒刑10个月，并处罚金5000元。

4.放射性污染防治合规

《放射性污染防治法》明确了企业的放射性污染防治合规义务，放射性废物是一种公害性极强的环境污染物，其排放和处置都受到严格的监管。此外，《放射性同位素与射线装置安全和防护条例》明确了企业生产、销售、使用放射性同位素和射线装置应当遵守的合规义务。医疗健康企业应当关注的放射性污染防治合规义务要点如下：（1）生产、销售、使用放射性同位素和射线装置应当依法申领许可证，办理登记手续；（2）使用、贮存、处置放射性物质和射线装置的场所应当设置明显的放射性标志；（3）向环境排放放射性废气、废液，应当符合国家放射性污染防治标准；（4）对不得向环境排放的放射性废液按照规定的放射性污染防治标准进行处理或者贮存；（5）按照国务院环境保护行政主管部门的规定，对其产生的放射性固体废物进行处理后，送交放射性固体废物处置单位处置，并承担处置费用。不得将放射性固体废物提供或者委托给无许可证的单位贮存和处置。

违反前述放射性污染防治合规义务，企业可能面临责令限期改正、罚款、吊销许可证、没收违法所得的法律后果，构成污染环境罪的，还将面临被判处刑罚的法律后果。例如，河北某医院4台射线装置已投入使用，未按照国务院有关放射性同位素与射线装置放射防护的规定申请领取许可证和办

① 《人民法院依法审理固体废物污染环境典型案例》案例三，载最高人民法院，https://www.court.gov.cn/zixun-xiangqing-347801.html，最后访问日期：2022年12月20日。

理登记手续，被处以罚款1.6万元[①]；河北某中医医院未按照规定设置放射性标识、标志，被处以罚款2.6万元[②]。

（五）环境信息披露

2021年5月生态环境部发布《环境信息依法披露制度改革方案》，提出“到2025年，环境信息强制性披露制度基本形成”主要目标。2022年2月8日，《企业环境信息依法披露管理办法》和《企业环境信息依法披露格式准则》同时生效施行，这两项规则对于环境信息披露主体、披露内容、披露途径、披露格式及相应法律责任予以明确细化。

根据《企业环境信息依法披露管理办法》，企业是环境信息依法披露的责任主体，披露的主体包括重点排污单位、实施强制性清洁生产审核的企业[③]、符合规定情形的上市公司和发债企业[④]。医疗健康企业符合前述情形的应当通过企业环境信息依法披露系统进行环境信息披露。企业环境信息披露包括年度环境信息披露和临时环境信息。年度信息包括：企业环境管理信息、污染物产生、治理与排放信息、碳排放信息、生态环境应急信息、生态环境违法信息等，以及强制性清洁生产相关信息[⑤]，融资所投资项目的相关环境信息[⑥]等。当环保许可发生变动，企业或主要人员受到行政处罚等，应披露临

① 沧州市生态环境局新华区分局沧新环罚［2021］10号行政处罚决定书。

② 邯郸市生态环境局广平县分局邯广环罚［2021］06号行政处罚决定书。

③ 《清洁生产促进法》第27条第2款规定：“有下列情形之一的企业，应当实施强制性清洁生产审核：（一）污染物排放超过国家或者地方规定的排放标准，或者虽未超过国家或者地方规定的排放标准，但超过重点污染物排放总量控制指标的；（二）超过单位产品能源消耗限额标准构成高耗能的；（三）使用有毒、有害原料进行生产或者在生产中排放有毒、有害物质的。”

④ 《企业环境信息依法披露管理办法》第8条规定：“上一年度有下列情形之一的上市公司和发债企业，应当按照本办法的规定披露环境信息：（一）因生态环境违法行为被追究刑事责任的；（二）因生态环境违法行为被依法处以十万元以上罚款的；（三）因生态环境违法行为被依法实施按日连续处罚的；（四）因生态环境违法行为被依法实施限制生产、停产整治的；（五）因生态环境违法行为被依法吊销生态环境相关许可证件的；（六）因生态环境违法行为，其法定代表人、主要负责人、直接负责的主管人员或者其他直接责任人员被依法处以行政拘留的。”

⑤ 适用于实施强制性清洁生产审核的企业。

⑥ 适用于上市公司和发债企业。

时环境信息。

由于医疗健康企业的特性，众多企业被列入重点排污单位名录，属于依法应当进行环境信息披露的主体，因而，医疗健康企业尤其应当注意环境信息披露的合规，建立起相应的企业环境信息披露制度。

（六）生态环境损害赔偿

2015年始，生态环境损害赔偿制度在吉林等7个省市开展试点。2017年发布的《生态环境损害赔偿制度改革方案》，提出2018年起在全国试行及2020年在全国范围内初步构建有效的生态环境损害赔偿制度。2021年实施的《民法典》，明确规定生态环境损害赔偿责任[①]，将改革成果上升为国家基本法律。2022年4月26日，《生态环境损害赔偿管理规定》生效实施，进一步明确了生态环境损害赔偿适用范围、赔偿范围、工作程序、保障机制等。《生态环境损害赔偿管理规定》体现了“环境有价、损害担责”的基本原则，破解“企业污染、群众受害、政府买单”。[②]

《生态环境损害赔偿管理规定》遵循《民法典》第1235条关于生态环境损害赔偿范围的规定，将清污费用、修复费用、生态环境修复期间服务功能损失，生态环境功能永久性损害，以及调查、鉴定评估等合理费用都纳入生态环境损害赔偿的范围，要求企业对环境违法行为直接或者间接产生的费用做到“应赔尽赔”。根据《生态环境损害赔偿管理规定》，企业因同一环境违法行为，将可能同时承担生态环境损害赔偿责任、行政处罚、刑事责任以及对人身、财产的侵权责任。

司法实践中，裁判者会将生态环境损害赔偿责任的履行作为刑事审判量

---

① 《民法典》第1235条规定：“违反国家规定造成生态环境损害的，国家规定的机关或者法律规定的组织有权请求侵权人赔偿下列损失和费用：（一）生态环境受到损害至修复完成期间服务功能丧失导致的损失；（二）生态环境功能永久性损害造成的损失；（三）生态环境损害调查、鉴定评估等费用；（四）清除污染、修复生态环境费用；（五）防止损害的发生和扩大所支出的合理费用。”

② 《生态环境部有关负责同志就〈生态环境损害赔偿管理规定〉答记者问》，载生态环境部，https://www.mee.gov.cn/ywdt/zbft/202205/t20220516_982284.shtml，最后访问日期：2022年12月20日。

刑的情节。在某公司向安徽省某县跨省倾倒危险废物生态环境损害赔偿案[①]中，案涉公司与当地生态环境局积极开展磋商，达成赔偿协议，当地生态环境局在公司积极履行赔偿和修复义务后，将赔偿协议等证明材料，抄送检察机关和审判机关，作为司法机关审理相关刑事案件时依法从宽量刑的佐证。这种“先民事后刑事”也有利于避免违法行为人在得知不利刑罚后果的情况下产生消极履行赔偿义务的心态。企业在面临生态损害赔偿案件的多重违法责任时，积极履行生态损害赔偿民事责任，有助于行政、刑事责任的减轻。

国务院授权的省级、市地级政府是相应行政区域内的生态环境损害赔偿权利人，若企业未与前述生态环境损害赔偿权利人达成生态损害赔偿协议，其有权提起生态环境损害赔偿之诉。此外，随着我国环境公益诉讼法规的不断完善，环境公益诉讼案件逐年增多。符合条件的社会组织、人民检察院、有关行政机关可以提起环境公益诉讼。值得注意的是，司法实践支持原告基于潜在的生态环境受损风险提起预防性的环境公益诉讼[②]，这对企业识别环保合规风险的能力提出了更高的要求。

前述环保合规义务系依据医疗健康企业在实务中的常见违法行为总结整理。除此之外亦有其他环保合规应关注议题，比如，自《环境保护税法》2018年实施以来，我国对大气污染物、水污染物、固体废物和噪声征收的排污费调整为由税务部门征收环保税。医疗健康企业排放前述污染物的，应当依法履行环境保护税缴纳义务；随着“双碳”目标的提出，碳排放也逐渐成为医疗健康企业应当关注的环保合规议题。2021年12月发布的《“十四五”医药工业发展规划》将医药工业绿色低碳工程作为规划主要任务之一。医疗健康企业应关注碳排放对企业成本的影响，并采取措施顺应碳排放政策。

---

① 参见《关于印发第二批生态环境损害赔偿磋商十大典型案例的通知》案例五，载生态环境部，https://www.mee.gov.cn/xxgk2018/xxgk/xxgk06/202112/t20211227_965379.html，最后访问日期：2022年12月20日。

② “云南绿孔雀案”，参见云南高级人民法院（2020）云民终824号民事判决书。

三、体系化合规治理解决方案

我国2021年新修订的《行政处罚法》明确过错责任是行政处罚的基本原则，当事人没有主观过错的，不予行政处罚，但是当事人负有无过错的举证责任。对企业而言，建立起完善的合规管理体系，事前采取相应的合规措施，是企业证明自己无过错的重要手段。随着国家环保监管力度的持续加大，环保合规已经成为企业合规管理的重要组成部分。针对医疗健康企业环保合规，我们提出如下体系化合规治理解决方案。

（一）合规义务、合规风险清单化

合规义务的梳理和合规风险的识别，是企业遵守合规义务的前提。企业可根据其适用内外部法律法规、标准、制度等，建立环保合规义务清单，并根据常见环保风险点，结合企业自身特点，建立环保合规风险清单和企业环保合规内部风险防控指引。同时，企业应加强对国家环保合规法律法规以及监管政策的发布和更新的关注，及时更新前述清单。清单化有助于企业员工对规范关键点的快速掌握。

（二）建立环保合规架构与职责

专门机构和人员是合规制度运行的载体。企业可明确环保合规重点岗位，明确董事会、经营层、合规管理部门、业务部门等相关人员的环保合规义务，将具体的合规义务与特定的岗位相匹配，做到环保合规义务落实到具体责任人员。

（三）开展环保合规宣传与培训

为强化企业员工的环境污染防治意识，培养企业环保合规文化，企业可常态化、持续性地开展环保合规宣传与培训。对于企业的环保高风险环节以及关键岗位员工，可以进行有针对性的环保专题合规培训。企业决策层、管理层应带头接受合规培训，营造良好的企业合规氛围。业务部门也应积极接受环保合规培训，同时在日常业务活动中主动咨询合规管理部门关于环境保护的意见。对于环保重点岗位员工，可以签署环保合规承诺书，树立员工环保合规意识和观念。

（四）环保合规尽职调查

环保合规尽职调查体现在两类情境，一类是对于拟收购标的或者拟开展项目的环保合规尽职调查，从标的/项目涉及的各项环保合规义务角度一一核实，降低收购/项目开展后发生环保责任风险，必要时可以委托外部专业团队协助尽职调查工作。另一类是在企业运营中委外转移、利用、处置污染物的尽职调查，相比前一种情境，这类尽职调查重点突出，相对简单，但需注意在合作过程中持续跟进。企业在委托服务时，一方面应注意审查受托方的主体资格、技术能力；另一方面需注意签署书面委托合同，对受托方履行环保义务提出要求。

（五）建立环保合规考核与奖惩制度

员工/下属企业都应对其职责范围内的环保合规工作负责。企业可建立环保合规考核制度，对具体岗位/下属企业的环保合规职责履行情况进行评价。同时，企业可建立环保合规奖惩机制，对不遵守企业环保合规制度，从事违法行为的员工予以惩处，对积极环保合规的员工予以奖励。

（六）建立、健全环保合规风险管理制度

一方面，企业可建立和完善环保合规风险自查机制，定期开展环保巡查工作，重点对生产设备、污染防治设施运行情况、污染物排放检测情况、环保应急设施完备情况进行检查，实现环保自查自纠常态化。另一方面，可建立对环保违规行为或风险的举报和报告制度，可设置专门邮箱、电话等作为匿名举报和报告的渠道，可视情况成立调查小组对举报和报告内容的真实性进行调查，以及时发现违规行为或风险并进行整改。

（七）正确应对环保违规调查或处罚

面对环境执法部门开展的环境监督检查调查时，企业应当积极配合，避

免以任何方式进行阻挠。面临环境行政违法查处时，企业应充分运用好行政听证程序，积极行使企业陈述申辩权。发现环境违法行为的，企业应及时纠正；在造成环境污染后，企业要及时采取补救措施，努力消除污染、防止损失扩大、积极赔偿损失、设法修复生态环境。根据《环境行政处罚办法》，对于违法行为轻微并及时纠正，没有造成危害后果的，不予行政处罚。各地生态环境主管部门发布的生态环境行政处罚自由裁量规定中，也明确了部分违法排污量少或违法时间持续短的行为属于不予行政处罚的轻微违法行为。同时，改正违法行为的态度和所采取的整改措施及效果也是环保执法机关处罚的裁量考虑因素。因此，积极纠正违法行为，采取补救措施，防止损害扩大，可帮助企业减轻处罚。

第五章 | 人类遗传资源及生物安全[①]

一、ESG与医疗健康行业

ESG是一种关于环境、社会和治理如何协调发展的价值观，其将企业置于相互联系、相互依赖的社会网络之中，从环境责任、社会责任以及企业治理责任三个价值维度构建对于企业的评价体系，并将这三个因素纳入企业投资决策与经营的理念和实践。随着资本市场对ESG的关注度日益增长，医疗健康企业也越来越重视ESG治理，例如一家提供药品CRDMO（合同研究、开发和生产）服务的某知名公司董事会设立了ESG委员会，并在公司内部成立专职的ESG部门。

除了传统的利润最大化考量指标之外，基于ESG评价体系，包括投资者在内的利益相关方可以通过观测企业ESG绩效以及表现将环境、社会和治理等价值驱动考虑在内，综合评估其发展潜力以及投资价值。影响ESG因素的例子很多，且在各市场和行业之间不断变化，基于不同的评价体系以及解读，我们通常认为ESG的三个价值在医疗健康企业的内涵和因素包括：E是指企业应当提升生产经营中的环境绩效，降低单位产出带来的内外环境成本，相关的因素包括水、能源、温室、废弃物排放等指标；S是指企业应当坚持更高的商业伦理、社会伦理和法律标准，其因素包括伦理要求、社会责任、产品责任、安全与健康、商业法律道德；G是指企业应当完善企业治理的内部结构和体系，重点包括但不限于企业治理、合规性、风险管理、知识产权保护、信息安全保护等。

---

① 感谢袁修远、姚佳蕊、丁韵参与本章撰写。

二、ESG与生物安全

狭义的生物安全是指生物技术和实验室安全，主要内容是采取一系列有效预防和控制措施，防止实验室使用的危险生物泄漏，防止生物技术滥用、误用对人民生命安全、生态安全造成威胁和损害。①而广义的生物安全是指国家有效防范和应对危险生物因子及相关因素威胁，生物技术能够稳定健康发展，人民生命健康和生态系统相对处于没有危险和不受威胁的状态，生物领域具有维护国家安全和持续发展的能力。人类遗传资源作为生命科学研究和药物研发的重要基础资源，已成为公众生命健康、生物技术和国家生物安全不可或缺的资源，在生物安全体系中具有至关重要的地位。尤其在中国这样一个多民族大国，人类遗传资源丰富而独特，如何保护中国人类遗传资源不受境外非法获取和利用也是生物安全体系推动和发展的重要一环。

作为与生物安全紧密相关的行业，医疗健康企业的研发、生产、流通等环节都有可能被纳入生物安全的管辖范畴，生物安全保护合规对医疗健康产业的规范化发展具有全局性的影响。同样，站在医药行业ESG评价角度，以生物安全保护作为考量要素，我们认为需要重点关注G（企业治理责任）这一价值维度，即在医疗健康企业治理结构中构建生物安全保护合规体系的框架内容并实施该体系。

良好的生物安全保护合规体系符合G（企业治理责任）中对于企业的评价指标。从企业角度出发，若能够完善生物安全保护合规体系的建设和实施，那么在生物安全保护这一方面可以树立一定的良好ESG绩效。进一步地，该等制度的建设和有效执行，可降低企业的违法违规风险、维持良好的企业信用评级，从而在一定程度上正面影响S（社会责任）的评价指标。从投资者在内的利益相关方出发，医疗健康企业从ESG维度的良好治理增强了这些主体对该医药企业的长期发展信心。

基于上述背景，本章拟从如何在生物安全保护（包括人类遗传资源保护）合规角度，将ESG因素融入医疗健康企业可持续发展战略中，从生物安全保

① 王宏广、朱姝等：《中国生物安全战略与对策》，中信出版集团2022年版，第12页。

护的规范体系、生物安全保护的监管要求与基本原则、典型案例以及医疗健康行业生物安全合规管理的思路和框架这几个方面入手进行阐述。

三、生物安全保护的规范体系

（一）历史沿革

1. 生物安全相关规范的历史沿革

中国生物安全立法及管理从对于转基因安全管理开始，逐渐加强干细胞与生物伦理管理、关注生物实验室安全并积极履行相关国际义务。2005年至2019年，经过了长达15年的研究与起草，2020年《生物安全法》10月17日颁布并于2021年4月15日起施行。

《生物安全法》是我国生物安全领域的一部基础性、综合性、系统性、统领性的法律，采用提纲挈领的方式规定监管方向和重点，并与其他相关法规，包括不限于《传染病防治法》《环境保护法》《农业法》《出入境特殊物品卫生检疫管理规定》等法律法规配套实施，实现对于生物安全的监管。

2. 人类遗传资源保护历史沿革

人类遗传资源保护是生物安全保护体系中的重要一环，我国于1998年6月10日颁布了首部有关人类遗传资源的法规《人类遗传资源管理暂行办法》。《人类遗传资源管理暂行办法》广泛适用于涉及中国人类遗传资源的采集、收集、研究、开发、买卖、出口、出境。为进一步实施对于人类遗传资源的监管，2015年科技部编制公布了《人类遗传资源采集、收集、买卖、出口、出境审批行政许可事项服务指南》。考虑到人类遗传资源监管方面不时发现的新问题，以及《人类遗传资源管理暂行办法》法律层级较低、监管措施需要进一步完善等，国务院进一步发布了《人类遗传资源管理条例》并于2019年7月1日起正式施行。国务院科学技术行政部门（科技部）负责全国人类遗传资源管理工作。

《人类遗传资源管理条例》将涉及中国人类遗传资源的活动分为四类：采集、保藏、利用与对外提供，并明确规定四类活动的前置审批条件，基本覆盖了“人类遗传资源采集、收集、买卖、出口、出境审批”的内容。目前，监管部门开展审批监管工作以及企业规范自身经营行为以《人类遗传资源管理条例》以及科技部不时发布的问答①、服务指南②等作为标准和规范。

（二）监管框架和原则

《生物安全法》以维护国家安全、防范和应对生物安全风险等目标为主要立法目，并在七个方面分设章节（图5.1），从生物安全的不同角度制定了概括性的监管要求和方向，形成了以《生物安全法》作为框架性规则，以具体法律法规及政策来细化执行要求的监管体系。

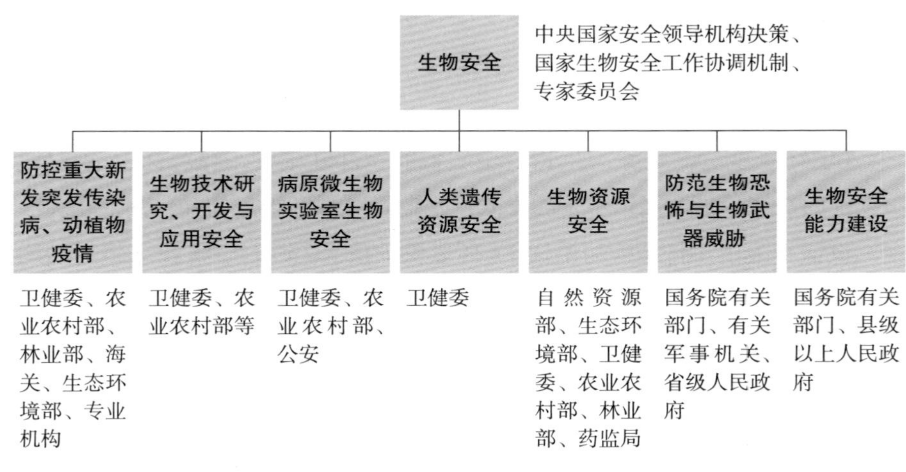

图5.1　生物安全监管体系

注：根据《生物安全法》及2023年3月11日《国务院机构改革方案》梳理(http://www.gov.cn/xinwen/2023-03/11/content 5745977.htm)。

---

① 《关于更新人类遗传资源管理常见问题解答（系列问答二）的通知》，载https://www.most.gov.cn/tztg/202204/t20220415_180263.html，以及《关于更新人类遗传资源管理常见问题解答的通知》，载https://www.most.gov.cn/tztg/202203/t20220304_179634.html，最后访问日期：2022年8月10日。

② 采集审批、保藏审批、合作科学研究审批、材料出境审批、国际合作临床试验备案、信息对外提供或开放使用备案、重要遗传家系和特定地区人类遗传资源申报登记涉及的服务指南，载https://fuwu.most.gov.cn/html/jcxtml/20181218/2837.html?tab=fwzn，最后访问日期：2022年8月10日。

与医疗健康企业有最直接关联性的内容主要包括“生物技术研究、开发与应用”“病原微生物实验室”“人类遗传资源与生物资源”三部分，下文亦拟从上述三个方面进行展开。

四、生物安全保护的监管要求与基本原则

（一）生物技术研究、开发与应用

生物技术研究、开发与应用，是指通过科学和工程原理认识、改造、合成、利用生物而从事的科学研究、技术开发与应用等活动。从字面定义上来看，生物技术研究、开发与应用的范围将较为宽泛，在研发和应用活动中如果涉及生物，则可能纳入监管范畴。如果医疗健康企业拟开展涉及生物的技术研发及应用活动，以下内容需重点关注。

1.禁止性原则

国家禁止从事危及公众健康、损害生物资源、破坏生态系统和生物多样性等危害生物安全的生物技术研究、开发与应用活动。从源头上概括限制生物技术研究、开发和应用活动所可能带来的危险生物因子，关注稳定健康的可持续发展。

2.风险分级管理

根据《生物安全法》的规定，监管部门依据相关活动对公众健康、工业农业、生态环境等造成危害的风险程度，按照高风险、中风险、低风险三类对相关生物技术研究、开发活动进行分级管理。其中，从事高风险、中风险活动的，应依法取得批准或者进行备案，进行风险评估，并制定风险防控计划和生物安全事件应急预案，以降低研究、开发活动实施的风险。[①]风险分级管理的理念早在科技部2017年发布的《生物技术研究开发安全管理办法》中即有所体现，明确“生物技术研究开发安全管理实行分级管理”，具体表现为按照生物技术研发活动潜在风险程度，将相关活动分为高风险等级、较高风险等级和一般风险等级，重点关注高风险和较高风险等级的生物技术研究

① 《生物安全法》第38条。

开发。例如，国家生物技术研究开发安全管理专家委员会应提出高风险等级、较高风险等级相关生物技术研究开发安全事故应对措施和处置程序建议等。

3. 对涉及生物安全的重要设备和特殊生物因子实行追溯管理

国家将建立生物安全的重要设备和特殊因子管控清单，并对其实行追溯管理。如果医药企业涉及购买或者引进列入管控清单的重要设备和特殊生物因子，应当进行登记，确保可追溯，并报国务院有关部门备案。[①]个人不能购买上述重要设备和特殊生物因子。

4. 伦理审查要求

根据《生物安全法》的规定，从事生物技术研究、开发与应用活动，应当符合伦理原则；从事生物医学新技术临床研究，应当通过伦理审查。[②]目前，在从事人类遗传资源相关的采集、保藏、利用、对外提供以及开展人体临床试验的情形下已明确需要取得受试者的知情同意并通过伦理委员会的审查。

5. 对生物技术应用活动跟踪评估

针对生物技术应用活动，《生物安全法》要求监管部门对相关活动依法进行跟踪评估，若发现存在生物安全风险的，应当及时采取有效补救和管控措施。[③]就该等跟踪评估，医疗健康企业应当进行配合。

（二）病原微生物实验室监管

《生物安全法》实施前，我国对病原微生物实验室生物安全的管理依据主要为《病原微生物实验室生物安全管理条例》，配套《病原微生物实验室生物安全环境管理办法》等规定、相关标准化文件以及各级卫生健康委员会及农业农村部门颁布的具体规定、标准和目录。《生物安全法》延续了此前《病原微生物实验室生物安全管理条例》的原则，对病原微生物实施分类管理，对病原微生物实验室实行分级管理[④]，强调了病原微生物实验室设立需经

---

① 《生物安全法》第39条。

② 《生物安全法》第34条、第40条。

③ 《生物安全法》第41条。

④ 《生物安全法》第43条、第45条；《病原微生物实验室生物安全管理条例》第4条。

批准或备案[①]、低等级病原微生物实验室不得从事高致病性病原微生物实验活动[②]、高等级病原微生物实验室从事高致病性微生物实验须经省级以上主管部门批准并向批准部门报告实验情况[③]等要求。

此外，如果涉及《生物两用品及相关设备和技术出口管制清单》所列的病原微生物，此类病原微生物出口事项应符合《生物两用品及相关设备和技术出口管制条例》和《敏感物项和技术出口经营登记管理办法》相关规定，涉及的行政审批事项包括两用物项和技术出进口审批和敏感物项和技术出口经营资格登记，主管部门为商务部。

（三）人类遗传资源的监管

如上所述，除了《生物安全法》之外，人类遗传资源监管的主要法规包括《人类遗传资源管理条例》以及科技部不时发布的问答、服务指南等。监管对象包括人类遗传资源材料和人类遗传资源信息。人类遗传资源材料是指含有人体基因组、基因等遗传物质的器官、组织、细胞等遗传材料。人类遗传资源信息是指利用人类遗传资源材料产生的数据等信息资料。《人类遗传资源管理条例》从禁止和须经审批（或备案）这两个维度，对涉及人类遗传资源的采集、保藏、利用、对外提供活动进行监管。

1.禁止从事的活动

（1）外国（境外）组织及外国（境外）组织、个人设立或者实际控制的机构（以下简称外方单位）不得在我国境内采集、保藏我国人类遗传资源，不得向境外提供我国人类遗传资源。[④]外方单位需要利用我国人类遗传资源开展科学研究活动的，应以如下文介绍的国际合作科学研究的方式进行。

（2）采集、保藏、利用、对外提供我国人类遗传资源，不得危害我国公众健康、国家安全和社会公共利益。[⑤]

---

① 《生物安全法》第44条；《病原微生物实验室生物安全管理条例》第19条、第25条。

② 《生物安全法》第45条、第67条；《病原微生物实验室生物安全管理条例》第21条。

③ 《生物安全法》第46条；《病原微生物实验室生物安全管理条例》第22条。

④ 《人类遗传资源管理条例》第7条。

⑤ 《人类遗传资源管理条例》第8条。

（3）禁止买卖人类遗传资源，但为科学研究依法提供或者使用人类遗传资源并支付或者收取合理成本费用的，不视为买卖。[①]

2.审批（或备案）监管要求

《人类遗传资源管理条例》规定了采集、保藏、利用、对外提供我国人类遗传资源的基本原则，包括：应当符合伦理原则，并按照国家有关规定进行伦理审查；应当尊重人类遗传资源提供者的隐私权，取得其事先知情同意，并保护其合法权益；应当遵守国务院科学技术行政部门制定的技术规范。[②]同时，该条例对于采集、保藏、利用、对外提供活动需要进行审批（备案）的事项进行了较为详细的规定。

（1）采集

采集我国重要遗传家系、特定地区人类遗传资源或者采集国务院科学技术行政部门规定种类、数量的人类遗传资源应进行审批。[③]《中国人类遗传资源采集审批行政许可事项服务指南》[④]对以上须经审批才可进行采集的人类遗传资源的种类的定义作出了一定的解释：第一，重要遗传家系是指患有遗传性疾病或具有遗传性特殊体质或生理特征的有血缘关系的群体，患病家系或具有遗传性特殊体质或生理特征成员五人以上，涉及三代。第二，特定地区人类遗传资源指在隔离或特殊环境下长期生活，并具有特殊体质特征或在生理特征方面有适应性性状发生的人群遗传资源。第三，国务院科学技术行政部门规定的种类是指罕见病、具有显著性差异的特殊体质或生理特征的人群；规定数量是指累计500人以上。

（2）保藏

保藏是指将来源合法的人类遗传资源保存在适宜环境条件下，保证其质量和安全，用于未来科学研究的行为，不包括实验室检测后按照法律、法规要求或临床研究方案约定的临时存储行为。为临床诊疗、采供血服务、查处

---

① 《人类遗传资源管理条例》第10条。

② 《人类遗传资源管理条例》第9条。

③ 《人类遗传资源管理条例》第11条。

④ 《中国人类遗传资源采集审批行政许可事项服务指南》，载科技部，https://fuwu.most.gov.cn/r/cms/zwpt/web/assets/pdf/1.rlyczycjspfwzn.pdf，最后访问日期：2022年8月10日。

违法犯罪、兴奋剂检测和殡葬等活动需要对人类遗传资源进行的保藏不在此列。[①]保藏我国人类遗传资源、为科学研究提供基础平台的，应当经科技部批准。

（3）利用

外方单位需要利用我国人类遗传资源开展科学研究活动的，应当采取与我国中方单位合作的方式进行（即国际合作科学研究）[②]，并且利用我国人类遗传资源开展的国际合作科学研究应获得批准。

为获得相关药品和医疗器械在我国上市许可，在临床机构利用我国人类遗传资源开展国际合作临床试验、不涉及人类遗传资源材料出境的，不需要审批。合作双方仅需在开展临床试验前应当将拟使用的人类遗传资源种类、数量及其用途向国务院科学技术行政部门备案。[③]

（4）对外提供

将我国人类遗传资源材料运送、邮寄、携带出境，应取得人类遗传资源材料出境证明。国际合作科学研究中需要将我国人类遗传资源材料运送、邮寄、携带出境的，可以单独提出申请，也可以在开展国际合作科研研究申请中列明出境计划一并提出申请。[④]

与人类遗传资源材料出境不同的是，人类遗传资源信息对外提供，需向国务院科学技术行政部门备案并提交信息备份，而无须进行审批。可能影响我国公众健康、国家安全和社会公共利益的，应当通过国务院科学技术行政部门组织的安全审查。[⑤]目前对于安全审查的具体情形以及审查标准暂不明确。

3.监管趋势

2022年3月21日，科技部发布了《人类遗传资源管理条例实施细则（征求意见稿）》。对《人类遗传资源管理条例》作了补充与优化，亮点包括：限缩并明确人类遗传资源信息的范围；增加对于外方单位实际控制的认定标准；

① 《中国人类遗传资源保藏审批行政许可事项服务指南》。
② 《人类遗传资源管理条例》第21条。
③ 《人类遗传资源管理条例》第22条。
④ 《人类遗传资源管理条例》第27条。
⑤ 《人类遗传资源管理条例》第28条。

提高了采集审批的报批标准；增加特定情况下外方伦理豁免的情形；增加突发事件的快速审批机制；增加了监督检查及行政处罚等综合规定，同时细化了许可和备案的工作流程。

五、典型案例

（一）案例一：人类遗传资源的行政处罚

2015年至2020年，科技部官网共公布了8则关于人类遗传资源的行政处罚，涉及违规采集、收集、买卖、出口、出境人类遗传资源，引起社会广泛关注。为方便阅读，我们在此简要列举这些行政处罚案例中涉及的一些违法行为，例如：未经许可与英国某大学开展中国人类遗传资源国际合作研究，并将部分人类遗传资源信息从网上传输到境外；某药品研发企业未经许可将人类遗传资源（人血清）作为动物血浆违规运输出境；未经许可将已获批项目的剩余样本转运至其他企业，开展超出审批范围的科研活动；未经许可开展人类遗传相关的研发活动或进行保藏。①

尽管目前尚未有根据《人类遗传资源管理条例》作出行政处罚的案例，但上述案例中涉及的违法行为对拟从事类似活动的企业仍有借鉴意义，上述案例中涉及的违法行为对应的《人类遗传资源管理条例》中的要求包括：（1）外方单位需要利用我国人类遗传资源开展科学研究活动的，应当遵守我国法律、行政法规和国家有关规定，并采取与我国中方单位合作的方式进行，并经国务院科学技术行政部门批准。（2）利用我国人类遗传资源开展国际合作科学研究，或者因其他特殊情况确需将我国人类遗传资源材料运送、邮寄、携带出境的，应当符合《人类遗传资源管理条例》中规定的相关条件，并取得国务院科学技术行政部门出具的人类遗传资源材料出境证明。②

---

① 四种情况分别对应的依据：（1）行政处罚决定书 国科罚［2015］1号，行政处罚决定书 国科罚［2015］2号；（2）行政处罚决定书 国科罚［2016］1号；（3）行政处罚决定书 国科罚［2018］1号；（4）行政处罚决定书 国科罚［2018］2号，行政处罚决定书 国科罚［2018］3号。

② 《人类遗传资源管理条例》第27条。

（3）将人类遗传资源信息向外方单位提供或者开放使用的，应当向国务院科学技术行政部门备案并提交信息备份。[①]（4）保藏我国人类遗传资源、为科学研究提供基础平台的，应当依照《人类遗传资源管理条例》中规定的相关条件，并经国务院科学技术行政部门批准。[②]

（二）案例二：美国某生物科技公司"H2N2流感病毒样品"事件[③]

2004年至2005年，全世界18个国家和地区（包括加拿大、法国、日本、韩国、美国，以及中国香港特别行政区、中国台湾地区等）的实验室分别收到了美国某生物科技公司分发的H2N2流感病毒样品。2005年4月13日，世界卫生组织向这18个国家和地区的数千个实验室发出了立即销毁H2N2流感病毒样品的警报，原因是该次H2N2的传播属于"误发"，且H2N2病毒属于2级病毒，仅次于SARS、H5N1禽流感病毒等1级病毒。

该次"误发"事件的起因是：美国病理学家协会为了对全球数千家医学实验室进行例行的质量控制评估，委托这家美国某生物科技公司向这些实验室发放了病毒样本，以测试一些提出申请的医疗机构能否检测出病毒类型，据此进行资质评估并颁发证书。美国病理学家协会在将分发样品的工作委托给这家美国某生物科技公司时，仅要求其挑选一种A型病毒，而并不知晓选用的是具体哪种A型病毒，因此协会对病毒情况并不知情，并进一步寻致致命流感病毒大范围地被分发出去。

加拿大的全国微生物学实验室于2005年3月25日最早发现了样品中的H2N2病毒，并由加拿大官员于4月8日通知了世界卫生组织和美国疾病防治中心。根据欧洲媒体报道，在收到病毒毒株的数千个单位中，绝大多数单位在收到后都没有立即进行病毒的分离和识别工作，导致在该病毒被分发至全球5个月后才被位于加拿大的实验室确认发现。

---

① 《人类遗传资源管理条例》第28条。

② 《人类遗传资源管理条例》第14条。

③ 《人为失误险酿世纪流感瘟》，载光明网，https://www.gmw.cn/01gmrb/2005-04/22/content_220423.htm，最后访问日期：2023年4月4日。

经此事件，世卫组织再次强调了实验室生物安全的重要性：高危害的病毒毒株应当由大实验室集中保管、科研人员的操作必须严格遵守生物安全规定和实验室专门的规则和程序、未经过培训的人不得接触毒株和样本等。

（三）案例三："基因编辑婴儿"事件[①]

2018年11月，南方某大学的某科学家宣布，一对基因编辑婴儿双胞胎于2018年11月在中国健康诞生，一时间引起社会舆论哗然。2019年12月30日，"基因编辑婴儿"案在深圳市南山区人民法院一审公开宣判，涉事科学家等3名被告人因共同非法实施以生殖为目的的人类胚胎基因编辑和生殖医疗活动，构成非法行医罪，分别被依法追究刑事责任。法院依法判处该科学家有期徒刑三年，并处罚金人民币300万元。

六、医药行业生物安全合规管理的思路和框架

（一）医药行业生物安全合规管理思路

1.建设和完善生物安全相关企业内部合规体系的重要性

随着基因研究、人工智能等科学技术的兴起，围绕人类遗传资源开展的相关活动显著增加，医疗健康企业在开展药品研发、生产、经营活动，特别是涉及生物安全以及人类遗传资源相关活动中，都在思考如何全面确保相关活动、人员、合作单位的合规性、如何快速识别合规风险以及如何采取有效措施纠正不合规行为，以符合监管要求、避免违规事件对企业造成的不利影响。这些也成为企业合规版图中的重要组成部分，企业亦在思考如何在ESG评价体系内从生物安全保护的视角实现企业的附加价值。我们认为，各相关企业的首要选择是建设和完善企业内部的生物安全保护相关合规管理体系。

本章将着重从企业生物安全保护合规（特别是人类遗传资源管理合规）难点出发，从制度规范、组织架构以及流程机制等方面提出企业建立和完善

① 《聚焦"基因编辑婴儿"案件》，载《人民日报》2019年12月31日，第11版。

生物安全保护合规（包括人类遗传资源管理合规）的管理建议。

2.合规难点

（1）配套规定尚未落地

《生物安全法》配套的制度体系等尚未完全颁布生效，例如针对风险分级管理的风险确定方式以及相关的报批义务、评估流程、设备和特殊生物因子的具体清单、伦理审查范围等，目前仅有笼统的规定，具体如何执行以及企业的具体义务尚未明确，给企业合规进行业务开展带来了一定难度。

（2）“我国人类遗传资源”的界定

这一定义较为重要，决定了相关监管要求是否适用。无论是在《人类遗传资源管理条例》还是在《生物安全法》中，都明确限定“我国人类遗传资源”是监管对象，但具体如何认定（以国籍、人种还是其他要素作为认定标准）则尚未出台权威解释。实践中，目前倾向于认为以国籍作为主要认定标准，但仍有待权威部门出具相应的解释或细则。

（3）“外方单位”的界定

外方单位，在《人类遗传资源管理条例》和《生物安全法》中均被定义包括外国（或境外）组织及外国（或境外）组织、个人设立或者实际控制的机构。由于《人类遗传资源管理条例》并未明确对于“设立”以及“实际控制”的界定标准，如何认定外方单位是实践中的一个难题。虽然《人类遗传资源管理条例实施细则（征求意见稿）》中拟对“实际控制”作出定义，列举了“实际控制”的四种情形，但实践中的认定仍然存在不确定性，而我们目前持较为保守的态度，特别是应当重视生物安全（人类遗传资源）是国家对人遗资源享有主权相关的法律要求，违规操作可能对企业运营、相关责任人带来不利后果。

（4）知识产权分享方案的审查口径

《人类遗传资源管理条例》和《生物安全法》原则性地提出利用我国人遗资源开展国际合作时应依法分享权益，包括：利用我国人类遗传资源开展国际合作科学研究，产生的成果申请专利的，应当由合作双方共同提出申请，专利权归合作双方共有；研究产生的其他科技成果，其使用权、转让权和利益分享办法由合作双方通过合作协议约定。《人类遗传资源管理条例实施细则（征求意见稿）》阐明了其他科技成果包括著作、数据、标准、工艺流程等。

在实际的报批过程中，科技部会对专利以及其他科技成果的分享进行实质性的审查，根据我们得到的反馈，对于约定的措辞以及内容本身会得到科技部不同的反馈和整改意见，申报的医疗健康企业对于知识产权分享约定的审查口径较难把握。

（二）企业生物安全保护相关合规管理建议

1.企业内部制度规范

在符合适用法律法规和政府要求的基础上，以ESG为视角，完善企业内部对于生物安全保护的管理制度规范，分不同阶段确定企业管理目标，以期做好提前预案和布局，进一步以合规提升企业精细化管理，达到最终提升企业内在和外在价值的目的。如下制度规范创建流程适用于企业的整体合规制度的建立，也可针对每个单独或特别项目建立独立的合规制度规范要求。

（1）前期——业务风险评估

企业内部制度规范制定的前期阶段着重于针对开展涉及生物安全以及人类遗传资源相关活动进行场景界定和行为评估。具体而言，以人类遗传资源活动为例，企业内部可就人类遗传资源涉及的情形以问答的形式制作评估问卷，方便各部门了解评估拟开展的活动是否涉及人类遗传资源的采集、保藏、利用、对外提供。

评估问卷可以标准化问题为主，根据拟开展项目的具体情况增加需进一步澄清的问题，包括：

• 对于是否涉及人类遗传资源活动的判断：活动中是否涉及血液或其他人体组织的采集、在研究活动中是否需要获取任何信息、该等信息是否通过分析所采集到的人体组织而来，等等。

• 对于适格主体的判断：企业本身是否有外资股东、股东占比以及股东在企业的决策权是什么样的、活动中是否有合作方、合作方的股权架构以及控制权人的情况，等等。

• 对于企业权益的安排：如中外双方合作利用人类遗传资源，相应的知识产权归属安排计划如何，企业对于项目中的专利、数据、专有技术等是否有全球布局或规划，项目中与合作方的安排是否与该等布局或规划相冲突，等等。

内部成立风险评估工作小组，工作小组的人员组成要具有多样性，包括不限于医学、法务、合规、技术、海关等多部门，针对评估问卷的回复进行评估，是否可能涉及任何人类遗传资源监管的禁止性或负面性行为，可能导致违反法律行政法规或违反企业政策或理念。

在前期进行场景界定和行为评估的好处是可以较为直观地将某一复杂的人类遗传资源相关活动根据法律监管的框架细分成多个具体行动，便于之后进一步的风险管控。另外，前期的充分沟通和披露也可以使企业在实施商业活动计划前更有把握，提前把握合规红线，从而在较大程度上避免沉没成本的发生。

（2）中期——制度制定

根据前期场景界定和行为评估结果，企业可根据适用法律法规、政策要求以及企业合规管理预期，制定内部制度规范以及管理流程，若考虑形式多样，可以考虑发布DO & DON'TS标准（该做与不该做的事项标准）或SOP行为规范（标准操作流程和行为规范）等。具体操作同样以人类遗传资源涉及的活动为例，企业内部制度规范可包含不限于如下内容：

• 人类遗传资源涉及活动的具体实施方案拟定，该等方案应与前期场景界定和评估结果中的内容实质性保持一致，若有偏差，应对该等活动的实施方案重新进行评估。

• 前期的风险评估工作小组在制度制定阶段应充分评估以及核查项目涉及的具体伦理风险、数据风险、企业知识产权布局等是否可能导致企业价值的减损等；如需签署任何知情同意，应同时审查知情同意文件。

• 必要时，应聘请第三方伦理委员会，例如区域伦理委员会，就项目的实施过程中可能涉及的伦理问题发表意见。

• 必要时，应聘请第三方律师事务所或咨询机构就项目的实施过程中可能涉及的合规问题发表意见。

• 企业内部批准（特别是风险评估工作小组以及上述各第三方确认）的前提下才能根据对应的法律法规的批准/备案要求，准备申请文件。

• 就如上项目准备、启动、实施、后续监督全流程中保持企业中各相关方的顺畅沟通以及信息全公开。

• 根据项目需求制定紧急预案，以确保人类遗传资源使用的安全性。

• 项目实施过程中定期提交项目进度报告，项目结束后提交结项报告，并阐述项目实施结果以及是否达到预期目的等以进行充分回顾。

• 风险评估工作小组应密切关注法律法规层面的变化和更新，并及时告知项目组，以便做好预案及时调整。

（3）后期——执行层面的监督

在开发人类遗传资源的过程中，企业应动态关注监督这类活动的合规性。具体而言，可制定就执行过程中发生的特殊或变更事项的报备制度，做到及时关注整个流程的发展和变化，及时评估可能发现的不合规风险。此外，为了将上述报备制度和定期审查制度落实到位，企业可制定全面的档案留存制度，确保所有行为、变更或突发事件等有迹可查，这样做也是为了当政府开展调查或问询时，更好地履行配合调查的义务。

2.组织架构和人员培训

（1）设立监督委员会

就上述人类遗传资源的企业合规管理制度的实施，可以考虑企业董事会或管理层单独设立一个监督委员会，委员会负责生物安全包括人类遗传资源涉及项目的全流程前期、中期、后期活动的监管，并制定相应的审批、监督和决策流程。

（2）追责制度

在监督委员会监管的前提下，可以考虑采用细分和责任到人的合规管理机制。换言之，监督委员会将作为人类遗传资源相关活动监管的最高负责人，对人类遗传资源活动开展所涉部门负责人作出的决策提出监管意见，而各个部门的负责人对该部门的其他人员的活动进行监督，并对该等人员的活动负责。

（3）培训

企业内部设立定期的培训机制，将生物安全法律法规和生物安全知识纳入教育培训内容，加强员工（特别是从业人员）的生物安全意识和伦理意识的培养。当企业员工对于相关政策内容具有一定了解后，从个体上提高风险识别能力也可以相应降低企业不合规的风险，避免影响企业的正常运营或给企业带来不必要的名誉和经济损失。

第六章 | 劳动人事合规

比较医药行业与其他行业的劳动用工合规，相同或相似之处占主要部分，但其也有独特之处。本章主要针对医药行业用工合规中的个性或独特问题进行探讨。既发现问题、研究原因，又有针对性地提出解决方案。

一、医药行业用工概述

（一）含义

关于“劳动用工合规”一词的由来。根据《中央企业合规管理指引（试行）》第13条的规定，“劳动用工”是合规管理的重点领域之一。严格遵守劳动法律法规，健全完善劳动合同管理制度，规范劳动合同签订、履行、变更和解除，切实维护劳动者合法权益。所以，我们将用人单位的劳动用工行为，符合劳动法及其他相关规定之要求称为“劳动用工合规”。

所谓医药行业劳动用工合规，是指医药行业的用人单位为了保护劳动者合法权益和社会公共利益，促进经济发展和社会进步，在签订、履行、变更、解除或终止劳动合同过程中，严格遵守了劳动法律法规，且用工行为符合劳动用工法律法规的全部要求，以及用人单位自愿选择遵守的要求。所谓社会公共利益，是指为广大公民所能享受的利益。社会公共利益是“个体利益”行使的边界。凡劳动基准则均与社会公共利益直接相关，所以，凡违反劳动基准的行为，均属于损害劳动者合法权益和社会公共利益的行为。关于用人单位自愿选择遵守的要求，如用人单位自愿加入和遵守国际或国内某个行业规范（包括行业标准）、在用人单位内部建立的公司章程、劳动规章制度及集体合同中关于公共利益的要求等即属于此类。[1]

---

① 周万里主编：《企业合规师手册》，法律出版社2022年版，第295页。

（二）医药行业用工特点

1. 专业性强

医药行业用工具有专业性，这是众所周知之事实。不管是研发人员、试验人员、营销人员，还是推广人员，均具有其他行业用工无法比拟的专业性，即劳动者均具有医药专业知识背景。甚至很多企业高管是博士、博士后，专家学者众多。医药行业用工的专业性，说明了医药行业是技术密集型、高投入、高产出和高风险的行业。同时，医药行业的高度专业性，也决定了该行业从业人员的高门槛性，并且还构成了医药企业之间的技术和人才壁垒。所以，这导致了医药行业用工中，技术人才争夺激烈，容易产生竞业限制、竞业禁止、商业秘密和劳动报酬（特别是提成和奖励）之用工争议。

2. 用工周期性强

医药企业所处的阶段不同，设置的岗位和所需人才也不相同。由于医药企业具有很强的周期性，这也决定了医药行业的用工，也具有很强的周期性。一般来说，医药企业要经过研究、试验、生产、营销和推广等这几个阶段，每个阶段企业要完成的任务是明确的，所需人员也是明确的。前期是研发人员和试验人员，人员精干，保密性强。试验成功可以上市之后，就要生产，需要增加生产基地，招收产业工人。产品批量生产之后，营销和推广人员又成为用工需求重点。实践中，专门从事研发的企业并不多见，所以，企业发展和投资的周期性决定了劳动用工的周期性。不同阶段用工需求不同，用工合规要求也不同，该走的走，该进的进，这就要求人力资源部门，具有较强的前瞻性、预见性和用工规划管理能力，否则，容易产生劳动争议。

3. 用工模式多，岗位类型独特

（1）用工模式多

用工模式多样性是由医药行业的细分性决定的，如制药企业可分为化学制药企业和生物制品企业等。另外，这些企业还要对自己的医药产品或服务进行营销和推广，所以，各种类型的医药企业有各自不同的组织形式、岗位需求和用工模式，如委托代理、劳务派遣、劳务外包等。

（2）岗位类型独特

由于医药行业高度专业，造就了很多有行业特性的岗位，如医药工程师、医疗设备工程师、药剂师、医药代表、医药销售代表等。并且，医药企业所处的阶段不同，也会导致用工需求发生较大变化，如推广阶段就需要聘用医药代表等。所以，这些差异性，都会导致各个岗位的职责及其薪酬结构有明显不同，这导致了用工合规的复杂性，增加了用工合规的管理难度。这也是医药行业在劳动报酬和解除劳动关系或劳务关系方面，容易产生劳动争议的主要原因之一。

4.职业危害性强

由于医药行业的特性，导致从业人员长期处于特殊的工作环境之中，如高强辐射、有害有毒气体、粉尘危害等。研发、试验以及生产、使用和储藏过程中均会产生和使用很多化学物质，容易对劳动者的身体造成职业伤害。所以，医药行业是职业病多发的重点区域，是劳动行政部门的监管重点。如果药企劳动用工合规工作做得不到位，极易受到行政处罚，造成用工风险。

（三）医药行业用工合规之目的

实践证明，医药行业用人单位劳动用工合规的目的有两个：一是积极目的。医药行业用人单位在使用劳动者过程中，通过遵守劳动法律法规，来保护劳动者的合法权益，以构建和发展和谐稳定的劳动关系，促进经济发展和社会进步。二是消极目的。医药行业用人单位通过劳动用工合规，达到避免或减轻因违法违规使用劳动者，而可能承担的劳动法上的赔偿或补偿责任、行政责任和刑事责任之目的，使用人单位行稳致远。

医药行业劳动用工合规之消极目的是避免或减轻可能承担三个方面责任，即劳动法之赔偿或补偿责任、行政责任和刑事责任。而造成用人单位承担以上三个法律责任的原因，可能有如下三个：一是违反了劳动关系运行基准；二是违反了劳动条件基准；三是违反了劳动保险基准。由于劳动关系运行基准、劳动条件基准和劳动保险基准均是强行性规则，是用人单位必须遵守和执行的，是不能因用人单位或劳动者的个人意志而予以变更和排除适用的，用人单位在劳动关系运行过程中均不得违反，一旦违反则必须担责。所以，劳动用工合规之风险，主要来源于药企实施了三类违反劳动基准的用工行为。

（四）医药行业用工合规中“规”之形式

（1）劳动基准法，劳动基本法为纲要式的，即《劳动法》；（2）单项劳动法，如《劳动合同法》《工会法》《就业促进法》《安全生产法》《职业病防治法》《矿山安全法》《劳动争议调解仲裁法》《社会保险法》等；（3）劳动法之相关法，如《公司法》《妇女权益保障法》《残疾人保障法》《未成年人保护法》《职业教育法》《全民所有制工业企业法》等；（4）劳动行政法规，如《劳动合同法实施条例》《女职工劳动保护特别规定》《工伤保险条例》《劳动保障监察条例》《禁止使用童工规定》《残疾人就业条例》《职工带薪年休假条例》《全国年节及纪念日放假办法》《国务院关于职工工作时间的规定》等；（5）地方性法规和经济特区法规，如《上海市劳动合同条例》《北京市实施〈中华人民共和国工会法〉办法》《深圳经济特区和谐劳动关系促进条例》《深圳经济特区健康条例》等；（6）部门劳动规章和地方劳动规章，如《工资支付暂行规定》《最低工资规定》《集体合同规定》《北京市工资支付规定》等；（7）国际劳工公约，如《1978年劳动行政管理公约》《1976年三方协商促进履行国际劳工标准公约》等；（8）劳动法司法解释，如《最高人民法院关于审理劳动争议案件适用法律问题的解释（一）》等；（9）医药行业规范；（10）医药行业劳动习惯；（11）医药行业的劳动规章制度；（12）医药行业职业道德规范；（13）用人单位自愿选择遵守的要求；等等。

二、医药行业用工存在的问题及成因

（一）劳动关系确认争议多

由于医药行业用工模式多，如劳务派遣、业务外包、委托代理等，造成在司法实践中，医药从业人员要求确认劳动关系的争议较多，这在医药行业劳动争议中排第一。形成这一现象的主要原因，就是药企劳动用工不合规，如假劳务派遣、假业务外包、假委托代理等。最典型的争议就是假医药代表，要求确认与医药企业存在劳动关系。劳动关系确认争议中，医药企业败诉的后果，就是为劳动者补缴社保、支付未签订劳动合同的双倍工资差额，或者支付经济补偿金或违法解除劳动合同的赔偿，等等。这些后果的承担，无疑增加了医药企业的用工成本，形成了用工合规风险。所以，药企对违法用工后果的承担，完全违背了其当初使用灵活用工、节约成本之目的。由于医药行业用工有其特殊性，存在劳动关系用工和非劳动关系用工，所以，在实务操作中要进行合规操作，不能搞假医药代表、假劳务派遣和假劳务外包等，避免形成事实劳动关系。

目前，医药行业对互联网的依赖正在逐步加强，出现了医药行业平台用工现象，如出现了众多的互联网医生平台、互联网医药平台和服务平台等。这都要求医药企业在智能时代、大数据时代，加强医药行业平台用工合规管理，防止出现新类型的用工风险，其中，最主要是预防发生劳动关系确认争议。

（二）劳动报酬争议多

医药行业中存在劳动报酬争议偏多现象，其争议标的主要集中在三个方面：一是销售提成；二是奖金；三是加班费。销售提成争议多的主要原因在于销售管理制度粗糙，规定不明确不具体，不具有可操作性。并且，在医药企业用工过程中，除研发人员之外，其他员工大多与市场相关，工资结构是“底薪+提成”模式，容易就“提成”工资产生纠纷。奖金争议特别是年终奖争议多，原因就在于缺乏奖金发放制度，并且年终奖发放办法均为事后制定，或多或少掺入了高管的个人喜恶与倾向，影响了公平公正。尤其是年终奖享受条件之“一票否决”安排，更加容易引发争议，因为利害关系较大。加班费争议多，原因在于医药行业岗位特殊，如销售代表、医药代表、研发人员等，很难严格执行标准工时制度，加之医药行业高管人员中医药专业人士多，天然地对企业管理特别是劳动用工管理缺乏必要的知识储备和经验积累，所以容易违规。

（三）竞业禁止（竞业限制）争议多

从司法实践情况来看，竞业禁止与竞业限制争议是医药行业劳动争议中的重头戏。主要原因有以下三个方面。

第一，特殊主体多。医药行业中的董事、高管人员以及技术人员，大多是高级医药专业人士，甚至是专家学者，这些人员掌握着医药企业的核心技术和商业秘密。

第二，竞争者之间相互“挖人”是形成劳动争议的重要原因。由于医药产品存在研发周期长，投入资金量大、上市审批严格、研发产出低等客观情况，所以，为了节约成本、提高效率和提高市场竞争能力，药企竞争对手之间就出现了相互“挖人”现象。离职与入职，这一进一出之间就会产生大量的竞业禁止与竞业限制争议，且争议标的金额巨大。

第三，自主创业的诱惑大。部分董事、高管人员以及医药技术人员因自立门户、自己开业经营等原因，也会产生竞业禁止与竞业限制争议。

（四）兼并重组对用工影响大

按照市场规律，医药企业应当相对集中，即20%的医药企业要占领80%的市场，但又不能形成垄断。目前，医药行业药品研发、生产还相对分散，且行业相对集中之过程还正在进行中。虽然社会各界对医药行业投资热情也正在逐步高涨，如行业龙头兼并重组中小企业现象层出不穷，但是，离相对集中的市场目标还有很大差距，并且，药企的兼并重组活动还要持续若干年。

鉴于以上原因，医企时常被兼并重组，现有用工秩序被打乱，已成为医药行业的正常现象。事实说明，兼并重组对药企用工的影响是负面的，即会出现劳动关系不稳定现象。例如，兼并重组会导致药企之间，以及药企内部部门之间的权利、责任、利益会进行重新分配，内部组织机构也会发生剧烈调整，这导致了从业人员进出频繁，加速流动，且影响了和谐劳动关系的构建与稳定。药企兼并重组，在劳动关系调整上表现为劳动关系大量变更，或者员工被大量解雇失业，无论出现何种大量变故，均不利于劳动关系的和谐稳定。因为被兼并的药企，由于经营理念和高管人员的变化，会出现短暂的上下信息沟通不畅，职工情绪不稳定，劳资双方利益冲突加剧，甚至出现大面积停工、罢工等现象。这些用工变化，是劳资双方均不希望看到的。所以，正在兼并重组过程中的药企，在劳动用工问题上一定要合规操作，避免产生用工风险，增加用工成本，以促进生产经营。

（五）涉职业病用工争议多

由于医药行业是职业病的重灾区，故职业病防治及待遇享受方面的争议较多。引起争议的原因主要在以下几个方面。

第一，对新员工没有进行入职体检，或者虽然进行了体检，但没有安排相关的职业病检查项目，造成患有职业病员工入职时没有被发现。入职之后，在职体检中发现的，新单位如果认为与己无关，不愿担责，则会引起争议。

第二，在职体检发现职业病之后，用人单位在调离岗位安置过程中，因违反合理性原则产生争议，如调岗降薪、拒不服从等。

第三，职业病确诊之后，在工伤待遇享受上发生争议。其中，涉及劳务派遣、劳务外包等灵活用工方式的员工居多，产生争议的主要原因是没有缴纳社保。

第四，协商解除职业病员工劳动合同时，约定的待遇低于法定标准而产生争议。

第五，在诊断或医疗期内，因药企依据《劳动合同法》第40条“无过错解除”和第41条“经济性裁员”单方解除劳动合同而产生争议。

第六，员工离岗离职时，没有进行职业病专项检查，后来因确诊为职业病，在责任承担主体上发生争议。

（六）异地劳动争议多

医药行业异地劳动争议多发，也是由其自身特点和条件决定的。从目前来看，主要有三个原因：一是医药销售人员、医药代表或者售后服务人员在异地工作造成。一般情况下，一个地级市安排1—2名异地工作人员，这些员工大多是本地人，长期在本地工作。而药企出于成本因素，并未在当地设立分支机构，只设“办事处”，一旦发生劳动争议，就在异地仲裁处理，因为当地是劳动合同履行地。二是因与第三方合作，形成异地劳动争议。很多药企异地用工，采用劳务派遣、业务外包等用工模式，甚至还委托或者挂靠当地第三方公司，代替药企为员工在当地缴纳社保，目的是避免直接聘用或者是方便员工在当地缴纳社保。如此用工模式，久而久之形成劳动争议，就是异地劳动争议。三是异地用工模式之劳动者，因异地不方便维权而不愿意前往药企注册地打官司。

三、医药行业用工合规方案

医药行业用工合规，主要在于药企的销售部门负责人要过思想关。思想一歪，行动就会跑偏。销售要有业绩，这是正当的经营目标，但不能通过违规的用工手段去获取。作为销售部门的负责人，一定要在思想上牢固树立正确的市场竞争观念，用行动来落实用工合规措施。

（一）医药代表合规方案

灵活用工是时代潮流，势不可当。劳务派遣、业务外包（承揽）或者委托代理等灵活用工模式，均是合法模式。所以，要避免灵活用工带来风险，关键在于实务操作中要合规操作。下面以医药代表合规用工为例展开论述。

1.对医药代表的法律定性

所谓医药代表，是指代表药品上市许可持有人，在中华人民共和国境内从事药品信息传递、沟通、反馈的专业人员。医药代表主要工作任务包括：（1）拟订医药产品推广计划和方案；（2）向医务人员传递医药产品相关信息；（3）协助医务人员合理使用本企业医药产品；（4）收集、反馈药品临床使用情况及医院需求信息。

医药企业与医药代表之间，既可以是劳动关系用工，也可以是非劳动关系用工，即委托代理用工，因为我国法律对医药代表这一特殊情况作了特殊规定。根据《医药代表备案管理办法（试行）》第5条的规定，药品上市许可持有人应当与医药代表签订劳动合同或者授权书，并在国家药品监督管理局指定的备案平台备案医药代表信息。上述“签订劳动合同或者授权书”之规定说明了医药代表与药企之间的法律关系定性，既可以是劳动关系，也可以是民事关系之委托代理，因为授权书是针对民事委托代理而言的。

2. 规范非劳动关系医药代表用工

如果医药代表与医药企业之间是民事委托代理关系，则双方应当签订《委托代理协议》或者《推广协议》，并签署《授权书》。为避免被错认为是事实劳动关系，签订《委托代理协议》时要注意如下几点：（1）要约定双方之间不存在劳动关系，是民事委托代理关系。并且医药企业不为医药代表缴纳社保和公积金。之所以明确约定用工性质，目的在于预防被认定双方之间存在事实劳动关系。（2）双方要约定资金和必要材料的筹措，以及设备、场地的使用等问题。如果医药代表使用医药企业的设备、场地，为证明医药代表是独立开展业务，最好约定有偿使用，并由医药代表适当支付费用。（3）代理协议不得将医药代表的工资、社保和管理费用等作为结算依据。（4）不得约定医药代表，应当遵守医药企业的规章制度，也不得约定医药企业，对医药代表可以直接行使指挥命令权，如不得考勤等。（5）要约定医药企业对医药代表提供的服务具有监督权。监督的目的在于督促医药代表提升服务质量，确保双方合作顺利高效推进，避免产生共同的法律风险。（6）全球性跨国企业或者集团总部聘请医药代表时，应当由其在中国的关联企业与医药代表直接签订代理协议，并按全球总部的要求和标准支付相关费用。

3. 规范劳动关系医药代表用工

劳动关系医药代表用工的合规，与通常用人单位的用工大体相同。主要就是用人单位应当依法建立和完善规章制度，保障劳动者享有劳动权利和履行劳动义务。例如，应当保障劳动者享有平等就业和选择职业的权利、取得劳动报酬的权利、休息休假的权利、获得劳动安全卫生保护的权利、接受职业技能培训的权利、享受社会保险和福利的权利、提请劳动争议处理的权利以及法律规定的其他劳动权利。具体来说，就是医药企业要及时签订劳动合同、缴纳社保、支付工资和提供劳动条件等。

4. 完成医药代表的公示备案与管理

根据《医药代表备案管理办法（试行）》第4条至第7条的规定，药品上市许可持有人（通常为医药企业）对医药代表的备案和管理负责；药品上市许可持有人为境外企业的，由其指定的境内代理人履行相应责任。医药企业应当与医药代表签订劳动合同或者授权书，并在国家药品监督管理局指定的备案平台备案医药代表信息。医药企业应当在备案平台上提交下列备案信息：（1）药品上市许可持有人的名称、统一社会信用代码；（2）医药代表的姓名、性别、照片；（3）身份证件种类及号码，所学专业、学历；（4）劳动合同或者授权书的起止日期；（5）医药代表负责推广的药品类别和治疗领域等；（6）药品上市许可持有人对其备案信息真实性的声明。提交完备案信息后，备案平台自动生成医药代表备案号。

5.树立医药代表不是销售代表之观念

医药代表职业是舶来品，在我国劳动用工类型中属于“另类”，是用工特殊情况作特殊处理之结果。如果能够合规使用，则可能产生意想不到的效果；如果违规使用，则会额外成倍地增加用工成本，危害较大。如何合规？当前最为重要的就是医药企业要树立医药代表不是销售代表之观念。医药代表的任务是进行医药产品推广，而不是销售医药产品。根据《医药代表备案管理办法（试行）》第13条的规定，医药代表不得承担药品销售任务，实施收款和处理购销票据等销售行为；也不得参与统计医生个人开具的药品处方数量。所以，医药企业有必要也必须还医药代表一片净土，不再安排销售任务，分配销售指标，也不能按销售业绩拿工资。

6.规范医药代表的用工管理

具体来说，主要是要对医药销售代表和医药代表实施相对分离的管理，并在两者之间设立防火墙，以明确并严格区分各自的职责范围。不能将医药代表的管理职责，放在销售部门或者与销售相关的部门，即一方面不能由销售部门兼管医药代表，以防止其利用职务之便，“强迫”医药代表实施不正当竞争行为，如给医药代表安排销售任务、分配销售指标、统计药品使用数据等。另一方面不得把销售代表的管理职责放在医药代表管理部门，更不得将两者混同管理。

（二）提成、奖金发放合规方案

实践中，医药行业提成、奖金争议偏多是行业特性决定的。要预防和克服这一问题，从用工角度考虑，需要做好如下合规工作。

1. 要注意区分提成和奖金这两者

虽然提成和奖金均是劳动报酬，但两者是有本质区别的。提成往往与销售金额和销售款回笼等直接相关。而奖金支付考虑因素较多，与提成有所不同。奖金在性质上属于组织绩效工资。所谓组织绩效工资，是指用人单位依据本单位经营成果（利润）等组织绩效，参考劳动者个体之特殊情况，向劳动者支付的超过个人工资支付周期以上的工资。组织绩效工资的主要表现形式有年终奖、半年奖和季度奖等。[①]所以，在制定劳动报酬分配方案时，要注意区分提成和奖金，并分别制定相应的支付办法。

2. 预防提成、奖金争议的合规措施

预防措施主要是依法制定好支付办法。当然支付办法应当详细，可行性和可操作性要强。关于制定程序，提成方案的制定由于与劳动者的切身利益密切相关，应当依据《劳动合同法》第4条规定的民主程序制定，否则，可能不产生效力，并导致纠纷产生。奖金支付办法的程序问题，由于其性质属于组织绩效工资，所以可以不依据上述规定民主程序制定，而可以直接由医药企业内部权力机构，在结合组织绩效和个人综合表现等多个因素之后自行决定。为防止高管个人因素影响公平公正效果，建议在规章制度中预先制定一些基本规则，例如享受条件之一票否决详细情形规定。

（三）竞业禁止（竞业限制）合规方案

1. 竞业禁止与竞业限制的关系

所谓竞业禁止，是指竞业禁止义务主体不得将自己置于其责任和个人利益相冲突的地位或损害公司利益的活动，即不得为自己或第三人经营与其办理的同类事业。[②]根据禁止义务的来源不同，我们可以将竞业禁止分为两类，即法定的竞业禁止和约定的竞业禁止。如《公司法》第148条规定的就是法定的竞业禁止，即董事、高级管理人员不得未经股东会或者股东大会同意，

---

① 胡燕来：《工资实务研究》，法律出版社2018年版，第35页。

② 梅慎实：《现代公司机关权利构造论》，中国政法大学出版社1996年版，第224页。

利用职务便利为自己或者他人谋取属于公司的商业机会，自营或者为他人经营与所任职公司同类的业务；《劳动合同法》第23条第2款规定的就是约定的竞业禁止（竞业限制），即“对负有保密义务的劳动者，用人单位可以在劳动合同或者保密协议中与劳动者约定竞业限制条款，并约定在解除或者终止劳动合同后，在竞业限制期限内按月给予劳动者经济补偿。劳动者违反竞业限制约定的，应当按照约定向用人单位支付违约金”。所以，劳动法上的竞业限制，其实是竞业禁止中的一个分类，竞业禁止与竞业限制之间是包含和被包含的关系。

2.竞业禁止（限制）合规措施

虽然《公司法》规定了董事、高级管理人员的法定竞业禁止义务，但比较笼统，不具体。建议通过制定或修改公司章程的方式进行细化和落地。因为根据《公司法》第11条的规定，公司章程对公司、股东、董事、监事、高级管理人员具有约束力。其中，高级管理人员，是指公司的经理、副经理、财务负责人，上市公司董事会秘书和公司章程规定的其他人员。

3.对非董事、非高管人员的合规措施

对非董事、非高管人员竞业禁止问题，建议通过与之签订竞业限制协议的方式来实现。因为《劳动合同法》第23条第2款已对非董事、非高管员工的竞业限制协议的签订作出了制度安排，医药企业只需要依法签订即可。签订竞业限制协议要注意如下几点：（1）建议单独签订竞业限制协议；（2）只能与负有保密义务的员工签订；（3）尽量在入职时签订，因为入职之后签订，在经济补偿等问题上难以达成一致；（4）要明确约定竞业限制的范围，如主体（如配偶）、业务范围、时间、空间等，特别是要对“同类产品”“同类业务”作出明确的界定，且限制时间不能超过2年；（5）要约定具体的经济补偿标准及接收补偿的账号，一般不低于最低工资，但应具有合理性；（6）不能约定在职期间，单位支付的工资中包含了竞业限制的经济补偿；（7）要约定明确具体的违约金及其计算方法，违约金金额要具有合理性；（8）要约定员工违反的，单位可要求返还已支付的经济补偿；（9）要约定员工因违反竞业限制约定给单位造成经济损失的，单位有权要求其赔偿；（10）要约定员工离职后的告知义务，以便于单位了解员工遵守竞业限制义务的情况；（11）要约定好员工的送达地址，方便联系和及时纠正员工的违约行为；（12）要约定单位维权的费用由违约的员工承担，如公证费、律师费、调查费、差旅费等。

（四）兼并重组之用工合规方案

药企的兼并重组，给劳动关系运行带来了不稳定因素，所以，必须有针对性地实施用工合规措施来予以应对。具体来说，有以下几点需要注意。

第一，要重视兼并重组过程中与员工相关的民主程序。药企业并购要注意履行并购“自身”的民主程序，以保障劳动者的知情权、参与权、表达权、监督权。如果被收购药企是国有企业的，则依法必须走民主程序，具体依据为《企业民主管理规定》第3条规定。

第二，要及时告知劳动关系处理的基本原则，维护劳动关系稳定。兼并重组过程中，如果不实施大量裁员的，药企业应当及时告知全体员工劳动关系处理的基本原则，即原劳动合同继续有效，劳动合同由承继其权利和义务的用人单位继续履行，依据为《劳动合同法》第34条。

第三，要做好目标公司员工的尽职调查，做到心中有数，精准施策。在并购方案制定前的资料收集要精准、全面细致，如加班费、年休假、孕期产期哺乳期女员工、正在休病假员工、工伤或职业病员工、竞业限制约定、最后12个月月平均工资计算、工会主席及副主席等。特别是要逐一查看关键员工的劳动合同，对有特别约定的劳动者，要仔细登记备查。

第四，要协调好劳动关系参与第三方。对目标公司存在派遣用工或外包业务的企业，要事先与相关单位通气和沟通，争取他们的理解和支持。如果需要“裁员”的，则这个“通气”要包括文本、方案和计算标准等，将合作各方之间的矛盾进行提前处理，为裁减派遣员工或清退外包人员争取主动、扫清阻碍。

第五，费用预算要合理且明确。并购交易双方要书面约定清楚劳动者处置方案，包括处置过程中所产生的费用如何分担问题，以免影响资产重组进程。特别是出现劳动者待遇计算错误时，要尽快落实和纠正。

第六，要有危机处理预案。劳动关系需大量变动的，如大量协商解除、大量劳动关系变更或转移等，在处理之前，要做好危机公关的预案，也要提前与政府充分沟通和报备。现阶段，劳动者的法律维权意识越来越强，面对涉及自身利益的问题会出现情绪失控亦属正常现象。

第七，建立奖励激励机制。并购交易双方可以考虑设立劳动者“留任奖励”、解除劳动合同“签约奖励”等制度。在劳动者大量转移过程中，不能单独依赖收购方或被收购一方，双方均要相互配合。设立“留任奖”或“签约奖”均是为了保障和激励劳动者，达到资产重组顺利推进之目的，确保资产重组后的生产经营秩序尽快恢复正常。

第八，要及时发现和处理新问题、新矛盾。在劳动关系大量变更或转移过程中，要与劳动者保持正常沟通，密切关注员工群体新动向，重点对象要一对一，甚至多对一予以应对。同时，需要通过民主程序制定的处置方案，要张榜公布和及时说明。要针对转移过程中出现的新问题，及时研究解决方案并付诸实施，以防出现群体事件。

第九，要及时办理劳动关系转移与工作交接。药企并购重组之劳动关系变更或转移完成后，要及时办理劳动者人事档案、社保关系等转移交接工作，确保人事关系、社保关系不断档，以保障劳动者利益不受损害。

（五）职业病防治合规方案

第一，落实劳动保护措施，预防职业病的发生。主要合规措施是要改善员工的工作环境，例如，提供合格的符合标准要求的劳保用品，如防尘口罩、防毒面具等，使用无毒原料或者低毒原料，改良工艺或设备设计方式来减少有害物散发，提高自动化程度减少职业病岗位，隔离密闭操作加强通风排毒，加强吸尘、降温、消声措施，加强卫生宣传教育与职业病监督管理，等等。

第二，新员工入职进行入职体检，对涉及职业病危害的岗位，要进行职业健康检查，并将检查材料及结果装入个人健康档案保存。如果发现有职业病禁忌的，不能录用。如果在体检中发现职业病或疑似职业病的，新单位可以不予录用，也可以在与原单位就相关待遇进行协商，经妥善处理之后再录用，但应将相关资料报送到当地的劳动卫生职业病防治机构备案。

第三，与员工解除或终止劳动关系的，离岗前应当进行职业健康检查，并将检查材料入档。从事接触职业病危害作业的劳动者，未进行离岗前职业健康检查，或者疑似职业病病人在诊断或者医学观察期间的，用人单位不得依《劳动合同法》第40条“无过错解除”和第41条“经济性裁员”规定单方解除劳动合同。

第四，在职期间应当安排员工定期进行职业健康检查，体检结果应当书面告知员工。要做到三早：早预防、早发现、早治疗。同时，应建立个人职业健康档案，对每次职业检查资料均应当存档。体检过程中有医嘱的，应当根据医嘱定期复查，在体检期间或者规定的医疗期内的，工资正常支付且不得单方解除劳动合同。职业健康检查费用由单位承担。

第五，发现员工有职业病或疑似职业病的，应当保障员工享受相关待遇。一旦发现有与所从事的职业相关的健康损害的劳动者，应当调离原工作岗位，并妥善安置。安置时应当坚持合法性和合理性相结合的原则。

第六，与职业病或疑似职业病员工可以协商解除劳动合同，但协商约定的待遇建议一般不要低于法定标准。如果约定标准低于法定标准的，应当在协议中详细说明法定标准待遇，然后由员工对自己的权利作出自由处分。

第七，涉及劳务派遣、劳务外包等用工方式的职业病员工，应当及时与第三方协调，保障员工能够及时依法享受职业病相关待遇。

（六）规范异地用工

第一，药企异地用工（医药代表、医药销售人员或者售后服务人员等）尽量不使用劳务派遣。因为劳务派遣用工是补充形式，只能在临时性、辅助性或者替代性的工作岗位上实施。

第二，不能挂靠第三方在当地为员工缴纳社保。因为挂靠缴纳社保必须虚构劳动关系，这是违法行为，如果之后领取待遇，涉及金额较大，还可能构成诈骗罪。实践证明，员工工伤还存在可能无法申领待遇之情况。即使可以申请，员工也有可能要求用人单位补足待遇差额。并且，由于挂靠缴纳社保是违法行为，会导致被挂靠单位和员工承担罚款等行政法律责任。

第三，可选择在业务量相对集中的中心城市设立分支机构，取得用工资格，并与当地或附近城市的员工建立劳动关系，缴纳社保，依法进行异地用工管理。

第四，医药企业异地用工还要把好聘用关。建议药企不得以换取任何不正当好处或利益为目的，聘用当地具有影响力的离任或退休政府官员、该等政府官员的直系亲属或者该等政府官员推荐的任何其他人。

第五，医药行业需要创新，需要大量高级技术人力，因此在与异地或外部技术力量合作研发过程中，要避免违法用工，关键做到先签协议后合作，即要与有用工主体资格的组织签订合作研发协议，避免与自然人个体签订协议。

（七）规范销售代表的工资支付

医药销售代表不是医药代表，医药销售代表一般均与医药企业存在劳动关系，其主要任务是销售药品。医药企业不能通过向医药销售代表支付工资这个“渠道”，向客户及其相关人员输送利益。例如，医药企业以工资（包括奖金）的方式支付销售代表，销售代表再自行支付给采购其药品或者服务的医疗机构的负责人、采购人员、医院、医师、药师等相关人员。这种规避法律的动作，实质上仍是违法之商业贿赂行为，如果遭遇“穿透”调查，则医药企业需要承担法律责任。

有鉴于此，为了规范医药销售代表的工资支付行为，预防销售代表实施不正当竞争行为，我们建议在劳动规章制度中作出如下规定：禁止销售管理人员，通过支付工资（包括奖金）的形式，实施不正当竞争行为；禁止销售代表给付账外返利或暗中回扣；禁止销售代表巧立名目，给付资助费、感谢费、捐赠费、统方费；禁止销售代表借学术交流名义给付会务费、推广费、讲课费、用餐费、住宿费或劳务费；禁止实施违法的其他不当竞争行为。对违反上述规定的销售人员，应当在调查核实的基础上，作出严肃处理，包括解除劳动关系。

第七章 | 网络安全合规[①]

一、ESG与网络安全

（一）ESG的概念及特点

ESG是将环境、社会、治理因素纳入企业投资决策与经营的理念和实践。2004年，联合国全球契约组织发布了报告《Who Cares Wins》（《在乎者即赢家》），该报告讨论了如何在投融资活动中融入ESG因素，并为企业运营中如何融入ESG因素给出了指引。之后，联合国在2006年责任投资原则中提倡把环境、社会和企业治理整合在一起，并提出了新的投资理念——ESG投资。[②] ESG的提出契合了全球可持续发展中各利益相关方的诉求，持续推动了企业价值观、非财务信息披露、投资策略方法、绩效评估标准等一系列变革，多主体的共同参与逐渐形成全新的ESG投资生态体系。[③]

与此前衡量企业管理道德的企业社会责任（Corporate social responsibility，CSR）概念有所区别的是，ESG对于企业而言更多是来自包括投资者在内的利益相关方的驱动。CSR体现了企业对消费者、社区和环境的责任，主要依赖由企业管理层自主决策驱动。在ESG范式下，主要以环境保护、社会责任、企业治理作为关键考量点，倡导在投资研究、决策和企业的管理流程、发展规划中纳入ESG因素，使投资者可以更加系统地开展投资活动，也让重视ESG的企业能在注重利益创造的同时兼顾非财务性因素的建设、获得可持续性发展的坚实基础并提升企业价值，甚至助力整个社会中ESG因素的积极实

---

① 感谢程瑞希、孙春溪、徐源吕参与文章撰写。

② 薛俊、蒋晨龙：《投资策略专题报告：ESG投资的起源、现状及监管——东方证券ESG专题研究系列之一》，2022年3月发布，第5页。

③ 社会价值投资联盟（深圳）、华夏基金管理有限企业：《2021中国ESG发展创新白皮书》，2021年12月发布，第5页。

践和可持续发展。

从2021年安永的全球机构投资者调查中可以看出，ESG问题对投资者越来越重要。调查发现，90%的受访者表示新型冠状病毒感染疫情以来，他们在投资决策时更加重视企业的ESG表现，74%的受访者表示，他们有可能因为企业ESG的不理想表现而取消投资，还有89%的受访者表示希望企业的ESG表现报告成为强制性要求。[①]近年来，ESG投资在全球范围内快速发展，据统计，ESG投资的资产管理规模从2012年年初的13.20万亿美元大幅增加至2020年年初的35.30万亿美元，年复合增速为13.02%，远超过全球资产管理行业的整体增速（6.01%）。[②]在中国，2021年前三季度，ESG公募基金新发产品48只，接近此前五年的总和。截至2021年9月，ESG公募基金资产管理总规模跃升至近2500亿元，接近2020年同期的两倍。[③]

同时，企业也越发重视ESG问题，并认为ESG建设有利于规避风险并抓住发展机遇。如今，越来越多的国家对环境、社会和公司治理行为越发重视，相关的政策也在逐步制定和发布中，这对企业的发展进程无疑会带来多方面的影响。一般认为，具有较高ESG水平的企业一般都有更好的风险控制能力，在其经营及发展过程中较少面临因环境、社会和公司治理问题而导致的诉讼或监管处罚，其系统性风险较低。有观点认为，ESG实际上是希望通过市场的手段，将企业行为可能对经济社会可持续发展造成挑战的外部化问题，通过ESG来“内部化”为企业成本。[④]在这一过程中，虽然企业面临更多要求，但是ESG建设将有利于提升企业的治理能力并促进企业的研发、创新和升级；此外，ESG表现较好的企业还能获得更多利益相关者的信任，更加有利于企业的声誉及发展。

ESG的要素众多，其中网络安全越来越成为ESG关注的焦点之一。例如，2022年3月，美国证券交易委员会（SEC）就提议要求上市公司在网络安全

---

① EY Global Institutional Investor Survey 2021.

② GSIA, Global Sustainable Investment Review 2020, 2021.

③ 财新智库、中国ESG30人论坛：《2021中国ESG发展白皮书》，2021年11月发布，第3页。

④ 刘云波、唐仁娜：《ESG对企业价值的影响》，载《中国资产评估》2021年第11期。

方面的披露更加全面和及时。[①]美国企业法律顾问协会（ACC）2021年的一项调查分析了来自近1000名首席法律官的数据，表明网络安全已超过合规，成为当今21个行业和来自44个国家的企业面临的最重要的法律风险。[②]

（二）ESG视角下的网络安全

网络安全是指保护连接到互联网的硬件、软件和数据免受数字攻击的一系列活动和安排，包括防止未经授权访问数据中心和其他计算机化系统。[③]随着数字化的发展，企业在利用互联网互联互通的便利性、高效性的同时，也受到网络安全的挑战。随着现代企业中用户、设备和程序数量的不断增加和业务运行对互联网的依赖，网络安全对企业的重要性不断提高，而采取多种措施来提高企业网络安全指数、应对突发网络安全事件的发生变得越发重要。

传统的观点倾向于将网络安全看作企业内部合规的一项义务，以及防范运营风险所需要采取的措施。而在ESG视角下，在合规和风险防范的基础上，包括投资者在内的利益相关方逐步将网络安全管理视为企业重要的治理能力，期望企业围绕数据安全建立完善的政策和管理流程，企业的最高管理层具备相应的网络安全专业能力，以及持续地关注和监督网络安全情况。对企业自身而言，网络安全治理为其如何控制其安全性提供了新的战略视角，包括定义其网络风险类型、建立问责框架、确定决策机构等。而有效的管理还将确保网络安全活动有助于支持该企业的战略发展目标、打造“网络韧性”（Cyber resilience）[④]，在为自身发展打下夯实基础的同时获得投资者青睐[⑤]。同时，ESG视角往往将网络安全看作会带来社会负面外部性的风险。例如，随着带有公共事业性质以及社会影响面大的业务领域与互联网连通后，网络安全事件频发，能源供应、卫生医疗以及互联网领域都多次受到负面影响。有鉴于此，政

① SEC, Cybersecurity Risk Management, Strategy, Governance, and Incident Disclosure（Release Nos. 33-11038; 34-94382; IC-34529; File No. S7-09-22）, 2022.

② ACC, 2020 Chief Legal Officers Survey, 2020.

③ Sharon Shea, Alexander S. Gillis and Casey Clark, What is cybersecurity, 2022.

④ SCL, ESG and Cybersecurity: Governance is key, 2022.

⑤ Richard Horne, Governing cyber security risk: it's time to take it seriously, 2017.

府部门、相关机构及组织都日益重视企业的网络安全问题，上市企业也被要求越来越及时、详细地披露重大的网络安全事件并持续披露其处理结果。

1. 网络安全与“S”的关系

ESG项下的“社会”因素关注的重点是企业如何管理其与员工的关系、如何适应其所处的社会及政治环境。[①]一般而言，它关注的主要方面有劳动标准、非歧视、人权、社区关系、隐私和数据保护、健康和安全、供应链管理等。[②]企业网络安全与整个网络环境息息相关。当今世界的网络互联性日益加强，这就意味着一个企业的网络政策和风险控制能力可能对互联网其他方面产生深远的影响。企业网络安全事件可能对整个社会构成威胁。例如，2021年5月，承担美国东岸45%的燃料供给的科洛尼尔公司曾经受到黑客攻击，被迫关闭了全部管道运营系统。遭攻击两天后，美国联邦政府交通部联邦汽车运输安全管理局宣布美国17个州和华盛顿特区进入紧急状态，采取种种临时措施降低该事件的影响以应对勒索软件的攻击。[③]可见，企业在网络安全方面的积极行动会产生类似环境保护的积极影响。一个实施积极网络安全政策的企业可以改善其自身网络生态系统，并为行业及社会稳定发展助力；相反，一个企业糟糕的网络安全实践将直接影响其客户、商业伙伴、投资者和更广泛的社会面，导致重大的经济损失和社会不稳定风险。

2. 网络安全与“G”的关系

ESG项下的“治理”主要关注企业内部权力和责任的合理分配，目的在于促使企业科学决策、保障企业持续健康发展。企业对网络安全风险的应对能力逐渐成为企业治理能力的核心组成部分。一种传统的做法是，通过实施解决方案来解决网络安全问题或降低风险，比如许多企业的网络安全部门有技术安全保障措施，如防火墙或入侵检测，但这往往缺乏基本的网络安全治理政策和流程，策略的制定和处置的流程往往被忽略，[④]这就使得技术部门的

---

① S&P Global, What is the “S” in ESG, 2020.

② Mark S. Bergman, Ariel J. Deckelbaum, Brad S. Karp, Paul, Weiss, Rifkind and Wharton & Garrison LLP, Introduction to ESG.

③ 《美国17州和华盛顿特区进入紧急状态》，载光明网，https://m.gmw.cn/baijia/2021-05/10/1302283522.html，最后访问日期：2022年5月25日。

④ Anna Sarnek and Cristina Dolan, Cybersecurity should be treated an ESG issue. Here’s why, 2022.

应对常常滞后且有限。网络安全治理往往十分考验企业的综合治理能力，其不再只是简单的后台运营职能，而应该转变为与法律、隐私和企业风险相关的企业治理范畴。企业“网络治理”（Cyber governance）的概念逐步被提出和广泛接受。例如，识别企业面临的网络安全风险以便确定改进措施弥补不足、在数据隐私保护和数据安全方面建立内部政策及管理流程来监测和应对网络攻击、判断网络安全投资的优先级建立适当的安全措施、对员工和相关负责人员进行培训并进行企业网络安全管理能力的月度或年度自测等。[①]此外，网络安全负责人被鼓励更多地参与到企业的高层决策中。这一转变将使网络安全治理计划中最重要的组成部分——“高层基调”（tone at the top）成为可能，[②]也为后续为企业量身打造具体的网络安全管理体系打下了基础。

最终，通过实施上述措施，企业将在网络治理以及网络韧性上得以提升，促使企业提高其对网络安全风险的防御能力和恢复能力，以及在面对网络安全事件时持续供应的能力。而这也将使包括投资者在内的利益相关方对企业的整体运营能力有更为全面的了解。

（三）ESG对于网络安全的评价及披露

对企业ESG表现的评价以及上市公司ESG表现的披露，是支撑ESG投资快速发展和ESG影响力不断提高的两大支柱。整体来看，将网络安全作为ESG评价标准仍然是一个相对较新的立场，但很多证据都表明，各方对ESG中的网络安全问题越发重视。[③]例如，在MSCI的ESG评级中会分为11个不同的行业，并会根据各行业的特性确定影响ESG评级的关键议题，而在其中的10个行业都将隐私和数据安全作为关键议题，其在金融业以及IT业中的权重达到了10.1%，在通信服务业中的权重更是高达24.1%。[④]上市企业被证券监管机构要求越来越及时、详细地披露网络安全治理的机制和能力、重大的

---

① JP Morgan, 2021 Environmental Social & Governance Report, 2022; Blackstone, An Integrated Approach to ESG, 2021.

② Pam Nigro, Cybersecurity governance: A path to cyber maturity, 2022.

③ J.P.Morgan, Why is Cybersecurity Important to ESG Frameworks, 2021.

④ MSCI, ESG Industry Materiality Map, 2020.

网络安全事件并持续披露其处理结果。

1. ESG评价

ESG评价主要从环境、社会和治理三个维度及其中的不同因素来评价衡量企业的长期可持续性发展潜力。越来越多的投资者意识到ESG因素对企业盈利能力的影响，而ESG评级正迅速成为投资者决策时使用的一个关键指标，它可以用于衡量该企业存在的潜在风险以及投资回报，能让投资者更清楚地了解该企业未来的潜在财务表现。[①]因此，ESG得分高的企业往往能吸引更多的投资机会。而对于企业来说，ESG评价越高，越有利于提升其声誉、满足各利益相关方需求并提升其影响力。全球ESG评级机构众多，据不完全统计，约有600多家机构拥有自己的ESG评价体系，其中影响力较大的有彭博、明晟、汤森路透、富时罗素、路孚特、晨星等。

ESG评价中关于网络安全的部分，多数以数据隐私、数据安全为评价关键要素。以MSCI指数为例，在"社会"项下的产品责任中，包含了"隐私和数据安全"这一关键问题，这一问题也是MSCI划定的健康与医疗行业的关键议题。其中主要关注企业收集个人数据的情况、在隐私政策上作出的改善情况、面对潜在数据泄露风险的脆弱程度以及保护数据不被泄露的系统情况。[②]在路孚特的ESG评价标准中，"社会"项下同样会对企业的数据隐私政策进行考量。[③]在汤森路透的ESG评价指标中，隐私和数据安全同样是考察的因素之一。[④]

2. ESG披露

目前，多个国际组织均发布了ESG信息披露原则供企业参考。而各国的证券监管机构和交易所也逐步提高对于ESG的披露要求。主要的披露原则为鼓励披露，仅部分交易所要求强制披露，更多交易所采取"不遵守即解释"原则。

其中，全球报告倡议组织（GRI）发布的可持续发展报告指引是全球

① Ghislain Boyer, Why Your Organisation's ESG Rating Is Increasingly Important, 2020.

② MSCI, ESG Ratings Methodology, 2022.

③ Refinitiv, Environmental, Social and Governance Scores from Refinitiv, 2022.

④ Thomson Reuters, Thomson Reuters ESG Scores, 2018.

使用率最高的信息披露标准。在GRI的披露标准中，2016年正式发布实施的《GRI418：客户隐私2016》（418号标准）明确了企业对客户隐私的披露内容，虽然客户的隐私保护不必然和网络安全相关，但是一旦发生网络安全事件，企业在治理处置上出现纰漏而导致丢失或泄露客户资料，则应该按照418号标准的要求进行披露，包括经确认的泄露、窃取或丢失的客户资料的总数。[①]2022年6月1日，由中国企业改革与发展研究会、首都经济贸易大学牵头起草的中国首份企业ESG信息披露的团体标准正式实施，对客户隐私保护、数据安全以及数字化转型风险管理的披露要求大大细化。例如，在数据安全方面，企业可对其保护数据安全的制度体系及采取的措施进行描述，并披露是否发生数据泄露事件以及事件的数量等；在客户隐私保护披露方面，企业可描述其保护客户隐私的制度体系及采取的措施，以及是否发生泄露客户隐私事件以及事件的数量等。[②]

在2022年1月1日生效的港交所《环境、社会及管治报告指引》中，将企业的披露责任分为强制披露和"不遵守就解释"两种。其中，在"不遵守就解释"的披露项下，包括对隐私事宜及补救方法的相关政策披露，关键绩效指标中进一步解释需"描述消费者资料保障及隐私政策，以及相关执行及检查方法"。[③]而在2022年3月SEC关于上市企业披露要求的提案中，其对于网络安全披露的各项细节做了更进一步的要求。例如，SEC拟要求企业必须在确定其经历了重大网络安全事件后的四个工作日内提交8-K表格，披露必须包括事件发生的时间、影响和补救状态，并且在调查未决期间不得延迟披露，即使根据管理网络事件报告的法律允许延迟披露也是如此。此外，该提案还要求企业在10-K和20-F表格中进行额外的网络安全风险管理披露，包括公司是否进行了网络安全风险评估、第三方服务提供商的风险管理、网络安全事件

---

① 全球报告倡议组织(GRI)：《GRI418：客户隐私2016》，2016年10月10日发布，2018年7月1日实施，2。

② 中国企业改革与发展研究会：《企业ESG披露指南》，2021年4月16日发布，2022年6月1日实施，表A.1。

③ 香港交易所：《环境、社会及管治报告指引》，2021年12月10日更新，2022年1月1日生效，B6.5。

的响应和恢复、管理层的网络安全专业知识水平以及在管理网络安全风险方面的作用等。值得注意的是，其中明确要求披露董事会中是否包括具备网络安全相关专业知识的成员，资质要求包括工作经验、学位以及相关证书等。[①]

二、医疗健康行业网络安全风险及关注重点

根据《国家网络空间安全战略》，维护我国网络安全是协调推进全面建成小康社会、全面深化改革、全面依法治国、全面从严治党战略布局的重要举措，是实现"两个一百年"奋斗目标、实现中华民族伟大复兴中国梦的重要保障。相较于其他行业，医疗健康领域的网络安全问题更具特殊性和重要性。由于医疗行业产生并存储大量有价值、关键和敏感的数据（如药物进展和技术的研究和开发数据、病人和临床试验数据等），容易成为网络犯罪分子攻击的对象。当前，远程医疗服务逐渐普及，但由于远程医疗需要在互联网中引入大量患者数据，也带来了相应的隐私和安全的挑战。

根据中国信息通信探究院安全研究所出具的《2019健康医疗行业网络安全观测报告》，健康医疗行业网络安全处于"较大风险"的风险级别，存在多种网络安全风险以及大量可以被利用的安全隐患，防御公共互联网攻击的能力较弱。根据《数字医疗网络安全观测报告》（2020年），医药行业面临的网络安全形势依旧表现严峻，针对卫生健康领域的安全攻击仍在持续升温。与此同时，互联网医院相比非互联网医院、公立医院相比私立医院承受着更多的网络攻击，进而被恶意程序感染风险更高，需要重点关注。

与此对应，国家监管部门也对医疗健康行业网络安全高度重视。除了《网络安全法》中关于网络安全等级保护机制、关键信息基础设施安全保护机制的相关要求，还多次发布法律法规强调落实做好医疗健康行业网络安全工作。2018年4月，国家卫生健康委发布《关于印发全国医院信息化建设标准与规范（试行）的通知》，对二级及以上医院的数据中心安全、终端安全、

---

① SEC, Cybersecurity Risk Management, Strategy, Governance, and Incident Disclosure（Release Nos. 33-11038; 34-94382; IC-34529; File No. S7-09-22）, 2022.

网络安全及容灾备份提出要求。2018年7月，国家卫生健康委发布《国家健康医疗大数据标准、安全和服务管理办法（试行）》，明确责任单位应当落实网络安全等级保护制度要求，对健康医疗大数据中心、相关信息系统开展定级、备案、测评等工作。2019年12月，我国卫生健康领域第一部基础性、综合性法律——《基本医疗卫生与健康促进法》颁布，明确了国家采取措施推进医疗卫生机构建立健全信息安全。由此可见，从卫生健康领域的基础性法律，到医院信息化建设，再到目前发展迅速的医疗健康大数据领域，均强调了落实网络安全建设工作的要求。

除此之外，随着ESG投资的快速发展，越来越多的投资机构将网络安全指标作为评价被投资医疗健康企业的重要考量因子。如前文所述，MSCI的ESG评价体系将行业细分为包含能源、基础材料、公共事业、通信服务、工业、IT、健康与医疗、非必选消费、金融业、必选消费、房地产业在内的11个领域。而"隐私和数据安全"被MSCI选作健康与医疗行业的关键议题，并在健康与医疗行业的关键议题权重分配中被赋予了3.5%的权重，在11个细分行业中权重仅低于通信服务（24.1%）、IT（10.1%）、金融业（10.1%）、非必选消费（8.1%），处于中上水平。①

综上，对于医疗健康企业而言，首先仍需关注网络安全方面的监管重点及法律合规义务，在此基础上结合ESG视角下的网络安全评价维度，以完善企业合规管理及治理工作。

（一）《网络安全法》及相关法律法规的关注要点

2017年生效的《网络安全法》作为我国网络空间安全管理的基本法律，框架性地构建了许多法律制度和要求，重点包括网络安全等级保护制度、关键信息基础设施安全保护制度、网络安全审查制度等。

1. 等级保护制度及网络安全分类分级

网络安全等级保护是指对网络实行分级保护、分级监管。根据《网络安全法》第21条的规定，网络运营者应当按照有关规定确定其信息系统的安全

① MSCI, ESG Industry Materiality Map, 2020.

保护等级，并采取相应的保护措施。根据医疗健康行业相关规定，开展互联网诊疗的综合医院和互联网医院的网络设备设施、信息系统、技术人员和信息安全系统应通过等级保护三级认证。2021年1月，工业和信息化部办公厅进一步发布了《关于开展工业互联网企业网络安全分类分级管理试点工作的通知》，旨在推动工业互联网企业网络安全分类分级管理试点工作，提升工业互联网安全保障能力。

值得注意的是，试点企业中也涵盖了部分医疗健康企业，可供参考的网络安全合规管理经验包括严格按照工业互联网分类分级管理要求和三级等保标准，从物理环境、主机安全、设备安全、网络安全、应用安全、数据安全等方面建立企业网络安全综合防护平台，覆盖医药研发、生产、办公等多维度、多网络、多场景，以威胁、风险、资产、业务、用户等为对象，贯穿安全风险监控、分析、响应和预测的全过程，以实现网络安全主动发现、协同防御和统一管理。

2. 关键信息基础设施安全保护制度

关键信息基础设施安全保护制度是基于《网络安全法》设置的，针对一旦遭到破坏、丧失功能或者数据泄露而可能严重危害国家安全或者公共利益等的信息系统的网络安全保护及合规管理要求体系。根据《关键信息基础设施安全保护条例》，企业是否为关键信息基础设施运营者，由相关监管部门进行认定及通知。因此，如医疗健康企业被认定为关键信息基础设施运营者，则需要严格遵守《网络安全法》第37条的有关规定，做好信息数据境内存储和出境安全评估。再如，若关键信息基础设施的运营者进行了网络产品和服务的采购活动，还应根据《网络安全法》第36条的有关规定，与提供者签订安全保密协议，明确安全和保密义务与责任，确保供应链的安全性。

3. 网络安全审查制度

2022年2月开始施行的《网络安全审查办法》在《网络安全法》的基础上，进一步明确了关键信息基础设施运营者及网络平台运营者的网络安全审查义务及网络安全审查的触发条件。根据《网络安全审查办法》第2条的规定，关键信息基础设施运营者采购网络产品和服务，网络平台运营者开展数据处理活动，影响或者可能影响国家安全的，应当进行网络安全审查。结合《网络安全审查办法》的规定以及网络安全审查的相关案例来看，网络安全审查的重点对象主要为关键信息基础设施运营、掌握大量数据（尤其是重要数据、核心数据及敏感数据）的企业。

因此，如医疗健康企业被认定为关键信息基础设施运营者或网络平台运营者，则应当密切关注自身的网络安全责任义务，并按照《网络安全审查办法》要求，在采购网络产品和服务或开展数据处理活动前预判可能带来的国家安全风险，对于影响或者可能影响国家安全的，应当向网络安全审查办公室申报网络安全审查。此外，对于掌握较为敏感的信息的医疗健康科技企业，尤其应当重视并严格落实网络安全相关的合规义务。

（二）医疗健康企业运营和上市过程中的关注要点

在医疗健康企业上市过程中，证券监管机构也较为关注企业网络安全建设相关情况的披露问题。以中国证券监督管理委员会（证监会）为例，其在问询中会关注行业技术发展趋势与公司技术储备情况、获取相关数据信息方式的合法合规性、信息系统建设情况等。此外，对于涉及不同业务场景的医疗健康企业，证监会的关注侧重点也往往有所不同，监管态势呈现出全面要求、重点突出的特点。

1. 涉及信息科技类业务的医疗健康企业

对于涉及信息科技类业务的医疗健康企业，证监会对于其网络安全技术保障措施的披露情况往往会更加关注。此外，如果公司涉及直接收集大量医疗数据，则证监会还会要求公司补充披露信息收集方式的合法合规性，从系统存储的数据本身出发关注信息系统安全。

例如，证监会在问询中要求某医药科技股份公司说明公司技术储备情况。就此问题，该公司对自身技术储备进行了详细说明，例如研发了医疗数据相关的隐私处理及授权技术，并结合了相应的网络安全设备与策略，为客户提供了完整的信息安全体系。再如，证监会关注到某医药科技股份公司开发了获取患者病理信息的在线系统，证监会要求该公司说明并披露其获取相关数据信息的方式是否合法合规。对此，该公司补充披露了相关系统获取、收集个人信息的种类、方式、告知和获取主体同意义务的履行状况，并表示并未对其所收集的个人信息进行使用、泄露、篡改、毁损或向任何第三方提供，已依照法律、行政法规的规定和与用户的约定来处理其保存的个人信息，以此证明其符合《网络安全法》的相关规定。

2. 涉及使用第三方授权系统的医疗健康企业

对于涉及使用第三方授权系统的医疗健康企业，证监会更加侧重于关注公司自身信息的保密性以及使用外部系统开展业务过程中的独立性。受到问询的公司通常会从授权方和被授权方两方主体对于网络安全的双重保障展开回答，具体措施包括系统权限设置、内部管理制度、外部协议签署等方面。

例如，证监会关注到某生物医疗股份有限公司获授权使用了第三方的相关系统，要求该公司对使用第三方授权系统的具体情况进行详细说明。对此，该公司分别从公司自身角度和系统授权方角度出发对信息的安全性与保密性进行了补充披露。从公司自身角度来看，该公司具有独立的系统使用权限，建立了完善且权责分明的业务流程管理制度，能够有效维护信息系统的独立性和保密性；从系统授权方角度来看，授权方公司内部同样具有完备的信息管理制度，对使用系统的不同业务主体进行了账号与权限的审批管理，授权方还出具了承诺不会查看或修改被授权方相关业务数据以持续保障被授权方独立性的相关函件；从双方关系来看，在系统使用协议中，双方对授权方的保密义务和被授权方权限的独立性等关键问题均进行了明确约定。

3. 涉及诊疗活动的医疗健康企业

对于涉及诊疗活动并直接取得患者数据的医疗健康企业，证监会侧重于关注企业对患者数据进行管理的内部制度和措施，并将网络安全保障的有效性看作医疗安全保障的重要环节。

例如，证监会关注到某眼科医院股份有限公司在全国范围内经营多家医院和门诊部，要求该公司补充披露患者数据管理的合理性和有效性，以确保医疗安全的制度措施完善性。对此，该公司主要从内部制度、组织结构两方面进行了详细说明。在内部制度方面，该公司按照信息安全管理相关法律法规和技术标准要求制定了综合性的《信息安全管理制度》和其他系统性的保障制度，包括患者诊疗信息安全保护制度、账号及权限管理制度、医院信息系统故障应急预案及演练方案、患者诊疗信息安全事故责任追溯机制等。在组织结构方面，该公司成立了医疗信息安全领导小组和医疗信息安全工作小组，对患者诊疗信息的获取及修改、信息系统应用和管理人员离岗制度与交接程序、数据库账号及权限管理等方面进行了详细规定。

由此可见，医疗健康企业在日常运营乃至筹备上市的过程中，需要密切关注证监会对于网络安全的披露要求，依据网络安全相关风险因素积极采取相应合规措施。此外，对于拟赴美国或我国香港特别行政区上市的医疗健康企业而言，可能同时面临上市所在地证券监管部门的类似问询，以及来自中国内地的网络安全监管要求（如网络安全审查）。因此，拟赴美国或我国香港特别行政区上市的医疗健康企业应当持续关注上市所在地及中国内地的网络安全相关监管要求，夯实企业网络安全合规工作。

（三）ESG评级机构的关注要点

近年来，网络安全事件的频发以及各国关于隐私保护的法律法规相继颁布，促使越来越多的评级机构将“隐私与数据安全”“信息安全”等网络安全的直接或周边命题纳入了ESG评级指标中。诸多评级机构在ESG评价指标设立中对网络安全的维度内涵进行了具体描述。除了第一章所述的国外评级机构建立的评价标准——MSCI的ESG评级体系和GRI的披露标准外，我国的中证指数有限公司同样在“社会”维度下“利益相关”主题的“员工与消费者”单元描述中提及了网络安全的外延：“反映产品质量、信息安全等，旨在衡量企业面临产品质量问题、信息泄露等带来的监管处罚、市场准入与法律诉讼等风险，同时考察企业是否制定相应政策或项目对产品质量与信息安全性进行管理。”

综上所述，网络安全及周边命题通常作为“社会”或“治理”维度下的子议题被各大评级机构的ESG评价体系所考量。在ESG评价体系的指标描述中，往往将内部制度、系统情况、信息泄露风险等要素纳入网络安全的标准之中。因此，企业应当综合监管要求与评级机构标准，全面构建网络安全体系，从而提高ESG评估中的社会指标和治理指标得分。

三、网络安全的ESG合规治理解决方案

（一）网络安全ESG合规治理中的良好治理原则

1. 依法治理原则

依法治理原则是指企业在公司治理过程中依法决策、依法管理、依法维护自身权益。具体到网络安全治理领域，首先，在网络安全的ESG合规治理过程中，企业应以法律为合规底线，依法搭建企业治理的组织架构、安全制度、基础设施等；其次，在网络安全治理的开展过程中，企业应坚持以国家的法律原则为基础，以网络安全相关的立法规范为依据；最后，在网络安全的日常管理活动中，企业应坚持有法必依，通过透明公开的内控制度、赏罚分明的激励措施、内容全面的员工培训等，在组织内部打造良善的网络安全合规氛围。

2. 高管参与原则

高管参与原则是指企业的治理过程应是高管重视、自上而下、全面参与的过程。企业网络安全对外是社会责任承担的问题，对内则是企业法人治理的问题，理应引起企业高管的高度重视与全面参与。首先，企业高管应参与企业网络安全的战略规划与政策制定；其次，企业高管应参与、监督、协调企业网络安全政策的执行；最后，对于企业网络安全义务的履行不能，企业高管应承担相应的责任。[①]

3. 公开透明原则

公开透明原则是指企业的治理流程应当保持适当的公开透明。在网络安全的内部治理过程中，合规制度、人员职责等关键要素均应保持对内的公开化，并确保沟通渠道的畅通。在发生了网络安全事件时，企业应当保证对安全事故披露的及时性和透明化，按照法律要求向监管部门和其他利益相关者履行报告或告知义务。此外，为了提高公司的ESG评级结果，企业除了研究披露信息和披露指标外，还可积极主动对外披露网络安全的先进治理内容。

---

① 张敏、马民虎：《企业信息安全法律治理》，载《重庆大学学报（社会科学版）》2020年第5期。

（二）医疗健康行业网络安全ESG合规治理建设的关注重点

如前所述，对于医疗健康企业而言，应当重视并严格落实网络安全等级保护、关键信息基础设施安全保护等合规义务。在合规义务落地的过程中，企业也可以参考如下的建议。

1. 建立企业网络安全合规管理架构

专门机构和人员是合规制度运行的载体。医疗健康企业应当按照《网络安全法》的要求确定网络安全负责人，并可在内部合规管理组织架构中增加网络安全委员会，以评估组织内外部各方的网络状况。企业应将具体的网络安全合规义务与特定的岗位相匹配，做到网络安全合规义务落实到具体责任人员。

2. 建立、健全企业网络安全管理制度

企业应当建立、健全网络安全管理制度，如网络安全监测预警和信息报告制度，网络安全应急预案制度，网络安全合规宣传与培训制度、网络安全尽职调查制度、网络安全合规考核与奖惩制度等，并定期开展网络安全相关应急演练、培训。

3. 完善网络安全基础设施建设

网络基础设施指保护网络底层硬件和软件的措施和流程，是企业进行网络安全管理的技术保障。建议医疗健康企业从机房安全建设、系统网络架构、登录口令复杂度、安全审计、医疗数据安全保护（如存储和传输加密、数据备份与恢复、数据脱敏与分级保护）等方面出发，不断完善网络安全监测、保护技术措施，落实网络安全基础设施建设。

第八章 ┃ 医疗健康数据合规

一、健康医疗数据合规之路

2016年6月，国务院办公厅发布《关于促进和规范健康医疗大数据应用发展的指导意见》，明确指出健康医疗大数据是国家重要的基础性战略资源，在全面深化健康医疗大数据应用和推动“互联网+健康医疗”服务的同时要加强健康医疗大数据保障体系建设，如加强法规和标准体系建设和加强健康医疗数据安全保障等。在此背景下，健康医疗大数据的合规大幕正式拉开。

2018年4月，国务院办公厅发布《关于促进“互联网+医疗健康”发展的意见》，进一步明确要保障数据信息安全，研究制定健康医疗大数据确权、开放、流通、交易和产权保护的法规，同时加强医疗卫生机构、互联网医疗健康服务平台、智能医疗设备以及关键信息基础设施、数据应用服务的信息防护。

2018年7月，国家卫生健康委员会发布《国家健康医疗大数据标准、安全和服务管理办法》，就健康医疗大数据的标准管理、安全管理、服务管理等内容进一步细化。该办法不仅明确给出健康医疗大数据及其安全管理的定义，而且将卫生健康行政部门、健康医疗大数据相关系统的产品和服务提供者等主体在不同场景下的数据安全管理义务细化成具体条文，为健康医疗行业的数据合规工作指明方向和重点。

值得注意的是，在此之后，《互联网诊疗管理办法（试行）》《互联网医院管理办法（试行）》《远程医疗服务管理规范》《信息安全技术　健康医疗数据安全指南》《关键信息基础设施安全保护条例》《数据安全法》《个人信息保护法》《网络安全审查办法》等文件陆续出台，使得健康医疗数据合规之路越来越顺遂。

二、健康医疗数据合规监管体系

根据《信息安全技术 健康医疗数据安全指南》，健康医疗数据的定义为："包括个人健康医疗数据以及由个人健康医疗数据加工处理之后得到的健康医疗相关电子数据。"由此可以看出，随着"互联网+健康"行业的纵深发展，健康医疗数据将不可避免地涉及海量个人隐私数据甚至国家重要数据。为了规范健康医疗数据运用，保护公民个人隐私和国家数据安全，国家从数据保护法律法规和医药行业法律法规等两个方向进行探索，并已初步形成合规监管框架，如表8.1所示。

表8.1 健康医疗数据合规监管框架

文件性质	文件名称	重点合规要求	生效日期
法律	《民法典》	• 自然人享有隐私权。任何组织或者个人不得以刺探、侵扰、泄露、公开等方式侵害他人的隐私权。 • 处理个人信息的，应当遵循合法、正当、必要原则。	2021.01.01
	《网络安全法》	• 网络运营者应当按照网络安全等级保护制度的要求履行安全保护义务。 • 关键信息基础设施的运营者在中华人民共和国境内运营中收集和产生的个人信息和重要数据应当在境内存储。因业务需要，确需向境外提供的，应当按照国家网信部门会同国务院有关部门制定的办法进行安全评估。	2017.06.01
	《生物安全法》	• 为了取得相关药品和医疗器械在我国上市许可，在临床试验机构利用我国人类遗传资源开展国际合作临床试验、不涉及人类遗传资源出境的，不需要批准；但是，在开展临床试验前应当将拟使用的人类遗传资源种类、数量及用途向国务院科学技术主管部门备案。	2021.04.15

续表

文件性质	文件名称	重点合规要求	生效日期
	《个人信息保护法》	● 敏感个人信息是一旦泄露或者非法使用，容易导致自然人的人格尊严受到侵害或者人身、财产安全受到危害的个人信息，包括生物识别、宗教信仰、特定身份、医疗健康、金融账户、行踪轨迹等信息，以及不满十四周岁未成年人的个人信息。只有在具有特定的目的和充分的必要性，并采取严格保护措施的情形下，个人信息处理者方可处理敏感个人信息。 ● 处理敏感个人信息应当取得个人的单独同意。	2021.11.01
	《基本医疗卫生与健康促进法》	● 国家保护公民个人健康信息，确保公民个人健康信息安全。任何组织或者个人不得非法收集、使用、加工、传输公民个人健康信息，不得非法买卖、提供或者公开公民个人健康信息。	2020.06.01
行政法规	《人类遗传资源管理条例》	● 采集、保藏、利用、对外提供我国人类遗传资源，应当符合伦理原则，并按照国家有关规定进行伦理审查，且应当尊重人类遗传资源提供者的隐私权，取得其事先知情同意，并保护其合法权益。 ● 采集我国人类遗传资源，应当事先告知人类遗传资源提供者采集目的、采集用途、对健康可能产生的影响、个人隐私保护措施及其享有的自愿参与和随时无条件退出的权利，征得人类遗传资源提供者书面同意。在告知人类遗传资源提供者前款规定的信息时，必须全面、完整、真实、准确，不得隐瞒、误导、欺骗。	2019.07.01
	《医疗器械监督管理条例》	● 医疗器械使用单位应当妥善保存购入第三类医疗器械的原始资料，并确保信息具有可追溯性。使用大型医疗器械以及植入和介入类医疗器械的，应当将医疗器械的名称、关键性技术参数等信息以及与使用质量安全密切相关的必要信息记载到病历等相关记录中。	2021.06.01

续表

文件性质	文件名称	重点合规要求	生效日期
	《关键信息基础设施安全保护条例》	● 关键信息基础设施运营者应当设置专门安全管理机构，并对专门安全管理机构负责人和关键岗位人员进行安全背景审查。审查时，公安机关、国家安全机关应当予以协助。 ● 专门安全管理机构具体负责本单位的关键信息基础设施安全保护工作，履行以下职责：（一）建立健全网络安全管理、评价考核制度，拟订关键信息基础设施安全保护计划；（二）组织推动网络安全防护能力建设，开展网络安全监测、检测和风险评估；（三）按照国家及行业网络安全事件应急预案，制定本单位应急预案，定期开展应急演练，处置网络安全事件；（四）认定网络安全关键岗位，组织开展网络安全工作考核，提出奖励和惩处建议；（五）组织网络安全教育、培训；（六）履行个人信息和数据安全保护责任，建立健全个人信息和数据安全保护制度；（七）对关键信息基础设施设计、建设、运行、维护等服务实施安全管理；（八）按照规定报告网络安全事件和重要事项，等等。	2021.09.01
部门规章（含规范性文件）	《互联网诊疗管理办法（试行）》	● 医疗机构应当严格执行信息安全和医疗数据保密的有关法律法规，妥善保管患者信息，不得非法买卖、泄露患者信息。发生患者信息和医疗数据泄露后，医疗机构应当及时向主管的卫生健康行政部门报告，并立即采取有效应对措施。	2018.07.17
	《互联网医院管理办法（试行）》	● 互联网医院应当严格执行信息安全和医疗数据保密的有关法律法规，妥善保管患者信息，不得非法买卖、泄露患者信息。发生患者信息和医疗数据泄露时，医疗机构应当及时向主管的卫生健康行政部门报告，并立即采取有效应对措施。	2018.07.17

续表

文件性质	文件名称	重点合规要求	生效日期
	《远程医疗服务管理规范（试行）》	• 远程医疗服务流程及有关要求：（一）签订合作协议。医疗机构间直接或通过第三方平台开展远程医疗服务的，要签订远程医疗合作协议，约定合作目的、合作条件、合作内容、远程医疗流程、各方责任权利义务、医疗损害风险和责任分担等事项。合作协议可以以电子文件形式签订。（二）知情同意。邀请方应当根据患者的病情和意愿组织远程医疗服务，并向患者说明远程医疗服务内容、费用等情况，征得患者书面同意，签署远程医疗服务知情同意书。不宜向患者说明病情的，应当征得其监护人或者近亲属书面同意。	2018.07.17
	《信息安全技术 个人信息安全规范》	• 收集个人敏感信息前，应征得个人信息主体的明示同意，并应确保个人信息主体的明示同意是其在完全知情的基础上自主给出的、具体的、清晰明确的意愿表示；收集个人生物识别信息前，应单独向个人信息主体告知收集、使用个人生物识别信息的目的、方式和范围，以及存储时间等规则，并征得个人信息主体的明示同意。	2020.10.01
	《儿童个人信息网络保护规定》	• 网络运营者应当设置专门的儿童个人信息保护规则和用户协议，并指定专人负责儿童个人信息保护。 • 网络运营者收集、使用、转移、披露儿童个人信息的，应当以显著、清晰的方式告知儿童监护人，并应当征得儿童监护人的同意。	2019.10.01
	《电子病历应用管理规范（试行）》	• 电子病历使用的术语、编码、模板和数据应当符合相关行业标准和规范的要求，在保障信息安全的前提下，促进电子病历信息有效共享。	2017.04.01

续表

文件性质	文件名称	重点合规要求	生效日期
	《网络安全审查办法》	• 关键信息基础设施运营者采购网络产品和服务，网络平台运营者开展数据处理活动，影响或者可能影响国家安全的，应当按照本办法进行网络安全审查。 • 关键信息基础设施运营者采购网络产品和服务的，应当预判该产品和服务投入使用后可能带来的国家安全风险。影响或者可能影响国家安全的，应当向网络安全审查办公室申报网络安全审查。 • 掌握超过100万用户个人信息的网络平台运营者赴国外上市，必须向网络安全审查办公室申报网络安全审查。	2022.02.15
	《用于产生真实世界证据的真实世界数据指导原则（试行）》	• 真实世界研究涉及个人信息保护应遵循国家信息安全技术规范、医疗大数据安全管理相关规定，对个人敏感信息应进行去标识化处理，确保根据数据无法进行个人敏感信息匹配还原，通过技术和管理方面的措施，防止个人信息的泄漏、损毁、丢失、篡改。 • 数据安全性处理应基于研究所涉及的各种数据的类型、数量、性质和内容，尤其对于个人敏感信息，建立数据治理各环节的数据加密技术要求、风险评估和应急处置操作规程，并开展安全措施有效性审计。	2021.04.13
	《数据出境安全评估办法》	• 数据处理者向境外提供数据，有下列情形之一的，应当通过所在地省级网信部门向国家网信部门申报数据出境安全评估：（一）数据处理者向境外提供重要数据；（二）关键信息基础设施运营者和处理100万人以上个人信息的数据处理者向境外提供个人信息；（三）自上年1月1日起累计向境外提供10万人个人信息或者1万人敏感个人信息的数据处理者向境外提供个人信息；（四）国家网信部门规定的其他需要申报数据出境安全评估的情形。	2022.09.01

续表

文件性质	文件名称	重点合规要求	生效日期
征求意见稿	《互联网医疗健康信息安全管理规范》	• 互联网医疗健康服务过程中，采集数据时应满足以下要求：应符合GB/T 35273的相关要求。个人信息收集、使用应遵循合法、正当、必要的原则。应公开收集、使用规则，明示收集、使用信息的目的、方式和范围。采集数据需经被收集者、监护人或授权人同意。采集个人图像、个人身份特征信息等敏感个人信息，需要告知个人必要性以及对个人影响，经过被收集者、监护人或授权人单独授权同意。不得收集与提供服务无关的个人信息。	—

三、典型场景下的数据合规要点解读

随着互联网及信息技术的广泛运用，医疗模式也在不断更新，健康医疗数据的运用场景也更加丰富多元。健康医疗卫生机构、健康医疗科学研究机构、健康医疗信息系统供应商、健康医疗数据分析公司、医保机构、政府机构等主体需要在不同场景下切换健康数据控制者/健康数据处理者/健康数据使用者的身份。因此，为了有效梳理出各类主体所需掌握的数据合规要点，我们将在以下典型场景进行讨论。

（一）场景一：移动医疗健康类App的数据合规要点

移动医疗是指借由移动互联网技术以及各类移动互联平台提供的医疗健康服务。当下，移动医疗最直观的表现形式为各类医疗健康类App，已基本覆盖网络问诊、网上挂号、网上查询检验检查结果、医患交流、数据采集、慢病管理、远程监控、互联网药品销售等。

同时，我们也关注到国家计算机病毒应急处理中心陆续通过互联网监测发现多款医疗健康类App存在数据合规问题。例如，某技术开发有限公司旗下的医疗健康类App因未向用户明示申请的全部隐私权限，涉嫌隐私不合规；未建立并公布个人信息安全投诉、举报渠道，或超过承诺处理回复时限，涉嫌隐私不合规问题被通报。由某科技有限公司运营的医美类App存在未经用户同意收集使用个人信息；违反必要原则，收集与其提供的服务无关的个人信息等问题。由某互联网有限公司开发的医疗健康类App因未说明收集使用个人信息规则被通报。某医疗健康类App因未向用户明示申请的全部隐私权限，被国家计算机病毒应急处理中心通报。某药网App存在私自收集个人信息、私自共享给第三方等问题。上述通报案例提示移动医疗健康类App的经营者应当关注以下合规要点。

第一，数据收集环节，是否制定隐私政策，已制定的隐私政策是否对个人敏感信息类型进行显著标识；是否对个人信息存放地域、存储期限、超期处理方式进行明确说明；存在个人信息出境情况的，是否将出境个人信息类型逐项列出并显著标识；收集、使用、转移、披露儿童个人信息的，是否以显著、清晰的方式告知儿童监护人；在申请打开可收集个人信息的权限，或申请收集用户身份证号、银行账号、行踪轨迹等个人敏感信息时，是否同步告知用户目的，是否提供有效的更正、删除个人信息及注销用户账号功能；等等。

第二，数据存储环节，是否境内存储，有无采取加密、去标识化或存储介质管控措施，有无进行分类分级管理。

第三，数据传输环节，是否按照规定进行传输前的审查、评估、授权；是否进行加密传输、流量控制和存储介质管控。

此外，移动医疗健康类App的经营者还应当关注《移动医疗器械注册技术审查指导原则》和《医疗器械生产质量管理规范附录　独立软件》，并根据医疗健康类App的作用判断是否构成医疗器械。一般来说，如果医疗健康App预期用于疾病诊断、治疗或监护等，则应当被认定为医疗器械，并按照要求进行申报。

（二）场景二：临床研究数字化企业的数据合规要点

临床研究是指以患者或健康人为研究对象，由医疗机构、学术研究机构和/或医疗健康相关企业发起的，以探索疾病原因、预防、诊断、治疗和预后为目的的科学研究活动。一般来说，临床研究会涉及基本人口学资料、检查信息、检验信息、药品医嘱、非药品医嘱、手术信息、病理信息、骨髓穿刺、生命体征、处方信息、病历数据、患者报告结局、费用信息等数据。

2015年7月，随着原国家食药监局发布《关于开展药物临床试验数据自查核查工作的公告》，企业开始纷纷注重数据的合规性，临床研究数字化系统被逐渐开始普及使用。临床研究数字化行业厂商多以小型企业为主，临床研究数字化企业应当关注以下合规要点。

第一，作为数字化解决方案提供商，应当核查是否存在获取、使用客户数据的情形，如果存在，是否取得相应的完整授权或许可，其所提供数据传输功能是否采取数据加密或脱敏措施，数据存储是否按照要求存储于本地服务器或者第三方云端。

第二，作为数据处理者/数据控制者，应当核查是否已按照《数据安全法》的规定，建立管理制度、组织培训、采取必要措施、遵守网络安全等级保护制度；是否建立安全风险评估和处置流程以及数据安全事件报告制度；是否按照《个人信息保护法》的规定建立内控制度，确保严格限于实现目的的最小范围处理数据；是否在相关业务协议、隐私权政策中对未成年人用户的信息进行特别约定或保护。

第三，作为临床研究的参与者，应当核查是否存在直接采集、保藏、对外提供我国人类遗传资源的情形；如果涉及间接采集、利用人类遗传资源数据的情形，是否依法履行伦理审查程序，取得客户或患者的完整授权；是否涉及向境外提供我国人类遗传资源的情形等。

（三）场景三：智慧医疗科技企业的数据合规要点

从2016年的《"健康中国2030"规划纲要》到2021年的《中华人民共和国国民经济和社会发展第十四个五年规划和2035年远景目标纲要》，智慧医疗产业政策体系趋于完善。当前，在线诊疗需求大幅提升，智慧医疗可助力改善医疗资源分配不均、医保控费等难题。鉴于智慧医疗产业涵盖就诊前的线上挂号、在线问诊、智能导诊，就诊中的临床信息系统、监护信息系统、临床决策支持系统、医疗影像、智慧病案以及就诊后的慢病管理、诊后医疗、医药服务等环节，智慧医疗的数据合规问题就显得尤为重要。

智慧医疗领域的企业可分为三类：第一类是医疗信息化领军企业，如卫宁健康、创业惠康、东软集团、万达信息、思创医惠、和仁科技等；第二类是互联网医疗平台企业，如平安好医生、阿里健康、京东健康、微医等；第三类是AI大数据企业，如科大讯飞、医渡科技、联想医疗、鹰瞳等。

以零氪科技为例，零氪科技是一家数据驱动、AI赋能的医疗科技公司，成立于2014年，专为医药、医疗产业各方提供大数据和人工智能整体解决方案。2022年4月，零氪科技向美国证监会申请撤回IPO计划。从零氪科技的招股说明书来看，零氪科技的主要业务营收来源为数字化重症患者健康管理平台（Link Care）和生命科学解决方案（Link Solutions）。Link Care为患者护理方案、人工智能诊断和治疗以及患者管理服务；Link Solutions为临床试验匹配和数据洞察服务。为实现主要业务营收的稳定，零氪科技必须对医院病历进行访问和通过纵向患者跟进旅程，以获取并积累海量的有效数据，此种业务模式便不可避免地涉及健康医疗的数据合规问题。智慧医疗科技企业赴美上市应当注重以下合规要点。

第一，数据控制者/数据处理者应当注重数据源合规，并按要求对数据进行分类分级处理。如果直接从C端获取医院病历和患者数据，则应当单独设置隐私政策，并注重隐私政策内容合规性和完备性审查，向患者清晰展示隐私政策，取得用户主动点击同意、签字等明示同意表示；然后按照《信息安全技术　健康医疗数据安全指南》对健康医疗数据的分类分级思路，对涉及个人隐私的数据进行去标识化或匿名化处理后再进行严格的分级管理。

第二，涉及数据跨境传输时，应当按照《网络安全法》《数据安全法》《个人信息保护法》《关键信息基础设施安全保护条例》《数据出境安全评估办法》的要求，完成安全评估并报相关机构备案。

第三，做好数据安全管理，在数据存储、数据传输、数据脱敏处理、数据访问权限管控、数据管理机构、数据管理制度和信息安全事件应急响应机制等方面履行法定义务。

第九章 | 知识产权与商业秘密合规

近年来，随着知识产权强国战略实施，ESG投资理念迅速普及，企业知识产权保护也必须成为企业关注的合规重点。医疗健康知识产权，是指一切与医疗健康行业有关的发明创造和智力劳动成果的财产权。这种财产权通常被称为无形资产，与动产、不动产并称为人类财产的三大形态。

目前，我国的医疗健康知识产权保护主要有四种保护方式：专利权、商标权、著作权和商业秘密权。近年来，随着相关法律法规的不断完善，我国医疗健康知识产权的保护有了长足的进步。如在药品的专利保护方面，已经由对产品的保护上升到了对方法的保护；商标保护方面新增加了对产品地理标志的保护；新药的分类标准不断趋于科学；等等。

我国生态环境政策理念经历了从“污染防治观”到“生态文明观”的演变[①]，逐步加强对生态环境保护的监管。目前我国处于工业化中后期，环境污染事故进入高发期。实践中，医疗健康企业环保处罚案例时有发生，环保合规成为众多医疗健康企业的重要议题，是企业持续发展必不可少的关注要点。

一、知识产权法律体系概述

知识产权包括专利权、商标权、商业秘密、著作权（版权）、货源标记、制止不正当竞争、厂商名称、其他智慧成果、原产地名称、植物新品种。从中国目前的立法现状看，知识产权法仅是一个学科概念，并不是一部具体的制定法。知识产权法律制度主要由著作权法、专利法、商标法、反不正当竞争法等若干法律行政法规或规章、司法解释、相关国际条约等

---

① 《新中国70年环境规制政策变迁与取向观察》，载《改革》2019年第10期。

共同构成。

随着知识产权领域的制度创新、法律修订以及理论研究引人注目，知识产权保护的新问题、新案件不断出现，极大地丰富了知识产权法学研究内容，知识产权法学获得了长足的发展和厚实的积淀。

知识产权法律体系一般包括以下几种法律制度：专利证书专利权法律制度、版权法律制度、商标权法律制度、商号权法律制度、产地标记权法律制度、商业秘密权法律制度、反不正当竞争法律制度等。我国医疗健康行业知识产权法律体系如图9.1所示。

二、知识产权合规主要义务

我国有关知识产权的法律法规数量繁多，我们将其中普遍适用以及为医疗健康企业重点关注的合规义务梳理如下，为便于理解，我们将专利权、商标权、著作权等知识产权与商业秘密分开表述。

（一）知识产权合规对医疗健康产业的重要性

在医药健康领域，对专利、商标、版权、技术秘密等知识产权的保护尤为重要，特别是在医药产品方面，专利保护直接影响着药品研发和企业生存。具体来说，主要基于以下原因。

1. 医疗健康产品市场广泛，竞争激烈

医药健康领域涵盖了医药、医疗、保健等多个方面，对人类健康起到重要作用，为各国所公认，市场规模大、预期高、影响广。在激烈的竞争中，需要遏制不正当竞争，保护产业发展活力，这决定了医疗健康领域成为对知识产权保护，特别是专利保护依赖性最高的技术领域。如果没有有效的专利保护作为保障，很少有人敢于从事如此高风险的投资和研发。美国经济学家曼斯菲尔德经过研究分析得出结论，如果没有专利保护，60%的药品发明不能研究出来。

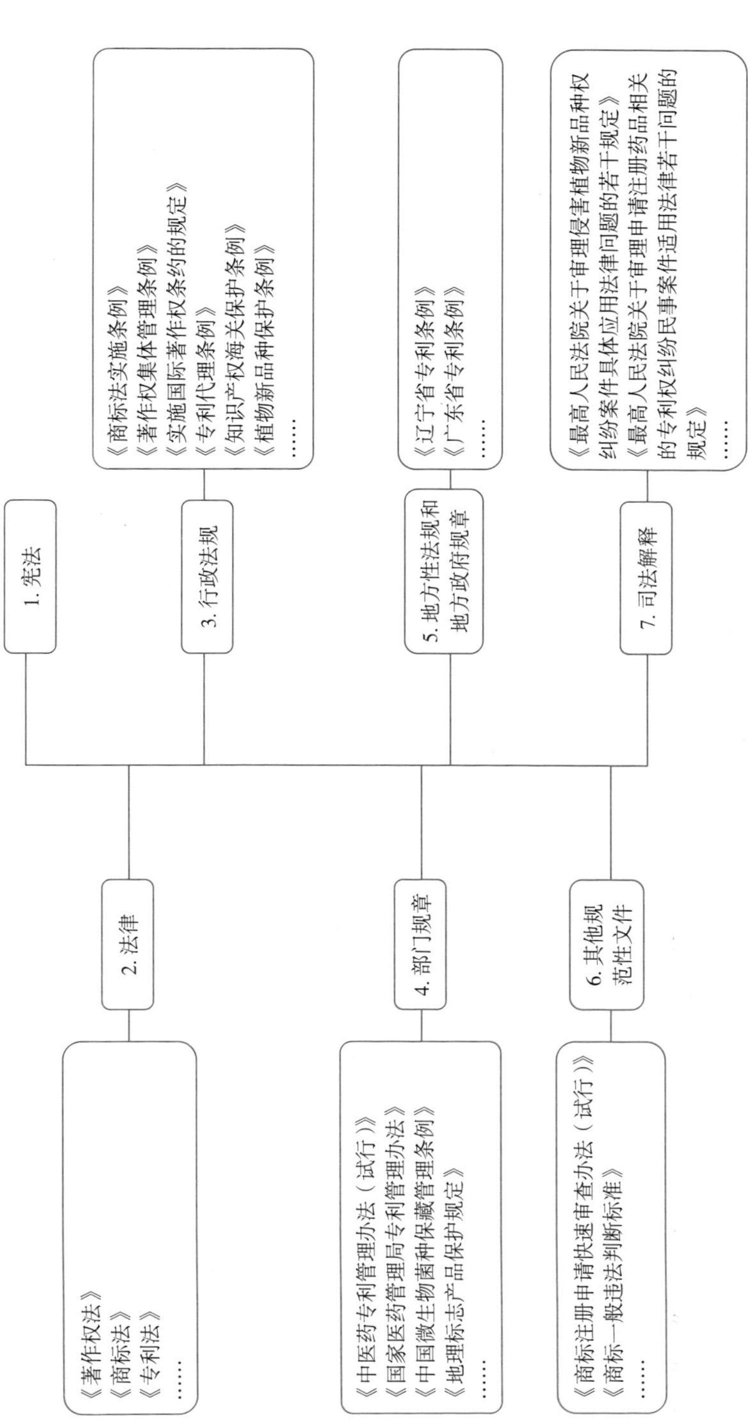

图9.1 医药健康法律体系

2. 医药健康领域产品研发投入大、周期长

医疗健康领域涵盖医疗和健康领域，其中，技术含量较高的药品和保健品的研发，需要企业巨大的投入，研制历程也较长。以药品研发为例，根据美国制药协会和欧美制药协会的统计，国际上每研制一种化学新药就需要投资8亿—10亿美元，耗时10年左右而且各制药公司用于研究开发的费用占到其销售额的15%—20%或更高，例如2021罗氏作为研发投入最大的药企，其研发投入达161亿美元。特别是新药的研发方面，难度尤甚。一种新药的创制，从药物化合物的合成、筛选、药效、毒性试验、动物试验到各种临床试验，直到最后批准上市，中间需要经过许多阶段，时间往往达10年以上。以药物化合物的筛选为例，每3000—10000种已经合成的具有药物活性的化合物中，只能筛选出5种左右进行临床试验，而最终成为药品的只有1种。另外，新药研发活动中，高达70%的项目最终无法获得上市的产品而宣告失败。因此，大多数制药不发达的国家无能力创制新药，只能依赖仿制或进口。

3. 品牌知名度与企业盈利能力直接相关，品牌商标价值高

商标侵权会扰乱正常的商品市场的秩序，正常的商品市场主要是通过个体的买卖来运行的，个体有自己的运行程序，而一些非法的厂家会以较低的成本进行生产，然后以低于正常商品的价格售卖，这样就会使一些正规厂家的产品货物堆积，从而使许多商家的利益受损，甚至扰乱市场秩序。这种现象对知名品牌影响尤甚，品牌方通过高额的宣传费用提升品牌价值，而侵权者通过假冒注册商标获取高额利润，其中还存在以次充好的情形，可能损害品牌声誉。这种情况在医疗健康产品中值得高度重视，不同品牌的产品价格差异巨大，医疗健康领域的消费者对品牌的认可度决定了产品销量和企业的盈利能力，医疗健康产品如果出现以次充好产品，将可能对消费者带来直接的人身健康损害，被假冒的品牌方也会遭受严重影响。

4. 医疗健康产品创新成果易受侵害

医疗健康产品在研发和创新上需要投入大量精力，由于现代分析技术的进步，在一款产品上市之后，如果没有知识产权特别是专利权的保护，竞争对手通过反向工程分析药品或保健品的活性成分、医疗器械或保健产品的结

构进而进行仿制，是非常容易的。在医疗健康领域成果特别是医药产品中，还有一类是已知化合物的新的医药用途，其中的化合物是已知的，在市场就可以买到或者生产工艺等是完全公知的，唯一不同的是其中的医药月途不同。所以在新药上市后，竞争对手只需要在包装上写明用途及其适应证即可，当然实际产品上市还需要CFDA的批准才能上市，因此如果没有知识产权特别是专利权，药品研发企业的成果很容易受到侵害。

（二）医疗健康领域常见知识产权纠纷

医疗健康领域是知识产权纠纷的多发领域，在技术研发领域易发知识产权确权类纠纷和合同类的纠纷，如专利无效纠纷、专利权属纠纷、发明权纠纷、技术开发合同纠纷以及许可合同纠纷等；在行业经营和竞争过程中，易发侵权类纠纷和垄断类的纠纷，如专利侵权、商业秘密侵权、不正当竞争纠纷、商标侵权纠纷，以及反垄断法相关的垄断协议、滥用市场支配地位、经营者集中纠纷等。

1.研发活动相关纠纷

第一，专利无效纠纷。医疗健康领域是知识产权密集的行业，医药研发机构和经营主体必须通过专利方式保护自己的知识产权。因此，在这一技术领域内，知识产权争议案件也呈多发态势，主要原因在于专利一旦授予则赋予专利权人对该等技术的专有使用权利，竞争对手常常会试图通过专利行政确权程序挑战或限制专利权人专有权的范围。关于权利要求所要保护的技术方案是否得到说明书支持，应从说明书的全部内容来考虑。如果所属技术领域的普通技术人员能够通过说明书公开的内容得到或概括得出该项权利要求的技术方案，且该技术方案能解决所述技术问题并达到预期的技术效果，则可认为该技术方案得到了说明书的支持。在医药领域，涉及专利无效纠纷的典型案件有：W药品工业株式会社与国家知识产权局专利复审委员会、四川H制药有限公司、重庆医药工业研究院有限责任公司发明专利权行政纠纷案；国家知识产权局专利复审委员会与江苏X药物研究有限公司、南京X药物研究有限公司、第三人李某专利无效行政纠纷案；北京S药业股份有限公司与国家知识产权局专利复审委员会发明专利权无效行政纠纷案等。

第二，专利、专利申请权属纠纷。专利、专利申请权属纠纷比较常见于以下情形：（1）企业与个人之间由于对研发成果的归属约定不明等原因，导致就专利或专利申请权的归属问题产生纠纷。如王某与西安H科技有限公司、陕西J生物科技股份有限公司专利权属纠纷案①、刘某与石某、宁波Z药业有限公司发明创造发明人署名权、专利权属纠纷案②。（2）因员工跳槽引起的前雇主与现雇主之间的纠纷。如A医疗器械（杭州）有限公司与时某、杭州S医学科技有限公司专利权权属纠纷案③、嘉兴X生物制品有限公司与嘉兴S生物科技有限公司等专利申请权权属纠纷上诉案④。（3）发生于研发合作机构之间的纠纷，如广西南宁L药业有限责任公司等与广西C制药有限公司专利申请权权属纠纷再审案⑤。

第三，发明权纠纷。广义的发明权是指发明人（自然人）对其发明成果所享有的物质权利和精神权利；狭义的发明权是指对发明人依据《民法典》和《国家科学技术奖励条例》对其申请专利的发明以外的其他发明成果所享有的人身权利和物质权利。此处的发明权还包括申请专利发明的发明人依据《专利法》所享有的署名权以及获得奖金或者报酬的权利，故采广义的发明权概念。该种纠纷通常发生于企业与具体从事研发工作的雇员之间。企业必须尊重法律所规定的作出发明创造的个人的发明权。

第四，技术合同纠纷。医药行业存在大量与技术研发相关的活动，如共同进行研究开发、委托进行研究开发、技术成果转让和许可等。因这些经营活动中所缔结的合同而引起的纠纷也较为常见。上文已经介绍的广西南宁L药业有限责任公司等与广西C制药有限公司专利申请权权属纠纷再审案件，本质上就是双方基于技术合作开发合同所产生的纠纷。除了这一案件之外，司法实践中也还存在若干因技术合同产生的纠纷，例如北京F医药技术研究

---

① 陕西省高级人民法院（2008）陕民三终字第5号民事判决书。

② 北京市高级人民法院（2011）高民终字第283号民事判决书。

③ 浙江省杭州市中级人民法院（2013）浙杭知初字第290号民事判决书。

④ 浙江省高级人民法院（2011）浙知终字第112号民事判决书。

⑤ 最高人民法院（2006）民三监字第41-1号民事判决书。

所与J药业集团股份有限公司技术转让合同纠纷再审案件。[①]

2.与医疗器械产品、药品成分、物质、生物材料等相关的纠纷

专利侵权纠纷是医药行业内常见的诉讼类型。我国虽然不像美国法下规定的必须通过诉讼来解决某些专利的问题，但专利侵权诉讼仍然是专利药厂维护自己市场地位的重要手段。

实践中，药企通过专利诉讼成功维护自己市场地位的案例并不罕见，如Y外科公司与常州市Z医疗仪器研究所有限公司、北京H医疗器械有限公司、K（北京）医药科技开发有限公司侵犯发明专利权纠纷案[②]等。

3.与制备方法、工艺流程、新用途等技术相关的纠纷

在医疗健康领域，涉及制备方法、工艺流程、新用途等技术纠纷主要分为两大类：一类是基于专利权产生的侵犯专利权纠纷，另一类则是商业秘密纠纷。

除了专利保护外，很多与药品及制药工艺等相关的技术是通过商业秘密的形式予以保护，因此商业秘密侵权纠纷也是医疗健康领域的常见纠纷类型。常见的商业秘密侵权行为发生在员工跳槽流动的情形下，如美国礼来公司、礼来（中国）研发有限公司诉黄某侵害技术秘密纠纷案[③]。该案中，上海一中院裁定禁止黄某披露、使用或允许他人使用美国礼来公司、礼来（中国）研发有限公司主张作为商业秘密保护的21个文件内容。

4.与产品的销售流通等相关的纠纷

第一，商标及不正当竞争侵权。药品及医疗器械领域的商标及不正当竞争纠纷也较为常见。较为著名的例如辉瑞产品有限公司与辉瑞制药有限公司诉北京J有限公司、江苏L药业股份有限公司、广州W药业有限公司侵犯其在“万艾可”商品上的蓝色菱形立体商标专用权纠纷案。[④]由于药品是较为特殊的商品，除商标侵权问题外，往往还伴随着售卖假药等行政违规甚至犯罪行为。

---

① 最高人民法院（2013）民申字第718号民事裁定书。

② 北京市第一中级人民法院（2011）一中民初字第16752号民事判决书。

③ 上海市第一中级人民法院（2013）沪一中民五（知）初字第119号民事判决书。

④ 最高人民法院（2009）民申字第268号民事判决书。

第二，反垄断纠纷。近年来，我国医药领域垄断行为多发，特别是原料药行业已成监管重点。据国家反垄断局发布的《中国反垄断执法年度报告（2021）》中的内容显示，2019年至2021年我国反垄断执法机构共查办医药行业垄断案件超100件。[①]2022年6月24日十三届全国人大常委会第三十五次会议表决通过关于修改《反垄断法》的决定，自2022年8月1日起施行。这是《反垄断法》自2008年实施以来的首次修改。新反垄断法明确了竞争政策的基础地位和公平竞争审查制度的法律地位，努力营造公平的市场竞争环境。新法在规定国家强化竞争政策基础地位的同时，规定国家建立健全公平竞争审查制度；行政机关和法律、法规授权的具有管理公共事务职能的组织，在制定涉及市场主体经济活动的规定时，应当进行公平竞争审查。这对于建立统一开放、竞争有序的全国大市场意义重大。

（三）知识产权相关的禁止性行为

本书所述的禁止性行为是指违反相关法律法规、政策等要求的行为，企业若涉及下述行为，应以相关法律法规、政策规定为依据，充分评估该行为可能导致的法律后果。

1. 专利权相关行为

（1）假冒专利行为

根据《专利法实施细则》的规定，下列行为属于假冒专利的行为：在未被授予专利权的产品或者其包装上标注专利标识，专利权被宣告无效后或者终止后继续在产品或者其包装上标注专利标识，或者未经许可在产品或者产品包装上标注他人的专利号；销售上述产品；在产品说明书等材料中将未被授予专利权的技术或者设计称为专利技术或者专利设计，将专利申请称为专利，或者未经许可使用他人的专利号，使公众将所涉及的技术或者设计误认为是专利技术或者专利设计；伪造或者变造专利证书、专利文件或者专利申请文件；其他使公众混淆，将未被授予专利权的技术或者设计误认为是专利

① 《中国反垄断执法年度报告（2021）》，载国家市场监督管理总局，https://www.samr.gov.cn/xw/zj/202206/P020220608430645470953.pdf，最后访问日期：2022年10月23日。

技术或者专利设计的行为。

（2）侵权专利权行为

发明和实用新型专利权被授予后，除专利法另有规定的以外，任何单位或者个人未经专利权人许可，都不得实施其专利，即不得为生产经营目的制造、使用、许诺销售、销售、进口其专利产品，或者使用其专利方法以及使用、许诺销售、销售、进口依照该专利方法直接获得的产品。

外观设计专利权被授予后，任何单位或者个人未经专利权人许可，都不得实施其专利，即不得为生产经营目的制造、许诺销售、销售、进口其外观设计专利产品。

（3）滥用专利权行为

申请专利和行使专利权应当遵循诚实信用原则。不得滥用专利权损害公共利益或者他人合法权益。

根据《关于规范专利申请行为的若干规定》，非正常申请专利的行为是指：同一单位或者个人提交多件内容明显相同的专利申请；同一单位或者个人提交多件明显抄袭现有技术或者现有设计的专利申请；同一单位或者个人提交多件不同材料、组分、配比、部件等简单替换或者拼凑的专利申请；同一单位或者个人提交多件实验数据或者技术效果明显编造的专利申请；同一单位或者个人提交多件利用计算机技术等随机生成产品形状、图案或者色彩的专利申请；帮助他人提交或者专利代理机构代理提交上述类型的专利申请。

2.商标权相关行为

根据《国家知识产权局关于持续严厉打击商标恶意注册行为的通知》，违反诚实信用原则，违背公序良俗，谋取不正当利益，扰乱商标注册秩序的典型违法行为包括：

（1）不以使用为目的的商标恶意注册申请的情形（抢注商标）

恶意抢注与党的重要会议、重要理论、科学论断、政治论述等相同或者近似标志的；恶意抢注与国家战略、国家政策、重大工程、重大科技项目，具有较高知名度的重要赛事、重要展会、重大考古发现等相同或者近似标志的；恶意抢注重大公共卫生事件等重大敏感事件、突发事件；恶意抢注具有较高知名度的政治、经济、文化、民族、宗教等公众人物的姓名的；商标注册申请数量明显超出正常经营活动需求，缺乏真实使用意图的；大量复制、摹仿、抄袭多个主体具有一定知名度或者较强显著性的商标或者其他商业标识的；大量申请注册与公共文化资源、行政区划名称、商品或者服务通用名称、行业术语等相同或者近似标志的；大量转让商标且受让人较为分散，扰乱商标注册秩序的。

（2）商标使用禁用标志

根据《商标法》，下列标志不得作为商标使用：同中华人民共和国的国家名称、国旗、国徽、国歌、军旗、军徽、军歌、勋章等相同或者近似的，以及同中央国家机关的名称、标志、所在地特定地点的名称或者标志性建筑物的名称、图形相同的；同外国的国家名称、国旗、国徽、军旗等相同或者近似的，但经该国政府同意的除外；同政府间国际组织的名称、旗帜、徽记等相同或者近似的，但经该组织同意或者不易误导公众的除外；与表明实施控制、予以保证的官方标志、检验印记相同或者近似的，但经授权的除外；同“红十字”“红新月”的名称、标志相同或者近似的；带有民族歧视性的；带有欺骗性，容易使公众对商品的质量等特点或者产地产生误认的；有害于社会主义道德风尚或者有其他不良影响的。

（3）侵犯注册商标专用权的行为

根据《商标法》，侵犯注册商标专用权的行为包括：未经商标注册人的许可，在同一种商品上使用与其注册商标相同的商标的；未经商标注册人的许可，在同一种商品上使用与其注册商标近似的商标，或者在类似商品上使用与其注册商标相同或者近似的商标，容易导致混淆的；销售侵犯注册商标专用权的商品的；伪造、擅自制造他人注册商标标识或者销售伪造、擅自制造的注册商标标识的；未经商标注册人同意，更换其注册商标并将该更换商标的商品又投入市场的；故意为侵犯他人商标专用权行为提供便利条件，帮助他人实施侵犯商标专用权行为的。

（4）驰名商标不得用于广告宣传

生产、经营者不得将“驰名商标”字样用于商品、商品包装或者容器上，或者用于广告宣传、展览以及其他商业活动中。

3.侵犯著作权及与著作权有关权利

（1）侵犯著作权行为

根据《著作权法》，下列情形属于侵犯著作权的行为：未经著作权人许可，发表其作品的；未经合作作者许可，将与他人合作创作的作品当作自己单独创作的作品发表的；没有参加创作，为谋取个人名利，在他人作品上署名的；歪曲、篡改他人作品的；剽窃他人作品的；未经著作权人许可，以展览、摄制视听作品的方法使用作品，或者以改编、翻译、注释等方式使用作品的，本法另有规定的除外；使用他人作品，应当支付报酬而未支付的；未经视听作品、计算机软件、录音录像制品的著作权表演者或者录音录像制作者许可，出租其作品或者录音录像制品的原件或者复制件的，本法另有规定的除外；未经出版者许可，使用其出版的图书、期刊的版式设计的；未经表演者许可，从现场直播或者公开传送其现场表演，或者录制其表演的；未经著作权人许可，复制、发行、表演、放映、广播、汇编、通过信息网络向公众传播其作品的，本法另有规定的除外；出版他人享有专有出版权的图书的；未经表演者许可，复制、发行录有其表演的录音录像制品，或者通过信息网络向公众传播其表演的，本法另有规定的除外；未经录音录像制作者许可，复制、发行、通过信息网络向公众传播其制作的录音录像制品的，本法另有规定的除外；未经许可，播放、复制或者通过信息网络向公众传播广播、电视的，本法另有规定的除外；未经著作权人或者与著作权有关的权利人许可，故意避开或者破坏技术措施的，故意制造、进口或者向他人提供主要用于避开、破坏技术措施的装置或者部件的，或者故意为他人避开或者破坏技术措施提供技术服务的，法律、行政法规另有规定的除外；未经著作权人或者与著作权有关的权利人许可，故意删除或者改变作品、版式设计、表演、录音录像制品或者广播、电视上的权利管理信息的，知道或者应当知道作品、版式设计、表演、录音录像制品或者广播、电视上的权利管理信息未经许可被删除或者改变，仍然向公众提供的，法律、行政法规另有规定的除外；制作、出售假冒他人署名的作品的；出版者、表演者、录音录像制作者、广播电台、电视台等依照本法有关规定使用他人作品的，不得侵犯作者的署名权、修改权、保护作品完整权和获得报酬的权利。

（2）侵犯计算机软件著作权的行为

根据《计算机软件保护条例》，下列情形属于侵犯计算机软件著作权的行为：未经软件著作权人许可，发表或者登记其软件的；将他人软件作为自己的软件发表或者登记的；未经合作者许可，将与他人合作开发的软件作为自己单独完成的软件发表或者登记的；在他人软件上署名或者更改他人软件上的署名的；未经软件著作权人许可，修改、翻译其软件的；复制或者部分复制著作权人的软件的；向公众发行、出租、通过信息网络传播著作权人的软件的；故意避开或者破坏著作权人为保护其软件著作权而采取的技术措施的；故意删除或者改变软件权利管理电子信息的；转让或者许可他人行使著作权人的软件著作权的。

4.侵犯商业秘密的行为

根据《反不正当竞争法》，经营者不得实施下列侵犯商业秘密的行为：以盗窃、贿赂、欺诈、胁迫、电子侵入或者其他不正当手段获取权利人的商业秘密；披露、使用或者允许他人使用以前项手段获取的权利人的商业秘密；违反保密义务或者违反权利人有关保守商业秘密的要求，披露、使用或者允许他人使用其所掌握的商业秘密；教唆、引诱、帮助他人违反保密义务或者违反权利人有关保守商业秘密的要求，获取、披露、使用或者允许他人使用权利人的商业秘密。

三、体系化合规治理解决方案

对企业而言，建立起完善的合规管理体系，事前采取相应的合规措施，是企业证明自己无过错的重要手段。随着国家知识产权战略的实施，知识产权合规已经成为企业合规管理的重要组成部分。针对医疗健康企业知识产权合规，我们提出如下体系化合规治理解决方案。

（一）知识产权合规主要原则

企业知识产权合规体系建设应当坚持独立性、有效性、全面性、动态性和可查证原则。

1. 独立性原则

合规职能部门的运行不受任何不当的干扰和压力；合规职能部门应严格依照法律法规及企业相关制度规定等对企业和员工行为进行客观评价和处理；承担合规管理职责的人员应独立履行职责，不受其他部门和人员的干涉。

2. 有效性原则

合规管理制度应有效嵌入经营业务的具体环节当中，与法律风险防范、审计监察、内控及风险管理等工作相统筹、相衔接，并建立全员合规责任制，明确管理人员和各岗位员工的合规责任并督促有效落实，确保合规管理闭环。

3. 全面性原则

企业知识产权合规管理的基础性和关键领域包括专利、商业秘密、商标、著作权；合规工作应覆盖业务涉及的研发、生产、销售、对外合作、投资推广、招投标及采购等各个环节，贯穿决策、执行、监督全流程，并确保所有与知识产权相关的业务、部门和人员均已纳入合规工作体系。

4. 动态性原则

合规工作应与企业经营范围、组织结构和业务规模相适应；合规工作应根据企业内外部环境的变化适时进行调整和完善；企业经营管理中存在的合规风险问题，要能够得到及时反馈、纠正和改进。

5. 可查证原则

合规工作应有明确的流程规范作依据，确保企业合规管理有迹可循、有证可查。

（二）知识产权合规架构与职责

企业可根据自身行业性质、经营规模等合理选择和设置知识产权合规部门或合规人员，组织、协调和监督合规管理工作，在直接负责各项合规管理工作的同时为其他部门提供合规管理支持，并确保其对涉及重大合规风险事项的一票否决权。其具体工作职责主要包括：研究起草合规管理计划、制定合规管理制度，组织制订合规管理战略规划及合规管理年度报告；持续关注法律法规等规则变化，组织开展合规风险识别与预警；参与企业重大决策并提出合规建议和意见，参与企业重大事项合规审查和风险应对；参与业务部门对重要商业伙伴的合规尽调和定期评价；指导各部门合规工作落地，并提供合规咨询，组织合规认证；组织开展合规检查与考核，对制度和流程进行合规性评价，督促违规整改和持续改进；推动合规责任纳入岗位职责和员工绩效管理；建立合规绩效考核指标，监控和衡量合规绩效；建立合规举报管理体系，受理合规管理职责范围内的举报，组织或参与对举报事件的调查，并提出处理建议；组织或协助业务部门、人力资源部门开展合规培训；其他适合由合规职能部门承担的合规管理职责。

（三）建立合规监察和举报制度

企业应建立健全规范化的知识产权事务管理和决策流程，将知识产权合规审查作为规章制度制定、重大事项决策、重要合同签订、重大项目运营等经营管理行为的必经程序，及时对不合规的内容提出修改建议，未经合规审查不得实施。

企业应定期对知识产权合规体系进行合规监察，由合规管理部门人员落实实施，并形成合规监察报告。监察内容主要包括对知识产权合规体系运行有效性的评价和对知识产权合规绩效进行评价，以确保知识产权合规目标的实现。

企业鼓励对潜在或实际存在的违反知识产权合规方针或合规义务的行为进行举报。企业应拓宽合规绩效反馈来源，为相关人员设立举报机制、求助热线、情况反馈、建议箱等，为供应商、承包商等第三方设立投诉处理系统，重点收集有关企业不合规情况、合规疑问及对合规有效性和合规绩效评价等反馈内容。

（四）企业保密管理制度

企业应建立保密管理制度，明确涉密人员，设定保密登记和接触权限，对容易造成企业知识产权秘密流失的设备，规范其使用人员、目的、方式和流通；明确涉密信息范围，规定保密等级、期限和传递、保存及销毁的要求；明确涉密区域，规定客户及参访人员活动范围等。

企业应建立文件信息化管理制度，确保对从业管理中形成的相关知识产权的重要过程予以记录、标识、贮存、保护、检索、保存和处置；对行政决定、司法判决、律师函等外来文件进行有效管理，确保其来源与取得时间的准确性。外来文件和记录文件应当完整，明确保管方式和保存期限。文件管理体系的载体，不限于纸质文件，也包括电子文件。

（五）企业知识产权合规文化建设

企业应建立对技术人员、知识产权管理人员、全体员工分层级合规培训制度。从增强知识产权保护意识、知识产权价值观、营造崇尚创新尊重知识产权的氛围、重视知识产权宣传教育等方式进行知识产权文化的建设；结合知识产权管理制度建设和人才建设，构建有利于调动企业员工知识产权工作积极性的激励机制，树立尊重和保护知识产权的企业形象。

（六）企业运行中的知识产权合规流程建设

企业应注重生产经营环节知识产权管理，明确在原材料及设备采购（包括软件等）、技术和产品开发、技术转让（许可）与合作、委托加工、产品销售、广告宣传或展销、招投标、进出口贸易、企业合资及并购和上市等环节中所可能涉及的各类知识产权事务的管理措施和工作程序。

第一，企业采购活动中的知识产权管理。企业应收集相关知识产权信息，必要时应要求供方提供权属证明；做好供方信息、进货渠道、进价策略等信息资料的管理和保密工作；在采购合同中应明确知识产权权属、许可使用范围、侵权责任承担等内容。

第二，企业生产活动中的知识产权管理。注意发现有知识产权价值的创新成果，及时采取相应的知识产权保护措施；对于生产过程中不宜对外公开的操作规程、各种报表和试验记录、检验检测记录等，应建立相应的保密制度，采取相应的保密措施；承揽委托加工、来料加工、贴牌生产等加工业务时，注意规避对外加工业务中的知识产权风险，明确双方知识产权权利义务、保密责任。

第三，企业研发活动中的知识产权管理。建立研发活动的知识产权跟踪检索分析与监控制度；明确对研发成果的知识产权归属管理；加强对研发活动的档案和保密管理，建立技术研发档案、记录管理制度，确保研发活动具有可追溯性，加强对研发成果申请专利的挖掘与质量的管控。

第四，企业营销活动的知识产权管理。对产品即将投放的市场进行同类产品知识产权状况的调查分析，防止遭遇知识产权侵权指控；正确使用注册商标或专利号等知识产权标志，对消费者和有关市场主体进行必要提醒；建立产品销售市场监控机制，多渠道地监控同类产品的市场情况：对发现侵权的，应当进行重点信息收集，必要情况时进行公证。

（七）合规水平的自我评估标准

知识产权合规管理体系效果的有效性评估和审查标准主要有以下四个方面。

第一，合规文化方面：是否将经营活动各环节相关的知识产权风险管理要求通过流程、制度、合同以及培训、会议等沟通方式向企业员工进行宣传、推广，将知识产权风险管理理念及企业合规价值观根植于经营活动中，营造企业知识产权合规文化；是否构建有利于调动员工积极性的激励机制，树立尊重和保护知识产权的企业形象。

第二，合规目标方面：企业所有的知识产权经营活动是否满足合规目标、符合合规要求；实现企业合规目标的资源配置是否完善，是否有明确的时间安排及细化流程；是否定期监督、检查、记录、评估合规目标的进度并进行及时更新调整。

第三，可持续发展能力方面：是否根据知识产权相关法律规范的调整，及时调整企业的知识产权合规管理体系，确保其保持最新状态，适应企业的知识产权合规目标；是否定期开展知识产权风险内部监察，针对发现的合规风险，及时提出具体解决方案并积极落实整改。

第四，违规事件及其处理方面：发现违规事件时，企业是否及时采取措施控制并纠正，分析违规事件产生的原因；是否针对违规事件反映的管理问题及时进行改进和弥补管理漏洞，包括改进业务流程、重新培训员工、加强预警机制等；是否向内部和外部通报违规事件相关情况，保留文件化信息。

第十章 | 公司治理框架

如今，ESG已经在全球资本市场被广泛用来衡量企业的可持续性和道德影响，并且成为投资的重要参考。随着我国“双碳”目标的推进和金融市场的发展，构建具有中国特色的ESG理念、指标、评价体系对增强我国在可持续发展领域的国际影响力，有着积极的促进作用。国务院国有资产管理委员会2022年发布《提高央企控股上市公司质量工作方案》，强调央企上市公司要在资本市场中发挥带头示范作用，贯彻落实新发展理念，探索建立健全ESG体系，立足国有企业实际，积极参与构建具有中国特色的ESG信息披露规则、ESG绩效评级和ESG投资指引，为中国ESG发展贡献力量。国资委还在当年成立了社会责任局来指导和推动国有企业履行社会责任、积极践行ESG。

2022年5月28日，在首都经济贸易大学与中国企业改革与发展研究会主办的“中国ESG论坛2022”上，中国发展研究基金会副秘书长俞建拖指出：“从环境、社会和公司治理三个维度来看，公司治理的重要性在ESG中被系统性地低估。在企业的ESG实践中，应通过公司治理的完善积极助力现代国家治理体系和治理能力的构建。”①中国企业应当重视ESG公司治理的建设，积极推动企业可持续发展。

一、ESG视角下公司治理概述

（一）ESG中公司治理（G）的含义及重要性

ESG是一种新兴的企业评价方式，是近年来金融市场兴起的重要理念和企业行动指南，亦是可持续发展理念在金融市场和微观企业层面的具象投

① 《中国ESG论坛2022》，载央视科教频道，http://kejiao.cctv.com/special/chinaESGforum2022/index.shtml，最后访问日期：2022年5月30日。

影。[①] ESG中公司治理责任是指公司应当完善现代企业制度，围绕受托责任合理分配股东、董事会、管理层权力，形成从发展战略到具体行动的科学管理制度体系。[②] ESG中的公司治理架构是传统公司治理架构的有益补充，将ESG事项提升至公司治理的重要位置，实现有关各方利益协调，提升公司综合治理水平。[③]

在20世纪末东南亚金融危机爆发和发达国家上市公司财务造假丑闻频出的背景下，公司治理问题开始受到投资者们的重视，被作为一个新指标纳入投资决策程序中，ESG理念的基本框架逐渐形成。[④] 2006年，在联合国的推动下，责任投资原则组织（UN PRI）成立，并将环境、社会责任和公司治理这三大概念进行整合，对ESG概念发展和领域设定起到了关键性作用。此后的发展中，各类投资机构和国际组织对ESG概念不断进行补充、完善和深化，逐渐成为一套比较完整的ESG理念体系。

美国纳斯达克证券交易所于2017年和2019年分别发布了《ESG报告指南1.0》和《ESG报告指南2.0》，旨在为上市公司ESG信息披露提供指导，激励中小企业加入ESG评价体系；欧盟已在“遵守或解释”的基础上强制披露ESG；中国证监会修订《上市公司治理准则》，明确直接要求上市公司“披露环境信息以及履行扶贫等社会责任相关情况”和“公司治理相关信息”。从宏观上看，ESG概念与中国的创新、协调、绿色、开放、共享的新发展理念是一脉相传的，在一个完整的ESG链条中，政府和监管部门推动ESG政策的完善和路径的引导，金融机构和投资者重视ESG投资，激励企业更好地开展ESG活动，促进整个经济社会向高质量发展过渡，最终实现经济、社会、自然的良性循环。

（二）ESG与企业社会责任的联系与区别

企业社会责任（Corporate social responsibility，CSR）是指企业在创造利

---

① 中国资本市场研究院：《中国ESG发展白皮书（2021）》，2022年4月22日发布。

② 中国证券投资基金业协会、国务院发展研究中心金融研究所：《2019中国上市公司ESG评价体系研究报告》，2019年11月13日发布。

③ 李小珊：《强化ESG投资理念？提升公司治理水平》，载《经营者》2020年第3期。

④ 李必佳：《ESG表现对企业特质风险的影响研究》，哈尔滨工业大学2021年硕士学位论文。

润、对股东和员工承担法律责任的同时，还要承担对消费者、社区和环境的责任。世界可持续发展工商理事会将CSR定义为“企业承诺持续遵守道德规范，为经济发展作出贡献，并且改善员工及其家庭、当地整体社区、社会的生活品质”。

CSR与ESG的核心内涵是一致的，即在为股东创造价值、赚取利润的同时，承担起对员工、消费者、环境、社区等利益相关方的责任。20世纪80年代，爱德华·弗里曼（Edward Freeman）提出了利益相关者理论，指出企业的成功取决于其对利益相关者的管理能力，并将利益相关者定义为任何能够对组织目标实现施加影响或受其影响的群体或个人。[①]CSR和ESG都不同程度地以利益相关者理论为基础，引导企业在经济利益之外关注人的价值、环境绩效和社会绩效。

ESG是在CSR的基础上发展起来的，但随着时间的推移，两者的差异也日益显现。在核心理念上，CSR强调利益相关方视角，关注的群体比较宽泛，且本质上带有明显的伦理和慈善烙印。而ESG主要从资本市场投资者角度出发，聚焦企业社会绩效与股东回报的关系。既关注为股东或利益相关者创造价值，确保企业的可持续发展，也关注企业对环境和社会的影响以及环境和社会对企业的影响。

随着ESG概念的盛行，有人认为ESG报告将会取代CSR报告，但从两类报告的内容、对象侧重点、报告的主体以及报告的自愿性或是强制性等方面来看，目前CSR报告被取代的可能性很低。从目标受众群体来看，CSR报告主要面向企业的各类利益相关方，包括政府、客户、员工、合作伙伴、供应商、社区居民、非政府组织等。而ESG报告目标受众群体主要是资本市场参与方，特别是机构投资者。从报告内容上看，CSR报告内容弹性空间较大，一般根据GRI标准或中国社科院CASS4.0标准。ESG报告一般有较细的写作指引。除此之外，CSR报告一般为鼓励发布，央企和部分地方国企被要求强制发布。而ESG报告为半强制发布，逐渐过渡到强制发布。CSR报告与ESG

① 李诗、黄世忠：《从CSR到ESG的演进——文献回顾与未来展望》，载《财务研究》2022年第4期。

报告各有千秋，从不同维度体现了企业的发展现状与前景。

二、ESG评价体系中公司治理的体现

从企业角度来说，ESG报告与传统的财务指标区别在于，它从风险管理、改善集资能力、供应链需求、提升声誉、缩减成本及提高利润率、鼓励创新、保留人才、社会认可等角度去审视企业的发展。在全球愈加重视可持续发展理念和“双碳”目标背景下，企业ESG绩效逐渐成为各国政府、监管机构和投资者关注的重点，越来越多的国际大型投资者偏向支持绿色收入占比高或可实现可持续发展目标的企业。受此影响，国际上要求上市公司披露ESG情况的法律法规明显增多，逐步形成了相对完整的信息披露和绩效评价体系。我国ESG评价体系起步较晚，目前仍处于探索阶段。

（一）国际ESG评价体系

国际上发布ESG评级的机构主要包括国际评级公司和环保组织等非营利性团体。MSCI（摩根士丹利资本国际公司，又称明晟公司）是一家提供全球指数及相关衍生金融产品的国际公司，其推出的MSCI指数广为投资人参考，是全球投资组合经理采用最多的投资标的。MSCI侧重于评估在ESG议题下公司面临的财务风险及影响范围，目的在于衡量中长期视角下公司对环境、社会和治理等重大议题财务风险的抵御能力。[①]在MSCI的ESG评级框架中，治理类分为公司治理和公司行为两方面，具体分为董事会多元化、高管薪酬、所有权和控制权、会计、商业道德、反竞争行为、税收透明度、贪污和不稳定性、金融体系不稳定性等九个二级指标。随着我国资本市场的发展，2017年6月我国A股被正式纳入MSCI新兴市场指数，逐步走向国际化。

Sustainalytics（晨星）是全球领先的ESG评级和公司治理产品及服务提供商。其ESG风险评级通过衡量组织未管理的ESG风险规模，清晰体现了企业层面ESG风险。该评级由三个核心部分组成：公司治理、重要ESG议题和

① 张锦：《ESG评级详解之MSCI ESG评级》，华宝证券2022年6月产业研究专题报告。

特殊问题（黑天鹅）。公司治理模块主要聚焦公司管理不善的可能风险，没有行业差异性；重要议题模块主要关注公司所属行业商业模式和商业环境的潜在风险，是ESG评价的核心和关键；特殊议题模板主要对应公司的黑天鹅事件，不涉及行业特征引发的共性问题。

目前，全球ESG评级机构数量已超过600家，其他的主流评级机构包括道琼斯可持续发展指数（DJSI）、汤森路透、富时罗素、Vigeo Eiris等。

（二）国内ESG评价体系

我国尚未针对ESG评价体系出台具体的法律法规，国内ESG评价体系呈现多元格局。国内ESG评价体系的内容主要来源于两个方面：监管部门和交易所发布的ESG信息披露原则和指引，以及以咨询公司和高校为主的评级机构。

香港联合交易所曾于2012年出台《环境、社会和治理指引》，规定发行人须每年发布ESG报告，定期向利益相关方披露其可持续发展方面的绩效，主要关注点为环境及社会层面。2015年12月，香港联合交易所对《环境、社会和治理指引》进行修订，对上市公司ESG信息披露要求提升至"不遵守即解释"。2019年12月18日，香港联合交易所刊发有关检讨《环境、社会及管治报告指引》及相关《联交所证券上市规则》条文的咨询总结，该版本为香港交易所自2012年以来的第三版《环境、社会和治理指引》，主要对于缩短刊发ESG报告的时效、ESG报告无纸化、管治架构、汇报原则及范围、气候转变、环境关键绩效指标及独立验证八个方面提出建议。最新版指引首次将"强制披露"要求纳入港股ESG信息披露要求中，标志着香港联合交易所正逐步从"不披露就解释"阶段迈向"强制披露"阶段。从监管层面来看，"强制披露"要求港股上市公司进一步加强在环境、社会和治理方面的规范性，对企业自上而下地提高ESG意识、加强ESG的管理、落实ESG信息披露等方面都提出更高的要求。从公司内部治理层面，最新版指引强制董事会层面对ESG事宜作出承诺，要求董事会发出声明披露其对环境、社会及管治事宜的监管，对环境、社会及管治管理方针及策略，董事会如何按相关目标检讨进度，并解释它们如何与发行人业务有关联。公司董事会的介入有助于公司内部的ESG整合，进而完善ESG风险的管理，有利于公司的长期可持续发展。

公司董事会主导ESG事宜，不仅能够确保公司站在更高的层面检视ESG风险及讨论相关事宜，同时能够配置充足的资源确保实行适当的制度及实践，这对于资本市场获得更客观真实的ESG信息也至关重要。[①]最新版指引客观上要求公司建立内部ESG管治架构，使董事会深入参与ESG管理，保障ESG工作真正落地和顺利推进。

2021年1月18日，中国物业管理协会、中物研协会联合中国经济信息社共同发布《物业管理行业ESG可持续发展研究报告（2021）》。该份物业报告是我国第一份以行业协会名义发布的ESG报告，在行业发展史上具有里程碑的意义。报告根据现行披露标准以及研究成果，构建出具有中国特色的物业管理行业ESG评价体系，在兼顾环境保护、社会责任和公司治理三个维度的同时，结合住房城乡建设部等部门对物业管理行业的具体政策要求，强调物业管理行业在基层治理、党建、社区精神文明建设、养老服务、智能社区方面的建设责任。

在ESG评级机构方面，比较有代表性的是润灵环球ESG可持续发展评级体系。2022年11月，润灵环球、第一财经研究院、诺亚控股共同编撰了《2022中国A股公司ESG评级分析报告》，以截至2022年5月31日披露ESG信息的1267家A股上市公司为样本，对上市公司ESG绩效表现进行分析。分析报告目的在于希望为企业提高ESG绩效、投资者评估ESG风险、监管者提升ESG信息披露质量提供参考。该份报告的评级原则是“基于ESG风险管理能力为核心”，在此原则下，根据管理最佳实践，对每一个E、S、G的关键议题从管理规划、管理执行、管理绩效三个管理过程进行量化处理，以便进行评估。[②]在公司治理层面，报告提出了4个关键议题（董事会有效性、高管薪酬、ESG风险管理、商业道德）、20个评估子项以及45个评估指标。董事会作为公司治理结构的重要组成部分，对内掌管公司事务，对外代表公司的经营决策。董事会的有效性对于公司业绩水平、业务发展能力及股东利益有着

① 德勤中国：香港联合交易所《环境、社会及管治报告指引》修订影响及应对。

② 润灵环球、第一财经研究院、诺亚控股：《2022中国A股公司ESG评级分析报告 基于1267家上市企业ESG实际披露信息的研究》，2022年11月12日发布。

决定性的影响力。多元化的董事会组成将有利于董事会的整体运作效率，为公司的业务方向及可持续发展带来不同维度的考量，能够进一步完善公司内部的控制与管理。润灵环球在报告中对董事会性别组成、审计、薪酬、提名委员会中独立董事的设置、董事长与CEO的角色与定位等方面评价衡量了所研究的1267家A股上市公司的公司治理结构。

商道融绿基于对ESG因素的长期研究经验，于2015年推出了自主研发的ESG评级体系，并建立了中国最早的上市公司ESG数据库。根据商道融绿的ESG评级方法，公司治理层面的实际性议题为治理结构、商业道德及合规管理。重视负面事件的评价是商道融绿ESG评估指标体系的一大特点，在商道融绿发布的《2022年A股上市公司ESG评级分析报告》中，通过对2012年7月1日至2022年6月30日A股共计31428起ESG风险事件的数据进行分析，公司治理类风险事件计10724起，占比为34.12%，高于环境类风险及社会类风险。①商业道德和合规管理是公司治理维度面临的较大风险。

（三）ESG评价体系在中国发展中存在的局限性

我国ESG评价体系起步较晚，大部分国内ESG评级机构借鉴国外机构在公司治理方面的评级指标。虽然我国与主要发达国家在公司治理结构上有相似之处，但由于所处的经济环境不同、政治环境不同、发展阶段不同等，在面临治理问题上仍存在巨大差异。直接引用和借鉴国外ESG的指标来衡量我国公司的公司治理水平，会导致水土不服，降低评价报告结果的权威性与参考性。②

1. ESG评价方法及指标各异，缺乏权威性评价体系

ESG作为一种评级方法，涉及环境、社会、治理三个维度的诸多方面，不同类型的评价机构对于ESG框架存在理解和认知上的差异，所设置的方法、指标、权重各不相同。例如，汤森路透（Thomson Reuters）的公司治理构架包括管理层、股东和所有权、打击避税逃税策略等一级指标；穆迪（Moody's）的公司治理构架内容为财务政策与风险管理、管理层可靠性（信

① 《2022年A股上市公司ESG评级分析报告》。

② 尤毅：《ESG中公司治理衡量指标体系构建初析》，载《海南金融》2022年第9期。

誉考核记录）、组织框架、合规与报送、董事会结构与政策等一级指标；有些机构将商业道德、信息披露等列入公司治理的考评。目前，无论是国内还是国外ESG评级，都存在评价结果差异较大的问题，导致市场无所适从。我国虽然已有多个ESG评级机构，但仍缺乏权威且主流的评价体系。①

2.缺少定量指标，定性指标的评估方法难以反映公司治理水平

目前国内外ESG评级主要通过定性指标对公司治理进行评价，这种评估方法适用于公司治理成熟的发达国家。但由于我国公司治理面临的问题与情况相对复杂，除了借鉴国际定性指标外，还需要加入符合我国国情的定性指标。如对于民营企业来说，主要负责人对于公司的发展与经营影响巨大，评级机构可以将负责人个人信用情况等纳入指标考量。国有企业由于其全民所有制的特殊性，实际运行中董监高等高级管理人员容易产生具有明显的行政色彩，导致公司治理结构失去原本制约与监督的效果。我国特殊的经济与政治环境，使得国外评级机构的定性指标无法全面衡量国内公司的真实水平，我国公司治理需要根据国情重新设计衡量指标，即定性和定量指标的结合，才能真正衡量我国公司治理绩效，真正评价公司治理的效果。

3.我国需尽快建立具有中国特色的公司治理评价体系

现行国际通用的ESG标准不符合我国国情，因而发展出具有中国特色的ESG指标内容成为重中之重，如添加“生态文明”“乡村振兴”“共同富裕”等具有中国特色的可持续性议题。②从我国目前关于公司治理的规定来看，《公司法》针对公司治理从制度上作出了规定，内容涉及公司组织架构、股份发行和转让、董事会、股东会、监事会、财务和会计等。2018年9月，中国证券监督管理委员会发布修订后的《上市公司治理准则》，进一步对《公司法》中涉及治理的内容进行了细化，有利于公司进一步补充完善内部治理结构，提高公司治理水平。除了对治理机制的客观评价外，企业的主要负责人、管理层团队对于制度的执行、企业的发展有着深远的影响力，对于人员

---

① 郭妍伶：《环境、社会及治理（ESG）理念在中国的发展——以海尔智家为例》，载《品牌研究》2021年第27期。

② 周会霞：《王遥：构建中国本土化的ESG话语体系》，载《科技与金融》2022年第6期。

的评价指标也至关重要。

我国公司治理的实践迫切需要一套完善的评价体系以及符合我国国情的评价指标，以衡量公司治理结构的均衡、效率和透明度。例如，依据企业所有制进行分类，并针对所有制特征调整不同分类的指标权重和量化方式；[①]对企业管理层进行评价优化，判断其是否能通过有效治理来提升公司价值，筛选出稳定性高、具有良好的工作热情、能力较强的管理团队；在以衡量有效性为核心目标的基本逻辑下，针对公司治理体系的每个指标改进量化方法，充分考虑公司规模和有效激励比例条件等。

三、典型案例及解读

（一）正面案例

海尔智家作为家电行业的先行者和出海创牌的践行者，较早在全球市场接触到了ESG理念，并将其融入内部治理机制中，是我国ESG的先行者。2021年，海尔智家正式加入联合国全球契约组织（UNGC），该组织旨在推进企业可持续发展和社会责任，是可持续发展领域最大、最具影响力的联合国机构。同年，海尔智家成立了ESG委员会及ESG执行办公室。

在公司治理方面，海尔智家始终坚持“人的价值第一”，通过“人单合一”的管理模式，建立多元、平等、和谐、发展的工作氛围。在GEA（GE Appliances，美国通用家电），员工自发组织成立“亲和网络”，助力不同背景的员工更顺畅地交流与融合，任何员工都可以作为成员或盟友加入。“亲和网络”不仅为员工提供了分享兴趣、技能和经验的安全空间，更使员工获得了参与关键业务计划的机会。[②] 2021年，GEA完成了全部领导层人员的无意识偏见培训，并将管理层女性人数及有色人群占比分别提升至31%和23%。[③]

---

① 张若海：《ESG研究：聚焦国情特色，提高公司之评价有效性》，载中信研究证券研究部2021年发布《数据超融合系列：ESG研究专题——聚焦国情特色，提高公司治理评价有效性》。

② 《2021年度海尔智家企业社会责任报告》，载海尔官网，https://www.haier.com/csr/?spm=net.global_pc.header_128850_20200630.4，最后访问日期：2023年4月4日。

③ 《海尔智家再获认可：荣膺十大最佳公司治理年度企业》，载中国日报网，http://tech.chinadaily.com.cn/a/202207/19/WS62d64100a3101c3ee7adfcb1.html，最后访问日期：2023年4月4日。

此外，海尔智家在2021年首推“A+H”全球员工持股、H股受限制股份单位计划、A股股权激励计划，并首次将境外员工纳入计划范围，激励、稳定公司核心人才，以吸引更多人才的加入。

先进的ESG理念不仅使海尔智家在2022年7月的“财联社上市公司治理论坛暨年度治理奖项颁奖仪式”上荣获2022十大最佳公司治理企业，在中证指数公司公布的A股上市公司ESG评级中，海尔智家获评AAA级企业。该评级不仅是国内同行业最高，也是国内同行业唯一一家获评AAA级的企业。

（二）负面案例

瑞幸咖啡（以下简称瑞幸）于2018年1月开始试营。从一开始，瑞幸就对标星巴克，誓言超越。在查阅星巴克官网时，不难发现其对与咖啡相关的环境及社会的关切，包括提高门店的能源效率、开发可重复使用的包装材料、加强咖啡种植的水资源保护、优化咖啡小农的技术培训、改善咖啡种植户的居住条件等。除开店速度快、商业模式新、勇于补贴、擅长营销外，对于咖啡生产、环境可持续性、社会影响力等和公司业务相关的重大议题在官网上竟一字不提，对相应的组织策略和管理方式也未作出相关披露。

2020年2月1日，浑水研究（Muddy Waters Research）调查机构发布了一份长达89页的研究报告，直指在纳斯达克上市的中概股公司瑞幸咖啡正在捏造公司财务和运营数据，称其“在2019年第三季度和2019年第四季度，每店每日商品销量分别夸大了至少69%和88%”①。4月2日，瑞幸承认虚构交易金额约22亿元人民币，随后其股价暴跌80%，盘中数次暂停交易。4月3日，中国证监会发布公告强烈谴责瑞幸财务造假事件，表示将严格按照国际证券监管合作的有关安排，依法核查相关情况，坚决打击证券欺诈行为，切实保护投资者权益。4月5日，瑞幸发表道歉声明，表示涉事高管及员工已被停职调查，董事会已委托由独立董事组成的特别委员会及其委任的第三方独立机

---

① 《疫情下的企业病例：一杯瑞幸咖啡可能有88%的泡沫？》，载凤凰网，https://tech.ifeng.com/c/7tlIH0k9gEp，最后访问日期：2022年10月29日。

构进行彻底调查。[①]

瑞幸在道歉声明中将此次的财务报假事件的责任归于几位高管和员工，足以看出公司高管层的权利并没有得到有效的制约，内部控制出现了严重的失衡。大量研究表明，财务造假与公司治理联系密切。针对财务造假问题，《深圳证券交易所上市公司自律监管指引第1号——主板上市公司规范运作》在第五章“内部控制”中强化了审计委员会的职能，明确了审计委员会职权范围及审计委员会、内审部门工作流程，内部审计部门向董事会或者审计委员会负责。通过建立公司内部监管机制，加重了董监高责任，若未向监管部门履行报告义务，个人将会被追究法律和民事责任。

瑞幸事件再次印证了ESG投资的价值和意义，一些上市公司潜存着长期的非财务风险，一经被曝出可能导致股价出现断崖式下跌，给投资者乃至整个社会发展带来大量损失和负面影响。ESG投资强调在投资决策中，不仅要考虑财务回报，更要综合考量环境、社会、公司治理等因素，要兼顾和平衡投资的经济回报和社会影响。通过对瑞幸事件的反思，我们应当摒弃违背商业伦理的“模式创新”和“营销造梦”，将关注点更多地放在商业生态体系和利益相关方，重塑新商业文明的价值观追求，回归商业常识和基本运行规律，共创可持续发展的商业生态文明。[②]

四、体系化解决方案

党的十九大报告指出，要增强金融服务实体经济能力、促进多层次资本市场健康发展。公司治理作为现代企业制度建设的重要内容，提升上市公司的公司治理水平，是推进资本市场健康发展，进而提高资本市场服务实体经济能力的有效途径之一。[③]从经济学角度来看，公司治理的产生是由于企业

---

① 《瑞幸发布道歉声明：涉事高管及员工现已被停职调查，公司将保持正常经营》，载环球网，https://m.huanqiu.com/article/3xi8yRbcAm3，最后访问日期：2022年10月29日。

② 李文：《瑞幸造假事件背后的ESG问题》，载社会价值投资联盟网站，https://www.casvi.org/h-nd-968.html，最后访问日期：2023年4月4日。

③ 舒伟、张咪：《公司治理:新趋势与启示》，载《管理现代化》2020年第2期。

所有权与经营权的分离，所有者对经营者的一种监督与制衡机制，其目的是保证股东利益的最大化，防止经营者与所有者利益的背离。从法学角度来看，公司治理决定了公司的发展目标、内部结构、风险控制与成员收益分配问题，如何解决现代企业的权力分配与权力行使的关系，约束与监督管理层，实现股东对公司的控制成为令人关注的难题。①

我国公司治理结构从很大程度上借鉴了国外的经验，但由于我国基本国情的不同、资本主义市场发展程度的不同，公司治理也必然存在众多差异。《公司法》第5条第1款规定："公司从事经营活动，必须遵守法律、行政法规，遵守社会公德、商业道德，诚实守信，接受政府和社会公众的监督，承担社会责任。"该规定被认为是公司社会责任的宣示性条款，要求公司在追求营利的同时要具有社会性，形成以人为本的可持续发展观。对于公司治理制度的设置，可以从以下几个方面考虑。

1. 多元化的董事会组成

全球公司治理趋势在于研究董事会性别和族裔等方面的多元化，越来越多的国内外学者通过研究发现，女性董事参与公司治理对于公司绩效有明显的促进作用。在公司治理结构中，增加女性董事的数量，有利于公司绩效的提高。

2. 党组织参与公司治理

将党组织嵌入公司治理是我国国有企业的显著特征，在公司中主要的方式为"双向进入、交叉任职"的领导体制以及讨论前置等。②在外部环境方面，由于国有企业承担了政策性的负担，党组织承担的社会责任和公众关注的压力促使企业更加自律，更加积极协调企业与公众之间的关系，维护各相关方的利益，向市场传递积极的企业形象；在企业内部高管层面，由于党内晋升制度的设置，高管在公司决策和治理行为中为避免道德压力、惩戒风险等会更加谨慎，党组织的嵌入有利于更好地督促与约束高管行为。民营企业

---

① 叶丹：《ESG视角下的公司治理法律研究》，载《警戒线》2021年第43期。

② 王元芳、马连福：《党组织嵌入对企业行为自律的影响——基于企业风险的视角》，载《外国经济与管理》2021年第12期。

与国有企业相比，在落实党组织嵌入方式和参与程度上还存在差异。民营控股企业的党组织并非强制要求，是根据企业需要，在与员工协商讨论的基础上建设的。通过设立恳谈机制、党组织书记列席或参与管理层重要会议等参与与监督公司治理。

3.提高利益相关者在企业宗旨中的地位

对于企业而言，其利益相关者一般可以分为三类：一是资本市场利益相关者（股东和公司资本的主要供应者）；二是产品市场利益相关者（公司主要顾客、供应商、当地社团和工会）；三是组织中的利益相关者（所有公司员工，包括管理人员和一般员工）。[①]企业的长期可持续发展离不开利益相关者的参与，对于公司内部治理来说，在股东对公司管理层难以实现有效监督的情况下，利益相关者的参与能降低企业的激励监督成本；[②]从公司外部环境看，利益相关者的参与能够促进企业积极承担社会责任。在公司治理中可以构建利益相关者的共同治理机制，如树立“全员控制”理念，即由企业股东、经营者、员工、债权人、政府等利益相关者共同参与的，由董事会、监事会、经理层和全体员工等具体实施的、旨在实现企业控制目标的一种全员控制的理念。

五、小结

（一）ESG创造价值的五种方式[③]

本章阐述了五种ESG为企业创造价值的方式，根据其创造价值过程的差异，可以分为直接和间接两种。有的是通过对企业损益表上关键项的直接改变，有的则是通过改变企业运营过程中的某些流程或要素，进而以非直接的方式影响财务数据。具体方式如下。

---

① 孙爱萍：《公司治理结构与公司利益相关者理论问题研究》，载《北京联合大学学报（自然科学版）》2003年第2期。

② 刘军：《利益相关者视角下的公司治理问题研究》，山东大学2013年硕士学位论文。

③ Witold Henisz, Tim Koller, Robin Nuttall:《Five ways that ESG creates value》, McKinsey Quarterly, November 2019.

1.促进收入增长。麦肯锡的研究表明，大部分接受调查的消费者表示如果绿色产品达到与非绿色替代产品相同的性能标准，他们将为绿色产品额外支付5%的费用。在另一项研究中，调查的公司中有近一半（44%）认为业务和增长机会是启动其可持续性计划的动力。

2.降低成本。麦肯锡的研究发现，有效执行ESG可以帮助减少运营费用（如原材料成本）。例如，一家大型自来水公司在采取了精益举措后，每年节省了近1.8亿美元的成本。

3.最小化监管和法律干预。有力的外部价值主张可以使公司获得更大的战略自由，从而减轻监管压力。据分析，通常1/3的公司利润受到国家干预的风险。

4.提高员工生产率。优质的ESG主张可以帮助公司吸引和留住高素质的员工，通过灌输目标意识来增强员工的动力，并提高整体生产率。

5.优化投资和资本支出。优质的ESG主张可以通过将资金分配给更有希望和更可持续的机会（如可再生能源）来提高投资回报。还可以帮助公司避免因长期的环境问题而无法收回的搁浅投资。

（二）上市公司ESG信息披露制度构建路径探究[①]

强化ESG披露是促进公司可持续的重要环节，对于提高公司质量有积极作用。本章对于上市公司的ESG信息披露制度构建提出了以下设想。

1.半强制ESG信息披露体系。主要从两个方面展开：主体层面和内容层面。在主体层面上，选择让一部分上市公司（如污染企业）必须进行ESG信息披露；在内容层面上，除了“不遵守就解释”外，董事会在统一标准下有权根据重要性来决定披露信息内容。

2.统一的ESG报告的编制依据和评价标准。我国应当考虑不同领域公司对ESG的接受程度，选取适合中国国情的披露标准，建立系统而权威的ESG报告编制依据和评价标准指引。

---

① 白牧蓉、张嘉鑫：《上市公司ESG信息披露制度构建路径探究》，载《财会月刊》2022年第7期。

3. 董事会的核心地位。在ESG信息披露制度中，董事应在治理架构中处于核心地位，并在ESG汇报过程中负责。

4. 确立汇报内容和汇报程序。董事会应当明确ESG中对公司重要的事项，并将公司ESG信息完整地呈现在报告之中。董事会带领的ESG工作小组应向董事会汇报ESG编写的相关事宜。

5. 证券服务机构的义务。证券服务机构在为ESG报告出具文件时应当履行相应的义务，忠实勤勉地履行自己的职责，恪尽职守，不违法违规。

6. 构建ESG信息披露监管制度以及明确并落实ESG信息披露责任。若各类主体违反ESG信息披露制度的相关规定，应当承担相应的法律责任。

第十一章 | 反贿赂合规

一、医药健康企业反贿赂合规概述

（一）医药健康企业反贿赂合规的基本现状与风险点

医药健康领域是药企及相关人员追逐利益、参与竞争的重要市场。根据已掌握的数据资料显示，2019年以来，全球药品市场需求量便已经突破12000亿美元（如图11.1所示），虽然受各类大型药企的新药研发成本上升、周期变长以及新药推出速度减慢等因素的影响，全球医药健康市场在需求量上的增速已经降至4%以下，且未来几年内的增速可能都很难提高，但仅就发展中国家而言，其医药健康市场因药品制造业逐渐向较低成本地区转移，而这些国家自身又增大了对医药健康行业的投入，因此依然保持着高于世界平均水平的较快速度发展。[①]

就以中国为例，根据IMS Health[②]所出具的报告显示，早在2009年，中国通过医院销售药品的金额便已经达到356亿美元，成为仅次于美国的全球药品销售第二大国。[③]

而随着医药需求量的不断增加，各类医药健康企业进驻市场，市场竞争的不断加剧，为了占据更多市场地位、谋取更多市场利益，不少相关企业也开始铤而走险，不惜触犯法律的规定，实施商业贿赂行为。2013年，一场涉及葛兰素史克（GSK）的反贿赂风暴席卷我国医药健康行业。据报道，涉案

---

① 以上相关数据来源于2022年2月15日中国报告大厅发布：《2022年医药行业发展趋势》，载http://www.chinabgao.com/k/yiyao/61535.html，最后访问日期：2022年8月5日。

② IMS Health，为艾美仕市场研究公司外文名称，是属于全球领先的为医药健康产业领域提供相关专业信息和咨询服务的外国企业。

③ 岳平、曾峥：《从跨国药企被处罚案看FCPA规制商业贿赂的域外经验》，载《河南警察学院学报》2016年第1期。

公司通过贿赂官员、医院职员和医生的方式来推广销售本公司药物，案件涉及4名高管、至少18名公司雇员和医务人员，涉案人数较多，涉及范围之广、影响之大，一度引起世界范围的高度关注。[①]对此，如何有效规制医药健康企业腐败犯罪，促进医药健康企业内控机制的建立，并推动其合规有序高质量发展，成为我们当前必须思考的问题。

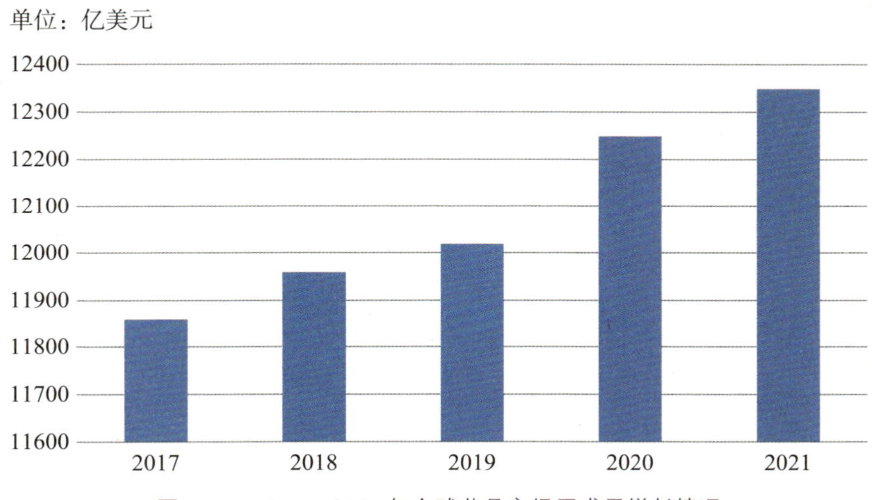

图11.1 2017—2021年全球药品市场需求量增长情况

（二）医药健康企业反贿赂合规的必要性与重要性

长期以来，商业贿赂犯罪成为医疗机构中最典型、最频发、最严重的腐败犯罪。[②]而一旦医药健康领域发生商业贿赂的行为，其产生的危害性与不利影响则往往是多方面的，不仅对医疗健康领域相关主体管理、执业的廉洁性造成了严重的冲击与破坏，也对医疗健康机构维持正常秩序、保全良好声誉极为不利，甚至会给整个医疗健康行业的良性运行与持续发展带来重大挑战。具言之，医药健康领域企业出现腐败贿赂行为，包括以下几个方面的危害性，而透过这些危害性，又充分反映出医药健康企业反贿赂合规的必要性与重要性。

① 张文静：《反贿赂风暴席卷中国医药行业》，载《科学新闻》2013年10月。

② 王玥月、孔圆峰、郁希阳等：《医药领域商业贿赂法规演进及其思考——基于116例典型案例的法律实证研究》，载《医学与哲学》2019年第9期。

一方面，医药健康领域企业的腐败贿赂行为直接侵害广大患者及其家属的合法权益。在相关医药健康领域，生产、经营企业或者个人以回扣等方式向医疗机构及相关工作人员实施商业贿赂，从而实现自己推销质次价高甚至假冒伪劣药品或医疗器械目的，不仅无法保证广大患者所使用药品、医疗器械的质量与安全性，存在损害患者健康的风险，还有可能导致相关医药价格不断提高，进一步加重患者及其家属的经济负担，这些都直接关系到广大患者及其家属的利益。

另一方面，医药健康领域企业的腐败贿赂行为也会激发社会矛盾，给社会治理带来难题。这些腐败贿赂行为直观的表现是导致社会中腐败及相关经济犯罪的增加，而从更深层次分析，部分医疗机构及相关工作人员为了谋取不正当利益，不合理甚至违法向患者提供不符合安全标准、假冒伪劣的医药用品，或者对患者滥用某一类医药用品，这类行为实际上是在为不法医药健康企业“代言”，无疑会加剧人民群众看病难、看病贵的问题，激发医患矛盾，不仅严重破坏了整个医疗健康行业与医务人员的良好形象，也会造成医药管理秩序的混乱，损害党和政府公信力，对于社会综合治理产生极为不利的影响。

鉴于此，有效治理并预防医疗健康行业腐败贿赂犯罪，不断推动医药健康行业合规高质量发展，已经呈现出前所未有的必要性与重要性。

（三）医药健康企业反贿赂合规的规范演进

而综观全球的视角，诸多发达国家在20世纪70年代便开始重视并建立反腐败合规体系。从其规范演进看，1977年，为遏制企业海外贿赂现象，美国国会专门出台《反海外腐败法》，并分别于1988年、1998年进行两次修订，该法明确规定了反贿赂相关条款，对有效规制企业所涉及的海外贿赂行为具有重要意义。与传统治理范式不同，《反海外腐败法》在实践中倡导的是“反腐败合规”，旨在通过强化企业内部控制机制，进而实现预防、发现、制止企业腐败行为的规制方式，为企业腐败犯罪治理提供了新的范式和思路。[①]

---

① 万方：《反腐败合规法律实践的规范演进与实践展开——以美国〈反海外腐败法〉为切入》，载《法治研究》2021年第4期。

在这期间，1991年，美国《联邦量刑指南》引入合规计划的相关内容，明确规定在企业因自身及其代理人违法被起诉定罪的情况下，有效的合规计划可以帮助企业减轻刑罚。[①]1999年，美国司法部发布《联邦起诉商业组织原则》（又称“霍尔德备忘录”），该文件的出台使得合规计划成为检察官办理涉企案件时的重要考量因素；2003年，“汤普森备忘录”发布，建议检察官使用审前分流协议（包括暂缓起诉协议与不起诉协议）来处理和解决企业诉讼问题，并规定有效的合规计划是检察官决定是否适用暂缓起诉与不起诉的法定裁量因素。基于以上制度文件的出台以及对美国反腐败合规相关理念、制度规则的认同，法国、英国等诸多发达国家开始借鉴美国的成功经验，相继出台本国的反腐败法律法规，这对于全球医药健康企业反贿赂合规均具有十分重要的意义。

而随着全球合规执法浪潮的推进，我国自1997年《刑法》实施以来，立法机关便以出台修正案的方式对贪污贿赂犯罪作出了一系列修改，随着反腐败相关立法规定的进一步完善，惩处贪污贿赂犯罪的力度不断加大。2006年，中共中央办公厅、国务院办公厅印发了《关于开展治理商业贿赂专项工作的意见》，并由中央纪委牵头成立了“反商业贿赂领导小组”以治理商业贿赂。对此，医药健康领域成为治理商业贿赂的重点领域之一。2007年，卫生部印发《关于建立医药购销领域商业贿赂不良记录的规定》，以此规定为指引，各省乃至部分区县卫生行政部门纷纷制定当地的关于医药领域打击商业贿赂“黑名单”制度。[②]2018年《监察法》的出台更是进一步表明了我国从严惩治贪污贿赂犯罪，对腐败现象零容忍的坚定态度。自此，我国相继出台了《中央企业合规管理指引（试行）》《企业境外经营合规管理指引》等相关政策文件，以推动企业重视并落实反腐败合规。2021年9月，中央纪委国家监委与中央组织部、中央统战部、中央政法委、最高人民法院、最高人民检察院联合印发了《关于进一步推进受贿行贿一起查的意见》，明确了查处行贿行

---

① U.S. SENTENCE GUIDELINES MANUAL § 8C2.5(f).

② 丁继华:《完善“黑名单”制度　促进医药购销领域合规反腐》，载《合规实务交流》2019年第3期。

为的五个重点，其中就包括医疗领域行贿问题。该意见强调，要健全完善惩治行贿行为的制度规范，推进受贿行贿一起查规范化法治化；组织开展对行贿人作出市场准入、资质资格限制等问题进行研究，探索推行行贿人“黑名单”制度。这对进一步防范医药健康领域贿赂行为的发生产生了积极的作用。

而自2015年起，国家卫健委、工信部、公安部、财政部、商务部、中医药管理局等九部委每年都会联合印发《纠正医药购销领域和医疗服务机构中不正之风工作要点》。2022年九部委发布的该份文件，更是首次提出要“有效提升纪检监察与主管部门间的协作效能”，旨在通过纪检监察部门监督、协调作用的充分发挥，进一步推动医药健康行业的规范、良性发展，减少甚至杜绝医药健康领域腐败行为的发生。除此之外，由药品研制和开发行业委员会发布的《药品推广行为准则》、中国化学制药工业协会发布的《药品推广行为准则》等成为医药健康企业需要遵守的行业规范。

二、医药健康企业反贿赂合规主要义务

对于医药健康领域的企业而言，建立有效合规体系以完善企业内控机制、预防贿赂及其他犯罪的发生，对于整个医药健康行业的可持续、高质量发展有着重要意义。而一套完整的反贿赂合规体系的建立，其合规义务清单包括以下几个方面的内容。

（一）合规风险评估

合规风险评估是整套反贿赂合规体系的基础，其目的在于识别、评估公司运营在各个层面、环节所存在的腐败风险。被评估公司可以基于合规风险评估的结果，来充分考虑并制定完善公司内控机制的合规方案，从而及时阻止或者避免腐败的发生。对此，在开展风险评估的过程中，涉及的一个关键问题便在于风险评估范围的界定。和广义意义上的企业合规风险评估存在区别的是，该合规风险评估更加关注于医药健康企业的贿赂合规风险，且风险

评估常常与企业的战略规划相结合，充分预期近期和未来可能存在的风险。[①]具体而言，从医药健康企业的角度来讲，反贿赂合规风险评估的范围应主要包括以下方面：（1）医药健康企业与相关公立医院、医疗健康机构以及相关医药健康专业人员之间是否存在不正当利益关系，包括为销售本企业产品而给予相关人员以回扣或者直接进行贿赂等行为；（2）相关医药健康用品以及器械的市场推广活动所存在的贿赂风险，包括免费送样、赞助费、业务招待等；（3）医药健康企业开展的相关学术会议所存在的贿赂风险，包括讲课费、专家劳务费、业务招待费等的支出；（4）医药健康企业与相关经销商、代理商等之间是否存在不正当利益关系；（5）上市前、上市后的临床试验是否存在贿赂合规风险。对此，可以根据以上医药健康企业可能涉足的领域以及所存在的风险开展相应合规评估，由此在发现相关合规风险的情况下，可以及时而有针对性地制订相关合规计划以实现风险的规避与弥补。

（二）制定合规政策与流程

合规政策为医药健康企业反贿赂合规提供了体系化的书面制度规范与流程指引。从价值论上来讲，制定合规政策与流程，有利于为医药健康企业所涉及的各项业务确立合规的基本标准，从而实现企业对包括贿赂在内的腐败风险的预防，并为医药健康企业开展相关业务活动提供可操作性的规范与程序指引。一般而言，合规政策与流程的制定应当实现体系化指引，应当包括医药健康企业相关业务运营的各个环节，尤其需要为存在高贿赂风险的领域提供相应政策与流程指引，比如涉及医药健康产品的研发、采购、销售、药品以及企业的注册、各项培训、业务招待及学术活动等。相关医药健康企业则应根据自身具体情况，从企业可能存在贿赂风险的最为薄弱的环节入手，逐步制定并实施合规政策与流程。同时，合规政策与流程制定的目的与关键在于执行，为了保障反贿赂合规政策与流程能得到实际贯彻与执行，有必要注重进一步提高企业全体员工的合规意识，不仅要在政策制度层面，更要在合规意识层面让企业全体员工都明确反贿赂合规不仅关乎企业的合规健康与

---

① 甫瀚咨询：《浅析医药企业的合规之路》，载《中国内部审计》2013年第10期。

高质量发展，更是从根本上实现对企业员工个人利益以及职业生涯的保障。

（三）开展合规培训与确认

前述已经提到提高企业内部全体员工反贿赂合规意识的工作，那么如何去进一步提高、增强企业员工的反贿赂合规意识呢？这就要求医药健康企业向企业的员工、管理层，甚至需要向与本企业存在经济利益联系的第三方主体，提供系统、专业的合规培训。而为了保障合规培训的效果，有必要进一步落实确认与声明的程序，要求医药健康企业的员工、管理层以及与本企业存在经济利益联系的第三方主体针对合规培训的内容、企业反贿赂合规政策以及相关流程等进行确认，通过签署声明、确认书的方式，表达其已阅读、了解并严格遵守了企业所发布的反贿赂合规政策。如果依然出现贿赂等违法违规行为，可以将其行为与医药价格和招采信用失信等级“挂钩”，由此提高医药健康企业反贿赂合规的意识。

（四）定期的合规审计

对医药健康行业以及相关企业内部所存在的较高风险领域开展定期的合规审计，对于持续监督医药健康企业合规政策的实施情况，及时发现运营中存在的合规风险均具有十分重要的意义。具言之，从内容上讲，合规审计既包括医药健康企业对合规政策等相关遵循情况的监督，也包括持续发现医药健康企业运营过程中所存在的各种现实问题与机制风险，由此为企业内部合规体系的不断改进与完善提供现实依据。根据企业合规政策以及相关工作要求，为了预防医药健康企业出现贿赂等不合规情形，应由医药健康企业内部具有一定独立性的合规责任部门组织开展定期的合规审计。其中，经销商审计是医药健康企业用于管控经销商风险的常见做法，通过定期的现场审阅，监督包括收入确认、费用支付和相关腐败风险在内的主要问题。

（五）背景调查和尽职调查

背景调查和尽职调查也是医药健康企业反贿赂合规义务的重要内容。医药健康企业反贿赂合规开展背景调查和尽职调查的对象，主要包括代理商、经销商以及相关的第三方机构。通过开展背景调查与尽职调查，有利于充分了解医药健康企业自身以及与医药健康企业相关的其他相关主体的经营情况、机制运行情况、职工守法情况以及其他可能出现腐败风险的情况，由此保障医药健康企业及相关主体合规高质量发展。

（六）涉及相关高风险领域的特殊审核与披露

具体而言，相关高风险领域的特殊审核与披露主要包括：（1）对行业和本企业高风险领域的特殊审核，特别是对费用和支出项目的审核，如佣金、市场费用、研发费、样品费、业务招待费、捐赠等；（2）对于敏感和易发生贿赂风险的费用科目，如会议费、劳务费、捐赠费用等，应该进行更加详细的信息披露并增加保证条款。例如，2021年2月上海首声医疗科技有限公司因邀请23名医生参加会议，市场监督管理局认为，上海首声医疗科技有限公司违反了《反不正当竞争法》“经营者不得采用财物或者其他手段贿赂交易相对方的工作人员，以谋取交易机会或者竞争优势”的规定，认定该公司存在贿赂对方工作人员的行为，从而认定为不正当竞争，被罚款97万元。①

通常，对于高风险的费用和支付活动仅依靠常规的审批程序是不够的。企业管理层需要深入了解业务活动的目的和性质，从而对潜在的合规风险作出前瞻性的判断。这就需要活动的参与者提供更为详细的信息，以支持管理层的判断，这也是员工进行自我评估活动风险的必经步骤。比如，一些大型医药健康企业对重要的市场活动设计了信息披露表，要求活动的申请人提供具体的信息，包括活动的性质、参与的医疗卫生专业人士、政府官员以及费用性质和费用支付方式等，同时需要申请人和审批人对活动的合规性进行确认和保证。

（七）举报、调查和纠正措施

举报、调查和纠正措施的设置也是医药健康企业反贿赂合规体系建立必

---

① 参见《封堵学术会议“暗道”上海首声医疗“邀请23名医生参会”被罚97万》，载华夏时报，https://www.chinatimes.net.cn/article/105527.html，最后访问日期：2022年11月20日。

不可少的内容。2021年4月，国家卫健委等九部委印发《2021年纠正医药购销领域和医疗服务中不正之风工作要点》，要求在年底前完成新一轮纠正医疗服务不正之风工作，还首次提出要全面构建“亲清”型廉洁规范的医商关系，划清交往底线。医疗机构相关工作人员同供应商、代理商及医药代表打交道时应该恪守底线。

具体而言，应为企业员工举报相关可能涉及贿赂等情况的可疑事项提供渠道，比如可以建立匿名举报热线等。同时，针对他人举报的事项或者自行发现的腐败事件，要配套建立相应的调查程序，并明确实施调查的主体、建立证据保护机制、汇报机制等。除此之外，在纠正措施的设置上，也要明确对于实施了贿赂行为的人应处以何种处罚措施，以及对因贿赂导致的企业内部控制缺陷应如何弥补的方案。

（八）持续评估和改进

反贿赂合规体系还需要持续的评估与改进，根据医药健康企业经营环境和政策法规相关要求的变化，应当定期评估合规政策和流程的适用性，并适时作出符合规定要求的修改。除此之外，对已构建的合规体系也有必要进行持续的监督和改善，由此不断适应医药健康企业在经营过程中出现的政策、规范等方面的变化，由此防范医药健康领域贿赂情形的出现。

以上八项医药健康企业反贿赂合规义务或者说是要素在合规体系中是互为条件、相互支持的关系，所有义务要素的构成有效保障了医药健康企业反贿赂合规体系的整体运作。从总体上而言，我们可以知道，一套行之有效的反贿赂合规体系，不仅需要明确基本的合规原则，更要列明义务要素，由此为企业内部涉及各个业务层面的员工提供现实有效的指导。

三、相关典型案例推送

医药行业是商业贿赂的重灾区，也是执法的重点关注领域。现选取以下案例供企业关注了解，以避免类似违法违规情况的发生。

（一）案例一：葛兰素史克公司贿赂及指控案

基本案情：葛兰素史克（中国）投资有限公司向医院、医药行业协会、政府官员、医生等主体大肆行贿，排挤中国国产药品，高价销售自家药品从而获得巨额利润。经查明，该公司在中国销售的药品大多冠以海外原研药名义，在药品进口前通过转移定价的方式，增高药品报关价格，在将巨额利润预提在境外价格的基础上设定高额销售成本用以支撑贿赂资金。根据葛兰素史克中国公司高管指认，该公司从2009年开始，用金钱贿赂开道，拉拢工商人员，以提高销量，并意图逃避处罚。

处理结果：2014年9月19日，长沙市中级人民法院对相关人员判处刑罚的同时，对葛兰素史克（中国）投资有限公司处以罚金人民币30亿元。[①]

（二）案例二：上海R医药科技有限公司行贿行政处罚案

基本案情：当事人为了后续公司销售业务的顺利开展，向时任上海市公共卫生临床中心（以下简称公卫中心）新药临床研究中心主任顾某赠送了现金人民币10万元，从而获得顾某的帮助，从公卫中心顺利采购空白血50例，合同单价为5000元/例。随后，当事人以10000元/例的价格将上述空白血转售给了上海X检测技术服务有限公司从而获取利润。当事人总共从X公司收到货款515000元，成本支出为向公卫中心支付货款251050.98元，向招募的50例受试者支付的费用合计100000元，另有项目翻译费用9223.30元。

处理结果：针对当事人的贿赂行为，市场监督管理局认为，当事人通过贿赂交易相对方工作人员以购买商品的行为违反了《反不正当竞争法》第8条第1款的规定，构成商业贿赂的行为，因此给予当事人没收违法所得15.472572万元，罚款12.0000万元的行政处罚。

（三）案例三：医药购销领域商业贿赂系列典型案件

2008年12月，卫生部通报三起医药购销领域商业贿赂典型案件。通报指

① 《葛兰素史克中国公司被罚人民币30亿元》，载中国政府网，http://www.gov.cn/xinwen/2014-09/19/content_2753139.htm，最后访问日期：2022年11月20日。

出，2007年以来，有关地方先后查办了江西省东乡县人民医院原院长董某、原药械科科长危某，华中科技大学同济医学院附属同济医院骨科原副主任医师徐某和广东省惠州市惠城区陈江医院原院长王某及数名临床科室负责人顶风违纪违法收受医药企业回扣款的案件。

董某，原系江西省东乡县人民医院院长，于2005年至2007年先后收受医药企业钱物折合人民币37820元。江西省抚州市临川区人民法院依法判处其有期徒刑3年，缓刑5年。有关部门依纪依法给予其开除党籍处分，并撤销其东乡县人民医院院长职务。危某，原系江西省东乡县人民医院药械科科长，于2005年至2007年先后收受医药企业回扣人民币21200元。江西省抚州市临川区人民法院依法判处其有期徒刑1年零6个月，缓刑2年。有关部门依法撤销其东乡县人民医院药械科科长职务。徐某，原系华中科技大学同济医学院附属同济医院骨科副主任医师，于2006年6月至2007年1月利用职务便利，先后收受某医疗器材公司回扣人民币99000元。检察机关鉴于其有立功表现，决定不起诉。按照干部管理权限，同济医院给予其行政记大过处分。湖北省卫生厅依法吊销其医师执业证书，并在全省卫生系统通报了此案。王某，原系广东省惠州市惠城区陈江医院院长，于2006年至2007年4月先后收受药品回扣人民币9万元，惠州市惠城区人民法院依法判处其有期徒刑1年，缓刑2年。陈某、朱某和邓某，分别系原陈江医院医务科长兼急诊科主任、外科主任和妇产科主任。三人于2006年12月至2007年5月分别收受药品回扣人民币41714元、38739元和42078元。惠州市惠城区人民法院依法分别判处3人拘役4个月、2个月和4个月。

通报指出，全国卫生系统从业人员都要从中吸取深刻教训，引以为戒，严格自律，坚决抵制商业贿赂行为。各级卫生行政部门和医疗卫生单位要切实加强对从业人员的教育、管理和监督，切实加强防控商业贿赂长效机制建设，坚决查处本部门本单位发生的商业贿赂案件。

四、体系化合规治理解决方案

贿赂犯罪是当前医疗健康领域常见的犯罪类型，贿赂犯罪一旦发生，对于医疗健康企业的正常运行秩序以及相关人员从事医疗健康职业的廉洁性，都会产生极大的负面影响。对此，我们针对医药健康企业反贿赂，提出如下体系化合规治理解决方案。

（一）医药健康企业合规专员的设立

从企业治理的视角来看，合规体系的构建与产生，其目的在于预防企业及其工作人员因相关违规违法的行为而导致企业利益受损，继而影响企业正常健康经营，它表现为组织在所有权、经营权和监督权之间的一种制衡机制，以合规来保证组织的长远可持续发展。[①]在医药健康企业内部设置合规专员，成为保障医药健康企业健康合规运行与高质量发展的应有之义。合规专员作为医药健康企业反贿赂合规的组织者、推动者和践行者，依附于医疗机构整体的合规管理架构，具体负责反贿赂合规管理职能的落实。[②]

（二）医药健康企业反贿赂合规防范体系的建立

对于反贿赂合规而言，事前预防是关键。建立反贿赂防范体系成为医药健康企业合规管理的重要手段之一，因此，风险点的评估发挥着十分重要的作用，要针对关键风险点开展评估，充分研讨在医药研发、临床、经销、应用等各个环节可能出现的贿赂风险，由此制定精准的合规监管措施。对此，提高医药健康企业贿赂风险点评估的能力，至关重要。对此，一要加强医药健康企业反贿赂关键风险点的培训，提升企业内部对于风险点的防控。二要适时开展医药健康企业反贿赂合规的第三方调查，注意收集、调查交易相对方的违法违规情况、不良记录等，履行企业在选择交易对象过程中必要的注意义务。三要建立合规承诺机制，这种承诺是对外的，是医药健康企业对自身严格履行反贿赂合规责任进行庄严表态，也是一种压力机制，有利于通过相关监管部门以及社会的外部监督，来实现医药健康企业反贿赂的内部监管效果。

---

① 陈瑞华：《企业合规制度的三个维度——比较法视野下的分析》，载《比较法研究》2019年第3期。

② 施祖东：《医疗机构反商业贿赂专项合规监管的设想》，载《中国卫生法制》2022年第4期。

（三）医药健康企业反贿赂合规监控体系的建立

在前面所列的反贿赂合规义务清单中，涉及医药健康企业反贿赂合规的审计、持续评估、举报、调查和纠正措施等，这些义务要素的组合形成了医药健康企业反贿赂合规监控体系。除了前述所提及的要建立举报机制以外，可以充分发挥合规专员的作用，让其参与到医药健康企业药品研发、经销、临床等各个环节的审核过程中，重点审核涉及贿赂重点风险的细节。另外，还要定期形成企业合规工作报告，由此不仅可以对外展示企业的合规工作成效，也是接受监督的重要形式。

（四）医药健康企业反贿赂合规应对体系的建立

经过前述事前预防以及及时监控，医药健康企业反贿赂合规会有明显的成效，但依然会有出现违法违规行为的情形，对此，也有必要建立医药健康企业反贿赂合规事后的应对机制。具体步骤如下：一是针对违法违规的内部调查，主要是结合举报或者日常监管发现的线索开展自查；二是针对违法违规行为及相关人员的内部处理，主要是结合内部调查开展的自纠行为，如果行为涉及行政或者刑事责任承担的，还需及时如实履行报告的程序；三是针对违法违规行为的外部调查配合，主要是由医药健康企业配合上级部门执法，对此，要全面配合、依法进行必要的信息披露、证据保存等；四是针对医药健康企业合规体系漏洞的填补，这要求医药健康企业在配合违法违规行为调查处置的同时，要尽快实现合规监管的改进，不断完善监管体系，避免后续违法违规行为的再次发生。

第十二章 | 反垄断合规

医药健康行业一直以来都是国内外反垄断执法机构重点关注的领域。产业链上多个环节均容易引发反垄断风险，涵盖药品的研发、生产、批发、零售等。同时，医药健康行业高发的反垄断风险类型也较为广泛，既可能牵涉横向垄断协议、纵向垄断协议风险，又涵括滥用市场支配地位、滥用知识产权、违法的经营者集中风险。因此，对于医药健康企业，反垄断合规工作对稳健运营、风险防控、商誉维护均至关重要。

2022年8月1日生效的修正后的《反垄断法》进一步加大了对垄断违法行为的行政处罚力度，对于横向垄断协议行为增加了个人责任。同时，对于包含医药健康在内的关涉国计民生的领域，修正后的《反垄断法》引入了公益诉讼制度。新法的种种变化，无疑为医药健康行业带来警示，尽快建立有效的反垄断合规体系和机制刻不容缓。

一、反垄断法律风险概述

（一）我国反垄断法律体系概述

国家市场监督管理总局内挂牌设立的国家反垄断局（副部级单位）是我国负责反垄断执法的国家级主管机关，负责反垄断统一执法，同时授权各省、自治区、直辖市的市场监督管理部门负责各地方区域的反垄断执法工作。

我国医疗健康行业反垄断法律体系如图12.1所示。

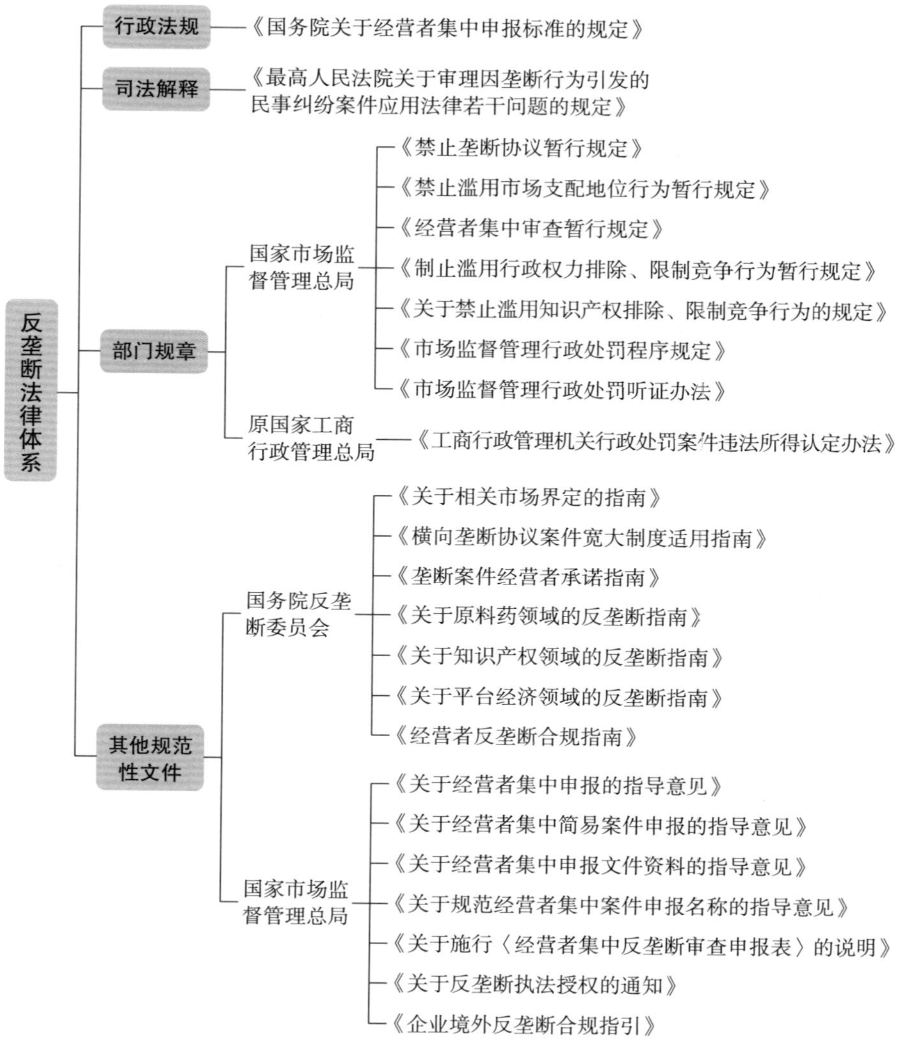

图 12.1　我国医疗健康行业反垄断法律体系

（二）医药健康行业反垄断合规的意义

医药健康行业作为涉及国计民生的重要领域，无论是在我国境内，还是欧盟、美国等司法辖区，均属于反垄断执法的重点监管对象。2021年12月14日发布的《国务院关于印发“十四五”市场监管现代化规划的通知》明确提出“强化公共事业、医疗、药品等领域竞争执法”。2022年8月1日，在修正后的《反垄断法》生效的当天，最高人民检察院公布了《关于贯彻执行〈中华人民共和国反垄断法〉积极稳妥开展反垄断领域公益诉讼检察工作的通知》，强调将重点关注互联网、公共事业、医药等民生保障领域。

我国反垄断执法对医药健康领域的关注度，在执法实践中也得到充分反映。截至2022年8月25日，我国反垄断执法机构共发布31件有关医药健康领域的反垄断处罚案件。其中，横向垄断协议案件合计6件（见表12.1）；纵向垄断协议案件合计5件（见表12.2）；滥用市场支配地位案件合计11件（见表12.3）；医药健康企业违法实施经营者集中案件合计9件（见表12.4）。在已发布的医药健康领域的反垄断处罚案件中，罚款金额最大的案件为扬子江实施纵向垄断协议案，处罚金额高达7.64亿元人民币。可见，反垄断合规对于医药健康企业的意义不言而喻。

表12.1 医药健康行业横向垄断协议执法案件概要[①]

案件名称	所涉商品	行为类型	处罚金额
梧州黄埔化工药业有限公司等3家企业横向垄断协议案（2021年）	樟脑原料药	固定价格、划分市场	没收违法所得；分别处2018年销售额1%、3%、5%的罚款
天津天药药业股份有限公司等3家企业横向垄断协议案（2021年）	醋酸氟轻松原料药	固定价格、划分市场	没收违法所得；分别处2019年销售额2%、3%、4%的罚款
台山市新宁制药有限公司等3家企业横向垄断协议案（2018年）	冰醋酸原料药	固定价格	没收违法所得；分别处2017年销售额4%的罚款
常州四药制药有限公司等3家企业横向垄断协议案（2016年）	艾司唑仑原料药与片剂	固定价格、联合抵制	分别处2015年艾司唑仑片剂销售额2.5%、3%、7%的罚款

① 以下表格中的案件信息主要来源为国家市场监督管理总局反垄断执法一司（https://www.samr.gov.cn/fldys/tzgg/xzcf/index.html）、反垄断执法二司（https://www.samr.gov.cn/fldes/tzgg/xzcf/）所公示的行政处罚信息，统计截止时间为2022年8月25日。

续表

案件名称	所涉商品	行为类型	处罚金额
商丘市华杰医药有限公司等5家企业横向垄断协议案（2016年）	别嘌醇片	固定价格、划分市场	分别处2014年别嘌醇片对外销售额8%、8%、5%、5%、5%的罚款
山东潍坊顺通医药有限公司等2家企业横向垄断协议案（2011年）	复方利血平原料药	固定价格	没收违法所得并处罚款总计687.7万元和15.26万元

表12.2　医药健康行业纵向垄断协议执法案件概要

案件名称	所涉商品	行为类型	处罚金额
海南伊顺药业有限公司纵向垄断协议案（2022年）	莲芝消炎滴丸	限定最低转售价	处20万元罚款
盖思特利商贸（北京）有限公司纵向垄断协议案（2022年）	骨填充材料和可吸收生物膜	限定最低转售价	处2020年度销售额3%的罚款
扬子江药业集团有限公司纵向垄断协议案（2021年）	蓝芩口服液等药品	固定转售价、限定最低转售价	处2018年度销售额3%的罚款
施乐辉医用产品国际贸易（上海）有限公司纵向垄断协议案（2016年）	OTC产品	固定转售价	处2014年度相关销售额6%的罚款
美敦力（上海）管理有限公司纵向垄断协议案（2016年）	心脏血管、恢复性疗法和糖尿病医疗器械	固定转售价、限定最低转售价	处2015年度涉案产品销售额4%的罚款

表12.3　医药健康行业滥用市场支配地位执法案件概要

案件名称	所涉商品	行为类型	处罚金额
南京宁卫医药有限公司滥用市场支配地位案（2021年）	氯解磷定原料药	不公平高价、附加不合理条件	没收违法所得，并处2019年度销售额4%的罚款

续表

案件名称	所涉商品	行为类型	处罚金额
商丘市新先锋药业有限公司滥用市场支配地位案（2021年）	苯酚原料药	不公平高价	没收违法所得，并处2016年度销售额1%的罚款
先声药业集团有限公司滥用市场支配地位案（2021年）	巴曲酶原料药	拒绝交易	处2019年度销售额2%的罚款
万邦德制药集团浙江医药销售有限公司滥用市场支配地位案（2020年）	盐酸溴已新原料药	附加不合理条件	没收违法所得，并处2019年度销售额3%的罚款
山东康惠医药有限公司等滥用市场支配地位案（2020年）	注射用葡萄糖酸钙原料药	不公平高价、附加不合理条件	没收违法所得，分别处2018年度销售额10%、9%、7%的罚款
湖南尔康医药经营有限公司滥用市场支配地位案（2018年）	氯苯那敏原料药	不公平高价、搭售、拒绝交易	没收违法所得，分别处以2017年度销售额8%、4%的罚款
四川久远银海畅辉软件有限公司滥用市场支配地位案（2017年）	医保支付软件	搭售	没收违法所得，并处以2015年度广元市医保支付软件销售额7%的罚款
天津汉德威药业有限公司等滥用市场支配地位案（2017年）	医药级异烟肼原料药	不公平高价、拒绝交易	分别处以2016年度相关市场销售额2%的罚款
武汉新兴精英医药有限公司滥用市场支配地位案（2017年）	药用水杨酸甲酯原料药	附加不合理条件	没收违法所得，并处2015年度水杨酸甲酯原料药销售额3%的罚款
重庆西南制药二厂有限责任公司滥用市场支配地位案（2016年）	苯酚原料药	拒绝交易	没收违法所得，并处2015年度销售额1%的罚款
重庆青阳药业有限公司涉嫌滥用市场支配地位案（2015年）	别嘌醇原料药	拒绝交易	处2013年度销售额3%的罚款

表12.4　医药健康企业未依法申报经营者集中被处罚案件概要

案件名称	所涉领域	处罚金额
平安健康医疗科技有限公司与软银股份有限公司设立合营企业案（2022年）	在线诊疗服务、消费型医疗、医疗健康品等产品、健康管理、健康互动	分别对平安健康、软银处以50万元罚款
宁波誉衡健康投资有限公司与江苏京东邦能投资管理有限公司设立合营企业案（2021年）	互联网医疗及医药电商领域	分别对宁波誉衡、京东邦能处以50万元罚款
阿里健康科技（中国）有限公司收购贵州一树连锁药业有限公司股权案（2021年）	药品零售	对阿里健康处以50万元罚款
济民可信收购南京恒生股权案（2020年）	药品零售	对济民可信处以30万元罚款
苏州全亿收购苏州健生源股权案（2019年）	药品零售	对苏州全亿处以30万元罚款
高济医药收购河南好一生股权案（2018年）	药品零售	对高济医药处以40万元罚款
美年大健康产业（集团）有限公司、上海天亿资产管理有限公司、上海维途投资中心收购慈铭健康体检管理集团有限公司案（2017年）	健康体检	对美年大健康处以30万元罚款
大得控股有限公司收购吉林四长制药有限公司案（2016年）	心脑血管药物	对大得控股处以15万元罚款
上海复星医药产业发展有限公司收购苏州二叶制药有限公司案（2015年）	未明确	对上海复星处以20万元罚款

（三）反垄断法规制的行为类型

根据《反垄断法》以及相关规定，我国反垄断法所规制的行为内容包括：（1）横向垄断协议，即竞争对手之间达成的排除、限制竞争的协议、决定或者其他协同行为。（2）纵向垄断协议，即与交易相对人之间达成的排除、限制竞争的协议、决定或者其他协同行为。（3）轴辐协议，即经营者组织其他经营者达成垄断协议或者为其他经营者达成垄断协议提供实质性帮助的情形。（4）滥用市场支配地位行为，即具有市场支配地位的经营者滥用其市场支配地位，实施排除、限制竞争的行为。认定是否构成滥用市场支配地位行为，首先需要根据市场份额、市场竞争状况、控制上下游市场的能力等因素判断经营者是否具有市场支配地位。（5）经营者集中申报，即对于股权收购、资产收购、新设合营等交易，如果构成了经营者集中并达到了申报标准，应当在交割前依法向反垄断执法机构申报。反垄断执法机构将对所涉经营者集中是否具有排除、限制竞争影响进行审查，并作出无条件准许集中、附加限制性条件准许集中或者禁止集中的决定。（6）行政垄断行为，即行政机关和法律、法规授权的具有管理公共事务职能的组织不得滥用行政权力，限定或者变相限定单位或者个人经营、购买、使用其指定的经营者提供的商品。由于该类型违法行为的违法主体不包括企业，故本章不过多阐述。

（四）垄断违法行为的严重后果

医药健康企业一旦实施了垄断违法行为，将可能需要承担非常严重的后果，既包括行政法律责任、民事法律责任，还可能涉及企业的名誉受损、业务经营受阻等后果。

1.行政法律责任

企业违反《反垄断法》所可能承担的行政法律责任包括：被责令停止违法行为、没收违法所得以及处以罚款。就不同类型的垄断行为的罚款幅度整理如下。

（1）垄断协议：①达成并实施垄断协议的，可以处上一年度销售额1%至10%的罚款，上一年度没有销售额的，处500万元以下的罚款；②尚未实施所达成的垄断协议的，可以处300万元以下的罚款；③经营者的法定代表人、主要负责人和直接责任人员对达成垄断协议负有个人责任的，可以处100万元以下的罚款。

（2）滥用市场支配地位行为：可以处上一年度销售额1%至10%的罚款。

（3）违法实施经营者集中：①具有或者可能具有排除、限制竞争效果的，责令停止实施集中、限期处分股份或者资产、限期转让营业以及采取其他必要措施恢复到集中前的状态，处上一年度销售额10%以下的罚款；②不具有排除、限制竞争效果的，处500万元以下的罚款。

（4）加重处罚情形：对情节特别严重、影响特别恶劣、造成特别严重后果的垄断行为，可以在上述罚款幅度的2倍到5倍之间确定具体罚款数额，则：①经营者实施垄断协议的，可以处上一年度销售额50%以下的罚款，上一年度没有销售额的，可以处2500万元以下的罚款；②经营者滥用市场支配地位的或违法实施经营者集中的，可以处上一年度销售额50%以下的罚款。

2. 民事法律责任

根据《反垄断法》相关规定，经营者实施垄断行为，给他人造成损失的，应承担民事责任。根据《最高人民法院关于审理因垄断行为引发的民事纠纷案件应用法律若干问题的规定》，此处的民事责任包括停止侵害、赔偿损失等，对于违反《反垄断法》的合同内容、行业协会的章程等还可能被依法认定无效。

由于垄断行为产生的排除、限制竞争影响的范围可能包括竞争者、上下游企业以及终端消费者等主体。因此，如经营者实施了垄断行为，将可能面临大量潜在的反垄断民事诉讼。此外，2022年修正后的《反垄断法》新增规定“经营者实施垄断行为，损害社会公共利益的，设区的市级以上人民检察院可以依法向人民法院提起民事公益诉讼”。在目前的反垄断执法与司法背景下，很可能出现越来越多的反垄断公益诉讼案件，尤其是针对医药健康等与民生紧密相关的领域。

3. 名誉和经营上的影响

根据《反垄断法》第64条的规定，经营者因违反本法规定受到行政处罚的，按照国家有关规定记入信用记录，并向社会公示。违法实施经营者集中案件的处罚信息会被公开发布到反垄断执法机关的官网上，考虑到目前国家政策、社会媒体对于反垄断案件的关注度，将会对所涉主体带来名誉损失，尤其是对于上市公司、国有企业。对于有融资或上市计划的医药健康企业来说，一旦受到反垄断处罚，则可能影响其上市和融资计划。此外，对于医药健康企业而言，反垄断处罚信息还可能对政府集采、招投标项目的参与资格产生负面影响。

（五）医药健康企业的反垄断合规要点

1. 横向垄断协议与医药健康企业合规要点

横向垄断协议，指的是同行业竞争者之间（如均从事抗菌化学药制剂生产与销售的企业）达成排除、限制竞争的协议、决定或者其他协同行为，主要行为类型包括：（1）固定或者变更商品价格；（2）限制商品的生产数量或者销售数量；（3）分割销售市场或者原材料采购市场；（4）限制购买新技术、新设备或者限制开发新技术、新产品；（5）联合抵制交易。对于前述所列举的垄断协议行为，适用"本身违法原则"（per se illegal），反垄断执法机构一经查明，即推定违法，而不论该协议签订的背景如何、原因如何、效果如何。

对于医药健康企业而言，常见的涉嫌构成横向垄断协议的情形包括：（1）与竞争者通过联合生产、联合采购、联合销售、联合投标协议等方式商定商品生产数量、销售数量、销售价格、销售对象、销售区域等；（2）通过第三方（如经销企业、下游生产企业）及展销会、行业会议等沟通协调商品销售价格、产能产量、产销计划等敏感信息；（3）与竞争者达成不生产或者不销售某一产品、其他经营者给予补偿的协议（pay-for-delay）；（4）与竞争者就采购数量、采购对象、销售价格、销售数量、销售对象等进行沟通协调。

合规要点：垄断协议的形式不以书面为限，口头协议、电话录音、视听资料、微信聊天记录、电子邮件、会议纪要等，均可能被视为垄断协议。因此，企业一方面要严格审查日常所签订的协议中是否存在横向垄断协议的风险；另一方面应当高度重视企业的管理、销售及其他部门人员在与同行业竞争者进行商业洽谈、会议讨论、休闲交流等场合中的反垄断合规风险。由于同业竞争者之间交换竞争敏感信息，可能导致其就产品的价格、成本、销售地域等方面达成垄断性质的合意，因此属于反垄断风险高发的场景，企业需要予以高度重视。

2. 纵向垄断协议与医药健康企业合规要点

纵向垄断协议，是指经营者与供应商、经销商等上下游企业之间（如药品生产厂家与零售商）达成的排除、限制竞争的协议、决定或者其他协同行为。认定构成纵向垄断协议需要满足两个条件：一是协议双方为交易相对人；二是协议中约定了“固定向第三人转售商品的价格”/“限定向第三人转售商品的最低价格”的内容（通常称为“纵向价格垄断协议”），或者为“国务院反垄断执法机构认定的其他垄断协议”（通常称为“纵向非价格垄断协议”）。

《反垄断法》规定了纵向垄断协议的“安全港”规则，如果企业能够满足反垄断执法机构设定的“安全港”，则相关纵向限制不会被认定为法律所禁止的纵向垄断协议。对于“纵向价格垄断协议”，如果经营者能够提供证据证明“固定向第三人转售商品的价格”或者“限定向第三人转售商品的最低价格”的协议内容不具有排除、限制竞争影响的，则不属于法律所禁止的纵向垄断协议。

对于医药健康企业而言，常见的涉嫌构成纵向垄断协议的情形包括：（1）通过合同协议、口头约定、书面函件、电子邮件、调价通知等形式对经销企业、生产企业等实施直接固定转售价格和限定最低转售价格；采取固定经销企业利润、折扣和返点等手段对经销企业、生产企业等实施变相转售价格限制。（2）以提供返利、优先供货、提供支持等奖励措施，或者以取消返利、减少折扣甚至拒绝供货或者解除协议等惩罚措施相威胁，对经销企业、生产企业进行转售价格限制，一般会认为是实施纵向垄断协议而设置的监督和惩罚措施。（3）如果企业的市场份额较高，与交易相对人签订协议中如涉及地域限制、客户限制可能构成垄断协议行为，但需要根据具体案件情况进行分析。

合规要点：基于自身市场份额等因素动态评估可能构成纵向垄断协议的约定，包括但不限于：（1）基于生产规模、销售数量、营业收入、市场竞争结构等维度，动态评估自身的市场力量以及市场份额，并根据情况及时调整对于反垄断合规工作的要求。（2）对于达到一定市场份额的业务领域，谨慎评估与交易相对人所签订的协议是否存在反垄断合规风险，并进行相应的优化措施。如企业自身以及关联公司在相关市场的市场份额超过一定范围（如超出了15%），与交易相对人所签订的协议存在转售价格维持等限制性条款，应当及时交由法务部或外部律师评估是否需要调整相关内容和/或管理规定。

3.轴辐协议与医药健康企业合规要点

2022年修正后的《反垄断法》在第19条中对垄断协议的形式新增加规定，即“经营者不得组织其他经营者达成垄断协议或者为其他经营者达成垄断协议提供实质性帮助”。在境内外反垄断理论与实践中，该种情形被称为“轴辐协议”（Hub and Spoke Conspiracy），即具有竞争关系的经营者以某一经营者为“轴心”形成“轴缘”，达成或实施具有排除、限制竞争影响的垄断协议，无法严格归类为横向垄断协议或者纵向垄断协议。

合规要点：企业在与上下游交易对手合作过程中，或者作为中间方提供服务、协调事项时，应当高度重视是否存在反垄断合规风险，包括但不限于：（1）在与上下游交易对手签订的协议中，如涉及限制产品价格、限制生产/销售数量、划分销售/采购市场、限制新技术/新产品开发、限制合作主体等方面的限制性条款，应当交由法务部审核或者委托外部律师提出合规意见。如该等限制性条款为交易对手与企业沟通的结果，并要求企业监督或者向企业了解其他主体的履行情况，则存在较高的合规风险。（2）对于企业组织上下游企业（如经销商/分销商）参加的培训、会议或者其他活动，应当设立事前审查机制。在活动前将活动程序、活动内容、活动书面材料等信息提交至法务部审阅，确保活动内容不涉及竞争性敏感信息的交流等。在活动开始前向参会者下发和/或宣读反垄断合规要求指引，明确不得讨论竞争敏感信息，视情况要求与会者签字承诺或参会须知并遵守相关规定。如可能，建议企业法务人员或外部律师陪同参加此类培训活动，确保活动中不会讨论引发反垄断风险的内容。

4.滥用市场支配地位与医药健康企业的合规要点

（1）市场支配地位的认定

市场支配地位，是指经营者在相关市场内具有能够控制商品价格、数量或者其他交易条件，或者能够阻碍、影响其他经营者进入相关市场能力的市场地位。认定经营者是否具有市场支配地位，首先需要界定所涉及的相关市场，即经营者在一定时期内就特定商品或者服务进行竞争的商品范围和地域范围。

认定经营者是否具有市场支配地位应当考虑的因素包括：①该经营者在

相关市场的市场份额，以及相关市场的竞争状况；②该经营者控制销售市场或者原材料采购市场的能力；③该经营者的财力和技术条件；④其他经营者对该经营者在交易上的依赖程度；⑤其他经营者进入相关市场的难易程度；⑥与认定该经营者市场支配地位有关的其他因素。其中，市场份额属于实践中最为重要的考虑因素。

若经营者的市场份额符合下列情形之一，则可以推定经营者具有市场支配地位：①一个经营者在相关市场的市场份额达到1/2的；②两个经营者在相关市场的市场份额合计达到2/3的；③三个经营者在相关市场的市场份额合计达到3/4的。有第②项、第③项规定的情形，其中有的经营者市场份额不足1/10的，不应当推定该经营者具有市场支配地位。被推定具有市场支配地位的经营者，有证据证明不具有市场支配地位的，不应当认定其具有市场支配地位。

（2）涉嫌构成滥用市场支配地位的情形

根据《反垄断法》第22条第1款，禁止具有市场支配地位的经营者从事下列滥用市场支配地位的行为：①以不公平的高价销售商品或者以不公平的低价购买商品；②没有正当理由，以低于成本的价格销售商品；③没有正当理由，拒绝与交易相对人进行交易；④没有正当理由，限定交易相对人只能与其进行交易或者只能与其指定的经营者进行交易；⑤没有正当理由搭售商品，或者在交易时附加其他不合理的交易条件；⑥没有正当理由，对条件相同的交易相对人在交易价格等交易条件上实行差别待遇；⑦国务院反垄断执法机构认定的其他滥用市场支配地位的行为。

医药健康行业常见的滥用市场支配地位行为合规风险包括：①以不公平高价销售商品；②限定交易：独家供应与购买；③拒绝交易；④搭售；⑤附加不合理交易条件。虽然产品价格的调整、交易对象的选择、产品销售组合等通常情况下属于企业的自主权，但对于具有市场支配地位的企业，如果产品价格的调整范围或其他行为被认定缺乏合理性，则可能存在反垄断合规风险，企业需要予以高度重视。

合规要点：动态评估是否具备市场支配地位，并基于此分析是否存在可能构成滥用市场支配地位的行为。对于原料药、制剂等行业，知识产权限制、前期研发成本投入等因素导致经营者进入相关市场的门槛较高，头部企业容易获得市场支配地位。因此，医药健康企业需要动态评估自身市场份额，从而及时评估相关行为、经营模式是否存在反垄断合规风险。

5.经营者集中申报与医药健康企业的合规要点

经营者集中包括下列情形：①经营者合并；②经营者通过取得股权或者资产的方式取得对其他经营者的控制权；③经营者通过合同等方式取得对其他经营者的控制权，或者能够对其他经营者施加决定性影响。判断是否构成经营者集中，要有经营者是否通过某种方式取得了对其他经营者的控制权，或者能够对其他经营者施加决定性影响。需要注意的是，《反垄断法》中的控制权或决定性影响不同于公司法、证券法等维度的控制权，需要根据股权结构与股东之间的关系、股东会表决权、公司董事会组成、高管任免权、交易计划等因素综合判断，不能仅仅凭收购的股权比例不高等单方面因素判定某一交易不构成经营者集中。

对于达到申报标准的经营者集中，经营者应当事先向反垄断执法机构申报，未申报的不得实施集中。如申报义务人未依法进行经营者集中申报，或者在获得准许集中的审批决定前，即对交易进行了交割或者以其他方式实际上获得了对目标公司的控制权，则面临被处以高额罚款以及责令恢复到集中前状态的风险。现行的经营者集中申报标准以参与集中的经营者所在"集团"的营业额为计算依据。因此，对于具有一定发展规模集团背景的公司，在从事并购、新设合营公司等交易时，应当高度重视评估是否触发了经营者集中申报义务。

对于具体的经营者集中案件，其审查程序可以分为简易程序、普通程序。通常而言，简易程序审查需要1—2个月（从提交申报材料时起算）审查完毕，普通程序（不涉及附条件）需要3—5个月（从提交申报材料时起算）审查完毕。此外，相较于普通案件的材料要求，简易案件的申报材料更加简化。

在提交申报后，反垄断执法机构将对所涉经营者集中是否具有排除、限制竞争影响进行审查，并作出无条件准许集中、附加限制性条件准许集中或者禁止集中的决定。对于绝大部分经营者集中案件，均可获得无条件准许集中。在已发布的审批通过经营者集中案件中仅有不到2%的案件以附加限制性条件的方式通过。此外，截至2022年8月25日，我国反垄断执法机构仅公布了三件决定禁止经营者集中的案件：可口可乐公司收购中国汇源公司案（2009），马士基、地中海航运、达飞设立网络中心案（2014），虎牙公司与斗鱼国际控股有限公司合并案（2021）。

合规要点：由于医药健康行业与民生紧密相关，属于经营者集中审查的重点监管领域，建议企业采取以下措施防范潜在的未依法申报风险，以及经营者集中申报审查对于交易安排的影响：（1）在交易磋商、尽职调查阶段即对交易是否可能触发经营者集中申报义务、是否存在竞争关注进行评估，并提前准备经营者集中申报所需的相关市场界定、市场份额数据等材料与信息，从而尽可能缩短审查时间。（2）根据对经营者集中申报义务以及竞争关注的评估，在交易协议中合理设定交割条件、交割日期（包括延期条款）、无法交割的责任等。同时，建议在交易协议中约定，双方应当在经营者集中审查过程中积极配合、尽合理努力在审查机关规定的时限内按照要求提交相关文件和材料。

二、医疗健康行业的典型案例及解读

（一）横向垄断协议：常州四药等达成并实施垄断协议案[①]

1. 案件基本情况

2016年7月22日，常州四药制药有限公司（以下简称常州四药）、山东信谊制药有限公司（以下简称山东信谊）、华中药业股份有限公司（以下简称华中药业），因在艾司唑仑药品原料药以及片剂的销售过程中达成并实施横向垄断协议，被国家发改委予以处罚。国家发改委责令当事人立即停止违法行为，并处2015年度艾司唑仑片剂销售额2.5%的罚款。

国家发改委认定，上述经营者在2014年至2015年就艾司唑仑原料药达成并实施了“联合抵制交易”垄断协议、就艾司唑仑片剂达成并实施了“固

① 《国家发展改革委依法查处艾司唑仑药品垄断协议案》，载国家发展和改革委员会，https://www.ndrc.gov.cn/xwdt/xwfb/201607/t20160728_955602.html，最后访问日期：2022年11月20日。

定或者变更商品价格”垄断协议。

2014年9月至10月，常州四药与华中药业、常州四药有关人员在郑州举行会议，商讨艾司唑仑原料药和片剂的有关安排。会议对艾司唑仑原料药不对第四方供货、艾司唑仑片集体涨价进行了协商，最后达成以下共识：一是每家企业生产的艾司唑仑原料药仅供本公司生产片剂使用，不再对外销售；二是对艾司唑仑片剂集体涨价形成默契，虽未就具体价格水平达成确切意见，但华中药业作出了艾司唑仑片联合涨至1毛/片的提议，为其他参会企业提供了明确的涨价幅度预期。

三家企业实施了艾司唑仑原料药“联合抵制交易”的垄断协议，大幅度缩减了对外销售的数量。相关片剂生产企业表示，2014年12月以后多次向上述企业联系采购事宜，三家企业均以货源紧张、环保压力等理由拒绝供货。

三家企业实施了艾司唑仑片剂“固定或者变更商品价格”的垄断协议。以常州四药为例，郑州会议结束后，其分别于2014年12月4日、2015年6月29日、2016年1月6日印发调价函，通过三次调价逐步提高了艾司唑仑片剂出厂价格。在涉案期间，三家企业就调价问题进行了多次沟通。2015年至今，三家企业的艾司唑仑片剂平均价格出现大幅提升，且涨价时机高度一致。提价后的价格与郑州会议上华中药业提出的1毛/片的涨价目标基本一致。

2.案件解读与合规风险提示

由于同业竞争者之间交换竞争敏感信息，可能导致就产品的价格、成本、销售地域等方面达成垄断性质的合意，因此属于反垄断风险高发的场景。如果竞争者之间交换竞争敏感信息，且存在包含上述内容的一致性行为，即便未达成明示的合意，也可能被认定存在协同行为，从而引发反垄断风险。通常来说，竞争敏感信息包括价格、折扣和折扣政策、招投标方案或策略、客户、供应商、销售条款或条件、与客户谈判的政策或策略、收益、利润或利润率、成本、新产品开发/项目策略、业务扩张和收缩计划等。

在常州四药等三家企业达成并实施垄断协议案中，国家发改委认定：

（1）常州四药参加了协商艾司唑仑片联合涨价的会议，参会人员没有就涨价提议表示明确反对，也没有就这一事实向反垄断执法机构主动报告；（2）会议结束后，常州四药和其他两家企业一个月内相继下发调价函，调价时间基本一致。基于此，国家发改委认为，常州四药达成并实施了艾司唑仑片剂“固定或变更商品价格”的垄断协议，并作出处罚决定。由此可见，企业在与同业竞争者的接触与沟通中，存在很高的反垄断合规风险。

（二）纵向垄断协议：扬子江实施纵向垄断协议案[①]

1. 案件基本情况

2021年4月15日，扬子江药业集团有限公司（以下简称扬子江）因在蓝芩口服液、百乐眠胶囊、黄芪精、依帕司他片、苏黄止咳胶囊等药品零售渠道与交易相对人达成并实施固定和限定价格的垄断协议，被市场监管总局予以处罚。市场监管总局责令扬子江停止违法行为，并处以2018年度销售额3%的罚款，计7.64亿余元人民币。[②]

2015年至2019年，扬子江与交易相对人通过签署合作协议、下发调价函、口头通知等方式达成固定和限定价格的垄断协议，具体如下。

（1）与一级经销商签订协议：2015年至2019年，为规范一级经销商销售行为，扬子江与一级经销商签订年度《购销协议》。此《购销协议》为当事人格式合同，其中包含固定和限定价格相关内容。

（2）与二级经销商签订三方协议：2015年至2019年，为规范二级经销商销售行为，扬子江与二级经销商及其对应的一级经销商共同签订年度《二级分销商三方协议》。此协议为扬子江的格式合同，其中包含固定和限定价格相关内容。

（3）与连锁药店及其他零售药店签订战略服务协议等：2015年至2019年，为规范连锁药店及其他零售药店销售行为，扬子江与连锁药店及其他零售药

---

① 《市场监管总局依法对扬子江药业集团有限公司实施垄断协议行为作出行政处罚》，载国家市场监督管理总局，https://www.samr.gov.cn/xw/zj/202104/t20210415_327851.html，最后访问日期：2022年11月20日。

② 国家市场监督管理总局行政处罚决定书（国市监处［2021］29号）。

店签订扬子江的格式合同，其中包含固定和限定价格相关内容。

（4）发放调价函或调价通知：除了通过各类协议与交易相对人达成固定和限定价格垄断协议，扬子江还通过发放调价函或者调价通知要求交易相对人调整药品价格，与其达成事实上的固定和限定价格“协议”。

（5）通过销售员口头通知：扬子江还通过其销售人员，采用电话告知、微信告知、直接登门告知等方式，直接要求交易相对人按照当事人价格政策制定或者调整药品销售价格。

扬子江固定和限定价格垄断协议在零售渠道各环节均得到有效实施，扬子江还通过制定规则、强化考核监督、惩罚乱价经销商、委托中介机构维价等措施强化固定和限定价格协议的实施，约92%的被调查对象承认协议存在并予以执行。

制定规则，精细化控制药品价格：扬子江通过构建完整的公司价格管控制度体系，包括大纲、规定、实施细则等，对药品价格管控的各个方面作出详细规定。

强化考核监督，确保固定和限定价格协议有效执行：扬子江制定精细的绩效考核制度和监督机制，激励各级销售人员和各级经销商严格执行固定和限定价格政策。一是以协议方式严格禁止经销商窜货。二是以内部罚款等方式禁止各级销售人员窜货。三是派出各地销售人员前往药店明察暗访药品价格。

制定惩罚措施，维护固定和限定价格体系：扬子江与各级经销商签订各类协议时规定，一旦经销商有乱价、窜货等行为，将会受到扣发奖金、停止报销费用、断货等惩罚。扬子江发布的部分调价函中也包含威胁断货、取消经销商资质等内容。

聘请中介，统一监督线上零售价格：扬子江于2019年5月6日与某公司签订合作协议，授权该公司对其五种重点药品（蓝芩口服液、百乐眠胶囊、黄芪精、依帕司他片、苏黄止咳胶囊）网上零售价格予以监督。该公司与扬子江协议约定“互联网页面展示价格为协议规定价格；协议所有产品均为维价处理，直接把目前线上价格统一维护至协议价格”，该公司还定期向扬子江提交所有商家的价格信息监测及处理结果。根据该公司向扬子江提交的多份报告显示，自开展监督后，各平台低价商家数量明显减少，价格日趋符合扬子江要求。

2. 案件解读与合规风险提示

在扬子江实施纵向垄断协议案中，市场监管总局认定扬子江实施了纵向价格垄断协议，主要基于两个方面的案件事实：一是扬子江在与交易相对人签订的合作协议中包含固定和限制价格相关内容，并向交易相对人发送调价函/调价通知，通过销售员口头通知销售价格的调整；二是扬子江制定了监督与惩罚规则，通过惩罚乱价经销商、委托中介机构等方式，保证了价格限制的执行。在本案中，市场监管总局虽未将地域限制作为单独的纵向非价格垄断协议进行处罚，但在有关“强化考核监督，确保固定和限定价格协议有效执行”的案件事实部分认定扬子江“以协议方式严格禁止经销商窜货”“以内部罚款等方式禁止各级销售人员窜货”。

对于医药健康企业，在商品销售的过程中如涉及对于下游经营者的产品价格、销售区域或渠道等方面的限制时，建议由内部专业人士或外部法务评估是否存在被认定为纵向垄断协议的风险，尤其是对于具备一定市场力量的企业。实践中，生产商、批发商等主体可能向下游经营者提供建议转售/零售价格，以便于下游经营者能够更加合理地销售转售商品。如果该等价格仅供下游经营者参考，不具有任何强制性，则不属于《反垄断法》所禁止的纵向价格垄断协议。

（三）滥用市场支配地位：康惠公司等滥用市场支配地位案①

1. 案件基本情况

2020年4月9日，山东康惠医药有限公司（以下简称康惠公司）、潍坊普云惠医药有限公司（以下简称普云惠公司）、潍坊太阳神医药有限公司（以下简称太阳神公司），因在中国注射用葡萄糖酸钙原料药销售市场上实施了滥用市场支配地位行为，被市场监管总局予以处罚。市场监管总局责令当事

① 《市场监管总局发布山东康惠医药有限公司、潍坊普云惠医药有限公司及相关人员拒绝、阻碍反垄断调查违法行为行政处罚决定书》，载国家市场监督管理总局，https://gkml.samr.gov.cn/nsjg/fldj/202004/t20200414_314247.html，最后访问日期：2022年11月20日。

人立即停止违法行为，没收违法所得，分别处以2018年销售额10%、9%、7%的罚款。

2.对于被处罚主体的认定

市场监管总局认定，虽然康惠公司与普云惠公司、太阳神公司均登记注册为独立的法人，但三家企业分工协作、密切配合，共同实施了垄断行为。

康惠公司通过人员任职、业务控制和财务联系等方面对普云惠公司进行控制；通过向太阳神公司发送指令的形式，决定太阳神公司购买、销售注射用葡萄糖酸钙原料药的交易对象、交易价格、交易数量等。太阳神公司将销售注射用葡萄糖酸钙原料药的销售利润提取分成后，将大部分利润通过各种形式返还给了康惠公司。

在注射用葡萄糖酸钙原料药等产品经营过程中，普云惠公司和太阳神公司均受康惠公司控制，按照康惠公司的指令开展经营活动，没有独立的经营意志：（1）康惠公司将两家公司视为其组成部门，通过《工作联系单》协调相关事宜；（2）康惠公司在统计产品库存时，将其与普云惠公司和太阳神公司的库存量进行汇总，作为总库存量；（3）康惠公司与部分客户开展业务时，通过普云惠公司和太阳神公司完成，康惠公司全面掌控普云惠公司和太阳神公司的产品交易情况。

3.对于滥用市场支配地位行为的认定

市场监管总局认定，康惠公司、普云惠公司、太阳神公司在涉案期间滥用其在中国注射用葡萄糖酸钙原料药销售市场上的支配地位，实施了"以不公平的高价销售商品""附加不合理交易条件"的行为。

以不公平的高价销售商品：（1）与购进成本相比，三家涉案企业的销售价格明显不公平。三家涉案企业从浙江瑞邦和江西新赣江购买注射用葡萄糖酸钙原料药后，以超过成本价数倍的价格对外销售，提价达9.5倍至27.3倍。（2）与历史价格相比，三家涉案企业的销售价格明显不公平。三家涉案企业控制销售市场后，与2014年相比，2017年注射用葡萄糖酸钙原料药销售价格上涨达19倍至54.6倍。（3）三家涉案企业内部层层加价以不公平的高价销售原料药。康惠公司、普云惠公司采购注射用葡萄糖酸钙原料药后，由太阳神公司向制剂生产企业销售，通过在三家涉案企业内部流转过票的方式，提高销售价格。

附加不合理交易条件：三家涉案企业强制要求制剂生产企业将生产出的葡萄糖酸钙注射液回购给当事人，或者作为其代工厂，按照指令销售葡萄糖酸钙注射液，否则不供应注射用葡萄糖酸钙原料药。

4.案件解读与合规风险提示

市场监管总局在本案中对康惠公司适用了上一年度销售额10%罚款的顶格处罚，对另外两个当事人的处罚幅度也分别高达上一年度销售额的9%、7%。该案对于医药健康企业的反垄断合规具有重要意义：如果企业之间在经营活动上具有控制关系，可能被认定为反垄断法项下的同一主体，需要高度重视此种情形下因关联企业行为所带来的反垄断合规风险。在本案中，市场监管总局基于三家涉案公司的关联关系，将其认定为同一主体，并在此基础上对其所具备的市场支配地位、实施的滥用市场支配地位行为进行分析。市场监管总局此处所适用的为反垄断法中的“单一经济体”理论，即当某一主体可以控制另一主体的经营活动，使其不具有独立性时，应当视为同一个经营者。如果企业之间在经营活动上具有控制关系，即便均为独立注册登记的法人，仍存在被认定属于同一主体的风险。对于经营活动管理关系较为紧密的关联公司而言（如母公司与子公司、集团内的兄弟公司等），需要尤其重视因关联公司所实施的垄断行为而导致的合规风险。

具有一定市场支配力量的企业在确定或调整商品价格时，应当对价格的合理性作出充分评估，防范被认定为不公平高价的风险。虽然商品价格的调整通常情况下属于企业的自主权，但对于具有市场支配地位的企业来说，如果产品价格的调整超出了合理范围，则可能存在反垄断合规风险。因此，对于具有一定市场支配力量的企业，在确定或调整商品价格时，应当对价格的合理性作出充分评估，包括成本与价格的变化之间是否正向紧密相关、与历史价格相比是否具有较大差距、价格涨幅是否属于下游经营者所能够接受的范围等因素。为防范被执法或司法机构认定不公平高价的风险，建议企业留存评估商品价格所依据的文件，包括但不限于会议纪要、内部决议、市场调研报告等。

（四）反垄断诉讼案件

1. 反垄断民事诉讼：Y药业公司诉H医药公司等滥用市场支配地位案

企业实施垄断行为，不仅面临承担罚款等行政处罚法律责任的风险，如果给他人造成损失的，还可能面临承担停止侵害、赔偿损失等民事责任的法律风险，对于违反《反垄断法》的合同内容、行业协会的章程等还可能被依法认定无效。垄断行为的实施所产生的排除、限制竞争影响的范围可能包括同行业竞争者、上下游经营者以及终端消费者等主体，上述主体均可能针对企业的垄断行为提起反垄断民事诉讼，要求企业承担相关责任。

在Y药业公司诉H医药公司等滥用市场支配地位案中，原告是枸地氯雷他定片剂的生产商，其起诉被告滥用在中国枸地氯雷他定原料药市场的市场支配地位，实施了限定交易、不公平高价销售、搭售商品、附加不合理交易条件行为，要求判令被告等经营者停止实施垄断行为、承担赔偿责任。

2020年3月18日，江苏省南京市中级人民法院对原告Y药业公司的诉讼请求作出一审判决，其中包括：（1）被告立即停止滥用市场支配地位的垄断侵权行为，确认原告与被告等主体签订的相关协议部分或全部无效；（2）赔偿原告经济损失与律师费合计近7000万元。

2. 反向支付协议：A公司诉S公司侵害发明专利权纠纷案

反向支付协议，通常是指原研药企业在某项药品专利即将到期或者已经到期的情况下，向仿制药企业支付一定费用（通常较高），约定仿制药企业在协议期限内不得进入相关市场。由于反向支付协议限制了潜在的经营者进入相关市场，并很可能导致产品价格处于高位，因此实践中存在较高的反垄断合规风险。

2021年12月17日，最高人民法院在A公司诉S药业有限公司侵害发明专利权纠纷案中，对A公司提出的撤回上诉申请作出裁定，其中包括首次对药品专利的“反向支付协议”作出反垄断审查，并明确了对于药品专利的“反向支付协议”进行反垄断审查的分析路径。

最高人民法院在涉案和解协议的审查过程中发现，其符合“药品专利反向支付协议”的外观，即药品专利权利人承诺给予仿制药申请人直接或者间接的利益补偿（包括减少仿制药申请人不利益等变相补偿），仿制药申请人承诺不挑战该药品相关专利权的有效性或者延迟进入该专利药品相关市场的协议。

最高人民法院在该案中明确了对药品专利的“反向支付协议”进行反垄断审查的分析路径：可以通过比较签订并履行有关协议的实际情形和未签订、未履行有关协议的假定情形，重点考察在仿制药申请人未撤回其无效宣告请求的情况下，药品相关专利权因该无效宣告请求归于无效的可能性，进而以此为基础分析对于相关市场而言，有关协议是否以及在多大程度上造成了竞争损害。

三、医疗健康行业的反垄断合规体系化解决方案

如上所述，医药健康企业在全球范围内的反垄断执法中均属于重点关注领域，在各个业务环节中均可能存在反垄断合规风险。为最大化防范或降低反垄断合规风险，医药健康企业应当确立有效的反垄断合规体系化解决方案。其中，重点包括以下方面。

（一）搭建全面的反垄断合规体系

为尽量降低潜在的反垄断合规风险，建议企业对现有反垄断合规体系进行复核，确保至少符合以下标准：（1）具有详细且可执行的合规管理制度和流程，应当从管理人员与业务人员的角度考虑是否易于理解与掌握；（2）具有管理实权和资源的合规管理组织机构，应当由公司高管、部门主管等管理层人员组成，并在法务部门的指导与辅助下完成合规管理与监督工作，必要时寻求外部律师帮助。

（二）置入有效的合规管理工具

为使反垄断合规管理工作能够有效地进行，企业需要在反垄断合规体系中置入有效的合规管理工具，包括但不限于：（1）定期进行企业反垄断合规体检（包括文件审查和人员访谈），实时掌握医药健康企业是否存在反垄断

风险、风险程度的高低、涉及风险的岗位有哪些等；（2）针对高风险岗位制定通俗易懂的反垄断合规指引；（3）针对高风险岗位人员定期进行反垄断合规培训。

（三）设立反垄断合规保障措施

合规工作的落实不仅在于公司管理层的高度重视，更有赖于有效的合规保障措施，包括但不限于：（1）将合规管理要求与员工考评相结合，对违反合规管理要求的人员扣除绩效奖金等；（2）要求相关高管人员签署合规承诺；（3）针对潜在垄断违法行为建立公司内部的匿名与奖励举报制度，从而帮助其及时发现和处置风险；（4）定期以及不定期对合规工作进行核查，包括业务合同、管理制度、业务往来邮件等，可以通过与相关人员沟通的方式了解各部门反垄断合规工作的执行情况；（5）对公司管理层以及员工进行定期或不定期的反垄断合规测试，加深对于反垄断合规的理解。

此外，自2020年起，平台经济领域成为反垄断监管的重点对象，大量的互联网公司被予以处罚。互联网医疗等领域的企业应当高度重视数据和算法、技术以及平台规则在以下方面的反垄断合规风险：（1）对于可能被认定具有市场支配地位的业务领域，如存在通过大数据、算法对用户实行差异性交易条件，可能构成差别待遇行为；（2）对于可能被认定具有市场支配地位的业务领域，如存在强制收集非必要用户信息，可能构成附加不合理交易条件行为；（3）对于可能被认定具有市场支配地位的业务领域，如存在平台规则、算法、技术、流量分配等方面设置不合理的限制和障碍，使交易相对人难以开展交易，可能构成拒绝交易行为；（4）企业之间通过数据、算法实现排除、限制竞争的协同行为，或通过平台达成轴辐协议，可能构成达成或实施垄断协议的行为；（5）企业通过数据、算法对交易相对人的产品价格或其他交易条件进行限定，可能构成纵向垄断协议或者滥用市场支配地位行为。

第十三章 医疗刑事合规

一、医疗刑事合规概述

（一）刑事合规基本概念

合规具有“遵守规则”或“遵循法律规定”的含义。[①]合规最早被用于医学领域，表达谨遵医嘱之意。之后又用于企业经济学领域，表达在企业内遵守法律、标准及指令之意。[②]

根据国务院国有资产监督管理委员会颁布的《中央企业合规管理指引（试行）》第2条第2款之规定，合规是指中央企业及其员工的经营管理行为符合法律法规、监管规定、行业准则和企业章程、规章制度以及国际条约、规则等要求。

近年来，合规被引入刑事司法领域，转变为预防、发现和制止企业内部违法犯罪的企业内控机制。企业刑事合规尽管是企业合规的下位概念，却是企业合规的核心内容。从企业合规的发展历程来看，企业刑事合规是推动整个企业合规发展的重要外部力量。其基本内涵实际上是一种刑事犯罪风险企业内部防控机制。[③]

1991年，美国联邦量刑委员会颁布的《联邦组织量刑指南》，规定刑事合规是指“用于预防、发现和制止企业违法犯罪行为的内控机制”[④]。如果企业因其代理人违法被起诉定罪，企业进行了有效的合规的事实，可以使企业减轻刑罚。21世纪初的安然、世界通信公司丑闻爆发之后，美国司法部在

---

① 陈瑞华：《论企业合规的性质》，载《浙江工商大学学报》2021年第1期。

② 李本灿：《刑事合规制度的法理根基》，载《东方法学》2020年第5期。

③ 韩轶：《企业刑事合规的风险防控与构建路径》，载《法学杂志》2019年第9期。

④ 高铭暄、孙道萃：《刑事合规的立法考察与中国应对》，载《湖湘法学评论》2021年第1期。

《联邦公司起诉规则》的基础上进行了修订，在办理涉企业犯罪时大量运用刑事合规换取缓起诉，使涉案企业自身避免了刑事责难。[①]德国、日本、智利、匈牙利、波兰、葡萄牙、瑞士等国也都存在合规计划的相关法律。自2020年起，我国司法机关为实现司法办案中法律效果、政治效果、社会效果相统一，在探索对涉案企业相对不起诉的基础上也开始适用刑事合规。

关于刑事合规的概念，有观点认为，刑事合规是指为避免因企业或企业员工相关行为给企业带来的刑事责任，国家通过刑事政策上的正向激励和责任归咎，推动企业以刑事法律的标准来识别、评估和预防公司的刑事风险，制定并实施遵守刑事法律的计划和措施。[②]也有观点认为，刑事合规是以企业为主体，基于防范、减少企业及员工刑事犯罪以及避免、减轻刑事犯罪带来的法律责任及利益损害的目的，建立的一套符合监管要求的管理制度。[③]

根据全国工商联、最高人民检察院、司法部、财政部等九个部门联合制定的《涉案企业合规建设、评估和审查办法（试行）》第1条第1款之规定，涉案企业合规建设，是指涉案企业针对与涉嫌犯罪有密切联系的合规风险，制定专项合规整改计划，完善企业治理结构，健全内部规章制度，形成有效合规管理体系的活动。此处的企业合规是以“涉案”企业为主体，关注企业犯罪案发以后进行的整改建设，属于狭义上的企业刑事合规。广义的企业刑事合规还应当包括涉案之前进行的企业内部管理规范建设，是以避免合规风险为导向，对于有关违法及犯罪行为所采取的事前预防、事中监控以及事后进行补救的机制。[④]

建立刑事合规制度，既包括以预防刑事法律风险为初衷，在日常经营中制定规章制度督促员工、商业合作伙伴以及相关第三方依法依规进行经营活动的预防性刑事合规，即事前合规，是一种积极的合规；也包括以减少承担刑事责任为目的，在刑案发生后通过制订整改纠偏计划以换取司法机关从宽处罚的不起诉刑事合规，即事后合规，是一种消极的合规。由于事后合规是

---

① 李本灿：《企业犯罪惩治中两元化刑事政策的构建——基于企业犯罪惩治负外部效应克服的思考》，载《安徽大学学报（哲学社会科学版）》2014年第4期。

② 孙国祥：《刑事合规的理念、机能和中国的构建》，载《中国刑事法杂志》2019年第2期。

③ 张健、栾成辰：《论企业如何开展刑事合规》，载《上观新闻》2022年1月28日。

④ 陈瑞华：《刑事诉讼的合规激励模式》，载《中国法学》2020年第6期。

在已经触犯刑法的前提下开展，且仅适用于轻微刑事案件，因此防患于未然的事前合规比案发之后再拾遗补漏的事后合规更加重要。

综上，企业合规是针对企业的合规风险所建立的一套自我监管和自我防控机制，企业合规主要是“企业自身的合规”，而不等于“企业家的合规”。[①]让企业有能力对员工、客户、子公司、商业伙伴实施行之有效的内部合规监管是刑事合规的目的。

（二）医疗（药）企业刑事合规重要性

刑事风险是企业经营过程中可能面临的最为严厉的风险。企业刑事合规的基本内涵实际上是一种针对刑事犯罪风险的企业内部防控机制，其基础功能是降低企业刑事犯罪风险，扩展功能是推动企业合理承担社会责任。[②]

医疗、医药、医疗器械、大健康企业等涉医企业，提供的涉医产品关乎社会大众的健康安全。面对纷繁复杂的市场竞争环境，一些医疗（药）健康企业为了最大限度地攫取利益，在生产经营过程中“走捷径”，游走在“灰色地带”打擦边球，甚至越过法律红线。另有一些医疗、医药企业的决策者遵纪守法诚信经营，但忽略了对员工的规范管理和对企业文化的建设，其手下部分员工为了个人利益瞒着企业利用职权从事违法犯罪活动，最终把自己和企业一起带上了歧路。这些教训比比皆是，发人深省。

企业一旦涉案，将对自身发展造成极大的负面影响。司法机关对涉企案件开展调查时，涉嫌犯罪的当事人大概率会被采取羁押措施。[③]司法机关在刑事诉讼各阶段还会采取查封企业场地、扣押涉案财物、冻结涉案资金、传唤和抓捕重要岗位人员等措施，这些都会严重影响涉案企业生产经营。当案件判决尘埃落定后，相关当事人要承担身陷囹圄的刑罚制裁；一些以犯罪为

---

① 陈瑞华：《企业合规不起诉制度研究》，载《中国刑事法杂志》2021年第1期。

② 韩轶：《企业刑事合规的风险防控与构建路径》，载《法学杂志》2019年第9期。

③ 有研究者在对上市公司高管涉嫌犯罪的羁押情况进行统计后发现，“在280位自然人涉嫌犯罪的案件中，261人被采取过刑事拘留强制措施，179人被采取过逮捕强制措施，此外还包括8人被监视居住。在审判阶段的第一次法庭审理时，被告人被羁押的占60.84%”。李玉华：《我国企业合规的刑事诉讼激励》，载《比较法研究》2020年第1期。

目的建立的企业会因查封、注销而关门；普通企业除了承担巨额罚金和行业禁止令外，还会面临次生灾害——前科劣迹会损毁企业声誉和信用度，导致合作伙伴、客户群体流失等恶劣后果，阻断企业的发展前途。按照美国司法部的观点，“起诉一个公司，就等于宣告该公司死刑”。

当前时代提倡刑法谦抑理念，以最小化之刑罚支出实现最大化之社会效益。传统的严管模式已不再是处理企业案件的最后办法，宽严相济、治病救人才是现代化的执法思路。对于触犯刑法的医疗企业通过刑事合规，对于法律效果和社会效果的有机统一具有重要意义。

对法律效果而言，一味加大惩罚的威慑力不高，尤其是对大企业而言。对数万人的企业处罚几百万元、几千万元乃至上亿元，都不会影响股东的分红、高管的绩效、员工的工资等，对个别人员的处罚也不会打消其他人员的侥幸心理。[①]与处置财产和处罚个体相比，调整整体赖以生存和运行的管理制度显得更关键。

对社会效果而言，一些企业的违法违规行为在一定程度上存在“情有可原”的一面，如被索贿、遵从行业潜规则、被内部人员欺骗、企业运行体系过于复杂并缺乏有效控制、应对突发事件处理不恰当、对法律法规理解错误、创业初期监管制度不全等。不分青红皂白一律重罚的方式过于简单粗暴，不仅不合情理，也不利于通过企业长远发展引领整个社会经济发展，带来企业员工失业、行业衰退，特别是医药企业还会带来临床救治药品或医疗器械的短缺等严重社会问题。而建立企业刑事合规体系能够预防企业的刑事犯罪，增强企业的守法意识和能力，最终优化整个社会的营商环境。

医疗、医药、健康企业想要做大做强，不能光靠个人道德素养或者人际关系，这缺乏制度保障，是否出错全凭运气，风险太大；也不能坐等案发后由司法机关和行政主管机关事后纠错，此时大错已铸成，即使纠正错误也无法挽回已经造成的损失。

习近平总书记指出：“民营企业家要讲正气、走正道，做到聚精会神办

---

① 全国“八五”普法学习读本编写组：《企业合规通识读本》，法律出版社2022年版，第37页。

企业、遵纪守法搞经营，在合法合规中提高企业竞争能力。”[①]不少学者将企业合规计划与企业犯罪预防结合起来，认为合规计划是最好的预防企业犯罪的方法。[②]医疗（药）健康企业刑事合规就是从满足医疗、医药健康企业需求的角度对刑事合规进行阐释，侧重于为医疗（药）健康企业构建一套可以融于企业日常生产经营活动中并长期适用的，以刑事法律法规和刑事政策等为医疗（药）健康企业员工主要遵循的行为准则，帮助医疗（药）健康企业降低和规避承担刑事责任的风险，在企业内部形成一股遵纪守法、积极向上的健康文化风气，从而实现企业可持续发展的自我监管体系。

完备的刑事合规体系既可以帮助医疗（药）健康企业有效预防刑事法律风险，提高其依法规范经营和维护自身合法权益的意识和能力，避免因触犯刑法承担刑罚导致企业被重创或被其他犯罪分子钻空子侵害权益，也可以引导医疗（药）健康企业在犯罪后及时整改作为相对不起诉或宽大量刑的条件，挽救那些犯了错误但尚有存在价值的企业。还有学者认为，企业合规建设的作用，不仅止于影响企业的量刑，还有可能影响定罪。[③]企业合规可以作为医疗（药）健康企业已经依法履职的依据，与个别职员个人实施的犯罪行为进行切割，成为企业无罪抗辩事由。

（三）医疗（药）健康企业常见法律风险

1. 医疗（药）健康企业常见犯罪类型

（1）破坏社会主义市场经济秩序类犯罪

《刑法》第二编第三章规定了这一类型犯罪，旨在打击破坏市场经济秩序的犯罪行为，维护社会主义市场经济健康运行。医疗（药）企业可能涉及的此类型犯罪包括生产，销售伪劣产品罪，如生产、销售不符合标准的医用器材罪，生产、销售、提供假药罪，生产、销售、提供劣药罪，妨害药品管理罪等；妨害对公司、企业的管理秩序罪，如虚报注册资本罪，虚假出

① 习近平：《在民营企业座谈会上的讲话》，载《人民日报》2018年11月2日，第2版。
② 李本灿：《企业犯罪预防中合规计划制度的借鉴》，载《中国法学》2015年第5期。
③ 黎宏：《合规计划与企业刑事责任》，载《法学杂志》2019年第9期。

资、抽逃出资罪，欺诈发行证券罪，违规披露、不披露重要信息罪等；危害税收征管罪，如逃税罪，逃避追缴欠税罪，虚开增值税专用发票、用于骗取出口退税、抵扣税款发票罪，虚开发票罪；侵犯知识产权罪，如假冒注册商标罪，销售假冒注册商标的商品罪，假冒专利罪，侵犯商业秘密罪，为境外窃取、刺探、收买、非法提供商业秘密罪；扰乱市场秩序罪，如损害商业信誉、商品声誉罪，虚假广告罪，串通投标罪，合同诈骗罪，非法经营罪，逃避商检罪等。

（2）妨害社会管理秩序类犯罪

《刑法》第二编第六章规定了这一类型犯罪，旨在维护社会秩序平稳有序。医疗（药）企业可能涉及的此类型犯罪包括危害公共卫生罪，如妨害传染病防治罪，传染病菌种、毒种扩散罪，妨害国境卫生检疫罪，制作、供应血液制品事故罪，非法采集人类遗传资源、走私人类遗传资源材料罪，非法植入基因编辑、克隆胚胎罪，妨害动植物防疫检疫罪；破坏环境资源保护罪，如污染环境罪。

（3）贪污贿赂类犯罪

《刑法》第二编第八章规定了这一类型犯罪，旨在维护国家工作人员清廉不受侵犯。医疗（药）企业可能涉及的此类型犯罪包括行贿罪、对单位行贿罪、单位行贿罪、受贿罪、单位受贿罪等。此外，《刑法》第三章还规定了非国家工作人员受贿罪和对非国家工作人员行贿罪，旨在惩戒妨害对公司、企业管理秩序的行为。

（4）侵犯公民人身权利类犯罪

《刑法》第二编第四章规定了这一类型犯罪，旨在保护公民生命、健康等人身权利不受侵犯。医疗（药）企业可能涉及的此类型犯罪包括强迫劳动罪、侵犯公民个人信息罪等。

2. 医疗（药）健康企业刑事法律风险

上述不同类型的犯罪，有些是医疗（药）健康行业的企业才会涉及的特定罪名，如生产、销售不符合标准的医用器材罪，生产、销售、提供假药罪；有些是所有企业都可能遇到的共性化刑事风险，如非法经营罪、虚开发票罪；还有一些是除了企业及员工以外，普通公民个体也会实施的犯罪，如污染环境罪、侵犯公民个人信息罪。

上述犯罪受害者和受损法益可谓“包罗万象”：有些是公民，如生产、销售不符合标准的医用器材罪，生产、销售、提供假药罪，损害了顾客的健康安全；有些是同行企业，如假冒注册商标罪、侵犯商业秘密罪，侵害了同行的知识产权和商业机密；有些是市场经济秩序，如虚假广告罪、串通投标罪，扰乱了社会主义市场经济秩序；有些是环境和公共卫生，如传染病菌种、毒种扩散罪，污染环境罪，导致环境污染进而影响社会公众健康；还有一些是企业自身，如职务侵占罪、破坏生产经营罪、强迫劳动罪，侵害的是企业财产、生产经营活动以及企业员工个人的权益。

犯罪实施者可能是高层管理者、中层经理，也可能是普通员工，还有可能是单位本身。除却以犯罪为目的开设企业（此时企业本身是犯罪分子的作案工具），大部分企业涉嫌犯罪和企业内部缺乏监督制度或管理制度不规范有关。

综上所述，医疗（药）健康企业面临的刑事法律风险比比皆是，运营过程中可能处处“踩雷”。因此需要通过刑事合规引导企业避开风险、发现隐患、纠正违法。

（四）医疗（药）健康企业刑事合规主要义务

医疗（药）健康企业刑事合规义务繁多，笔者列举以下具有共性的刑事合规义务。

1.提供保质保量产品

医疗（药）健康企业作为市场经济主体的一分子，应当履行作为企业的义务，向顾客提供合格医疗服务、药品、医用（卫生）材料、器材、健康服务等涉医产品。为此，医疗（药）健康企业应当规范采购商品和原材料程序，对供货商资质，货品来源、质量及生产、经营、产品的许可作严格审查，重视内部审批和管理流程，确保投向市场的医疗（药）产品保质保量。

2.遵循社会管理秩序

医疗（药）健康企业在研发药品、处理废弃物过程中，应当注意公共卫生和环境资源的保护，不得造成环境污染和疫情传播；应当遵循医学伦理，不得实施非法采集人类遗传资源、走私人类遗传资源材料、非法植入基因编辑、克隆胚胎等行为。

3.规范企业日常经营

医疗（药）健康企业在日常经营中，应当诚信为本，遵循符合市场经济秩序的经济准则与行为规范，规范企业注册、证券上市、重要信息披露、财务记录等制度；应当履行向国家足额缴纳税款、配合监管部门检查等义务，加强对增值税发票开具的管理；应当保障企业职工的合法权益，为其工作提供必要的物资保障，不得侵害或变相侵害其人身、财产权益。

4.维护公平公正的社会风气和市场竞争秩序

医疗（药）健康企业在激烈的市场竞争中应当坚守底线，不得通过行贿手段获取不正当利益，不得实施侵犯他人知识产权、恶意干扰竞争对手经营、虚假商业宣传、投标等破坏市场竞争秩序的行为。

二、医疗（药）健康企业常见易发犯罪案例

（一）贿赂类犯罪

案例：葛兰素史克是英国最大的制药公司，其中国分部是在华规模最大的跨国制药企业之一。为达到打开药品销售渠道、提高药品售价等目的，葛兰素史克中国利用旅行社等渠道，向政府部门官员、医药行业协会和基金会、医院、医生等行贿。其高管还涉嫌职务侵占、非国家工作人员受贿等经济犯罪。案件发生后，葛兰素史克主营的处方药和疫苗两部分核心业务在中国区暴跌61%。

解读：为了招揽业务、打击竞争对手、争夺市场资源，商业上的“礼尚往来”已经成为大型企业的常见现象。再加上我国自古以来就是人情社会，为维持感情互送礼物（包括请客吃饭、为他人购物旅游买单）是传统。然而这些“礼尚往来”一旦超过限度，且和谋取利益捆绑在一起，就可能构成贿赂犯罪。

行贿罪的对象和受贿罪的犯罪主体是国家工作人员，刑法打击这两类犯罪是因为其侵犯了国家工作人员职务行为的廉洁性和不可收买性。但行贿对

象和受贿主体并非仅限于国家工作人员。如果为谋取不正当利益向非国家工作人员行贿，或者非国家工作人员身份的公司、企业人员利用职务上的便利索取他人财物或者非法收受他人财物，为他人谋取利益数额较大，或者在经济往来中利用职务上的便利，违反国家规定，收受各种名义的回扣、手续费归个人所有的，同样构成犯罪。因为这种行业上的潜规则破坏了正常的市场竞争秩序，违反了公平、公正原则，也妨害了对企业的管理秩序。

商业贿赂并非孤立案件，此前包括辉瑞制药、摩根士丹利、IBM、朗讯、沃尔玛、德普、艾利·丹尼森等诸多知名跨国公司都曾在华涉嫌商业贿赂。行贿行为短期内可以起到拉拢关系获得市场竞争优先权的好处，但当案件被曝光，则会严重影响企业声誉。涉案企业还将受到卫生行政处罚，被列入卫生健康委员会"黑名单"，被限制进入医疗卫生行业的招投标等反向恶果。本案案发后，葛兰素史克两部分核心业务在中国区暴跌超过一半的份额，就是血的教训。

（二）非法经营罪

案例：广东省廉江市福本医疗器械有限公司是一家经营医疗器材的公司。2020年新型冠状病毒感染疫情期间，有市民举报该公司在电商平台将平时销售价格为人民币50元一盒（50个独立包装）的一次性医疗口罩，提高销售价格至人民币600元一盒，价格是平时的12倍。2020年1月31日，廉江市公安局立案侦查，并于同日在廉江市安铺镇将涉嫌非法经营的犯罪嫌疑人谭某某抓获。经审查，谭某某违反国家在预防、控制突发传染病疫情等灾害期间有关市场经营、价格管理等规定，哄抬物价、牟取暴利，销售金额为人民币65300元，严重扰乱市场秩序，情节严重，涉嫌非法经营罪犯罪。2020年2月6日，廉江市人民检察院对犯罪嫌疑人谭某某作出批准逮捕决定。

解读：在计划经济年代，我国1979年《刑法》曾经规定投机倒把罪，将投机买卖的行为认定为犯罪。随着市场经济体制的确立，1997年《刑法》取消了该罪名，以非法经营罪代之，只有从事未经法律法规许可或国家有关主管部门批准的业务才构成本罪。现在企业通过经营商品买卖赚取差价谋取利益似乎已经成为理所当然的合法行为。但企业经营依然是有底线的，即不得严重扰乱市场秩序。虽然正常的市场贸易行为不再受到行政机关干预，但当大规模突发性、灾难性事件爆发期间，为保证物资供应满足市民需求，国家有关部门还是会就市场经营范围、商品价格上限等作出规定，以确保市场秩序稳定，市民基本生活需求得到保障。这些规定是在特定时期对市场经营行为进行的必要限定。

本案中，被告人违反上述规定，在新型冠状病毒感染疫情期间囤积居奇，哄抬疫情防控急需的口罩、护目镜、防护服、消毒液等防护用品、药品以及其他涉及民生的物品价格，牟取暴利，严重扰乱市场秩序，已经超出了正常合法的市场经济买卖行为，应当以非法经营罪进行惩处。

医疗（药）健康企业构成非法经营罪的情形除了上述情况外，还包括在未取得企业经营资质与从事医疗服务、药品、医疗（卫生）材料、医疗器械等经营许可的情况下擅自从事医疗服务，经营药品和医疗（卫生）材料、医疗器械买卖，将用于治疗的（药）字号许可药品作为保健品销售，或将用于保健的（健）字号许可保健品作为药品销售；也有的企业虽有资质和许可证，但允许其他无资质的企业、个体户挂靠经营等情形。

（三）销售假货类犯罪

案例：被告人程某某系南京某药业公司医药代表。2020年1月底，因新型冠状病毒感染疫情防控需要，市面口罩紧缺，被告人程某某、朱某商议购进口罩向药店加价销售以牟利。1月21日，二被告人联系南京某商品批发市场的个体经营户被告人丁某某购买口罩。后丁某某从同市场的经营户被告人张某某处购入5.16万只“3M”牌口罩转售给程某某和朱某，并告知该口罩系仿制口罩。经查，上述口罩系徐某某经营的家庭小作坊生产的劣质仿冒“3M”口罩。1月22日，被告人程某某在其所加入的药店经营者微信群内发布消息称，有一批3M公司为疫情防控连夜赶制的口罩，可向各个药店供货。1月22日22时至23日凌晨，被告人程某某在其就职的药业公司所在地的一楼大厅内，以人民币30.9万余元的价格将上述劣质口罩销售给二十余家药店，并提供了虚假的检验报告。经鉴定，上述标有“3M”注册商标的口罩为侵犯“3M”注册商标专用权的商品，且过滤效率不符合质量标准。

2020年1月29日和1月30日，南京市公安局雨花台分局抓获涉嫌销售伪劣口罩的被告人程某某、朱某等4人，并予以刑事拘留。南京市雨花台区检察院于2月21日提起公诉。南京市雨花台区法院于3月2日以销售假冒注册商标的商品罪判处被告人程某某、朱某有期徒刑三年二个月，罚金人民币16万元；判处被告人丁某某有期徒刑九个月，罚金人民币6万元；判处被告人张某某有期徒刑六个月，罚金人民币6万元。

解读：医用药品、医疗（卫生）材料与器械是用于治病防疫的重要工具，事关群众健康安全。假冒注册商标的商品不仅侵犯了商标权方的合法权益（包括销售商品的可期待收益和因低劣质量被损害的商品声誉），也损害了消费者的合法权益、扰乱了市场秩序。近年来，全国司法机关非常重视打击生产、销售以假乱真、以次充好的涉医产品行为。医疗（药）企业的经营者切忌因小失大，不要为节省成本而使用劣质的原材料生产或转卖偷工减料的成品半成品。

（四）侵犯公民个人信息罪

案例：2018年11月，江苏省启东市某诈骗团伙头目经人介绍，结识北京某药房工作人员，专门向他购买曾向药房网购治疗男性疾病药物的客户个人信息用于电话诈骗。之后该团伙虚构了一名中药专家，并伪造了相应证件、照片，将8元一大盒的压片糖果包装成黄金牡蛎、人参鹿鞭片等，借“快速治疗方案”和“慢性治疗方案”的形式，分别以1200元至1300元、600元至700元的价格售出。截至案发，该诈骗团伙先后出资14万余元向上述药店工作人员购买顾客个人信息5708条，并在三年不到的时间里，诈骗6000余名被害人3300余万元。

解读：电信诈骗最重要的环节之一就是锁定目标。单纯“广发英雄帖”式的海投诈骗广告效率低、成本高，如果针对有特定需求的客户精准地实施诈骗，犯罪得逞概率就会大大提高。本案中，药店人员在履行职责、提供服务过程中，把所获得的公民个人信息出售给他人，使得诈骗团伙有的放矢，找准具有治病需求的病人实施有针对性的诈骗，对诈骗成功起到了关键作用。

医疗（药）健康企业在开展业务活动中，会掌握许多客户的真实信息。

这些个人信息一旦被不法分子掌握，将会使客户成为诈骗、盗窃等犯罪的被害人。因此，不论是否出于牟利目的，只要违反国家有关规定，向他人出卖或者提供公民个人信息，情节严重的，就要承担刑事责任。

根据《最高人民法院、最高人民检察院关于办理侵犯公民个人信息刑事案件适用法律若干问题的解释》，侵犯公民个人信息构成犯罪的，不仅要没收违法所得，还要判处违法所得金额1倍至5倍的罚金。因此，指望通过出卖他人个人信息牟利的，只能适得其反。

（五）侵犯商业秘密罪

案例： L公司是一家专业从事医学诊断产品研发、生产、销售及服务的国家高新技术企业。2016年至2018年，该公司的多名核心研发人员陆续离职，随后自行成立公司，通过不正当手段获取原公司含有商业秘密的技术，进行生产盈利，对L公司造成巨大经济损失。案发后，1名主要涉案人员被法院已作出生效判决，另有2人正在接受司法调查。

解读： 每一家企业都有属于自己的商业秘密，包括客户资源、生产技术、知识产权、资金流向等重要技术、经营等领域的信息。这些信息是不为公众所知悉，具有商业价值并经权利人采取相应保密措施，可以帮助权利人在激烈的市场竞争中占据有利地位。通过不正当手段获取他人的商业秘密，将会严重侵害商业秘密权利人的合法权益，也会破坏正常的市场经济秩序，构成侵犯商业秘密罪。

侵犯商业秘密的行为大多是通过盗窃、贿赂、欺诈、胁迫、电子侵入等不正当手段获取他人商业秘密。本案中，犯罪分子并未采取上述非法手段，而是作为曾经在被害单位任职的员工，通过合法途径掌握原单位的商业秘密。然而侵犯商业秘密罪的“侵犯”是广义的，并不局限于掌握商业秘密手段的非法性。违反保密义务或者违反权利人有关保守商业秘密的要求，披露、使用或者允许他人使用其掌握的商业秘密，同样是侵犯商业秘密的行为。

（六）污染环境罪

案例： 山西某生化药业有限公司是一家医药企业，经营中药材、中药饮片、中成药、化学药制剂、抗生素等药品。2019年7月，该公司经营的诺氟沙星胶囊、银黄颗粒等十余种药品过期，需要及时处理。作为实际控制人的田某明知过期药品需做无害化处理，仍决定将该批过期药品私自倾倒、处置，并于2019年7月3日让公司工作人员闫某和吕某分别驾车将该批总净重3217.672千克的过期药品拉运至太原市小店区倾倒处置。经查明，涉案过期药品属于《国家危险废物名录》列明的危险废物。

法院经审查后认为，被告单位山西某生化药业有限公司违反国家规定，非法倾倒、处置危险废物三吨以上，严重污染环境；被告人田某作为被告单位直接负责的主管人员，决定并安排公司人员非法处置危险废物；被告人闫某、吕某作为被告单位其他直接责任人员具体实施了处置危险废物的行为，均构成污染环境罪。分别判处被告单位罚金5万元；被告人田某有期徒刑十个月，并处罚金5000元；被告人闫某、吕某有期徒刑六个月，并处罚金3000元。

解读：医药企业生产大量药品，药品是有保存期限的，一旦过期就会失去药效甚至对人体产生副作用。药品过期以后，其中成分散落在环境中极易造成污染，导致土壤、水资源丧失基本功能，进而侵害人体健康。过期药品应当进行无害化处理，不得随意倾倒、掩埋、焚烧。因此，医药公司需要定期处理掉未销售的过期药品。根据《国家危险废物名录》的规定，“销售及使用过程中产生的失效、变质、不合格、淘汰、伪劣的化学药品和生物制品（不包括列入《国家基本药物目录》中的维生素、矿物质类药，调节水、电解质及酸碱平衡药），以及《医疗用毒性药品管理办法》中所列的毒性中药”均为危险废物，属于《刑法》第338条规定的“有毒物质”。

污染环境行为不仅要承担刑事责任，还要承担民事责任。检察机关会通过提起公益诉讼的方式监督行为人修复受损环境。届时行为人因为缴纳罚金、修复环境所支出的费用将会远远高于无害化处理药品的成本。

三、医疗（药）刑事合规典型案例

（一）事前刑事合规

案例：英国药厂阿斯利康是一家以创新为驱动的全球性生物制药企业，

在17个国家设立生产基地。2021年8月，阿斯利康公司在内部合规检查中发现，设在深圳市分公司的部分员工存在篡改或参与篡改患者检测报告的行为，涉嫌骗取医保基金。依据合规政策，阿斯利康对这些违反公司规章制度的员工进行了严肃处理，第一时间主动向地方医保部门汇报，并积极协助司法机关调查。涉案17名犯罪嫌疑人已全部被批捕。

解读： 基本医疗保险基金由统筹基金和个人账户两部分构成。其中职工个人缴纳的基本医疗保险费全部计入个人账户。统筹基金内的医保资金由医保中心管理，具有专款专用的属性。前者账户内的医保基金可以由医保卡户主自行使用，后者账户内的医保基金不属于参保人个人财产，只有在医保卡户主本人患有疾病的情况下才能使用。骗取这部分钱款报销的，侵占的是医保中心管理的资金，应当按照诈骗罪追究刑事责任。

一些医疗单位（企业）员工拥有权限可以查询和修改医保卡户主检测报告信息。这些职权一旦被非法滥用，就可能造成医保基金的大量流失。如果医疗单位（企业）员工篡改或参与篡改患者检测报告，帮助医保卡户主骗取医保基金，将构成诈骗罪共同犯罪。

本案中，阿斯利康公司通过开展企业刑事合规，自行发现了企业内部员工参与犯罪活动，及时向当地医保局汇报，并积极协助司法机关调查处理，有效地证明了员工个人犯罪行为与企业无关，避免企业声誉和正常运营受到重创。

（二）事后刑事合规

案例： 被告人关某某系被告单位上海A医疗科技股份有限公司和上海B科技有限公司的实际控制人。2016年至2018年，关某某在经营A公司、B公司业务期间，在无真实货物交易的情况下，通过他人介绍，采用支付开票费的方式，让他人为两家公司虚开增值税专用发票共219份，价税合计2887余万元，其中税款419余万元已申报抵扣。2019年10月，关某某到案后如实供述上述犯罪事实并补缴涉案税款。

2020年6月，公安机关以A公司、B公司、关某某涉嫌虚开增值税专月发票罪移送检察机关审查起诉。上海市宝山区检察院受理案件后，走访涉案企业及有关方面了解经营情况，并向当地政府了解其纳税及容纳就业情况。经调查，认为涉案企业系我国某技术领域的领军企业、上海市高新技术企业，科技实力雄厚，对地方经济发展和增进就业有很大贡献。公司管理人员及员工学历普遍较高，对合规管理的接受度高、执行力强，企业合规具有可行性，检察机关遂督促企业作出合规承诺并开展合规建设。

2020年11月，检察机关以A公司、B公司、关某某涉嫌虚开增值税专用发票罪对其提起公诉并适用认罪认罚从宽制度。12月，上海市宝山区人民法院采纳检察机关全部量刑建议，以虚开增值税专用发票罪分别判处被告单位A公司罚金15万元，B公司罚金6万元，被告人关某某有期徒刑三年，缓刑五年。

法院判决后，检察机关联合税务机关上门回访，发现涉案企业的合规建设仍需进一步完善，遂向其制发检察建议并公开宣告，建议进一步强化合法合规经营意识，严格业务监督流程，提升税收筹划和控制成本能力。涉案企业积极回应检察建议，逐步建立合规审计、内部调查、合规举报等有效合规制度，聘请专业人士进行税收筹划，从而大幅节约了生产经营成本，提高了市场占有份额。

解读：本案中，被告人关某某作为公司实际控制人，通过虚开增值税专用发票骗取税款申报抵扣。由于该行为是以公司名义实施，违法所得归公司所有的，构成单位犯罪，因此其所在公司应当承担法律责任被判处罚金。关某某作为公司直接负责的主管人员，也要接受刑罚。

本案被告人和被告单位均受到了刑罚制裁，但相比其他案件中的被告人坐牢服刑，被告单位身败名裂，本案中的被告人被判处缓刑，被告企业也没有因为案件判决而一蹶不振。之所以获得从宽处理，一是被告人关某某到案后如实供述犯罪事实并补缴涉案税款，其认罪认罚态度使检察机关对其提出了从宽量刑建议并为法院所采纳；二是被告企业接受检察机关提出的检察建议开展刑事合规，建立合规审计、内部调查、合规举报等有效合规制度，整改了企业在预防违法犯罪方面制度不健全、审查不落实，管理不完善等问题，及时消除了违法犯罪隐患。

和自查自纠的事前合规相比，事后合规是在刑事案件案发以后在检察机关的指导下开展的。虽然此时已是亡羊补牢，但如果涉案企业吸取教训认真反思积极整改，依然为时未晚。

四、医疗（药）健康企业刑事合规体系化解决方案

企业作为市场主体，是经济的细胞。企业有活力，经济才能健康发展。医疗（药）健康企业作为市场经济的重要组成部分，建立体系化的刑事合规，可以真正将合规制度落到实处，促进医疗（药）健康企业本身乃至整个医疗（药）健康行业规范发展，推动企业固本强基、行稳致远。

（一）医疗（药）健康企业刑事合规基本原则

1. 合规计划应当基于企业自身经营特点

不同医疗（药）健康企业的经营业务、企业规模、治理结构、管理模式、合规风险、违规事件的发生情况都具有不同程度的差异，比如大型医疗（药）健康企业主要问题是贿赂、数据、垄断，中型医疗（药）健康企业主要问题是税务缴纳、环境污染、知识产权，小型医疗（药）健康企业主要问题是产品质量、广告宣传、发票管理。因此刑事合规不能照搬其他同行企业的现成规章体系，司法实践中也不存在一种放之四海而皆准的管理体系，应当针对本企业特定合规风险（即容易出现违法违规事件的领域），建立适合企业发展的风险防控体系，确保合规内容具有可行性、精准性、有效性，能够真正起到预防法律风险、填补制度漏洞，而非用来作秀的纸面文件。

2. 合规执行需要建立权威、独立和高效的组织体系

绝大多数医疗（药）健康企业走上违法犯罪的道路，和其没有组织完备的管理体系，欠缺规章制度，监管人员怠于履职有关。因此，企业合规的组织体系需要确保权威、独立和高效，应当赋予合规部门和合规官员较高的行政级别，将经营治理体系、财务管理体系和合规治理体系分离，合规管理嵌入企业经营管理的所有环节，使合规管理成为所有公司管理事务的前置性程序。[①]

---

① 陈瑞华：《企业合规不起诉制度研究》，载《中国刑事法杂志》2021年第1期。

3. 合规制度应当与时俱进动态调整

医疗（药）健康企业面临的刑事风险并非一成不变。当外部市场大环境发生变化，法律或政策有所调整，企业结构或战略发生改变，经营的产品、客户、合作伙伴更新换代的时候，将会产生新的法律风险，此时原有的刑事合规计划是无法起到预防、识别、消除刑事风险的作用。因此，医疗（药）健康企业不存在一劳永逸的刑事合规制度，必须针对刑事风险变化建立持续动态的改进机制，并付诸实施。

4. 合规开展需要承担必要成本和效率损耗

刑事合规必然要求增加审批流程、收紧决策权限，会对企业运营效率造成一定影响。刑事合规需要设立合规部门及人员，对运营行为进行监督，不可避免会增加企业运营成本。但这是刑事合规所必须付出的对价。合规是企业健康运营的必备，不能因为合规需要承担成本及附带损耗就因噎废食。不完善的刑事合规所带来的刑事风险，对企业所造成的负面影响将远远大于刑事合规本身成本和效率的损耗。

5. 合规企业需要直面已经存在的严重问题

部分医疗（药）健康企业开展刑事合规时百密一疏，建立机制时没有涵盖所有风险领域，或者有员工刻意避开企业监管实施犯罪，导致企业被牵涉进刑事案件。企业应当直面而不是掩盖已经存在的违法、犯罪问题，不能包庇护短。当企业在内部合规检查中发现有员工存在违法违规行为，应当及时向负有监管职责的行政机关汇报；当员工行为已经涉嫌犯罪，应当自觉向司法机关举报，积极主动配合调查，对员工个人问题不涉及企业的可以依法抗辩，但对已经存在的问题应纠错改正，并向司法机关承诺通过开展事后刑事合规换取从宽处理。

（二）医疗（药）健康企业刑事合规基本要素

1. 医疗（药）刑事合规需要解决的问题

医疗（药）健康企业涉及刑事案件，常见的原因有以下几点：

一是决策层面急功近利、漠视法纪。一些企业高管为了让企业在激烈的市场竞争环境中脱颖而出，指挥下属从事违法犯罪活动，犯罪行为自上而下。另一些企业在决策层面虽然没有下达违法指令，但对下属行为审查不严，甚至对违法违规操作行为持默许态度。

二是合规制度粗枝大叶、形同虚设。绝大部分医疗（药）健康企业都会制定内部管理制度。但有些规章制度内容过于原则性，比如只要求员工遵纪守法，但没有具体说明要注意哪些法律风险；只规定对违反法律规定的员工要依规处理，但没有明确处理的具体措施；只约束基层员工，对中高层干部无人监督。内容空泛的规章制度犹如一纸空文，没有实用性，既无法约束员工，也不能引导企业依法运营。

三是队伍管理混乱松散、执行力差。一些医疗（药）健康企业虽然形成了较为完善的机制，但监管人员限于人情世故而圆滑处世不得罪人，怠于执行监管职责。另一些企业管理队伍不得法，没有通过举报、奖惩措施形成威慑力，致使员工对规章制度置若罔闻。

四是企业文化颓废消极、私利至上。成功的企业应当形成一种积极向上的企业文化。但一些企业内部盛行拜金主义、功利主义思潮，一心只想着升职发财，漠视法律规范和企业章程。

2. 医疗（药）刑事合规应对问题的方法

建立医疗（药）企业刑事合规，需要针对上述容易引发刑事法律风险的原因建章立制，对症下药。

一是约束企业高层。企业高管组织企业和员工从事违法犯罪活动的，要及时移送司法机关追究其刑事责任；高管漠视企业和员工从事违法犯罪活动的，要在企业内部通过扣除薪金、调整工作岗位等方式督促其履职。同时，对企业高层的命令、审批权限也要适时调整，有所制约。

二是完善规章制度。规章制度只有科学、合理、具体，才能发挥作用。对于医疗（药）健康企业运行中可能遇到的刑事法律风险，应当详细列举，使员工有规可依，及时“避雷”。

三是严格队伍管理。执行合规制度必须做到有规必依。应当建立执行合规章程内容的组织或人员，对于违反合规内容的行为必须及时制止。对于未履行监管职责的人员，应当撤换。

四是发展合规文化。企业刑事合规建设的过程也是合规文化形成、发展、渗透的过程。刑事合规要取得管理层的内心认同和员工的认可，必须在文化建设上下功夫，通过营造良好的合规守规氛围，促进企业文化建设。

3. 医疗（药）刑事合规的必备要素

最高人民检察院等九个部门联合制定的《关于涉案企业合规建设、评估和审查办法（试行）》规定了开展（事后）刑事合规的程序，其中对涉案企业制定刑事合规计划提出了停止涉罪违法违规行为、承诺并宣示合规价值、提供人力物力保障、建立相关机制等要求。笔者认为，企业在自行开展事前刑事合规时，就应当提前将上述法定要素融入企业合规计划中。

有学者指出，一项有效的合规计划，至少应当包括五项基本要素：一是有一部要求全体员工遵守的商业行为准则；二是有一个独立而有权威的合规团队；三是有一种合规风险的预防机制；四是建立了一套行之有效的合规风险识别机制；五是在违法违规事件发生之后，有一项及时应对合规危机的制度。[①]上述观点也值得医疗（药）健康企业在开展刑事合规时借鉴参考。

（三）医疗（药）健康企业刑事合规体系化解决方案

笔者设计的医疗（药）健康企业刑事合规体系化解决方案，结合事前合规和事后合规的目的，具体可分为事前预防、事中监管和事后整改三个阶段。

1. 事前预防

事前预防的目的是通过为医疗（药）健康企业建章立制形成依法规范运营的制度体系和文化氛围，尽可能避免企业陷入法律风险。此部分合规是刑事合规计划的基础，应当包含以下内容：

一是阐述本企业开展刑事合规的意义。刑事合规计划应当明确宣示，合规是企业的优先价值，对违规违法行为采取零容忍的态度，确保合规融入企业的发展目标、发展战略和管理体系。企业还应当通过开展职工培训、制发职工手册、制作企业公众号和内网通知等方式，将刑事合规的目的及重要性向企业全体职工阐明，形成遵从法治、依规运营的企业文化。

---

① 陈瑞华：《企业合规制度的三个维度——比较法视野下的分析》，载《比较法研究》2019年第3期。

二是设置执行刑事合规计划的独立机构。设置与企业类型、规模、业务范围、行业特点等相适应的合规管理机构或者管理人员。其中大中型医疗（药）健康企业可单独设立合规部门，小微型企业也应安排熟知合规知识的专人负责执行合规内容。虽然合规管理机构或者管理人员可以专设或者兼理，但合规管理的职责必须明确、具体、可考核。除一人公司以外，负责执行刑事合规内容的部门和人员不宜与行政管理部门和人员混同，在企业内的职务层级应当高于普通职工，和企业高管平级，保证执行合规的权威性和有效性，防止执行合规的人既当"运动员"又当"裁判员"，影响合规执行力。合规管理机制应当确保合规管理机构或者管理人员独立履行职责，对于涉及重大合规风险的决策具有充分发表意见并参与决策的权利。

三是完善企业内部管理，规范企业运营相关环节的具体流程措施。针对刑事合规风险防控和合规管理机构履职的需要，通过制定刑事合规管理规范、弥补监督管理漏洞等方式，建立健全刑事合规管理的制度机制。合规管理机构和各层级管理经营组织均应当根据其职能特点设立合规目标，细化合规措施。如公司注册、原料进货、产品生产、商品销售、信息披露、广告宣传、竞标投标、证券上市、财务审计、劳务管理、税务缴纳、行政衔接等企业运营事项，均应根据合规义务清单以规章明文形式阐明需要遵循的法律法规，引导职工精准避开法律风险。

四是确保合规全程留痕。具体可以体现在保存合规会议纪要、合规事项沟通邮件等方面。合规留痕的目的在于保存证据，厘清责任。当企业面临刑事调查，可以通过向执法机关出示合规留痕的客观证据，证明企业具有完备的合规制度及具体执行制度的动态过程，从而减轻或者免除处罚。企业也可以通过合规留痕作为认定涉事员工明知故犯的依据并对其进行处罚。同时，刑事合规是一个长期推进的过程，需要根据公司内外部环境变化随时调整合规计划和风险防控计划。合规留痕可以为合规制度更新提供参考依据，使合规内容不至于出现断崖式变化而导致执行青黄不接，确保预防风险效果具有持续性。

五是落实人力物力保障。企业应当为刑事合规管理制度机制的有效运行提供必要的人员、培训、宣传、场所、设备和经费等人力物力保障，使刑事合规工作不需要受制于行政部门，能够独立、有效地开展。

2. 事中监管

事中监管的目的是将刑事合规计划落实到行动上，及时发现、制止违法违规问题，防止不良后果蔓延，避免企业进入刑事诉讼程序。此部分合规是刑事合规计划的执行，应当包含以下内容：

一是制定风险评估方案。企业在开拓业务、日常运营过程中，执行合规的部门或人员对于未来可能遇到的刑事风险，应当及时预判并分析，提出防范风险的评估方案，供企业决策层面参考。企业除了对自身开展刑事合规以外，在发展供货商、代理商、经销商、代销商等合作伙伴过程中，对第三方合规情况也要尽职调查评估，避免第三方出现的违法违规问题被转化为企业自身的经营风险。对于涉及海外业务的大型医疗（药）健康企业，还应当掌握境外相关法律规定，避免因法律差异性或产品标准不统一而被追究刑事责任。

二是建立内部查错制度。企业的合规机制在经营过程中应当具有全流程预警的效果。通过建立监测、举报、调查机制，对员工实施可能带来风险的业务行为进行监测，鼓励员工向执行合规的部门或人员举报不法行为，对已经存在的苗头性、倾向性问题进行调查，如对财务报表进行审计，对知情员工询问谈话，对风险产品抽样检测，保证企业能够及时发现和监控企业或员工的违法违规行为所带来的法律风险。

三是制定自我纠错机制。纠错程序应当在发现不规范问题后立即启动，尽快改正问题。比如停止已经开始的违法经营行为，召回流向市场的质量不合格或者侵犯知识产权的产品，补交拖欠税款、货款、工资，及时披露重要信息，从而避免企业进一步滑落犯罪深渊。已经造成损害的，要尽力弥补损失，对被害人做好赔偿安抚工作，并向税务局、市场监管局、工商局、环保局等有关监管部门沟通和报备，足额缴纳罚款，协助恢复受损法益，使违法违规行为造成的损害降到最低。

四是启动员工惩戒机制。企业应当建立合规绩效评价机制，引入合规指标，对企业主要负责人、经营管理人员、关键技术人员等进行考核。对于发现存在违法违规行为的员工，通过诫勉谈话、扣减薪金、调整岗位、撤销职务、劝退开除、民事诉讼等方式进行惩戒，防止其造成更严重的后果，并使其他职工引以为戒。

五是建立危机处理机制。对已经出现的刑事风险进行诊断和预测，提供危机处理、公关方案。对于触犯刑法的员工，应当及时向司法机关举报并提交相关证据，配合司法机关立案调查；对于员工滥用职务实施的个人犯罪行为，应当果断与之切割，向司法机关证明企业已经履行了管理义务，没有参与犯罪；在社会和行业内具有一定影响力的大型、知名医疗（药）健康企业，还应当及时进行新闻发布，向社会公众和同行业者说明情况，压缩流言传播的空间，并通过表达监管不力的歉意、采取整改的措施以及愿意妥善处理好后续工作的决心来挽回企业受损的声誉。

3. 事后整改

事后整改的目的是在企业已经进入刑事诉讼程序的情况下采取的补救措施，力求让涉案企业负责人通过刑事合规换取不捕、不诉、不判实刑的处理结果，同时防范今后可能再次发生违法犯罪行为。此部分合规即狭义上的刑事合规，是对以往刑事合规计划的完善，应当包含以下内容：

一是主动寻求刑事合规启动。在现行司法机关开展刑事合规的实践中，存在由检察机关依职权提起和依企业申请发起两种模式。当医疗（药）健康企业涉嫌刑事案件后，应当主动向司法机关申请启动刑事合规，承诺将严格遵守法律法规，积极配合司法机关依法办案，通过寻求司法和解获得从轻、减轻、免除处罚。

二是重新制定专项合规计划。企业参与犯罪，证明此前刑事合规计划存在漏洞或落实不到位。涉案企业应当向人民检察院出具合规承诺书，根据第三方组织要求提交专项或者多项合规计划，该计划应当能够有效防止再次发生相同或者类似的违法犯罪行为。

三是建立配合监督评估机制。事后刑事合规启动后，由检察机关、国有资产监管部门、财政部门、工商联牵头会同司法行政、生态环境、税务、市场监管、卫健委、社保、贸促会等相关部门组建第三方监督评估机制管理委员会将会对涉案企业进行考察，根据企业整改情况确定是否需要起诉以及量刑幅度。涉案企业应当主动配合第三方监督评估机制管理委员会对自己进行评估考察，如实汇报企业经营状况（包括受本案影响的经营现状、既往生产经营状况及对当地经济社会的贡献）、企业公司治理结构（包括内部管理、员工等情况）、企业发展前景与潜力（包括企业是否为科技创新型企业、重点产业企业、环保领域企业等，企业的市场或者区域影响力）、企业既往诚信及行业评价等内容，虚心接受指导、管理、监督，如实反映有关问题并提供相关材料，同时根据第三方监督评估组织要求，定期如实报告企业合规计划执行情况。如果企业自行委托专业机构或人员辅助制定企业合规计划的，应当将被委托机构和人员材料报送第三方监督评估组织及检察院备案审查。涉案企业还应为第三方监督评估组织专业人员履行职责提供必要支持和便利条件。

四是建立落实整改纠错机制。针对第三方监督评估机制管理委员会、检察机关、巡回检查小组提出的问题和建议，涉案企业应当按照时限要求认真履行刑事合规计划，不得拒绝履行或者变相拒绝履行合规计划或者实施其他严重违反合规计划的行为。

五是建立持续整改、定期报告等机制。涉案企业应当和第三方监督评估机制管理委员会及检察机关协议考察期限以及履约或违约的法律后果。在考验期内，企业应当明确未能如约履行合规义务而需要承担的责任，承诺保证合规管理制度机制根据企业经营发展实际不断调整和完善。

下编 ESG合规论坛

《全球医疗健康企业ESG合规》受访嘉宾

郑 艺

上海美国商会会长

周霞萍

诺和诺德全球高级副总裁兼大中国区总裁

Joerg Wuttke

中国欧盟商会主席

左 力

中国化学制药工业协会副会长

贾宝元

法治日报社《法人》杂志总编辑，中国企业评价协会企业合规专业委员会主任

Geralyn F

Head of Externa
and ESG, ORG

董增军

优抵生物创始人兼CEO
麻省理工学院上海校友董事会前主席

何江颖

博才康济创始人兼CEO，前光辉国际全球高级合伙人及亚太区生命科学行业董事总经理

邓建民

碧迪医疗全球运营委员会成员、全球高级副总裁、大中华区总经理

Valtero Canepa

博莱科集团中国区负责人

刘 慧

sHero创始人、主席

李怡

药明巨诺联合
董事长兼首席

Allan Gabor

默克中国总裁，默克电子科技中国区董事总经理

江宁军博士

基石药业首席执行官

邢军博士

卡瓦集团全球高级副总裁及大中华区总裁

彭 阳

丹纳赫全球副总裁
中国集团总裁

欧思

艾伯维全球
大中华区总

江 维

康蒂思全球董事会董事

Robert Brown

Brickell CEO, Ex Chief Marketing Officer of Eli Lilly

李宁博士

君实生物首席执行官

陈 玮

L.E.K.大中华区主管合伙人
全球执行委员会成员

陈 亮

安捷伦全球副总裁兼大中华区总经理

蔡江

上海创奇健康
创始人、执行

Guillaume Delmotte

益普生特药中国总经理

赵 萍

毕诺济生物联合创始人兼首席执行官

宇学峰博士

康希诺生物董事长兼首席执行官

肖卫红

三生国健总经理
中国药师协会副会长

李 菁

安永大中华区气候变化与可持续发展合伙人

熊

思路迪诊断
兼董事

01 | 专访上海美国商会会长郑艺

郑 艺
上海美国商会会长

郑艺先生现任上海美国商会会长。多年来，郑艺先生在上海美国商会担任了多个职务，包括金融委员会主席、董事会董事、司库、副主席和主席等职务。郑艺先生是美国华人领袖组织百人会理事，并担任百人会大中华区主席。郑艺先生曾在美国国际集团（AIG）服务多年，并担任其在华子公司美亚财产保险有限公司总裁、首席执行官及执行董事。在加入AIG之前，郑艺先生担任美国驻广州总领事馆商务领事，是美国商务部派驻华南地区的首席商务官，负责协调促进美国企业到中国投资和经营。在来华就职前，郑艺先生受聘于普华永道，在美国首都华盛顿担任管理咨询顾问多年。郑艺先生先后荣获上海市政府授予的白玉兰纪念奖和白玉兰荣誉奖，以表彰他多年来对上海所做的杰出贡献。

问：请您简单介绍一下您所服务的企业（机构）的主营业务以及其在全球的分布情况。

答：上海美国商会被称为在华“美国商人之声”，是亚太地区规模最大的美国商会之一。上海美国商会成立于1915年，是第三家设立于美国境外的美国商会。作为一家非营利性、中立的商业组织，上海美国商会致力于自由贸易、开放市场、服务私有企业以及促进信息的自由流通。

上海美国商会的使命是努力通过提供高质量的商务信息与服务，政策游说支持及丰富的商业联系与交流，为会员的成功经营以及美中商贸关系的增进提供支持与帮助。

问：您所在的企业（机构）对于合规和ESG主题的重视度如何？具体表现在哪些方面？

答：过去，合规与其他学科相结合，以提高工作效率。然而，合规本身并不是一项有效的方法，因为管理者更重视其他优先级更高的事项。合规通常被认为是人力资源总监或总法律顾问的职责，有时甚至归入总经理的职责中。

虽然这种做法不一定有重大缺陷，但直到过去十年，我们才看到合规被明确定义，并被划分为一项独立的全职工作。公司有一种将全球合规（涵盖中国）职能部门设在欧洲或美国总部的趋势。商业道德和合规已成为中国许多跨国公司的中心议题。这不仅反映在合规部门在董事会中的地位上，还反映在积极主动的策略上，如培训、举报人管理以及组织各个层面的关注。中国的合规领域正在发生许多变化，幸运的是，许多这样的变化（如果不是全部）是积极的，并朝着正确方向发展。

多年来，ESG一直是商会的核心，在未来，ESG的重要性将继续增强。随着中国在碳排放、消费者保护和其他领域法规的增加，ESG将促使企业在整个运营过程中积极进行调整和改进，包括新产品的研发过程。

正如上海美国商会的《2021年中国商业调查》所显示的那样，成员企业将ESG工作的重点放在适合其战略的方面上。工业制造、化工、非消费电子产业、汽车、农业和食品领域的企业更关注其温室气体排放足迹。但在所有行业中，ESG的人为因素比任何环境规划都更受欢迎。绝大多数受访者选择多元化和包容性（48.5%）、培训和发展（48.5%）以及商业道德和治理（43.2%）作为未来三年ESG关注的主要领域。

有观点认为，以人为本的ESG计划比资本密集型减排计划更便宜，更容易实施，KPI也更容易衡量。另一种解释是，我们的成员已经投入了资源来减少他们的排放或碳足迹。无论如何，在制造业中，41.8%的公司选择其温室气体排放足迹作为重点领域，但更多的制造商选择多元化和包容性（49.4%）以及培训和发展（48.2%）。

然而，在中国收入超过5亿美元的公司中，66.7%的公司表示，其温室气体排放足迹将成为未来三年ESG的重点。对于收入额较高的工业生产者来说，实现碳排放目标可能比在较老式的制造业中运营的小公司更容易。

问：您对于优秀合规官的能力期待具体有哪些方面？

答：合规官的角色在中国已经发展了10年到20年。鉴于当今合规官应具备的多样化技能，具有法律背景的人不再独占这一学科。一流的合规官必须精通各种技能，即对公司业务、公司角色的全球视角，所涉及的利害关系以及市场发展等方面的良好理解。

当今的合规专业人员，尤其是医疗健康行业的合规专业人员，必须熟悉公司的整体战略，使合规职能与整体业务保持一致，并了解潜在风险以预测这些风险，从而维持和扩展业务。此外，合规官需要成为积极的倾听者，以了解业务与法律之间的压力点。合规官必须具有说服力并能够影响业务，特别是当合规程序或方针可能不受欢迎或困难但又十分必要时。合规官需要熟练地设计易于理解且直接的流程和程序，以减轻业务识别的风险。最后，就素质而言，合规官应具备以下特征：领导力、独立性、魅力、正直以及清晰的沟通风格，并且必须平易近人，但坚定不移。

合规官是公司不可或缺的一部分，他们必须牢记组织的最佳利益，才能直面法规挑战。一些行业专业人士认为，合规官的角色实际上是将七个职业的特征放在一个职位中，如调查员、技术专家、哲学家、教师、设计师、咨询者和布道者。合规师这个职业从兼职到全职，从不在组织内部到固定在组织内，一直在迅速发展。

郑艺先生对本书的寄语：

ESG是上海美国商会很多会员公司以及医药保健企业的经营核心之一。企业不仅注重碳排放等环保问题，也关注跟人有关的问题，比如多元和包容、培训、商业道德和公司治理等。随着政府法规和社会意识的加强，企业将会不断改进他们的ESG成果。我坚信，未来ESG将变得越来越重要。

02 专访诺和诺德全球高级副总裁兼大中国区总裁周霞萍

周霞萍
诺和诺德全球高级副总裁兼大中国区总裁

周霞萍女士是诺和诺德全球高级副总裁兼大中国区总裁，诺和诺德全球管理委员会成员，中国外商投资企业协会药品研制和开发行业委员会（RDPAC）执行委员会副主席。

周霞萍女士生长于中国，1988年毕业于上海医科大学，随后在其教学医院中山医院成为一名医生。1994年周霞萍女士投身于制药行业担任产品经理。她于2010年完成了哥伦比亚商学院的总经理领导力项目。2012年，周霞萍女士完成了哈佛商学院的高级管理课程（AMP）并成为哈佛大学的校友。

周霞萍女士在中国及全球制药行业具有丰富的资深领导经验，曾在国内外担任多个高级领导职务。她于2018年4月加入诺和诺德。此前，她担任礼来（中国）高级副总裁兼抗肿瘤产品及跨生化产品中国负责人。

在其28年的制药行业职业生涯中，周霞萍女士将一半以上的时间贡献给中国。除此之外，她还在美国和亚洲其他地区拥有11年的工作和生活经验。她在美国、中国和马来西亚担任过不同部门的领导职务，包括市场营销、国际政府事务、全球战略、药物后期开发及总经理等。多元工作经验赋予她对行业的全面洞见和全球视角，以及对中国市场的深刻洞察和见解。从领导全球治疗领域药物后期开发到担任总经理职位，再到诺和诺德大中国区总裁，周霞萍女士一直致力于推动创新并确保业务持续增长。2021年，周霞萍女士荣获中国丹麦商会“年度商业人物奖”和新浪医药颁发的“医药行业年度领创人物奖”。

周霞萍女士积极倡导并参与公共卫生事业，特别专注于慢性疾病管理领域。她曾在中国夏季达沃斯论坛上发表演讲，分享洞见。

问：请您简单介绍一下您所服务的企业（机构）的主营业务以及其在全球的分布情况。

答：诺和诺德公司成立于1923年，是一家全球领先的生物制药公司，总部位于丹麦。我们的目标是推动改变，以战胜糖尿病、肥胖症、罕见血液疾病、内分泌紊乱等其他严重慢性疾病。为达成这一目标，我们引领科研突破，扩大公司药物可及性，并致力于预防及最终治愈疾病。

诺和诺德的产品在全球169个国家和地区上市，在80个国家和地区设有分支机构。诺和诺德在中国设有战略性生产基地和研发中心。

在过去的28年中，我们扎根中国，率先完成了全产业链布局。我们秉承“以患者为中心”的理念，持续引进创新药物，进行长期研发投入，推动创新药在中国和全球实现同步获批，让中国患者与世界患者同步获益。此外，我们携手各方合作伙伴，积极构建“改变糖尿病”的生态系统。

我们支持政府，携手专家，发力基层，持续推动糖尿病诊疗水平的提高。在城市这一抗击糖尿病的主战场，我们的“城市改变糖尿病”合作计划已经深入全国六大城市。同时，我们携手行业内外合作伙伴，构建“线上+线下”一体化的数字化慢病管理模式，助力医生、赋能患者，利用数字化手段更好地帮助患者进行疾病自我管理。

我们在立足糖尿病治疗领域的同时，正迈向新的疾病领域，运用我们的专业知识来帮助其他严重慢性疾病患者，包括肥胖症、血友病、生长障碍、非酒精性脂肪性肝炎、阿尔茨海默病、心血管疾病、慢性肾病及其他慢性疾病等多个治疗领域。

我们恪守三重底线，以对经济、社会和环境负责的方式开展业务，为社会贡献价值。在中国，我们通过拓展业务布局带动就业，创造纳税，推动产业上下游发展，在全球循环零污染的战略指导下，履行对环境的承诺。

未来，我们将继续为中国患者带来更多高品质的创新药，并将紧密携手合作伙伴，提高药品可及性，帮助更多患者实现“早诊断，早治疗，早获益”，继续全力践行改变中国糖尿病与其他严重慢性疾病的承诺，助力“健康中国2030”规划纲要中目标的实现。

问：您所在的企业（机构）对于合规和ESG主题的重视度如何？具体表现在哪些方面？

答：诺和诺德全球对ESG高度重视，秉承三重底线，致力于以对经济、社会和环境负责的方式开展经营活动。诺和诺德致力于将可持续性融入我们所做的一切，积极践行对于患者以及对于社会的承诺。在环境责任方面，我们推进循环零污染；在社会责任方面，我们致力于为社会贡献价值而受到尊重；在公司治理方面，我们致力于维护和建立信任。

诺和诺德于2019年发布“循环零污染”全球环境战略，确定了“零环境影响”的雄心。我们的最终目标是对环境产生零影响：2030年实现全球运营及运输环节的零碳排放，即公司所有的直接供应都将基于100%可再生能源，并且没有生产废物进行垃圾填埋；2045年实现全价值链完全脱碳，包括我们供应商的子供应商、员工通勤、生产资料等都达到零碳排放。

2020年5月，诺和诺德宣布推出新社会责任战略：“战胜糖尿病”。这一战略将继续强化诺和诺德的承诺，并引入新的长期战略雄心——向世界各国的弱势患者提供可负担的治疗，并竭力确保没有儿童会因1型糖尿病而死亡。

2020年，诺和诺德大中国区成立了专门的绿色团队，制订了“循环零污染”三年计划，有序推进一系列务实有效的节能减排行动。

商业道德合规是公司治理方面的重要工作，也是ESG的重点之一。在诺和诺德，商业道德是创造长期业务价值、促进公司业务可持续发展的方式。“在质量和商业道德方面决不妥协”是诺和诺德之道，也就是诺和诺德价值观中的重要原则。诺和诺德全球建立了涵盖反商业贿赂、反舞弊、数据安全等方面的全面合规体系。诺和诺德中国在遵循全球合规体系的同时，高度重视当地法律、行业规范和政策指引，制定高标准的当地合规策略和行动方案。

在合规组织管理方面，公司设立了合规委员会，由公司管理层成员组成。合规委员会召开月度会议，决定合规策略、分析合规风险和趋势、决定管理措施并倡导和践行合规文化。同时，公司设立了专职的合规团队，随着公司业务的发展，合规团队和合规体系持续加强，确保合规有效性。

在合规文化方面，公司始终倡导“高绩效、高合规”，通过持续的培训和合规体系建设，重点提升业务经理层面的合规意识，强调每一位员工特别是经理的合规责任，力求将合规融入日常业务管理和决定，以合规的方式开展业务、促进业务，实现业务与合规的双赢。

在合规执行方面，公司建立了完善的合规制度，包括政策、培训、监控与审计、举报和调查机制等。为确保有效执行，公司坚持设定高合规标准。例如，设定在行业中更高标准的活动检查率，与外部审计合作定期进行高质量审计。同时，公司持续投入、优化合规系统和流程，开发数字化工具，通过高度系统化和精准的数据分析确保高效的风险防控。

此外，公司管理层和合规团队积极参与政府倡导的行业合规建设工作，支持行业协会，大力推动行业规范的制定和最佳实践。

问：您对于优秀合规官的能力期待具体有哪些方面？

答：总体来说，优秀的合规官应当是优秀的业务伙伴，在保护公司的同时赋能业务，使合规成为开展业务的方式，促进业务的长期可持续发展，最终帮助企业造福社会、造福患者。具体的能力期待包括以下四个方面：一是合规领域的专家。优秀的合规官首先应全面、深度理解相关国际、国内的法律法规、行业规范、合规实践，并运用专业知识为公司制定完善的合规体系，保护公司的运营基础和声誉，并赋能业务。二是行业洞见和领导力。合规需要行业的共同努力。优秀的合规官必须对行业的经营模式和发展趋势有深刻的洞见和前瞻性，对风险有预判，同时能够积极与行业互动，发挥领导力，推动行业的更高合规标准和最佳实践。三是对业务的深刻理解。合规官要深度理解业务，才能识别风险同时识别机会，促进业务以合规的方式发展。四是优秀的领导力和沟通能力。打造企业的合规文化，需要合规官优秀的领导力和跨部门沟通能力，高效、积极地影响组织文化，培养合规意识，帮助公司从管理层到一线员工理解、认同合规文化，做正确的事，以正确的方式做事。

周霞萍女士对本书的寄语：

以患者为中心，是我们每一位投身医药行业的同仁共同的初心和使命，ESG为企业行稳致远提出了明确的要求，只有全面具备社会责任感、环境责任心、合规经营理念的企业才能持续践行我们服务患者的使命。本书对于ESG的深入探讨是时代的需要，值得企业带着可持续发展的战略目光借鉴与思考。

03 | 专访中国欧盟商会主席伍德克

伍德克
中国欧盟商会主席

伍德克先生是巴斯夫中国区副总裁和首席代表，常驻北京。自1997年加入巴斯夫以来，伍德克先生一直负责协助制定公司的在华投资战略、大型项目的谈判等。

在加入巴斯夫之前，伍德克先生在ABB公司工作了11年；他与中国的第一次职业接触是在1988年，当时他担任北京ABB公司的财务和行政经理。1990年，他回到德国担任ABB电厂部的销售经理，负责非洲一些国家和俄罗斯的燃气轮机销售。1993年，他成为ABB中国在上海的首席代表，1994年调到北京的ABB中国总裁办公室，负责大型项目的开发和融资。

2001—2004年，伍德克先生担任中国德国商会主席。

2007—2010年以及2014—2017年，伍德克先生担任中国欧盟商会的主席。

2011—2019年，伍德克先生是经合组织工商咨询委员会（BIAC）中国工作组的主席，该委员会是设在巴黎的主要商业协会机构。

2013—2016年以及自2019年起，伍德克先生是CPCIF国际合作委员会的副主席，这是一个代表跨国公司在中国化工协会的团体。

自2013年成立以来，伍德克先生是位于柏林的德国最重要的中国问题智囊团墨卡托中国研究所（MERICS）的顾问委员会成员。

2019年1月，伍德克先生加入了位于瑞士的星星基金会的国际委员会——为了下一代的领导者。

问：请您简单介绍一下您所服务的企业（机构）的主营业务以及其在全球的分布情况。

答：中国欧盟商会由51家会员公司于2000年成立，它们的共同目标是为欧盟各商业部门和在中国经营的欧洲企业建立一个共同的发声平台。它是一个以会员为主导的非营利性收费组织，其核心结构是26个工作组和9个论坛，代表在中国的欧洲企业。欧盟商会目前拥有1800多名会员，分布在9个城市的7个分会。北京、南京、上海、沈阳、华南（广州和深圳）、西南（成都和重庆）和天津。每个分会都由当地的理事会直接向执行委员会报告，在地方一级进行管理。如果公司希望成为会员并在多个地方享受商会的服务，就必须购买一个或多个按照折扣价的会员资格。咨询委员会包括一些在中国投资的最大欧盟公司的首席执行官和总裁，通过为商会的战略方向提供建议，影响商会的重要事项和行动路线。商会被欧盟委员会和中国政府认可为欧洲企业在中国的代言人，是被商务部和中国国际贸易促进委员会承认的外国商会。

问：您所在的企业（机构）对于合规和ESG主题的重视度如何？具体表现在哪些方面？

答：欧盟商会合规和商业道德工作组创建于2015年，为欧盟商会成员提供了一个值得信赖的平台，以讨论管理实践，包括他们在合规和商业道德方面的成功或失败经验。工作组成员举行会议，努力倡导更清晰的合规相关立法，并更好地了解企业如何遵守现有的监管结构。根据分享的经验，工作组成员可以通过学习和发展，加强整个中国的合规实践。该工作组在上海和北京积极开展工作，成员资格仅对身为内部顾问、合规官员或内部审计师的行业代表开放。

一个公司的合规职能包括它为控制和解决可能出现的对其内部运作的负面影响所做的所有努力。公司有效的合规管理和道德实践不仅会降低它们的违规风险，而且通过促进诚信市场，有助于在客户和企业之间建立信任。这种做法也可以替代国家主导的执法，维护法治。

问：您对于优秀合规官的能力期待具体有哪些方面？

答：合规官负责确保他们的组织遵守在国内以及全球范围内适用的法律法规，并避免可能导致高额罚款、法律后果和声誉损失。合规官还需要确保员工遵守内部合规方针。除了评估金融风险和制定处理这些潜在问题的计划外，合规官还要定期提供关于企业合规措施有效性的报告。他们还应向企业领导层建议任何应该实施的行动或变化。在许多组织中，高级管理层希望合规官作为合作伙伴进行合作，展示合规是如何成为企业的优先事项，并能帮助其推动公司战略。

在美国，合规官必须对联邦和州的监管准则和标准有深刻的了解。他们还需要监督会计和监管准则，因为这与财务报告和文件有关。此外，合规官应具备合规标准和方针、审计技术、监管问题以及与公司具体相关的运营和程序等方面的知识。此外，行业经验也是一个关键属性，特别是在金融服务等强监管领域。虽然具体任务的细节可以学习，但公司可以雇用对特定部门的监管情况了解更广泛的合规官。

虽然财务和商业头脑是合规官的必要条件，但这些专业人员也应具备坚实的软技能组合，包括领导能力。需要专业的沟通和公共演讲技巧，以促进组织对复杂的监管标准有更好的理解。诚信和有道德的决策经验也是必不可少的。

伍德克先生对本书的寄语：

ESG是我们的运营许可。自2017年以来，中国欧盟商会以年度“可持续发展商业大奖”表彰会员公司在ESG领域作出的努力和贡献。2021年，“环境和气候保护杰出表现奖”颁发给了丹麦医药公司诺和诺德，表彰富有北欧典型风范的卓越业绩。只有更多的医疗公司在日常运营中严格履行ESG原则，中国医疗行业的生态系统才会越来越好。我们需要榜样公司在这方面作出先行示范。

04 | 专访中国化学制药工业协会副会长左力

左　力
中国化学制药工业协会副会长

左力女士是中国化学制药工业协会副会长，兼行业企业合规管理专业委员会常务副主任、秘书长；全国涉医涉药领域信用体系建设行业协会联合工作机制副主任兼秘书长，中国全国企业合规委专家委员会委员，《医药行业合规管理规范》编制委员会常务副主任，《医药行业ESG规范》编制委员会常务副主任，《医药行业企业合规师专业教材》联合主编。

左力女士主持制定了我国第一部《医药行业合规管理规范》（1.0版）、《合规体系有效性评价标准》、《贯标服务机构监管办法》、《医药行业企业合规师专业技术技能要求》；联合主编了《医药行业企业合规师专业教材》；主持研究编写了《2022关于全面推进中国医药行业合规管理建设研究报告》；参与编撰了《医药工业蓝皮书（2020）》《医药工业蓝皮书（2021）》《信用蓝皮书——社会信用体系建设规划纲要（2014—2020年）实施回顾及展望》。正在主持制定医药行业ESG披露、评价、管理标准。

问：请您简单介绍一下您所服务的中国化学制药工业协会的基本情况。

答：中国化学制药工业协会（以下简称协会）成立于1988年9月，是民政部核准登记的全国性社会团体法人，2022年11月协会进入第十届理事会工作，协会现设10个部门，18个专业委员会。

协会的宗旨是：服务企业，服务行业，服务政府，服务社会。协会始终坚持企业和企业家办会，实行单位会员制。会员单位主要由从事药品生产的多种经济类型的骨干企业（集团）、地区性医药行业协会、医药研究及设计单位和大中专院校等组成。协会现有会员单位500余家，会员企业主营业务收入占化学制药行业的65%以上，利润总额占60%左右。

问：中国化药协会对于合规和ESG主题的重视度如何？具体表现在哪些方面？

答：一是在合规方面，我们本着建标准、育人才、勇探索、力践行，激发医药企业合规内生驱动力，打造医药行业合规生态环境，助力医药行业合规建设深入发展的原则，建立了《医药行业合规管理规范》（1.0版）管理标准和《医药行业企业合规师技术技能要求》人才标准，编撰了《医药行业企业合规师专业教材》，并正在积极进行贯标试点探索。

二是医药行业ESG具有天然、多样、政策敏感、机构重仓的特点。ESG的天然性方面包括外部性、道德性、生命相关性；多样性方面包括科技属性、制造属性、消费属性。因此，医药行业涉及的ESG议题尤为丰富。合规议题是公司、监管与投资者共同关心的ESG议题。目前，由中国化药协会牵头，中国中药协会、中国生化制药协会、中国疫苗协会、中国医疗器械协会等八家全国性行业协会共同参与，本着合规驱动发展的理念，已经启动构建包括ESG披露、评价、管理在内的本土化的医药行业ESG标准，探索合规指标在ESG指标体系中的应用场景，激发企业对合规体系建设重要性的认知和重视。

问：您对于优秀合规官的能力期待具体有哪些方面？

答：一个优秀的企业合规官，必须“知企识规”。知企，就是要了解、理解企业的生产经营管理的特点、模式、方法、规律、外部环境等；识规，就是要熟悉与本行业相关的政策法规，真正懂得合规，尤其要有对与本企业生产经营活动密切相关的法律法规的准确理解能力，对企业的合规风险的识别能力和提出有效防范措施的能力，有解决合规风险的实操能力，有对企业合规管理体系搭建的规划建设能力。

左力女士对本书的寄语：

携手助力医药健康行业，强化合规管理，强化三个典范，建设践行绿色发展理念的典范，履行社会责任的典范，树立全球知名品牌形象的典范，展现世界一流企业ESG风采，为中国医药健康企业适应ESG国际标准作出贡献。

05 专访中国企业评价协会企业合规专业委员会主任贾宝元

贾宝元
中国企业评价协会企业合规专业委员会主任

法治日报社《法人》杂志总编辑，法治日报社高级编辑，中国企业评价协会企业合规专业委员会主任。曾多次获得中国新闻奖、全国人大新闻奖、全国法制好新闻奖等全国性奖项；联合中国企业评价协会成立企业合规专业委员会，主导起草全国首个《企业合规师职业技能评价标准》（T/CEEAS 004—2021）团体标准，并依据标准编撰教材，主持开展企业合规师职业技能等级考评工作。

问：请您简单介绍一下您所服务的企业（机构）的主营业务以及其在全球的分布情况。

答：中国企业评价协会是国务院发展研究中心于1991年发起成立，是民政部注册、具备企业评价资质的国家级社团法人组织。20世纪80年代末，中国企业评价协会开中国企业评价之先河，曾会同国务院各有关部委连续8年发布了“中国500家最大工业企业、最佳经济效益及中国建筑业500家、中国服务业500家”，撰写出了一系列综合和专项分析报告，在国内外引起较大反响。2000年以来，中国企业评价协会先后开展了“成长型中小企业”“企业自主创新”“大企业国际竞争力”“上市公司竞争力”“知识产权强企”“企业社会责任500优”等一系列评价体系的编制工作，并出版各类评价报告。上述评价研究对推动我国企业转型创新、国际化竞争以及高质量发展，起到了积极的推动作用，为政府决策提供了实证性依据和参证。

问：您所在的企业（机构）对于合规和ESG主题的重视度如何？具体表现在哪些方面？

答：中国企业评价协会高度重视企业合规管理与ESG相结合，敦促企业履行社会责任的同时让企业理解“合规创造价值”的深刻含义是协会工作的重点。2022年7月，由中国企业评价协会制定的《中小企业合规管理体系有效性评价》正式公布，这是国内首部企业合规团体标准，旨在为第三方机构和企业自主开展相关测评提供依据，用于规范和引导企业合规治理体系建设和有效性评价活动的开展。依托于该标准的AAAAA评级，可作为央企合规、国企合规、民企合规的三方评估延展工具，实现对企业合规管理运行有效性的全面诊断，帮助企业提升合规管理能力、水平和绩效的作用，促进企业依法经营、合规管理，健康有序高质量可持续发展。

问：您对于优秀合规官的能力期待具体有哪些方面？

答：优秀的合规官应具备法治意识、规范意识、标准意识。优秀的合规官应时刻以法律法规、行业标准、企业规章制度等标准来运营企业。优秀的合规官能够制定合理的内部管理标准，在企业运营期间，合规官应让员工快速理解和接受该管理标准，这样才能使企业在激烈的市场竞争中防范风险、安全发展、行稳致远。

贾宝元先生对本书的寄语：

“医者仁心，责任使命。”医药行业的企业法治与合规建设关乎国计民生，是保障人民健康、幸福生活的基础工程。遵纪守法、依法经营、合规管理是时代的需要。ESG倡导医药企业实现法治建设与合规治理体系现代化，并且能够引领各行各业不断提升合规管理能力和水平，促进企业健康有序高质量可持续发展。

06 专访欧加隆全球对外事务及环境、社会和公司治理官洁芮琳·瑞特

洁芮琳·瑞特
欧加隆全球对外事务及环境、社会和公司治理官

洁芮琳·瑞特（Geralyn Ritter）女士是欧加隆全球对外事务及环境、社会和公司治理官，领导欧加隆全球的传播事务、公共政策和政府事务团队，通过在这些领域制定和领导执行一系列关键战略，以及与公司的众多利益相关者保持良好互动，实现欧加隆的企业愿景。

洁芮琳·瑞特女士在约翰·霍普金斯大学高级国际研究学院获得了国际经济与欧洲政治学硕士学位，在斯坦福大学法学院获得法律博士（J.D.）学位，在杜克大学获得本科学位。

洁芮琳·瑞特女士在欧加隆从默沙东拆分独立的过程中加入欧加隆，曾任默沙东全球高级副总裁、公司秘书兼助理总法律顾问，为默沙东董事会和公司管理团队提供专业建议，同时负责公司治理方面的利益相关者关系。2008年，洁芮琳·瑞特女士加入默沙东全球公共政策与企业责任部，并在2012年至2014年间被任命为该部门负责人，同时负责公共政策，政府事务，环境、社会和公司治理（ESG）报告以及公司慈善事业。洁芮琳·瑞特女士还曾担任默沙东基金会主席，领导发起了一项致力于实现零孕产妇死亡的全球计划“默沙东关爱母亲行动”（Merck for Mothers）。在此之前，洁芮琳·瑞

特女士曾在美国药物研究和制造商协会、美国贸易代表处办公室以及美国科文顿·柏灵律师事务所工作。

作为一起事故伤害的幸存者，洁芮琳·瑞特女士成为一位充满情怀的倡议者、作者和演讲者，经常在塑造适应力、身心健康和创伤恢复的话题上发表观点。她的著作《破骨重连》（Bone by Bone）已于2022年在美国出版。她还是美国宾夕法尼亚州长老会医疗中心的患者和家庭咨询委员会的联合主席，也是美国杜克大学桑福德公共政策学院、商务社会责任国际协会（Business for Social Responsibility，BSR）及美国预防青少年怀孕和意外怀孕运动组织“决定权”（Power to Decide）的董事会成员。

问：请简要说明一下欧加隆的业务及其全球影响力。

答：欧加隆是默沙东公司（在美国和加拿大称为默克）拆分后成立的一家全球性医疗健康公司。公司愿景是为每一位女性创造更健康、更美好的每一天。我们致力于实现创新、提高可及性以及提供更多选择，帮助解决全球女性未被满足的医疗需求，最终改善她们的生活。

很少有公司会将资源集中投入创新和改善女性健康。因此我们投资的领域是没有成熟先例可循的高需求领域，在这个领域中，我们认为当前行业的关注和投入程度无法满足患者的需求。

为实现公司“为每一位女性创造更健康、更美好的每一天”的愿景，我们主要关注三大关键领域：一是女性健康。我们认为，女性是一个更健康的世界的基石。众所周知，女性在医疗健康方面需要更多的选择。我们的核心业务专注于女性健康的四大基石：避孕、生育、围产期健康及女性特有的健康问题。二是生物类似药。生物类似药是指经监管部门审批，认为与已获批的生物原研药高度相似的药物，可用于治疗各种严重疾病。它们为患者提供了更多的治疗选择，并且相较于生物原研药成本更低，有助于扩大生物药剂的可及性。三是经典品牌。我们的经典品牌拥有许多耳熟能详的知名产品，通常已过专利期，涉及了一系列重要的治疗领域，包括呼吸、心血管、皮肤、疼痛等。

我们是少数致力于追求女性健康科技创新、专注于弥合女性健康领域关键治疗差距的医疗健康企业之一。我们服务于全球140个市场的患者，为他们提供60多种药物和产品。全球员工（我们全部称为“创始人”）数量达到9500人，其中50%是女性。在董事会中，每12人就有7人为女性，这是标准普尔500指数的医疗健康公司中女性占比最高的一家公司。外部来源的一项研究结果表明，欧加隆是董事会中女性占比最高的公司。

问：您是如何看待ESG议题对欧加隆的重要性的？请您详细说明一下？

答：公司的ESG策略有助于我们实现公司的愿景，我们的业务与ESG重点议题息息相关。我们重点关注那些对我们的利益相关者、我们的业务，以及最重要的是，对全球女性来说至关重要的事项。

2022年6月，恰逢欧加隆成立一周年，我们正式宣布了“点亮她的希冀”ESG纲领，并发布了公司的首个年度ESG报告。

下面这段话很好地表达了我们为何对这条ESG纲领怀有如此巨大的热情：“全球共有约40亿女性，每位女性都有自己独一无二的人生希冀。她的健康是实现人生希冀的重要力量源泉。健康的女性是社会繁荣、稳定和坚韧的基石。当我们投资于女性的健康和平等，我们也都能从她的人生希冀带来的力量中受益。”这就是我们为什么与全球合作伙伴携手推出健康解决方案，通过改善女性健康，帮助她们实现人生希冀。通过解决与性别相关的健康差异，我们可以为女性、家庭、经济和社会构建一个更加可持续的未来。

我们追求的企业宗旨与我们的业务策略也息息相关。我们致力于加速创新，提供更多治疗选择，以帮助女性更好地实现人生希冀、在社会中找到一个更加平等的位置。

问：您对一名优秀合规官应该具备的能力及其职业规划有何期望？

答：在一家致力于满足社会关键需求的企业中，要实现业务的可持续发展，企业领导者必须具有足够的适应力，才能更好地与多方利益相关者发展良好的关系，并平衡重点议题与市场和经济阻力之间的关系。

具有高度适应力的公司及其领导者，必须提高自己预测变化、拥抱变化及适应变化的能力，才能实现长期的成功。通过满足客户、投资者、监管者及员工不断变化的期望，一个稳健的ESG策略能够支持企业提高适应力，并强化其实现企业宗旨的能力。

成熟的ESG领导力必须具备对长期风险和机会的精密分析能力、定期验证和重新评估的能力，并建立主要支持者对企业的信任度——所有这些都有助于提高企业的适应力，帮助企业避开或至少安然度过即将来临的暴风雨。

洁芮琳·瑞特女士对本出版物的寄语：

欧加隆以“点亮她的希冀”ESG纲领为依托，关注全球女性未被满足的健康需求。在瞬息万变的世界中，通过环境、社会和公司治理（ESG）等方法来提升企业的社会影响力、不断坚守负责任行为以及长期的可持续发展。作为欧加隆全球对外事务及环境、社会和公司治理官，我乐意推荐本书，和欧加隆一起加入全球医疗健康企业ESG之旅。

07 专访优抵生物创始人兼CEO、麻省理工学院上海校友董事会前主席董增军

董增军
优抵生物创始人兼CEO、麻省理工学院上海校友董事会前主席

董增军先生是中国生物工程学会精准医学与伴随诊断专业委员会共同发起人兼副主任委员，优抵生物（UltraDx）创始人兼CEO。

董增军先生是麻省理工学院MBA，中国协和医科大学（现北京协和医学院清华大学医学部）医学硕士；美国塔夫茨大学弗莱彻法律外交学院硕士。中国细胞生物学学会院校企业创新创业联盟共同主席。鲲鹏医疗投资合伙人。曾在美国塔夫茨大学医学院，千禧制药和碧迪（BD）及CST等大学，医院和公司任科学家、美国市场经理、亚太业务经理、中国创始总经理等职；曾任全球华人商业精英领袖组织百华协会（BayHelix）副主席、董事和美中生物医药专业人士协会（SABPA）理事，北京三元基因（北交所上市）独立董事，麻省理工学院上海校友董事会主席。

问： 请您简单介绍一下您所服务的企业（机构）的主营业务以及其在全球的分布情况。

答： 优抵生物由行业领先、实战经验丰富的团队所引领，由世界头部的基金领投，与全球领先的基于Simoa数字化单分子免疫检测技术的平台有机

结合，通过引进HD-X平台并进行本土化检测设备及试剂产品的开发及临床注册申报，依托“海外引进+本土创立”相结合的模式，以阿尔茨海默病为切入点，围绕神经、肿瘤、免疫、心血管、感染五大方向，打造中国乃至世界领先的疾病筛查及辅助精准诊断产品，服务和多维应用平台。

问：您所在的企业（机构）对于合规和ESG主题的重视度如何？具体表现在哪些方面？

答：把ESG放在公司战略角度来考虑。公司做过一系列的公益活动，如为贫困地区的孩子建图书角；也尝试积极响应“双碳”政策，布局环境友好型工厂；积极在各级员工的性别多元化方面开展工作。

问：您对于优秀合规官的能力期待具体有哪些方面？

答：在医疗大健康产业内，未来的优秀合规官应具备ESG大时代下公司董事会所要求的识别、诊断和提升公司在环境、社会和公司治理三个维度上的合规能力。因此，一名优秀的合规官，在深度理解并参与管理、监督企业商业运营模式（如反贿赂和反垄断、数据合规等）运作的基础上，如何理解并参与环境项下的企业环境合规；社会项下的企业多元包容与平等，供应链劳动力标准等管理，也会凸显优秀合规官的与时共进。因此，优秀合规官具备的快速学习新事物的能力，在VUCA时代，就尤为重要。在我看来，一名优秀合规官，除需熟练掌握基本的法律法规知识、行业的规范管理和公司的合规政策，能够做好员工的合规培训之外，如何协助企业CEO在组织内部构建良好的企业合规文化，让全体员工思想上能形成“我要ESG合规”，才是真正的赢家。

董增军先生对本出版物的寄语：

期待本书能与大健康产业的全球从业者、投资者早日见面；也期待越来越多的医疗健康企业能主动披露ESG信息；更期待行业的投资者可以基于投资对象的ESG评级结果促进其在可持续发展和履行企业社会责任等方面的贡献。我们人类社会的明天会更好！

08 专访博才康济创始人兼首席执行官、前光辉国际全球高级合伙人及亚太地区生命科学行业董事总经理何江颖

何江颖
博才康济创始人兼首席执行官

何江颖女士于2022年年初创立博才康济（上海）人才咨询有限公司（Become Consulting），致力于为中国地区的医疗和大健康企业提供全面的战略人力资源解决方案。此前，何江颖女士是光辉国际的全球高级合伙人以及亚太地区生命科学行业董事会总经理。她带领团队提供高管搜寻、数字化和领导力咨询。在11年内成功将业务增长了数倍。

加入光辉国际之前，何江颖女士在全球咨询管理行业拥有丰富的工作经验。她在盖洛普美国和亚太区主要从事人力资源发展方面，其中包括人才管理、领导人培训、继任管理、组织架构发展、优势为基础的发展项目。她曾与全球500强企业进行合作，客户包括众多行业，比如医疗保健、医疗设备、金融、政府以及教育部门，为他们提供人才发展方案。

何江颖女士的职业生涯开始于美国通用电气公司总部，曾是通用电气公司的“营销风险领导人培训计划”成员。她毕业于宾夕法尼亚大学美国沃顿商学院，获得工商管理硕士学位；于美国康涅狄格大学获得农业经济

与资源经济学硕士学位；于天津南开大学获得经济学学士学位，主修保险和风险管理。

何江颖女士是沃顿中国医疗健康校友会创始董事，曾任沃顿上海校友会董事。她在多家慈善机构或非营利组织（NGO）担任董事和高级顾问。她是世界“青年领袖协会”（YPO）的成员和管理委员会委员。是比利时珠宝品牌Diamanti Per Tutti的中国区董事长。最近应邀加入HKLSS（Hong Kong Life Sciences Society）顾问委员会。

问：请您简单介绍一下您所服务的企业（机构）的主营业务以及其在全球的分布情况。

答：博才康济是一家总部位于中国上海的人才和组织咨询公司。我们致力于帮助处于快速成长和关键转型阶段的企业提供全面的战略性人力资源解决方案。我们的服务包括高管搜寻、领导力辅导和发展组织结构和激励系统设计。我们的使命是通过长期的合作伙伴关系（陪伴、引领和共创）在中国和亚洲发展领先的全球企业和全球领导者。博才康济在中国香港特别行政区和新加坡都设有分公司，并在美国和欧洲有全球联盟合作伙伴。

问：您所在的企业（机构）对于合规和ESG主题的重视度如何？具体表现在哪些方面？

答：博才康济把ESG和合规作为企业支柱之一，以实现长期可持续和可扩展的增长。在公司价值声明中，“道德”是核心价值之一。我们鼓励我们的合伙人为良好的合规文化和ESG实践的医疗保健客户提供服务。此外，我们积极组织专题研究并培养ESG和合规领域的领导者和人才。

问：您对于优秀合规官的能力期待具体有哪些方面？

答：一个优秀的首席合规官首先应该是一个变革推动者和一个具有前瞻性的商业领袖，他/她了解业务的本质和宏观趋势，并具有全系统思维。然后是风险管理和控制系统，以保障和促进长期业务增长。此外，CCO应具有很强的适应复杂企业和外部变化的能力，具有高度的道德标准和很强的建立融洽系的能力。

何江颖女士对本书的寄语：

在VUCA时代，医药大健康企业的高管们，只有具备与时俱进的ESG战略眼光和大合规的管理意识，才能引领企业行稳致远，实现可持续发展。本书恰恰是在ESG的大背景下为我们提供了很好的方法论。

09 专访碧迪医疗全球运营委员会成员、全球高级副总裁、大中华区总经理邓建民

邓建民
碧迪医疗全球运营委员会成员、全球高级副总裁、大中华区总经理

邓建民先生现任碧迪医疗全球运营委员会成员、全球高级副总裁、大中华区总经理，并为碧迪医疗在华八家企业的法人代表和董事长。他同时是先进医疗技术协会（AdvaMed）中国理事会的创始主席及连任四届主席，还担任中国卫生经济学会健康产业分会副会长和中欧国际工商学院上海校友会副会长。

邓建民先生在医疗领域拥有近三十年的丰富管理经验。加入碧迪医疗前，他曾先后担任诺华制药中国首席执行官兼总裁、诺华制药（美国）公司副总裁；加入诺华制药前，服务于强生制药（西安杨森）。在此之前，他曾在医学院和医院担任教师及临床医师。

邓建民先生先后毕业于浙江大学医学院、中欧国际工商管理学院EMBA和哈佛大学总经理管理班（General Management Program，GMP）。他积极投身社会活动，作为“中国健康产业创新平台”导师，以个人影响力推动医疗行业发展。

问：请您简单介绍一下您所服务的企业（机构）的主营业务以及其在全

球的分布情况。

答：碧迪医疗作为一家全球化的医疗技术公司，通过改善医学发现方法、医疗诊断效果和护理质量以引领世界健康。创立于1897年的碧迪，至今已有近125年的历史，拥有覆盖全球绝大部分国家和地区的近70000名员工，年营收超过200亿美元（位列全球医疗科技企业前四）。

碧迪拥有医疗、介入、生命科学三大业务板块，旨在通过秉承高度的热情和信念，与健康领域上下游的伙伴和客户协力合作，携手应对最具挑战的全球健康问题，包括为临床医护人员提供安全、高效的护理给药流程，协助实验室科学家们更有效地诊断疾病，并提升科研人员研发新一代诊断及治疗疾病的能力。

碧迪于1994年进入中国并迅速发展，迄今为止已壮大为碧迪全球第二大市场（仅次于美国），在全国各地拥有员工近4000人，年营收近15亿美元。我们将持续致力于长期以来“扎根中国，服务中国”的本土化战略，服务更多中国患者和医疗工作者，帮助推进中国医学事业的进步。

问：您所在的企业（机构）对于合规和ESG主题的重视度如何？具体表现在哪些方面？

答：碧迪所在的医疗器械行业是一个重监管行业，因为我们生产的产品直接与人体相关，也与公共健康与安全息息相关。而重监管行业用户选择产品的信心，出自对公司的信任，包括对公司质量和产品的信任以及对公司遵纪守法的信任。因而，在我们这个行业，遵纪守法是第一要则。所以，建立一个完善的合规体系，对于我们来说，就是要通过严格符合当地相关法律法规的规定，来建立和维护碧迪的声誉。

我们的合规工作有几大重要板块，包括反商业贿赂、反垄断和经销商管理、个人信息保护和数据安全以及海关监管和进出口管制法等。应对当前全球贸易和供应链所带来的挑战，我们也会在合规层面进行一些针对性的管理，包括根据国内外的一些最新判例以及国内外相关法律法规条款的更新进行及时比对，从而对于企业本身的商业行为进行更好的监管。

ESG主题近年来方兴未艾，碧迪已经在全球层面制定了相应的目标，并正在着手开始具体的评估和量化标准的阶段。在中国，我们是率先将ESG纳入企业战略层面考量的企业之一，ESG有一个重要的部分是卓越治理，而合规体系的完善可以确保一个透明的、好的治理环境，从而保证公司做对的事的一个重要方面。

问：您对于优秀合规官的能力期待具体有哪些方面？

答：优秀的合规官要有能力去建立和维护一套完善的合规体系，包括从事中的审查、事后的监管、日常培训和沟通等多个维度来确保公司达成合规的目标和要求。因为好的合规工作，一方面是要尽量避免风险的产生；另一方面是要有效避免风险成为系统性风险。所以，我相信一个好的合规官，除了在企业日常的商业活动中，通过建立和监管透明化的流程，帮助公司去更好地达到遵纪守法的要求之外；还能通过有效的内部培训和沟通，让员工的意识和价值观跟企业的目标一致，从源头上避免合规风险的产生。从这个意义上来说，合规工作也是防止系统性风险、形成员工共识的企业文化建设的重要组成部分。同时，一个合规官对业务、客户以及业务人员的工作性质的深度了解，也是其能力非常重要的一部分。

邓建民先生对本书的寄语：

时代车轮滚滚向前。ESG时代的先进医疗技术协会（AdvaMed）会愈加紧密地与中国政府和所有利益相关方合作，帮助患者获得先进的医疗技术，共同遵守整个行业的商业道德规范。特此推荐医药大健康产业的同仁们阅读本书。

10 | 专访博莱科集团中国区负责人康华特

康华特
博莱科集团中国区负责人

康华特先生就职于博莱科集团超过34年，其间从最初的医疗代表，到全球营销总监、意大利地区经理和全球产品生命周期管理项目负责人等多个职位。

康华特先生2013年移居中国并定居上海。目前他主要负责博莱科集团在中国内地和香港特别行政区的分支业务，企业性质为博莱科集团旗下子公司和一家合资公司。业务范围专注于影像诊断对比剂和医疗器械，在两个地区拥有超400名员工，包括研发、业务开发、医疗和监管、生产、分销及推广等职能，公司年收入逾1.5亿欧元。

在康华特先生漫长的职业生涯中，受益于丰富多样的业务管理经历，他对全球医疗保健市场有着非常广泛深入的了解，兼顾制药行业和医疗器械领域。

康华特先生坚信个人及每个担任领导职务的人都应承担的社会责任，因此他以志愿者的身份为多个组织出谋划策，其中包括在中国意大利商会（CICC）连任6年副会长职务，并且是CICC医疗工作组的创始人之一。同时加入名为“慢食”的全球农业生态组织，担任上海社区负责人。

问：请您简单介绍一下您所服务的企业（机构）的主营业务以及其在全

球的分布情况。

答：我司是一家跨国企业集团，总部在意大利米兰。公司有三大业务条线：博莱科影像诊断、博莱科医药科技及意大利诊断中心。博莱科影像诊断在影像诊断领域全球领先，为所有诊断模式提供全方位的产品和解决方案。博莱科医药科技主营对比剂注射系统、用于心血管介入的医疗设备以及影像诊断软件。意大利诊断中心实现了门诊中心间的交互，提供预防、诊断、康复及治疗综合服务。我司全球约有3600名员工，产品销往100多个国家，总营业额达14亿欧元，除美国以外，中国是最重要的影像业务市场。

问：您所在的企业（机构）对于合规和ESG主题的重视度如何？具体表现在哪些方面？

答：我们非常重视合规和ESG。具体表现在以下五个方面：一是从集团CEO到集团领导层，包括中国总经理，高度重视合规和ESG工作。二是合规和ESG已经与公司DNA及价值观文化融为一体，并将DNA及价值观细化到人员考核及晋升的具体流程及标准中。三是在公司治理方面，公司开展相应的项目，制定相关政策和流程，在人力资源部门、财务部门、沟通部门、EHS部门（环境、职业健康安全管理体系）、内审部门及法律合规部门的共同合作下，贯彻执行合规及ESG的价值理念。四是ESG与业务运营密不可分，我们遵循“可持续发展是为了创造价值，我们致力于改善人们的生活”的要义。只有与具体业务流程相结合，才能真正细化落实ESG方案。五是我们每年会发布一份可持续发展ESG报告。最新一期收录了集团总裁和首席执行官的致辞，文中强调了博莱科如何以道德的、负责任的方式管理资源和与所有利益相关方的关系，并致力于在整个价值链中发挥积极的社会经济影响力。这一日常承诺是基于参与、信息公开和预防的标准，将经济增长，领土保护、安全和商业决策结合起来。

问：您对于优秀合规官的能力期待具体有哪些方面？

答：一是对商业的理解力及洞察力；二是结合监管环境及业务实际情况，准确风险评判的能力；三是合规制度的实际执行力。

康华特先生对本书的寄语：

ESG是一个重要的差异化因素，可以成为制药和医疗器械公司业务绩效的重要驱动力。商业诚信是ESG的重要支柱。ESG驱动的公司不仅尊重法律法规，而且正在将ESG整合到公司流程中，并在整个组织内推广ESG驱动的行为。除了诚信始终是正确的选择这一事实之外，还有正当的商业理由将其作为优先事项。以诚信正直为基础的企业文化是更为先进的差异化的一个要素。客户在不断发展。决策权被医院的不同参与者瓜分。客户的需求正在发生变化。公司将诚信正直作为使命的关键支柱之一将更具竞争优势，因为对不合规的行为的零容忍迫使公司在设计全新的复杂推广活动时更具创造性。

11 | 专访sHero创始人、主席刘慧

刘　慧
sHero创始人、主席

刘慧女士是sHero创始人、主席，为百强公司提供人力资源、领导力与多元化问题咨询，主持高层小组讨论，成为相关话题主题发言人。近年来，她参与解决中国当代女性所面对的困惑，一直积极推动女性领导力，这个全球商界与管理上最具挑战的工作，以及对经济、社会和世界的深远影响。她曾在不同行业的跨国公司有二十年的工作经验，也是一位卓有成就的人力资源专家，在员工和组织心理方面有很多实际而深刻的见解。

刘慧女士还是哈佛大学政府学院享誉世界"女性与力量"项目的校友。早在2007年就开始推动女性间"对话"，培育女性彼此间的协作行动力和集体的责任感，鼓励每一位女性发展特长，鼓足勇气和满怀热情，共同创造一个极具创意与尊重的多元表达文化。

问：请您简单介绍一下您所服务的企业（机构）的主营业务以及其在全球的分布情况。

答：sHero代表着一个持久传承支持和推动女性在职场的演变。十年来，我们与世界领先和具有前瞻性的企业合作，通过创新项目、重大活动与创意内容倡导文化变革与推动女性发展与进步。随着我们的思想领导力和专业知

识的扩展，我们的视野、广度和深度也在增长，以满足不断变化的市场对多元、平等和包容（DEI）的需求。

今天我们有幸和非常自豪成为DEI的驱动力量，帮助公司缔造充满正能量的文化并切实影响商业的可持续发展！我们知道又是充满挑战的一年，但我们也能量满满，因为看到了很多的可能性！

问：您对ESG主题的看法如何？又是如何驱动DEI工作的？

答：世界已经变了！我们的员工希望参与其中：有意义和值得做的事情，接受投入他们相信的事情！我们的客户和投资人提出要求和期望：行为道德——对待员工或人才和我们赖以生息的地球。只是盈利远远不够，我们必须带来积极的改变！

如果我们希望信守诺言，践行环境、社会、治理与可持续发展战略，那么改变是至关重要和必不可少的！同时，若要真正意义上成功实现ESG和可持续发展变革，我们需要定义我们的使命愿景，提高技能，培育人才、领导者。我们的人才和员工会让改变发生，他们是永远改变组织的催化剂。

2021年是DEI里程碑式的一年：推出建设包容公平的职场举措。我们也与PageGroup携手出品亚洲首个双语电子版《多元公平包容中国最佳实践指南》并首发DEI最佳实践榜单！首发双语电子版指南即多元公平包容中国最佳实践指南，旨在帮助公司对标如何做好DEI多元公平包容工作，同时首次展示立志建设包容职场雇主品牌的出色表现。

十多年来，在中国的跨国公司和中国本土全球化公司不懈努力践行与创造，力图成为最佳包容组织和品牌，该指南是催化剂，使得中国职场更加包容。

基于最佳实践，我们将荣幸评选并由sHero颁发2021年引领多元公平包容最佳公司与值得瞩目职场人物大奖，认可他们在定义和落地多元公平包容工作的出色表现和带来的积极影响。

问：女性推动健康和ESG方面做了哪些重要行动？

答：2022年4月28日，sHero中国与Korn Ferry光辉国际联合举办了以“自我关爱”为主题的女性健康幸福日线上主题活动。其间，我们有幸邀请到世界银行“大夏合规”项目高级顾问沈艳蓉女士、中国ESG领域业界大咖级人物李菁女士、中国化学制药工业协会副会长左力女士、毕诺济生物联合创始人兼CEO赵萍女士、罗欣药业集团执行副总裁兼首席运营官董莉君女士、迪哲医药首席商务官兼副总经理吴清漪女士，以及辉瑞中国企业资深顾问冯丹龙女士探讨热点话题“女性领导推动ESG，造福病患”。这几位杰出女性代表纷纷就ESG在医药大健康领域的重要性以及如何成就病患福祉各抒己见。

董莉君女士在论坛上介绍了罗欣药业集团一直秉承的理念是传递健康，致力于守护地球的绿色。罗欣药业先后发布了绿色工厂的发展规划，实施绿色工厂的建设方案，尽可能地让能源使用量减少，间接减少室温气体的排放量。罗欣集团的单位产品的碳排放量远远优于行业的平均水平。集团还非常重视节能和绿色环保，在生产过程中实现余热余能的循环再利用，践行药品的生命周期，绿色生产，减少危废的产出之外，它也配套了先进的废气、废水、固废处理设备。罗欣集团的每一粒药或者是每一季的产品，都是在整个绿色环保旅程中孕育诞生的。董女士所服务的罗欣集团相信，通过不懈的努力去推动绿色发展以及创新驱动，守护地球传递健康的征程中会有不断的突破。

同样，吴清漪女士在论坛上也呼吁：“无论你现在所处的公司是什么样子，ESG是每个行业、每个企业甚至每个人的社会责任，需要从不同的角度，尽可能地去完成ESG的目标。同时不仅是完成目标，我们还有责任在各个场合去呼吁它，让ESG的理念能够被整个行业的人所知晓。”

长期以来，有着中国医药卫生健康事业代言人美誉的第十三届全国政协委员冯丹龙女士更是与线上众多各行各业的参与者分享了她近两年的提案：

- 关于激励商业健康保险，支持健康产业发展
- 关于乳腺癌的全方位全周期的管理，来提升患者的生存质量
- 关于完善围产期抑郁筛查，加强全方位的产妇保健服务
- 关于预防接种人员能力建设
- 关于男女同休产假的生育奖励计划
- 关于商业健康保险和罕见病多层次医疗保障体系
- 关于中青年高血压防治工作和老年抑郁防治工作

2022年的“4·28”活动高层小组讨论也是继2021年4月28日“女性推动健康——女性领导者加速创新和医疗保健”活动的后续延展。

2021年sHero与光辉国际携手成功发布首个《中国女性高管职场健康幸福力白皮书》，从健康力、平衡力、学习力、情商力和领导力五个幸福力指数，深入了解中国女性高管的健康幸福力现状，打破限制职场女性高管健康幸福力的隐形天花板，帮助中国女性高管找到提升职场健康幸福力的资源和方法。

问：您对于优秀合规官的能力期待具体有哪些方面？

答：一个优秀的合规官必须具备高超的人际关系技能、良好的倾听能力和谨慎的态度。此外，合规官也是受公众信任的人物，因此必须能够提供最高标准的专业、诚信和合格的服务。

刘慧女士对本书的寄语：

世界已经变了！人们希望参与其中：有意义和值得做的事情，接受投入他们相信的事情！如果希望信守诺言，践行环境、社会、治理与可持续发展战略，那么改变是至关重要和必不可少的！真正意义上成功实现ESG和可持续发展变革，需要定义使命愿景，提高技能，培育人才、领导者。其中包括众多的女性领导者与参与者！

12 专访药明巨诺联合创始人、董事长兼首席执行官李怡平

李怡平

药明巨诺联合创始人、董事长兼首席执行官

李怡平先生于2016年年初与美国巨诺公司、药明康德共同创建了药明巨诺，现担任董事长兼首席执行官，拥有上海医科大学的医学学士学位、美国蒙大拿大学的微生物学硕士学位。

2012年1月至2015年6月，李怡平先生担任美国安进公司副总裁及大中华区创始总经理。他带领安进开拓中国市场，并致力于帮助中国患者早日受惠于安进公司的产品。加入安进公司之前，李怡平先生担任美国凯鹏华盈基金生命科学领域的合伙人，他成功投资了一系列处于早期和成长期公司，并领导其中一家公司在2010年成功上市。

1991年至2006年，李怡平先生在默沙东美国及包括中国在内的亚太地区服务了逾15年，在临床研究、药品注册、新药开发和市场营销等多个领域担任领导职务。任职期间，他帮助默沙东多个疫苗在亚太地区成功获批，助力默沙东疫苗事业在亚太地区顺利起步，同时奠定了默沙东中国医学事务的基础，并推动了默沙东当时最大的产品线在亚洲地区取得成功。

问：请您简单介绍一下您所服务的企业（机构）的主营业务以及其在全

球的分布情况。

答：药明巨诺是一家专注于开发、生产及商业化细胞免疫治疗产品的独立的创新型生物科技公司。创建于2016年，药明巨诺致力于以创新为先导，成为细胞免疫治疗引领者。药明巨诺已打造了国际顶尖的细胞免疫疗法的技术与产品开发平台，以及涵盖血液及实体肿瘤、极具潜力的产品管线，以期为中国乃至全球患者带来治愈的希望，并引领中国细胞免疫治疗产业的健康规范发展。

目前，公司在上海、北京、广州设有办公室，上海外高桥、苏州工业园区均设有细胞治疗产品的生产基地。公司也逐步计划拓展海外业务，设立境外分公司。

问：您所在的企业（机构）对于合规和ESG主题的重视度如何？具体表现在哪些方面？

答：公司非常重视合规以及ESG。作为医药公司，在合规方面，公司有线上医药合规课程以及公司管理制度供员工学习，并设置考试以确保学习的效果。在流程上，医药合规的项目均有配套的SOP以及流程。在日常管理中，合规部门也作为核心部门加入大小项目的讨论沟通。

在ESG方面，公司每年会以单独报告的形式出具ESG报告，会同外部专家审计，就审计发现的相关问题，与相关负责人二次核实情况。

问：您对于优秀合规官的能力期待具体有哪些方面？

答：一是了解行业动向；二是充分了解公司的产品特点以及运营模式；三是识别项目中的合规风险，并能够提出解决方案；四是事中执行监督以及事后抽查。

李怡平先生对本书的寄语：

ESG为生物科技企业的可持续发展及发挥社会价值指明了方向。我们将ESG理念融入企业发展与日常运营，以坚实的企业治理、高品质的创新产品与服务、与利益相关方紧密合作，为更多患者带来治愈的希望，引领并推动细胞免疫治疗产业的可持续发展。

13 专访默克中国总裁、默克电子科技中国区董事兼总经理安高博

安高博
默克中国总裁，默克电子科技中国区董事总经理

安高博先生是一位经验非常丰富的企业管理者，对战略、商业运作和业务发展等都有广泛的了解。他毕业于伍斯特学院，获得传播学学士学位，并曾在田纳西大学和哈佛大学商学院深造。

安高博先生自2018年2月开始担任默克中国总裁及默克中国电子科技业务董事总经理，与此同时，安高博先生也是默克电子科技全球管理层成员，并负责中国区的事务。作为默克中国总裁和发言人，他负责制定中国的发展战略、驱动增长，并负责在传承和发扬公司353年的悠久历史和良好声誉。中国是默克集团三个业务板块销售业绩最高、增长最快的市场之一。

安高博先生在此任之前的两年时间担任默克集团生物制药业务亚太区总裁，而在升任亚太区总裁前，他是默克中国生物制药业务总裁和首席执行官，他开展的一系列投资活动大大拓展了默克在亚洲的业务，其中包括投资1.7亿欧元在南通新建默克世界级制药工厂，以及与一流的学术和医疗机构建立广泛的协作网络来助推默克在中国的商业活动。加入默克之前，安高博先生在辉瑞公司担任领导职务长达25年，其中包括担任辉瑞制药有限公司中国董事长兼总经理，以及北亚、俄罗斯、印度、土耳其和东欧等地的区域总

裁。他的工作领域涉及多个业务部门并跨越不同地区，负责过销售与市场、战略、兼并与收购和综合管理等多项工作。他曾成功主导辉瑞的多款新药在中国的上市进程，并在上海设立了辉瑞总部暨辉瑞投资有限公司和最先进的研发中心。

为表彰安高博先生对上海经济建设、社会发展和国际交流与合作的不懈努力和杰出贡献，上海市政府两度授予他白玉兰奖。

问：请您简单介绍一下您所服务的企业（机构）的主营业务以及其在全球的分布情况。

答：默克是一家领先的科技公司，专注于医药健康、生命科学和电子科技三大领域。全球约有58000名员工服务于默克，致力于持续推动技术进步，改善人们的生活。默克无处不在，涉及领域从基因编辑技术到应对疾病挑战。2021年，默克全球总销售额达197亿欧元。

默克在中国已经有88年发展历史，第一家在华的分公司最早于1933年在上海成立——默克化工有限公司。中国是默克在全球最为重要的战略国家之一，并且已成为默克的一个全球创新中心。2021年，默克在中国拥有约4600名员工，总销售额达26亿欧元。

问：您所在的企业（机构）对于合规和ESG主题的重视度如何？具体表现在哪些方面？

答：在培养全能人才和增加与总部的沟通交流方面，默克做了很多工作。在企业可持续发展方面，企业面临的一大难点是如何在经济利润最大化与社会效率最大化之间取得平衡。默克所做的是在每项业务的开展之初，都确立一个长期的愿景，譬如在医药健康领域，默克致力于改善中国四千万名患者的生活质量和生命健康，所有工作都围绕服务广大患者这一核心展开。默克自进入中国以来，一直把履行企业公民义务放在很重要的位置。我们的企业责任体现在很多方面，包括患者援助、健康教育、节能环保、扶贫支教、科学意识启迪等。对于公益和企业责任的坚守，已经成为默克企业文化的一部分。

可持续发展在默克被提上了一个非常重要的位置。默克总部2020年正式发布了可持续发展战略。过去十年，公司在这方面做了很多工作，目前可持续发展已经成为需要向董事会直接汇报、要求公司系统长期的投资，并配置了专门人才以确保实施效果的一个重要方向。

问：您对于优秀合规官的能力期待具体有哪些方面?

答：拥有全面的判断和决策能力，对风险进行及时和正确的评估，以应对来自内部和外部的不确定性。

安高博先生对本书的寄语：

默克一直是一个以可持续方式理念思考和行动的企业，我们的ESG战略与我们“为患者服务”的宗旨结合，致力于创造、改善生活和延长寿命。作为科学和技术的先驱，我们需要确保我们不仅是一个贡献者，而且是可持续发展事业的领导者。在这方面，我们致力于与我们的同行一起努力，以提高对这一重要问题的认识。

14 | 专访基石药业首席执行官江宁军

江宁军
基石药业首席执行官

江宁军博士拥有25年以上在美国和中国领导新药开发的丰富经验，2016年开创基石药业，现任首席执行官，仅用3年时间带领基石药业成功于香港联交所上市。基石药业专注于肿瘤免疫和精准医学药物，共有15款管线产品，其中4款产品已经获批，预计近期还将迎来针对更广泛适应证的上市申请及批准。

加入基石药业之前，江宁军博士曾担任赛诺菲的全球副总裁兼亚太区研发总裁，领导1400人的亚太研发总部（包括日本）。

江宁军博士曾在美国主导为依诺肝素而设计的一项约21000名患者参与的大型临床试验，最后促使产品成功全球获批。在赛诺菲的最后5年中，他负责领导近80项临床试验，并在亚太地区获得30项新药上市批准。

问：请您简单介绍一下您所服务的企业（机构）的主营业务以及其在全球的分布情况。

答：基石药业是一家生物制药公司，专注于研究开发及商业化创新肿瘤免疫治疗及精准治疗药物，以满足中国和全球癌症患者的殷切医疗需求。基石药业成立于2015年年底，至今已集结了一支在新药研发、临床研究以及商业运营方面拥有丰富经验的世界级管理团队。公司以肿瘤免疫治疗联合疗法为核心，建立了一条15种肿瘤候选药物组成的丰富产品管线。目前，基石药业已经获得了六个新药上市申请的批准，多款后期候选药物正处于关键性临床试验或注册阶段。基石药业的愿景是成为享誉全球的生物制药公司，引领攻克癌症之路。基石药业员工分布于中美澳三大洲的56个城市，以支持基石药业的全球研发、全球合作以及上市产品的销售工作。

问：您所在的企业（机构）对于合规和ESG主题的重视度如何？具体表现在哪些方面？

答：基石药业作为中国医药创新促进会的理事会员之一，致力于开展可持续的业务活动。公司以医药行业内的高水平商业道德伦理及行为准则为基础，建立起适用于整个集团的合规体系，并注重各项合规管理措施的落实与执行。公司的法律事务与合规部和各职能部门积极合作、紧密联系，为业务发展、产品创新及管理优化进行合规性审核、评估、检查并定期开展合规培训，以确保稳健经营与持续发展，维护及提升基石的良好声誉。

在基石，我们重视ESG事务管理，积极将ESG管理工作融入我们的战略发展目标之中。公司制定了企业社会责任制度，根据香港交易所规定定期发布《环境、社会及管治报告》，充分借助每年度的ESG报告，令公众更深入了解我们在经营理念和社会责任方面的实践。同时，ESG报告也是审核ESG表现和与利益相关方沟通的重要机会。根据港交所的要求并结合公司的实际情况，每年度的ESG报告中会涵盖绿色环境、健康与安全、医药行业责任、创新研发、人才发展、产品责任等各方面的系统性概述，总结并回顾公司当年度在ESG领域的重要活动与相关达成。

问：您对于优秀合规官的能力期待具体有哪些方面？

答：基石“以创新为源”，作为一家高速发展的创新型本土生物医药公司，我们对于优秀合规官的期待是德才兼备、中外兼容的“全能型选手”。既有优良的个人品格，又有过硬的专业能力，能从企业战略高度上着眼，融合外资企业合规管理的经验与优势，为创新型生物医药公司量身订造具有实际可操作性的合规体系并确保其有效贯彻实施，以适应本土企业的高效运营要求。同时，作为一家上市公司，我们也希望合规官具备优秀的危机处理能力，能够对于行业的监管趋势或政策变化作出正确预判。

江宁军博士对本出版物的寄语：

将ESG的考量全面融入企业的业务营运及管理中，作为企业发展策略的一部分，推动企业商业化发展和奉行可持续发展原则是我们一直秉持的理念。很高兴能看到这样一本聚焦ESG与公司治理的著作，分享如何能持续改善ESG的表现，为环境及社会创造长期的正面价值。

15 专访卡瓦集团全球高级副总裁及大中华区总裁邢军

邢　军
卡瓦集团全球高级副总裁及大中华区总裁

邢军博士自2019年9月起担任全球最大的口腔集团卡瓦集团（Envista Holdings Corporation）全球高级副总裁及大中华区总裁，全面负责大中华区业务。她也是全球最大的糖果、口香糖、宠物食品和宠物健康大型集团玛氏集团（Mars Incorporated）的全球董事会董事。

加入卡瓦集团之前，邢军博士在全球著名制药企业礼来制药（Eli Lilly & Company）担任高管，在礼来全球总部负责糖尿病药物全产品线的全球市场准入以及新产品策划，为多款创新药的全球快速增长作出了重要贡献，她也曾在礼来（中国）担任抗肿瘤事业部总经理和市场准入，关键客户以及政府事务副总裁。她还担任过全球著名生物芯片公司Affymetrix Inc.全球副总裁及亚太区总裁，以及全球最大的下一代测序仪公司Illumina Inc.中国区总裁职务。在生命科学，诊断业务和制药领域具有丰富的管理经验。

邢军博士具有扎实的科研背景。她早年在香港科技大学取得生物学博士学位，在哈佛大学以及斯坦福大学医学院从事过近四年的博士后研究，并发表过多篇科学论文。她还是知名的高产文字工作者和职场教练，她发表过一百多篇关于职业发展、管理艺术、女性成长以及领导力的文章。

问：请您简单介绍一下您所服务的企业（机构）的主营业务以及其在全球的分布情况。

答：卡瓦集团是美国Envista Holdings Corporation在中国的全资子公司，并于2019年在纽约证券交易所上市。Envista Holdings Corporation在全球120多个国家开展业务，旗下拥有30多个值得信赖的口腔品牌，并拥有超过125年的卓越口腔行业历史经验。每一天，我们全面的产品组合为全球100多万专业人士提供包括种植牙、正畸和数字成像技术等口腔诊疗解决方案，涵盖了约90%的口腔诊断、治疗和预防的需求，创造健康的微笑与自信的生活。

问：您所在的企业（机构）对于合规和ESG主题的重视度如何？具体表现在哪些方面？

答：作为一家全球口腔医疗设备制造商，我们的员工和客户遍布全球，我们所做的工作影响着我们周围的世界。在我们的ESG之旅中，我们努力与联合国可持续发展目标（UNSDGs）保持一致，这是一个全球承诺框架，旨在到2030年创造一个更公平和更可持续的世界。

我们的可持续发展重点和关键议题集中在五大主题领域：一是为更多人带来高质量的产品与服务。作为一家口腔医疗设备制造商，我们的使命是让口腔专业人员创造更健康、更美好的笑容。实现这一使命取决于我们是否有能力保证我们的产品和解决方案的安全和质量，包括我们自己和我们的供应商。除了对质量的关注，我们还致力于尽自己的努力，在全世界范围内扩大我们产品和解决方案的使用范围，为更多的人带来高质量的产品与服务。二是做团队的坚实后盾。企业的成功依赖于团队的质量与融合度。要打造卓越的工作场所，首先要培养一支多元化和高包容性的团队。我们努力确保我们的员工在安全、健康的工作环境中工作，鼓励员工在工作中表达真实的自我，并给予公平的认可和奖励。2021年，Envista美国实现了男女薪酬平等。2022年，Envista中国被认证为“中国杰出雇主”。三是守护环境的健康。我们的足迹遍布全球，我们注意到我们的业务对环境的影响，我们有责任作为一个良好的企业公民行事。在可能的情况下，我们寻求最大限度地减少废物的产生、水的消耗和控制整体排放情况。我们还在产品开发过程中纳入了产品生命周期的考虑，以减轻我们的产品和解决方案在被客户使用后所产生的影响。四是以道德与合规为中心。诚信经营是提供高质量产品的关键，因此我们致力于反贿赂、反腐败，并保证道德营销和保护我们客户的数据。我们以强大的合规计划提供监督，努力确保我们的员工遵守协议，并以负责任的态度运作。五是确保良好的管理。良好的管理实践是企业成功的基础。我们努力确保对关键的运营、可持续发展风险和机会进行强有力的监督。为此，我们继续专注于优化管理实践，包括确保我们的行政领导和治理结构与当前的最佳实践相一致，并适当激励我们的领导人来推动业绩。

问：您对于优秀合规官的能力期待具体有哪些方面？

答：一是诚信正直、尊重规则。二是能够将合规要求转化为业务优势，而非对业务的阻碍；执行力强，可将合规项目落地至日常运营中。三是有系统性的合规管理思维，善于识别风险并作出有效判断。

邢军博士对本书的寄语：

ESG让企业通过聚焦解决环境、社会责任与公司治理的核心问题，重新审视自身的可持续发展能力，更好地实现健康产业“患者为先”的初心。在高质量发展的时代背景下，本书关于ESG的深入探讨，值得大健康领域的每个企业以战略的眼光去学习与研究。

16 | 专访丹纳赫全球副总裁、中国集团总裁彭阳

彭　阳

丹纳赫全球副总裁，中国集团总裁

彭阳先生拥有清华大学的工学及管理学双学士学位，以及新加坡国立大学（NUS）的工商管理硕士学位。彭阳先生全面负责丹纳赫集团在中国超过40亿美金的业务，直接管理中国各商务平台及中国总部各职能部门。他负责制定及执行紧密衔接中国健康和环境国策的丹纳赫中国战略。彭阳先生的管理职能包括集团管理、业务发展、生产制造研发、创新及本土化、人才及领导力培养、投资并购和丹纳赫商业系统的运营。彭阳先生是全球丹纳赫领导团队的一员。

在彭阳先生的领导下，丹纳赫中国业务过去几年来高速成长，业务规模达40亿美元。此外，在复杂的政策环境及强大的竞争压力中，他推动突破性的变革和投资将中国诊断平台业务发展成为14亿美元。

彭阳先生在丹纳赫14年工作经历中担任过不同运营公司全球生产运营、全球客户服务、全球供应链及分销，以及亚太区和日本、中国总经理等职务。加入丹纳赫之前，其在美国铂金埃尔默公司及美国联信公司担任过多个高管职位。

问：请您简单介绍一下您所服务的企业（机构）的主营业务以及其在全

球的分布情况。

答： 丹纳赫是一家科学和技术的创新者，专注生命科学、医学诊断、环境与应用解决方案，在全球运营管理超25家跨国企业。2021福布斯全球2000强第156位、《财富》全球最受赞赏公司医械行业榜第2名、2021年《财富》美国500强第130位、胡润全球500强第52位、普华永道全球市值100强第74位、福布斯全球最佳雇主、怡安臻选最佳员工健康雇主。2021年全球营收同比增长32%，达到295亿美元，市值超2000亿美元。2021年丹纳赫在中国的营收近45亿美元。

公司全球总部位于美国华盛顿，中国总部位于上海，在全国拥有超过40个法人实体；公司在全国27个省、自治区、直辖市拥有超过100个办事机构，20个展示中心，13家工厂，10个物流中心；公司在全球拥有约80000名员工，在中国拥有超过7000名员工，其中包括17个研发团队，400余位科学家和工程师。

问： 您所在的企业（机构）对于合规和ESG主题的重视度如何？具体表现在哪些方面？

答： 丹纳赫对合规及ESG高度重视，合规已成为公司文化，渗透在我们日常工作的方方面面。首先，通过健全的合规政策、行事准则、敏捷的法务合规团队以及定期开展的培训和内外部审核，员工对丹纳赫的合规文化已建立起了充分信任。我们鼓励员工大声说出来（Speak-up），并创建多个平台及提供多语种服务，让员工可以放下顾虑，更好地发声。在丹纳赫2022年合规优先级中，我们以防范为主，对员工及经销商进行定期的合规培训，开展合规大使项目，让我们的合规文化深入人心。其次，我们进行精准识别，对可能发生的合规风险进行评估审核，建立监督审核制度，启动Speak-up项目。最后，我们有响应机制，在确认个案后首先向高层报告该事件，和中层对该事件进行讨论和反思，建立奖惩制度，确认纠正行为，并且在全员大会上将个案作为案例分享，以增强员工的合规意识。丹纳赫的法务合规团队会定期召开专题会议，我们会邀请外部专家对近期的热点政策合规话题讲解，内部团队进行讨论，风险分析和业务影响分析，并将会议成果，政策研究结论等及时分享给相关职能团队，让他们更好地规避合规风险。

以道德合规为基础，我们对于环境、可持续发展与公司治理追求源于我们共同的目标——成就生命无限潜能。除了集团层面的环境健康安全评估，我们旗下的重点运营公司及工厂均有专职EHS人员，检测工作环境安全，守护人员健康，为员工提供安全的工作环境，为企业的生产运营保驾护航，为社会的健康发展提供保障。

由于我们在合规方面的优秀表现，我们获得福布斯全球最佳雇主和怡安臻选最佳员工健康雇主，这也代表了社会各界对丹纳赫合规及ESG事业的充分认可。

问：您对于优秀合规官的能力期待具体有哪些方面？

答：一是对国家层面及地方层面的政策法规有深入研究，能切实帮助到企业解决业务上遇到的合规疑问。二是对于一些还处于“征求意见稿”阶段的法规或指南有一定的独到见解，能帮助企业识别后续影响政策制定的突破口。三是做好公司合规风险防范的同时，能为业务做好服务。

彭阳先生对本书的寄语：

在丹纳赫，我们一直坚信“法为根，诚为本”的管理理念。对客户，我们心怀尊重，恪守承诺；对伙伴，我们开诚布公，合作共赢；对员工，我们坚持在岗一分钟，“赫”规六十秒。相信本书的出版能够推动全社会对ESG合规的关注，在ESG框架下，愿与同道一起，擎合规之戟披荆斩棘，架合规之船乘风破浪。

17 | 专访艾伯维全球副总裁、中国区总经理欧思朗

欧思朗
艾伯维全球副总裁、中国区总经理

欧思朗先生毕业于香港中文大学数学系，作为艾伯维中国的首任掌门人，自2013年上任以来，带领不断壮大的中国团队：为患者提供创新的医疗方案，为员工提供优质的工作与成长环境；关爱生命，创造奇迹，致力于将艾伯维中国打造成一家最值得信赖的生物制药公司。艾伯维（中国）成立近9年，已经连续8年获得杰出雇主认证；并在创新、用药安全、客户信赖、社区贡献等多个领域获得外界认可。

欧思朗先生倡导的心系患者，和艾伯维全球的核心理念血脉相连。凭借超过20年制药行业销售和市场营销的丰富经验，以及任职多家全球领先药企大中华地区的显赫履历，欧思朗先生期待凭借艾伯维独特的创新方式，为中国众多疑难杂症的患者带来福音。

他提倡的心系员工，和他对待家庭的暖流风格一脉相承。他深信员工是艾伯维（中国）的最大财富。他的员工管理理念是：培养人才、关爱员工、合力共赢。欧思朗认为他的职业生涯中最令他骄傲的是在大中华区成功培养了众多顶尖人才，这些人才目前已经在不同地区和企业担任市场拓展的领导职位。

欧思朗先生曾服务于礼来、安进、默沙东、百时美施贵宝等知名制药企业，先后担任医药代表、产品经理、总监、副总裁等职务。曾成功推动多个

医药产品在中国及全球的品牌策略，并成功实现业务的飞速增长，率领团队多次达到收入上亿美元的销售目标。

问：请您简单介绍一下您所服务的企业（机构）的主营业务以及其在全球的分布情况。

答：艾伯维成立于2013年，是一家全球营收排名前五的、研究型的生物制药公司，总部位于美国北芝加哥。艾伯维的使命是发现和提供创新药物，解决复杂且棘手的疾病难题和未来的医学挑战。我们不懈努力，希望凭借在多个关键治疗领域的科研创新为人们的生活带来深远影响，包括免疫学、肿瘤学、神经科学、眼科、病毒学、女性健康、胃肠病学以及艾尔建美学产品组合中的产品和服务。

艾伯维在中国的总部位于上海，专注于在免疫学、肿瘤学、病毒学、麻醉学、肾脏病学、眼科、神经科学和美学等领域为人们发展提供创新的医疗方案。

问：您所在的企业（机构）对于合规和ESG主题的重视度如何？具体表现在哪些方面？

答：行事诚信是我们的原则之一。我们始终致力于做对的事情。我们的一切行为都秉承正直不阿的原则，致力于追求最高的质量、合规、安全和绩效标准。

2021年我们发布了艾伯维首个《2020 ESG行动报告》，旨在分享我们的创新方式，以实现为患者、客户、员工和社区带来切实且深远的影响。该报告反映了我们公司的原则，我们秉承诚信原则，致力于促进患者的长期健康，并为利益相关者提供可持续业务。作为一家研究型的生物制药公司，我们的使命是发现并提供创新药物和产品，解决复杂且棘手的疾病难题和未来的医学挑战。我们对科学的承诺便是对改善我们的社会、我们的社区以及我们世界各地患者和客户的生活的承诺。

我们的ESG框架围绕三个基本支柱，皆与我们的企业目标和原则相一致。第一，我们发现并交付创新药物：解决复杂疾病难题，改善人们生活，推动创新边界，把人和患者放在第一位，在提供优质治疗方案的同时，确保其安全、疗效和可及性。第二，我们充分发挥多样化和有才华的团队以及合作伙伴的潜力，立足现在并着眼未来：拥抱思想的多样性，吸引和留住最优秀的人才，当我们充分释放人才和合作伙伴的潜力，就能加快创新、增强竞争力、提升人们的生活质量，实现我们的业务目标。第三，我们秉承诚信创新，致力于提高患者的长期健康水平和业务的可持续发展：我们通过运行可持续、敏捷的商业模式和治理结构，确保我们在行业升级和社会发展中立于不败之地，确保我们能坚定不移地向患者提供创新药物，并向客户提供提高生命质量的产品。

2020年的道德合规方面的亮点数据包括：一是全球99%的员工通过了我们的企业行为准则培训认证；二是超过5.44亿美元支付给小型和多元化供应商。

在道德合规方面，我们遵循所有相关法律和行业准则，并通过我们的《企业行为准则》《供应商行为准则》以及内部的反骚扰和歧视政策，我们对适当的行为设定了明确的期望。我们的企业行为准则适用于全球所有员工，且拥有31种语言版本。每年，要求所有员工完成准则培训，并证明他们将遵守准则。我们将根据需要对合规培训进行持续审查和更新。我们还为员工提供反骚扰和反歧视政策方面的培训，相关职能部门的员工接受关于反腐败和反贿赂、利益冲突等主题的额外强制性培训。我们致力于在企业行为准则中所概述的道德营销实践。创造一个员工可以毫无顾虑提出问题的环境，有助于我们推进对道德行为的承诺。我们向员工提供各种报告资源，例如我们的道德和合规服务热线、电话和网络服务热线，可匿名报告。员工也可以直接联系道德和合规办公室或首席道德和合规官。

问：您对于优秀合规官的能力期待具体有哪些方面？

答：一是需要具备强大的领导力，建立策略性的合规管控方案，并推动有效实行；二是具有合作精神和团队精神，与多方利益伙伴团队协作，达成共同目标；三是积极为所在的关联公司（affiliate）、全球合规团队以及行业发展做贡献，助力实现目标；四是具备人才领导力，能吸引留存人才并发展人才。

欧思朗先生对本书的寄语：

在专注研发创新治疗方案来攻克疑难杂症的同时，我们需要有ESG的规范和指引，时刻保持以服务患者为中心的初心，才能确保走出一条“正路”，行稳致远。感谢此全球化合规著作，汇聚各方真知灼见，共同推动大健康产业创新与合规的长远发展，实现伟大使命。

18 | 专访康蒂思全球董事会董事江维

江　维
康蒂思全球董事会董事

江维先生拥有北卡罗来纳州坎贝尔大学工商管理和金融专业的学士学位，以及印第安纳州立大学的经济学硕士学位。江维先生是2018年9月北京市政府颁发的“京华奖”获得者。

2015年10月至2021年9月，江维先生担任拜耳医药公司执行副总裁和拜耳医药公司中国及亚太地区总裁。他还于2019年7月至2021年9月被任命为拜耳集团大中华区总裁。

自2021年7月起，江维先生担任在美国上市的标准普尔500指数公司——沃特世公司的董事会成员。他还在2019年9月至2022年1月担任中国红十字会的董事会成员，并在2015年7月至2021年7月担任创新药物公司行业协会RDPAC的董事会成员。

江维先生在医疗保健行业拥有超过三十年的销售与市场和综合管理经验，其在马萨诸塞州波士顿的礼来公司开始了他的制药事业，担任医药代表。他在美国、中国内地和香港特别行政区的销售和市场领域担任过多个职位，责任越来越大。在加入阿斯利康之前，他曾在2004—2006年担任Guidant公司在中国的总经理，负责战略和业务发展。他曾在阿斯利康担任中国台湾地区总经理、日本/中国和亚太地区的区域营销总监以及中国业务高级副总裁。

江维先生于2012年加入拜耳，担任亚太区负责人，工作地点在新加坡的区域总部。江维先生是医药执行委员会的成员。他于2015年7月被任命为拜耳医药公司中国及亚太地区总裁。2019年7月，江维先生被任命为拜耳集团大中华区总裁。

问：请您简单介绍一下您所服务的企业（机构）的主营业务以及其在全球的分布情况。

答：拜耳是一家拥有近160年历史的创新型公司。拜耳专注于医疗保健和农业等生命科学领域。凭借创新产品，拜耳正在帮助寻找解决方案，以应对我们这个时代的一些重大挑战。随着预期寿命的持续提高，拜耳的目标是通过将研发活动的重点放在预防、缓解和治疗疾病上来改善不断增长的人口的生活质量。与此同时，拜耳旨在发展突破性创新，从而塑造农业，确保农民和消费者获得健康、安全、负担得起的食品，这些食品的种植方式对当地人民和地球环境都有好处。“人人享有健康，无人忍受饥饿”是公司宗旨“科学创造更美好生活”所引导的愿景。

拜耳与中国的联系有悠久的传统，可以追溯到1882年。如今，拜耳在中国拥有三大业务部门：制药、消费者健康和作物科学，并经营着多个生产设施。中国现在是世界上增长最快的市场之一，拜耳正在不断加强其在中国市场的参与。

问：您所在的企业（机构）对于合规和ESG主题的重视度如何？具体表现在哪些方面？

答：合规和ESG一直是拜耳的首要任务。几年前，拜耳在全球范围内建立了一种综合合规管理方法。这种方法旨在将合规性要求和高道德标准直接嵌入日常运营和业务战略中。通过这样做，合规和道德已成为拜耳DNA的一部分。

秉持着“高层基调”的态度，我们的综合合规管理体系不仅依赖于明确的政策和全面的培训。将与合规性相关的要求纳入业务流程中也是同样重要的。此外，我们还实施了利用先进技术的强大监测和审计概念。这种监控和审计可确保始终如一地审查日常运营中合规流程的有效性。如果检测到漏洞，它还能够不断改进系统。

问：您对于优秀合规官的能力期待具体有哪些方面？

答：首先，一流的合规官需要对所有相关的外部和内部规则和法规有非常深入的了解。这种专业知识应伴之以相关行业的经验和深刻知识。在此基础上，提供合规建议的一致性对于建立信任非常重要。其次，合规官应有能力提供令人信服的解释，说明为什么某些做法可能被禁止或受到限制。最后，合规官还应该能够概述替代解决方案，并在理想情况下取得适当的平衡，以满足业务需求，同时确保完全遵守所有适用的法律和法规。这样一来，合规将在公司内部定位为业务推动者和竞争力提供者，而不是被视为业务发展和成功的障碍。

江维先生对本书的寄语：

ESG是推动商业向善，引导资本向善的重要工具之一。我们应从医药企业全球化过程中所要面对的全面合规入手，逐步理解ESG与全球治理、社会治理和企业治理的动态关系，共同为医药行业全球可持续发展贡献自己的一己之力，相信本书的出版能够助力这一目标的实现。

19 专访Brickell首席执行官、前美国礼来首席营销官罗伯特·布朗

罗伯特·布朗
Brickell首席执行官

罗伯特·布朗先生在Brickell担任首席执行官，此前他在礼来公司工作了30多年，从2009—2018年，他担任首席营销官（CMO）和营销高级副总裁。

2007—2008年，罗伯特·布朗先生担任礼来美国公司副总裁兼首席营销官，他与各业务部门合作，确保礼来继续保持行业领先的营销能力，简化和改进营销流程，并通过建立卓越的消费者营销中心实现营销转型。

2003—2007年，罗伯特·布朗先生任洲际营销执行总监，负责包括欧洲地区的营销活动。作为礼来国际业务的首席营销官，罗伯特·布朗先生负责美国以外的所有礼来产品的营销。

1999—2003年，罗伯特·布朗先生曾担任希爱力和礼来ICOS的全球营销总监，负责全面管理万艾可的第一个竞品的全球营销战略，并影响产品的开发，以确保其获得最大的市场价值。2004年，西力士被医药营销大会授予年度最佳品牌发布奖。

此外，罗伯特·布朗先生还在礼来的销售、营销和产品管理部门担任过各种其他领导职务，包括担任礼来（中国）的总经理，帮助礼来在中国建立业务。在担任总经理期间，他管理了在苏州的一家合资企业，全面管理礼来

公司第一个生产设施的建设，并将附属公司的业务范围从12个城市扩大到45个城市。值得注意的是，罗伯特·布朗先生还帮助建立了礼来公司的仿制药子公司STC公司，并担任其第一任总裁。

罗伯特·布朗先生于1985年加入礼来公司，此前他获得了德保大学的经济学学士学位和印第安纳大学的工商管理硕士学位，目前是富兰克林学院的董事会成员。

问：请您简单介绍一下您所服务的企业（机构）的主营业务以及其在全球的分布情况。

答：Brickell生物科技是一家小盘上市的生物技术公司，致力于在炎症和自身免疫疾病领域的突破性疗法。我们的产品仍在开发中，其中一项已完成第三阶段，其他产品正处于临床前阶段。目前，我们主要集中在美国，但已与Kaken制药公司建立了伙伴关系。他们已经成功地推进了我们在腋窝多汗症方面的主要成果，并将于2020年年底在日本推出。因此，今天我们的国际化是通过伙伴关系实现的。我们最近还登录了两个平台，一个来自韩国企业Voronoi，另一个来自日本企业Carna Bioscience。

问：您所在的企业（机构）对于合规和ESG主题的重视度如何？具体表现在哪些方面？

答：作为一个初创的小公司，我们的声誉仍在形成之中。尽管我们拥有个人的良好声誉，但对于许多潜在的合作伙伴和投资者来说，公司大多时候都是不知名的。因此，以诚信和直率的方式开展业务是至关重要的。我们知道，即使并无不正当行为，但留给外界有不当行为的印象都会严重损害一个组织的形象。对于一个新成立的公司来说，在组织的根基上建立合规性也是至关重要的。从一开始，我们就必须向团队明确说明如何有序进行各种工作。做正确的事，即使是超过法律上的义务，也能为公司树立正确的基调和方向。通过建立这种文化，我们吸引重视这一点的员工，并创造一个强化以正确方式做事的环境。

问：您对于优秀合规官的能力期待具体有哪些方面？

答：尽管我们只有14名员工，但我们还是设立了首席合规官的职位。他也是我们的总理事。生物技术公司的规则和条例很复杂，不断变化，而且因国家而异。引进一位与自己有相似价值观和理念的首席合规官是很重要的。这样，员工就不会在我们的合规方法上收到不同的基调。除了首席合规官了解规则，他们还必须能够与团队成员沟通。如果人们不敢问问题，害怕因为问问题而被当作不想遵守规则的人，我们就会有麻烦了。因此，首席合规官能够解读我们有时面对的晦涩的准则，并帮助团队成员理解。通过首席合规官，我们正在建立合规计划，包括匿名热线和良好的合规方针和培训。此外，首席合规官必须有勇气。有的时候，如果我错误地把公司带向了错误的方向，他们可能需要站在我这个CEO的面前指出问题。

罗伯特·布朗先生对本书的寄语：

很欣喜地看到我的伙伴CEO们，在本书中分享表达了各自对于合规重要性的看法，向读者阐述了首席合规官必备的领导力与技能。希望我们的经验能给予读者们启迪。我相信只要我们医疗大健康产业的领导者们都能心系ESG合规，就一定能做到始终以病患为中心，继续承担好大健康行业的企业社会责任。

20 | 专访君实生物首席执行官李宁

李　宁
君实生物首席执行官

李宁博士在加入君实生物前任赛诺菲集团副总裁兼亚洲区药政与医学政策主管，在新药研发、临床研究与药品科学审评领域拥有丰富的经验。曾就职于美国食品与药品管理局（FDA），历任审评员、资深审评员、审评主管及分部主任等职。参与了多个技术指南委员会，担任过数十个创新药上市许可申请及数百个临床研究申请的主审和主管专业的复审终审。加入FDA前，曾任教于爱荷华大学医学院内科系及上海医科大学（现复旦大学医学院）。

李宁博士获得爱荷华大学医学院硕士、博士学位，上海医科大学医学硕士，医学学士等学位；发表临床试验、药物开发相关学术论文30余篇。李宁博士还同时担任美国国立卫生研究院（NIH）药物科研基金评审委员会委员、美国国立卫生研究院科研基金评审特别委员会成员、美国约翰霍普金斯大学药政学研究生学位课程教授、北京大学临床研究所客座教授、沈阳药科大学亦弘商学院研究员、中山大学药物经济研究所学术顾问等职，并于2020年起担任上海证券交易所科创板股票上市委员会委员。

问： 请您简单介绍一下您所服务的企业（机构）的主营业务以及其在全

球的分布情况。

答：君实生物成立于2012年12月，是一家以创新为驱动，致力于创新疗法的发现、开发和商业化的生物制药公司。公司具有由超过45项在研产品组成的丰富的研发管线，覆盖五大治疗领域，包括恶性肿瘤、自身免疫系统疾病、慢性代谢类疾病、神经系统类疾病以及感染性疾病。凭借蛋白质工程核心平台技术，君实生物身处国际大分子药物研发前沿，获得了首个国产抗PD-1单克隆抗体NMPA上市批准、国产抗PCSK9单克隆抗体NMPA临床申请批准、全球首个治疗肿瘤抗BTLA阻断抗体在中国NMPA和美国FDA的临床申请批准，在中美两地进行I期临床研究。2020年，君实生物还与国内科研机构携手抗疫，共同开发的JS016已作为国内首个抗新冠病毒单克隆中和抗体进入临床试验，目前已在全球超过15个国家和地区获得紧急使用授权，用本土创新为中国和世界疾病预防控制贡献力量。

截至2021年6月底，君实生物在全球拥有2500多名员工，分布在美国旧金山和马里兰，中国上海、苏州、北京和广州。

问：您所在的企业（机构）对于合规和ESG主题的重视度如何？具体表现在哪些方面？

答：君实生物作为H股+A股两地挂牌的上市公司，非常重视企业合规工作以及ESG主题。为了实现"为患者提供效果更好、花费更优的治疗选择"的目标，君实生物不但注重产品创新，还非常关注运营合规。在产品研发与生产、商业化推广与合作等方面，君实生物都严格遵守国家法律规定和行业准则规范，逐步建立起适合本公司业务发展的全面合规体系，从政策指引、文化宣传、系统建设、监管控制等方面，全方位为快速发展保驾护航，让更好疗效、更具可及性的创新治疗方案惠及更多患者。

公司自上市以来，根据港交所上市规则的要求，每年的年报都会有专门的章节总结年度ESG工作。具体内容覆盖人力资源工作、环境保护、投资者关系、媒体及公共关系、社会贡献等方面。

问：您对于优秀合规官的能力期待具体有哪些方面？

答：优秀的合规官是合规体系的重要部分，优秀的合规官应具备敏锐的洞察力、灵活的配合度、长远的预见性和坚定的信念感。随着行业环境的变化，业务不断创新，合规官必须快速随业务成长，甚至要快于业务成长的速度，要主动评估创新的业态和潜在的风险，勇于say no，敢于say yes。

李宁博士对本书的寄语：

ESG是企业面向资本市场进行非财务信息披露的重要组成部分，更是投资者评估公司非财务风险和可持续发展潜力的重要依据。尤其对于医药行业，将社会责任工作切实融入公司的日常经营活动中更是重中之重。

21 专访L. E. K大中华区主管合伙人、全球执行委员会成员陈玮

陈 玮
L.E.K大中华区主管合伙人，全球执行委员会成员

陈玮女士拥有哈佛大学应用数学荣誉学位，现担任L.E.K.大中华区主管合伙人（总部设在上海），并荣膺《Consulting》杂志2019年度全球咨询领袖奖。她于2011年至2018年期间担任L.E.K.大中华区负责人，并于2015年至2019年担任L.E.K.全球生命科学委员会的亚洲负责人。此外，陈玮女士曾于2012年至2016年担任L.E.K.全球执行委员会成员。陈玮女士在美国和亚洲市场拥有30年的咨询和行业经验，自2000年以来一直居住在中国。

陈玮女士是L.E.K.大中华区生命科学业务负责人，同时在与新加坡经济发展局合作设立的L.E.K.亚太生命科学创新智库担任董事会成员。她拥有丰富的行业及项目经验，范围覆盖生物医药及医疗器械全产业链，涵盖从早期研究到上市产品定位以及销售团队优化等各个阶段需求。在国内，她的经验包括帮助跨国药企与器械企业制定商业战略、帮助财务投资者确定投资策略、帮助国内初创企业设计商业计划以及帮助行业协会进行政策分析。

陈玮女士经常受邀参加国内外医疗健康及生命科学行业论坛，并就相关议题发表演讲。其观点被多家媒体引用，包括*BioCentury*、*BioWorld*、*In Vivo*、

华尔街日报、南华早报、金融时报、福布斯亚洲等。

加入L.E.K.前，陈玮女士曾在罗氏旗下的基因泰克公司（Genentech）担任财务副总监，也曾在雅培（Abbott）担任销售计划师。1995年至1997年于美国药物管理科学协会担任董事会成员。

问：请您简单介绍一下您所服务的企业（机构）的主营业务以及其在全球的分布情况。

答：L.E.K.咨询是一家全球战略咨询公司。我们在北美和南美、欧洲以及包括中国在内的整个亚太地区设有办事处。我们涵盖广泛的行业领域，包括医疗保健、消费品和零售、工业、私募股权等。

问：您所在的企业（机构）对于合规和ESG主题的重视度如何？具体表现在哪些方面？

答：合规和ESG是我们公司的重要关注点。作为一家专业服务公司，我们在采购项目、使用客户机密信息、适当获取二手数据和面试候选人、管理我们的分析成果，以及向客户正确解释和传达我们的调查结果方面，具有我们的专业素养和标准。此外，我们认识到，我们所服务的行业有自己的合规问题，我们需要意识到这些问题。这会影响我们如何审查市场数据和反馈，向客户解释异常（如果有的话），并推荐使他们能够以合规方式竞争的战略和战术。

ESG一直是我们的重要文化元素。2008年，我们成为第一家实现碳中和的战略咨询公司，并通过公益工作和其他内部和外部行动，继续履行对环境和社会事业的承诺。L.E.K.最近还成立了可持续发展卓越中心，以支持我们客户的可持续发展，该COE得到了我们全球地区和行业领导者的参与，并且正在开发工具和证书，以更好地告知我们的客户并指导他们应对挑战。

问：您对于优秀合规官的能力期待具体有哪些方面？

答：理解他们所在行业的法律法规，理解商业环境，保持底线，能够提供实际的建议。

陈玮女士对本书的寄语：

行业领先者正在把可持续发展作为其战略的核心，从环境、社会以及人类影响的角度制定决策。可持续发展已经成为各个行业的核心考量因素，企业也迅速将其视为治理和合规的关键组成部分，以消除公众对企业追求短期利益时所带来的长期环境影响的不满。

医疗行业正致力于在基于价值的医疗服务模式、个性化和精准医学、供应、生产、患者互动模式等各个领域进行创新。生命科学行业则正在集中解决生产、包装和废物管理所带来的环境影响、患者的负担能力以及药物在高收入和低收入国家的可及性等方面的一系列挑战。

解决合规问题是企业实现可持续发展的重要基础之一，它能够确保公司在探索和解决可持续发展相关问题时具备基本的核心治理。这需要企业在较高的前期投资与异常短暂的期限之间进行权衡，企业必须作出明确的聚焦于当代和后代需求的战略选择和决策。

22 | 专访安捷伦全球副总裁兼大中华区总经理陈亮

陈　亮
安捷伦全球副总裁兼大中华区总经理

陈亮先生现任安捷伦全球副总裁兼大中华区总经理，业务方面统领安捷伦旗下全部产品线和相关解决方案在大中华区的商业运行和业务发展。同时，他在安捷伦大中华区全面推动公司战略实施、体制改革、人才培养、文化建设以及与相关的政府部门与重点客户维系健康良好的关系等。1990年，他以获得工商管理学士（主修财务）学位的身份毕业于香港浸会大学。2007年获得中欧国际工商学院在职高层管理人员工商管理硕士学位。自陈亮先生2016年4月1日加入安捷伦以来，安捷伦大中华区的业务取得了瞩目的成就。同时，在提高团队合规经营管理水平，打造坚实可靠的人才梯队建设，公司在华业务长远营业策略的制定与不断迭代更新，奠定了坚实的基础。

陈亮先生拥有20余年在中国和亚洲的高级管理经验。在加入安捷伦之前，陈亮先生任职于总部设于德国达姆施塔特的德国默克集团，担任默克密理博高级副总裁实验室产品亚洲区负责人。在加入德国默克集团之前，他曾担任赛诺菲中国核心产品（心血管与内科）事业部副总裁。此前，他还曾在葛兰素史克中国公司担任过销售总监、市场总监、业务组总监等多个高管职务，并曾担任孟山都集团下属西尔大药厂中国销售总监、华纳兰伯特中国公司制药部全国销售经理及强生医疗器械中国市场开发经理等职务。

问：请您简单介绍一下您所服务的企业（机构）的主营业务以及其在全球的分布情况。

答：安捷伦是世界领先的科学仪器/耗材/服务供应商，拥有18000名员工，为110个国家/地区的广泛客户群（26k+实验室）提供服务。

在2022财年，我们实现了68.5亿美元的营业额，同比增长8%，我们在6个重点市场（制药、化学和材料、临床和诊断、学术和政府、食品、环境和法医）建立了非常坚实的表现。

在中国，我们的2000多位同事中大多数是面向客户的员工，他们以我们高度创新的产品、一站式耗材和服务服务于现场客户，以连接下一代实验室生态系统，从而加速研究领域的科学发现，提高制造业的产品质量和实验室效率。

我们的大中华区营业额在2022财年约为15亿美元，数字增长翻了一番，我们在中国的业务在过去7年中翻了一番，这要归功于我们的增长战略与中国在“十四五”中强调的高质量发展举措非常吻合。

我们的规模和产品/服务质量在中国市场建立了完美的基础，凭借我们新的安捷伦商业组织，在我们独特的安捷伦不妥协诚信文化下，我们的目标是推动安捷伦业务和社会的可持续发展。

问：您所在的企业（机构）对于合规和ESG主题的重视度如何？具体表现在哪些方面？

答：ESG已融入安捷伦的业务结构中。2022年，安捷伦发布了首份ESG全球报告，包括公司首份TCFD（气候相关财务披露工作组）气候风险报告；关于其到2050年实现温室气体净零排放的承诺的详细信息；以及在培养多元化、包容性和敬业度的员工队伍方面取得的进展。安捷伦中国还发布了一份本地化的安捷伦ESG报告，其中包含2022年中国的关键要素。在跨国公司中，安捷伦中国在行业中处于领先地位。

对于以高质量发展为优先的中国“十四五”规划，新法律法规的出台促进了环境保护、公平竞争、数据和隐私保护，ESG成为安捷伦中国战略的重点。我们将不遗余力地推动ESG核心要素在中国的实施，关注客户价值、社会责任、科技创新和合规，为中国的繁荣发展作出实质性和有效的贡献。

我们有“在中国，为中国”的坚定决心。通过ESG倡议，安捷伦中国致力于改进我们的工作，以提高人类的生活质量。在ESG目标的驱动下，我们将提供更加本地化、自动化、集成化、智能化、数字化的解决方案和最佳的技术支持，为创新、绿色、健康、数字化的中国贡献力量。

安捷伦核心价值之一就是“不可妥协的正直”，这也正说明了公司对合规的重视。我们制定了相关的合规政策以及相关的流程，定期给员工提供合规培训（包括线上及线下），同时，我们也有活跃的监督机制用于防范风险及调查违规事件。最后，我们也会针对发现的违规事件制定有效的改正措施，包括持续的改善流程及对涉事员工的劳动纪律处罚。

问：您对于优秀合规官的能力期待具体有哪些方面？

答：企业合规官是指从事企业合规建设、管理和监督工作，使企业及企业内部成员行为符合法律法规、监管要求、行业规定和道德规范的人员。其实，企业合规官的职位在国外以及一些在华外企中已存在数年，早已成为一个不可或缺的岗位。并且，其工作要求、工作内容具有极大的专业性以及不可替代性。通常，企业雇用合规官为企业搭建防控法律合规风险的体系，以确保企业在经营中避免被牵扯进违规操作，从而承担巨大的经济和声誉损失。合规官能力的优劣是保障企业能否稳定经营的重要因素之一。

对于优秀的在华合规官，最好是懂中文，接地气，能够了解中国的市场环境和政府部门的动向，与时俱进，并对市场动态、竞争态势和业务营运模式，有深刻的了解。

陈亮先生对本出版物的寄语：

在目前地缘政治紧张的大时代背景下，ESG是大家公认的，也是大家坚决拥护的价值，是追求人类命运共同体最优化的其中一条必经之路。

ESG未来的发展依然还有很长的一段路要走，还有很多事情需要我们一起去做。但我们坚信，在理念相同的使命召唤下，我们必将携手共创人类更美好的未来。

23 专访上海创奇健康发展研究院创始人、执行理事长蔡江南

蔡江南
上海创奇健康发展研究院创始人、执行理事长

蔡江南教授是上海创奇健康发展研究院创始人、执行理事长，原中欧国际工商学院卫生管理与政策中心主任、经济学兼职教授。他在中国和美国的大学、咨询公司和政府部门从事了近三十年的卫生经济和卫生政策的教学、研究和咨询工作，发表了大量有影响的研究成果。参与了美国第一个（麻省）全民医疗保障制度改革方案的设计、实施和评价，以及中国新医改方案的研究工作。

蔡江南教授先后出版了《医疗卫生体制改革的国际经验》《寻路医改：中国卫生政策的创新与实践》《创新提升价值》等著作。创立了"卫生政策上海圆桌会议"、"中国健康产业创新平台"（CHIP或奇璞奖），在医疗健康行业产生了很大影响。他担任医疗健康领域的领军企业的独立董事，包括迪安诊断、上药集团、药明康德、贝达制药。

蔡江南教授曾是华东理工大学经济发展研究所（所长）和商学院的主要创始人之一，曾担任复旦大学经济学院公共经济系第一任系主任。蔡江南教授曾获1990年孙冶方经济科学论文奖（我国经济学最高奖）、2002年美国卫生研究学会最杰出文摘奖。他于1997年获得美国布兰戴斯大学社会政策博士、

1984年复旦大学经济学硕士、1982年华东师范大学经济学学士。

问：请您简单介绍一下您所服务的企业（机构）的主营业务以及其在全球的分布情况。

答：上海创奇健康发展研究院是在大健康领域内，通过连接政策制度、技术发展、商业模式，推动产业、学术、政府、投资、媒体深度交流学习，建立一个帮助健康行业价值创新和领导者持续成长的平台。研究院受上海市卫生健康委员会指导。

2019年，卫生经济和卫生政策专家蔡江南教授作为创始人，在大健康领域的政府领导、学术专家、产业领导者和实践者的支持下，联合了复旦大学公共卫生学院胡善联教授、上海财经大学公共经济与管理学院俞卫教授、上海理工大学医疗器械与食品学院宋成利教授，推动了研究院的创立。

秉承“智慧领航、健康创新、价值创造”的宗旨，研究院围绕政策制度、产业创新、技术发展三个层面，开展研究咨询、学习交流、会议论坛。通过为健康行业领导者赋能，来促进我国健康行业管理能力的更新换代；通过建立国内外先进科研成果与市场应用之间的桥梁，来推动大健康领域的价值提升创新。

研究院在会议论坛方面的品牌有：（1）卫生政策上海圆桌会议。从2012年9月创立，每个季度一次，已经成为卫生政策领域讨论交流的一个国内知名品牌。（2）中国健康产品创新平台（奇璞奖）。从2014年创立，已经举办了三届评奖和颁奖活动，还举办了一系列创新项目路演活动，出版了两本创新蓝皮书，成为我国健康产业创新领域的一个知名品牌。（3）中国健康政策高峰论坛（奇策论坛）。从2017年创立，会聚了我国健康领域顶级专家领导，围绕热点问题进行交流探讨。

研究院为行业创新者和领导者赋能，以培育和储备更多行业优秀人才为使命。结合大健康行业难点和企业痛点，以行业问题和产业实践为导向，推出了一系列针对行业需要的学习、交流、互动、提升项目。在社会公开项目中，有药品和器械市场准入、医保支付方式改革等内容。在定制项目中，有针对医健创业人、投资人、企业CXO和总监级高管的行业和产业趋势深度解析分享，也有针对大健康生态平台建设的医院管理者，医药、器械和信息服务企业的KA（Key ACCOUNT，大客户管理）、GA（Government Affair，政府事务）、CAMA（Corporate Account& Market Access，公司事务和市场准入）、PA（Public Affair，公共事务）、流通行业管理层、医院药剂科主任，药理科主任等能力建设提升研修班。

研究院的研究咨询项目针对行业需要，与政府和行业合作，力图解决实际问题。例如已经开展和完成的项目有糖尿病慢病管理的落地模式、康复辅具的支付方式、社会医保按人头支付改革、医疗数字化创新、社会医保创新指数等。

研究院的工作范围可以形象地用三个维度组成的魔方显示。

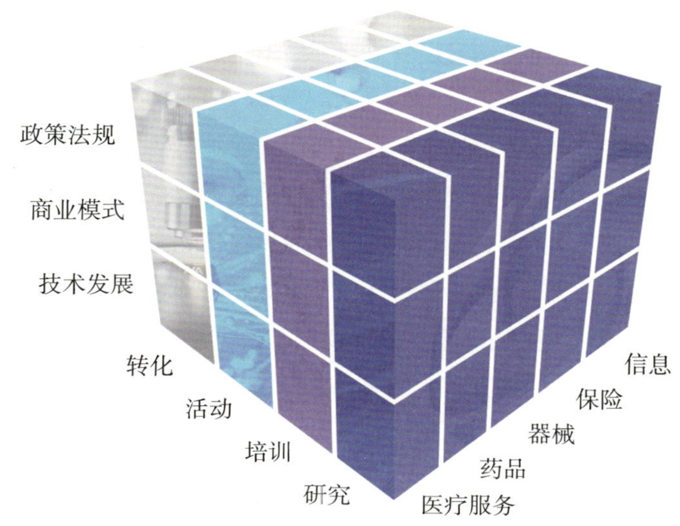

第一个维度包含了健康行业的五个主要部门：医疗服务、生物制药、医疗器械、医疗保险、医疗信息。

第二个维度包含了关注的三个层面：一是政策法规。健康行业是一个受到政策高度影响的领域，研究院的核心专家教授参与政府政策的研究咨询，与有关政府部门保持密切联系互动，可以发挥政府与行业之间沟通的作用。二是商业模式。关注健康行业的创新和管理，探索行业发展本身的规律。三是技术发展。关注健康行业技术发展的趋势，以及技术发展对健康行业带来的影响。

第三个维度包含了研究院活动的形式：研究咨询、学习交流、会议论坛。在适当时间，研究院也会参与对行业的创新创业项目进行赋能和转化工作，来推动行业发展成长。

围绕健康行业领导者的赋能和成长，是研究院工作的核心。

问：您所在的企业（机构）对于合规和ESG主题的重视度如何？具体表现在哪些方面？

答：研究院的使命是成为中国医疗健康领域内的一个独立、专业、具有公信力的行业智库和平台，因此研究院始终将社会责任和行业发展作为首要目标，这也是研究院的核心竞争力。研究院希望将医疗健康领域内的各个利益相关方联系在一起，通过交流互动学习，增加互相了解，寻找和探索可以共赢的平衡点，追求可持续发展的道路，而不是追求某一方利益最大化，而牺牲其他方面的利益。

研究院的具体工作可以体现在以下四个方面：第一，当企业希望委托研究院承办项目时，我们首先要看项目内容是否代表行业内的共同或者代表性的需要，而不是为某一家企业或者某个产品做宣传和背书。我们不会为了经济利益和收入而放弃原则。例如，我们在2021年举办了一系列的小型闭门研讨会（工坊），其中好几个研讨会的主题都与药品耗材集中带量采购有关，涉及某一类产品，如抗菌素、胰岛素、高值耗材等。当我们通过研究，认为这一类产品确实遇到共同的问题，而不只是某一个产品的问题，我们才接受这个项目。

第二，在研究院主办的活动中，总是争取邀请有关各个利益相关方参加，包括政府、学者、行业协会、医疗机构、企业等，让大家发表自己的看法。研究院本身并不代表其中某一方的利益，而是让各个相关方的声音都能够被听到，只有这样作出的决策和决定才更加客观、更加符合规律、更加可持续。

第三，研究院主办的活动避免受到商业利益的影响，特别是评奖活动。研究院举办的中国健康产业创新“奇璞奖”，在医疗健康行业已经具有很大影响。但是每一届评奖都是评委专家“背对背”投票产生，不允许任何暗箱操作和金钱交易。

第四，研究院从事的研究咨询项目，尽管通常需要企业给予财务支持，但都是与政府合作，内容代表了行业和社会的需要。例如，与湖南省政府合作的糖尿病慢病管理的研究项目，与上海市区和崇明区医保局合作的老年人口按人头支付的研究项目，与上海市卫健委合作数字化医疗的研究项目等。

问：创奇最重视的风险包括什么？

答：第一，平衡商业利益和保持公信力的风险。研究院不是政府机构，也不是事业单位，研究院作为一个独立的社会组织，其生存和发展完全需要依靠自身的市场化经营，没有任何政府和投资人的财务投入支持。研究院将服务企业作为自己工作的内容之一，并不会拒绝与企业合作，拒绝接受企业的经费支持。因此，如何在保证自身的生存发展，同时保证研究院的公信力和把社会利益放在第一位，经常遇到挑战。在选择接受什么样的项目时，有些项目尽管经济报酬可观，但是违背研究院的初心和价值观，我们就要放弃；有些项目尽管经济利益不大，但是社会意义重要，我们反而需要给予重视。第二，信息安全合规风险。研究院会与政府和企业合作，不可避免会接触到一些敏感的政府机构信息和企业的敏感商业信息。我们根据合作方的要求，将涉及的敏感信息限制在要求的范围内，不做扩散。

问：您对于优秀合规官的能力期待具体有哪些方面？

答：第一，除了要对自己工作的行业和企业情况十分了解之外，还需要对国家经济社会发展的宏观政策、计划、目标有所了解，如经济社会、行业发展的五年计划，健康中国的发展规划，卫生、医保、药监等有关部门的重大政策等。只有这样才能不局限于狭隘的看问题视角，可以有预见性地把握政策法规的背景和动向，提前做好布局和预警。这样才能使合规工作站在更高的视角开展，主动积极地做好工作。第二，与医疗健康行业本身具有的跨学科性质有关，优秀的合规官需要具有跨学科的知识背景。除了熟悉自己工作领域的专业知识之外，对法律、政治、经济、人文、心理等领域的基本知识也需要有一定涉猎。第三，合规官在工作中需要与许多部门打交道，因此需要具备很强的交流沟通能力，包括文字和口头的交流沟通。第四，优秀合规官需要很好地将自己机构和部门的利益与行业社会利益之间做好协调平衡，尽量追求共赢，而不是仅仅站在自己机构的角度。这种平衡既是一种价值观，也是一种艺术，需要不断学习提升，做到最专业。

蔡江南教授对本书的寄语：

医药产品关系到人们的生命健康，安全质量特别重要。因此，与其他行业相比，这个行业的社会责任和合规守法特别重要。行业专家之间的交流分享，可以起到互相促进，推动行业健康发展的作用。

24 | 专访益普生特药中国总经理戴纪尧

戴纪尧
益普生特药中国总经理

戴纪尧（Guillaume Delmotte）先生作为益普生特药中国总经理，负责益普生在中国的特药业务。自加入益普生，戴纪尧先生先后在不同的国家任职。他于2004年加入公司，担任国际战略规划经理，负责北欧、东欧、中国和韩国的战略规划工作。之后，他被派驻莫斯科两年，任职战略规划和运营经理。2018年7月，戴纪尧先生开始担任益普生波兰公司总经理，负责益普生公司战略在波兰的落地实施，即成为一家领先的中型生物制药公司。在他的领导下，波兰公司建成了一支高绩效的跨部门团队，成功将波兰公司转型为商务和医学卓越中心，并推动公司关键性产品重新获得具有竞争力的市场地位。

戴纪尧先生在2021年年初被任命为益普生特药中国总经理。他全面负责益普生特药业务在中国的运营和管理。在他的带领下，公司专注于肿瘤，罕见病和神经科学业务，并进一步落实益普生集团的战略，聚焦中国。

问：请您简单介绍一下您所服务的企业（机构）的主营业务以及其在全球的分布情况。

答：益普生是一家全球性的中型生物制药公司，专注于肿瘤学，罕见疾病和神经科学领域的变革性药物。它在全球拥有5700名员工，在115个国家销售20种药物。

问：您所在的企业（机构）对于合规和ESG主题的重视度如何？具体表现在哪些方面？

答：我们致力于以敏锐和负责任的态度开展业务，在整个公司推广最高的道德标准。益普生坚持对社会、患者健康以及员工、社区和地球的福祉负责任的态度。我们的企业社会责任（CSR）方法建立在员工、社区和环境这三大支柱之上，并且将其完全嵌入我们的公司战略中，这有助于提升我们商业模式的可持续性。我们的三大支柱与联合国国际公认的可持续发展目标保持一致。益普生还致力于反腐败合规，并于2021年12月获得ISO 37001反腐败管理系统认证。

问：您对于优秀合规官的能力期待具体有哪些方面？

答：能够实施正确的控制、教育和监控结构。能够引导企业理解商业道德的重要性。此外，优秀的合规官从一开始就让合规成为业务的一部分，使正确的事情发生并让企业走上正确的道路。

戴纪尧先生对本书的寄语：

作为制药行业，我们的责任是更好地服务于患者和社会。在我们的战略和愿景中纳入社会和环境责任的明确方向，对社会产生积极影响至关重要。ESG将提供指导原则和规则，以加强和调整我们的道德和合规质量标准。我们坚信，ESG将对我们的行业提供支撑，以确保我们达成使命。

25 | 专访毕诺济生物联合创始人兼首席执行官赵萍

赵　萍
毕诺济生物联合创始人和首席执行官

赵萍女士在制药和生物技术行业深耕超过28年，对中国医药行业环境、市场准入和政府事务有着深刻洞察和战略思考。曾任礼来、健赞、艾尔建、百时美施贵宝和基石药业的全球副总裁和大中华区总经理，展现出优秀的企业家精神和领导力，从无到有建立多个公司成为肿瘤、罕见病、医美领域的领军企业。

赵萍女士拥有超过22年专注肿瘤治疗领域和6年在医美领域的经验，并主导超过30多个知名产品在中国获批上市，早年服务于礼来（中国）和百时美施贵宝等公司期间，为包括中国临床肿瘤学会（CSCO）和中国肺癌高峰论坛在内的多项肿瘤领域极具影响力的平台的筹建和发展作出了贡献。

赵萍女士职业生涯始于妇产科医生。她毕业于同济大学医学院，拥有英国莱切斯特大学工商管理硕士学位，目前是同济大学校友会副会长及常务理事。她积极倡导女性追求生命的潜能，是多个女性领导力组织的发起人，并且是国际女性领导力组织WBC的顾问委员会成员。

问：请您简单介绍一下您所服务的企业（机构）的主营业务以及其在全球的分布情况。

答：以T细胞创新疗法解决重大临床需求。毕诺济（上海）生物技术有限公司专注于细胞和基因治疗领域的前沿探索与转化，致力成为肿瘤和炎症疾病领域的全球创新疗法领导者。近年来，细胞疗法在治疗实体瘤方面产生了巨大的突破，其中基于T细胞的疗法，如TIL、TCR-T、CAR-T和Treg等在治疗肿瘤等疾病中展现出独特的临床疗效优势，前景广阔。

问：您所在的企业（机构）对于合规和ESG主题的重视度如何？具体表现在哪些方面？

答：研发创新是医药行业迈向现代化可持续发展的必经之路，也是公众健康利益维系的基础着力点，ESG作为可持续发展的新路径，让创新型企业了解面临的机遇和风险，从而实现环境影响、社会责任、公司治理的正向价值导向。ESG和合规理念也正在积极推动着医药行业迈向新的可持续发展道路，引领创新。

问：您对于优秀合规官的能力期待具体有哪些方面？

答：合规官对于企业的可持续发展起着重要的作用。在医药行业，我们致力于探索生命科学，找到困扰和威胁人类健康的解决方案，满足未被满足的医疗需求。企业的合规涉及方方面面，在生物医药的初创企业，合规犹如建造一座大厦，我们在造地基的时候就遵循临床试验的规范，伦理道德的规范，以及国家对于人类遗传基因的相关管理规范。合规官对于公司的所有发展阶段都在帮助企业预见风险，及时纠正，更重要的是防患于未然，让合规的理念成为一种文化在组织中广泛认同，让企业在发展的过程中少走弯路。

赵萍女士对本书的寄语：

后疫情时代使全球更加关注可持续发展对社会和环境的影响，医药行业作为自带社会环境和经济属性的双重标准，其运营以及管理中的道德水平直接关乎大众的生命安全和健康。如何将医药行业的ESG与合规性融入企业的可持续发展中，是亟须我们思考和探讨的。本书的合规理念加速了医药企业迈向全球化可持续发展的进程，并给我们提供了新的视野。

26 | 专访康希诺生物董事长兼首席执行官宇学峰

宇学峰
康希诺生物董事长，首席执行官

宇学峰博士是康希诺生物的联合创始人之一，现任董事长兼首席执行官。宇学峰博士于1985年获南开大学生物系学士学位，1988年获南开大学生物系微生物学硕士学位，1997年获加拿大麦吉尔（McGill）大学微生物学博士学位，1998年加入世界五大疫苗企业之一赛诺菲－巴斯德（Sanofi Pasteur Limited.），先后担任产品开发部科学家、细菌疫苗开发部加拿大分部总监及细菌疫苗开发全球总监，曾是加拿大多伦多公司分部里最年轻的高管之一。

2009年，宇学峰博士率团队回国创办康希诺生物股份公司，专业从事高品质人用疫苗的研发、生产和营销。宇学峰博士在生物医药领域深耕三十余年，具有丰富的生物制品工业开发及企业运营管理经验。十余年来，他吸引国内外疫苗行业的资深人士组建了尖端专家及技能工匠相结合的人才队伍，带领团队建立了覆盖12种传染病的17种疫苗的研发管线，其中包括2017年获得批准的全球创新重组埃博拉病毒病疫苗（腺病毒载体），2021年获批附条件上市的重组新型冠状病毒疫苗（5型腺病毒载体），A群C群脑膜炎球菌多糖结合疫苗（CRM197载体）和ACYW135群脑膜炎球菌多糖结合疫苗（CRM197载体）。

宇学峰博士还主导建设了公司首个疫苗生产基地，其设计、建设和运营符合我国及国际GMP（Good Manufacturing Practice）标准。融资方面，推动企业完成香港联交所主板H股上市和A股科创板上市发行。在宇学峰博士及团队的带领下，康希诺生物将陆续推出多款高质量、创新型疫苗走向国内及国际市场，为全球公共卫生事业作出贡献。

问：请您简单介绍一下您所服务的企业（机构）的主营业务以及其在全球的分布情况。

答：康希诺是一家致力于研发、生产和商业化符合中国及国际标准的创新型疫苗企业。在管理层带领下，康希诺推进了一系列创新疫苗的研发，研发管线涵盖预防新型冠状病毒、埃博拉病毒病、脑膜炎、百白破、肺炎、结核病、带状疱疹等多个临床需求量较大的疫苗品种。目前集团总部设在中国，在天津、上海、南通、香港特别行政区以及新加坡、加拿大等地设有公司。截至2021年12月，康希诺研发的重组新型冠状病毒疫苗（5型腺病毒载体）已获得墨西哥、巴基斯坦等多个海外国家的紧急使用授权及中国附条件上市批准，埃博拉病毒病疫苗及两个脑膜炎球菌疫苗产品已经完成新药注册，百白破疫苗、肺炎结合疫苗、结核病疫苗在临床试验阶段。

问：您所在的企业（机构）对于合规和ESG主题的重视度如何？具体表现在哪些方面？

答：近年来，康希诺以创新的技术、卓越的产品、严格的质量、高度的社会责任感及良好的商业信誉获得了全球客户、商业伙伴及社会公众的宝贵信任，这源于我们在研发、生产及商业活动中的诚实守信、合规守法。康希诺在打造卓越商誉过程中，始终恪守“合规守法”的信念。无论是现在还是将来，诚信、道德与合规都是康希诺维护公众信任、尊重与认可，业务可持续发展与取得成功的关键所在。因此，坚守诚信、道德与合规对康希诺来说至关重要。

康希诺十分重视公司的全面合规管理，绝不容许任何形式的违法违规行为。2021年康希诺成立了风险与内控管理委员会，致力于建立一个全面的合规管理体系，这套体系涵盖了：合规管理组织架构（董事会全面负责，风险与内控管理委员会领导，法务与合规部主导，各部门合规联络人协助）；公司政策、制度、流程建设及其落实执行、检查监督、持续改进；合规咨询与培训；合规文化的树立和宣传；合规考核机制；合规举报机制；合规问责机制以及合规体系完善及合规管理持续改进。同时，康希诺已经出台了《康希诺生物合规手册》，对集团范围内全部公司在工作中涉及的各个方面提出了合规行为要求，指导每一位员工以合规和符合道德的方式展开业务。

康希诺非常重视ESG管理以及披露工作，设有由董事长及首席执行官领导的专门的ESG工作小组负责ESG工作的执行、管理及披露，统筹协调各部门完善和提升ESG管理水平。自2019年在港交所上市以来，康希诺每年都会按照港交所ESG报告指引要求，披露包括人力资源、环境、社会责任、合规管治、供应链、知识产权等内容。目前，康希诺已受到很多主流ESG评级机构关注，其中，在MSCI近两年测评中，康希诺均被评级为A，整体表现良好。根据MSCI的相关报告，康希诺目前已没有弱势项。

康希诺始终以在世界范围内提供预防传染病和感染病的解决方案为己任，致力于为中国及全球提供创新、优质、可及的疫苗，为全球公共医疗卫生事业作出应有的贡献。新型冠状病毒感染疫情暴发以来，创始人深入一线，与临床医学团队长时间驻扎多个疫情严重的国家，支持和辅导当地开展新冠疫苗临床三期试验；管理层亲赴墨西哥及巴基斯坦等国指导技术转移，提高新冠疫苗在中低收入国家的可获得性，带动发展中国家疫苗产业能力升级。康希诺将继续积极推动ESG各项议题的提升工作，促进本公司可持续发展，为全球公共医疗卫生事业作出更大的贡献。

问：您对于优秀合规官的能力期待具体有哪些方面？

答：全面合规管理体系是一套集法律、风控、财务、审计、人力、安全生产、质量环保、运营管理及可持续发展等涉及各个部门多方管理的综合性管理体系。优秀的合规官一定是以法律和企业规章制度为行为准则，具备专业的合规综合管理能力，能够不断完善公司合规体系的同时，还应该具备对于业务风险的洞察能力，能够挖掘不同合规事项的本质和痛点，平衡企业风险与运营效率，能够在企业不同发展阶段推动切实可行能够落地的合规政策和标准。除了专业能力外，每一个优秀的合规官都是一个综合管理的岗位，高效的沟通能力和协调能力也必不可少。一个好的优秀合规官，不仅能够在合规领域创造价值，对于企业整体运营管理都是宝贵的资源。

宇学峰博士对本书的寄语：

ESG可持续发展理念是企业长期稳定发展的保障。将ESG因素纳入决策和日常运营过程中才能不断提升公司的合规和抗风险能力，实现企业的社会责任。本书总结和探讨了处于不同发展阶段的中国医药企业的ESG现状，为我们实现合规、环保以及高效的可持续发展提供了很好的借鉴。

27 专访三生国健总经理、中国药师协会副会长肖卫红

肖卫红
三生国健总经理，中国药师协会副会长

肖卫红先生毕业于对外经济贸易大学，经济学学士。曾任北京大学国际MBA顾问，辉瑞（中国）投资有限公司历任人力资源经理、高级经理、总监，海正辉瑞制药有限公司首席执行官。现任中国人民政治协商会议上海市浦东新区常务委员、中国农工民主党第十六届中央生物技术与药学工作委员会委员、中国农工民主党第十六届上海浦东新区副主委、中国药师协会副会长。

肖卫红先生深耕制药行业近20年，在大型跨国公司、大型中外合资制药公司以及大型本土生物制药公司有丰富的战略制定、业务运营以及全面企业管理的经验。加入三生制药后，肖卫红先生整合并带领业务团队，实现了整体效率稳固持续提升，为公司业绩保持强劲增长和实现公司成为全球领先的中国生物制药企业的愿景作出了不懈的努力。

问：请您简单介绍一下您所服务的企业（机构）的主营业务以及其在全球的分布情况。

答：三生制药成立于1993年，是一家集研发、生产和销售于一体专注于生物医药的高新技术企业，至今已有29年的历史。2007年，公司成为首家在

纳斯达克上市的中国生物制药企业。2015年，公司在港交所挂牌上市，成为当年全球生物医药最大IPO。上市后，三生制药被纳入恒生综合大中型股票指数、MSCI中国指数、恒生中国（香港上市）100指数。2015—2020年三生制药连续六年蝉联中国医药工业百强，并跻身中国医药研发20强。

一路走来，三生制药一直秉持着“珍爱生命，关注生存，创造生活”的企业理念，以“创新驱动，立足中国，面向全球”为企业发展战略，通过不懈努力，以高品质的药品提高患者生存质量，为人类健康造福。

目前，三生制药有上市产品30余种，核心产品包括特比澳、益赛普、两款重组人促红素品牌益比奥及赛博尔、治疗脱发的OTC药物，都分别在其细分治疗领域占据主导地位。

公司在研发、生产、营销方面具备丰富的经验，目前拥有多家境内外子公司，包括沈阳三生制药有限责任公司、三生国健药业（上海）股份有限公司、浙江万晟药业有限公司、深圳赛保尔生物药业有限公司、斯通药品有限公司（意大利）。

2020年7月，子公司三生国健于上海证券交易所科创板挂牌上市。三生国健成立于2002年，是中国第一批专注于抗体药物的创新型生物医药高新技术企业，拥有业内稀缺的全方位的研发、产业化和商业化抗体药物的经验和成熟体系。目前三生国健的员工规模超过1500人，业务遍布全国32个省、自治区、直辖市和海外十余个国家。

三生国健以创新型治疗性抗体药物为主要研发方向，为自身免疫性疾病等重大疾病治疗领域提供高品质、安全有效的临床解决方案。目前，公司已上市三款治疗性抗体类药物。主打产品益赛普是中国首个上市的全人源抗体类药物，在风湿免疫领域填补了国内无生物制剂可用的空白。因其稳定的疗效，益赛普的市场份额自2006年以来一直处于国内市场领先者地位；健尼哌是目前国内唯一获批上市的人源化抗CD25单抗，可显著提高移植器官存活率，改善患者生存质量；赛普汀是中国首个自主研发的创新抗HER2单抗，拥有优化的生产工艺、更强的ADCC效应，打破了进口产品在国内抗HER2单抗市场的垄断局面，提升了民族创新药物的可及性，惠及更多中国患者。

三生国健拥有抗体药物国家工程研究中心，由一支约350人的研发团队组成，覆盖抗体药物发现、开发、注册、临床、生产、商业化全流程，具有从靶点验证到产品产业化全周期的抗体研发能力。在研产品19项，其中大部分为治疗用生物制品1类药品，有效发明专利65项。

同时，三生国健有着近20年的产业化规模抗体生产经验，运行着目前国内生物制药公司中规模最大的经认证的商业化产能，已建成生物反应器合计规模超40000升，可实现生产线全过程的自动化、信息化。公司始终将产品质量视为企业的生命线，产品质量满足国际标准。公司质量管理体系覆盖产品开发、技术转移、商业生产和产品退市的全生命周期，在境内拥有4个GMP证书，境外拥有4个GMP证书以及2项欧盟QP认证。

作为一家民族生物医药企业，三生国健也一直心系社会。2019年起，三生国健大力参与并支持国家“强直性脊柱炎健康扶贫工程”“强直性脊柱炎健康乡村项目”，旨在救助2万名建档立卡的强直性脊柱炎中重度患者。2020年，原国家扶贫办授予三生国健董事长娄竞博士“全国脱贫攻坚奉献奖”。

国际化布局方面，三生制药是中国最早进军国际市场的生物制药公司之一。我们国际市场开发始于2004年，逐步与中东、独联体，拉美及亚洲国家的当地代理合作以全面扩展我们的国际业务。

目前，公司创新抗体药物成功获得了中美IND批文并开展临床。核心产品609A（PD1）成功授权美国合作伙伴，授权费总金额达到数亿美元。同时，公司还与瑞士NUMAB，日本TORAY，美国SELECTA、Verseau等多个国际公司等进行创新药物的合作开发。另外，公司下属基地获得多个国家药品监管机构的GMP证书，包括但不限于ICH成员国巴西，PIC/s成员国乌克兰、墨西哥、土耳其、印度尼西亚等。

公司核心产品已经获得20多个国家的超过50个上市批文，另有超过70个品规正等待相关药政监管机构的批准。益赛普更是中国首个自主研发的单抗药物，目前已经在全球16个国家获得注册批准，在其他10多个国家进行注册申报。国际化布局初见成效。

随着全球范围内对本地生产保护的增强，药政法规的要求更加严格，除了在欧美寻找创新药合作机会，布局前沿的生物技术研发和临床之外，我们在全球主要新兴市场进行广泛布局，包括中东北非、南亚、东南亚、拉美、独联体等区域。公司适应国际化的战略要求，积极在核心新兴医药市场进行本地化生产和建立本地合资项目的机会。区域包括墨西哥、土耳其、摩洛哥、印度尼西亚、巴基斯坦、孟加拉国等国，帮助当地企业提高本地生物制药生产和质量管理能力，同时降低生产成本，提高药物可及性，惠及当地病患，也间接提高两国制药行业的合作水平，加深两国人民友谊。为公司致力于成为全球领先的中国生物制药公司而努力。

问：您所在的企业（机构）对于合规和ESG主题的重视度如何？具体表现在哪些方面？

答：在中国讲合规实际上是一个大合规的概念，自古我们就说“没有规矩不成方圆”，它实际上所强调的规则跟《反海外腐败法》（FCPA）治理下的合规管理略有不同，贯穿企业各业务领域、各部门与全体员工，贯穿决策、执行、监督全流程。尊重市场、尊重专业、尊重制度，合规管理至关重要，它管理的内容扩大至市场交易、安全生产、产品质量、劳务用工、知识产权、出口管制、数据保护、反垄断、反洗钱、利益冲突等领域。三生制药一直重视企业合规管理，依据集团发展战略，在2016年就建立了独立的合规管理部门，上设合规委员会对合规管理工作进行指导和确认。合规委员会的成员包括集团CEO、CFO、COO等多位核心管理者和决策者，这充分体现了我们对合规管理的重视。对于整个合规管理体系建设，不仅是合规部一个部门的职责，合规管理其实贯穿在各部门，比如财务部需要考虑财务合规管理，信息技术部需要考核信息安全合规管理以及个人信息保护等相关问题。三生制药一直倡导以人为本，“本理则国固，本乱则国危”，人是社会的重要组成部分，每个企业都离不开员工的支持，我们一直倡导“全员合规，人人合规”的理念，在合规文化建设上也投入了很多的精力，集团有来自运营、职能等多个部门的200多位合规大使，他们在各自的岗位上，在合规部的指导下进行合规相关政策的宣导以及合规宣传。只有把合规当成一种常态，当成一种文化根植于每一位员工中，让合规成为我们工作中的一种习惯，才能铸成铁壁钢墙。

企业合规的本质是通过建立一套识别、防范和应对违规违法行为的机制，在企业内部形成依法依规经营的惯例和文化。这就是我们所理解和倡导的合规。在ESG方面，三生制药自创立之日起，就将“让创新生物药触手可及”作为自身的使命，致力于解决病患临床用药难题，不断攻克疾病挑战，用高质量的药品提高患者生存质量，为造福人类健康而努力。三生制药认为ESG是实现企业使命和愿景的基石，因而始终将ESG管理作为集团管理工作的重点。

三生制药认为，有力的ESG管理架构、科学系统的ESG管理机制和全员ESG的企业文化是ESG管理的“三驾马车”。经过多年的不断精进，三生制药形成了其在ESG管理架构方面的卓越领导力、管理机制中的坚实组织力和高度凝聚的企业文化力。

卓越领导力——搭建董事会领导的ESG管理架构。企业ESG管理的核心动力来自董事会、管理层的认识和重视。三生制药管理层高度重视ESG管理，不断完善管理机制，形成ESG管理工作自上而下强大的推动力。2020年，三生制药建立了董事会领导的ESG委员会，负责研究、制订和落实公司的ESG管理方针和策略，监察ESG主要趋势，并评估有关风险和机遇等。

ESG委员会下设ESG工作小组，由多个与企业社会责任相关的职能部门选派代表组成，共同负责ESG工作计划的制订和落实。ESG委员会定期听取ESG工作小组的工作报告，及时给予指导意见，确保ESG工作计划的高效执行。与此同时，公司将ESG列入公司管理层的考核内容，并与管理层的年度绩效和薪酬挂钩。通过自上而下强有力的推动，三生制药建立了规范的ESG管治架构及管理体系，ESG管理工作得到全面强化。

坚实组织力——建立ESG系统化管理机制。ESG信息披露是促进ESG管理的重要手段，ESG数据管理又是ESG信息披露的基础。三生的ESG管理经历了从定期ESG报告到ESG数据系统化管理的逐步提升过程。2016年，三生制药发布了企业的第一份ESG报告，此后每一年ESG报告都是三生制药年度报告中不可或缺的章节。2017年，为了实现ESG数据的科学管理，三生制药在国内率先建立了ESG数据的系统化管理体系，对于与企业高度相关的ESG议题的关键绩效数据进行收集和统计。

2020年，在此前ESG数据年度管理的基础上，三生制药建立了季度/半年度数据统计和绩效分析机制，对ESG数据进行更加精细和深入的管理。一方面，通过与行业ESG数据的优秀绩效、中位绩效以及落后绩效比较，三生制药识别出自身ESG绩效在同行业中所处的水平，再结合企业自身在市场的位置，制定提升ESG数据绩效的管理目标与方针。另一方面，通过对企业ESG数据的纵向管理，即比较自身ESG绩效的历年表现，了解自身运营的投入产比，从而制定ESG数据管理目标，不断提升ESG管理效果。

凝聚文化力——打造全员ESG的企业文化。ESG管理需要自上而下强有力的领导，更需要自下而上的全员参与。三生制药重视对员工ESG理念的宣导，致力于打造全员ESG的企业文化。例如，针对新入职的员工，三生制药将ESG理念介绍作为新员工培训的必修课程；针对在职员工定期开展ESG管理的复训。通过将ESG理念的宣贯融入日常工作中，三生制药在全体员工中建立起对ESG的清晰认知。

在ESG管理的过程中，三生制药也尽可能为全体员工创造参与ESG管理过程的机会。例如，三生制药建立了"诚信大使"计划，"诚信大使"由各部门员工代表担任，负责在区域内解读和宣导集团合规政策，弘扬诚信与合规的理念。此外，在完成定期的绩效数据统计分析后，召开有相关部门参与的ESG数据绩效沟通会，让员工了解公司ESG管理的进展，并共同分析落后绩效原因，积极参与到ESG管理提升的过程中，集思广益为公司的ESG管理提升建言献策。

在公司全体管理层和员工的不断努力下，三生制药的ESG管理工作不断精进，得到了社会和资本市场的认可：2020年，三生制药MSCI ESG评级提升为A级，超过78%的受评全球同业；CDP气候变化问卷评级提升为B级（管理级别），超过了74%的全球上榜企业。

一路走来，三生制药作为国内较早开展ESG管理工作的企业，见证了国内企业的ESG管理从少有人知到如火如荼的发展历程，也因为自身前瞻性的策略和时时刻刻的踏实行动，成为国内企业中ESG管理的佼佼者。展望未来，三生制药的ESG管理工作将更加精进，持续贡献全球可持续发展目标和人类的健康与福祉。

问：您对于优秀合规官的能力期待具体有哪些方面？

答：合规风险从来都不是来自法律，而是来自人和业务行为，所以，想要知道风险在哪里，就必须了解人和人的行为。我觉得合规官首先要有了解和熟悉业务行为的能力，要先站在业务的角度来理解业务模式和业务行为的逻辑，然后从风险管理的角度来指导业务如何能够规避风险，不触碰法律法规和道德底线。其次就是统筹能力，合规不是一个人或一个部门的事情，而是每个人需要有的意识和能力。所以这需要合规官有很强的统筹协调能力，来带动组织各个部门共同参与到合规管理当中。

肖卫红先生对本书的寄语：

有力的ESG管理架构、科学系统的ESG管理机制和全员ESG的企业文化是三生制药ESG管理的“三驾马车”。本书中还有很多优秀企业的ESG实践案例，欢迎大家阅读。

28 专访安永大中华区气候变化与可持续发展合伙人李菁

李　菁
安永大中华区气候变化与可持续发展合伙人

李菁女士现任安永大中华区气候变化与可持续发展合伙人，大中华区ESG管理办公室主任，安永亚太区金融服务可持续发展主管。

李菁女士曾任联合国开发计划署纽约总部环境能源局全球项目经理、气候变化研究专员以及中国办公室环境能源项目经理。深耕ESG、绿色金融、气候变化多年。同时担任证监会证券业协会绿色证券委员会专家委员、生态环境部气候投融资专委会专家、中国碳中和50人特别专家、上海能源与碳中和战略研究院专家委员会专委、大宗商品衍生品协会绿色金融专委会副主任、浙江湖州绿色金融改革创新试点示范专委会专家委员等多个社会职务。参与财政部、发改委、人民银行、生态环境部、证监会、银保监会等国家部委牵头的有关ESG、绿色金融、转型金融、气候投融资、可持续发展等课题或政策标准指引的研究和专家建议。

李菁女士带领安永团队连续四年获得亚洲货币颁发的最佳绿色金融认证机构奖，连续两年获得国际金融论坛颁发的全球绿色金融机构奖，连续两年获得北京绿色交易所颁发的优秀绿色资产评估机构奖等多个荣誉。

李菁女士带领团队支持各行业客户在碳中和、绿色金融、ESG等领域取得突破，以领先的技术和专业的服务，为实现绿色低碳、共同富裕等目标贡献力量。

李菁女士同时与复旦大学、上海交通大学、浙江大学、对外经济贸易大学、香港理工大学等多所大学合作，作为客座讲师、产业导师、评审导师等，积极培养可持续发展领域的青年学子。受邀参与国内外论坛、讲座、培训等，为产业、企业培训人才提供支持。

问：请您简单介绍一下您所服务的企业（机构）的主营业务以及其在全球的分布情况。

答：安永是全球领先的审计、咨询、税务、战略与交易的专业服务机构之一，安永在150多个国家及地区聘用逾310000名人员，在大中华区市场提供专业服务逾50年。

问：您所在的企业（机构）对于合规和ESG主题的重视度如何？具体表现在哪些方面？

答：在安永全球NextWave战略引领下，安永大中华区建立ESG管理委员会，负责制定ESG战略规划及目标、监督和指导落实ESG工作，实现我们与内外部利益相关方的良性互动，持续深化安永在ESG领域的影响力。

安永在全球范围内提高与负责任业务相关的政策和实践的一致性。安永在全球组织的各个层面上表现出对人权和劳工权利、公平商业惯例和可持续采购以及环境管理等问题的合规性。同时，我们将与客户和其他利益相关者透明地分享我们的进展。

问：您对于优秀合规官的能力期待具体有哪些方面？

答：一是了解行业，熟悉企业的战略、产品、服务、制度等；二是对合规及ESG专业要有体系化的认知、理解和丰富的实践经验；三是能够把合规及ESG专业知识运用到具体的业务上，即实操能力。

李菁女士对本书的寄语：

医药和大健康产业与ESG所倡导的理念不谋而合，都是为了让人们生活更美好。在这个过程中，企业遵循ESG准则和指引，加强ESG管理，能够让医药和大健康产业走得更稳，更可持续。希望这本全球化合规著作，能够让更多的人了解合规和ESG的重要性，为医药和大健康产业的可持续发展，贡献专业力量。

29 | 专访思路迪诊断创始人、董事长熊磊

熊　磊
思路迪诊断创始人、董事长

熊磊博士毕业于中科院生化与细胞生物学研究所，获得生物化学与分子生物学博士学位，并于瑞士苏黎世大学进修博士后。

熊磊博士于2010年创办思路迪集团公司，是中国精准医学领域的领导者。自2013年起，熊磊博士扎根上海市闵行区浦江镇，设立思路迪诊断总部，在分子诊断领域率先推出以自动化和智能化为特征的智慧诊断实验室解决方案，业务覆盖肿瘤、感染和遗传疾病领域；集团旗下临床实验室获得CAP（College of American Pathologists，美国病理学家学会）及CLIA（Clinical Laboratory Improvement Amendments，国临床实验室改进法案修正案）双认证。

问：请您简单介绍一下您所服务的企业（机构）的主营业务以及其在全球的分布情况。

答：思路迪诊断2010年成立于上海，是中国早期从事精准医疗的企业之一，旗下诊断业务覆盖肿瘤和感染两大领域，形成了以“肿瘤早期诊断+肿瘤伴随诊断+感染诊断”为核心的三大业务板块，贯穿产业上中下游全流程。经过长期的耕耘发展，思路迪诊断已经成为中国自动化和智能化精准诊断的领导者之一。

目前，企业员工超过1000人，研发人员超过300人，申请/拥有的专利近200项，已经构建了集设备工程、电气、生命科学技术、材料学和人工智能数据分析于一体的综合性研发平台，具备实现精准诊断领域研发制造全自动化操作以及智能化数据处理的能力。思路迪诊断还拥有具备行业权威的CAP/CLIA资质、通过中国CNAS ISO15189和美国A2LA双认可的第三方医学检验所，提供从疾病早期诊断、伴随诊断到疾病动态监测的精准医疗全程管理产品和服务。

问：您所在的企业（机构）对于合规和ESG主题的重视度如何？具体表现在哪些方面？

答：随着企业业务的逐步扩大，合规的重要性对于思路迪也与日俱增。我们承诺并要求思路迪集团下属所有公司以及公司所有部门和所有员工遵守我们经营所在国家和地区的法律、法规和规范。

作为一家生命科学领域的高科技创新创业公司，公司坚持以“让全球每一位患者在任何时间、任何地点都能得到精准的治疗”为使命，致力于普惠大众，为国内乃至全球广大群众创造更健康、更安全的生活环境和条件。在积极推动建立健全合规体系同时，公司也不忘积极回报社会，在合规和社会责任履行方面作表率。

问：您对于优秀合规官的能力期待具体有哪些方面？

答：能将合规在企业落地，而不是简单说教，在我们看来，这是优秀合规官的关键性指标。我们期望优秀的合规官能考虑企业和行业的实际情况，结合政策法规的演变，提出切实有效的合规方案。

熊磊博士对本书的寄语：

非常感谢“大夏合规”花费巨大的心力来出版一份对医疗健康企业有切实指导作用的合规书籍，我们也期望和同行在合规的道路上共同进步，为社会的进步和大众的健康尽一份绵薄之力。

后　记

受西门子集团总部资助启动的“大夏合规”项目，在世界银行的监督下，自2020年1月9日至2022年12月31日从事企业合规的系统研究和教学，旨在推动合规高等教育、培养合规人才及传播和分享合规理念，尤其是在我国的医疗行业。

我必须将最诚挚的谢意献给华东师范大学企业合规研究中心主任、法学院院长张志铭教授，以及世界银行项目西门子诚信倡议“大夏合规”负责人、华东师范大学法学院周万里副教授。感谢两位教授的相邀，使我有机会以华东师范大学企业合规研究中心研究员暨“大夏合规”项目高级顾问的身份，邀请近30位来自全球医疗大健康行业以及相关行业协会、商会、咨询公司、研究院等机构的高管们参与2022年ESG合规论坛，并记录下他们和其所在的企业（机构）对于ESG合规的重视度，以及企业管理层对于优秀合规官的能力期待。

每一次的对话与沟通，我都深深地被受访嘉宾们激情倡导ESG合规的信念精神打动。参与ESG合规论坛的高管们有些为此放弃了2022年春节期间的个人休息时间，有些是在出差的途中甚至酒店防疫隔离期间不顾个人旅行的劳累安排出采访的时间。

无论如何，我都不会忘记，何江颖女士（博才康济创始人兼CEO）为了接受采访和共同探讨本书第三章“ESG合规人才现状与发展”一文，她尽了最大努力，按照我们项目组的工作进度和节奏，调整了个人2022年夏季度假的时间安排，时间跨度从6月初直至8月中旬。地理跨度之大，从北美至欧洲，再到东南亚。

我也很难忘记2022年9月27日那晚，通过线上视频与远在大西洋彼岸的洁芮琳·瑞特（Geralyn Ritter）女士（欧加隆全球企业外部事务及环境、社会和公司治理官；她亦是2015年美国Amtrak火车脱轨事故的幸存者，《破雪重连》回忆录的作者）采访、交流时的满满收获。瑞特女士不仅强调了全球医药健康企业的活动需要对环境、社会以及更广阔范围内利益相关者的影响作评估，从而促进人类社会的可持续发展；更是耐心地回答了"企业如何在早期培养与发展未来ESG人才"等问题。

我更记得上海博莱科信谊药业有限责任公司总经理康华特（Valtero Canepa）先生在接受我们的采访之后，又饱含热忱地与我一同出席了2022年8月在江苏省苏州市举办的中国企业合规管理与实务大会，并且欣然接受sHero ESG顾问委员会的邀请，将与另外几位参与本书ESG论坛采访的嘉宾们，包括李菁女士、赵萍女士和左晴女士等，共同加入与本书相关的线上高层小组讨论，助力为更多的企业增添ESG活力和可能。

我无法在这有限的篇幅内向每一位参与ESG合规论坛的嘉宾们和他们代表的企业（机构）以及参与各章节写作的作者们一一致谢，但我始终坚信：在可预见的未来，因你们的无私奉献，本书会产生涟漪效应——越来越多的医疗大健康企业将与我们一同深入践行ESG管理理念、积极响应国际ESG倡议、维护全球资源可持续发展、共同守护地球这个我们人类唯一的美好家园。

沈艳蓉

ESG Compliance for Healthcare Globalization

Wanli Zhou   Clarissa Shen

CHINA LEGAL PUBLISHING HOUSE

Editor's Note

Since its official announcement on January 26, 2022, the much-anticipated preparation of *ESG Compliance for Healthcare Globalization* has received feedback from nearly 30 CEOs, Greater China presidents of global pharmaceutical and medical device companies with R&D and innovation as their mission; Heads of leading global Healthcare consulting firms, foreign chambers of commerce in China, industry associations, health research institutes and other organizations. We sincerely appreciate the trust and support from the business executives we interviewed for this publication, as well as their companies and organizations. We are thankful to all the authors for their professional insights and generous sharing, so that today all the global readers can have it, from an ESG Compliance perspective for Healthcare Globalization. We anticipate our readers are business executives from healthcare industry; global institutional and individual investors who believe in ESG concept and philosophy; legal and compliance professionals from healthcare and go-beyond healthcare industry; and hopefully university teachers and students who may find it useful. We would also like to express our thanks to Ms. Chen Qiao and Marlow Feng from School of Law of East China Normal University for their hard work in organizing the publication in bilingual language in a timely fashion.

Special thanks must go to Mr. Jörg Wuttke, President of European Union Chamber of Commerce in China; Mr. JIA Baoyuan, director at the Corporate Compliance Committee of China Enterprise Evaluation Association; and Ms. Christine Zhou Xiaping, SVP & President of Region China of Novo Nordisk Pharmaceuticals Co., Ltd. Their deeds are inspiring for Global Healthcare Practitioners to contribute more to patients, in the ESG era.

We hope that the original intention of this publication "to advocate ESG compliance in the healthcare industry, so as to advance its research and professionalization for higher education in China, and therefore pave the way for the sustainable development and training of international ESG and compliance talents in the post-pandemic era" will be carried forward and embraced by more and more organizations!

By Clarissa Shen on January 23 2023

Introductions to Authors in Section I

Wanli Zhou

Associate Professor of Law, Corporate and Compliance. Project Manager of the ECNU Great China Compliance funded under the third Funding Round of the Siemens Integrity Initiative and the World Bank Group. Lawyer and compliance monitors. Co-executive Director of the Shanghai Research Base on Criminal Compliance and Monitorship. He is author of numerous publications on law and compliance. Ph. D. in Law (Bonn), B. Sc. in Economics (Bonn).

Chapter 1

Clarissa Shen

Clarissa Shen is currently a postgraduate law student at China University of Political Science and Law, acting as a Senior Advisor for Public Welfare programs at Shanghai Dream Dawn Support Center. She is also a sHero ESG Advisory Board member; Chief ESG Advisor for Healthcare Sector at Shanghai Integrity Law Firm; and a research fellow at the Corporate Compliance Center of East China Normal University. Clarissa was a Senior Advisor for "Great China Compliance" project sponsored by the World Bank; Co-Chair for RDPAC Compliance WG and Trustee of ACCP. Between 2009 and 2021, she was a Senior Compliance Executive for Sanofi, BMS, and Eli Lilly. She is a Co-author on "Governance, Risk and Compliance Management in China". Clarissa was the board member for EUCCC Shanghai Chapter (2016-2021).

Chapter 2

Gladdy He

Gladdy He is the Founder and CEO of Become Consulting. She was the Senior Client Partner and MD of APAC Life Sciences of Korn Ferry. She received MBA from Wharton Business School, University of Pennsylvania, M. S. in Agricultural & Resource Economics from University of Connecticut, and B. S. from Nankai University. She is committed to providing strategic HR solutions to healthcare enterprises in China. She serves as board members and Senior Advisor in several organizations and industry associations.

Chapter 3

Jin Xu

Partner of Global Law office. Bachelor's degree in law and a bachelor's degree in economics from Peking University, and a master's degree in law from Wuhan University. Ms. Jin is specialized in compliance, merger and acquisition, capital market, etc., and the industries involved including medicine, manufacturing, high technology, real estate, etc. She has provided compliance and perennial legal advisory service for many enterprises.

Chapter 4

Rae Zhang

Senior associate in Global Law Office. She graduated from East China University of Political Science and Law and obtained her LLM degree from the London School of Economics and Political Science. Her main practice areas encompass general corporate and life sciences.

Chapter 5

Alan Zhou

Alan Zhou is the leading partner of Life-Sciences & Healthcare practice of Global Law Office. He has over 20 years' rich experiences in compliance and M&A of the industry. Mr. Zhou has been engaged as the Expert of Corporate Compliance Third-party Monitorship Committee of PRC Supreme Procuratorate, Expert of National Corporate Compliance Committee of CCPIT, Vice Chairman of the Compliance Committee of CPIA, Deputy Director of ACCP, Chief Supervisor and Chairman of the Committee of Industry Experts of CHIPA, General Secretary of CEIBS Healthcare Industry Association, and Vice Chairman of CHBD. He has been engaged by authorities and industrial associations for various legislation and industrial standard related to ESG.

Chapter 4 & Chapter 5

Yanlai Hu

Partner of Beijing Guantao Zhongmao (Shanghai) Law Firm, professional lawyer of Labor Law, and Consulting Expert of Civil and Administrative Cases retained by Supreme People's Procuratorate. He has published three masterpieces concerning labor law, including "Dismissal - Guideline on Legal Practice of Human Resources", "Research on Practices of Salary", and "Research on Improvement of Labor Law".

Chapter 6

Jenny Chen

Of Counsel at Global Law Office, with a bachelor's degree in English and LLB degree from East China University of Political Science and Law and obtained her LLM degree from City University of Hong Kong. Ms. Chen is specialized in compliance, government investigations, internal investigations, and cybersecurity and data security. She is well versed in conducting compliance investigations, and has extensive experience in e-discovery, cross-border data protection and security, and sensitive information review.

Chapter 7

Samantha He

Samantha He is a Counsel at Global Law Office based in Beijing. She obtained her LLB and LLM degree from East China University of Political Science and Law, and has a LLM degree from the Erasmus University, Rotterdam. Ms. He has rich experiences in mergers and acquisitions, and regularly counsel clients on compliance and regulatory matters, including anti-bribery and data protection.

Chapter 7

Peiyue Sun

Master of Management Science and Engineering in Massey University of New Zealand, Senior Researcher of the "Great China of Compliance" Program of East China Normal University. Her main research areas include corporate compliance, organizational development, organizational culture, data compliance, management theory, sustainable development management, leadership management, etc. Participated in the compilation of publications such as *Collection of Essential Standards for Enterprise Compliance*, *Professionals and the Curriculum Design of Higher Education in Compliance*.

Chapter 8

Chuhao Zhang

Shanghai Putuo District People's Procuratorate, Deputy Director of the Sixth Procuratorate Department, Second level Procurator, Master of Law of East China University of Political Science and Law. He is mainly engaged in criminal prosecution of financial crimes and intellectual property crimes, focusing on research in procuratorial theory, enterprise compliance supervision, intellectual property and other fields. Participated in the establishment of Shanghai Putuo District Third Party Compliance Supervision and Administration Commission and the third-party professional directory. He has rich practical experience in the field of enterprise compliance intellectual property.

Chapter 9

Yates Bi

Senior Partner and Managing Partner at HUI YE Law Firm Chengdu Office;

Graduated from Fudan University with Master degree in Law.

Fields of practice: Financial Lease, Private Equity and Venture Capital, Securities and Capital Markets, Corporate Governance.

Chapter 10

Jing Chen

Assistant District Attorney at Legal Policy Research Office in Public Prosecutor's Office of Shang Hai Huang Pu, master's degree for Criminal Law in East China University of Political Science and Law. She is mainly engaged in the study of Criminal Law, Criminal Policy, Theory and Practical Issues of procuratorial work, participating in several research projects of Supreme People's Procuratorate with issues related to enterprise compliance.

Chapter 11

Ying Song

Antitrust partner at AnJie Broad Law Firm. She obtained her Master of Law from University of Bonn and is currently a PHD student at Wuhan University. Her practice area is antitrust/competition law. Song Ying was recognized by Chambers & Partners as Recommended PRC Competition/Antitrust Lawyer from 2017 to 2022. She was also recommended by Legal Band as Top 15 Compliance Lawyer in China.

Chapter 12

Hao Zhan

Managing partner of AnJie Broad Law Firm. He obtained his PHD degree from Peking University and had post-doctor experience in economics. Dr. Zhan practices at antitrust and anti-unfair competition law as well as litigation and arbitration. He has been for many years ranked as "Band One Lawyer" in Competition/Antitrust by Chambers & Partners. He also serves as the deputy chairman of ICC China Competition Commission and the China ambassador of ICC Competition Commission.

Chapter 12

Weiyu Lin

A procurator of the second rank at People's Procuratorate of Xuhui District, with a master degree candidate in Law from East China University of Political Science. Mr Lin is specialized in science of criminal law, and science of criminal procedure law. He has extensive experience in handling criminal cases, legal supervision, and jurisprudential study.

Chapter 13

Preface to the Great China Compliance Series

“大夏” (Great China) is derived from “光大华夏” (Rejuvenating China), and "Great China" is its direct translation. The greatness of China lies not only in its national strength, but also in the merits of its people. With a long history and cultural preference for modesty and self-disciplined gentlemen, the Chinese people have advocated virtues since ancient times, well aware that "nothing can be accomplished without norms or standards." In the market economy, and the development of compliance culture has been even more inconsistent. In such an environment, compliance and ethics are now receiving growing attention from the state and society. The "Great China Compliance" Series emerged to disseminate the culture and idea of compliance and the knowledge of compliance science.

Compliance is so ubiquitous that we do not even feel its presence. Since the ZTE export control case in April 2018, compliance has received unprecedented attention from the state. From *Compliance Management Systems - Guidelines* formulated by the Standardization Administration of the People's Republic of China (SAC) in 2017, *Guidelines on Compliance Management of Central Enterprises (Trial)* issued by the State-Owned Assets Supervision and Administration Commission of the State Council in 2018, *Guidelines on Compliance Management of Enterprises' Overseas Undertakings* issued by the National Development and Reform Commission and six other departments in 2018, and *the Anti-Monopoly Compliance Guidelines for Undertakings* issued by the Anti-Monopoly Commission of the State Council in 2020, to the *Corporate Compliance Non-Prosecution System*, piloted by the Supreme People's Procuratorate in March 2020, and the new profession of "Corporate Compliance Officer" announced by the General Office of the Ministry of Human Resources and Social Security as well as two other departments in March 2021, we can observe the trends of the institutionalization, professionalization, and rationalization of compliance. With the advent of the "spring" of compliance, compliance science has been developed. Governments and judiciaries in developed regions such as Jiangsu, Shanghai, and Shenzhen have also implemented compliance regulations, such as *Jiangsu Province's Compliance Management Guidelines for Provincial Enterprises (Trial) (2019)*, *Shanghai's Compliance Management Guidelines for Enterprises Supervised by the State-owned Assets Supervision and Administration Commission of the State Council (Trial) (2019)*, *Competition Compliance Guidelines for Undertakings (2021)*, and Shenzhen's *Anti-Bribery Management Systems (2017)*. In the financial sector, compliance regulations were established earlier.

International research on compliance has a long history. Currently, countries and international organizations, such as the United States, the United Kingdom, the European Union, Germany, the International Organization for Standardization, the Organization for

Economic Co-operation and Development, the United Nations, and the World Bank Group, are pressing ahead with compliance-related institutional development. For instance, the US *Foreign Corrupt Practices Act of 1977 (FCPA)* proposed requirements for anti-corruption compliance and the *UK Bribery Act 2010* provided for criminal liability of corporation because of the "failure of commercial organisations to prevent bribery." *The EU General Data Protection Regulation (2018)* and the World Bank Group's *Integrity Compliance Guidelines (2010)* are also familiar to compliance professionals.

Presently, there is not a single discipline in China's higher education system that can fully cover compliance science. Judging by the current research outcomes and practical applications, compliance science is an interdisciplinary subject with compliance as its research object. It not only involves law and management, but also has a close linked to economics, psychology, and organizational ethics. Therefore, the Great China Compliance employs a cross-disciplinary perspective to present readers a panorama of compliance science.

While compliance is ubiquitous, effective compliance management requires systematic and rational compliance expertise. The Great China Compliance Series presents a medium through which compliance expertise can be disseminated and shared. Only when the entire society recognizes the value of compliance and ethics in the business, and practices them, can an atmosphere and effect of Collective Action be created and promoted.

We hope the readers unify knowledge and practice to make steady progress.

The above is the preface to the Great China Compliance Series.

Waali Zhou

April 14, 2021

Compliance Responsibilities of Global Healthcare Companies in ESG Era

In April 2021, the EU reached an interim agreement on *European Climate Law*, which will aim to reduce net greenhouse gas emissions by more than 55% by 2030 from 1990 level. The new law will guide the EU in formulating climate-related regulations in the coming decade, with a goal of achieving net-zero emissions by 2050. Prior to this, at the 2020 United Nations General Assembly, President Xi Jinping announced that China will strive to achieve carbon peaking by 2030 and carbon neutrality by 2060.

In Europe, there are two main drivers for companies to meet their net-emission targets, namely (i) regulatory supervision and (ii) Environmental, Social and Governance (ESG) requirements. Companies are obliged to comply with laws and regulations, and fulfill their ESG commitments, thus obtaining a two-pronged effect.

Looking globally, ESG concepts are highly compatible with green and low-carbon development goals. All medical and health companies, no matter which country their investors come from, in the ESG era, efforts to protect the ecological environment of the countries where they operate, safeguard the rights and interests of patients and consumers, adopt a zero-tolerance attitude towards commercial bribery and corruption and improve governance with diversity, equality and inclusivity will be conducive to maintaining corporate youth and vitality and achieving sustainable development.

In the European Union Chamber of Commerce in China (EUCCC), we have 39 working groups (WGs) and forums, thereof Medical Device WG, Pharmaceutical WG, Compliance and Business Ethics WG, Environment and Energy (Carbon Market) WG and Corporate Society Responsibility (CSR) and Government Affairs Forum involve medical and healthcare companies. Every year, member companies of EUCCC, including nearly 40 international pharmaceutical and medical device companies, meet with the Chinese government and all stakeholders for extensive discussions and exchanges on topics such as compliance of business operations and CSR in China through the above-mentioned WGs and forum.

As President of EUCCC, I am delighted to see that most European companies are taking active measures to decarbonize their Chinese operations. Member companies such as Merck in Germany, Novo Nordisk in Denmark and Bracco in Italy, etc. are also actively engaged in compiling this publication and share their experiences and practices in ESG compliance around the globe.

I learned from Ms. Clarissa Shen, Co-chief-editor of ESG Compliance for Healthcare Globalization that this bilingual publication is one of the World Bank's global compliance projects in China (official project name is Great China Compliance), and financially supported by Siemens Group. I would like to thank the Corporate Compliance Research Center of East China Normal University in Shanghai for inviting me to write a preface on behalf of the medical and healthcare companies of EUCCC, and look forward to more exchanges between readers of this publication and EUCCC on ESG topics in the future.

Jörg Wuttke

President of European Union Chamber of Commerce in China

Healthcare Industry Should Take Action in ESG Era

China has incorporated the promotion of "comprehensive rule of law" into the four strategic layout, and clearly defined the goal of basically building a "rule of law state, rule of law government and rule of law society" by 2035. In this new era, it has become a broad consensus to promote the development of enterprises following the path of comprehensive rule of law. It is urgent to accelerate the construction of a modern corporate compliance system and enhance the corporate compliance management capability.

The Chinese government has initiated various legal reforms aimed at promoting the construction of corporate compliance management. In 2018, the State-owned Assets Supervision and Administration Commission of the State Council specifically issued *the Guidelines on Compliance Management of Central Enterprises*, requiring all central enterprises to comprehensively establish a compliance system and improve their compliance management capabilities. In the same year, seven ministries and commissions, namely the National Development and Reform Commission, the Ministry of Foreign Affairs, the Ministry of Commerce, the People's Bank of China, the State-owned Assets Supervision and Administration Commission, the Foreign Exchange Bureau and the All-China Federation of Industry and Commerce, jointly issued the Guidelines on Compliance Management of Enterprises' Overseas Operations. It was also the year that ISO (National Standardization Administration Committee) released the official standard of Compliance Management System Guidelines. Therefore, 2018 is called the "first year of compliance" for Chinese enterprises.

There are two main types of recognized corporate "compliance" management, one is "comprehensive compliance", which does not target legal risk prevention in specific areas and industries, and instead focuses on requiring enterprises to establish a comprehensive compliance system. The second is "specific compliance", which can also be called "small compliance", referring to the compliance management system that targets certain specific legal risk areas for special prevention, with common types including anti-corruption compliance, anti-monopoly compliance, anti-money laundering compliance, data compliance, etc. In view of the China's expanding economy, the positive response and rapid development of the "Belt and Road" initiative, more Chinese enterprises going abroad to expand foreign investment and cooperation, "comprehensive compliance" will no longer be able to meet the long-term needs of Chinese enterprises' business development. The trend is to promote enterprises to establish a

sound "special compliance" with industry-specific foundation.

The pharmaceutical and healthcare industry is a national concern, and countries around the world attach great importance to it and make it a key regulatory area. The issue of compliance management and legal operation of pharmaceutical companies is not a new one. With the rapid development of science and technology, profound changes continue to take place in the life science industry, the healthcare industry, and the pharmaceutical industry in China and around the world. The legal system in China's pharmaceutical industry is becoming more and more sophisticated in terms of the rule of law and market supervision and management, and the state's regulatory tools for the pharmaceutical industry are increasing and supervision is strengthening.

In recent years, China has successively introduced a number of policies to strongly support the development of the pharmaceutical industry, but in order to make this market oriented, standard based, law and regulate disciplined, internationally operated industry develop healthily, and to protect the public health and medical health safety of the people, the supervisory and management measures for the pharmaceutical and medical industry must continue to be enhanced. In 2019, China enacted a basic and comprehensive law on medical and healthcare industry, the *Basic Medical and Health Promotion Law*, and the world's first comprehensive law for vaccines alone, the *Vaccine Management Law*, and amended the Drug Administration Law to fully implement the drug listing licensee system and the drug traceability system. These further improve the legal system in the field of medicine and healthcare in China.

From the perspective of practical operation and management business, compliance management to prevent legal risks for enterprises generally refers to the uncertainty that affects its overall or sectoral production and operation objectives. In the market economy environment, the production and operation behavior of the enterprise should follow its compliance obligation, and once the compliance obligation is violated, it will produce compliance management failure, loss of control and errors, which will bring unpredictable risks to the enterprise and then cause significant losses.

The newly revised *Criminal Law* on the production, sale and provision of counterfeit and substandard drugs, as well as the conviction and sentencing standards are clearer. The state is normalizing the strict process of centralized quantity procurement of drugs, promoting the classification and grading management of retail pharmacies and strengthening the anti-monopoly supervision of raw material drug manufacturers. In order to cope with the pressure and challenges of national regulation and market competition, and to better seize the market opportunities to serve the people, there is no doubt that strengthening the compliance management construction of pharmaceutical enterprises is the inevitable way.

On July 1, 2020, China's *Rules for the Supervision and Administration of Pharmaceutical Production* came into effect. The manufacturing supervision measures are based on several important laws, including *the Drug Administration Law, the Chinese Medicine Law, the Vaccine Administration Law, the Administrative Licensing Law*, and *the Regulations for the Implementation of the Drug Administration Law*, etc. They apply to the entire process of manufacturing and supervision of pharmaceutical products listed in China, including cases where the manufacturing site is within and outside the country. The measures clarify the abolition of GMP certification, the comprehensive strengthening of drug production activities supervision, and the implementation of the "four strictest" regulatory concept of the new regulatory mindset.

For the pharmaceutical and medical industry enterprises, it is more important to prevent the risk of criminal offences in the first place in compliance management. Once the pharmaceutical industry enterprises are exposed to criminal legal risks, the price and cost is very high, and can even bring the enterprise to the end of the disaster. For the prevention and control of criminal compliance risks, pharmaceutical companies should establish a comprehensive investigation mechanism for corporate criminal legal risks as early as possible, a mechanism for the integration of corporate legal affairs criminal compliance, a mechanism for the prevention of corporate criminal risks in advance, a training mechanism for corporate criminal compliance risks, a mechanism for the participation of corporate criminal compliance in major decisions, a mechanism for responding to specific corporate criminal risks, and a mechanism for responding to corporate criminal crimes and other specific measures.

Sometimes only as a result of carelessness and invigilance, pharmaceutical companies in the process of business may be guilty of damage to business reputation, false advertising, collusive bidding, contract fraud, illegal business crime, providing false documents and unit bribery, production and sales of counterfeit drugs and other criminal offenses. Once involved in criminal cases of crime, it is very likely that the pharmaceutical enterprise executives were held criminally responsible, the enterprise will be forced to terminate production and its reputation will be damage or even bankruptcy and closure.

Therefore it would be wise if pharmaceutical and medical enterprises act early to build a modern corporate compliance system as soon as possible to enhance corporate compliance management capabilities, strengthen the prevention of business legal risks, and strengthen controls to eliminate potential risks.

Baoyuan Jia

Chief Editor of Faren Magazine, director at the Corporate

Compliance Committee of China Enterprise Evaluation Association

Patient Centric, Integrity and ESG are Core Values of Pharmaceutical and Healthcare Industry

As a professional manager who has been in the pharmaceutical industry for more than 30 years, I feel a heavy responsibility to write the preface of a book on ESG.

I used to be a clinician, determined to serve public health with professional ethics. Since joining the pharmaceutical industry, I have worked in many regions and countries, from front-line work, product manager, a manager leading a market, a manager leading a late-stage R&D team, and now a manager leading Novo Nordisk Greater China. I have had the privilege to participate in the late stage development and launch of drugs in many diseases, and I know how much responsibility a drug carries during years of development; how much commitment is carried by quality assurance during the whole process of production and transportation; how much trust is carried by the choice of doctors and patients after entering the market. Over the decades, I have also witnessed the responsibility and commitment of the pharmaceutical industry to patients and to society. I am very proud of our business.

Our times are fast moving and changing. New trends such as biotechnology, genetic engineering, and digitalization have given the pharmaceutical industry a new impetus. The boom in the industry is inspiring those who work in it to actively seek change. At the same time, I have been contemplating that even though change is the trend of the times, there are always some aspects of the pharmaceutical and health industry that are the foundation of the industry and that practitioners and companies should adhere to: the core values that make our business possible, the most basic but also the most valuable character, such as patient-centeredness, honesty and integrity, social responsibility, environmental responsibility, etc.

The ESG theme explored in this book is, in my opinion, the value orientation and business approach of companies in the pharmaceutical and health care industry along with the development of the times, and it is a character building lesson about honesty, integrity and social and environmental responsibility, which is also the "foundation" for sustainable development. I am very pleased to see that the theme of ESG is gaining attention in the medicine and healthcare industry, and Novo Nordisk, as a leading global biopharmaceutical company, is actively advocating and practicing ESG at both the strategic and operational levels of the company, and I hope that the release of this book can contribute to the stability of the industry. I hope that every one of us in the industry can think seriously about our responsibilities to patients, society and the environment with a strategic vision and a sense of reverence, and help our whole industry to continue to develop and innovate.

Christine Zhou
SVP & President of Region China of Novo Nordisk Pharmaceuticals Co., Ltd.

CONTENTS | 目录

Section I ESG Law and Compliance

Section II ESG Tone from the Top

Section I

ESG Law and Compliance

1 | ESG Law and Compliance

ESG is a new form of sustainable development. It has become the concern of international organizations, major countries, and multinational corporations around the world. In 2020, China has proposed a major development strategy to achieve "peak carbon emission and carbon neutrality" and released relevant policies in 2021. ESG has become an important opportunity to achieve the goal of "double carbon". Together with digital transformation, ESG has become the main melody of contemporary social development and has become a key field of concern for legal policies and organizations in all countries. Medical and public health services are related to the health of all citizens, which concerns the right to social security and the right to health as stated in the Constitution and provides the fundamental guarantee for the existence and sustainable development of human society. ESG is not simply a burden for healthcare companies, but also an opportunity to operate responsibly and develop sustainably. There is a strong positive correlation between ESG performance and financial performance of companies.

The purpose of this chapter is to explain the basic terminology of ESG, explore the ESG legal system, and propose a basic framework for healthcare companies to conduct ESG compliance. The medical and health care companies referred to in this chapter are broadly defined to include pharmaceutical companies, medical device companies, cosmetic companies, and medical beauty companies.

1.1 ESG

1.1.1 Basic terminology

ESG refers to an investment conception and corporate evaluation criteria that focuses on the environmental, social and governance performance of companies, which is a key factor influencing investors' decisions and measuring the sustainability of companies. ESG is the abbreviation for "Environmental, Social, and Governance".

1. Environmental

The environment is the external existence of a company's activities, including air, water, land, natural resources, plants, animals and people, and the interrelationships between them. Environmental topics are not only concerned with the impacts of business management and investment practices on the environment, such as resource use and pollutant emissions, but also topics such as biodiversity.

2. Social

Social is the responsibility of companies for the impacts of their decisions and activities on society through transparency and ethical behavior.Society is concerned with the coordination and balance between companies and their various stakeholders and includes modern topics such as gender equality in the workplace, diversity, inclusion, human rights, and consumer protection. The topic of society in this context includes, but is not limited to, the topic of corporate social responsibility. In practice, it is inappropriate for some companies to replace ESG disclosure reports with CSR reports.

3. Corporate Governance

Governance refers to corporate governance, also known as responsible corporate management and control, or "accountable corporate governance". It refers to the system of management and control exercised in the operation of a business, including activities such as approving strategic direction, monitoring, and evaluating the performance of senior leadership, financial auditing, risk management and information disclosure.Corporate governance is concerned with the structure and rules of governance.

4. ESG in an integrated perspective

ESG consists of three topics - environmental, social, and corporate governance - which does not mean that the three topics are independent of each other and not inherently related. On the contrary, ESG is so closely bound up with each other that it can be described as an integrated system, a synergistic operating system, or an integrated management system. Corporate governance is the top-level design of an organization, building the organizational structure and rules from a systemic perspective in which environmental and social requirements can be placed "on the ground". As early as 2010, a survey showed that at least 85% of professional investors consider corporate governance to be the key to convincing sustainable development. The diagram below shows that corporate governance is at the top of the ESG hierarchy, while environmental and social requirements are located within the framework of corporate governance. Between environment and society, there are also specific topics that cross or overlap.

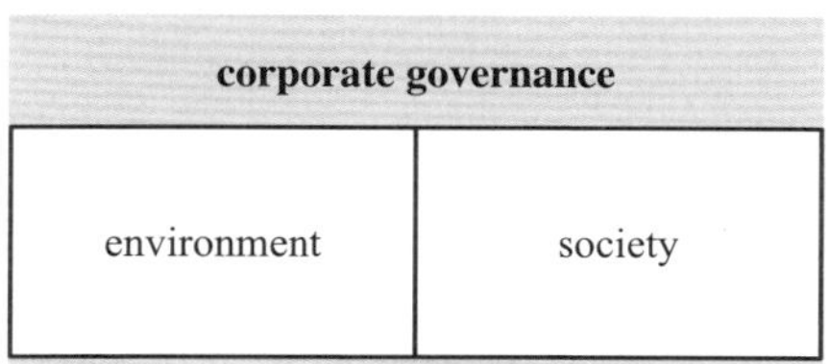

Furthermore, as an organizational governance activity, the specific shape of corporate governance is determined by the company's values. Environment and society, on the other hand, are management activities that are not only accountable to the corporate governance organization, but also subordinate to the company's specific values and development strategy. As the diagram below shows, environmental, social and corporate governance, all revolve around organisational values.

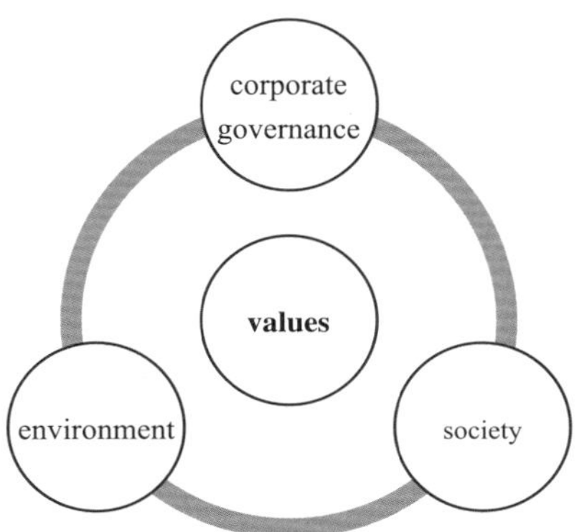

5. ESG Themes

There are three different areas of ESG themes. The ESG focus themes will vary from company to company depending on the industry, legal nature, size, business model, degree of internationalization, product, or service. Companies undertaking ESG building therefore need to tailor their ESG themes to their local context so that they are not detached from their business. The following chart lists typical ESG themes.

E: environment	S: society	G: corporate governance
• Resource consumption • Pollution prevention and control • Climate change • Biodiversity	• Staff Rights • Use of child labor • Force labor • Product Liability • Supply chain management • Social response	• Governance structure • Governance mechanisms (including risk management, compliance management, supervision, and management) • Governance effectiveness (including ESG integration into corporate strategy, operational management and investment decisions)

6. ESG, Sustainable Development and Corporate Social Responsibility

ESG is in line with the concepts of sustainable development and corporate social responsibility, both of which focus on the interaction between companies and their environment and stakeholders. In terms of historical development, the concept of sustainable development was formalized in 1987, CSR flourished in the early 21st century, and ESG followed. Other related concepts are corporate responsibility, corporate citizenship and corporate governance.

(1) Sustainability

Sustainable development is more about how companies respond positively to the needs of the environment and stakeholders, rather than the associated risk identification and risk management. The most authoritative definition of sustainable development derives from the 1987 Brandt Report, which states that "development that meets the needs of the present without undermining the ability of future generations to meet their needs". The concept of sustainable development requires companies to weigh short-term and long-term interests, the interests of the present and the interests of future generations and involves not only the relationship between people and nature, but also political, social, and economic relationships. Thus, there are three pillars of sustainability, including ecological sustainability, social sustainability, and economic sustainability. Sustainable development requires, on the one hand, the preservation of natural resources and cultural heritage by the present generation for the benefit of future generations and, on the other hand, a sustainable society in order to improve the living conditions of the present generation. This duality permeates all discussions on sustainable development and becomes a meta-issue of controversy and conflict about sustainable development.

(2) Corporate Social Responsibility

There are numerous definitions of corporate social responsibility (CSR). For example, in the Green Paper "Promoting a Framework for Corporate Social Responsibility" published by the European Commission in 2001, CSR was defined as "the integration of social and environmental concerns into business management activities and interactions with stakeholders on a voluntary basis". In 2010, the European Commission added a new definition: "Businesses take responsibility for the impact they have on society". In its 2010 Social Responsibility Guidelines, the International Organization for Standardization defines "social responsibility" as "the responsibility of an organization for the social and environmental impact of its decisions and activities, through transparent and ethical behavior."

In general, the concept of CSR is more in line with stakeholderism, focusing on a company's business activities and its interaction with stakeholders such as the ecological environment and employees, as well as the company's contribution to sustainable development. As such, CSR is based on the core business, weighing up the relationship between the company and its stakeholders in an integrated perspective, rather than how profits are spent - the so-called "spending ethic".

(3) ESG

ESG promotes sustainable development from the perspective of non-financial risk management in the areas of environmental, social and corporate governance. ESG is similar to the "triple bottom line" methodology. The triple bottom line was proposed by the British scholar John Elkington (1949) in 1994, who argued that companies should not only look at their financial performance in terms of investor concerns (the "first bottom line"), but also in terms of service to employees and society (the "second bottom line") and respect for the environment as well as from the perspective of respect for the environment ("third bottom line"), to assess the performance of a company. The second and third bottom lines are consistent with the themes of the "E" and "S". Compared to sustainability and CSR, both ESG and the triple bottom line approach deal with specific topics of non-financial performance and are more systemic in nature.

Compared to the triple bottom line approach, ESG is introduced to companies to highlight the basic framework for the implementation of corporate governance in environmental and social topics. That is, corporate governance is about implementing environmental and social obligations and requirements, including measures such as risk management, compliance management, internal controls, systems management and reporting mechanisms for non-performance topics.

1.1.2 History of Development

1. The United Nations

The concept of ESG was first formally introduced globally in December 2004 in the report "Who cares wins", led by Kofi Annan, then Secretary-General of the United Nations, and co-authored by a number of financial institutions. The report first introduced the concept of ESG and explored how to better integrate environmental, social and corporate governance issues into services such as asset management and stockbroking. Since then, ESG has entered a period of rapid development. Landmark developments during this period include the release of the United Nations Principles for Responsible Investment by the United Nations in 2006, the adoption of the Paris Agreement to address global climate change and the 2030 Agenda for Sustainable Development in 2015, and the booming of ESG reporting standards and ESG rating markets.

The introduction and development of the concept of ESG continues the idea of corporate social responsibility and sustainable development that had been developed prior to 2004. The development of ESG can be traced back to the idea of socially responsible investment that emerged in the 1960s. In 1987, the United Nations World Commission on Environment and Development published Our Common Future (also known as the Brandt

Report), which first introduced the definition of sustainable development which is still used today, i. e. "development that meets the needs of the present without compromising the ability of future generations to meet their needs". The year 1987 can be described as the " First year of sustainable development ". Based on the Brandt Report, the legal basis for sustainable development was the United Nations Conference on Environment and Development held in Rio de Janeiro, Brazil, in 1992, which adopted the Rio Declaration on Environment and Development and signed significant documents such as Agenda 21, the Convention on Biological Diversity, the Framework Convention on Climate Change and the Declaration of Principles on Forests. Sustainable development has since become the paradigm of relevant international conventions and national laws, and constitutes the basic principle of ESG laws such as ecological and environmental law, energy law and climate change law.

2. The European Union

The European Commission made sustainability a hot topic in the economic and social sphere with the publication of the Green Paper "Towards a Corporate Social Responsibility Framework" as early as 2001. The Green Paper establishes the principle of voluntary disclosure, whereby companies decide on their own whether to integrate environmental, social and stakeholder concerns into their business management activities. In October 2010, the European Commission published the EU Corporate Social Responsibility Strategy (2011-14), which aligns the EU's CSR strategy with the basic framework of the United Nations and the Organisation for Economic Co-operation and Development. In 2014, the EU published Guidelines on Non-Financial Disclosure, also known as the Corporate Social Responsibility Directive, which require companies with a public interest to disclose ecological and social aspects in their reports. In March 2018, the European Commission published its Sustainable Finance Action Plan, establishing three main objectives of sustainable investment, improving climate and environmental risk management capabilities and enhancing transparency. In December 2019, the European Commission also published the European Green Deal, which sets the EU's goal of becoming "carbon neutral" by 2050.

Based on the above-mentioned Sustainable Finance Action Plan, the EU published the Benchmarking Regulation in 2016, the Disclosure Regulation in 2019 and the Classification Regulation in 2020. Together with the CSR Directive, these three regulations form the body of EU ESG law.

3. United States

According to statistics, in 2020 an average of 42% of investors in the US adopt ESG strategies and about 1/3 of asset investments are ESG-related. Understandable is the significance of ESG law and compliance in this context.

(1) In the last three years, ESG has become a hot topic in the US government enforcement and economic community. Particularly because of the Biden administration's policy, the US Securities and Exchange Commission has been more active in ESG disclosure enforcement and in fighting "greenwashing" practices. The US was the very first country to require disclosure of information about listed companies in its securities laws. As early as 1934, the Securities and Exchange Commission meeting required listed companies to disclose quarterly or annual financial information under the Securities Act. For ESG information that affects investors' decisions, the Securities and Exchange Commission has continued to strengthen and expand the scope of relevant disclosures. The primary legal basis

for disclosure rules for listed companies is Rule S-K under the Securities Act of 1933. Information submitted by US listed companies to the SEC under Rule S-K, including business descriptions, risk factors and involvement in lawsuits, must be comprehensive and accurate, and is subject to SEC oversight.

(2) Currently, US listed companies are subject to climate related disclosure obligations, with disclosures including the cost of complying with environmental laws and a brief description of government investigation procedures or court proceedings involving environmental laws on file. In relation to social and corporate governance issues, listed companies are required to disclose the process for the selection of directors, with a primary focus on the gender and diversity of background of directors.

(3) In recent years, the Securities and Exchange Commission has conducted ESG enforcement, including the following.

First, the Securities and Exchange Commission's "Modernization of Business, Legal Process and Risk Factor Disclosures Based on Rule S-K", issued on August 26, 2020, expands the disclosure of ESG-related topics, i. e. disclosure of "human capital" under social topics. The disclosure obligation on the topic of human capital relates to the description of the Registrant's human capital management, including the number of employees employed by the Registrant, human capital measures or targets, etc.

Second, on March 4, 2021, the Securities and Exchange Commission established the Task Force on Climate and ESG to actively investigate and respond to climate related disclosure violations by public companies. The Task Force is housed in the SEC's Division of Enforcement, whose principal is responsible for the Task Force's work. To achieve the objectives of the Climate and ESG Task Force, the Task Force is expected to identify violations of climate related disclosure obligations, analyse disclosure and compliance issues, evaluate and follow up on reports, and communicate and cooperate within the Securities and Exchange Commission.

Finally, in May 2022, the Securities and Exchange Commission proposed to strike down "greenwashing" as one of five key areas of enforcement. Greenwashing is a different way for companies and funds to make believe that ESG issues are integrated into corporate strategies, decisions and operations, when they are not. The nature of greenwashing is fraud. Rules to combat greenwashing include requirements for the name of investment funds and disclosure rules for advisers and investment funds.

1.1.3 ESG target systems

ESG covers a wide range of topics and areas. In practice, these topics are found in numerous international and national policy documents. Among them, the 2030 Agenda for Sustainable Development adopted by the United Nations in 2015, although the theme is sustainable development, establishes 17 goals that overlap highly with the ESG goals. Therefore, when setting ESG objectives, multinational companies should ensure that the ESG objectives are aligned with the 17 goals. In addition, for the healthcare industry, the "Health China 2030" Planning Outline issued by the Central Committee of the Communist Party of China and the State Council in 2015 and the "Basic Healthcare and Health Promotion Law" issued by the Standing Committee of the National People's Congress in 2019, as the basic objectives of healthcare legal policies, both involve elements of ESG and have a fundamental impact on healthcare ESG law and compliance.

1. Sustainable Development Goals

The United Nations 2030 Sustainable Development Goals (SDGs) have 17 overarching goals and 169 sub-goals on issues such as no poverty, zero hunger, good health and well-being, quality education, climate change and partnerships for achieving the goals. The goal most closely related to healthcare businesses is Goal 3 - Good health and well-being - to ensure that people enjoy healthy lives and promote the well-being of people of all ages. Businesses contribute to the achievement of Goal 3 primarily through equitable access to medical treatment, equitable access to medical products and improved healthcare.

Since 2020, the new crown pneumonia epidemic has posed a serious threat to the health and well-being of the global population and has prevented the achievement of Goal 3. The epidemic has caused more uneven access to health services, undermined the fight against AIDS, tuberculosis, and malaria, and prevented children from receiving basic medical care. ESG building for healthcare companies should make a difference in addressing these issues.

2. General ESG targets for the healthcare sector

In addition to the ESG objectives implicit in the UN 2030 Sustainable Development Goals, the ESG objectives for China's healthcare sector are derived from the "Health China 2030" Planning Outline and the Basic Medical Care and Health Promotion Law. As shown in the figure below, based on these two documents, the ESG objectives can be extracted from the three areas of environmental, social and corporate governance. Some of the objectives have crossover or overlapping relationships with each other. For example, environmental protection and health, which fall under the themes of environment and society, or quality management and control, which fall under the themes of social and corporate governance.

Total ESG targets for the healthcare sector

Environment	Social	Corporate Governance
• Environmental Governance • Air Pollution Prevention and Control • Water Conservation • Land Resources Protection • Marine Resources Protection • Renewable Energy Development and Utilization • Recycling Economy • Biodiversity	• Basic medical and health services and basic physical fitness services • Disease Control • Pharmaceutical Pricing • Environment and Health • Occupational Health and Safety • Food Safety • Pharmaceutical safety Quality management and control • Pharmaceutical Technology Innovation • Health Human Resources Development • Women's and children's health • Clinical trials and medical research • Protection of personal health information	• Integration of environmental and social objectives into corporate governance • Management remuneration • Risk management • Compliance management • Whistle-blowing

1.2 ESG Law

1.2.1 ESG Legal System

1. ESG legal Concept

In China's existing laws, there is no legal concept of ESG, nor has an independent ESG legal system, ESG legal department or even ESG jurisprudence been formed. As shown in the table below, the concept of ESG mainly appears in the regulatory documents of financial regulatory authorities, SASAC and stock exchanges on green finance and ESG information disclosure ect.

No.	Issuing Authority	Release Date	Filename	Contents involving ESG
1	SFC	2018	Code of Governance for Listed Companies	Chapter 8 Stakeholders, Environmental Protection and Social Responsibility
2	CBRC	2019	Guidance on Promoting Quality Development of the Banking and Insurance Sectors	"Banking financial institutions should establish a sound environmental and social risk management system, incorporate environmental, social and governance requirements into the entire process of granting credit, and strengthen environmental, social and governance information disclosure and communication and interaction with stakeholders."
3	Shanghai SASAC	2021	Implementation Opinions on Promoting the Improvement of the Quality of State-controlled Listed Companies	"Establish a sound environmental, social and corporate governance (ESG) information disclosure system, strengthen corporate governance information disclosure, advocate corporate governance best practices and enhance corporate environmental information disclosure."
4	CBRC	2022	Green Finance Guidelines for the Banking and Insurance Industry	• "Banking and insurance institutions should implement the new development concept completely, accurately and comprehensively, promote green finance at a strategic level, increase support for the green, low-carbon and circular economy, prevent environmental, social and governance risks, enhance their own environmental, social and governance performance and promote the overall green transformation of economic and social development." • "Banking and insurance institutions should establish and continuously improve policies, systems and processes for environmental, social and governance risk management in accordance with national green and low-carbon development goals and plans as well as relevant environmental laws and regulations, industrial policies, industry access policies and other regulations to clarify the direction and key areas of support for green finance. ......"

续表

No.	Issuing Authority	Release Date	Filename	Contents involving ESG
4	CBRC	2022	Green Finance Guidelines for the Banking and Insurance Industry	• "Bancassurance institutions should develop customer-specific environmental, social and governance risk assessment criteria to manage and dynamically assess customer risk by category. ...... • "Banks and insurance institutions should pay attention to their own environmental, social and governance performance, establish relevant systems, strengthen publicity and education on the concept of green finance, regulate their business practices, implement green offices, green operations, green procurement, green travel, "CD-ROM" actions, etc., actively develop financial technology, improve We will also actively develop financial technology, improve information and intensive management and services, gradually and orderly reduce our carbon footprint and ultimately achieve carbon neutrality in our operations."
5	Shanghai Stock Exchange (SSE)	2022	Carbon Neutral Action Plan for Carbon Peaking in the 14th Five-Year Plan	• "Awareness of environmental responsibility among listed companies has been raised and a standardised system of ESG information disclosure has been formed • "Deepening the ESG investment concept. CSI continues to improve the ESG evaluation system, continue to expand the coverage of ESG evaluation, provide ESG data services to the public and enhance international influence and authority." • "Enriching green indices. Actively develop green thematic indices, the Carbon Duffel Carbon Neutral Index and ESG-related indices, improve the ESG index system and create representative green indices." • "To guide institutional investors to actively participate in the governance of listed companies and enhance the performance of ESG practices of listed companies."
6	Shenzhen Stock Exchange (SZSE)	2022	Shenzhen Stock Exchange Self-Regulatory Guidelines for Listed Companies No. 11 - Assessment of Information Disclosure Work	"The Exchange assesses the disclosure of the fulfilment of social responsibility by listed companies, focusing on the following aspects: ...... (ii) whether the disclosure of environmental, social responsibility and corporate governance (ESG) performance is proactive performance and whether the content of the report is adequate and complete; ......".

续表

No.	Issuing Authority	Release Date	Filename	Contents involving ESG
7	Shenzhen Stock Exchange (SZSE)	2022	Shenzhen Stock Exchange Guidelines for Self-regulation of Listed Companies No. 1 - Standardized Operation of Listed Companies on the Main Board	"Listed companies may disclose their social responsibility reports to the public at the same time as their annual reports. The content of the social responsibility report shall include, at a minimum, (i) the construction and implementation of social responsibility systems regarding employee protection, environmental pollution, commodity quality, community relations, etc.; ......"
8	SFC	2022	Guidelines on Investor Relations Management for Listed Companies	"The main elements of investor relations management for listed companies to communicate with investors include: ...... (iv) environmental, social and governance information about the company; ......"
9	SASAC (State Council)	2022	Work Plan for Improving the Quality of Listed Companies Held by Central Enterprises	"Implement the new development concept and explore the establishment of a sound ESG system. Central enterprise group companies should co-ordinate and promote the complete, accurate and comprehensive implementation of the new development concept by listed companies, further improve the working mechanism of environmental, social responsibility and corporate governance (ESG), enhance ESG performance and play a leading role as a model in the capital market; based on the actual situation of state-owned enterprises, actively participate in the construction of ESG information disclosure rules, ESG performance ratings and ESG investment guidelines with Chinese characteristics to contribute to the development of ESG in China. Promote the continuous improvement of ESG professional governance and risk management capabilities of listed companies held by central enterprises; promote the disclosure of ESG special reports by more listed companies held by central enterprises, and strive for "full coverage" of the disclosure of relevant special reports by 2023.

2. The jurisprudence of ESG in exploration

The prerequisite for ESG to become an independent legal concept is the purpose it pursues. Lawmakers create the concept of ESG to achieve a specific purpose. The legal concept of ESG, as discussed above, is not a reorganisation of laws and regulations such as sustainable development law, corporate social responsibility law, environmental law and labour law, but rather a new legal perspective or approach.

Firstly, one of the innovations of ESG is that it is a separate term rather than a simple overlay of the three areas.

Secondly, ESG presents a holistic perspective, focusing on all three areas and their interrelationships to address specific issues of sustainable development, which, prior to the emergence of ESG, were developed separately and independently of each other.

Furthermore, ESG has a strong problem awareness, and since its inception, it has pursued the aim of achieving ecological, social and economic sustainability by protecting the ecological environment and responding to the expectations and demands of stakeholders. Since the beginning of the 21st century, humanity has been challenged by financial crises, climate extremes, inhumane and inhumane working conditions, and the new crown pneumonia epidemic. The legal concept of ESG has been created to help mitigate or address these globalisation issues.

Finally, ESG lands on corporate governance, so that the specific objectives of ESG can be integrated or integrated with the strategic decisions, business activities and control activities of the organisation or company and become an integral part of organisational governance and social governance.

1.2.2 ESG laws

As there is currently no specific ESG law, ESG-related provisions are scattered throughout various laws and regulations. From a legal purpose perspective, all ESG laws that have the above-mentioned ESG objectives as their legal purpose belong to the ESG law sector. From a systemic perspective, ESG law can be divided into general ESG rules, which apply to all industries and legal entities and are universal, and sub-rules, which apply to specific industries or legal entities. The sub-rules contain rules specific to the sector or legal entity. The general rules of ESG law can be found in the author's *Compilation of Essential Rules for the Practice of Corporate Compliance*, which covers "Labour and Personnel Compliance", "Product Compliance", "Energy Compliance", "Environmental Compliance" and "Human Rights Compliance". Special regulations in the healthcare sector that deal with ESG topics, although not a source of legal obligations, constitute a source of compliance obligations and are part of ESG law.

1. Environment

Laws and regulations implementing ESG objectives in the environmental sector, including *the Environmental Protection Law, Water Pollution Prevention and Control Law, Air Pollution Prevention and Control Law, Soil Pollution Prevention and Control Law, Cleaner Production Promotion Law, Environmental Impact Assessment Law, Renewable Energy Law* and *Energy Conservation Law*, etc. Laws and regulations relating to environmental protection in the healthcare industry, including *the Regulations on the Management of Medical Waste* and *the Regulations on the Supervision and Administration of Medical Devices.*

2. Social

Laws and regulations implementing ESG objectives in the social sector, including *the Labour Law, the Labour Contract Law, the Social Insurance Law, the Work Injury Insurance Regulations, the Product Quality Law,* and *the Personal Information Protection Law.*

Laws and regulations covering social topics in the healthcare sector, including some provisions of *the Pharmaceutical Administration Law, the Regulations on Labour Protection in Workplaces Using Toxic Substances, the Regulations on Human Genetic Resources*

Management, and *the Measures for the Management of National Health Care Big Data Standards, Security and Services* (for Trial Implementation).

3. Corporate Governance

Laws, regulations or regulatory documents in the area of corporate governance that implement ESG objectives, including *the Company Law, the Code of Governance for Listed Companies, the Trust Law, the Basic Standards for Corporate Internal Control and the Requirements* and *Guidelines for the Use of Compliance Management Systems.*

For the pharmaceutical and health industry, laws and regulations involving corporate governance include *the Regulations on the Establishment of Bad Records of Commercial Bribery in the Field of Pharmaceutical Purchase and Sale,* etc. In China, *the Code of Compliance Management for the Pharmaceutical Industry* issued by the China Chemical Pharmaceutical Industry Association in 2020, *the Industry Code of Conduct* (revised version 2022) issued by RDPAC and, on a global scale, *the Code of Ethics* issued by the Advanced Medical Technology Association, which has a greater influence on the rules governing the interaction between healthcare companies and healthcare institutions and doctors, are among the corporate governance topics.

1.3 ESG Compliance

ESG building is in essence ESG compliance management. ESG risk, namely the mainly ESG compliance risk, has therefore become the main risk faced by enterprises in ESG construction. Whether financial institutions or investors make ESG investments or enterprises engage in production and management activities, ESG risks are inseparable from ESG opportunities. The above-mentioned ESG objectives, ESG laws and industry regulations constitute the external requirements for enterprises. In order to meet the ESG legal requirements and the internal and external requirements that companies voluntarily choose to comply with, including industry recommended standards and industry codes of conduct, companies generally establish and maintain ESG compliance management systems to achieve effective management of ESG compliance risks.

There are many domestic and international compliance standards or guidelines for enterprises to refer to and use when developing their compliance management systems. Among them, the International Organisation for Standardisation's Compliance Management System Requirements and Guidelines for Use, the US Department of Justice's Corporate Compliance Program Assessment, the Siemens Compliance System and the guidelines or methods for compliance management systems for state-owned enterprises issued by the State-owned Assets Supervision and Administration Commission are the most influential. All these compliance system frameworks can be applied to ESG compliance building. the particularity of the ESG compliance system is that the wide range of ESG topics dictates that the ESG compliance system is an integrated or consolidated compliance system.

These compliance management system standards or guidelines reflect the same elements for building effective compliance management, and the basic framework for building ESG compliance in healthcare companies is discussed below from the perspective of the seven elements. The seven elements of ESG compliance also refer to the Institute of Public Auditors in Germany (Institut der Wirtschaftsprüfer)'s Principles for the Proper Performance of Reasonable Assurance Engagements Relating to Compliance Management

Systems (revised 2022) and the Biopharma Investor ESG Communication Initiative's "*ESG Communication Guidelines for Investors in Biopharmaceutical Companies Version 4.0*" published in March 2022.

1.3.1 Strategy and objectives

1. Establishing strategies and objectives

In company law, the board should establish the company's compliance strategy and compliance objectives, based on the requirement that the board has ultimate responsibility for the management and oversight of the company as a whole. Through the compliance strategy and compliance objectives, stakeholders are able to see if and how ESG considerations affect the company's business, strategy and planning. The general requirements for companies to set compliance objectives can be found in the compliance standards and SMART principles mentioned above.

Specifically, issues for companies to consider when designing their ESG compliance strategy and compliance objectives include:

- What are the primary objectives of the company in conducting ESG surveillance?
- How do ESG considerations integrate with short-term business objectives and long-term business goals?
- What are the key motivations for a company to develop an ESG strategy and how are ESG decisions made and communicated in the company?

2. Identify high-priority ESG topics

In addition to ESG compliance strategy and ESG compliance objectives, companies should also define the scope of their ESG compliance system, i. e. high priority ESG topics. As ESG covers a wide range of topics, it is impossible for companies to cover everything. Companies need to identify high priority ESG topics that are appropriate for them based on their ESG strategy, objectives and their own circumstances. Each high-priority ESG topic has a corresponding compliance objective. The twelve themes in the table below are the high-priority ESG topics that have been agreed upon by biopharmaceutical companies and investors.

High priority ESG topics in the biopharmaceutical sector

Environment	Social	Corporate Governance
• Climate change • Environmental impact • Pharmaceutical environmental protection and antibiotic resistance	• Health service access and pharmaceutical pricing • Human Capital Management • Innovation • Product Quality & Patient Safety • Supply Chain Management	• ESG Governance • Business Ethics, Integrity and Compliance • Risk & Crisis Management

1.3.2 Compliance organization

The compliance organization is the internal corporate body that assumes responsibility for the governance and management of ESG compliance. Those with ESG compliance management responsibilities primarily include the board of directors, the management and the lead ESG compliance management. The role of the board of directors is to oversee ESG management efforts, while management manages and evaluates ESG efforts. To effectively implement ESG compliance management, some companies have established ESG committees at the board level to coordinate the company's ESG compliance efforts. The specific ESG compliance management work is then done by the ESG compliance management lead department. Under the requirements of compliance governance, this department undertakes the day-to-day management of ESG compliance.

As with the general requirements of compliance management, how effective ESG compliance is is largely determined by the company's board of directors. Therefore, the board needs to set a clear "tone at the top" in ESG compliance management, to be consistent in its words and actions, and to act as a role model. Directors, especially independent directors, should have knowledge of high-priority ESG topics. In addition, effective ESG compliance management requires a clear culture of ESG compliance and a philosophy of full compliance, i. e. from the board of directors, to managers, to middle leaders and junior staff, all should be aware of and pay attention to ESG topics.

Company executive compensation and employee performance, combined with ESG performance, is an important measure to promote ESG compliance on the ground. As stipulated in our Code of Governance for Listed Companies, the incentive mechanism of listed companies should be conducive to enhancing the company's ability to innovate and develop and to promote the sustainable development of listed companies. Similarly, the 2022 version of the German Code of Governance for Listed Companies stipulates that the Supervisory Board, in determining the remuneration of the Board of Directors, shall be structured on the principle that the sustainability and long-term development of the listed company shall prevail. As with financial performance, non-financial performance has an important weighting in determining the variable remuneration component.

1.3.3 Compliance Risk

ESG compliance risk is the probability that a breach of a company's compliance obligations on ESG topics will have an adverse impact on the company. In response, companies should identify, analyse and evaluate ESG compliance risks, i. e. an ESG compliance risk assessment, to derive which are the ESG compliance risks that could adversely affect the assets or long-term value of the business. This assessment process should be integrated with other existing compliance risk assessments and risk assessment frameworks to form an integrated or consolidated enterprise risk management framework. the ESG compliance risk assessment is the next step in continuing the ESG strategy and compliance objectives and is the starting point for the development of an ESG compliance program.

In addition, ESG opportunities, as opposed to ESG compliance risks, should also be considered in this step. ESG-related opportunities should be identified, maintained and integrated into business planning so that consideration of ESG opportunities becomes an integral part of the company's strategy, innovation and business development processes.

1.3.4 Compliance programme

A compliance programme means that based on the findings of the ESG compliance risk assessment, the company specifies principles and procedures and takes measures to prevent, detect and respond to ESG compliance risks. Specific measures, including codes of conduct, ESG compliance manuals, ESG internal controls, ESG compliance job descriptions, ESG compliance training, whistle-blowing and internal investigations, etc. should be documented in the ESG compliance program building exercise. In the table below, the company should adopt the appropriate compliance program for the specific ESG compliance risk.

ESG themes	ESG compliance risks	ESG Compliance Programme
Society: Quality of medicine ②	Does not meet pharmaceutical quality standards	• Establish, maintain and improve a quality management system for pharmaceutical production • Review of suppliers of raw materials and auxiliary materials • Quality Inspection • Factory release protocols • Procedures for the application of relevant legal interpretations • Whistle-blowing channels
Corporate governance: anti-corruption ③	Invitations, banquets, etc. to offer property or other improper benefits	• Gift and banqueting system (value limits, reporting procedures) • Flight inspection • Anti-Corruption Compliance Training • Reporting channels

1.3.5 Performance measurement

How effective a compliance program actually is needs to be evaluated through measurement. The establishment of a good indicator system should be based on a sound theoretical and methodological foundation. The board of directors or management of a company should define refined ESG thematic objectives and evaluation indicators in conjunction with the ESG compliance objectives described above. Any indicator that has a material impact on the short-, medium- and long-term financial performance and value creation of the company can be an ESG indicator.

The theory of change provides insight into the logical relationships between ESG activities, outputs, outcomes, impacts and goal achievement. Performance measurement and evaluation can be carried out not only by the company, but also by an external third party. External third parties include ESG rating agencies. The evaluations and rankings they provide or publish on the ESG performance of companies, for example, are an important source of information for companies to carry out ESG measurement and evaluation.

1.3.6 Compliance Communication

Through ESG communication, relevant employees and business partners are able to understand the company's ESG strategy and objectives, compliance organisation and compliance program. Regular ESG compliance training and dissemination activities are conducted so that employees can understand their roles and responsibilities in ESG building and report to the responsible work department in a timely manner in case of ESG violations.

ESG regulation and compliance, strongly facilitates ESG communication. ESG disclosure is an important form of communication. It is generally accepted that ESG disclosure efforts can refer to the rules and mechanisms of corporate financial information disclosure. In addition, ESG communication involves the cross work of legal, compliance and investor relations departments, therefore, it is necessary for companies to establish ESG communication workflow and inter-departmental cooperation mechanism.

1.3.7 Control and improvement

The purpose of the control is to determine the status of ESG compliance building, whether ESG-related policies, systems and processes have been implemented, and thus to determine the appropriateness and effectiveness of ESG compliance building. If an ESG breach occurs, companies should conduct a root cause analysis to identify whether the breach occurred as an individual risk or a systemic risk. Based on this, the company will rectify ESG violations and continuously improve ESG compliance management.

2 | ESG Compliance Imperative under the Situation

In 2015, the United Nations adopted the "2030 Agenda for Sustainable Development" and proposed 17 sustainable development goals (SDGs).

These 17 sustainable development goals are a shared vision of mankind and the social agreement between world leaders and all peoples. They are not only a list of actions for the benefit of mankind and the earth, but also a blueprint for success.

In 2016, a total of 175 countries signed the Paris Agreement, promising to keep the global temperature rise within 2°C. It symbolizes that leaders of all countries have reached a basic consensus on how to deal with climate change and adapt to its impacts.

In September 2020, GRI, SASB, CDP, CDSB and IIRC jointly issued a plan to build a unified ESG disclosure standard. At the same time, the World Economic Forum and the world's four largest accounting firms have also introduced uniform standards.

In 2022, the SASAC (State-owned Assets Supervision and Administration Commission) said it would urge more listed companies controlled by state-owned enterprises to disclose ESG special reports and strive to disclose "full coverage" by 2023.

On November 28, 2022, the European Parliament passed *the Corporate Sustainability Reporting Directive* (CSRD). CSRD will impose ESG assurance obligations on relevant parties. Its implementation symbolizes that ESG information disclosure in the European Union and the world has entered a new era.

The Environmental, Social and Governance Reporting Guide issued by the SEHK (The Stock Exchange of Hong Kong Ltd.) in 2022 remains the primary reference for the ESG Report. Most companies have increased the Board's oversight of ESG matters in their reports.

2.1 The Significance of ESG Governance and Its Importance in the Healthcare Industry

Ms. Zou Juan, global partner of Bain Co. and chairman of sustainable development business in China, pointed out in the Chinese edition of Harvard Business Review in August

2022 that "the change in the evaluation system of enterprises from financial performance system to ESG system is essentially the shift from shareholders' perspective to stakeholders' perspective, which is a critical transformation in business civilization."

The medical and health industry is related to the national economy and the people's livelihood. Enterprises have the responsibility to build a healthy ecological system, and also have the obligation to promote and implement the concept of sustainable development. In 2022, I, in the capacity of senior advisor to the ECNU Great China Compliance Project as funded by the World Bank, had the privilege to have interviewed nearly 30 C-Suite executives from the global healthcare industry and its related associations, chambers of commerce, consulting firms and research institutes.

When discussing with some of the top lawyers in the panel themed "NPA/DPA localization in China", Mr. Canepa (General Manager of Bracco in Mainland China and Hongkong) introduced Non-Prosecution Agreement legislation and cases in Britain and France as well as anti-corruption law and rules in Italy. Mr. Canepa, in particular pointed out, more and more entities will incorporate their organizational management and internal control system into the ESG rating mode. In future, Corporate Governance Principal on basis of transparency, accountability, and integrity, will be the prerequisite for all ESG goals. "Compliance" should not only be the responsibility of one function, but part of the company gene as well. Every enterprise is liable for a Comprehensive Compliance Governance System beyond laws and regulations, and thus strives for an even higher level Corporate Governance.

Looking back at this ESG interview journey, one signal is strong and firm. That is, if it can build a comprehensive compliance system from the three dimensions of environmental, social and corporate governance, a Healthcare company can fundamentally benefit the patients and therefore win the social reputation and economic value (see the last chapter of the book, "Tone from the top").

Although the interview with each interviewee was conducted on a one-to-one basis, we still found the objective law of "great minds think alike". Ms. Zuo Li (Vice President of China Pharmaceutical Industry Association) and Ms. Judy Li Jing (Partner, Climate Change and Sustainability Services, Financial Services, Greater China, Director of ESG Management Office, Greater China.) expressed an unanimously consensus that "the post-pandemic era will prioritize the urge for sustainable development on society and the environment. Due to its embedded double standard for both social environment and economic attributes, the healthcare industry's ethical standards in its operation and management is directly related to the life safety and health of the public. How to integrate ESG and compliance of the healthcare industry into the sustainable development of the enterprise needs our reflection and exploration."

Ms. Zuo gave a detailed introduction about "Regulations on Compliance Management for Pharmaceutical Industry" published by China Pharmaceutical Association, which has been in force since early 2021. The compliance management specification covers anti-commercial bribery, anti-monopoly, marketing, finance and taxation, CSO management, data compliance and cyber security, clinical research, and EHS. These eight sub-rules are in substance in line with the compliance dimensions as far as ESG is concerned.

Ms. Judy Li Jing also mentioned that the "2022 Global Healthcare Industry Outlook" has listed environmental, social and governance, medical treatment fairness, reconstruction of public health institutions and other issues as the six major issues for the global healthcare industry. This indicates that ESG is a critical challenge facing the pharmaceutical industry as well. To this end, Ms. Li has kindly shared her valuable advice for healthcare industry as follows:

Strengthen the strategic planning of ESG and set short-term, medium-term and long-term development goals. A good enterprise needs to integrate environmental protection, social responsibility and corporate governance into its business development strategy in its development strategic planning. The plan should be able to clarify the specific work, specific action objectives, missions and principles of the enterprise in the fields of environment, society and governance, and integrate ESG into internal operation and management and external business output as a management means and effective tool.

Under the strategic planning, build the governance structure of ESG. Or the company's senior executives take the lead, or set up the Chief Sustainable Officer / Chief Responsible Officer, and set up the ESG Management Committee /ESG working group /ESG management office, which is responsible for implementing the strategic planning, advancing the action plan layer by layer, linking ESG performance with the performance evaluation of managers, and giving timely feedback.

Combine the business operation, internal management and ESG, and take ESG as an effective management measure. First, formulate a series of internal management systems according to the industry characteristics, the stage of development and the most relevant important issues to form the company's ESG system library; Then, as the public is more sensitive to the negative risk events of pharmaceutical enterprises, it needs to pay high attention and constantly strengthen ESG risk management.

With the empowerment of science and technology, we can build an ESG information management system or platform for ESG data management, which can realize the real-time collection and analysis of various quantitative KPI data, such as carbon emissions, energy and resource use, staff situation, vocational training development, public welfare donations, etc. so as to facilitate the summary and analysis for senior management decisions.

ESG report is a very good communication channel and platform, which can comprehensively display the company's mission, vision, strategic planning and value objectives. Writing ESG report with detailed data and moving story can enhance the confidence of the capital market and stakeholders.

Pay attention to ESG rating management, treat the rating results given by rating agencies correctly, make up for the shortcomings and adjust the language to adapt to the reading habits of the capital market. Most importantly, Pharmaceutical enterprises need to improve ESG governance structure, management system, strategic planning, action objectives and measures in order to obtain better rating results.

Strengthen communication with regulatory authorities, investors, partners, media, the public and other stakeholders to let them understand the sustainable development ability of the enterprise, and realize the appreciation of ESG management on investment value; At the same time, Pharmaceutical enterprises can also consider joining influential international institutions and organizations to spread the good ESG concept and practice and establish a responsible brand image.

2.2 Legal Risks and Compliance Obligations

In the ESG field, the World Bank was an early rule maker. As early as 2006, the International Finance Corporation (IFC), a member of the World Bank Group has formulated the "Policy on social and environmental sustainability". "Environmental and Social Assessment and Management System" (hereinafter referred to as "ESMS") as required by IFC, which provides us with a complete set of solutions, including the top-level policy framework–risk identification–management solutions–organizational structure assurance, is of referential significance for enterprises to deal with ESG compliance risks and obligations. Therefore, it can be predicted that ESG may eventually form a set of compliance management requirements with independence, integrity and systematization under the dynamic interaction of various stakeholders. Exactly the same, the environmental and social assessment and management system of the World Bank is of considerable reference significance.

At the same time, the Stock Exchange of Hong Kong implemented an updated *Environmental, Social and Governance Reporting Guide in 2020*, which adds mandatory disclosure for listed companies, including ESG governance structure, and raises the social dimension indicator to "Comply or explain". These "mandatory" information disclosure requirements may become a weather vane for the future of major international stock exchanges. According to the trend, global medical and health enterprises should, while strengthening ESG awareness, incorporate ESG into their corporate development strategies and enterprise management as soon as possible to meet the increasingly stringent investment and regulatory requirements.

For this reason, in the second chapter of this book, we invite compliance attorneys and prosecutors with rich practical experience to help us identify risks and propose solutions from the three dimensions of environment, social and corporate governance in terms of ecological environment compliance, labor and personnel compliance, intellectual property rights and business secrets compliance, network data security compliance, anti-bribery and anti-monopoly and other special compliance issues, combined with the real-world compliance cases within the industry in the past. It is noteworthy that amongst all, such specific compliance risks as anti-bribery risks, cybersecurity and data security risks, intellectual property rights and trade secrets are rated as top priorities for an enterprise's ESG concerns. We, therefore, anticipate that healthcare enterprises will implement ESG goals into action plans, on the basis of compliance management, and ultimately promote the company's sustainable development in the process of globalization. This will enable compliance results transformed into visible economic value.

2.3 Typical Cases and Interpretation

At the end of November 2022, the 6th China Excellence IR Award was held in Shenzhen. In the "Vote for TA" public campaign, we read the introduction of the deeds of Shenyang Sunshine Pharmaceutical:

"Shenyang Sunshine Pharmaceuticals has always insisted on fulfilling its corporate social responsibility and has always taken ESG management as the focus of the Group's management work. Since listing, it has dutifully disclosed ESG information in its annual report. In 2021, it issued an ESG report independently and continuously refined ESG management, which has been recognized by the society and the capital market. Shenyang Sunshine Pharmaceutical is the first listed company in the biotechnology industry in China to obtain the MSCI ESG A rating. It has been included in the MSCI ESG Index for many years. In

2022, the Group's MSCI ESG rating was upgraded from the previous year's Grade A to Grade AA, surpassing more than 88% of the global biotechnology companies; The CPD Climate Change Questionnaire remained at Level B (management level), exceeding 74% of the global companies on the list; It won the 6th Gold-Hong Kong Stock "Most Socially Responsible Listed Company" Award; Awarded the "TOP20 of ESG Competitiveness of China Pharmaceutical Listed Companies in 2022" jointly issued by E Pharmaceutical Manager and Business Channel Consulting.

In terms of corporate governance, Shenyang Sunshine Pharmaceuticals has established a top-down ESG management structure to ensure the efficient advancement of ESG work. The ESG Committee is formed with the participation of board members and is responsible for the overall ESG matters of the Group, making decisions and monitoring. At the same time, an ESG working group is set up to take charge of the implementation of specific work. The Group has perfected a long-term and regular audit and supervision mechanism; It has established a triple defense line of compliance risk prevention system; Employees were given comprehensive compliance training.

In terms of social responsibility, the Group applies uniform quality management standards to 33 listed products such as TPO, IBO, ISSEP and Mandy. All pharmaceutical subsidiaries have obtained GMP certification, among which Shenyang Sunshine and Sansheng Guojian have obtained the certification from PIC/S countries. The Group has always been mindful of the social responsibilities that national enterprises should assume, and has launched and funded a number of public welfare projects, which have been widely recognized by various sectors of the community. Since 2014, the Company has cooperated with Beijing Bethune Charity Foundation to carry out a number of drug donation projects. By end of year 2021, the Group has donated 148,000 vials of TB, benefiting 42,000 patients. A total of 1.62 million Ipsos were donated, benefiting 137,000 patients; A total of 12,000 siphones were donated, with the total value of the aid drugs exceeding 2 billion yuan. From 2019 to the present, from the national poverty alleviation to the rural revitalization, the company once again participated in the Ankylosing Spondylitis Health Poverty Alleviation Project of the State Council Poverty Alleviation Office with Yisaipu, and donated 180 million yuan to bring treatment opportunities for patients with ankylosing spondylitis at the grass-roots level. As of June 2022, the project has carried out 509 community doctor training and free clinic activities for patient screening. So far, it has trained 16,970 community doctors, screened 11,742 patients and treated 7,515 patients.

In terms of environmental protection, the Group continuously improves the environmental protection system, and each base regularly conducts internal audit of environmental impact. The pollutant emissions all meet the national environmental protection requirements. At the same time, the Group has also formulated four ESG quantitative targets at the environmental level, which cover water resources utilization, energy utilization, hazardous waste emissions and greenhouse gas emissions. For example, we plan to achieve a 30% decrease in hazardous waste emissions per unit of operating income in year 2025 as compared to year 2018.

Driven by the mission of "making innovative biological drugs accessible", Shenyang Sunshine Pharmaceutical will continue to uphold the concept of "cherishing life, paying attention to survival and creating life", and devote itself to improving patients' quality of life with high-quality drugs, and strive for the benefit of human health. "

The ESG governance philosophy of Shenyang Sunshine Pharmaceuticals was also confirmed in our interview with General Manager Kevin Xiao Weihong (see "Interview with General Manager of Sansheng Guojian and Vice President of China Pharmacists Association Xiao Weihong" in last chapter of "Tone from the Top"). The MSCI (Morgan Stanley Capital International) rating results of Shenyang Sunshine Pharmaceutical started with B rating in 2016 to BB rating in 2017 and 2018, and then BBB rating in 2019 and A rating in 2020, and AA rating in 2021. This brilliant score card has enabled Shenyang Sunshine Pharmaceutical to surpass 88% of the global biotech companies and enjoy a world leading position in terms of its ESG performance.

On November 28, 2022, Sina Finance and Economics reported the opinion of Dr. Lou Jing, chairman of Shenyang Sunshine Pharmaceuticals: "This shows that Shenyang Sunshine Pharmaceuticals does not forget its commitment to various stakeholders while developing itself. In the future, Shenyang Sunshine Pharmaceuticals will practice ESG management philosophy, lay the foundation for the Company's long-term sustainable development and contribute to the promotion of high-quality development in the industry." The news report mentioned the following highlights disclosed in the ESG report of the company:

1. The Board Committee is responsible for the Company's environmental management strategy and performance, and the Board regularly reviews the progress of ESG objectives. 2. Conduct regular audit on important ESG issues such as anti-corruption and business ethics, responsible marketing, and conduct external audit. 3. It has established a sound successor development plan, formulated a sound leadership training plan and trained candidates for key positions and leadership in advance. 4. It has comprehensive internal product inspection equipment and capability, and has a relatively wide inspection scope.

We noted the highlights of Shenyang Sunshine Pharmaceutical ESG Report and its identification of ESG rating system, such as the selection of MSCI rating system in consideration of its listing location; Focus on the relevant indicators of Shenyang Sunshine Pharmaceuticals as a pharmaceutical enterprise under the medical industry segment - Availability of medical care, corruption and instability, harmful emissions and wastes, product quality and safety, etc. Since 2016, Shenyang Sunshine Pharmaceuticals has achieved progress and improvement in ESG rating step by step, which is the result of identifying and diagnosing key issues of ESG that may fall behind the industry with the enterprise and taking continuous actions to improve. Congratulations!

With reference to the seven action plans proposed by Ms. Judy LI Jing for the healthcare industry in the foregoing, we have every reason to believe that a global healthcare enterprise has infinite ESG compliance opportunities, although there may be a few challenges during its ESG journey.

3 | ESG Talent and Development

Environmental, social, and governance (ESG) refers to the three key factors when measuring the sustainability and ethical impacts of organizations. ESG outcomes and compliances have gained even greater momentum and priority as a way to safeguard business from future risks, drive shareholder return, maximize measurable commercial impact, and create better workforce attraction and engagement to the millennials and GenZ. ESG reporting became mandatory requirement for listed companies by SEC and HKEX. In recent years, Chinese regulators have been pushing on voluntary ESG reporting by A-share listed companies.

3.1 Five Critical Leadership Competencies

The ability for ESG goals to be realized and result in meaningful impacts relies heavily on strong leadership and related human capital management. The current level of demands for Chief Sustainability Officer (CSO) and ESG team are far outstripping the supplies, making the real talent war. Globally, companies appointed about as many CSOs in 2020-21 as in the prior 8 years combined (*data source: Strategy& study*), and "93% were appointed externally as opposed to being promoted from an internal role with 80% having prior experience in an ESG or sustainability-related role" (*data source: Harvard Law School Forum on Corporate governance, 2021*). The earlier generation of ESG leaders mostly came out of middle level functional executives from legal, compliance, communication, or investor relations functions, and were responsible for creating basic ESG framework. In the recent years, as ESG has risen to the center of boardroom agendas, the ESG leaders are expected not only to design, integrate, and implement the framework and policies across organization, but also help to realize the business and social values with concrete measurement and metrics. Based on our interviews and best-in class profile studies, we found five critical leadership competencies for the successful next generation ESG leaders:

1. Strategic vision

As the change agent and forward-looking business leaders, they have deep understanding of the business and macro trends, in order to align risk-management and ESG implementations with short-term and long-term goals, and to balance sustainability vs profitability. When we analyze the newly appointed ESG leaders in global healthcare organizations, about 40% having prior experiences in strategy, commercial, business supports (such as finance or supply chain management), or research.

2. Systems Management

They have the mental capacities in understanding the interconnectedness of ESG issues and differences of businesses, in order to design holistic approaches. Mostly importantly, they are able to handle the complexities of systems across organization and across borders. On a technical level, they must be able to identify or create ESG metrics and carry out the compliance reviews and audit. Unfortunately, rarely in healthcare industry we would find someone with combined ESG expertise and comprehensive system knowledge. Companies sometimes have to use winning team approach to tackle, with one senior leader of great mindset and other a strong sustainability specialist.

3. Situational Adaptability

With highly fragmented global ESG regulatory landscape and fast evolving business environment, ESG leaders must have great resilience and ambiguity tolerance to adapt the new situations and make necessary adjustment to internal/external changes. We observe strong CSOs always anticipate risks and thrive in uncertainties. In contrary, the previous generation of ESG leaders have preference to standardization and stability over timely adjustments and long-term transformation.

4. Influence

ESG leaders play the role of change agent in organizations. The ESG transformation, hence the organizational transformation impacts every aspect of the business, particular the workforces. Hence CSOs need to build the rapport and trust to secure buy in from stakeholders throughout the organization. They can be very persuasive and credible. Often times, they are empathetic and show cares about the issues of others in both business and personal matters. The influence also come with the empowerment and access to board level. Currently less than 37% of the global healthcare CSOs report to C level or board. In China, there is no CSOs in the listed pharma or medtech companies currently. More than 60% of ESG leaders report to C-1 or C-2.

5. Accountability

According to McKinsey research, executing ESG effectively can help combat rising operating cost and improve operating profits by as much as 60%. The effective CSOs should immediately begin measuring ESG metrics alongside other KPIs. By combining measurable goals that are reachable and plans that are future oriented, they ensure the organization has a better chance to achieve those goals and impacts.

These strong leadership competencies are necessary to drive change in a VUCA business landscape. To recruit and further develop future CSOs and ESG team, we recommend organization to focus on 16 leadership attributes as below

Business Management: • Global Perspective • System Thinking • Strategic Mindset • Business Insight	Stakeholder Management: • Collaboration • Composure • Influence • Interpersonal Adaptability
Change Management: • Ambiguity Tolerance • Courage • Conceptual Analysis • Innovation	People Management: • Openness & Trust • Empowering • Coaching • Empathy

Note: Analysis is based on the leadership assessment results from *Decision Dynamics*.

3.2 Four Key Themes That Companies Should Have at Least Focused on

However, given the shortage of ESG talents and rising demands of those competencies with CSOs, an ESG integration for retention, development, and governance is required to be able to bring together the parts of the organization. As we had discussions with global and China healthcare clients, four key themes have emerged that companies should have at least focused on, in order to transform their ESG team and workforce.

1. Moving CSOs closer to the top

Successful companies use "Top Down" approach. They train the board on how to approach the ESG issues, be able to apply it throughout the organization, and embed ESG considerations into their day-to-day routines, so the workforce also can apply to different processes, different controls, and decision making. For CSOs is to be truly effective, they need direct board access. That can be achieved by appointing the CSO to the board or reporting directly to a board member/ESG committee who oversee and are accountable for the ESG strategies. Currently more and more listed Chinese healthcare companies start to adopt and implement such top down in three forms-1) ESG committee at the board level, with committee members all coming from board of directors and directly managing the ESG strategies and program implementation (i. e. Livzon); 2)ESG & Compliance sub-committee at the board, which consists some board of directors to lead and be responsible for the ESG agenda and strategy (ie. Tiger Med), 3)ESG leadership committee or leadership working group consist 100% by senior executives or functional heads to report to the board (i. e. JD Health, Beigene, Sinobio).

There are clearly correlation between the board direct governance and higher the ESG compliance and ESG rating improvement.

2. Create empowering organizational structure and practice

Since ESG influences all parts of a company, one important aspect is to have strong communication and practice to integrate every departments as journey together. Everyone has a role to play and to leverage their experiences, from ESG team, supply chain team, CFO office, R&D team, etc. We learned that ESG team were often centralized at the very beginning to ensure the strategy, measurement, and compliance be properly carried out. As the organizations become more familiar and mature, subsidiaries, business units or departments could also have their ESG team while being guided by the central ESG team.

Quite importantly, well thought-out scorecards, audit reports, and measurements could help facilitate the widespread of ESG initiatives and still keep the objectives on track.

3. Focus on ESG talent development

We all know that finding experienced ESG talent or leaders who have deep knowledge around these topics is very hard. When companies look internally to scout their potential ESG candidates, some of our clients looked at reskilling and upskilling the talents from ESG adjacent or related functions, which can minimize coaching cycle and readiness timeline. For instance, risk management director transitions into climate risk management, HR generalist turns into DE&I generalist, and so on.

Another common practice is to do the rotational assignment for selected internal candidates to exposure them to the diverse issues, which individual has rare opportunities to develop these capabilities within specific functions. The rotations could range from climate risk, compliance, biology, agriculture, DE&I, wellness, investment management, procurement, digital, etc. This turned to be helpful in building up ESG organizations talent pipeline over time, provide there are strong ownership and sponsorship from the top, and post rotation career paths are thought through.

4. More on ESG Talent Retention

For healthcare industry, many organizations struggled to acquire and retain the right talent in China, let alone the ESG talent. Emphasizing ESG is a way for employers to address these workforce challenges and cultivate culture of inclusion. Internal DE&I audits and matching with workplace diversity could improve the engagement level, and sense of pride amongst the younger employees. Additionally, to move up the game, companies start to migrate ESG team and leaders to higher corporate rank. We noticed that in recent years, several pharma companies in China upgraded their ESG leaders from Senior Manager to Sr Director, from Director to VP. This sends a clear signal of attractive of ESG career path.

In conclusion, the emphasis on and attention to ESG performance will be even strong in the future. For the healthcare organizations to have sustainable and winning ESG outcomes, the ESG leadership and talent development, and supporting corporate governance are crucial. Those who carry out the successful human capital and organizational strategy will likely to prevail.

4 | Ecological and Environmental Protection

Introduction

ESG is a kind of value concept, investing strategy and enterprise evaluation criteria that focus on enterprise's environmental, social and corporate governance performance. In China, legal rules on ESG are distributed in basic regulations concerning environmental protection, labor, and competition, as well as listed company regulatory rules issued by the China Securities Regulatory Commission (the "**CSRC**") and stock exchanges. In recent years, with the rapid popularization of ESG investment concept and China's heavier emphasis on ecological and environmental protection, the environmental dimension of ESG has become a key compliance focus that enterprises should pay attention to.

The philosophy of ecological environment policies in our country has undergone the evolution from the "concept of pollution prevention" to the "concept of ecological civilization", and the regulation of ecological and environmental protection has been gradually strengthened. At present, China is in the middle and later stage of industrialization, and environmental pollution accidents have entered a period of high incidence. In practice, cases of environmental penalties of healthcare enterprises have occurred from time to time. Environmental compliance has become an important issue for many healthcare enterprises, and an essential point of concern for their sustainable development.

4.1 Overview of Environmental Protection Legal System

The Ministry of Ecology and Environment of the PRC (the "**MEE**")is the national competent authority of environmental protection, responsible for basic and major issues of ecological environment. The ecology and environment bureaus or departments are set up to take charge of the environmental protection matters in each local administrative region.

We summarized the Chinese environmental protection legal system of healthcare industry as shown in the following figure:

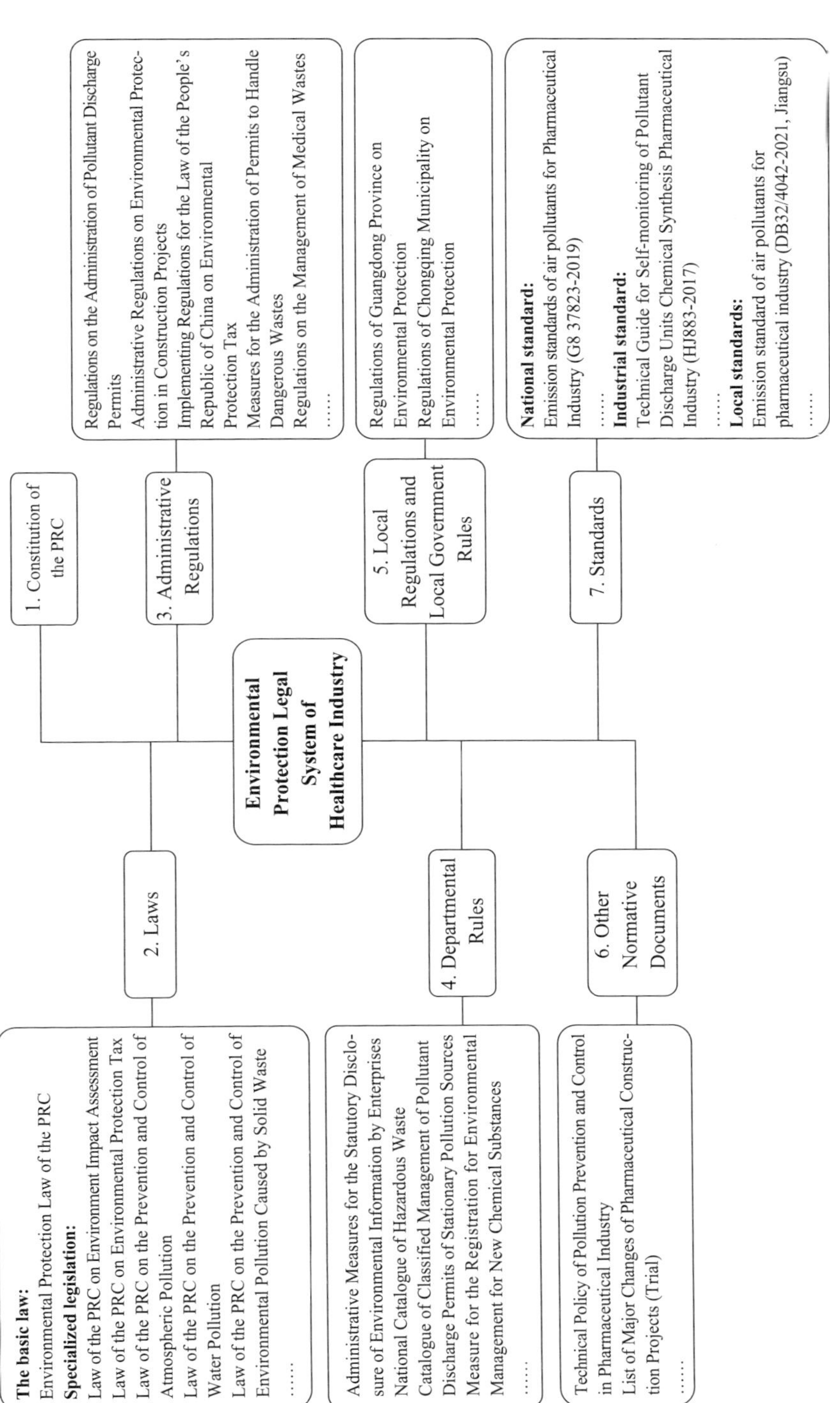
Environmental Protection Legal System of Healthcare Industry
1. Constitution of the PRC
2. Laws
The basic law:
Environmental Protection Law of the PRC
Specialized legislation:
Law of the PRC on Environment Impact Assessment
Law of the PRC on Environmental Protection Tax
Law of the PRC on the Prevention and Control of Atmospheric Pollution
Law of the PRC on the Prevention and Control of Water Pollution
Law of the PRC on the Prevention and Control of Environmental Pollution Caused by Solid Waste
……
3. Administrative Regulations
Regulations on the Administration of Pollutant Discharge Permits
Administrative Regulations on Environmental Protection in Construction Projects
Implementing Regulations for the Law of the People's Republic of China on Environmental Protection Tax
Measures for the Administration of Permits to Handle Dangerous Wastes
Regulations on the Management of Medical Wastes
……
4. Departmental Rules
Administrative Measures for the Statutory Disclosure of Environmental Information by Enterprises
National Catalogue of Hazardous Waste
Catalogue of Classified Management of Pollutant Discharge Permits of Stationary Pollution Sources
Measure for the Registration for Environmental Management for New Chemical Substances
……
5. Local Regulations and Local Government Rules
Regulations of Guangdong Province on Environmental Protection
Regulations of Chongqing Municipality on Environmental Protection
……
6. Other Normative Documents
Technical Policy of Pollution Prevention and Control in Pharmaceutical Industry
List of Major Changes of Pharmaceutical Construction Projects (Trial)
……
7. Standards
National standard:
Emission standards of air pollutants for Pharmaceutical Industry (G8 37823-2019)
……
Industrial standard:
Technical Guide for Self-monitoring of Pollutant Discharge Units Chemical Synthesis Pharmaceutical Industry (HJ883-2017)
……
Local standards:
Emission standard of air pollutants for pharmaceutical industry (DB32/4042-2021, Jiangsu)
……

4.2 Main Obligations of Environmental Protection Compliance

Since there are hundreds of laws and regulations relating to environmental protection, we sort out the compliance obligations which are generally applicable and which are the key concerns of healthcare enterprises as follows:

4.2.1 Environmental Impact Assessment

According to the *Law of the PRC on Environment Impact Assessment* (the "**EIA Law**"), for the enterprise construction projects which may have potential environmental impact, the environmental impact assessment (the "**EIA**") should be conducted in advance. The classification-based management is implemented on the EIA of construction projects. According to the impact of the construction projects on the environment, enterprises should prepare environment impact report (the "**EIR**"), environmental impact statement (the "**EIS**") and environmental impact registration form (each an "**EIA document**"and collectively referred to as the "**EIA documents**") for projects with potentially serious, mild and small environmental impacts respectively. Enterprises should decide which EIA document to prepare according to the current effective *Catalogue of Classified Management of Environmental Impact Assessment of Construction Projects (2021 Edition)*.

Pursuant to the EIA Law, construction of the project shall not start before the EIA document is approved by competent ecology and environment department. It should be noted that the approved EIA documents need to be re-submitted for approval if the project has undergone major changes, or the construction has not started upon expiration of its five-year valid term. The major changes of construction projects with pollution impacts may be judged according to the *List of Major Changes of Construction Projects with Pollution Impacts (Trial)*. If a list of major changes of construction projects for certain industry has been issued, the industrial list shall prevail. For example, major changes of pharmaceutical construction projects should be judged according to the *List of Major Changes of Pharmaceutical Construction Projects (Trial)*, which specifies the major changes in pharmaceutical project scale, construction site, production process and environmental protection measures.

"Construction without approval" is a common illegal act regarding EIA, including construction without approval of EIA documents, and failure to perform re-approval procedures. The corresponding administrative penalties mainly include fines (1%-5% of total investment amount of the project), orders to stop construction, and orders to restore the status quo ante; and the persons directly in charge and other directly responsible persons in the construction entities should be subject to administrative sanctions. As far as healthcare enterprises are concerned, cases of administrative penalties for "construction without approval" have occurred from time to time. For example, a traditional Chinese medicine hospital in Yunnan Province was fined RMB 205,000 for its failure to go through relevant construction project EIA approval procedures, commencement of construction without authorization, and the principle part of the project has been completed and put into use; a Chinese herbal medicine company in Liangshan was fined RMB 1,428,000 for building the overall technical reform and relocation project of the deep processing of Chinese herbal medicine without obtaining the EIA approval; a pharmaceutical company in Shandong Province was fined 1% of the total investment amount of the construction project, i. e., RMB 30,000, for not mentioning the change of raw materials and processes of the extraction process in the EIA report and approval, which was a major change that should be re-submitted for approval.

It should be noted that the EIA Law revised in 2018 strengthened the responsibilities of enterprises, stipulating that enterprises may compile EIA documents by themselves or by entrusting technical entities. However, even if the compilation is entrusted, enterprises themselves should still be responsible for the contents and conclusions of the EIA documents. If the environmental impact assessment documents have any quality problem such as major defect, omission or falsehood, both the enterprise itself and its entrusted entities will face the risk of punishment. In the case of a false EIS issued by an environmental impact assessment company in Henan Province, the environmental protection authority imposed fines on both the company entrusted to prepare the EIS and the project company involved. In a case involving serious quality problems with the EIA document of a pharmaceutical project in Hunan Province, the environmental protection authority at a higher level revoked the EIA approval of the lower level due to plagiarism and serious quality problems in the EIS of the project.

4.2.2 The "Three Simultaneities" System for Environmental Protection

According to the *Environmental Protection Law of the PRC* (the "**Environmental Protection Law**", the pollution prevention and control facilities in construction projects shall be designed, built and put into operation along with the principal part of the project at the same time. According to the *Administrative Regulations on Environmental Protection in Construction Projects*, as for a construction project for which an EIR or EIS is prepared, the construction project shall be put into production or use only after its ancillary environmental protection facilities pass the acceptance check.

With the revision of the *Administrative Regulations on Environmental Protection in Construction Projects* in October 2017, the responsibility of conducting acceptance check of the constructed ancillary environmental protection facilities was transferred from competent environmental protection authority to the construction entities. The Ministry of Environmental Protection (the predecessor of the MEE) subsequently issued the *Interim Measures for Acceptance of Environmental Protection on Completion of Construction Projects*, which specified the process and methods for construction entities to conduct self-acceptance of environmental protection facilities.

According to the Interim Measures for Acceptance of Environmental Protection on Completion of Construction Projects, upon completion of the construction project, the construction entity shall organize the acceptance check and prepare the acceptance check report. In practice, most enterprises entrust specialized technical agencies to prepare the acceptance check report. After the acceptance check is completed, the enterprise shall make public the acceptance check report, fill out and disclose the acceptance check information. The principal part of the project shall not be put into production or use until the environmental protection facilities have passed the acceptance check. If the facilities are put into use without the check or failing to pass the check, the enterprise will be ordered to make a rectification within a specified time limit, be ordered to cease production or use, be fined, and have the illegal environmental information recorded in its credit files. Moreover, the persons directly in charge and other directly responsible persons of the enterprises will also face the legal consequences of fines ranging from RMB 50,000 to RMB 200,000.

For healthcare enterprises, common illegal acts including the construction projects are put into production or use when the ancillary environmental protection facilities are not completed, not accepted or acceptance failed. For example, a Chinese medicine hospital in Shanxi Province was imposed a fine of RMB 78,000 for its radioactive pollution prevention facilities and radiation protection facilities were put into use without acceptance; a pharmaceutical company in Jiangsu Province was fined RMB 530,000 for its ancillary environmental protection facilities were put into use without acceptance, and the person in charge of environmental protection of the company was fined RMB 142,000; a biopharmaceutical company in Shandong Province was fined RMB 350,000 due to its construction project was put into use before the ancillary environmental protection facilities was built and accepted; a pharmaceutical company in Zhejiang Province was fined RMB 490,000 for engaging in active pharmaceutical ingredient production without acceptance of the ancillary environmental protection facilities.

It is worth noting that enterprises should not rely on fluke that it will not be punished for unaccepted facilities after a certain number of years. In the case of Yu v. a local ecology and environment bureau, the trial court held that the enterprise involved had two illegal acts, namely, construction without approval and construction project delivered for use without acceptance check. Its construction without approval was exempted from penalty for exceeding the statutory limitation, while the violation of construction project delivered for use without acceptance check continued and should still be punished.

4.2.3 Pollutant Discharge Permit

In 1989, the third national environmental protection conference put forward the system of "pollutant discharge declaration for registration and pollutant discharge permit" for the first time, followed by pilot and exploration of pollutant discharge permit system in various regions. The Environmental Protection Law revised in 2014 expressly stipulated for the first time that "the state shall implement the pollution discharge permit management system in accordance with the law". Prior to March 2021, the pollutant discharge permit was mainly implemented according to the *Administrative Measures for Pollutant Discharge Licensing (Trial)* issued by the Ministry of Environmental Protection (predecessor of the MEE) in November 2017. Since March 2021, the State Council has promulgated and implemented the *Regulations on the Administration of Pollutant Discharge Permits*, raising the rules of pollution discharge permit to be administrative regulations.

According to the *Regulations on the Administration of Pollutant Discharge Permits*, pollutant-discharging entities are divided into two categories of key administration and simplified administration based on the quantity of pollutants generated, the quantity of pollutants discharged, their impacts on the environment and other factors, both of which shall apply for pollution discharge permits. In addition, enterprises with little quantity of pollutants generated, pollutants discharged and impact on the environment can fill in the pollutant discharge registration form without obtaining a pollutant discharge permit. The *Catalogue of Classified Management of Pollutant Discharge Permits of Stationary Pollution Sources*, specifying which pollutant discharge entities shall be subject to pollutant discharge permit management and what category they shall be included in, is an important support for the reform of pollutant discharge permit system. At present, the *Catalogue of Classified Management of Pollutant Discharge Permits of Stationary Pollution Sources (2019 Edition)* is in effect. It is worth noting that, even though certain businesses or industries are not included in the catalogue, if they are included in the catalogue of key pollutant discharge entities or if the amount of certain pollutant discharged exceeds a certain threshold, they will still be deemed as key enterprises under management, and thus must apply for pollutant discharge permits. In addition, even though the business of an enterprise is not included in the catalogue, if its production and operation involve general processes, it is still necessary to further determine whether permit is needed for general processes.

A new application for the pollutant discharge permit should be made if the five-year validity period of a pollutant discharge permit expires or certain changes in the pollutant discharge of the project occur within the validity period. In order to ensure that the actual pollutant discharge is consistent with the approved scope, enterprises are obliged to carry out monitoring work, install monitoring equipment, keep monitoring records, as well as establish environmental management ledger records, etc. A pollutant discharge permit is not only the government administrative permit in the traditional sense, but also the commitment of environmental impact of pollutant discharge entities, the supervision basis of government departments and the breakthrough point of public supervision.

In terms of pollutant discharge permit, the common violations of healthcare enterprises include discharging pollutants without a permit, discharging pollutants inconsistent with the permit, failing to conduct self-monitoring as required by the permit, failing to establish environmental management ledgers and records, etc. According to the *Regulations on the Administration of Pollutant Discharge Permits*, such violations may lead to administrative penalties such as being ordered to make corrections, production limitation or business suspension for rectification, fines of RMB 200,000 to 1 million, or even being ordered to suspend business or close down. For example, a hospital in Hunan Province was fined RMB 200,000 for discharging pollutants without pollutant discharge permit; a pharmaceutical enterprise in Liaoning Province was fined RMB 200,000 for discharging pollutants without pollutant discharge permit for its projects of oral liquid and solid preparation; a pharmaceutical enterprise in Shandong Province was fined RMB 81,875 due to inconsistency in pollutant discharge method and discharge direction with those specified in the pollutant discharge permit; a hospital in Shaanxi Province was fined RMB 20,000 for its failure to formulate a self-monitoring plan and carry out self-monitoring in accordance with the pollutant discharge permit; a pharmaceutical enterprise in Jiangsu Province was fined RMB 39,800 for failing to ensure the normal operation of pollutant discharge automatic monitoring equipment; and a pharmaceutical enterprise in Shaanxi Province was fined RMB 10,000 for failing to establish environmental management ledgers and records.

4.2.4 Prevention and Control of Pollution During Operation Period

During the period from the project completion for operation to the end of project service, the enterprise should pay attention to the compliance in the prevention and control of air pollution, water pollution, noise pollution, solid waste pollution, radioactive pollution, etc. and ensure the compliance of pollutant discharge, the normal operation of environmental protection facilities and necessary environmental pollution prevention and control measures have been taken. According to practical cases, violations committed by healthcare enterprises during their operation period are mainly in the fields of air pollution, water pollution, solid waste pollution and radioactive pollution.

1. Compliance of Air Pollution Prevention and Control

In addition to regular obligations such as EIA, applying for the pollutant discharge permit and discharge pollutants in accordance with the permit, healthcare enterprises should also pay attention to the following compliance obligations in accordance with the *Law of the PRC on the Prevention and Control of Atmospheric Pollution*:

(1) monitor pollutant discharge and keep the original monitoring records;

(2) install and use monitoring equipment and ensure the normal operation of such equipment;

(3) pay attention to whether the processes, equipment and products used by the enterprises have been eliminated;

(4) if dust, sulfide and nitride oxides are discharged, clean production techniques should be adopted, ancillary facilities for dust removal, desulfurization and denitrification should be installed, or other measures such as technical transformation should be taken to control the discharge;

(5) production and service activities generating the waste gas containing the volatile organic compounds (VOCs) should be conducted in confined space or equipment, and the pollution prevention and control facilities should be installed or used in accordance with the regulations; if such activities cannot be conducted in confined space, measures should be taken to reduce the emission of waste gas;

(6) take measures such as centralized collection and disposal, sealing, enclosure, covering, cleaning and watering to control and reduce the emission of dust and gaseous pollutants;

(7) avoid discharging air pollutants by the way of evading supervision such as operate air pollutants control facilities improperly.

If an enterprise violates the aforesaid air pollution prevention and control obligations, it may be subject to legal consequences, such as being ordered to make corrections, production limitation, shutdown or suspension of production for rectification, a fine, being ordered to suspend business or close down. In addition, according to Paragraph 3 of Article 63 of the Environmental Protection Law, for any act of illegally discharge air pollutants by way of evading supervision and administration, the persons directly in charge and other directly responsible persons may be detained for 5 to 15 days. In practice, many healthcare enterprises have been penalized for breaching the abovementioned obligations to prevent and control air pollution. For example, a pharmaceutical enterprise in Shanxi Province was fined RMB 50,000 for failing to collect and dispose the volatile organic compounds during the production process; a pharmaceutical enterprise in Shandong Province was fined RMB 690,625 for excessive discharge of volatile organic compounds; a pharmaceutical enterprise in Hubei Province was fined RMB 84,000 for poor management and failure to strictly control the discharge of dust and gaseous pollutants, causing environmental pollution; a pharmaceutical enterprise in Henan Province was fined RMB 500,000 for discharging air pollutants by operating pollution prevention and control facilities improperly to evade supervision, and meanwhile the ecology and environment bureau referred the case to a public security organ to pursue the liability of the persons directly in charge and other directly responsible persons; a pharmaceutical enterprise in Shandong Province was imposed a fine of RMB 100,000 for not taking effective measures in the sewage treatment workshop section, resulting in the overflow of waste gas.

2. Compliance of Water Pollution Prevention and Control

The *Law of the PRC on the Prevention and Control of Water Pollution* stipulates enterprises' obligations of water pollution prevention and control. From the cases of water pollution penalties of healthcare enterprises, healthcare enterprises should pay attention to the following obligations of water pollution prevention and control:

(1) avoid discharging water pollutants beyond the standard or discharging the prohibited pollutants into water bodies;

(2) set the sewage outlet of water pollutants according to the regulations;

(3) avoid discharge water pollutants by the way of evading supervision such as taking advantage of seepage wells, seepage pits, fissures and limestone caves, covertly installing underground pipes, altering and fabricating monitoring data or operating water pollution prevention and control facilities improperly.

If enterprises violate the aforesaid water pollution prevention obligations, they will be subject to the legal consequences, such as being ordered to make rectifications, production limitation, suspension of production for rectification, being ordered to suspend business or to close, and fines. For any act of illegally discharge air pollutants by way of evading supervision and administration, the persons directly in charge and other directly responsible persons may be detained for 5 to 15 days. For example, a pharmaceutical enterprise in Guizhou Province was fined RMB 480,000 for discharging water pollutants by evading regulation, and meanwhile the ecology and environment bureau referred the case to the public security organ to pursue the liability of the persons directly in charge and other directly responsible persons; a hospital in Zhejiang Province was fined RMB 100,000 for discharging water pollutants beyond the prescribed standards; a hospital in Hubei Province was ordered to remove or block the effluent outlet discharging sewage to the rainwater pipe network and fined RMB 80,000 for setting up effluent outlet in violation of regulations and discharging sewage from the hospital into river through the rainwater pipe network; a pharmaceutical enterprise in Liaoning Province was fined RMB 300,000 due to the concentration of water pollutants in sewage discharged exceeded the relevant sewage discharge standards.

3. Compliance of Solid Waste Pollution Prevention and Control

Solid waste disposal is mainly governed by the *Law of the PRC on the Prevention and Control of Environmental Pollution Caused by Solid Waste*. According to different sources, solid waste can be divided into industrial solid waste, household waste, construction waste, agricultural solid waste, etc. According to the pollution characteristics, solid waste can be divided into general solid waste and hazardous waste. Healthcare enterprises should pay special attention to the rules on industrial solid wastes and hazardous wastes. Based on common healthcare enterprises' violations in terms of solid waste in practice, healthcare enterprises should be reminded to observe the following compliance obligations regarding prevention and control of solid waste pollution:

In terms of general industrial solid waste,(1) take reasonable measures to prevent solid waste pollution, and should not dump, stack, or discard litter solid waste without authorization;(2) safely store solid wastes by classification, build storage facilities and places for classified storage according to the regulations, or take harmless disposal measures.

In terms of hazardous waste,

(1) set up hazardous waste identification labels according to the regulations,

(2) avoid mixing hazardous wastes with non-hazardous wastes for storage;

(3) legally formulate hazardous waste management plan and establish hazardous waste management ledgers;

(4) strictly examine the operating license for hazardous wastes of third-party entities, and avoid providing or entrusting hazardous wastes to unlicensed entities;

(5) strictly manage and control the production, collection, storage, transportation, utilization and disposal of hazardous wastes;

(6) the transfer of hazardous wastes should be subject to application and approval in accordance with laws.

It should be noted that the collection, transportation, storage, disposal and supervision of medical wastes should also be subject to the *Regulations on the Management of Medical Wastes*, the *Measures for Medical Wastes Management of Medical and Health Institutions* and the *Catalogue for the Classification of Medical Wastes (2021 Edition)* and other regulations. Enterprises that violate foresaid obligations of preventing and controlling solid waste pollution may be ordered to make rectifications, suspend operations or close down, imposed a fine, and have their illegal gains confiscated. They may also be fined for committing the crime of environmental pollution. For example, a pharmaceutical company in Ningxia Hui Autonomous Region was imposed a fine of RMB 200,000 for stocking industrial solid wastes in the open air without taking protective measures to meet national environmental protection standards; a pharmaceutical company in Anhui Province was imposed a fine of RMB 100,000 for failing to build industrial solid wastes storage places to meet the national environmental protection standards according to EIA requirements; a pharmaceutical packaging material company in Zhejiang Province was fined RMB 42,400 for failing to set up hazardous waste identification labels; a medical equipment company in Beijing was fined RMB 10,000 for mixing hazardous waste with non-hazardous waste for storage; a packaging material company in Suzhou was fined RMB 50,000, RMB 100,000 and RMB 90,000 respectively for failing to truthfully declare and register hazardous wastes, entrusting hazardous wastes to unqualified entities, and failing to fill out the hazardous waste transfer form according to the regulations; a medical examination hospital in Beijing was fined RMB 150,000 for failing to fill out the hazardous waste transfer form in accordance with relevant national regulations; a hospital in Liaoning Province was fined RMB 200,000 for dumping and stacking hazardous wastes without authorization. In addition, the legal representative, main principal, the persons directly in charge and other liable persons of the enterprise may also face the legal consequences of fines, administrative detention, or even being sentenced to imprisonment. For example, the director of the synthesis workshop of a pharmaceutical company in Shanghai violated national regulations and handed over the company's hazardous waste to others for dumping and disposal, constituting a crime of pollution of the environment, and was sentenced to six months in prison and a fine of RMB 20,000.

Medical wastes, pharmaceutical wastes, waste drugs and medicines are the types of hazardous wastes specified in the *National Catalogue of Hazardous Wastes*. As for the compliance of hazardous wastes, it is suggested that enterprises establish a hazardous waste management list in line with its actual production according to the national regulations on how to manage hazardous wastes and the specific scope of hazardous wastes, and pay attention to the update of the *National Catalogue of Hazardous Wastes (2021 edition)* dynamically, so as to update their own hazardous waste lists accordingly. It is recommended that enterprises strengthen the retrospective review of waste disposal. For certain waste which is not listed as hazardous waste when it is disposed, once found that it is included in the *National Catalogue of Hazardous Wastes*, remedial measures should be taken in a timely manner. It should also be noted that for the solid wastes that have not been included in *the National Catalogue of Hazardous Wastes* and whose hazardousness is unclear, enterprises are recommended to identify the hazardous characteristics of such solid wastes in strict accordance with the relevant hazardous waste identification standards and technical specifications. After identification, if it is hazardous and belongs to hazardous wastes, the enterprise should determine the categories of the wastes based on the main harmful components and hazardous characteristics, and conduct classified management. In the case of environmental pollution caused by illegal disposal of expired drugs by a biochemical pharmaceutical company from Shanxi Province, the company and its actual controller Tian dumped and disposed of more than 10 kinds of expired drugs without authorization, which constituted the crime of environmental pollution, and the company was sentenced to a fine of RMB 50,000, Tian was sentenced to 10 months' imprisonment and a fine of RMB 5,000.

4. Compliance of radioactive Pollution Prevention and Control

The *Law of the PRC on the Prevention and Control of Radioactive Pollution* specifies the compliance obligations of enterprises in the prevention and control of radioactive pollution. Radioactive waste is a highly public hazardous environmental pollutant whose discharge and disposal are subject to strict regulations. In addition, the *Regulations on the Safety and Protection of Radioisotopes and Radiation Devices* specifies the compliance obligations that enterprises should comply with in the manufacture, sale and use of radioisotopes and radiation devices. The main points of compliance obligations for radioactive pollution prevention and control that should be of concern to healthcare enterprises are as follows:(1) an enterprise which manufactures, sells or uses the radioisotope or the radioactive ray devices should apply for a license and go through the registration formalities according to the laws;

(2) obvious radioactive labels should be set up in the places where radioactive substances and radiation devices are used, stored and disposed;

(3) the discharge of radioactive waste gas and liquid into the environment should comply with national radioactive pollution prevention and control standards;

(4) dispose or store the radioactive liquid waste which is prohibited to be discharged into the environment in accordance with the prescribed standards for the prevention and control of radioactive pollution;

(5) the enterprises should dispose the radioactive solid waste generated first, and then sent it to the radioactive solid waste disposal unit for disposal pursuant to the regulations of the competent administrative department of environmental protection under the State Council. Meanwhile, the enterprises should pay the cost of disposal, and should not provide or entrust the radioactive solid waste to unlicensed entities for storage and disposal.

If an enterprise violates the aforesaid compliance obligations of radioactive pollution prevention and control, it may face the legal consequences of being ordered to make corrections within a time limit, fines, revocation of licenses, confiscation of illegal income, or even being sentenced if the violation constitutes a crime of pollution of the environment. For example, a hospital in Hebei Province was fined RMB 16,000 for its four radiation devices have been put into use, without application for a license and going through registration procedures as required by the regulations of the State Council on protection of radioisotopes and radiation devices; a Chinese medicine hospital in Hebei Province was fined RMB 26,000 for not setting up radioactive labels according to regulations.

4.2.5 Environmental Information Disclosure

In May 2021, the MEE issued the *Reform Plan of Legal Disclosure System of Environmental Information*, and proposed "to form a basic mandatory disclosure system of environmental information by 2025" as the main goal. On February 8, 2022, the *Administrative Measures for the Statutory Disclosure of Environmental Information by Enterprises* and the *Guidelines for the Form of the Statutory Disclosure of Environmental Information by Enterprises* came into effect at the same time, which specify the subject, content, way, format and corresponding legal responsibilities of environmental information disclosure.

According to the *Administrative Measures for the Statutory Disclosure of Environmental Information by Enterprises*, enterprises are the entities primarily responsible for the statutory disclosure of environmental information, including key pollutant discharging entities, enterprises subject to compulsory review for cleaner production, and those enterprises that are listed or issue enterprise bonds and meet the prescribed requirements. Healthcare enterprises meeting the above requirements should disclose environmental information through the enterprise environmental information disclosure system in accordance with the law. The environmental information that the foresaid enterprises should disclose includes annual environmental information and provisional environmental information. The annual environmental information includes information on enterprises' environmental management, information on the generation, treatment and discharge of pollutants, information on carbon emissions, information on ecological and environmental emergencies, information on ecological and environmental violations, information related to compulsory review for cleaner production, and information related to the financing projects, etc. The provisional environmental information should be disclosed when there is a change in the environmental protection permit, or when the enterprise or key personnel are subject to administrative punishment, etc.

Due to the characteristics of healthcare enterprises, many of them are listed in the list of key pollutant discharging entities and are subject to environmental information disclosure according to the law. Therefore, healthcare enterprises should pay particular attention to the compliance of environmental information disclosure, and establish relevant environmental information disclosure systems.

4.2.6 Ecological and Environmental Damage Compensation

Since the year of 2015, the ecological and environmental damage compensation system has been piloted in seven provinces and cities, such as Jilin Province, etc. The year of 2017 saw the issuance of the *Reform Program of the Ecological and Environmental Damage Compensation System*, which proposed a nationwide trial run from 2018 and the initial construction of an effective ecological and environmental damage compensation system nationwide in 2020. The *Civil Code of the PRC*, which came into force in 2021, clearly stipulates the liability for ecological and environmental damages and raised the reform achievement to be the basic national law. On 26 April 2022, the *Administrative Provisions for Ecological and Environmental Damage Compensation* came into effect, specifying the application scope, compensation scope, working procedures, and the guarantee mechanism of ecological and environmental damage compensation. It embodies the basic principle of "environment is of value, who damage it shall be held accountable" and solves the problem that "enterprises pollute, people suffer, and the government pays".

The *Administrative Provisions for Ecological and Environmental Damage Compensation* is in line with the provisions of Article 1235 of the *Civil Code of the PRC* on the compensation scope of ecological and environmental damage, which includes clean-up costs, restoration costs, loss of service function during eco-environment restoration period, permanent damage of eco-environment function, as well as reasonable expenses for investigation, appraisal and assessment, etc. requiring enterprises to make "full compensation" for the expenses directly or indirectly caused by environmental violations. According to the *Administrative Provisions for Ecological and Environmental Damage Compensation*, an enterprise may bear the liability of compensation for ecological and environmental damage, administrative punishment, criminal responsibility and tort liability for personal and property at the same time due to the same environmental violation.

In judicial practice, judges will consider the fulfillment of the liability for compensation of ecological and environmental damage as a factor of sentencing in criminal trials. In the case of compensation for ecological and environment damage caused by a company dumping hazardous wastes across provinces in a county of Anhui Province, the company involved proactively negotiated with the local ecology and environment bureau and reached a compensation agreement. After the company proactively fulfilled its compensation and restoration obligations, the local ecology and environment bureau send copies of the compensation agreement and other supporting materials to the procuratorial organ and the judicial organ, which would serve as evidence for the judicial organ's lenient sentencing during the criminal trial. This kind of "civil matters first, then criminal matters" is also conducive to avoid the violator's negative attitude to fulfill the obligation of compensation when he/she is aware of the consequences of adverse penalties. When enterprises are faced with multiple illegal liabilities in the cases of ecological damage compensation, their active performance of the civil liability for ecological damage is conducive to the mitigation of administrative and criminal liabilities.

The provincial or municipal governments granted by the State Council act as the claimants of ecological and environmental damage compensation in their own administrative regions. The above-mentioned claimants have the right to file a lawsuit for ecological and environmental damage compensation if an enterprise fails to reach an ecological damage compensation agreement with them. In addition, with the continuous improvement of China's environmental public interest litigation laws and regulations, the number of environmental public interest litigation cases are increasing year by year. The legally designated institutions, relevant organizations and people's procuratorate are entitled to file environmental public interest litigations. It is worth noting that judicial practice supports the plaintiff to file a preventive environmental public interest litigation based on the potential risk of ecological environment damage, which puts forward higher requirements on the ability of enterprises to identify environmental compliance risks.

The aforesaid environmental compliance obligations are summarized based on common violations in the practice of healthcare enterprises. There are also other environmental compliance issues that should be concerned. For example, the discharge fees levied on air pollutants, water pollutants, solid waste and noise has been converted to taxes levied by the taxation authorities since the *Law of the People's Republic of China on Environmental Protection Tax* took effect in 2018. The healthcare enterprises discharging the aforesaid pollutants should fulfill the obligation to pay environmental protection tax in accordance with the law. Moreover, as General Secretary Xi Jinping has proposed the "dual carbon" goal, carbon emission is also gradually becoming an environmental compliance issue to which healthcare enterprises should pay attention. In the *14th Five-year Plan for Pharmaceutical Industry Development* issued in 2022, green and low-carbon projects for the pharmaceutical industry are listed as one of the major tasks of the plan. Healthcare enterprises should pay attention to the impact of carbon emissions on enterprise costs, and take measures to comply with carbon emission policies.

4.3 Systematic Solutions of Compliance

The *Law of the PRC on Administrative Penalties* revised in 2021 expressly states that fault liability is the basic principle of administrative punishment. If a party has no subjective fault, no administrative punishment will be given, but the party bears the burden of proof. For enterprises, establishing a sound compliance system and taking appropriate compliance measures in advance are important means for enterprises to prove that they have no fault. With the continuous increase of state environmental protection supervision efforts, environmental protection compliance has become an important part of corporate compliance. With respect to the environmental protection compliance of healthcare enterprises, we put forward the following systematic solutions of compliance.

4.3.1 Making Lists of Compliance Obligations and Compliance Risks

The sorting out of compliance obligations and the identification of compliance risks are the premises for an enterprise to comply with compliance obligations. An enterprise may make a list of environmental protection compliance obligations in accordance with its applicable internal and external laws and regulations, standards, systems, etc. and make environmental compliance risk list and internal risk prevention and control guidelines for environmental compliance based on common environmental protection risks and its specific conditions. Meanwhile, enterprises should pay more attention to the release and update of national environmental protection laws and regulations as well as regulatory policies, and update the aforesaid list in a timely manner. Having such lists will help employees to quickly grasp the key points of the regulations.

4.3.2 Establishing Environmental Protection Compliance Structure and Responsibilities

Specialized departments and personnel are the carrier of the operation of the compliance system. An enterprise may define the key positions for environmental protection compliance, specify the environmental protection compliance obligations of the board of directors, the management, the compliance department and business department, and match the specific compliance obligations with certain positions, ensuring that the environmental protection compliance obligations are assigned to the specific responsible persons.

4.3.3 Conducting Environmental Protection Compliance Publicity and Training

In order to enhance employees' awareness of prevention and control of environmental pollution and cultivate corporate environmental protection compliance culture, enterprises can carry out environmental protection compliance publicity and training in a normalized and sustainable manner. For employees involved in high-risk links and key positions of environmental protection, targeted environmental protection theme compliance training can be conducted for them. Decision-makers and the management of enterprises should take the lead in attending compliance trainings to create a good corporate compliance atmosphere. Business departments should also actively receive environmental compliance trainings, as well as actively consult the compliance department for opinions on environmental protection in daily business activities. Employees in key environmental protection positions may sign letters of commitment for environmental protection compliance, to establish their awareness and concepts of environmental compliance.

4.3.4 Conducting Due Diligence on Environmental Compliance

Environmental compliance due diligence is embodied in two kinds of situations. One is the environmental compliance due diligence of the target to be acquired or the project to be carried. It is required to verify each item from the perspective of various environmental protection compliance obligations involved in the target/project in order to reduce the environmental protection liability risks arising from the implementation of the acquisition/project. If necessary, an external professional party can be entrusted to assist. Another is due diligence of transferring, utilizing and disposing pollutants in the operation of enterprises. Compared with the former situation, this kind of due diligence is focused and relatively simple, but it needs to be followed up continuously in the process of cooperation. When outsourcing services, enterprises should pay attention to examining of the qualifications and technical ability of the entrusted party, and on the other hand, enterprises should sign a written entrustment contract to require the entrusted party to fulfill its environmental protection obligations.

4.3.5 Establishing an Environmental Compliance Assessment, Reward and Punishment System

Employees and subordinate enterprises should be responsible for the environmental compliance within their responsibilities. Enterprises can establish an environmental compliance assessment system to evaluate the performance of environmental compliance responsibilities of specific positions or subordinate enterprises. At the same time, the enterprise can establish a reward and punishment mechanism for environmental compliance, to punish the employees who engage in illegal behavior in violation of the environmental compliance system, and to reward the employees who proactively comply with environmental protection.

4.3.6 Establishing and Improving the Environmental Compliance Risk Management System

On the one hand, enterprises can establish and improve the self-inspection mechanism of environmental compliance risks, regularly carry out environmental inspections, and focus on the inspection of production equipment, pollution prevention facilities, pollutant discharge detection and environmental emergency facilities, so as to realize the normalization of environmental self-inspection and self-correction. On the other hand, a reporting system for environmental violations or risks can be established, and special mailboxes and telephones can be set up as channels for anonymous reporting. An investigation team can be set up to investigate the authenticity of the reported contents, so that violations or risks can be detected and rectified in time.

4.3.7 Correctly Responding to Investigations or Penalties for Environmental Violations

In the face of environmental supervision and inspection conducted by environmental law enforcement departments, enterprises should actively cooperate and avoid obstructing in any way. When faced with the investigation and punishment of environmental administrative violations, enterprises should make full use of the administrative hearing procedure and actively exercise the right of statement and defense. Enterprises should timely correct their illegal acts, once discovered, and promptly take remedial measures, make efforts to eliminate the pollution, prevent further losses, actively compensate for the losses and restore the ecological environment. According to the *Measures for Environmental Administrative Penalty*, minor violations which are promptly remedied and have not caused any harmful consequences shall be exempted from administrative penalty. The regulations of discretion issued by local ecology and environment bureaus also stipulate that some illegal acts of pollutant discharge with a small amount or a short duration are minor illegal acts that are not subject to administrative punishment. Meanwhile, the attitude of correcting illegal acts, the measures taken and effects of such correction are also factors to be considered by the environmental law enforcement departments in the discretion of penalties. Therefore, active correction of illegal acts, taking remedial measures and prevention of further damages may help the enterprise to reduce the penalty.

5 | Human Genetic Resources and Biosecurity

5.1 ESG and Healthcare Industry

ESG is a set of values about the coordinated development of environment, society and governance. It places companies in a connected and dependent social network and builds an evaluation system for enterprises from three dimensions of E (Environmental Responsibility), S (Social Responsibility) and G (Corporate Governance Responsibility), which are incorporated into the concept and practice of investment decision-making and operation of enterprises. With the increased attention to ESG in the capital market, healthcare enterprises are attaching greater importance to ESG governance. For example, a well-known corporate providing CRDMO (Contract, Research, Development, and Manufacturing) services of drugs has set up an ESG committee under its board of directors and set up a dedicated ESG department within the company.

In addition to the traditional profit maximization considerations, based on the ESG evaluation system, stakeholders including investors can comprehensively assess an enterprise's potentiality and investment value by observing its ESG performance with the environment, society, governance and other value drivers taking into account. There are many examples of factors affecting ESG, and these factors are constantly changing across markets and industries. Based on various evaluation systems and interpretations, we generally believe that the main implications and factors for ESG in healthcare enterprises include:

"E" means that enterprises shall improve the environmental performance in production and operation and reduce the internal and external environmental costs arising from unit output. Relevant factors of E value include water, energy, greenhouse, waste emissions and other indicators;

"S" means that enterprises shall adhere to higher business ethics, social ethics and legal standards. Relevant factors of S value include ethical requirement, social responsibility, product liability, safety and health, and commercial legal ethics; and

"G" means that enterprises shall improve the internal structure and system of corporate governance. Relevant factors of G value include but not limited to corporate governance, compliance, risk management, intellectual property protection and information security protection.

5.2 ESG and Biosecurity

It is usually understood that biosecurity refers to biotechnology and laboratory safety. Its main content is to take a series of effective precautionary and control measures to prevent the leakage of dangerous organisms used in laboratories, and to prevent the abuse and misuse of biotechnology to threaten and damage people's life and safety and ecological security. Biosecurity in a broad sense refers to that 1. a country can effectively prevent and respond to the threats of dangerous biological factors; 2. stable and healthy development of biotechnology; 3. people's life and health and the ecosystem are relatively free from dangers and threats; and 4. a country could safeguard national security and sustain national development in the biological field. As an important basic resource for life sciences research and drug R&D, human genetic resources ("HGR") have become an indispensable resource for public health, biotechnology safety and national biosecurity, and play a vital role in biosecurity system. Especially in a large multi-ethnic country like the People's Republic of China ("PRC" or "China"), where HGR are abundant and unique, how to protect China's HGR from illegal acquisition and use by overseas parties is an important part of the biosecurity system development.

Healthcare industry is an industry closely related to biosecurity. The R&D, production, distribution and other operation aspects of healthcare enterprises may be subject to biosecurity regulations. Compliance to biosecurity protection management has an overall impact on the standardized development of the healthcare industry. Similarly, from the perspective of ESG evaluation in the pharmaceutical industry, with bios-ecurity protection as an element taken into consideration, we believe that it is necessary to focus on the value of G (Corporate Governance Responsibility), i. e. building the framework of the biosecurity protection compliance system in the governance structure of healthcare enterprises and implementing such system.

Good biosecurity protection compliance system for enterprises follows the evaluation indicators of the value of G. From the perspective of enterprises, if the biosecurity protection compliance system is well established and implemented, good ESG performance in terms of biosecurity protection can be achieved. Further, the establishment and effective implementation of such systems can reduce the risks of violation of laws and regulations, and maintain a good corporate credit rating, thus positively affecting the evaluation indicator of the value of S (Social Responsibility) to some extent. From the perspective of stakeholders including investors, good governance of healthcare enterprises from the ESG perspective increases the confidence in the long-term development of the pharmaceutical enterprises.

Based on the above background, this article intends to, from the perspective of biosecurity protection compliance (including HGR protection), elaborate on the normative system, regulatory requirements and basic principles of biosecurity protection, typical cases, and the thoughts and framework of biosecurity compliance management in the healthcare industry, with integrating ESG factors into the sustainable development strategies of healthcare enterprises.

5.3 Normative System for Biosecurity Protection

5.3.1 Historical Evolution

1. Historical Evolution of Biosecurity-related Standards

Legislation and administration on biosecurity of the PRC starts from the security management of genetically modified organisms, gradually involving the administration of stem cells, bioethics, the security of bio-laboratories and relevant international obligations. After 15 years of research and drafting from 2005 to 2019, the *Biosecurity Law of the PRC*, "Biosecurity Law") was issued in 2020 and implemented on April 15, 2021.

The *Biosecurity Law* is a basic, comprehensive, systematic and leading law in the field of biosecurity of China, which provides the direction and focus of supervision in an exemplary manner, and is implemented in conjunction with other relevant laws and regulations, including but not limited to the *Law on the Prevention and Treatment of Infectious Diseases*, the *Environmental Protection Law*, the *Agriculture Law*, and the *Administrative Regulations for Entry-Exit Health Quarantine on Special Goods* to guide the supervision of biosecurity.

2. Historical Evolution of HGR Protection

The protection of HGR is an important part of the biosecurity protection system. On June 10, 1998, China promulgated the first regulation on HGR, i. e., the *Interim Measures for the Management of Human Genetic Resources. The Interim Measures* generally applies to the sampling, collecting, research, development, sale, export and exit of HGR in the PRC. To further strengthen the supervision of HGR, in 2015, the Ministry of Science and Technology of the PRC ("MOST") issued the *Service Guide for the Administrative Items for the Approval of the Sampling, Collecting, Sale, Export and Exit of HGR*. In consideration of new problems arising from the supervision of HGR from time to time, and on the grounds of the low legal hierarchy of Interim Measures and the concern to further improve administration measures, the State Council issued the *Regulation on the Administration of Human Genetic Resources*, "HGRAC") which is implemented on July 1, 2019. The MOST is responsible for the administration of HGR nationwide.

The HGRAC classifies activities involving HGR in the PRC into four categories: sampling, preservation, utilization and external provision of HGR. The HGRAC clarifies the pre-approval conditions for four categories of activities, which basically covers the "approval of sampling, collecting, sale, export and exit of HGR". At present, the HGRAC, the Q&A and service guidelines issued by the MOST from time to time are accepted as standards and rules for both the regulatory authorities in carrying out the supervision and approval work and the enterprises in regulating their business activities.

5.3.2 Regulatory Framework and Principles

The *Biosecurity Law* is established by making the safeguard of national security and the prevention of and response to biosecurity risks as main legislative objectives, and divides into chapters in the following seven aspects. These seven aspects set out the general regulatory requirements and directions for different perspectives of biosecurity, thus forming a regulatory system under which makes the *Biosecurity Law* as a framework rule with the specific laws, regulations and policies as detail implementation requirements.

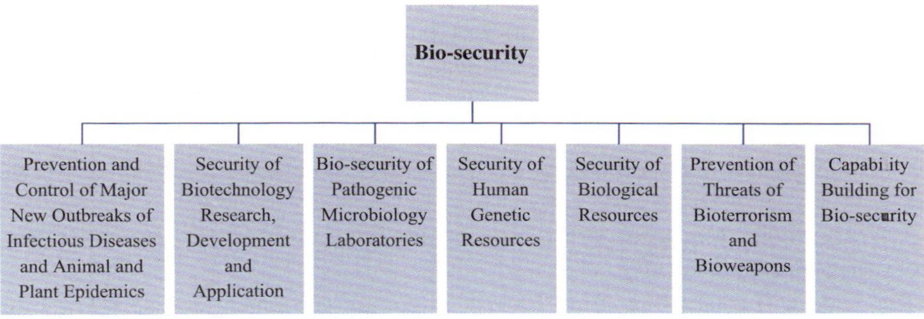

The contents most directly related to healthcare enterprises mainly include three parts: "research, development and application of biotechnology technology", "pathogenic microorganism laboratories" and "HGR and biological resources". The following contents will be detailed from the perspective of the above three aspects.

5.4 Regulatory Requirements and Fundamental Principles for Biosecurity Protection

5.4.1 Research, Development and Application of Biotechnology

Research, development, and application of biotechnology refer to scientific research, technology development and application and other activities conducted for understanding, transforming, synthesizing and utilizing organisms under scientific and engineering principles. Literally, the scope of research, development and application of biotechnology will be relatively broad. If organisms are involved in the R&D and application activities, such activities may be subject to the regulatory administration. If a healthcare enterprise intends to carry out R&D and application activities involving biotechnology, attention shall be paid to the following matters:

1. Prohibition Principle

The State prohibits any research, development or application of biotechnology that endangers biosecurity by endangering public health, damaging biological resources, destroying ecosystems and biodiversity, etc. Such prohibition generally restricts the possible dangerous biological factors resulted from the research, development and application of biotechnology at the source, and promotes the stable, healthy and sustainable development.

2. Risk Hierarchical Management

In accordance with the provisions of the *Biosecurity Law*, regulatory authorities will, based on the degree of risks caused by relevant activities to public health, industry and agriculture, ecological environment, etc. carry out a 3-level hierarchical management system for the R&D activities related to biotechnology, namely, high-risk, medium-risk and low-risk. To be specific, activities of high-risk and medium risk are subject to (1) approval or filing in accordance with the laws, (2) mandatory risk assessment, and (3) formulation of risk prevention and control plans and contingency plans for biosecurity incidents, so as to reduce the risks in the R&D activities. The concept of risk hierarchical management was reflected as far back in the *Administrative Measures for the Safety of Biotechnology Research and Development* issued by the MOST in 2017, which specifies that "hierarchical management shall be adopted for the safety management of biotechnology research and development". Specifically, according to the potential risk degree of biotechnology R&D activities, relevant activities shall be graded as high-risk levels, relatively high-risk levels and ordinary risk levels. Special focus is placed on biotechnology R&D of high-risk and relatively high-risk levels. For example, the National Safety Management Expert Committee on Biotechnology Research and Development shall propose measures and disposal procedures for relevant contingencies in biotechnology R&D activities of high-risk and relatively high-risk levels.

3. Traceability Management of Important Equipment and Special Biological Factors Involving Biosecurity

The State will establish a control list of important equipment and special biological factors regarding biosecurity and implement traceability management thereof. If a pharmaceutical enterprise purchases or imports important equipment and special biological factors included in the control list, it shall make registration to ensure traceability and file the same with the relevant department of the State Council. Individuals may not purchase the above-mentioned important equipment and special biological factors.

4. Requirement of Ethical Review

The *Biosecurity Law* stipulates that the research, development and application activities of biotechnology shall comply with the ethical principles; and the clinical research of new biomedical technology shall pass the ethical review in advance. Currently, when involving the sampling, preservation, utilization, external provision of HGR, and the implementation of clinical trials on human subjects, relevant project is explicitly required to obtain the informed consent of human subjects and pass the review by the ethics committee.

5. Follow-up Assessment on Biotechnology Application Activities

For the biotechnology application activities, the *Biosecurity Law* requires the administrative authorities to follow and assess the relevant activities in accordance with the laws and take effective remedial and control measures in a timely manner if any biosecurity risk is found. Healthcare enterprises shall cooperate with such follow-up assessment.

5.4.2 Administration and Regulation on Pathogenic Microbiology Laboratories

Prior to the implementation of the *Biosecurity Law*, the main legal source for the administration of the biosecurity of pathogenic microbe laboratories in China is the *Administrative Regulations on the Biosecurity of Pathogenic Microbiology Laboratories*, supported by the *Environmental Management Measures for the Biosecurity of Pathogenic Microbiology Laboratories* and other provisions, relevant standardization documents, as well as the specific provisions, standards and catalogues promulgated by the Health Committee and the Departments of Agriculture and Rural Affairs at all levels. The *Biosecurity Law* incorporates the principles of the previous *Administrative Regulations on the Biosecurity of Pathogenic Microbiology Laboratories*, implementing classified administration of pathogenic microbes and hierarchical management of pathogenic microbiology laboratories, emphasizing requirements including that (1) the establishment of a pathogenic microbiology laboratory shall be subject to approval or record-filing, (2) low-grade pathogenic microbiology laboratories shall not engage in trials relating to highly pathogenic microbes, and (3) high-grade pathogenic microbiology laboratories shall be subject to the approval of the competent authority at or above the provincial level and the relevant trial status shall be reported to the approval authority, among others.

In addition, if any pathogenic microbes on the *List of Dual-use Biological Agents and Related Equipment and Technology Export Control* are involved, the relevant export shall comply with the relevant provisions of the *Regulations on the Export Control of Dual-use Biological Agents and Related Equipment and Technology of the PRC* and the *Administrative Measures for the Operational Registration of the Export of Sensitive Items and Technology of the PRC*. The related administrative items include the approval for the export and import of dual-use items and technology as well as the registration of operational qualification for the export of sensitive items and technology, which are administered by the Ministry of Commerce.

5.4.3 Supervision and Administration of HRG

As mentioned above, in addition to the *Biosecurity Law*, the main regulations governing HGR include the HGRACs, and the questions, replies and guidelines issued by the MOST from time to time. The subjects under the supervision and administration include both human genetic resource materials ("HGR Materials") and human genetic resource information ("HGR Information"). HGR Materials refer to genetic materials such as organs, tissues and cells containing genetic substances such as human genome and gene. HGR Information refers to the information such as data generated by using the HGR Materials. HGRAC regulates activities involving the sampling, preservation, utilization and external provision of HGR by listing the prohibited activities and approval-required (or record-filing) activities:

1. Prohibited Activities

(1) Foreign (overseas) organizations and institutions established or actually controlled by foreign (overseas) organizations or individuals (hereinafter collectively referred to as "Foreign Entities") shall not sampling or preserve China's HGR within the territory of China, or provide China's HGR to overseas parties. If Foreign Entities need to utilize China's HGR to carry out scientific research activities, such activities shall be carried out through international cooperative scientific research as introduced below.

(2) The sampling, preservation, utilization and external provision of China's HGR shall not endanger the public health, state security and public interest of China.

(3) Purchase and sale of HGR shall be prohibited, but the payment or charge of reasonable cost for the provision or utilization of HGR for scientific research in accordance with the law shall not be deemed as purchase and sale.

2. Approval (or Record-filing) and Regulatory Requirements

Article 9 of the HGRAC stipulates the basic principles for the sampling, preservation, utilization and external provision of China's HGR, including: (1) ethical principles shall be complied with and ethical reviews shall be conducted in accordance with the relevant national regulations; (2) the privacy rights of HGR providers shall be respected, their prior informed consents shall be obtained and their legitimate rights and interests shall be protected; (3) the technical specifications formulated by the MOST shall be complied with. Meanwhile, the HGRAC stipulates in more detailed matters that require approval (or record-filing) for the sampling, preservation, utilization and external provision of HGR, including:

(a) Sampling

The sampling of HGR of important genetic families of China or in specific areas in China, or the sampling of HGR of which the types and quantities are prescribed by MOST shall be subject to approval. The currently effective *Service Guide on Administrative Approval Items of Review and Approval of Sampling of Human Genetic Resources in China* gives certain interpretations on the definitions of the types of HGR subject to administrative approval for the sampling thereof:

(i) Important genetic families refer to the groups of related persons that suffer from hereditary diseases or have hereditary special physical or physiological characteristics, and the sick families or those with hereditary special physical or physiological characteristics are more than five members, involving three generations.

(ii) HGR in specific areas refer to the HGR of groups of people that live in isolation or special environments for a long period of time, and have special physical characteristics or adaptive traits in terms of physiological characteristics.(iii) The types prescribed by the MOST refer to the groups of people with rare diseases and significant differences in special physical or physiological characteristics; and the number prescribed refers to the accumulative number of people of more than 500.

(b) Preservation

Preservation refers to the act of keeping HGR from legal sources under suitable environmental conditions to ensure their quality and safety for the use in future scientific research, excluding the acts of temporary storage after laboratory testing in accordance with laws, regulations or the agreements in the clinical research protocol. The preservation of HGR for clinical diagnosis and treatment, blood sampling and supplying services, investigation and handling of illegal activities and crimes, doping detection, funeral and interment and other purposes shall be excluded. The preservation of China's HGR and the provision of a basic platform for scientific research shall be subject to the approval of the MOST.

(c) Utilization

Where Foreign Entities need to utilize China's HGR to carry out scientific research activities, such Foreign Entity shall cooperate with Chinese entities (i. e., international cooperative scientific research), and utilization of China's HGR for such international cooperative scientific research is subject to approval.

When utilizing China's HGR at clinical sites in international cooperative clinical trials to obtain the market authorizations of relevant drugs and medical devices in China, without the export of HGR Materials, no approval is required. The cooperation parties only need to file the type, quantity and purpose of the HGR intended to be used with the MOST for the record before the clinical trial is conducted.

(d) External Provision

Transporting, mailing, or carrying China's HGR Materials out of the territory of China shall obtain an exit certificate for HGR Materials in advance. Where China's HGR Materials need to be transported, mailed or carried abroad in the course of an international cooperative scientific research, an application may be filed separately, or simultaneously with the application for such international cooperative scientific research by listing the exit plan.

Different from the export of HGR Materials, the external provision of HGR Information needs to be filed for record with MOST and the information shall be submitted for backup, but is not subject to the review and approval. While the external provision of HGR Information that are likely to affect the public health, state security or public interests of China shall pass the security review organized by the MOST. The specific circumstances and standards of security review are not clearly defined at present.

3. Regulatory Trends

On March 21, 2022, the MOST promulgated the *Rules for Implementation of the Administrative Regulations on Human Genetic Resources (Draft for Comments)*, which supplement and optimize the HGRAC, with highlights as follows: (1) restricting and clarifying the scope of HGR Information; (2) adding the recognition criteria for the actual control of Foreign Entities; (3) raising the application and approval threshold for the approval of sampling; (4) adding new circumstances under which Foreign Entities may be exempted from ethics regulations; (5) introducing a fast-track approval mechanism for emergencies; and (6) introducing comprehensive provisions on the supervision, inspection and administrative penalties, and detailing the work procedures for approval and record-filing.

5.5 Typical Cases

5.5.1 Case I: Administrative Penalty on HGR

From 2015 to 2020, the MOST published a total of 8 administrative penalties regarding HGR, which involved illegal collecting, sampling, sale, export and exit of HGR, attracting wide public attention. For facilitating the reading, we briefly list some illegal acts involved in these cases, such as:

Carrying out international collaborative research on HGR with a university in the United Kingdom without authorization and transmitting part of the HGR Information overseas via the Internet;

A drug R&D enterprise illegally exports HGR (human serum) overseas as animal plasma without authorization;

Transferring the remaining HGR samples under an approved project to other enterprises without authorization, carrying out scientific research activities beyond the scope of approval;

Conduct R&D activities or preservation activities related to HRG without license.

Although no administrative penalty has been issued in accordance with the HGRAC, the illegal conducts involved in the above cases can serve as a reference for other enterprises which intend to engage in similar activities. The HGRAC requirements involved in the illegal conducts in above cases are as follows:

Where Foreign Entities need to utilize China's HGR to carry out scientific research activities, such Foreign Entities shall cooperate with Chinese entities and abide by China's laws and regulations. And such international collaborative research by utilization of China's HGR is subject to approval by the MOST.

Where Foreign Entities need to utilize China's HGR to carry out international collaborative research, or transport, mail or carry China's HGR materials overseas due to other special circumstances shall meet the relevant conditions set forth in the HGRAC and obtain an exit certification for HGR materials issued by MOST.

The external provision of HGR Information needs to be filed for record with MOST and the information shall be submitted for backup.

The preservation of China's HGR and the provision of a basic platform for scientific research shall meet the relevant conditions set forth in the HGRAC and be subject to the approval of the MOST.

5.5.2 Case II: "H2N2 Influenza Virus Sample Leakage Incident" of a Biotech Company in the United States

From 2004 to 2005, the laboratories in 18 countries and regions (including Canada, France, Hong Kong of China and Taiwan of China, Japan, Republic of Korea and United States) received the samples of H2N2 influenza virus distributed by an American biotechnology company. On April 13, 2005, WHO issued an alert to thousands of laboratories in the 18 countries and regions for immediate destruction of H2N2 influenza virus samples. The reason was that the distribution of H2N2 was an accidental mistake, and that H2N2 virus was a level 2 virus (second to SARS, H5N1 avian influenza virus and other level 1 viruses).

Such "accidental mistake" distribution originated from a routine quality control assessment, carried out by the United States Society of Pathologists, of thousands of medical laboratories all over the world. The United States Society of Pathologists commissioned this American biotechnology company to distribute virus samples to the laboratories to test whether some of the applying medical organizations could detect the type of the virus, based on which to conduct qualification assessment and issue a certificate. When the United States Society of Pathologists entrusted such distribution, it did not know which type A virus was selected as the instruction was given to the American biotechnology company that it shall select a type A virus at its discretion. The deadly influenza virus was widely spread.

The national micro-biologic laboratory in Canada first discovered the H2N2 virus in the samples on March 25, 2005, and Canadian officials notified the WHO and the United States Centers for Disease Control and Prevention on April 8. According to media reports in Europe, most of the thousands of laboratories that received the virus did not immediately isolate and identify the virus. Even some laboratories found the correct results incredible, they thought that the United States Society of Pathologists could not make such a big "joke". As a result, the virus was not confirmed until five months after it was distributed to the world.

Afterwards WHO re-emphasized the significance of laboratory biosecurity highly harmful virus strains shall be collectively kept in large laboratories; scientific researchers must operate in strict compliance with biosecurity provisions and laboratory-specific rules and procedures, and those who have not been trained may not have access to such virus strains and samples, etc.

5.5.3 Case III: Incident of Gene-Edited Baby

In November 2018, a scientist from a university in southern China announced that a set of gene-edited baby twins were born healthy in China in November 2018, causing an uproar of public opinions. On December 30, 2019, the "gene-edited babies" case was publicly pronounced at the first instance of the People's Court of Nanshan District, Shenzhen. The scientist involved and two other defendants were investigated for criminal liability in accordance with the law for jointly and illegally conducting human embryo gene editing and reproductive medical treatment activities for the purpose of reproduction, constituting the crime of illegal medical practice. The court sentenced the scientist to fixed-term imprisonment of three years and a fine of RMB 3 million in accordance with the laws.

5.6 Framework of Management on Biosecurity Compliance in Healthcare Industry

5.6.1 Management on Biosecurity Protection Compliance in Healthcare Industry

1. Importance for Enterprises to Establish and Improve the Internal Biosecurity-related Compliance Systems

With the rise of scientific technology (e. g. gene research, artificial intelligent, etc.), activities around HRG have increased significantly, which inevitably brings more stringent enforcement than before. Under a high-pressure policy environment, healthcare enterprises, while carrying out drug-related activities (e. g. R&D, manufacture, and operation), especially the activities involving biosecurity and HRG, are devoted to complying with regulated requirements and preventing violations from adverse influences on themselves. With such intent, these enterprises are always considering how to comprehensively ensure the compliance of the related activities and the personnel and cooperation partners involved, how to quickly identify compliance risks, and how to take effective measures to correct non-compliance behaviors. The above questions also become an important part of the corporate compliance mapping. Furthermore, these enterprises are also deep in thought on how to realize the added value of the enterprise from the perspective of biosecurity protection in the ESG evaluation system. Therefore, we are of the opinion that the primary choice of healthcare enterprises is to set up and perfect the internal management system on biosecurity-related compliance policies.

The followings of this chapter will start from addressing the compliance difficulties of enterprises' protection of biosecurity, and then put forward some suggestions on how enterprises manage to establish and improve biosecurity compliance, from the aspects of institutional norm, organizational structure, and process mechanism.

2. Compliance Difficulties

(1) Auxiliary Regulations Yet to Release

The auxiliary regulations of the *Biosecurity Law* has not fully enacted. This supporting system may include, for example, risk determination method, relevant application obligations and approval formalities, and assessment procedures for risk grading management; detailed list of important equipment and special biological factors; and scope of ethical review. So far, lack of the specific means to implement the *Biosecurity Law,* nor further clear obligations for enterprises to perform, brings certain difficulty for enterprises in a compliance way.

(2) Definition of "China's HRG"

How to define "China's HRG" is a relatively important issue, as it is key to decide whether certain regulations and requirements are applicable. Currently, both *the HRG Regulation* and *the Biosecurity Law* explicitly limit "China's HRG" as regulatory objects. However, there is no official explanation issued for the identification standard of such "China's HRG". In practice, it tends to treat person's nationality as a main factor to determine whether it falls within the scope of "China's HRG", but it still depends on the official explanation and detailed rules to be issued in the future. So, enterprises are suggested to keep an eye on such potential regulatory change.

(3) Definition of "Foreign Entity"

A Foreign Entity, under both *the HRG Regulation* and the *Biosecurity Law,* includes a foreign (oversea) organization, and an entity established or actually controlled by foreign (oversea) organization(s) and/or foreign (oversea) individual(s). But the above two laws' failure to define "establishment" and "actual control" brings difficulties in determining a "foreign entity" in practice. While the Draft Rules intend to clarify, as well as list four circumstances of, the aforesaid vague term "actual control", the uncertainty still exists. As biosecurity (including HRG) closely relates to state sovereignty and violations of such relevant rules and will result negative consequence to enterprises and personnel in charge; therefore, to reduce the above risk of non-compliance, we hold a relatively conservative attitude toward the explanation of a "Foreign Entity" that it shall be interpreted in a broader way.

(4) The Review Standard of Intellectual Property Sharing Arrangement

Both *the HRG Regulation* and *the Biosecurity Law* stipulates a general rule that the benefit shall be shared according to laws when utilizing China's HRG for the purpose of carrying out international cooperation. Specifically,

to carry out international cooperation in scientific research by utilization of China's

HRG and apply for patents with the achievements generated therefrom, the application shall be filed by the parties, and the patent rights shall be shared by the parties; and

for the other scientific and technological achievements generated from the research, the right to use, the right to transfer and the method of benefit sharing of such achievements shall be agreed by the parties through a cooperation agreement. Under the Draft Rules, "the other scientific and technological achievements" explicitly includes copyright, data, standard, technological process, etc.

During the application and approval process, MOST will conduct substantive review on the arrangement of sharing of patents and other scientific and technological achievements. Based on the responses we obtain, MOST may have different responses and rectify comments with respect to the wording and contents of such sharing arrangement. Hence, it might be relatively difficult to grasp an appropriate review standard of intellectual property sharing agreement for the healthcare enterprises.

5.6.2 Advice for Compliance Management on Enterprise Biosecurity Protection

1. Corporate Internal Policy System

To achieve the ultimate goal of enhancing its internal and external value, an enterprise is advised to (i) improve management system for biosecurity protection from the perspective of ESG based on the compliance with applicable laws, regulations, and governmental requirements, (ii) define management objectives for different stages for a well preparing of appropriate plans and layouts in advance; as well as (iii) strengthen enterprise's refined management on compliance. Hence, the process of establishing management system of corporate internal policy introduced below may help enterprises to develop an overall system of compliance policy. It may also be a good reference for an enterprise to set up independent system of internal policy used for a one-off or special project.

(1) Early Stage ——Business Risk Assessment

At the early stage of the establishment system of corporate internal policy, emphasis will be placed on scenario identification and behavior assessment for activities related to biosecurity and HRG. Taking HRG as an example, enterprise can internally produce an assessment questionnaire in the form of Q&A on the scenario involving HRG, which may make each business department quickly understand and evaluate whether the activities to be conducted will involve sampling, preservation, utilization and external provision of HRG. The assessment questionnaire may be produced mainly based on standardization issues, with adding further specific questions to be clarified according to each proposed activity or project. Those specific questions may include:

To determine whether an activity involves HRG: Will any sampling of blood or other human tissues take place? Whether any information needs to be obtained during a research activity? Whether any information is generated from the analysis of human tissues collected?

To determine an eligible subject: Whether an enterprise is held by foreign shareholder(s)? How much is the percentage of each shareholder and the decision-making rights of each shareholder in an enterprise? Is there any cooperative party participated in the activity? What is the equity structure of the cooperative party? What is the situation of the controlling person of such cooperative party?

Regarding the benefit arrangement: Where domestic and foreign parties cooperate to make use of HRG, What are the corresponding arrangements for the ownership of intellectual property? Whether the enterprise has global layout and plan for patents, data, know-how, etc. in the project? Is there any conflict between the cooperative arrangement and such global layout and plan?

Then, an internal risk assessment team is advised to be formed and consist of the members from diverse business department, including but not limited to, the business departments of medicine, legal, compliance, technology, and customs. The risk assessment team shall be responsible for evaluating the responses to those assessment questionnaires and detecting ongoing or threatening prohibited or negative behaviors stipulated by regulations on HRG, as well as finding out such behaviors that may result to violation of laws, administrative regulations, or the policy or concept of enterprise.

The advantage of scenario identification and behavior assessment at the early stage is that a complex human genetic resources-related activity can be more intuitively broken down into multiple specific actions according to regulatory framework, which facilitates the risk control over such activity. Furthermore, adequate communication and disclosure during scenario identification and behavior assessment may increase enterprise's confidence to implement its business activity plan in the future, since it is conducive to grasp the compliance red line in advance and avoid the occurrence of sunk costs to a large extent.

(2) Middle Stage ——System Establishment

Based on the result of the above scenario identification and behavior assessment at the early stage and according to applicable laws, regulations, governmental requirements and compliance management expectations, enterprises can establish system of internal policy and management process, or a DO & DON'T standard or SOP if various form is required. Again, taking HRG-related activity as an example, enterprise's system of internal policy could include but not limited to the followings:

To prepare specific implementation plans for activities involving HRG: contents of the plans shall be consistent with the results of scenario identification and behavior assessment at the early stage. If any deviation from such results occurs, a re-assessment over such implementation plans is required;

The risk assessment team mentioned in the early stage should fully evaluate and verify whether specific ethical risks, data risks, layout of enterprise's intellectual property rights, etc., involved in the project may lead to the loss of enterprise value or other negative influence. In addition, the documents relating to informed consent should also be reviewed if any informed consent letter is to be signed;

If necessary, it is suggested to engage a third-party ethics committee, such as a regional ethics committee, to provide opinions on potential ethical issues during the implementation of the project;

If necessary, it is suggested to engage a third-party law firm or consulting institution to provide opinion on the compliance issues during the implementation of the project;

The application documents, which shall be submitted according to the approval/filing requirements of the corresponding laws and regulations, can only be prepared on the condition that internal corporate approvals are obtained (especially the approvals made by risk assessment team and the third parties mentioned above);

It shall maintain smooth and open communication among all relevant parties in the enterprise and full disclosure of information in the whole process of project preparation, initiation, implementation, and follow-up supervision;

Emergency plans shall be developed based on project needs to ensure the safety of human genetic resources;

It shall submit the project progress report periodically during the project implementation and the project closing report after the end of the project, and shall have a full review on each project by explaining the facts and status such as the project implementation results, whether the expected goals has been achieved, etc.

Risk assessment team shall pay close attention to the changes and updates of laws and regulations and inform the project team in a timely manner, so that project team can make timely adjustments to the plan.

(3) Later Stage ——Oversight of the Implementation Phase

In the process of carrying out HRG-related activities, enterprises shall pay dynamic attention to and monitor the compliance of such activities. In details, enterprises can formulate a reporting system to deal with the special matters or alterations occurred during the implementation process, so that the development and changes of the entire process can be discovered in a timely manner, and the non-compliance risks that may be found can be assessed in a timely manner. In addition, in order to put the above-mentioned reporting system and regular review system into place, enterprises can develop a comprehensive file retention system to ensure that all actions, changes or emergencies can be traced. This is also helpful in fulfilling the obligation to cooperate with the investigation when the government conducts investigations or raises inquiries.

2. Organization Structure and Training

(1) Entablement of an Oversight Committee

Regarding the enterprise's implementation of the HRG compliance management system as mentioned above, setting up a separate oversight committee by the corporate board or management level can be taken into consideration. The oversight committee shall be responsible for supervising the whole process of biosecurity-related (including HRG-related) projects, i. e. all activities carried out during the early stage, middle stage, and later stage. It shall also be in charge of formulating corresponding processes for approval, supervision, and decision-making.

(2) Accountability system

Under the premise of the supervision by the oversight committee, the compliance management mechanism can be further operated to divide responsibility to individuals by level. In other words, oversight committee shall be the ultimate responsible unit and provides regulatory advice on decisions made by the head of each business department in the conduct of HRG-related activities; and then each head of business department shall supervise and responsible for the activities of the personnel belonging to such department.

(3) Training

An Enterprise is also advised to establish a regular training mechanism with laws, regulations, and knowledge of biosecurity incorporated into the education and training content, so as to strengthen the cultivation of biosecurity awareness and ethical awareness of employees (especially practitioners). After employees have a certain understanding of the relevant policies, their ability of risk identification is enhanced, which reduces the risk of corporate non-compliance accordingly and avoids affecting the normal operation of the enterprise or causing unnecessary reputation and economic losses to the enterprise.

6 | Labor Compliance in the Healthcare Sector

The labor and employment compliance of the pharmaceutical industry has many similarities with that in other industries. This chapter mainly discusses the unique problems in employment compliance in the pharmaceutical industry. It identifies the problems, examines the reasons, and puts forward the corresponding solutions.

6.1 Overview of Employment in the Pharmaceutical Industry

6.1.1 Meaning

On the origin of the term "labor compliance." According to Article 13 of the *Central Enterprise Compliance Management Guide (Trial)* (State-owned Assets Supervision and Administration Law [2018] No.106), "labor and employment" is regarded as one of the eight key compliance areas: "Strictly abide by labor laws and regulations, improve and perfect the labor contract management system, standardize the signing, performance, modification, and termination of labor contracts, and earnestly safeguard the legitimate rights and interests of workers." Therefore, the employer's labor and employment behavior is called "labor and employment compliance" when it meets the requirements of labor laws and other relevant regulations.

Labor and employment compliance in the pharmaceutical industry refers to the fact that occurs when the employer in the pharmaceutical industry strictly abides by labor laws and regulations in the process of signing, performing, changing, canceling, or terminating the labor contract to protect the legitimate rights and interests of workers, as well as social and public interests, and to promote economic development and social progress. Moreover, the employment behavior must meet all the requirements of labor laws and regulations, as well as the requirements with which the employer voluntarily chooses to comply. Social public interest refers to the interest that can be enjoyed by many citizens and is the boundary of "individual interests." All labor standards are directly related to social and public interests. Therefore, any violation of labor standards is an act that damages the legitimate rights and interests of workers and social and public interests. The requirements that the employer voluntarily chooses to comply with include the following: the employer's voluntary participation in and compliance with an international or domestic industry standard (including industry standard), the company's articles of association, labor rules and regulations, and the public interest requirements in collective contracts.

6.1.2 Characteristics of employment

1. Strong professionalism

The pharmaceutical industry employs professional practitioners. Whether in research and development, testing, marketing, or promotion, all personnel have a specialty incomparable to that in other industries—they all have a background in pharmaceutical expertise. Many senior executives are doctors and postdocs, and the industry has many experts and scholars. The professionalism of employment in the pharmaceutical industry shows that it is a technology-intensive, high-input, high-output, and high-risk industry. The high degree of professionalism in the pharmaceutical industry also determines the high threshold for employees in the industry and constitutes a technical and personnel barrier between pharmaceutical enterprises. This has led to fierce competition for skilled personnel in the pharmaceutical industry, which is the main reason for labor disputes, such as non-competition restrictions, non-competition prohibition, protection of trade secrets, and labor remuneration (especially commissions and rewards).

2. Strong employment cycle

Pharmaceutical enterprises are in different stages and have different positions and talents. The strong periodicity of pharmaceutical enterprises also determines the employment in the pharmaceutical industry, which also has a strong periodicity. Pharmaceutical enterprises have to go through the stages of research, experiment, production, marketing, and promotion. The tasks to be completed by the enterprises in each stage are clear, and the personnel needed are clearly identified. The early stage requires research and development and testing personnel, all of whom must be capable and committed to confidentiality. After the test is successful and the product can be put on the market, production personnel will be required. Production bases must be expanded, including the recruitment of industrial personnel. After the mass production of products, marketing and promotion personnel become the focus of the labor demand. In practice, few enterprises specialize in research and development. Therefore, the periodicity of enterprise development and investment determines the periodicity of labor and employment. Different stages have different employment demands and employment compliance requirements. As such, the human resources department must have forward-looking, predictive capabilities in employment planning and management. Otherwise, labor disputes may easily arise.

3. Variety in employment patterns and novelty in job types

The diversity of employment patterns is determined by the segmentation of the pharmaceutical industry. For example, pharmaceutical enterprises can be divided into chemical pharmaceutical and biological products enterprises. These enterprises also need to market and promote their own pharmaceutical products or services. Therefore, various types of pharmaceutical enterprises have their own different organizational forms, job requirements, and employment patterns, such as agency, labor dispatch, and labor outsourcing.

The post types are also unique. As the pharmaceutical industry is highly professional, it has created many positions with industry characteristics, such as pharmaceutical engineers, medical equipment engineers, pharmacists, pharmaceutical representatives, and pharmaceutical sales representatives. In addition, the periodicity of pharmaceutical enterprises leads to great changes in labor demand, such as the need to hire pharmaceutical representatives in the promotion stage. Therefore, these differences will lead to obvious differences in the responsibilities and salary structure of each position, which leads to the complexity of employment compliance and increases the difficulty of employment compliance management. This is also one of the main reasons the pharmaceutical industry is prone to labor disputes in terms of labor remuneration and termination of labor relations.

4. Strong occupational hazards

Given the characteristics of the pharmaceutical industry, employees may spend long durations in a special working environment characterized by high-intensity radiation, harmful toxic gases, or dust hazards. Many chemicals are produced and used during research and development, testing, production, use, and storage, which can cause occupational injuries to workers. For example, the media has reported the news of the "carcinogenic workshop" of a pharmaceutical company. Young and middle-aged workers died of lung cancer one after another. Therefore, the pharmaceutical industry is a key area with frequent occurrences of occupational diseases and a focus of supervision by the labor administrative department. If the labor and employment compliance work of pharmaceutical enterprises is not in place, then they are extremely vulnerable to administrative penalties, resulting in labor risks.

6.1.3 Purpose of employment compliance

The practice has proved that employers in the pharmaceutical industry have two purposes for complying with labor and employment regulations: one is a positive purpose, and the other is a negative one. First, employers in the pharmaceutical industry protect the legitimate rights and interests of workers by complying with labor laws and regulations in the process of using workers, to build and develop harmonious and stable labor relations and promote economic development and social progress. Second, the employing units in the pharmaceutical industry, through labor and employment compliance, achieve the purpose of avoiding or reducing possible compensation, administrative, and criminal responsibilities in labor law through the illegal use of workers, and the employing units will make steady progress.

In other words, the negative purpose of labor and employment compliance in the pharmaceutical industry is to avoid or reduce the possible liabilities in three aspects, namely, compensation or compensation liability under labor law, administrative liability, and criminal liability. The employer carries the above three legal responsibilities when they violate the following: 1. the operating benchmark of labor relations, 2. the standard of working conditions, and 3. the labor insurance benchmark. The benchmarks for labor relations operation, labor conditions, and labor insurance are mandatory rules that the employer must abide by and implement and cannot be changed or excluded according to the individual will of the employer or the employee. As such, the employer must not violate them during the labor relations operation and must be held responsible for any violation. The risk of labor compliance mainly arises from the fact that pharmaceutical companies have implemented three types of labor practices that violate labor standards.

6.1.4 Forms of regulation in employment compliance

1. Labor standard method. This refers to the basic labor law is of the outline type, i. e., *the Labor Law of the People's Republic of China (PRC)* (hereafter, "Labor Law").

2. Individual labor laws. Examples include the *Labor Contract Law, Trade Union Law, Employment Promotion Law, Work Safety Law, Occupational Disease Prevention and Control Law, Mine Safety Law, Labor Dispute Mediation and Arbitration Law, Social Insurance Law*, and so forth.

3. Relevant laws of Labor Law. Examples include t*he Company Law, Law on the Protection of Women's Rights and Interests, Law on the Protection of Persons with Disabilities, Law on the Protection of Minors, Law on Vocational Education, Law on Industrial Enterprises Owned by the Whole People*, and so forth.

4. Labor administrative regulations. These include *"Regulations on the Implementation of the Labor Contract Law," "Provisions on the Labor Protection of Female Employees,"*

"Regulations on Work-related Injury Insurance," "Regulations on Labor Security Supervision," "Provisions on the Prohibition of Child Labor," "Regulations on the Employment of Disabled Persons," "Regulations on Employees' Paid Annual Leave," "Measures for the Vacation of National Festivals and Remembrances," "Regulations on Working Hours of Employees" in the State Council, and so forth.

5. Local regulations and special economic zone regulations. These include *"Rules of Shanghai labor contract," "Measures of Beijing Municipality for Implementation of the People's Republic of China (PRC) Trade Union Law," "Regulations of Shenzhen Special Economic Zone on Promotion of Harmonious Labor Relations," "Regulations of Shenzhen Special Economic Zone on Health,"* and so forth.

6. Department and local labor regulations. These include *"Provisional Regulations on Wage Payment," "Minimum Wage Regulations," "Collective Contract Regulations,"* and *"Beijing Wage Payment Regulations,"* and so forth.

7. International labor conventions. Examples include *the 1978 Convention on Labor Administration* and *1976 Tripartite Consultation Convention on International Labor Standards,* and so forth.

8. Judicial interpretation of labor law. An example is the Supreme People's Court's *"Explanation on Applicable Law in the Trial of Labor Dispute Cases (I)."*

9. Pharmaceutical industry norms.

10. Work habits of the pharmaceutical industry.

11. Labor rules and regulations of the pharmaceutical industry.

12. Professional ethics of the pharmaceutical industry.

13. Requirements that the employer voluntarily chooses to comply with.

14. Other laws and regulations in the employment compliance of the pharmaceutical industry.

6.2 Employment Problems and Their Causes

6.2.1 Disputes over the confirmation of labor relations

Owing to a large number of employment patterns in the pharmaceutical industry, such as labor dispatch, business outsourcing, and agency contracting, many disputes arise among industry practitioners in the judicial practice, which ranks first in the labor disputes in the pharmaceutical industry. The main reason is the non-compliance of labor and employment requirements in pharmaceutical enterprises, such as fake labor dispatch, fake business outsourcing, and fake agency contracting. The most typical dispute is on fake pharmaceutical representatives, who demand confirmation of labor relations with pharmaceutical enterprises. In disputes on labor relations confirmation, the consequences of losing the lawsuit are to pay the social security of the workers, pay the double salary difference of the labor contract that has not been signed, and pay the economic compensation or compensation for the illegal termination of the labor contract. The assumption of these consequences undoubtedly increases the labor cost of pharmaceutical enterprises and creates a labor compliance risk. Therefore, the pharmaceutical companies' commitment to the consequences of illegal employment completely violates their original objectives of using flexible labor and saving costs. Owing to the particularity of employment in the pharmaceutical industry, there are labor relations employment and non-labor relations employment. Therefore, compliance operation should be carried out in the practical operation, and fake pharmaceutical representatives, fake labor dispatch, and fake labor outsourcing should not be engaged in, to avoid the formation of factual labor relations.

The dependence of the pharmaceutical industry on the internet is gradually strengthening. Indeed, the industry has seen the emergence of specific employment platforms, such as internet doctor platforms, internet pharmaceutical platforms, and service platforms. This phenomenon requires pharmaceutical enterprises to strengthen the compliance management of employment on these platforms in the era of intelligence and big data to prevent new types of employment risks. The most important risk is represented by disputes over labor relationship confirmation.

6.2.2 Labor remuneration dispute

There are many disputes over labor remuneration in the pharmaceutical industry, the subjects of which are mainly concentrated in three aspects: sales commissions, bonuses, and overtime pay. Disputes over sales commissions occur for the following reasons: the sales management system is not meticulous, clear, and operable. In addition, except for research and development personnel, most of the other employees are related to the market. The salary structure is a "basic salary + commission" model, which is prone to disputes over the "commission" part. There are also many disputes over bonuses, especially the year-end bonus. The reason is the lack of a bonus payment system. The methods for the payment of the year-end bonus are formulated afterwards and involve senior executives' likes and dislikes and tendencies, thereby affecting fairness and justice. In particular, the "one vote veto" arrangement for the enjoyment of the year-end bonus is more likely to cause disputes because the stakes are higher. There are also many disputes over overtime pay. The reason is that the special positions in the pharmaceutical industry, such as sales representatives, pharmaceutical representatives, and research and development personnel, make it difficult to strictly implement the standard working hours system. In addition, among the senior management personnel, many pharmaceutical professionals naturally lack the necessary knowledge reserve and experience accumulation for enterprise management, especially labor and employment management, leading them to inadvertently violate the rules.

6.2.3 Non-competition disputes

Judging from the judicial practice, the dispute between competition prohibition and restriction is the most important part of the labor disputes in the pharmaceutical industry. The main reasons are as follows:

1. There are many special subjects. Most of the directors, executives, and technicians in the pharmaceutical industry are senior professionals or even experts and scholars. These personnel hold the core technology and business secrets of pharmaceutical enterprises.

2. Competitors "poach" from one another, and this practice of making people jump jobs by promising favorable conditions is an important reason for labor disputes. Owing to the objective conditions of a long research and development cycle, a large amount of investment, strict listing approval, and low research and development output of pharmaceutical products, pharmaceutical competitors engage in "poaching" to save costs, improve efficiency, and enhance market competitiveness. There will be many disputes over non-competition and non-competition restriction between resignation and entry, and the amount of the dis-

puted bid is huge.

3. The temptation to start one's own business is great. Some directors, senior management personnel, and pharmaceutical technicians may also have disputes over non-competition and restriction of competition for reasons related to starting their businesses.

6.2.4 Significant impact of mergers and acquisitions on employment

According to market rules, pharmaceutical enterprises should be relatively concentrated—20% of pharmaceutical enterprises occupy 80% of the market, but they cannot form a monopoly. At present, the research, development, and production of pharmaceutical products are relatively scattered, and the industry is relatively concentrated. Although the enthusiasm of all sectors of society for investment in the pharmaceutical industry is also gradually rising—for example, the phenomenon of mergers and reorganizations of small and medium-sized enterprises by industry leaders is emerging one after another, but there is still a big gap between them and the relatively concentrated market target, and the merger and reorganization of pharmaceutical enterprises will continue for several years.

In view of the above reasons, medical enterprises are often merged and reorganized, and the existing employment order is disrupted, which has become a normal phenomenon in the pharmaceutical industry. Such mergers and reorganizations have a negative impact on the employment of pharmaceutical enterprises: unstable labor relations. For example, mergers and reorganizations will lead to the redistribution of rights, responsibilities, and interests among pharmaceutical enterprises and among their internal departments. Internal organizations could face drastic adjustments, which will lead to frequent entry and exit of employees and accelerate the flow and affect the construction and stability of harmonious labor relations. The mergers and reorganizations of pharmaceutical enterprises, in terms of the adjustment of labor relations, are represented by many changes in labor relations. Many employees could end up dismissed and unemployed. No matter the changes that occur, they are not conducive to the harmony and stability of labor relations. Changes in the business philosophy and senior management of the merged pharmaceutical companies lead to short-term poor communication between the upper and lower levels of information, unstable mood among employees, intensified conflicts of interests between employers and employees, and even large-scale work stoppages, strikes, and riots. These changes in employment are undesirable to both employers and employees. Therefore, pharmaceutical companies in the process of mergers and reorganizations must operate in compliance with regulations on labor and employment to avoid labor risks and labor costs related to production and operation.

6.2.5 Labor disputes involving occupational diseases

As the pharmaceutical industry is the hardest hit area in terms of occupational diseases, many disputes arise on the prevention and treatment of occupational diseases. The causes of disputes are mainly in the following aspects:

1. New employees are not examined for induction, or if they are examined, no relevant occupational disease examination items are arranged, resulting in the employees suffering from occupational diseases not identified during induction. If an occupational disease is found during the on-the-job medical examination after joining the company, and the new unit believes that it should not bear legal responsibility, then a dispute will arise.

2. After an occupational disease is found in the on-the-job physical examination, the employing unit can face disputes owing to violations of the principle of reasonableness during the process of transferring from the post for resettlement, such as salary adjustment and refusal to obey.

3. After an occupational disease is diagnosed, disputes can arise over the treatment of work-related injuries. Among them, employees involved in labor dispatch, labor outsourcing and other flexible employment methods are mostly involved, and the main reason for the dispute is the non-payment of social security.

4. Disputes arising from the termination of an occupational disease employee's employment contract when the agreed treatment is lower than the legal standard.

5. During the period of diagnosis or medical treatment, disputes can arise when the pharmaceutical enterprise unilaterally terminates the labor contract in accordance with Article 40 "No fault termination" and Article 41 "Economic layoff" of *the Labor Contract Law.*

6. Disputes over the subject of responsibility may arise if no special occupational disease examination is conducted when the employee leaves their post, and the employee is later diagnosed as an occupational disease.

6.2.6 Labor disputes in different places

There are many labor disputes in different places in the pharmaceutical industry, which are determined by their characteristics and conditions:

1. Disputes caused by pharmaceutical sales personnel, pharmaceutical representatives, or after-sales service personnel working in different places. Generally, one to two off-site staff in a prefecture-level city, most of whom are locals, work at the same place for a long time and are not designated as being on business trips. For cost-saving purposes, pharmaceutical companies do not set up branches in the local area but only set up offices. In case of labor disputes, they will be arbitrated in different places, because the local area is the place where the labor contract is performed.

2. Labor disputes in different places attributable to cooperation with third parties. Many pharmaceutical companies employ workers in different places, using labor dispatch, business outsourcing, and other employment modes. Pharmaceutical companies even entrust or link with local third-party companies to pay social security for their employees in the local area. The purpose is to avoid direct employment or to make it easier for pharmaceutical companies to pay social insurance for their employees locally. Such an employment pattern will lead to labor disputes over time, which are off-site labor disputes.

3. Workers in different places do not want to go to the place where the pharmaceutical companies are registered to file a lawsuit, which is mainly made inconvenient to safeguard companies' rights.

6.3 Employment Compliance Plan

The compliance of employment in the pharmaceutical industry is mainly due to the fact that the persons in charge of the sales lines of pharmaceutical enterprises have to establish a correct idea of compliance. Incorrect thoughts will give rise to wrong actions. Sales require performance, which is a legitimate business objective but cannot be obtained through illegal employment. Persons in charge of the sales department must firmly establish the correct concept of market competition and implement employment compliance measures with actions.

6.3.1 Compliance plan for pharmaceutical representatives

Flexible employment is an irresistible trend of the times. Flexible employment models, such as labor dispatch, business outsourcing, and agency contracting, are legal models. To avoid the risks brought by flexible employment, companies must ensure proper compliance operation in practical operation. The following is an example of compliance employment among pharmaceutical representatives.

1. Legal characterization of pharmaceutical representatives

Pharmaceutical representatives refer to the professionals who are engaged in the information transmission, communication, and feedback of pharmaceutical products within the territory of the People's Republic of China (PRC) on behalf of the license holders of listed drugs. The main tasks of the pharmaceutical representatives are to (1) draw up promotion plans and programs for pharmaceutical products, (2) transfer relevant information of pharmaceutical products to medical personnel, (3) assist medical personnel in the rational use of the enterprise's pharmaceutical products, and (4) collect and feedback information on the clinical use of drugs and demand of hospitals.

The relationship between pharmaceutical enterprises and medical representatives can be either labor relationship employment or non-labor relationship employment, that is, entrusted agency employment. The laws of China have made special provisions for the special case of pharmaceutical representatives. Article 5 of *the Measures for the Administration of Filing of Pharmaceutical Representatives (for Trial Implementation)* (effective as of December 1, 2020) stipulates as follows: "The holder of a pharmaceutical listing license shall sign a labor contract or a power of attorney with the pharmaceutical representative and record the information of the pharmaceutical representative on a filing platform designated by National Medical Products Administration." The above stipulation of "signing a labor contract or a power of attorney" indicates that the legal relationship between the pharmaceutical representative and the pharmaceutical enterprise is qualitative, which can be either a labor relationship or a principal–agent civil relationship; the power of attorney is for a civil principal–agent relationship.

2. Regulation of employment of pharmaceutical representatives in non-labor relations

In the case of a civil principal–agent relationship between the pharmaceutical representative and the pharmaceutical enterprise, both parties shall sign the Principal–Agent Agreement or the Promotion Agreement and sign the Power of Attorney. To avoid being mistaken for a factual labor relationship, the parties should pay attention to the following points when signing the Principal–Agent Agreement: (1) Statement of agreement that there is no labor relationship between the two parties, which is a civil principal–agent relationship; and statement of agreement that the pharmaceutical company does not pay for the social security and provident fund of the pharmaceutical representative. The reason for the clarification of the nature of employment is to prevent the existence of a factual labor relationship between the two parties. (2) Both parties shall agree on the raising of funds and necessary materials and the use of equipment and sites. If the pharmaceutical representative uses the equipment and site of the pharmaceutical enterprise, then the pharmaceutical representative must prove that they are carrying out the business independently. Both parties must thus agree on the paid use of the same, and the pharmaceutical representative shall pay the appropriate fee. (3) The agency agreement shall not take the salaries, social security, and management fees of the pharmaceutical representatives as the basis for settlement. (4) The two parties shall not agree that medical representatives shall abide by the rules and regulations of pharmaceutical enterprises, nor shall they stipulate that pharmaceutical enterprises may directly exercise command and order power over medical representatives, such as not taking attendance. (5) Both parties should agree that the pharmaceutical enterprise has the right to supervise the services provided by the pharmaceutical representative. The purpose of supervision is to urge the pharmaceutical representative to improve service quality, ensure smooth and efficient cooperation between the two parties, and avoid common legal risks. (6) When a global multinational enterprise or group headquarters hires a pharmaceutical representative, its affiliated enterprise in China shall directly sign an agency agreement with the pharmaceutical representative and pay the relevant fees in accordance with the requirements and standards of the global headquarters.

3. Regulation of employment of pharmaceutical representatives in labor relations

Employment compliance for pharmaceutical representatives is substantially the same as that among normal employing units. The employing unit shall establish and implement the rules and regulations in accordance with the law to guarantee labor rights and fulfill labor obligations. For example, workers should be guaranteed the right to equal employment and choice of occupation, labor remuneration, rest and vacation, labor safety and health protection, vocational skills training, social insurance and welfare, submit labor disputes for settlement, and other labor rights stipulated by law. Specifically, pharmaceutical enterprises should sign labor contracts, pay social security, pay wages, and provide working conditions in an appropriate manner.

4. Completion of publicity filing and management of pharmaceutical representatives

According to the *"Measures for the Administration of Filing of Pharmaceutical Representatives (for Trial Implementation),"* the holders of pharmaceutical listing licenses (e. g. pharmaceutical enterprises) are responsible for the filing and management of pharmaceutical representatives. If the holder of the drug listing license is a foreign enterprise, its designated domestic agent shall perform the corresponding responsibilities. The pharmaceutical enterprise shall sign a labor contract or a power of attorney with the pharmaceutical representative and record the information of the pharmaceutical representative on the recording platform designated by the National Medical Products Administration. Pharmaceutical enterprises shall submit the following filing information on the filing platform: (1) name of the holder of the drug listing license and the unified social credit code; (2) name, sex, and photo of the medical representative; (3) type and number of the identity documents, including educational background; (4) commencement date and deadline of the labor contract or power of attorney; (5) categories of drugs and treatment areas that the pharmaceutical representatives are responsible for promoting; (6) statement of the holder of the drug listing license on the authenticity of its record information. After the filing information is submitted, the filing platform automatically generates the medical representative's record number.

5. Establishment of the concept that pharmaceutical representatives are not sales representatives

The pharmaceutical representative profession is an import, which is an "alternative" type of labor employment in China. Its presence in China is the result of the special treatment for special employment conditions. If it can be used in compliance, it may have unexpected effects. If it is used in violation of regulations, the labor cost will be increased by several times and the harm will be great. How to comply? At present, the most important aspect is for pharmaceutical enterprises to establish the concept that pharmaceutical representatives are not sales representatives. The mission of a pharmaceutical representative is to promote—not sell—pharmaceutical products. *The Measures for the Administration of Filing of Pharmaceutical Representatives (for Trial Implementation)* stipulates that pharmaceutical representatives are not allowed to undertake the task of selling pharmaceuticals and conduct sales activities, such as collecting and handling purchase and sale bills. Nor are they allowed to participate in the statistics on the number of drug prescriptions issued by individual doctors. Therefore, it is necessary for pharmaceutical enterprises to return pharmaceutical representatives to a pure land; the former must no longer arrange sales tasks, allocate sales targets, nor provide salaries based on sales results.

6. Standardization of the employment management of pharmaceutical representatives

The main purpose is to implement a relatively separate management of pharmaceutical sales representatives and pharmaceutical representatives, and to clearly and strictly separate their respective responsibilities. The management responsibilities of pharmaceutical representatives cannot be placed in sales or sales-related departments—the sales department cannot concurrently manage pharmaceutical representatives to prevent them from taking advantage of their positions to "force" pharmaceutical representatives to perform acts of unfair competition, such as arranging sales tasks for pharmaceutical representatives, allocating sales targets, and collecting statistics on pharmaceutical use. Nor should the management responsibilities of sales representatives be placed in the management department of pharmaceutical representatives. Moreover, the two should not be confused with each other.

6.3.2 Compliance plan for the payment of commissions and bonuses

Disputes about commissions and bonuses in the pharmaceutical industry occur and are also determined by the industry characteristics. To prevent and overcome this problem, the management should observe the following compliance work needs from the employment perspective:

1. Distinction between commissions and bonuses

Although commissions and bonuses are both labor remunerations, they are also fundamentally different. Commissions are often directly related to sales amount and sales proceeds. Meanwhile, many factors are considered in the case of bonus payments. Bonuses are organizational performance payments in nature. This organizational performance salary refers to the salary paid by the employing unit to the laborer for more than one salary payment cycle based on the organization's performance, such as the operating results (profit) of the unit and referring to the special conditions of the laborer. The main forms of organizational performance payment are year-end, semi-annual, and quarterly awards.Therefore, when formulating the distribution plan of labor remuneration, attention should be paid to the distinction between commissions and bonuses, and the corresponding payment methods should be formulated separately.

2. Compliance measures to prevent disputes over commissions and bonuses

Preventive measures are mainly designed to formulate payment methods in accordance with the law. The payment method should be detailed, with good feasibility and operability. As for the formulation procedure, the formulation of the royalty scheme is closely related to the vital interests of the workers and should be based on the democratic procedure stipulated in Article 4 of *the Labor Contract Law*. Otherwise, it may not be effective and may lead to disputes. Given the nature of organizational performance salaries, the procedure of bonus payment methods can be directly decided by the internal authority of the pharmaceutical enterprise without the above-mentioned democratic procedure, after consideration of multiple factors, such as organization performance and individual comprehensive performance. To prevent personal factors of senior executives from affecting the fairness and justice of awarding, the management should formulate basic rules in advance in the rules and regulations, such as the detailed provisions of the one-vote veto for the conditions of enjoyment.

6.3.3 Non-competition (restriction of competition) compliance plan

1. Relation between non-competition and restriction of competition

Non-competition refers to the situation in which the subject of the non-competition obligation shall not place themselves in a position where their responsibilities come into conflict with their personal interests nor engage in activities detrimental to the interests of the company—they shall not engage in similar undertakings for themselves or a third party. According to the different sources of prohibition obligations, non-competition has two categories: statutory and agreed non-competition. Article 149 of *the Company Law* stipulates the following regarding the statutory non-competition: directors and senior management shall not, without the consent of the shareholders or shareholders, take advantage of their positions to seek business opportunities belonging to the company for themselves or others, and conduct the business of the same kind as that of the company for themselves or others. The second paragraph of Article 23 of *the Labor Contract Law* stipulates, on agreed non-competition (restriction of competition), as follows: "for workers who have confidentiality obligations, the employing unit may stipulate the non-competition clause with the workers in the labor contract or confidentiality agreement, and agree to give economic compensation to the workers on a monthly basis within the non-competition period after the labor contract is dissolved or terminated. If the laborer violates the non-competition agreement, he shall pay liquidated damages to the employing unit in accordance with the agreement." Therefore, the non-competition restriction in the labor law is a classification in the non-competition prohibition, and the relation between non-competition prohibition and non-competition restriction is included and contained in XX.

2. Non-competition Compliance Measures

(1) Compliance Measures for Directors and Senior Management

Although *the Company Law* stipulates the statutory non-competition obligations of directors and senior management personnel, it is general and not specific. The company's Articles of Association should thus be refined or modified. Article 11 of *the Company Law* stipulates, "The Articles of Association of the Company shall be binding on the company, shareholders, directors, supervisors and senior management." Among them, senior management personnel refer to the company's managers, deputy managers, financial officers, secretaries of the board of directors of the listed company, and other personnel as stipulated in the articles of association.

(2) Compliance Measures for Non-Directors and Non-Senior Management

For non-director and non-executive personnel, it is recommended to sign a non-competition agreement with them to achieve the issue of non-competition. The second paragraph of Article 23 of *the Labor Contract Law* has made institutional arrangements for the signing of non-competition agreements for non-directors and non-executive employees. As such, pharmaceutical enterprises only need to sign in accordance with the law. The following points should be given attention when signing the non-competition agreement: (a) Signatories should sign the non-competition agreement separately; (b) the agreement can only be signed with employees who have confidentiality obligations; (c) the agreement should be signed at the time of employment, because it is difficult to reach an agreement on issues such as economic compensation after employment; (d) the scope of non-competition restrictions, such as the subject (e. g. spouse), business, duration, and area, should be clearly defined, especially for "similar products" and "similar business", and the restriction period should not exceed two years; (e) specific economic compensation standards and account numbers for receiving compensation shall be agreed upon, which should not be lower than the minimum wage but shall be reasonable; (f) the signatories should not agree that during the period of employment, the salary paid by the unit includes the economic compensation for non-competition; (g) the specific liquidated damages and calculation method shall be specified, and the amount of liquidated damages shall be reasonable; (h) if the employee violates the agreement, the unit may request the refund of the economic compensation paid; (i) the agreement should stipulate that if the employees violate the non-competition agreement and cause economic losses to the unit, the unit shall have the right to demand compensation; (j) the agreement should stipulate the employees' obligation to inform the company after leaving, to help the company understand the employees' compliance with the non-competition obligation; (k) the delivery address of the employees shall be agreed upon, to facilitate contact and correct the default behavior of the employees; (l) the signatories should agree that the expenses for safeguarding the rights of the unit shall be borne by the defaulting employees, such as notary, attorney, investigation, and travel expenses.

6.3.4 Employment compliance plan for mergers and reorganizations

The merger and reorganization of pharmaceutical enterprises can bring unstable factors to the operation of labor relations. Therefore, employment compliance measures must be implemented to deal with them. Specifically, the following points should be noted:

1. XX should pay attention to the democratic procedures related to the employees in the merger and reorganization. To protect workers' right to know, participate, express, and supervise, pharmaceutical enterprises should pay attention to their democratic procedures in mergers and acquisitions. If the acquired pharmaceutical enterprise is a state-owned enterprise, it must go through democratic procedures in accordance with the law, specifically based on Article 3 of *the Provisions on Democratic Management of Enterprises (February 13, 2012)*.

2. XX should inform XX the basic principles of labor relations in a timely manner, to

maintain the stability of labor relations. In mergers and reorganizations, if a large number of layoffs are not implemented, then the pharmaceutical enterprise shall promptly inform all employees of the basic principles for handling labor relations, such as whether the original labor contract shall continue to be valid and performed by the employing unit that inherits its rights and obligations, based on Article 34 of *the Labor Contract Law.*

3. XX should do a good job in due diligence of the employees of the target company, knowing fairly well and implementing the policies accurately. The data collection before the formulation of the merger and acquisition plan should be accurate, comprehensive, and meticulous, such as overtime pay, annual leave, pregnant and lactating women employees, employees on sick leave, employees suffering from work-related injuries or occupational diseases, non-competition agreement, calculation of average monthly salary for the past 12 months, and the chairman and vice-chairman of the labor union. In particular, the labor contracts of key employees should be checked individually, and workers with special agreements should be carefully registered for future reference.

4. Third parties involved in labor relations should be well coordinated. For the target company's units that dispatch labor or outsource business, they should communicate with relevant units in advance to gain understanding and support. If "layoffs" are required, this "consultation" should include texts, schemes, and calculation standards, to deal with the contradictions between cooperating parties in advance, and to take the initiative and address the obstacles for the reduction of dispatched employees or the elimination of outsourced personnel.

5. The cost budget should be reasonable and clear. Both parties to the merger and acquisition transaction shall clearly stipulate in writing the disposal plan of workers, including how to share the expenses incurred in the disposal, to avoid affecting the asset restructuring process. Especially when there is an error in the calculation of the treatment of workers, it should be implemented and corrected as soon as possible.

6. XX should prepare a crisis management plan. If labor relations need to be changed dramatically, such as numerous negotiations, changes, or transfers, it is necessary to have a crisis communication plan before handling, and also to fully communicate with and report to the government in advance. At this stage, workers' awareness of legal rights protection is growing stronger. When faced with problems involving their own interests, they will lose control of their emotions and even petition for help.

7. Parties to the merger and acquisition transaction may consider the establishment of retention incentives for workers and signing incentives for the termination of labor contracts. In the transfer of many workers, both parties must cooperate; one cannot rely solely on the acquirer or the acquiree. Both retention and signing incentives can be set up to protect and motivate workers, achieve the goal of smooth progress of asset restructuring, and ensure that the production and operation order after asset restructuring will return to normal as soon as possible.

8. New problems and contradictions should be identified and dealt with in a timely manner. Amid labor changes or transfers, normal communication should be maintained with the workers, and new trends in the staff groups should be closely watched. The key targets should be dealt with one-to-one or even many-to-one. Meanwhile, the disposal plan that needs to be formulated through democratic procedures should be publicized and explained in a timely manner. In view of new problems in the transfer process, XX should study them

in a timely manner and implement solutions to prevent mass incidents.

9. Pharmaceutical enterprise should handle the transfer of labor relations and work handover in a timely manner. After the completion of the change or transfer of labor relations in the merger, acquisition, and reorganization of pharmaceutical enterprises, the transfer of labor personnel files and social security relations shall be handled in a timely manner to ensure that these are kept on file and protect the interests of workers.

6.3.5 Occupational disease prevention and control compliance plan

1. XX should implement labor protection measures to prevent the occurrence of occupational diseases. The main compliance measure is to improve the working environment of the employees: to provide qualified labor protection articles that meet the standard requirements, such as dust and gas masks; to use non- or low-toxic raw materials; to improve the process or equipment design methods to reduce the emission of harmful substances; to increase the degree of automation to reduce occupational disease posts; to isolate closed operations to strengthen ventilation and detoxification; to strengthen dust collection, temperature reduction, and noise elimination measures; to strengthen health publicity, health education, and occupational diseases supervision and management.

2. New employees shall undergo an on-boarding physical examination. Occupational health examination shall be conducted for posts involving occupational hazards, and the examination materials and results shall be preserved as personal health files. If diagnosed with taboo occupational diseases, then the new hire cannot be employed. If occupational diseases or suspected occupational diseases are found in the physical examination, the new hire may not be employed to the new unit or may negotiate with the original unit on the relevant treatment. The new hire may be employed after proper treatment, but the relevant information shall be submitted to the local labor hygiene occupational disease prevention and control agency for record keeping.

3. If the labor relationship is dissolved or terminated, an occupational health examination shall be conducted before employees leave their posts, and the examination materials shall be filed. The employer shall not unilaterally terminate the labor contract, in accordance with the provisions of Article 40 "No-fault Termination" and Article 41 "Economic Dismissal" of *the Labor Contract Law*, for workers engaged in occupational-disease-inductive operations who fail to undergo pre-departure occupational health examination or patients suspected of having occupational diseases during diagnosis or medical observation.

4. Regular occupational health examinations shall be arranged for the employees during the on-the-job period, and the results of the examination shall be sent to the employees in writing. This can help achieve early prevention, early detection, and early treatment. Meanwhile, personal occupational health records shall be established, and all occupational examination data must be archived. If there is a doctor's advice during the physical examination, it shall be reviewed regularly according to the doctor's advice. During the period of medical examination or the prescribed medical period, the salary will not be affected and the labor contract will not be released unilaterally. The expenses for occupational health examination shall be borne by the unit.

5. Employees found to have occupational diseases or suspected occupational diseases shall be guaranteed to enjoy the relevant treatment. Once any health damage has been found to be related to the occupation engaged in, the worker shall be removed from their original

jobs and properly placed. Resettlement should adhere to the principle of combining legality with rationality.

6. Employees with occupational diseases or suspected occupational diseases may terminate the labor contract through negotiation, but the treatment recommended through negotiation is generally not lower than the statutory standard. If the agreed standard is lower than the statutory standard, then the statutory standard treatment shall be specified in the agreement, and the employee shall be free to dispose of their rights.

7. Employees with occupational diseases who are involved in labor dispatching, labor outsourcing, or other employment methods shall coordinate with third parties in a timely manner to ensure that they can enjoy the treatment related to their occupational diseases in a timely manner and in accordance with the law.

6.3.6 Regulation of employment in different places

1. Pharmaceutical enterprises in different places of employment (e. g. pharmaceutical representatives, pharmaceutical sales personnel, or after-sales service personnel) cannot use labor dispatch as much as possible. This is a supplementary form that must only be implemented in temporary, auxiliary, or alternative jobs.

2. No third party can be affiliated to pay for the social security of employees locally. It is illegal to establish labor relations when you are affiliated to pay social security. If the amount of money received is large, it may constitute a fraud offence. Employees may not be able to apply for treatment for work-related injuries. Even if an application can be made, the employee may request the employer to make up the difference. In addition, as it is illegal to pay social security on a dependency basis, the affiliated units and employees will bear the administrative and legal responsibilities (e. g. fines).

3. Pharmaceutical enterprises can choose to set up branches in central cities with high business volume concentration, obtain employment qualification, establish labor relations with employees in local or nearby cities, pay social security, and manage employment in different places according to the law.

4. Pharmaceutical enterprises should also pay attention to employment in different places. Pharmaceutical companies should not employ local influential outgoing or retired government officials, immediate family members of such government officials, or any other person recommended by such government officials for the purpose of obtaining any improper benefits.

5. The pharmaceutical industry needs innovation and requires many high-level technical personnel. Therefore, in cooperative research and development with foreign or external technical forces, to avoid illegal employment, companies should sign agreements prior to any cooperation. Companies should sign cooperative R&D agreements with organizations qualified to employ workers, avoiding signing agreements with individual natural persons.

6.3.7 Regulation of the payment of salaries of sales representatives

Pharmaceutical sales representatives are not pharmaceutical representatives. Pharmaceutical sales representatives generally have labor relations with pharmaceutical enterprises. Their main task is to sell pharmaceuticals. Pharmaceutical companies cannot deliver benefits to customers and their related personnel through paying salaries to pharmaceutical sales representatives. For example, pharmaceutical companies pay sales representatives in the form of salaries (including bonuses), and the sales representatives then pay the heads of medical institutions, procurement personnel, hospitals, doctors, pharmacists, and other related personnel who purchase their medicines or services. This kind of action of evading the law is, in substance, illegal commercial bribery. If it encounters a "penetration" investigation, the pharmaceutical enterprise will need to bear the legal responsibility.

To regulate the salary payment behavior of pharmaceutical sales representatives and prevent them from engaging in unfair competition behavior, it is recommended that the following provisions be made in the labor regulations: prohibit sales management personnel from engaging in unfair competition behavior in the form of salary payment (including bonus); prohibit sales representatives from giving off-book rebates or secret rebates; prohibit sales representatives from using various pretexts to pay subsidies, thank you, donations, and administrative expenses; prohibit sales representatives from paying conference, promotion, lectures, meals, accommodations, or labor fees in the name of academic exchanges; prohibit other illegal and improper competition behaviors. Sales personnel who violate the above provisions must be dealt with severely on the basis of investigation and verification, including the termination of labor relations.

7 | Cybersecurity

7.1 ESG and Cybersecurity

7.1.1 ESG Definition and Characteristics

ESG is the concept and practice of incorporating environmental, social, and governance issues in companies' investment decision-making and operations. In 2004, the United Nations Global Compact ("**UNGC**") released a report "Who Cares Wins", which discussed how to incorporate ESG issues in investment and financing activities, and provided guidelines on how to incorporate ESG issues in corporate operations. Later, the United Nations ("**UN**") advocated the integration of environment, social and corporate governance in the 2006 Principles for Responsible Investment ("**PRI**"), and proposed a new investment concept – ESG Investment. The proposal of ESG aligns with the demands of various stakeholders in the global sustainable development, and continues to promote a series of changes in corporate values, non-financial information disclosure, investment strategies and methods, performance evaluation standards, etc. With the participation of multiple entities, a new ecosystem for ESG Investment is now taking shape step by step.

Unlike the previous concept of Corporate Social Responsibility ("**CSR**") as a measure of corporate ethics, for companies, ESG is more driven by stakeholders, including investors. CSR reflects an enterprise's responsibilities towards consumers, the community, and the environment, and is mainly driven by the autonomous decision-making of the company's management. Under the ESG paradigm, environmental protection, social responsibility, and corporate governance are taken as key considerations, and it is advocated to integrate ESG issues in investment research, decision-making, corporate management processes, and development plans so that investors can carry out investment activities in a more systematic manner, and at the same time, enterprises who value ESG can take into account the development of non-financial issues while paying attention to generating profits, obtain a solid foundation for sustainable development and enhance their corporate value, and even contribute to the positive practice and sustainable development of ESG issues in the whole society.

As can be seen from the EY's Global Institutional Investor Survey 2021, ESG issues are becoming increasingly important to investors. According to the Survey, 90% of respondents said they have attached greater importance to a company's ESG performance in their investment strategy and decision-making, 74% of respondents said that they are likely to divest based on poor ESG performance, and 89% of respondents said that they would like to see reporting of ESG performance measures become a mandatory requirement. In recent years, ESG Investment has developed rapidly around the world. According to the statistics, the assets management scale of ESG Investment have increased significantly from USD 13.20 trillion at the beginning of 2012 to USD 35.30 trillion at the beginning of 2020 at a compound annual growth rate of 13.02%, far higher than the overall growth rate (i. e. 6.01%) of the global asset management industry. In China, in the first three quarters of 2021, there are 48 new ESG publicly-offered fund products, close to the sum of the previous five years. As of September 2021, the total assets under management of ESG publicly-offered fund products jump to nearly CNY 250 billion, nearly double that of the same period in 2020.

In the meantime, enterprises are attaching more and more importance to ESG issues, and believe that ESG development may help them avoid risks and seize development opportunities. Nowadays, more and more countries are paying closer attention to environmental, social, and corporate governance, and relevant policies and regulations are also being formulated and promulgated, which will undoubtedly exert a great impact on the development process of enterprises. It is generally believed that enterprises with a higher ESG level may have better risk control capabilities, face less litigation or regulatory punishment due to environmental, social, and corporate governance issues in the process of their operation and development, and are subject to lower systemic risk. It is argued that ESG actually intends to "internalize" the externalized problems that may pose challenges to the sustainable development of the economy and society as business costs through the market means. The ESG development, though will expose enterprises to more challenges, may contribute to enhancing enterprises' governance capacity and facilitating their R&D, innovation, and upgrading; in addition, enterprises with better ESG performance will also win more trust of stakeholders, which may further contribute to their reputation and development.

Cybersecurity, among the various ESG considerations, has become one of the growing concerns of ESG. For example, in March 2022, the US Securities and Exchange Commission ("**SEC**") proposed that listed companies should make disclosures regarding cybersecurity in a more comprehensive and timely manner. According to a 2021 survey by the US Association of Corporate Counsel ("ACC"), which analyzed data from nearly 1,000 chief legal officers, cybersecurity has, outweighing compliance, become the most important legal risk facing businesses in 21 industries and from 44 countries today.

7.1.2 Cybersecurity from the ESG Perspective

The term "cybersecurity" refers to a series of activities and arrangements that protect the hardware, software, and data connected to the internet from digital attacks, including preventing unauthorized access to data centers and other computerized systems. With the development of digitalization, enterprises are also challenged by cybersecurity while taking advantage of the convenience and efficiency of Internet interconnections. With the continuous increase in the number of users, devices, and programs, and the dependence of business operations on the Internet, the importance of cybersecurity for modern enterprises keeps growing, and it is increasingly important to take various measures to improve corporate cybersecurity indexes and respond to cybersecurity incidents.

The traditional view tends to regard cybersecurity as an enterprise's internal compliance obligation, and a measure to be taken to prevent operational risks. However, from the ESG perspective, on the basis of compliance and risk prevention, stakeholders, including investors, gradually regard cybersecurity management as an important governance capability of enterprises, and expect enterprises to establish sound policies and management processes in respect of data security. And the top management of enterprises needs to have the corresponding network security professional capabilities, as well as continuously pay attention to and supervise network security. For enterprises themselves, cybersecurity governance provides a new strategic perspective for them to control their security, including defining the types of cyber risks, establishing an accountability framework, and determining the decision-making body. In addition, an effective management may also ensure that cybersecurity activities assist an enterprise in realizing its strategic development goals, building its "cyber resilience", and winning favor from investors while laying a solid foundation for its own development. At the same time, cybersecurity is often seen from an ESG perspective as a risk that brings negative externalities to society. For example, as business areas with a public utility nature and social impact are connected to the Internet, cybersecurity incidents have occurred frequently and have negatively impacted the energy supply, health care, and Internet for many times. In view of this, government departments, relevant agencies, and organizations are now attaching more and more importance to the cybersecurity of enterprises, and listed enterprises are also required to disclose major cybersecurity incidents and the handling thereof in a more comprehensive and timely manner.

1. The relationship between cybersecurity and "S"

The "social" concern of ESG focuses on how companies manage their relationships with their employees and how they adapt to the social and political environment in which they live. In general, the main areas of concern include labor standards, non-discrimination, human rights, community relations, privacy and data protection, health and safety, and supply chain management. Corporate cybersecurity is closely related to the entire network environment. In today's increasingly interconnected world, an enterprise's cyber policy and risk control capabilities can exert a far-reaching impact on other aspects of the Internet. Corporate cybersecurity incidents may pose a threat to the entire community. For example, in May 2021, Company C, undertaking 45% of the fuel supply on the East Coast of the United States, was hacked and forced to shut down its entire pipeline operations. Two days after the hacker attack, the Federal Motor Carrier Safety Administration declared a state of emergency in 17 US states and Washington, D. C., taking various temporary measures to mitigate the impact of the incident in response to the ransomware attack. It can be seen that the positive actions of enterprises in network security will have a positive impact similar to environmental protection. An enterprise that implements a proactive cybersecurity policy can not only improve its own network ecosystem, but also contribute to the stable development of the industry and society; conversely, an enterprise's poor cybersecurity practices will directly affect its customers, business partners, investors, and even the society, leading to significant economic losses and risks of social instability.

2. The relationship between cybersecurity and "G"

The "governance" concern of ESG focuses on the rational allocation of power and responsibility within an enterprise, with an aim to procure the scientific decision-making and the sustainable development of an enterprise. The ability of an enterprise to respond to cybersecurity risks has gradually become a core component of its governance capabilities. A traditional approach is to implement solutions to solve cybersecurity problems or reduce risks. For example, many corporate cybersecurity departments have technical security safeguards, such as a firewall or intrusion detection, but often lack fundamental cybersecurity governance policies and procedures, and policy formulation or handling procedures often being neglected. So, it often renders the response of technical departments late and limited. Generally, cybersecurity governance is often a test of the comprehensive governance ability of enterprises, which is no longer just a simple background operation function but should be transformed into a corporate governance category related to law, privacy, and enterprise risk. The concept of "cyber governance" of enterprises is emerging and now widely accepted. For example, identifying the cybersecurity risks faced by the enterprise to determine the corrective actions to address deficiencies, and establishing internal policies and management processes in terms of data privacy protection and data security, in order to monitor and respond to the cyber-attacks. In addition, enterprises can also determine the priority of cybersecurity investment, establish appropriate security measures, conduct training for employees and relevant responsible personnel as well as conduct monthly or annual self-test on the enterprise cybersecurity management capability, etc. Further, persons responsible for cybersecurity are encouraged to be involved in the top decision-making process of the enterprise to a greater extent. Such action will make it possible to implement the "tone at the top" - the most important component of a cybersecurity governance plan, and lay the foundation for the subsequent tailoring of a specific cybersecurity management system for enterprises.

Ultimately, by implementing the above measures, companies will be able to improve their ability to defend and recover from cyber security risks, as well as their ability to continuously supply in the face of cyber security incidents. This will also give stakeholders, including investors, a more comprehensive view of the overall operational capabilities of the company.

7.1.3 Ratings and Disclosure of ESG on Cybersecurity

Ratings of companies' ESG performance and disclosure of listed companies' ESG performance are the two pillars supporting the rapid development of ESG Investment and the continuous improvement of ESG influence. Overall, involving cybersecurity as an ESG rating criterion is still an emerging standpoint, but a lot of evidence shows that cybersecurity is becoming increasingly important in ESG ratings. For example, MSCI's ESG rating will be divided into 11 different industries, and the key issues affecting ESG ratings will be determined according to the characteristics of each industry, while privacy and data security will be regarded as key issues in 10 industries, with a weight of 10.1% in the financial industry and IT industry, and a weight of 24.1% in the communication service industry. Listed enterprises are required by securities regulators to make increasingly timely and detailed disclosures about cybersecurity governance mechanisms and capabilities and significant cybersecurity incidents, and to disclose the outcome of cybersecurity incidents on an ongoing basis.

1. ESG rating

ESG rating measures the long-term sustainability potential of an enterprise from three dimensions, i. e. environmental, social, and governance, in addition to the different factors contained therein. More and more investors are aware of the impact of ESG issues on an enterprise's profitability, and the ESG rating is quickly becoming a key indicator used by investors in their decision making. It can be used to measure the potential risks and investment returns of an enterprise, allowing investors to better understand the enterprise's potential financial performance in the future. Therefore, enterprises with a great ESG rating tend to attract more investment opportunities. For enterprises, a higher ESG rating is more conducive to enhancing their reputation, and will satisfy the needs of their stakeholders and increase their influence. There are many ESG rating agencies around the world. According to incomplete statistics, there are about 600 agencies with their own ESG rating systems, among which, Bloomberg, MSCI, Thomson Reuters, FTSE Russell, Refinitiv, Morningstar and so on are more influential.

Generally, the cybersecurity part of ESG rating takes data privacy and data security as key evaluation elements. Taking MSCI Index as an example, "privacy and data security" is included in the product liability under the "social" pillar, and is also a key issue in the healthcare industry designated by MSCI. It mainly focuses on the collection of personal data by enterprises, the improvement of the privacy policy, the vulnerability in the face of potential data leakage, and the system for data protection. In Refinitiv's ESG rating criteria, an enterprise's data privacy policy will also be considered under the "social" pillar. In Thomson Reuters' ESG evaluation criteria, privacy and data security are also one of considerations.

2. ESG disclosure

Currently, a number of international organizations have issued the ESG reporting and disclosure principles for companies' reference. Besides, securities regulators and exchanges around the world have been proposing higher ESG disclosure requirements step by step. The main disclosure principle is voluntary disclosure. Only some exchanges require mandatory disclosure, while more exchanges have adopted the "comply or explain" mechanism.

Among them, the Sustainability Reporting Guidelines published by the Global Reporting Initiative ("**GRI**") are the most widely adopted information disclosure standards in the world. Among the GRI's disclosure standards, GRI 418: Customer Privacy, officially issued and implemented in 2016, clarifies the requirements for the disclosure of customer privacy. Although customer privacy protection is not necessarily related to cybersecurity, once a cybersecurity incident occurs, enterprises are in the process of governance. For example, the company shall make disclosure of all the customer data that has been leaked, stolen, or lost, in accordance with GRI 418, if the customer data is lost or leaked due to cybersecurity incidents or the company's governance errors. On June 1, 2022, China's first collective standard on enterprise ESG information disclosure drafted by China Enterprise Reform and Development Society and Capital University of Economics and Trade took effect, which further details the disclosure requirements on customer privacy protection, data security, and risk management in digital transformation. For example, with respect to data security, an enterprise may describe its system and measures for data security, and disclose the data leakage incident (if any) and the number of such incidents. With respect to the disclosure of customer privacy protection, an enterprise may describe its system and measures for customer privacy protection, and disclose the customer privacy leakage incident (if any) and the number of such incidents.

According to *the HKSE Environmental, Social, and Governance Reporting Guide of the Hong Kong Stock Exchange*, which came into effect on January 1, 2022, the disclosure obligations of an enterprise comprise two levels: mandatory disclosure requirements and "comply or explain" provisions. For example, under the "comply or explain" disclosure, including the disclosure of relevant policies on privacy matters and remedies, the further explanation in the key performance indicators ("**KPI**") requires a "description of consumer data protection and privacy policies, and how they are implemented and monitored". In March 2022, the SEC proposed disclosure requirements for listed companies, which provide further requirements on various details of cybersecurity disclosures. For example, the SEC has proposed to require an enterprise to file a Form 8-K no later than four business days after the company identifies a cybersecurity incident. Disclosures of a cybersecurity incident must include the time and impact of the incident, and remedies taken therefore, and must not be delayed though the investigation is pending, even if delayed disclosure is permitted under the applicable law governing reporting of cybersecurity incidents. In addition, the proposed disclosure also requires companies to make additional disclosures on cybersecurity risk management by Forms 10-K and 20-F. This includes, among other things, whether an enterprise has conducted a cybersecurity risk assessment, risk management of third-party service providers, the company's response to and recovery from cybersecurity incidents, and the management's cybersecurity expertise and its role in managing cybersecurity risks. It is worth noting that it explicitly requires a disclosure of any members with cybersecurity expertise on the board of directors, and their qualifications, including work experience, academic degrees, and relevant certificates.

7.2 Cybersecurity Risks and Key Concerns in the Healthcare Industry

According to the *National Cyberspace Security Strategy*, safeguarding China's cybersecurity is an important measure to implement the strategic plan of making comprehensive moves to complete a moderately prosperous society in all respects, to further reform, advance the rule of law, and strengthen the Party self-governance in a coordinated way, and it is an important guarantee to realize the Two Centenary Goals and realize the Chinese Dream of national rejuvenation. Compared with other industries, cybersecurity issues are more specific and important in the healthcare sector. Since a large amount of valuable, critical, and sensitive data (such as research and development data of drugs and technology, patient and clinical trial data, etc.) is generated and stored in the healthcare industry, it is easy to get attacked by cybercriminals. However, a large amount of patient data needs to be introduced to the internet and the cloud in telemedicine, which has brought about relevant privacy and security challenges.

According to the *Observation Report on Cybersecurity of the Healthcare Industry (2019)* issued by the Security Institute of the China Academy of Information and Communications Technology ("**CAICT**"), the cybersecurity of the healthcare industry is generally at the risk level of "relatively high", with a variety of cybersecurity risks and a lot of security hazards that can be exploited, and has relatively weak ability to prevent public Internet attacks. According to the *Observation Report on Cybersecurity of Digital Healthcare (2020)*, the healthcare industry is still faced with a serious cybersecurity situation, with security attacks in the healthcare sector keeping on rising. In the meantime, compared with non-internet hospitals and private hospitals, internet hospitals and public hospitals are subject to more cyberattack, with a higher risk of being infected by malicious programs, which requires more attention

Accordingly, national regulatory departments also attach great importance to the cybersecurity of the healthcare industry. In addition to the relevant requirements in the *Cybersecurity Law* on the Multi-Level Protection Scheme (hereinafter referred to as "**MLPS**") of cybersecurity and the protection of critical information infrastructure (hereinafter referred to as "**CII**"), the departments have also promulgated several laws and regulations to emphasize the implementation of cybersecurity in the healthcare industry. In April 2018, the

National Health Commission (hereinafter referred to as "**NHC**") issued the *National Standards and Specifications for Hospital Information Construction (Trial)*, which specifies the requirements for data center security, terminal security, cybersecurity and disaster recovery and backup in secondary and higher hospitals. On September 13, 2018, the NHC issued the *Big Data Standard, Security and Service Management Rules for National Health and Medical Industry (Trial)*, which clarifies that the responsible organizations should implement the requirements of MLPS of cybersecurity, and carry out grading, filing, and evaluation of healthcare big data centers and relevant information systems. In December 2019, the first basic and comprehensive law in the healthcare field in China —*The Law of the People's Republic of China on the Promotion of Basic Medical and Health Care* — was promulgated, which clarifies that the government shall adopt measures to promote the establishment and improvement of information security in medical institutions. It can be seen that the requirements for the implementation of cybersecurity construction are all emphasized from the basic law in the healthcare field to the hospital information construction and the rapidly developing field of healthcare big data.

In addition, with the rapid development of ESG investment, more and more institutional investors are considering cybersecurity indicators as an important factor when evaluating the healthcare enterprises they invest in. As mentioned above, MSCI's ESG evaluation system subdivides industries into 11 sectors, including energy, basic materials, public utilities, communications services, industrial, IT, health and medical, optional consumption, finance, mandatory consumption, and real estate. And "Privacy and Data Security" was selected by MSCI as a key issue in the health and medical industry, and was given a weight of 3.5% in the allocation of key issues in the health and medical industry, which was only lower than communication services (24.1%), IT (10.1%), financial (10.1%) and optional consumption (8.1%) among the 11 sub-industries, which was at the upper-middle level.

To sum up, for healthcare enterprises, first of all, they still need to pay attention to the regulatory priorities and legal compliance obligations in the aspect of cybersecurity, and on this basis, combine with the dimension of cybersecurity evaluation from the perspective of ESG, so as to improve their compliance management and governance.

7.2.1 Key Concerns of the *Cybersecurity Law* and Other Relevant Legal Laws and Regulations

The *Cybersecurity Law*, which entered into force in 2017, is the basic law for China's cyberspace security management. It has framed many legal systems and requirements, including the rules for MLPS of cybersecurity, the protection of CII, the cybersecurity review, etc.

1. Rules for MLPS and Classification and Grading of Cybersecurity

MLPS refers to the protection and regulation of cyberspace at different levels. According to Article 21 of the *Cybersecurity Law*, a network operator is responsible to determine its own network system's MLPS level and take corresponding protective measures in accordance with the relevant provisions. According to the relevant regulations of the health and medical industry, comprehensive hospitals and internet hospitals providing diagnosis and treatment activities online shall have their network facilities, information system, technical personnel, and information security system assessed by MLPS level-3 standard. In January 2021, the General Office of the Ministry of Industry and Information Technology further promulgated *the Notice of Conducting the Pilot Program of Classified and Graded Management System for Cybersecurity of Industrial Internet Enterprises*, which aims to promote the pilot work of classified and graded management system for cybersecurity of industrial Internet enterprises and enhance the security protection capabilities of the industrial Internet.

It is worth noting that the pilot enterprises also include some healthcare enterprises. The cybersecurity compliance management experience available for reference includes establishing a comprehensive protection platform for enterprise cybersecurity in strict compliance with the classified and graded management requirements of the industrial Internet and MLPS in terms of the physical environment, host security, equipment security, cybersecurity, application security, and data security. The platform covers multi-dimensional, multi-network, and multi-scenarios of pharmaceutical research and development, production and office activities, targets threats, risks, assets, business, and users, and runs through the whole process of monitoring, analysis, response, and prediction of security risks, so as to realize proactive discovery, coordinated defense and unified management of cybersecurity.

2. Rules for Protection of CII

The rules for protection of CII is a set of cybersecurity protection and compliance management requirement system established under the *Cybersecurity Law* for information systems that may result in severe damage to state security or public interests if it is destroyed, loses function or encounters data leakage. According to the *Regulations on Protecting the security of Critical Information Infrastructure*, whether a company is a CII operator shall be determined and notified by the relevant regulatory departments. Therefore, if a healthcare enterprise is determined to be a CII operator, it shall strictly comply with the relevant provisions of Article 37 of the *Cybersecurity Law*, store the information and data within China and conduct a security assessment for cross-border transfer of such information and data. Besides, to purchase network products and services, CII operators shall, in accordance with Article 36 of the *Cybersecurity Law*, enter into a security confidentiality agreement with the providers to specify security and confidentiality obligations and responsibilities, so as to ensure the security of the supply chain.

3. Rules for Cybersecurity Review

Based on the *Cybersecurity Law*, the *Measures for Cybersecurity Review* which came into force in 2022 further clarifies the obligations of CII operators and network platform operators to conduct cybersecurity review and the conditions for triggering cybersecurity review. According to Article 2 of the *Measures for Cybersecurity Review*, if a CII operator purchases network products and services or an online platform operator conducts data processing, either of which affects or may affect national security, a cybersecurity review shall be carried out. According to the provisions of the *Measures for Cybersecurity Review* and related cases of cybersecurity review, the key objects of cybersecurity review are enterprises that operate CII and master large amounts of data (especially important data, core data, and sensitive data).

Therefore, if a healthcare enterprise is determined to be a CII operator or an online platform operator, it shall pay close attention to its cybersecurity obligations and responsibilities, predict possible national security risks before purchasing network products and services or conducting data processing in accordance with the *Measures for Cybersecurity Review*, and apply to the Cybersecurity Review Office for cybersecurity review if either activity affects or may affect national security. In addition, healthcare technology enterprises that master sensitive information, in particular, shall attach importance to and strictly implement cybersecurity-related compliance obligations.

7.2.2 Key Concerns during the Operation and IPO of Healthcare Enterprises

During the IPO of healthcare enterprises, the securities regulatory department is also paying attention to the disclosure of information related to the cybersecurity construction of the enterprises. The China Securities Regulatory Commission (hereinafter referred to as "**CSRC**"), for example, will focus on the technology development trend of the industry and the company's technical reserve, the legal compliance of the way to obtain relevant data and information, and the construction of the information system. In addition, the CSRC usually pays different attention to the healthcare enterprises involved in different business scenarios, and the regulatory trend is characterized by comprehensive requirements and prominent focus.

1. Healthcare Enterprises involved in IT Business

The CSRC tends to pay more attention to the disclosure of the cybersecurity technology safeguards by healthcare enterprises involved in IT business. In addition, if an enterprise is involved in the direct collection of large amounts of medical data, the CSRC will also require it to make supplementary disclosure on the legal compliance of the way data is collected and will focus on the security of information system from the perspective of data stored in the system.

For example, the CSRC required J Pharmaceutical Technology Co., Ltd. to explain its technical reserve. In respect of this issue, the company made a detailed description of its own technical reserve, such as the research and development of the privacy possessing and authorization technology in relation to medical data and the complete information security system provided for clients combined with the relevant cybersecurity devices and strategies. Furthermore, the CSRC noticed that G Pharmaceutical Technology Co., Ltd. had developed an online system to obtain pathological information about a patient. And the CSRC required it to explain and disclose whether the way it obtained the relevant data and information was in compliance with the laws and regulations. In response, the company further disclosed the types of the personal information obtained and collected by the relevant system, the manner in which it was done, as well as the fulfillment of the obligation to inform and obtain the consent of the subject. The company also indicated that the personal information collected had not been used, leaked, tampered with, destroyed, or provided to any third party, and that it had processed the stored personal information in accordance with the relevant laws and administrative regulations and agreements with its users, so as to prove its compliance with the relevant provisions of the *Cybersecurity Law*.

2. Healthcare Enterprises Involved in the Use of Third-party Authorized Systems

In respect of the healthcare enterprises involved in the use of third-party authorized systems, the CSRC focused more on the confidentiality of the company's own information and the independence in the process of using external systems to conduct business. The inquired company usually provides answers from both the authorizer and the authorized with respect to the dual protection of cybersecurity, which may include system authority settings, internal management policies, external agreement conclusion, etc.

For example, the CSRC noticed that H Biomedicine Co., Ltd. was authorized to use the relevant system of a third party and requested the company to provide a detailed description of its use of the third-party authorized system. In response, the company made supplementary disclosure on the security and confidentiality of the information respectively from the perspective of the company itself and the authorizer of the system. From the perspective of the company itself, it had independent access to the system and had established a sound business process management system with clear rights and responsibilities, which enabled it to effectively maintain the independence and confidentiality of the information system. From the perspective of the authorizer of the system, it also had a sound internal information management system and managed the approval of the accounts and permissions of different business entities using the system. The authorizer had also issued letters promising not to review or modify the relevant business data of the authorized party, so as to continuously protect the independence of the authorized party. From the perspective of the relationship between the two parties, the parties had expressly agreed on key issues such as the confidentiality obligation of the authorizer and the independence of the authority of the authorized party in the agreement on the use of the system.

3. Healthcare Enterprises Involved in Diagnosis and Treatment Activities

As for those healthcare enterprises that are involved in diagnosis and treatment activities and have direct access to patient data, the CSRC focuses more on the internal systems and measures to manage patient data and considers the effectiveness of cybersecurity as an important aspect of medical security.

For example, the CSRC noticed that P Eye Hospital Co., Ltd. operates several hospitals and clinics all over China, and requested the company to make supplementary disclosure on the reasonableness and effectiveness of patient data management to ensure the integrity of institutional measures for medical safety. In response, the company provided a detailed description of the aspects of its internal system and organizational structure. With respect to the internal system, the company had, in accordance with the laws and regulations on information security management and requirements on technical standards, formulated the comprehensive Information Security Management System and other systematic security systems, including the safety protection system of patient diagnosis and treatment information, the management system for accounts and permissions, the emergency response plan and drilling plan for the failure of the hospital information system, and the responsibility tracing mechanism for patient diagnosis and treatment information security accidents, etc. With respect to organizational structure, the company had established a medical information security leading group and a medical information security working group, and formulated detailed rules on the acquisition and modification of patient diagnosis and treatment information, the application and the managers' departure system and handover procedures of information systems, the management of database accounts and permissions, etc.

It can be seen that healthcare enterprises need to pay close attention to the CSRC's requirements on cybersecurity disclosure during their daily operations and even in the process of preparing for IPO, and proactively take corresponding compliance measures based on the risk factors related to cybersecurity. In addition, healthcare enterprises proposing to list in the United States or Hong Kong of China may face similar inquiries from the securities regulatory departments in the place where they are listed, as well as cybersecurity regulatory requirements from mainland of China (e. g. cybersecurity review). Therefore, healthcare enterprises proposing to list in the United States or Hong Kong of China should continuously pay attention to the relevant cybersecurity regulatory requirements in their listing location and mainland of China, and reinforce their cybersecurity compliance work.

7.2.3 Key Concerns of ESG Rating Agencies

As stated in Chapter 1, in recent years, frequent occurrence of cybersecurity incidents and enactment of laws and regulations on privacy protection have prompted more and more rating agencies to incorporate direct or peripheral propositions of cybersecurity such as "Privacy and Data Security" and "Information Security" into their ESG rating indicators. Many rating agencies have given specific descriptions of the connotation of the cybersecurity dimension in the establishment of ESG indicators. In addition to the assessment standards established by foreign rating agencies as stated in Chapter 1 – MSCI's ESG rating system and the disclosure standards of GRI, China Securities Index Co., Ltd. also mentioned the extension of cybersecurity in the description of the "Employee and Consumer" module of the theme of "Related Interest" under the "Social" dimension: "Reflect product quality, information security, etc., in order to measure risks of regulatory penalties, market access and legal litigations arising from product quality problems, information leakage, etc. and at the same time examine whether the enterprise has established corresponding policies or projects to manage product quality and information security."

In summary, cybersecurity and its peripheral propositions are usually considered as sub-issues under the "Social" or "Governance" dimension in the ESG evaluation systems of major rating agencies. In the indicator description of the ESG evaluation system, elements such as internal system, system situation, and information leakage risk are usually incorporated into the cybersecurity standards. Therefore, companies should integrate the regulatory requirements and rating agency standards, and comprehensively build cybersecurity systems, so as to improve the scores of the social and governance indicator in ESG evaluation.

7.3 ESG Compliance Governance Solution for Cybersecurity

7.3.1 Principles of Good Governance in Cybersecurity ESG Compliance Governance

1. Principle of Governance by Law

The principle of governance by law refers to that enterprises shall make decisions, manage and protect their own rights and interests in accordance with the law in the process of corporate governance. In the field of cybersecurity governance, firstly, in the process of ESG compliance governance of cybersecurity, enterprises shall take the law as the bottom line of compliance and establish the organizational structure, security system, and infrastructure for corporate governance according to the law; secondly, in the process of cybersecurity governance, enterprises shall adhere to the principle of laws and take the legislation and norms related to cybersecurity as the basis; thirdly, in daily management activities of cybersecurity, enterprises shall adhere to the principle of strict observance of laws, and create a good cybersecurity compliance atmosphere within the organization through the transparent and open internal control system, clear incentive measures with rewards and penalties, comprehensive staff training, etc.

2. Principle of Senior Executive Involvement

The principle of senior executive involvement refers to that the process of corporate governance should be a process in which senior executives attach great importance, and fully participate from top to bottom. Enterprise cybersecurity is an issue of social responsibilities externally and corporate governance internally, which should arouse high attention and full participation of senior executives. Firstly, senior executives shall participate in the formulation of strategic planning and policy of cybersecurity; secondly, senior executives shall participate in, supervise and coordinate the implementation of enterprise cybersecurity policies; thirdly, senior executives shall bear corresponding responsibility for the failure to fulfill enterprise cybersecurity obligations.

3. Principle of Openness and Transparency

The principle of openness and transparency refers to that the corporate governance process should be appropriately open and transparent. In the process of internal governance of cybersecurity, compliance system, personnel responsibilities and other key elements should be kept open internally, and the communication channels should also be kept open. In the event of a cybersecurity incident, the enterprise should ensure the timeliness and transparency of the incident disclosure, and fulfill the obligation of informing the regulatory departments and other stakeholders in accordance with legal requirements. In addition, in order to improve the ESG rating results, enterprises can proactively disclose the advanced governance of cybersecurity apart from studying disclosure information and disclosure indicators.

7.3.2 Key Concerns of the Construction of Cybersecurity ESG Compliance Governance in the health and medical industry

As mentioned above, healthcare enterprises should attach importance to and strictly fulfill their compliance obligations, such as MLPS of cybersecurity, protection of CII, etc. In the process of implementing compliance obligations, enterprises may also consider the following suggestions:

1. Establish Compliance Management Structure of Enterprise Cybersecurity

Specialized institutions and personnel are the carriers for the operation of the compliance system. Healthcare enterprises should determine a person in charge of cybersecurity in accordance with the requirements of the *Cybersecurity Law*, and may add a cybersecurity committee to the internal compliance management organizational structure to assess the network status of all parties inside and outside the organization. Enterprises should match specific cybersecurity compliance obligations with specific positions, so that cybersecurity compliance obligations are implemented on specific responsible persons.

2. Establish and Improve Enterprise Cybersecurity Management Systems

Enterprises should establish and improve cybersecurity management systems, such as cybersecurity monitoring, early warning and information reporting system, cybersecurity emergency plan systems, cybersecurity compliance publicity and training system, cybersecurity due diligence system, and cybersecurity compliance assessment, reward and punishment system, and regularly carry out cybersecurity-related emergency drills and training.

3. Improve the Construction of Cybersecurity Infrastructure

Cybersecurity infrastructure refers to the measures and processes that protect the underlying network hardware and software, which is the technical guarantee for enterprises to conduct cybersecurity management. It is recommended that healthcare enterprises continuously improve the technical measures for cybersecurity monitoring and protection and implement the construction of cybersecurity infrastructure in terms of machine room security construction, system network structure, login password complexity, security audit, and medical data security protection (such as storage and transmission encryption, data backup and recovery, data desensitization and MLPS), etc.

7.4 Recommended Reading

7.4.1 Cybersecurity Related Laws, Regulations and Policies, and Interpretation Thereof

Cybersecurity is becoming an increasingly critical focus in national legislation and policy making. It is advised that enterprises pay close attention to the latest legislation related to cybersecurity, and promptly make follow-up interpretations of regulations or policies promulgated by relevant authorities, so as to further understand the legislative purposes and regulatory directions.

7.4.2 Cybersecurity Related Professional Articles

Cybersecurity has become a much-discussed topic in the academic community and in practice in recent years, and there are relevant professional articles about cybersecurity with in-depth and professional interpretation from various aspects. It is advised that enterprises pay attention to related discussions, so as to better understand the cybersecurity development trend and practical experience.

7.4.3 Research Reports on ESG Development in China

Enterprises may pay attention to relevant ESG reports in China to learn the latest development of ESG practice in China, so as to better understand the concepts and key issues under ESG, and better carry out their own ESG development.

7.4.4 ESG Ratings and Disclosure Guides

Enterprises may better understand the key ESG issues by reading the ESG ratings and disclosure guides published by various institutions or organizations, and can focus on important aspects of ESG development based on their own industry characteristics.

8 | Data Protection Compliance in the Healthcare Sector

8.1 The Road to Health and Medical Data Compliance

In June, 2016, the General Office of the State Council issued *the Guiding Opinions on Promoting and Standardizing the Application and Development of Health Care Big Data*, which clearly stipulated that health care big data is an important basic strategic resource of the country. While comprehensively deepening the application of health care big data and promoting the service of "Internet + Health Care," it is necessary to strengthen the construction of the health care big data guarantee system, such as strengthening the construction of laws and standards and strengthening the security of health care data. In this context, the compliance work on health care big data became an important task of healthcare industry.

Two years later, the General Office of the State Council issued *the Opinions on Promoting the Development of "Internet + Medical Health*" again, further clarifying the need to ensure data information security, exploring and formulating laws and regulations on the confirmation, opening, circulation, trading, and property rights protection of health care big data, and strengthening the information protection of medical and healthcare institutions, Internet medical and health service platforms, intelligent medical equipment, key information infrastructure, and data application services.

In July of the same year, the National Health Commission issued *the Measures for the Administration of Standards, Security, and Services of Health and Medical Big Data*, hereinafter referred to as the "Administrative Measures"), which further refined the standards, security, and service management of health and medical big data. The Administrative Measures not only clearly define health care big data and its security management, but also refine the data security management obligations of health care administrative departments, products, and service providers of health care big data-related systems and other subjects in different scenarios into concrete provisions, indicating the direction and focus for data compliance in the health care industry.

It is worth noting that, after this, documents such as t*he Management Measures for Internet Diagnosis and Treatment (for Trial Implementation)*, *the Management Measures for Internet Hospitals (for Trial Implementation)*, *the Management Standards for Telemedicine Services, the Information Security Technology Health Medical Data Security Guide* hereinafter referred to as the "Security Guide"), the Regulations on the Security Protection of Key Information Infrastructure, the Data Security Law, the Personal Information Protection Law, and the Network Security Review Measures were issued one after another.

8.2 Health and Medical Data Compliance Supervision System

What is health care data? The "Safety Guide" defines it as "including personal health care data and electronic data related to health care obtained by processing personal health care data." It can be seen that with the in-depth development of the "Internet + Health" industry, health care data will inevitably involve massive personal privacy data and even important national data. To standardize the use of health care data, protect citizens' personal privacy, and protect national data security, the state explores the matter from two directions: one, data protection laws and regulations, and two, laws and regulations of the pharmaceutical industry. Consequently, the state has initially formed the following compliance regulatory framework.

Legal Hierarchy	Legal Document	Key compliance requirements	Date of Effectiveness
Laws	*Civil Code*	Natural persons have the right to privacy. No organization or individual may infringe upon the privacy rights of others by spying, intrusion, disclosure, or publicity. Handling personal information shall follow the principles of legality, legitimacy, and necessity, etc.	2021.01.01
	Cyber Security Law	The network operator shall fulfill the obligation of security protection according to the requirements of the network security level protection system. Personal information and important data collected and generated by operators of key information infrastructure in the People's Republic of China (PRC) shall be stored in China. If it is necessary to provide it overseas due to business needs, the operator shall conduct safety assessment according to the measures formulated by the national network information department in conjunction with the relevant departments of the State Council, etc.	2017.06.01
	Biosafety Law	To obtain the marketing license of related drugs and medical devices in China, it is not necessary to obtain approval if the clinical trial institutions use China's human genetic resources to conduct international cooperative clinical trials, which do not involve the exit of human genetic resources. However, before conducting clinical trials, the types, quantities, and uses of human genetic resources to be used shall be filed with the competent department of science and technology of the State Council, etc.	2021.04.15
	Personal Information Protection Law	Sensitive personal information is the personal information that, once leaked or illegally used, will easily lead to the infringement of the personal dignity of a natural person or the harm of personal and property safety, including biometric identification, religious beliefs, specific identity, medical, and health information, financial accounts, whereabouts, and other information, as well as the personal information of minors under the age of fourteen. Only when there is a specific purpose and sufficient necessity, and strict protection measures are taken, can the personal information processor handle sensitive personal information. Handling sensitive personal information shall obtain the individual's individual consent, etc.	2021.11.01

续表

Legal Hierarchy	Legal Document	Key compliance requirements	Date of Effectiveness
	Basic Medical Hygiene and Health Promotion Law	The state protects citizens' personal health information and ensures the safety of citizens' personal health information. No organization or individual may illegally collect, use, process, or transmit citizens' personal health information, or illegally buy, sell, provide, or disclose citizens' personal health information, etc.	2020.06.01
Administrative Laws and Regulations	*Regulations on the Management of Human Genetic Resources*	The collection, preservation, utilization, and external supply of human genetic resources in China shall conform to ethical principles, conduct ethical reviews in accordance with relevant state regulations, respect the privacy rights of human genetic resources providers, obtain their prior informed consent, and protect their legitimate rights and interests. When collecting human genetic resources in China, the human genetic resource provider shall be informed in advance of the purpose, usage, possible impact on health, personal privacy protection measures, and the right to participate voluntarily and withdraw unconditionally at any time; the written consent of the human genetic resource provider shall be obtained. When informing the provider of human genetic resources of the information specified in the preceding paragraph, it must be comprehensive, complete, true, and accurate, and must not conceal important details, mislead, or deceive the provider.	2019.07.01
	Regulations on Supervision and Administration of Medical Devices	Medical device users shall properly keep the original data of the purchased third-class medical devices and ensure the traceability of the information. In case of using large-scale medical devices and implantable and interventional medical devices, the name, key technical parameters, and other information of medical devices, as well as necessary information closely related to the quality and safety of use, shall be recorded in medical records and other related records, etc.	2021.06.01
	Regulations on Security Protection of Critical Information Infrastructure	Operators of key information infrastructure shall set up special safety management institutions, and conduct safety background checks on the heads of special safety management institutions and key personnel. During the examination, the public security organs and state security organs shall provide assistance. The specialized security management organization is specifically responsible for the security protection of the key information infrastructure of its own unit, and performs the following duties: (1) establishes and improves the network security management and evaluation system, and draws up the security protection plan of the key information infrastructure; (2) organizes	

续表

Legal Hierarchy	Legal Document	Key compliance requirements	Date of Effectiveness
		and promotes the capacity building of network security protection, and conducts network security monitoring, detection, and risk assessment; (3) according to the national and industry network security emergency plan, formulates the emergency plan of the unit, regularly conducts emergency drills, and handles network security incidents; (4) identifies the key positions of network security, organizes the assessment of network security work, and puts forward suggestions on rewards and punishments; (5) organizes network security education and training; (6) fulfills the responsibility of personal information and data security protection, and establishes and improves the personal information and data security protection system; (7) implements the safety management of key information infrastructure design, construction, operation, and maintenance services; and (8) reports network security incidents and important matters in accordance with the regulations, etc.	
Departmental Regulations (Including Normative Documents)	*Measures for the Administration of Internet Diagnosis and Treatment (Trial)*	Medical institutions shall strictly implement the relevant laws and regulations on information security and the confidentiality of medical data, properly keep patient information, and shall not illegally trade or disclose patient information. After the leakage of patient information and medical data, the medical institution shall promptly report to the competent health administrative department and immediately take effective measures.	2018.07.17
	Measures for the Administration of Internet Hospitals (Trial)	Internet Hospitals shall strictly implement the relevant laws and regulations on information security and medical data confidentiality, properly keep patient information, and not illegally buy, sell, or disclose patient information. In case of the leakage of patient information and medical data, the medical institution shall promptly report to the competent health administrative department and immediately take effective measures.	2018.07.17
	Telemedicine Service Management Specification (Trial)	(1) Signing a cooperation agreement. If medical institutions conduct telemedicine services directly or through a third-party platform, they shall sign a telemedicine cooperation agreement, stipulating the purpose, conditions, contents, telemedicine process, responsibilities, rights, and obligations of all parties, risks of medical damage, and responsibility sharing. Cooperation agreements can be signed in the form of electronic documents. (2) Informed consent. The inviting party shall organize the telemedicine service according to the patient's condition and willingness, explain the contents and	2018.07.17

续表

Legal Hierarchy	Legal Document	Key compliance requirements	Date of Effectiveness
		expenses of telemedicine services to the patient, obtain written consent from the patient, and sign the informed consent form for telemedicine services. If it is inappropriate to explain the patient's condition, the written consent of their guardian or close relatives shall be obtained.	
	Information Security Technology—Personal Information Security Specification	Before collecting sensitive personal information, the express consent of the subject of the personal information shall be obtained, and the express consent of the subject of the personal information is a specific, clear, and definite expression of shall be given by them on the basis of full knowledge. Before collecting personal biometric information, the institution shall separately inform the personal information subject of the purpose, method, and scope of the collection and use of personal biometric information, and rules such as storage time, and obtain the express consent of the personal information subject, etc.	2020.10.01
	Regulations on the Protection of Children's Personal Information Network	Network operators shall set up special rules and user agreements for the protection of children's personal information, and designate special persons to be responsible for the protection of children's personal information. If the network operator collects, uses, transfers, or discloses the personal information of children, it shall inform the child's guardian in a conspicuous and clear way, and shall obtain the consent of the child guardian, etc.	2019.10.01
	Application and Management Specification of Electronic Medical Records (Trial)	Terms, codes, templates, and data used in electronic medical records shall conform to the requirements of relevant industry standards and norms, and on the premise of ensuring information security, promote the effective sharing of electronic medical records, etc.	2017.04.01
	Measures for Network Security Review	If the key information infrastructure operators purchase network products and services, and the network platform operators conduct data processing activities that affect or may affect national security, they shall conduct a network security review in accordance with these measures. When the key information infrastructure operators purchase network products and services, they shall predict the possible national security risks after the products and services are put into use. If it may affect national security, they shall report the network security review to the network security review office. Network platform operators with more than 1 million users' personal information must report to the network security review office for network security review when they go public abroad.	2022.02.15

续表

Legal Hierarchy	Legal Document	Key compliance requirements	Date of Effectiveness
	Guiding Principles of Real-World Data for Producing Real-World Evidence (Trial)	The protection of personal information involved in real-world research shall follow the national technical specifications for information security and the relevant regulations for medical big data security management. Personal sensitive information shall be de-marked, so as to ensure that it cannot be matched and restored according to the data. The leakage, damage, loss, and tampering of personal information shall be prevented through technical and management measures. Data security processing shall be based on the type, quantity, nature, and content of all kinds of data involved in the research, especially for personal sensitive information. Operators shall establish data encryption technical requirements, risk assessment, and emergency handling operation procedures in all aspects of data governance, and conduct the effectiveness audit of security measures.	2021.04.13
	Measures of Data Cross-Border Transfer Security Assessment	When a data processor provides data overseas, it shall, under any of the following circumstances, report to the national network information department through the local provincial network information department for data exit safety assessment: (1) the data processor provides important data overseas; (2) key information infrastructure operators and data processors that handle personal information of more than 1 million people and provide personal information overseas; (3) data processors that have provided personal information (100,000 or more) or sensitive personal information (10,000 or more) to overseas countries since January 1st of the previous year; and (4) other situations that require a security assessment of declared data as stipulated by the national network information department, etc.	2022.09.01
Exposure Draft	*Internet Medical Health Information Security Management Specification*	In the process of Internet health services, data collection shall meet the following requirements: it shall meet the relevant requirements of GB/T 35273; personal information collection and use shall follow the principles of legality, justice, and necessity; the collection and use rules shall be made public, and the purpose, method, and scope of information collection and use shall be clearly indicated; and data collection requires the consent of the collector, guardian, or authorized person. When collecting sensitive personal information such as personal images and personal identity information, it is necessary to inform individuals of the necessity and the influence to him, and obtains consent from the person, guardian, or authorized person. Operators shall not collect personal information unrelated to the provision of services, etc.	/

8.3 Interpretation of Data Compliance Key Points in Typical Scenarios

With the extensive use of the Internet and information technology, the medical model is constantly updated, and the application scenarios of health care data are also richer and more diverse. Health institutions, health research institutions, health information system providers, health data analysis companies, medical insurance institutions, government agencies, and other subjects need to switch the identities of health data controllers/processors/users in different scenarios. Therefore, to effectively sort out the data compliance key points that all kinds of subjects need to master, I will discuss them in the following typical scenarios.

8.3.1 Scenario 1: Data Compliance Points of Mobile Medical and Health Apps

Mobile medical care refers to medical and health services provided by mobile Internet technology and various mobile Internet platforms. At present, the most intuitive forms of mobile medical care are various medical and health apps, such as Clove Doctor, New Oxygen, Ping An Health, Micro Sugar, Cloud Health, Good Doctor, Medication Assistant, Registration Network, Dingdang Express Medicine, Thumb Doctor, and so forth. The abovementioned apps have essentially covered online consultation, online registration, online inquiry of inspection results, doctor–patient communication, data collection, chronic disease management, remote monitoring, and Internet drug sales.

The National Computer Virus Emergency Response Center has found that many medical and health apps have data compliance problems through Internet monitoring. For example, the Good Doctor app (version 6.1.3), a subsidiary of Beijing Health Online Technology Development Co., Ltd. is suspected of non-compliance in privacy because it does not express all the applied privacy rights to users, failing to establish and publish personal information security complaints and reporting channels, or exceeding the promised response time limit, and being notified of suspected privacy irregularities. The New Oxygen Medical Beauty app (version: 8.23.3) operated by Beijing New Oxygen Technology Co., Ltd. collects and uses personal information without the user's consent, which is a violation of necessary principles, and the collection of personal information unrelated to the services provided by them is unlawful, and so forth. The Ping An Good Doctor app (version 7.2.0) developed by Ping An Health Internet Co., Ltd., a subsidiary of Ping An Group, was notified because it did not specify the rules for collecting and using personal information. The Doctor Chunyu (version 8.8.8) app was notified by the National Computer Virus Emergency Response Center because it did not express all the privacy rights applied to users. No. 1 Pharmacy Chain Co., Ltd.' s No. 1 Pharmacy app (version 5.9.4) has some problems such as unlawfully collecting personal information and sharing it with third parties. The above notification cases suggest that operators of mobile medical and health apps shall pay attention to the following compliance points:

First, regarding data collection, operators shall determine: whether a privacy policy has been formulated, and whether the established privacy policy clearly identifies the types of sensitive personal information; whether the storage area, storage period, and overdue treatment method of personal information are clearly explained; if there is an overbroad flow of personal information, whether the types of personal information are listed item by item and marked prominently; whether the collection, usage, transfer, and disclosure of children's personal information are communicated to the children's guardians in a conspicuous and clear manner; when applying for permission to collect personal information, or applying to collect sensitive personal information such as user ID number, bank account number, whereabouts tracking, and so forth; whether to inform the user of the purpose synchronously; whether to provide effective functions of correcting and deleting personal information, and canceling user accounts, and so forth.

Second, regarding the data storage link, operators shall determine: whether it is stored in China, whether it is encrypted, whether de-marking or storage media control measures are taken, and whether it is managed by classification and classification.

Third, regarding the data transmission link, operators shall determine: whether it is in accordance with the provisions of the examination, evaluation, and authorization before transmission; and whether encryption transmission, flow control, and storage medium control are conducted.

Furthermore, the operators of mobile medical and health apps shall pay attention to *the Guiding Principles of Mobile Medical Device Registration Technology Review* and *the Independent Software of the Appendix of Medical Device Production Quality Management Specification*, and judge whether they constitute medical devices according to the functions of medical and health apps. In general, if the medical health app is expected to be used for disease diagnosis, treatment, or monitoring, it shall be recognized as a medical device and declared as required.

8.3.2 Scenario 2: Key Points of Data Compliance in Digital Enterprises of Clinical Research

Clinical research refers to the scientific research activities initiated by medical institutions, academic research institutions, and/or medical and health-related enterprises with patients or healthy people as research subjects, with the purpose of exploring the causes, prevention, diagnosis, treatment, and prognosis of diseases. In general, clinical research involves basic demographic data, examination information, inspection information, medical orders, non-medical orders, surgical information, pathological information, bone marrow puncture, vital signs, prescription information, medical record data, patient report results, cost information, and other data.

In July, 2015, as the former State Food and Drug Administration issued *the Announcement on Self-examination and Verification of Drug Clinical Research Data* No. 117, 2015), enterprises began to pay attention to data compliance, and the clinical research digital system was gradually popularized. We know that the manufacturers of the clinical research digitalization industry are mostly small enterprises; Taimei Medical Technology is the only large-scale local manufacturer of clinical research digitalization that can cover the entire product line of clinical research enterprises and hospitals. Moreover, Taimei Medical Technology has twice been queried about data compliance by Shanghai Stock Exchange when applying for an IPO, and there are many problems with the compliance of clinical research data. Therefore, digital clinical research enterprises represented by Taimei Medical Technology shall pay attention to the following compliance key points:

1. As a digital solution provider, they shall determine whether there is any situation

of obtaining and using customer data, and if so, whether it has obtained the corresponding complete authorization or permission, whether the data transmission function provided by it adopts data encryption or desensitization measures, and whether the data storage is stored in the local server or the third-party cloud as required.

2. As a data processor/controller, they shall determine whether they have established a management system, organized training, taken the necessary measures, and observed the network security level protection system in accordance with the provisions of the Data Security Law. They shall determine whether to establish a security risk assessment and disposal process and a data security incident reporting system, whether to establish an internal control system in accordance with the provisions of the Personal Information Protection Law to ensure that data processing is strictly limited to the minimum range for the purpose, and whether the information of minor users is specially agreed upon or protected in relevant business agreements and privacy policies.

3. As a participant in clinical research, they shall determine whether there is any situation of the direct collection, preservation, and external supply of human genetic resources in China. If it involves the indirect collection and utilization of human genetic resources data, whether the ethical review procedure is performed according to law and the complete authorization of the client or patient is obtained, whether it involves providing China's human genetic resources abroad, and so forth.

8.3.3 Scenario 3: Key Points of Data Compliance of Smart Medical Technology Enterprises

From the Outline of Healthy China 2030 in 2016 to the Outline of the 14th Five-Year Plan and the Long-term Goals in 2035 in 2021, it is clear that the policy system of the smart medical industry needs to be improved. The demand for online diagnosis and treatment has greatly increased, and smart medical care can help to improve the problems of the uneven distribution of medical resources and medical insurance fee control. Since the smart medical industry covers online registration before treatment, online consultation, intelligent consultation, HIS/CIS/NIS, CDSS, medical images, smart medical records, chronic disease management after treatment, medical treatment after treatment, medical services, and other links, the data compliance of smart medical care is particularly important.

Enterprises in the medical field can be divided into three categories. The first category is leading enterprises in medical informatization, such as Weining Health, Entrepreneurship Wellcome, Neusoft Group, Wanda Information, Sichuang Medical Benefits, Heren Technology, and so forth. The second category is Internet medical platform enterprises, such as Ping An Good Doctor, Ali Health, JD Health, micro-medicine, and so forth. The third category is artificial intelligence big data enterprises, such as Iflytek, Medu Technology, Lenovo Medical, and Eagle Eye.

Take Zero Krypton Technology as an example. Zero Krypton Technology is a data-driven and artificial intelligence-enabled medical technology company. Founded in 2014, it provides big data and artificial intelligence solutions for all parties in the pharmaceutical and medical industries. In April 2022, Zero Krypton Technology applied to the US Securities and Exchange Commission to withdraw its IPO plan. According to the prospectus of Zero Krypton Technology, the main business revenue sources of Zero Krypton Technology are Link Care and Link Solutions. Link Care provides continuous patient care solutions, artificial intelligence diagnosis and treatment, and patient management services. Link Solutions provide real-world research services, clinical trial matching services, and data insight services. To achieve the stability of the main business revenue, Zero Krypton Technology must visit hospital medical records and follow up the journey through longitudinal patients to obtain and accumulate a large amount of effective data. This business model inevitably involves the data compliance of health care. Previously, Lenovo Didi was punished and Xiaohongshu, Hellobike, Keep, Himalayan, and Cargo Lala canceled their listings in the US. Smart medical technology companies represented by Zero Krypton Technology shall pay attention to the following compliance points when listing in the US:

1. As a data controller/data processor, Zero Krypton Technology shall pay attention to data source compliance and classify and grade the data as required. If Zero Krypton Technology directly obtains hospital medical records and patient data from C-terminal, it shall set a separate privacy policy, pay attention to the compliance and completeness review of privacy policy content, clearly show the privacy policy to patients, and obtain express consent from users such as active click consent and signatures. According to the idea of the classification and grading of health care data in the Safety Guide, the data related to personal privacy shall be marked or anonymized, and strictly graded management is then conducted.

2. When cross-border data transmission is involved, Zero Krypton Technology shall complete the security assessment and report it to relevant institutions for the record in accordance with the requirements of *Cyber Security Law, Data Security Law, Personal Information Protection Law, Regulations on Security Protection of Key Information Infrastructure,* and *Measures for Security Assessment of Data Exit.*

3. They shall perform well in data security management, and fulfill legal obligations in data storage, data transmission, data desensitization, data access control, data management organization, data management system, and information security incident emergency response mechanisms.

9 | Intellectual Property Compliance

In recent years, China has implemented a strategy designed to strengthen the country through intellectual property rights, rapidly popularizing the concept of ESG investment. In this context, corporate compliance must focus on protecting the intellectual property rights of enterprises. Medical and health-related intellectual property denotes the property rights associated with all medical and health-industry inventions and intellectual-labor achievements. Such property rights are usually referred to as "intangible assets;" together with movable and immovable property, they are one of the three forms of human property.

At present, China's medical and health-related intellectual property rights are protected in four main ways: through patent, trademark, copyright, and trade-secret rights. In recent years, as the relevant laws and regulations have improved continuously, China has made great progress in the area of medical and health-related intellectual property protection. To ensure the patent protection of pharmaceutical products, for example, product protection has been extended to include method protection. The protection of geographical product indications has also been incorporated into trademark protection. The standard for classifying new drugs is becoming more scientific.

The concept underpinning China's ecological environment policy has evolved from a "pollution-prevention perspective" to an "ecological-civilization perspective"and methods of supervising ecological-environment protection have strengthened. At present, China is in the mid-to-late stage of industrialization, with a high incidence of accidents caused by environmental pollution. In practice, medical and health enterprises have incurred a number of environmental penalties. For many medical and health enterprises, environmental compliance has become both an important issue and an essential focus for sustainable development.

9.1 Overview of the Intellectual-Property-Law System

Intellectual property rights include patents, trademark rights, trade secrets, copyrights, source marks, unfair-competition prevention, manufacturers' names, other intellectual achievements, places of origin, and new plant varieties. Judging from the current legislative situation in China, intellectual property law remains a concept, rather than a specific law to be enacted. The intellectual property legal system includes a range of laws, administrative regulations, and rules, including copyright, patent, trademark, and unfair-competition laws, as well as judicial interpretations and relevant international treaties.

As system innovations are introduced, laws are revised and theoretical research in the field of intellectual property rights continues to emerge, alongside new issues and cases involving the protection of intellectual property rights. These developments are greatly enriching the research content of intellectual property law. As a consequence, intellectual property law has developed significantly, accumulating a solid body of cases.

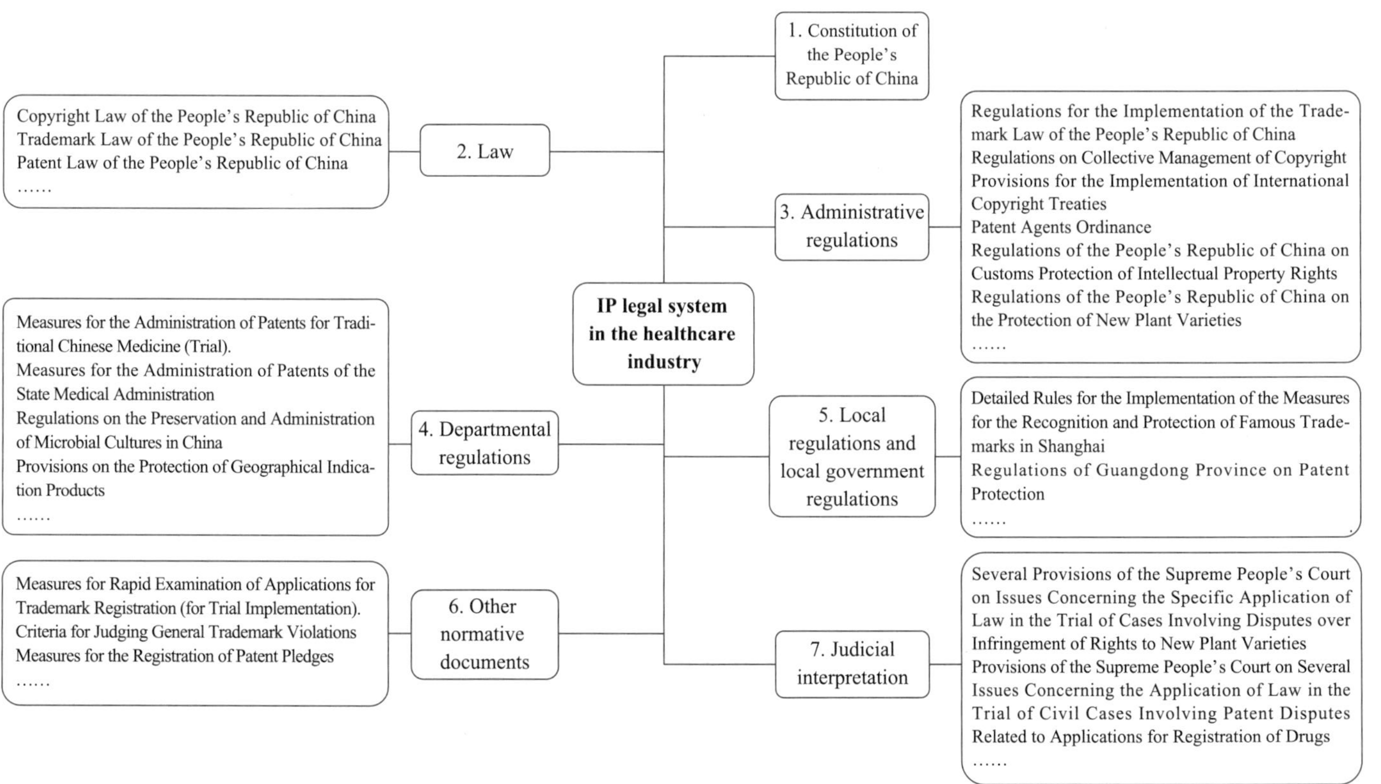
IP legal system in the healthcare industry
1. Constitution of the People's Republic of China
2. Law
Copyright Law of the People's Republic of China
Trademark Law of the People's Republic of China
Patent Law of the People's Republic of China
......
3. Administrative regulations
Regulations for the Implementation of the Trademark Law of the People's Republic of China
Regulations on Collective Management of Copyright
Provisions for the Implementation of International Copyright Treaties
Patent Agents Ordinance
Regulations of the People's Republic of China on Customs Protection of Intellectual Property Rights
Regulations of the People's Republic of China on the Protection of New Plant Varieties
......
4. Departmental regulations
Measures for the Administration of Patents for Traditional Chinese Medicine (Trial).
Measures for the Administration of Patents of the State Medical Administration
Regulations on the Preservation and Administration of Microbial Cultures in China
Provisions on the Protection of Geographical Indication Products
......
5. Local regulations and local government regulations
Detailed Rules for the Implementation of the Measures for the Recognition and Protection of Famous Trademarks in Shanghai
Regulations of Guangdong Province on Patent Protection
......
6. Other normative documents
Measures for Rapid Examination of Applications for Trademark Registration (for Trial Implementation).
Criteria for Judging General Trademark Violations
Measures for the Registration of Patent Pledges
......
7. Judicial interpretation
Several Provisions of the Supreme People's Court on Issues Concerning the Specific Application of Law in the Trial of Cases Involving Disputes over Infringement of Rights to New Plant Varieties
Provisions of the Supreme People's Court on Several Issues Concerning the Application of Law in the Trial of Civil Cases Involving Patent Disputes
Related to Applications for Registration of Drugs
......

In general, the field includes the legal systems that govern patent certificates and rights, in addition to copyright, trademark rights, trade-name rights, origin marking, trade-secret rights, and unfair competition.

The figure below presents the legal system of intellectual property rights in China's healthcare industry.

9.2 Major Obligations for Complying with Intellectual Property Rights

China has many laws and regulations that involve intellectual property rights. This paper identifies generally applicable compliance obligations, with a focus on medical and health enterprises. For ease of understanding, it separates intellectual-property rights, such as patent rights, trademark rights, and copyright, from trade secrets.

9.2.1 The Importance of Intellectual Property Compliance to the Healthcare Industry

In the field of pharmaceutical health, it is particularly important to protect intellectual property rights, including patents, trademarks, copyrights, and technical secrets. Especially in the field of pharmaceutical products, patent protection directly affects pharmaceutical research and development and the survival of pharmaceutical enterprises for the following key reasons:

First, the market for medical and health products is extensive and competition is fierce.

As the medicine and healthcare field covers many areas, including medicine, medical treatment, and healthcare, it plays an important role in advancing human health. In all countries, this field is associated with a large market, high expectations, and broad influence. In a fiercely competitive context, it is essential to contain unfair competition and to protect the vitality of industrial development. It is clear that medicine and healthcare has become the technological field that is most dependent on intellectual-property protection, and especially patent protection. Without the safeguard of effective patent protection, few would dare to engage in high-risk medical investment or research and development. The research and analysis of Mansfield, the U. S. economist, shows that 60% of pharmaceutical inventions could not be developed without patent protection.

Second, the research and development of medicine and health products requires large-scale investment and a long cycle.

This field covers both medicine and health; as drug and healthcare-product research and development has significant technical content and requires a high level of enterprise investment, the research and development process is long, particularly in the case of drug research and development. According to statistics provided by the American Pharmaceutical Association and the European and American Pharmaceutical Association, every new drug-related research-and-development project in the world takes about 10 years to complete and requires an investment of US$ 800 million–1 billion. In addition, each pharmaceutical company spends 15%-20% or more of sales—on research and development. In 2021, for example, Roche, the pharmaceutical company with the largest investment in research and development, spent US$ 16.1 billion on research and development. The time scale is particularly long for research and the development of new drugs. The creation of a new drug, which begins with synthesis, screening, efficacy, and toxicity tests, including animal tests and various clinical tests of the drug compound, and extending to final approval involves many stages and often takes more than 10 years. Taking the screening of pharmaceutical compounds as an example, approximately five out of every 3,000– 10,000 compounds synthesized through pharmaceutical activity can be screened out for clinical trials— only 1 will eventually become a drug. In addition, up to 70% of new drug research and development projects fail because key products cannot be obtained in the market. As a result, most countries with underdeveloped pharmaceutical industries are unable to create new drugs and must rely on imitation or imports.

Third, brand awareness relates directly to enterprise profitability, as brand names can have high value.

Trademark infringement disturbs the normal order of the commodity market, which operates mainly through individual buying and selling. Every participating organization has its own operating procedures. When illegal manufacturers appear, they produce goods at a lower cost and sell them at a price higher than the normal rate. This reduces sales of the goods of some legal manufacturers, which pile up, damaging the interests of many merchants. The widespread occurrence of such conditions has caused disorder in the commodities market, as the phenomenon affects well-known brands in particular. Brand parties increase brand value through high publicity fees, while infringers obtain high profits by counterfeiting registered trademarks, and there are also shoddy cases, potentially damaging brand reputations. In the field of medicine and healthcare products, this situation deserves great attention. Across different brands, prices vary greatly. Consumer recognition of medical and healthcare brands determines the product sales volume and corporate profitability. In addition, if medical/health products are shoddy, they can cause direct personal damage to consumers' health, seriously affecting counterfeited brands.

Fourthly, innovative medical and health products are vulnerable to infringement.

To develop medical and health products, firms must invest a lot of energy in research, development, and innovation. Given the progress of modern analytical technology, if a novel drug or healthcare product goes on the market without the protection of intellectual-property rights (in particular, patent rights), it is very easy for competitors to analyze the active ingredients of a drug or the structure of a medical device or healthcare product through reverse engineering—and then copy it. Medical and healthcare achievements include a class of new pharmaceutical uses of known compounds; these include compounds that are known and can be bought in the market and those for which the production process is completely known—only the pharmaceutical uses are different. After a new drug goes on the market, competitors can issue their own versions, simply by specifying the use and indication on the package. Of course, the actual product cannot go on the market until it has been approved by the CFDA. Therefore, without intellectual-property rights, especially patent rights, drug-research and development achievements are vulnerable to infringement.

9.2.2 Common intellectual property disputes in the field of medicine and healthcare

The field of medicine and healthcare is rife with intellectual-property disputes. Disputes over the confirmation of intellectual property rights and contracts are common in technology research and development; such disputes include patent-invalidation, patent-ownership, invention-rights, technology-development-contract, and license-contract disputes. During industry operations and competition, there are often infringement and monopoly disputes, involving patent infringement, trade-secret infringement, unfair-competition disputes, trademark-infringement disputes, and monopoly agreements related to the antimonopoly law, in addition to market-dominance abuse and disputes over business-operator concentration.

1. Disputes related to research and development activities

(1) Patent-invalidation disputes

Intellectual property rights are pursued intensively in the medicine and healthcare industry. Pharmaceutical research and development institutions and business entities must protect their intellectual property rights through patents. In this technological field, intellectual-property disputes are on the rise. The main reason for this is that once a patent is granted, the patentee is given an exclusive right to use the technology. Competitors often use the patent administrative-confirmation process to challenge or limit the scope of the patentee's exclusive rights. The full contents of the specification should therefore be considered to determine whether a technical scheme protected by claims is supported by the specification. If a person with ordinary technical skills can obtain or summarize the technical solution in the claim from the specification disclosure—deriving a technical solution that can solve a technical problem and achieve the expected technical effect—then the technical solution is supported by the specification.

In the field of medicine, typical cases involving patent-invalidation disputes include an administrative dispute over invention patent rights between Takeda Pharmaceutical Industry Co., Ltd. and the Patent Reexamination Board of the State Intellectual Property Office, Sichuan Haisike Pharmaceutical Co., Ltd. and Chongqing Pharmaceutical Industry Research Institute Co., Ltd. Another case involves the Patent Reexamination Board of the State Intellectual Property Office and Jiangsu Xiansheng Pharmaceutical Research Co., Ltd., Nanjing Xiansheng Pharmaceutical Research Co., Ltd. and a third party, Li Ping, in an administrative dispute over invalid patents. In addition, Beijing Shuanghe Pharmaceutical Co., Ltd. and Xiangbei Willman Pharmaceutical Co., Ltd. have been involved in an administrative dispute over the invalidation of an invention patent right by the Patent Reexamination Board of the State Intellectual Property Office.

(2) Disputes over the ownership of patents and patent applications

Disputes about the ownership of patents and patent applications are more common in the following situations: (a) When disputes arise between enterprises and individuals over the ownership of patents or patent application rights due to unclear agreements on the ownership of research and development achievements. For example, Wang Zenglu and Xi 'an Hengtai Materia Medica Technology Co., Ltd. and Shaanxi Jiuzhou Biotechnology Co., Ltd. were involved in a dispute over patent ownership, while Liu Jinshan and Shi Lei, in the Ningbo Chengnian Pharmaceutical Co., Ltd. invention-authorship and patent-ownership dispute case. (b) When employee job-hopping causes disputes between former and current employers. Examples include the patent-right ownership disputes between Anrui Medical Devices (Hangzhou) Co., Ltd. and Shi Baiming and Hangzhou Anjiesi Medical Technology Co., Ltd., Jiaxing Western European Biological Products Co., Ltd. and Jiaxing Shuford Biological Technology Co., Ltd. and other similar appeal cases. (c) Disputes also arise between institutions that cooperate on research and development; examples include a retrial of the dispute over the ownership of patent-application rights between Guangxi Nanning Lingxian Pharmaceutical Co., Ltd. and Guangxi Changhong Pharmaceutical Co., Ltd.

(3) Right-of-invention disputes

In a broad sense, the right of invention refers to the inventor's material and spiritual rights (as a natural person) in relation to his or her invention. In the narrow sense, the right of invention refers to the personal and material rights enjoyed by inventors in relation to inventions beyond those for which they have applied for patents, in accordance with *the Civil Code and the National Regulations on Science and Technology Awards*. The right of invention also includes the inventor's right of authorship and right to a bonus or remuneration when applying for a patent, in accordance with Patent Law. Here, the concept of right of invention is adopted in a broad sense. This type of dispute typically occurs between the enterprise and employees engaged in research and development work. Enterprises must respect inventors' right of invention, as stipulated by law.

(4) Technical-contract disputes

The pharmaceutical industry engages in numerous technological research-and-development activities, including joint research and development, commissioned research and development, and the transfer and licensing of technological achievements. Disputes arising from contracts entered into during such operations are therefore increasingly common. Examples include a retrial case in the dispute between Guangxi Nanning Lingxian Pharmaceutical Co., Ltd. and Guangxi Changhong Pharmaceutical Co., Ltd. over the ownership of the patent application right introduced above. Essentially, this case is a dispute arising from a technical-cooperation and development contract between the two parties. Other disputes over technology contracts in judicial practice include the retrial of a technology-transfer contract between Beijing Furui Kangzheng Pharmaceutical Technology Research Institute and Jichuan Pharmaceutical Group Co., Ltd..

2. Disputes related to medical device products, pharmaceutical ingredients, substances, and biological materials

Patent-infringement disputes are a common form of litigation in the pharmaceutical industry. In China, although certain patent problems do not have to be resolved through lawsuits, as stipulated under US law, patent-infringement lawsuits remain an important way for patent pharmaceutical companies to maintain their market positions.

In practice, it is not uncommon for pharmaceutical companies to successfully safeguard their market positions through patent lawsuits, as in the case of the patent-infringement dispute between Yixikanen Surgical Company and Changzhou Zhiye Medical Instrument Research Institute Co., Ltd., Beijing Huoren Medical Instrument Co., Ltd., and Zien Kangrui (Beijing) Pharmaceutical Technology Development Co., Ltd.

3. Disputes related to preparation methods, technological processes, new uses, and other technologies

In the field of medicine and healthcare, technical disputes involving preparation methods, technological processes, or new uses are typically divided into two categories: patent-infringement disputes based on patent rights and trade-secret disputes.

In addition to patent protection, many technologies associated with pharmaceuticals and pharmaceutical processes are protected as trade secrets. Therefore, trade-secret infringement disputes are common in medicine and healthcare. Trade-secret infringements occur when employees move from job to job, as in the case of the Lilly Company of the

United States and the Lilly (China) Research and Development Co., Ltd. v. Huang Mou in a dispute over the infringement of trade secrets. A Shanghai Intermediate People's Court ruled that Huang was prohibited from disclosing, using, or allowing others to use the contents of 21 documents claimed by Eli Lilly and Eli China as trade-secret protection.

4. Disputes related to sales and product circulation

(1) Trademark and unfair-competition infringement

Trademark and unfair-competition disputes are common in the field of pharmaceutical products and medical devices. Examples include Pfizer Products Co., Ltd. and Pfizer Pharmaceuticals Co., Ltd. v. Beijing Jiankang Xingainian Pharmaceutical Co., Ltd., Jiangsu Lianhuan Pharmaceutical Co., Ltd. and Guangzhou Willman Pharmaceutical Co., Ltd. for an infringement of their right to exclusive use of the blue diamond-shaped three-dimensional trademark on "Viagra" products. As medicine is a special commodity, it is prone to administrative violations and even criminal acts, such as selling fake medicines, in addition to trademark infringement.

(2) Anti-monopoly disputes

In recent years, China's pharmaceutical industry has witnessed many monopolistic behaviors, especially in the pharmaceutical raw-materials industry. According to incomplete statistics, China's anti-monopoly law-enforcement agencies investigated over 100 monopoly cases in the pharmaceutical industry between 2019 and 2021. The 35th meeting of the 13th National People's Congress Standing Committee (NPCSC) passed a decision to amend *the Anti-monopoly Law*, which will come into force on August 1, 2022. This was the first amendment to *the Anti-monopoly Law* since its implementation in 2008. The new *anti-monopoly law* clarifies the basic position of competition policy and the legal position of the fair-competition review system, while striving to create a fair-market competition environment. The new law stipulates that the state should strengthen the basic competition-policy position, while at the same time establishing and perfecting a fair-competition review system. The administrative organs and organizations authorized by laws and regulations to manage public affairs must conduct fair-competition examinations when regulating the economic activities of market entities. This is of great significance in the establishment of a unified, open, and competitive national market.

(3) Prohibited acts related to intellectual property rights

The prohibited acts mentioned in this book violate relevant laws, regulations, and policies. If an enterprise is involved in the following acts, it must fully evaluate the possible legal consequences of such acts, based on relevant laws, regulations, and policies (list only key cases).

(a) Patent-related acts

(i) Patent counterfeiting

A. Patent counterfeiting includes labeling products or their unpatented packaging with a patent mark, continuing to label products or their packaging with a patent mark after the patent right is terminated or declared invalid, or labeling products or their packaging with another individual's patent number without permission;

B. Selling the products referred to in item A;

C. Referring to any technology or design that has not been granted a patent right as a "patented technology" or "patented design" in the product specification or other materials; calling a patent application a patent or using another individual's patent number without permission, thus causing members of the public to mistake the technology or design for a patented technology or design;

D. Forging or altering patent certificates, documents, or application documents;

E. Other acts that confuse the public and misrepresent a technology or design for which no patent right has been granted as a patented technology or design.

(ii) Infringing patent rights

After a patent right is granted for an invention or utility model, no entity or individual may, without the permission of the patentee, exploit the patent; i. e. no one may manufacture, use, promise to sell, sell, or import patented products, use the patented process, or use, promise to sell, sell, or import products directly obtained in accordance with the patented process for the purpose of production or operation, unless stipulated in patent law.

After a patent right is granted for a design, no entity or individual may exploit the patent without the permission of the patentee, i. e. no one may manufacture, promise to sell, sell, or import products made using the patented design for the purpose of production or operation.

(iii) Abuse of patent rights

The principle of good faith must be followed when applying for and exercising patents. No abuse of patent rights may harm the public interest or the lawful rights and interests of others.

The following constitute abnormal patent-application behavior not for the purpose of protection:

A. Multiple patent applications with obviously identical content submitted by the same unit or individual;

B. Multiple patent applications submitted by the same unit or individual that obviously plagiarize existing technologies or designs;

C. Multiple patent applications submitted by the same unit or individual to simply replace or piece together various materials, components, or proportions;

D. Multiple patent applications submitted by the same unit or individual that include clearly fabricated experimental data or technical effects;

E. Multiple patent applications submitted by the same unit or individual that randomly generate the shapes, patterns, or colors of products using computer technology, or by other means.

(b) Trademark-related behavior

(i) Cases in which an application is made for the malicious registration of a trademark that is not intended for use (Preemptive registration of trademark)

A. Maliciously appropriating signs that are the same or similar to those used to represent important party meetings, theories, scientific judgments, or political discussions;

B. Malicious preemptive registration of signs that are the same as or similar to those of national strategies, national policies, major scientific and other projects, important events and exhibitions, or major archaeological or other discoveries with high visibility;

C. The malicious preemptive registration of major public-health events or major sensitive events and emergencies;

D. Maliciously appropriating the names of political, economic, cultural, ethnic, religious, or other public figures with high visibility;

E. Submitting a large number of trademark-registration applications that obviously exceed the requirements of normal business activities, with no real intention of using them;

F. Copying or imitating a large number of trademarks or other commercial marks that are popular or significant from multiple subjects;

G. Cases in which a large number of applications for registration are the same or similar marks as public cultural resources, administrative division names, common names of goods or services, or industry terms;

H. Cases in which a large number of trademarks are transferred to scattered transferees, disturbing the order of trademark registration.

(ii) Signs that cannot be used as trademarks

The following marks must not be used as trademarks:

A. Marks that are identical or similar to the national name, flag, emblem, or anthem, or to military flags, insignia, songs, or medals of the People's Republic of China (PRC), as well as marks that are identical to a name or logo of the central state organ, the name of the specific place where it is located, or the name or graphics associated with a landmark building of the central state organ;

B. Marks that are identical or similar to a foreign country's name, national flag, national emblem, or military flag, except with the consent of the government of that country;

C. Marks that are identical or similar to the name, flag, or emblem of an international intergovernmental organization, except they are used with the consent of the organization or are not likely to mislead the public;

D. Marks that are identical or similar to the official mark or inspection mark indicating the implementation of control and assurance, except as authorized;

E. Marks that are identical or similar to the names and symbols of the "Red Cross" and "Red Crescent;"

F. Marks that are ethnically discriminatory;

G. Marks that are deceptive and likely to mislead the public about the quality and other characteristics or the place of origin of a commodity;

H. Marks that are harmful to socialist morality or general morals or likely to have other adverse effects;

(iii) Marks that infringe upon the exclusive right to use a registered trademark

A. Using the same trademark as a registered trademark on the same commodity without the permission of the trademark registrant;

B. Using a trademark that resembles a registered trademark on the same commodity or using a trademark that is identical or similar to the registered trademark on a similar commodity without the permission of the trademark registrant, a situation that is likely to cause confusion;

C. Selling goods that infringe upon the exclusive right to use a registered trademark;

D. Forging or illegally manufacturing another individual's registered trademark or selling a forged or illegally manufactured registered trademark;

E. Changing a registered trademark without the consent of the trademark registrant and putting a commodity back on the market with the altered trademark;

F. Intentionally making it convenient or easy to infringe upon an individual's exclusive right to use a trademark or helping another person commit such an infringement of the exclusive right to use a trademark.

(iv) Well-known trademarks must not be used for advertising

Production and business operators must not use the words "well-known trademark" on commodities, commodity packaging, or containers, or in advertising, exhibitions, or other commercial activities.

(c) Infringement of copyright and copyright-related rights

(i) Infringement of copyright

A. Publishing work without the permission of the copyright owner;

B. Publishing a work created in collaboration with another person as a work created by oneself alone without the permission of the co-author;

C. Signing the works of others (without having participated in their creation) in order to seek personal fame and fortune;

D. Distorting or altering the works of others;

E. Plagiarizing another individual's work;

F. Using a work in an exhibition or audio-visual production, or adapting, translating, annotating, or otherwise using it without the permission of the copyright owner, unless otherwise provided for in this law;

G. Using the work of another person for which remuneration should be paid without paying this remuneration;

H. Leasing out an original or duplicated audio-visual work, piece of computer software or audio-visual product without the permission of the copyright owner, performer or producer, unless otherwise provided for in this law;

I. Using the layout design of a published book or periodical without the permission of the publisher;

J. Transmitting a performance live or in public or recording a performance without the permission of the performer;

K. Reproducing, distributing, performing, showing, broadcasting, assembling, or disseminating works to the public through information networks without the permission of the copyright owner, unless otherwise provided for in this law;

L. Publishing a book for which others have exclusive right of publication;

M. Reproducing or distributing a sound or video recording of a performance, without the permission of the performer, or disseminating the performance to the public through an information network, unless otherwise provided for in this law;

N. Reproducing, distributing, or disseminating to the public audio or video recordings made by a producer of audio or video recordings through an information network without the producer's permission, unless otherwise provided for in this law;

O. Broadcasting, reproducing, or disseminating radio or television programs to the public through information networks without permission, unless otherwise provided for in this law;

P. Intentionally avoiding or damaging technical measures, without the permission of the copyright owner or copyright-related obligee; intentionally manufacturing, importing, or providing devices or components that are mainly used to avoid or damage technical measures for others; or intentionally providing technical services that enable others to avoid or damage the technical measures, unless otherwise provided for by laws or administrative regulations;

Q. Those who intentionally delete or change a work, layout design, performance, audio-visual product, or rights-management information on radio or television without the permission of the copyright owner or copyright-related rights owner, and those who know (or should know) that the work, layout design, performance, audio-visual products or rights-management information have been deleted or changed on radio or television without permission but have nevertheless been offered to the public, unless otherwise provided for by laws or administrative regulations;

R. Making or selling a work that bears the name of another person;

S. Publishers, performers, and producers of audio and video recordings and radio and television stations that use the works of others, in accordance with the relevant provisions of this law, must not infringe upon an author's rights of authorship, alteration, or protection of the integrity of a work or rights to remuneration.

(ii) The infringement of computer-software copyright

A. Publishing or registering software without the permission of the software copyright owner;

B. Publishing or registering software created by others as one's own software;

C. Publishing or registering software developed in cooperation with others as software completed by oneself, without the partner's permission;

D. Signing another individual's software or changing the signature on another individual's software;

E. Modifying or translating software without the permission of the software copyright owner;

F. Reproducing or partially reproducing a copyright owner's software;

G. Distributing, leasing, or disseminating a copyright owner's software to the public through an information network;

H. Intentionally avoiding or damaging technical measures adopted by the copyright owner to protect the software copyright;

I. Intentionally deleting or changing electronic information associated with software rights management;

J. Transferring to others or licensing others to exercise the copyright owner's software copyright.

(d) Violations of trade secrets include the following:

(i) Obtaining the business secrets of the obligee through theft, bribery, fraud, coercion, electronic intrusion, or other improper means;

(ii) Disclosing, using, or allowing others to use the obligee's trade secrets, obtained by the means mentioned in the preceding paragraph;

(iii) Disclosing, using, or allowing others to use the trade secrets in their possession in violation of confidentiality obligations or the obligee's trade-secret requirements;

(iv) Instigating, inducing, or assisting others to obtain, disclose, use, or permit others to use the obligee's business secrets, in violation of confidentiality obligations or the obligee's stated requirements for protecting business secrets.

9.3 Systematic Governance-compliance Solutions

For an enterprise, establishing a perfect compliance-management system and taking corresponding compliance measures in advance is an important way for the enterprise to prove that has a faultless process. With the implementation of the national intellectual-property strategy, intellectual-property compliance has become an important part of corporate-compliance management. To ensure compliance with the intellectual-property rights of healthcare enterprises, we propose the following governance solutions to ensure systematic compliance.

9.3.1 The Main Principles of Compliance with Intellectual Property Rights

An enterprise's intellectual-property compliance system should be constructed to adhere to the principles of independence, effectiveness, comprehensiveness, dynamism, and accessibility:

1. The principle of independence: compliance-function operations must be free from any undue interference or pressure. The compliance-function department must objectively evaluate and handle the behaviors of the enterprise and its employees, in strict accordance with laws and relevant regulations. The personnel responsible for compliance management must perform their duties independently, with no interference from other departments and personnel.

2. The principle of effectiveness: the compliance-management system should be effectively embedded in specific business-operation links, coordinated with legal risk prevention, audit and supervision, internal controls, and risk management. It should also establish a compliance-responsibility system for all staff, clarify the compliance responsibilities of management personnel and staff at all levels, supervise their effective implementation, and ensure closed-loop compliance management.

3. The principle of comprehensiveness: the key basic areas managed to ensure the compliance of corporate intellectual property include patents, trade secrets, trademarks, and copyrights. Compliance work must cover all aspects of business, including research and development, production, sales, external cooperation, investment promotion, bidding and procurement. In addition, it must run through the whole process of decision-making, implementation, and supervision, ensuring that all businesses, departments, and personnel associated with intellectual-property rights are included in the compliance-work system.

4. The dynamic principle: compliance work should be adapted to the business scope, organizational structure, and business scale of the enterprise. Compliance work should be adjusted and improved in a timely manner, based on changes in the internal and external environment of the enterprise. Compliance-risk problems that impact the operation and management of an enterprise should receive timely feedback, correction, and improvement.

5. The verification principle: compliance work should be based on clear process specifications to ensure that the compliance management of an enterprise is traceable and verifiable.

9.3.2 Intellectual property compliance structure and responsibilities

An enterprise may reasonably select and set up an intellectual property compliance department or compliance personnel, in accordance with the nature of its industry and the scale of its business; this department must organize, coordinate, and supervise compliance management, assume direct responsibility for various types of compliance management work, and simultaneously provide compliance management support to other departments, while ensuring the ability to veto initiatives that involve significant compliance risks. Its specific duties primarily include the following:

1. To study and draft a compliance-management plan, formulate a compliance-management system, and formulate a compliance management strategic plan and an annual compliance management report.

2. To pay attention to changes in the laws, regulations, and other rules, and to organize a compliance-risk identification and early-warning process.

3. To participate in major corporate decisions, propose compliance suggestions and opinions, and participate in compliance reviews and risk responses on major corporate issues.

4. To participate in implementing the business department's compliance due diligence and periodic evaluation of key business partners.

5. To guide all departments in their compliance work, provide compliance consultations, and organize compliance certification.

6. To organize compliance inspections and assessments, carry out compliance assessments of systems and processes, and supervise violation rectification and continuous improvement.

7. To promote the integration of compliance responsibilities into job responsibilities and staff-performance management.

8. To establish compliance performance-assessment indicators to monitor and measure compliance performance.

9. To establish a compliance-reporting management system, accept reports within the scope of compliance-management responsibilities, organize or participate in the investigation of reported incidents, and put forward suggestions for handling such incidents.

10. To organize or assist business and human-resources departments in carrying out compliance training.

11. To support other compliance-management responsibilities within the compliance function.

9.3.3 Establishing a compliance monitoring and reporting system

Enterprises should establish and refine a standardized management and decision-making process for intellectual property affairs. They should require a compliance review of intellectual property, as a necessary procedure for formulating rules and regulations, making decisions on major issues, signing important contracts, operating major projects and other management activities, and proposing ways of modifying non-compliant content in a timely manner, ensuring that no such content is implemented without a compliance review.

The enterprise must regularly monitor the intellectual property rights compliance system; this compliance monitoring must be implemented by compliance management department personal, who will prepare a compliance-monitoring report. The main monitoring content will comprise an evaluation of the intellectual property compliance system's operational effectiveness and the organization's intellectual property compliance performance, ensuring that the intellectual property compliance objectives are achieved.

Enterprises encourage relevant personnel to report potential or actual violations of intellectual-property compliance policies or compliance obligations. They should broaden their sources of feedback on compliance performance, set up reporting mechanisms, support the use of hotlines, situation feedback, and suggestion boxes by relevant personnel, and set up third-party complaint-handling systems for suppliers and contractors; the focus is to collect feedback on corporate non-compliance and compliance queries and evaluations of compliance effectiveness and performance.

9.3.4 Enterprise confidentiality management system

The enterprise must establish a confidentiality management system, clarify the personnel involved, set confidentiality registration and access authority, and standardize the personnel, purpose, method and circulation of equipment that can easily cause the loss of enterprise intellectual-property secrets. It must define the scope of classified information; specify the level and duration of confidentiality and the requirements for transmission, preservation and destruction; define classified areas and specify the scope of customer and visitor activities.

The enterprise must establish a document-based information management system to enable the important process of recording, marking, storing, protecting, retrieving, preserving, and disposing the relevant intellectual-property rights developed by the business management. In addition, it should manage external documents effectively; these include administrative decisions, judicial judgments and lawyers' letters—ensuring the accuracy of their sources and acquisition time. External and record documents must be complete, with clearly defined storage methods and periods. The document-management system must accommodate electronic documents, as well as paper documents.

9.3.5 Construction of a corporate intellectual property compliance culture

The enterprise must establish a hierarchical compliance-training system for technical personnel, intellectual-property management personnel, and all staff. An intellectual property culture should be constructed by strengthening awareness of intellectual-property protection and values, creating an atmosphere that promotes innovation and respects intellectual property, and highlighting intellectual property publicity and education. An incentive mechanism conducive to mobilizing employee enthusiasm for intellectual-property work should be constructed by combining an intellectual property management system with staff talent and establishing an enterprise image that respects and protects intellectual property.

9.3.6 The construction of a process for complying with intellectual property rights within enterprise operations

Enterprises should focus on managing intellectual-property rights in the production and operation links, clarifying management measures and working procedures for issues related to various intellectual property rights relevant to the following links: raw materials and equipment procurement (including software), technology and product development, technology transfer (licensing) and cooperation, entrusted processing, product sales, advertising and exhibition, bidding, import and export trade, joint ventures and mergers and acquisitions, and listings.

The first issue involves intellectual-property management in enterprise procurement activities. The enterprise must collect relevant intellectual-property information, asking its suppliers to provide ownership certificates when necessary. It should manage and keep confidential the supplier's information, purchase channels, purchase strategies, and other information. In the procurement contract, the ownership of intellectual property rights, the scope of permissible use, and the liability for infringement should be clearly defined.

The second issue involves the management of intellectual-property rights in enterprise production activities. Enterprises should focus on discovering innovative achievements with intellectual-property value, and take corresponding intellectual property protection measures in a timely manner. A confidentiality system should be established to manage operation procedures, including various statements and inspection and testing records that are not suitable for public disclosure during the production process; appropriate confidentiality measures should also be adopted. When processing businesses, such as entrusted processing, processing with supplied materials, and OEM are contracted, enterprises should focus on avoiding intellectual property risks in the foreign-processing business, while clarifying the intellectual property rights, obligations, and confidentiality responsibilities of both parties.

The third issue involves intellectual property management in enterprise research and development activities. A system should be established to track, retrieve, analyze, and monitor the intellectual property rights associated with research and development activities. Enterprises must clarify the management of intellectual property ownership associated with research and development achievements; strengthen research and development archives and confidentiality management, establish a system for managing the technological research-and-development archives and records, ensure that research and development activities are traceable, and strengthen organizational control of the discovery and quality of patents associated with research and development achievements.

The fourth issue involves the intellectual property management of enterprise-marketing activities. It is essential to investigate and analyze the intellectual property rights of similar products in the market where new products are to be launched, thus protecting them from accusations of intellectual property rights infringement. Registered trademarks, patent numbers and other indicators of intellectual-property rights must be used correctly, providing a necessary reminder to consumers and relevant market players. Enterprises must establish a product-sales market-monitoring mechanism to monitor the market situation of similar products through multiple channels. If an infringement is found, key information should be collected and notarized where necessary.

9.3.7 Self-assessment criteria for compliance levels

The effectiveness evaluation and review criteria for IP compliance management system effectiveness primarily include the following:

First, in terms of compliance culture: whether to publicize and promote the intellectual-property risk management requirements associated with each business-activity link to enterprise employees through communication methods including processes, systems, contracts, training and meetings. In this way, enterprises can embed the concept of intellectual property risk management and corporate compliance values in business activities, creating a corporate intellectual property compliance culture. Whether to establish an incentive mechanism to motivate employees and establish a corporate image that respects and protects intellectual property rights.

Second, the compliance objectives are as follows: whether all of the enterprise's intellectual-property business activities meet compliance objectives and requirements; whether the allocation of resources for achieving the corporate compliance objectives is perfect; whether there is a clear timetable and detailed process and whether the compliance objective process is regularly monitored, checked, recorded, assessed, updated, and adjusted in a timely manner.

The third issue involves sustainable-development capacity: whether an enterprise's system for managing compliance with intellectual property rights is adjusted in a timely manner, as the relevant intellectual property laws and regulations are adjusted to ensure that sustainable development capacity remains up-to-date and meets the compliance objectives of enterprise intellectual property rights, whether internal monitoring of the risks associated with intellectual property rights risks is carried out on a regular basis—and whether to timely put forward specific solutions to the compliance risks found, and actively implement the rectification.

The fourth issue involves violations and the way they are handled: whether the enterprise takes timely measures to control and correct violations whenever they are discovered and analyzes their causes. It also considers whether timely improvements are made and management loopholes are closed to prevent management problems associated with non-compliance events, including business processes, retraining staff, and strengthening early-warning mechanisms. It is also important that non-compliance incidents be reported both internally and externally, maintaining documented information.

10 | ESG and Corporate Governance

ESG today has been widely used in the global capital market to measure a company's sustainability and moral impact, and also become an important reference point for investment. As China moves towards the goal of "dual carbon" and the financial market evolves, developing the ESG concept, indicators and evaluation system with Chinese characteristics will play a positive role in enhancing China's international influence in sustainable development. The State-Owned Assets Supervision and Administration Commission of the State Council ("SASAC") issued in May this year *the Work Plan for Improving the Quality of Listed Central State-owned Enterprises* ("SOEs"), which underscores that listed central SOEs shall play a leading role in the capital market, implement a new development philosophy and make positive contributions to China's ESG development by exploring to establish and improve an ESG system and actively participating in the development of ESG information disclosure rules, ESG performance ratings and ESG investing guidelines with Chinese characteristics based on their practical situation. This year, SASAC also establishes the Social Responsibility Bureau to guide and push SOEs to fulfill their social responsibilities and actively practice ESG.

On May 28, 2022, at the "China ESG Forum 2022" hosted by the Capital University of Economics and Business and the China Enterprise Reform and Development Society, Yu Jiantuo, the Deputy Secretary General of the China Development Research Foundation ("CDRF"), noted that "from the three dimensions of environment, society and corporate governance, the importance of corporate governance is systematically underestimated in ESG. Companies shall contribute to the construction of modern national governance system and governance capacity through sound corporate governance in their ESG work." Chinese companies shall attach importance to their ESG construction and actively promote the sustainable development.

10.1 Corporate Governance Overview from the Perspective of ESG

10.1.1 The meaning and significance of "Governance" in ESG

ESG is an acronym for Environmental, Social, and Governance. It is not only a new evaluation system, important investment concepts and corporate action guidelines that have emerged in financial markets in recent years, but also a concrete projection of the concept of sustainable development to the financial market and micro-enterprise levels. The corporate governance ("G") responsibility in ESG means that a company should improve the modern enterprise system, reasonably assign the powers of shareholders, board of directors and the management based on the fiduciary responsibility, and develop a scientific management system from development strategy to concrete actions. As a useful supplement to traditional corporate governance structure, the corporate governance structure in ESG elevates ESG matters to an important position in corporate governance to coordinate the interests of stakeholders and improve a company's overall governance.

Under the background of the outbreak of financial crisis in southeast Asia in the late

20th century and frequent financial fraud scandals of listed companies in developed companies, corporate governance began to gain the attention of investors and was incorporated into the investment decision-making process as a new indicator, and the fundamental framework of ESG concept was taking form. In 2006, *the Principles for Responsible Investment of the United Nations ("UN PRI")* was established under the promotion of the United Nations. It integrates the three pillars of environment, social responsibility and corporate governance, playing a key role in the concept development and field determination of ESG. Since then, investment institutions and international organizations have constantly supplemented, improved and deepened the concept of ESG, making it gradually develop into a relatively complete ESG system.

US Nasdaq Stock Exchange issued ESG Reporting Guide 1.0 and ESG Reporting Guide 2.0 in 2017 and 2019, respectively, aiming to provide guidance on ESG information disclosure of listed companies and inspire the ESG engagement of small and medium-sized firms; the European Union has implemented mandatory disclosure of ESG on a "comply or explain" basis; the China Securities Regulatory Commission ("CSRC") revised *the Code of Corporate Governance for Listed Companies* to clearly and directly require listed companies to "disclose environmental information and social responsibility performance such as poverty alleviation participation" and "corporate governance related information." From a macro perspective, the ESG concept is consistent with China's five concepts for development which are innovation, coordination, green, openness, and sharing. In a complete ESG chain, the government and regulatory authorities promote the improvement of policies and the guidance of paths of ESG, and financial institutions and investors attach importance to ESG investing to inspire companies to better conduct ESG activities that promote the transition of the entire economic society to high-quality development, finally achieving the virtuous circle of economy, society, and nature.

10.1.2 The relation and distinction between ESG and Corporate social responsibility (CSR)

Corporate social responsibility means that a company should also be accountable to its consumers, communities and environment while creating benefits and assuming legal responsibilities to its shareholders and employees. The World Business Council for Sustainable Development defines CSR as the "continuing commitment by business to behave ethically and contribute to economic development while improving the quality of life of the workforce and their families as well as of the local community and society at large".

CSR and ESG share the same core connotation, i. e., being accountable to employees, consumers, environment and communities and other stakeholders while creating value and making profits for shareholders. In 1980s, Freeman propounded the stakeholder theory, indicating that a company's success depends on its ability to manage stakeholders and defining stakeholders as any group or individual exercising influence over or influenced by the organization's objectives. Both CSR and ESG are based on the stakeholder theory to varying degrees; they guide companies to pay attention to people's value, environmental performance and social performance beyond economic interests.

ESG originally develops from CSR, but as time goes by, their differences have become increasingly apparent. In terms of their core concepts, CSR highlights the stakeholder perspective; it pays attention to a wide range of groups and is of clear moral and charitable essence. While ESG focuses on the relationship between a company's social performance and shareholder returns from the perspective of investors in the capital market; it not only pays attention to creating value for shareholders or stakeholders and ensuring the organization's sustainable development, but also cares the organization's impact on the environment and society and the impact of the environment and society on the organization.

With the prevalence of ESG concept, some people believe that ESG report will replace CSR report, but currently it can be found that the probability is quite small if we take a look at the content of these two types of reports, their emphasis, their subjects, and their voluntariness or the compulsoriness and other aspects. In terms of the target audience, CSR reports are aimed at a company's stakeholders, including governments, customers, employees, partners, suppliers, community residents and NGOs, while ESG reports are mainly intended for capital market participants, especially institutional investors; in terms of the content, CSR reports are quite flexible, and generally follow the GRI standards or CASS-CSR4.0, while ESG reports generally follow detailed writing guidelines. In addition, companies are generally encouraged to release CSR reports, and such reports are only mandatory for central enterprises and some local SOEs; while ESG reports currently are semi-mandatory and will gradually become mandatory. Both CSR reports and ESG reports have their merits, and they reflect a company's development status and prospects from different dimensions.

10.2 Corporate Governance in ESG Evaluation System

From the perspective of companies, the difference between ESG reports and traditional financial indicators lies in that ESG examines a company's development from such perspectives as risk management, improving fund-raising capacity, supply chain demands, enhancing reputation, reducing costs and increasing profit margins, encouraging innovation, retaining talents and social recognition. Under the background of the world's growing attention to sustainable development and the dual carbon goals of "carbon peak and carbon neutral", the ESG performance of companies has become a focus of governments, regulators and investors around the world, and more and more big international investors are favoring companies with a greater proportion of green income or achieving their goal of sustainable development. In view of this, there has been an obvious rise in the number of laws and regulations that require listed companies to disclose their ESG performance, and a relatively complete information disclosure and performance evaluation system has been gradually developed accordingly. China's ESG evaluation system starts late and currently is still under exploration.

10.2.1 International ESG evaluation system

ESG rating providers in the world mainly include international rating companies, environmental organizations and other nonprofit organizations. MSCI (Morgan Stanley Capital International Inc.) is a leading provider of global indices and relevant financial derivatives. The MSCI indices launched by it are widely referred to by investors and represent the investments that are most widely used by global portfolio managers. MSCI focuses on assessing a company's financial risks and the impact scope thereof under ESG issues, designed to measure the company's resilience to financial risks under ESG and other major issues in the medium and long-term. Under MSCI ESG Ratings Framework, the governance pillar is divided into corporate governance and corporate behavior, specifically including such nine secondary indicators as board diversity, executive compensation, ownership and control, accounting, business ethics, anti-competitive behaviors, tax transparency, corruption and instability and instability of financial system. With the development of China's capital market, Chinese A-shares were officially included in the MSCI Emerging Markets Index from June 2017 and gradually became a global player.

Morningstar Sustainalytics is a leading global provider of ESG ratings and corporate governance products and services. The rating offers clear insights into company-level ESG risk by measuring the size of an organization's unmanaged ESG risk. It is comprised of three central building blocks: corporate governance, MEIs, and idiosyncratic issues (black swans). The corporate governance mainly pays attention to the possible risks of poor management and there is no industry difference; the MEIs mainly focus on the potential risks of the business model and business environment of a company's industry, which are the core and key of ESG evaluation; the idiosyncratic issues mainly correspond to a company's black swans and do not address common problems caused by industry characteristics.

Currently, there are over 600 global ESG rating agencies, and other mainstream rating agencies include Dow Jones Sustainability Indices ("DJSI"), Thomson Reuters, FTSE Russell and Vigeo Eiris.

10.2.2 Domestic ESG evaluation system

China has not introduced any specific laws and regulations in relation to the ESG evaluation system, and there are diversified domestic ESG evaluation systems. These ESG evaluation systems mainly draw upon two sources: ESG information disclosure principles and guidelines released by regulatory authorities and exchanges, and rating agencies mainly covering consulting firms and universities.

The Stock Exchange of Hong Kong Limited ("SEHK") introduced *the Environmental, Social and Governance Reporting Guide* in 2012, providing that an issuer must publish an ESG report every year and disclose to stakeholders periodically its performance in sustainable development with the main focus on environmental and social performance. In December 2015, the SEHK revised the ESG Guide to elevate the information disclosure requirements for listed companies to "comply or explain". On December 18, 2019, the SEHK published conclusions to its consultation on the review of *the Environmental, Social and Governance Reporting Guide* and related rules in *the Rules Governing the Listing of Securities on the Stock Exchange of Hong Kong Limited* ("Listing Rules"). As the third edition of ESG Guide published by the SEHK since 2012, this edition mainly makes recommendations on such eight aspects as shortening the deadline for publication of ESG reports, paperless ESG reports, governance structure, reporting principles and scope, climate change, environmental KPIs and independent verification. The latest ESG Guide introduces the "mandatory disclosure" requirement into the ESG information disclosure requirements for Hong Kong stocks for the first time, marking that the SEHK is gradually moving from the stage of "comply or explain" to "mandatory disclosure". From the regulatory perspective, "mandatory disclosure" requires Hong Kong of China listed companies to further standardize their ESG reporting, and puts forward higher requirements for companies to raise ESG awareness, enhance ESG management and implement ESG information disclosure on a top-down basis. From the perspective of internal corporate governance, the latest ESG Guide makes it mandatory for the board to make commitments to ESG issues, and requires the board to issue statements disclosing its oversight of ESG issues, ESG management approach and strategy and how the board reviews progress against ESG-related goals and targets, with an explanation of how the goals and targets relate to the issuer's businesses. The board's intervention can facilitate the company's internal ESG integration and further improve the management of ESG risks, which is conducive to the long-term sustainable development of the company. The board's management of ESG issues can not only ensure that the company examines ESG risks and discusses relevant issues at a higher level, but also can ensure that sufficient resources are allocated to implement appropriate systems and practices, which is also of vital importance for the capital market to obtain more objective and authentic ESG information. In this revision, the SEHK raises higher requirements for corporate governance structure. Companies are objectively required to establish their internal ESG governance structure and have boards play a bigger role in ESG management so as to ensure the actual implementation and smooth progress of ESG work.

On January 18, 2021, the China Property Management Institution, the China Property Management Research Institution and the China Economic Information Service jointly released *the Research Report on ESG Sustainable Development of the Property Management Industry (2021)*, hereinafter referred to as the "Property Report"), which marks the first ESG report published in the name of industry association in China and is of milestone significance in the history of industry development. The report builds an ESG evaluation system of property management industry with Chinese characteristics based on current disclosure standards and research results, and emphasizes the construction responsibilities of the property management industry in grass-roots governance, party building, development of community spiritual civilization, elderly services and smart communities in accordance with the specific policy requirements made by the Ministry of Housing and Urban-rural Development and other departments for the property management industry while taking into consideration the three dimensions covering environmental protection, social responsibilities and corporate governance.

In terms of ESG rating agencies, RKS ESG Rating System is quite representative. In November 2022, RKS, the CBN Research Institute and Noah Holdings jointly prepared *the Analysis Report of ESG Ratings of China's A-Share Companies in 2022*, which analyses the ESG performance of listed companies with 1,267 A-Share companies that disclose ESG information as of May 31, 2022 as samples. The report is intended to provide reference for companies to improve their ESG performance, investors to evaluate ESG risks and regulators to improve the quality of ESG information disclosed. The ratings in the report follow the principle of "taking ESG risk management capacity as the core", under which each key environmental, social and governance issue will be quantified in accordance with the best management practices from such three management processes as management planning, management execution and management performance, so as to facilitate evaluation. In terms of corporate governance, the report proposes 4 key issues (board efficiency, executive compensation, ESG risk management and business ethics), 20 evaluation sub-items and 45 evaluation indicators. As an integral part of corporate governance structure, the board of directors is internally responsible for corporate affairs and externally for the business decision-making of a company. The efficiency of the board exerts decisive influence over a company's performance, business development capability and shareholders' interests. A diverse composition will facilitate the overall operational efficiency of boards, provide considerations from different dimensions for a company's business direction and sustainable development and further improve its internal control and management. RKS evaluates and weighs the corporate governance structure of 1,267 A-share listed companies studied in terms of the gender composition in their boards, the setting of independent directors in their auditing, remuneration and nominating committees and the roles and positioning of their chairmen and CEOs, etc. in the report.

Based on the long-term study of ESG factors, SynTao Green Finance ("STGF") launched the self-developed ESG rating system in 2015 and established the first ESG database for listed companies in China. According to STGF's ESG rating method, the practical issues at the corporate governance level are governance structure, business ethics and compliance management. Valuing the evaluation of negative events is a major feature of STGF's ESG evaluation system. In *the Analysis Report of ESG Ratings of A-Share Listed Companies in 2022* published by STGF, an analysis of 31,428 ESG risk events with A-share companies from July 1, 2012 to June 30, 2022 reveals that there are 10,724 corporate governance risk events, accounting for 34.12%, which is higher than that of environmental risks and social risks. Business ethics risks and compliance management risks are major risks in corporate governance.

10.2.3 The limitations of the development of ESG evaluation system in China

China's ESG evaluation system starts late, and most domestic ESG rating agencies draw upon the rating indicators of foreign agencies in corporate governance. Although China and major developed countries share some similarities in terms of corporate governance structure, the governance issues faced by them vary substantially due to different economic environment, political environment and development stages. Directly quoting and learning from foreign ESG indicators to measure the corporate governance level of Chinese companies do not suit China's reality and will undermine the authority and reference value of evaluation report results.

1. Different ESG evaluation methods and indicators, and lacking of an authoritative evaluation system

As a rating method, ESG involves many aspects of the environment, society and governance. Different types of evaluation agencies generally set different methods, indicators and weightings due to their differences over the understanding and cognition of ESG framework. For example, Thomson Reuters includes the management, shareholders and ownership, strategies to combat tax avoidance and evasion and other level-1 indicators in the corporate governance structure; Moody's corporate governance structure includes financial policies and risk management, management reliability (reputation evaluation records), organizational framework, compliance and reporting, board structure and policy and other level-1 indicators; some institutions include business ethics and information disclosure in the evaluation of corporate governance. Currently, regardless of domestic or foreign ESG ratings, they all have problems of great differences in evaluation results, which makes the market do not know what to do. Although China now has many ESG rating agencies, there is still a lack of authoritative and mainstream evaluation system.

2. Lacking of quantitative indicators, and the evaluation method of qualitative indicators is difficult to reflect the level of corporate governance

Currently both domestic and foreign ESG ratings evaluate corporate governance mainly through qualitative indicators. This evaluation method is suitable for developed countries with mature corporate governance. However, as corporate governance in China faces problems and situations that are relatively complicated, we shall add qualitative indicators aligned with China's national conditions while drawing upon international qualitative indicators. For example, for private enterprises, as the principal responsible person has significant influences over the company's development and operations, rating agencies can incorporate the personal credit profile of the principal into indicators; for SOEs, due to their particularity characterized by ownership by the whole people, their senior management including directors, supervisors and senior executives tends to be subordinate to state power, depriving the role of corporate governance structure in check and supervision. China's special economic and political environment makes the qualitative indicators of foreign rating agencies fail to fully measure the true performance of domestic companies. Therefore, indicators shall be redesigned based on our national conditions for our corporate governance. That is to say, only the combination of qualitative indicators and quantitative indicators can truly measure the corporate governance of Chinese companies and evaluate the effects of corporate governance.

3. China needs to establish a corporate governance evaluation system with Chinese characteristics as early as possible

As current international ESG standards do not conform to China's national conditions, it is a priority to develop ESG indicators with Chinese characteristics, such as adding sustainability issues with local Chinese characteristics like "ecological civilization", "rural revitalization", "common prosperity". According to the current rules on corporate governance in China, *the Company Law of the People's Republic of China* (the "Company Law") provides rules and regulations on corporate governance, covering a company's organizational structure, share issuance and transfer, board of directors, shareholders' meeting, board of supervisors, finance and accounting, etc. In September 2018, the China Securities Regulatory Commission issued the revised *Code of Corporate Governance for Listed Companies*, which further elaborates on original governance provisions thereof and will help companies to further supplement and improve their internal governance structure and improve their corporate governance level. Aside from the objective evaluation of governance mechanism, the principal responsible person and management team of a company have a far-reaching influence over the implementation of systems and development of the company, and are also very important for the assessment criteria of personnel.

The corporate governance practices in China badly need a set of perfect evaluation system and evaluation indicators that conform to China's national conditions to measure the balance, efficiency and transparency of corporate governance structure. For example, classifying companies by their ownership and adjusting the weighting of indicators and quantification methods for different classes based on the characteristics of ownership; evaluating and optimizing the management of companies to judge whether they can enhance the value of companies through effective governance and select management teams that are highly stable, enthusiastic about what they do and highly competent; under the basic logic of taking measuring effectiveness as the core goal, improving quantification methods for each indicator of the corporate governance system and taking into full account the company scale, the effective incentive ratio and other factors.

10.3 Typical Cases and Their Interpretation

10.3.1 Positive case

Haier Smart Home, as a pioneer in the home appliance industry and a practitioner of building international brands, approached the ESG concept in the global market and integrated such concept into its internal governance mechanism at an earlier time, which makes it a pioneer in China's ESG practices. In 2021, Haier Smart Home officially joined United Nations Global Compact ("UNGC"), the largest and most influential UN organization in the field of sustainable development intended to encourage businesses and firms to adopt sustainable and socially responsible policies. In the same year, Haier Smart Home established the ESG Committee and the ESG Executive Office.

In terms of corporate governance, Haier Smart Home always adheres to "human values first", and creates a diverse, equal, harmonious and developing working environment through the "Rendanheyi Model". At GEA, employees voluntarily organize the "affinity networks" to help employees with different backgrounds to achieve better communication and integration, and any employee can join the networks as a member or ally. The "affinity networks" not only provides a safe space for employees to share their interests, skills and experience, but also offers them an opportunity to participate in key business initiatives. In 2021, GEA completed the unconscious bias training for all leaders, and increased the share of women and colored people in leadership roles to 31% and 23% respectively. In addition, Haier Smart Home first launched the "A+H" global employee stock ownership plan, H-share restricted share unit plan and A-share incentive plan in 2021, and included overseas employees in these plans for the first time to motivate and stabilize the core talents of the company and attract more new talents.

The advanced ESG concepts not only help Haier Smart Home win the honor of 2022 Top Ten Companies with Best Corporate Governance at the "Cailian Press Forum on the Governance of Listed Companies and Annual Governance Awards Ceremony" in July 2022, but also enable the company to secure AAA rating in the ESG ratings for A-share Listed Companies released by the China Securities Index, which makes Haier Smart Home not only a company with the highest rating in the same industry but also the only AAA company among its peers in China.

10.3.2 Negative case

Luckin Coffee (hereinafter referred to as "Luckin"), founded by Qian Zhiya, the former COO of UCAR, started opening its first shops in January 2018. From the very beginning, Luckin looked to benchmark itself against and vowed to surpass Starbucks. If we check the official website of Starbucks, it would be easy to find its concerns about the environment and society related to coffee, including improving the energy efficiency of stores, developing reusable packaging materials, strengthening the protection of water resources in coffee farming, optimizing the technical training for small coffee farmers and improving living conditions of coffee farmers. In contrast, Luckin, though known for rapid outlet expansion, new business model, generous subsidy, good marketing, neither mentions any word about major issues related to the company's business such as coffee production, environmental sustainability and social influence, nor discloses the corresponding organizational strategies and management methods.

On February 1, 2020, Muddy Waters Research published an 89-page report alleging that Luckin, a NASDAQ-listed Chinese company, was fabricating its financial and operating numbers, and claiming that "the number of items per store per day was inflated by at least 69% in 2019's third quarter and 88% in Q4". On April 2, Luckin admitted that it had fabricated 2.2 billion yuan of sales and then Luckin stock plummeted 80% with trading halted several times during trading sessions. On April 3, the CSRC issued a statement to strongly condemn financial misconduct by Luckin Coffee and said that it would investigate the issue in strict accordance with relevant arrangements on international securities regulatory cooperation, resolutely crack down on securities fraud activities and effectively protect the rights and interests of investors. On April 5, Luckin issued an apology statement, saying that the executives and employees involved had been suspended for investigation and its board of directors had entrusted a special committee composed of independent directors and an independent third-party organization appointed by the committee to conduct a comprehensive and thorough investigation.

In the apology statement, Luckin blamed several executives and employees for the financial misconduct, which reflects that the powers of the senior management of the company are not effectively checked and the internal controls are greatly out of balance. A lot of studies show that financial fraud is closely related to corporate governance. In response to financial fraud, Chapter 5 (Internal Control) of the Self-Regulatory Supervision Guidelines for Companies Listed on the Shenzhen Stock Exchange No. 1 - Standardized Operation of Companies Listed on the Main Board strengthens the functions of the audit committee, defines the scope of their functions and powers and the workflow of the audit committee and internal audit departments, and stipulates that the internal audit departments shall be accountable to the board of directors or the audit committee. Greater responsibilities are imposed on the directors, supervisors and senior management through the establishment of internal supervision mechanism in a company, and the individuals will be investigated for legal and civil liabilities in case of failure to fulfill their reporting obligations to the regulatory authorities.

The Luckin incident once again proves the value and significance of ESG investing. The potential long-term non-financial risks of some listed companies once exposed will result in a plunge in their share price, causing significant losses and negative impact to investors and even the social development at large. ESG investing highlights that in investment decision-making, not only financial returns should be considered, but also environmental, social, corporate governance and other factors should be taken into full account to strike a balance between investment returns and social impact. Our reflections on the Luckin incident tell us that we should abandon "model innovation" and "dream marketing" that go against business ethics, put more emphasis on business ecosystem and stakeholders, reshape the values of new business civilization to back to business common sense and fundamental operation rules, thereby jointly working to create a sustainable business ecological civilization.

10.4 Systematic Solutions

In his report to the 19th CPC National Congress, Xi Jinping, general secretary of the Communist Party of China (CPC) Central Committee, stressed the efforts to enhance the role of finance in serving real economy and promote the sound development of multi-tiered capital market. As corporate governance is an integral part of modern enterprise system construction, improving the corporate governance of listed companies represents one of the effective ways to promote the sound development of capital market and further enhance the role of capital market in serving real economy. From the perspective of economics, corporate governance arises as a result of the separation of business ownership and management. It is a mechanism by which owners exercise supervision and check over managers designed to maximize shareholders' interests and prevent managers from acting in a way that departs from the interests of owners. From the perspective of laws, corporate governance determines a company's development goal, internal structure, risk control and income distribution of members. How to deal with the relationship between power distribution and power exercise in a modern company, restrain and supervise the management and ensure shareholders' control of the company has become a big concern.

China's corporate governance structure has drawn upon international developments to a large extent. However, as the basic national conditions and the development level of capitalism market in China vary, there must be many differences in corporate governance. Article 5 of the Company Law of the People's Republic of China (2018 Revision) provides that "when conducting business operations, a company shall comply with the laws and administrative regulations, social morality, and business morality. It shall act in good faith, accept the supervision of the government and general public, and bear social responsibilities." This provision requires a company to be socially responsible and develop a people-oriented sustainable development philosophy while pursing profits, which is considered as a clause that declares a company's social responsibilities. The following aspects can be taken into account for the setup of corporate governance system.

10.4.1 Diverse board

The trend of global corporate governance lies in the diversity in the gender and ethnicity of boards. Increasing the number of female directors in company governance structure will boost company performance.

10.4.2 Participation in corporate governance by party organizations

It is a distinguishing feature of China's SOEs to embed party organizations into corporate governance, the main ways of which in companies are the leadership system of "two-way entry and cross- appointments" and pre-discussion, etc. In terms of the external environment, as SOEs assume policy burdens, social responsibilities undertaken by party organizations and the pressure of public attention will push a company to be more self-disciplined, to step up efforts to coordinate the relationship between the company and the public, to safeguard interests of all stakeholders and deliver a positive company image to the market; in terms of senior executives within a company, due to the establishment of promotion system within the party, senior executives will be more prudent in company decision-making and governance to avoid moral pressure and disciplinary risks, and the embedding of party organizations will facilitate better supervision and restraint of executives' behaviors. Compared with SOEs, private companies differ in the ways of embedding party organizations and the participation level of such organizations. Party organizations are not mandatory for private holding companies; instead, they are established through consultation and discussion with employees according to the needs of companies. They participate in and supervise corporate governance by putting in place a talkfest mechanism, attendance as a non-voting delegate or participation in important management meetings by the secretary of the party organization.

10.4.3 Improving the position of stakeholders in corporate purpose

A company's stakeholders generally can be divided into three categories: capital-market stakeholders (shareholders and main suppliers of company capital), product-market stakeholders (major customers, suppliers, local associations and trade unions of the company) and stakeholders within the organization (all company employees, including managers and ordinary employees). A company's long-term sustainable development cannot be achieved without the participation of stakeholders. For a company's internal governance, the participation of stakeholders can reduce the organization's incentive supervision costs when it is difficult for shareholders to effectively supervise the management of the organization; for a company's external environment, the participation of stakeholders can promote the organization to actively undertake social responsibilities. In corporate governance, we can build a joint governance mechanism for stakeholders, such as establishing the concept of "control by all", i. e. a concept characterized by the joint participation of a company's shareholders, managers, employees, creditors and the government and other stakeholders as well as the specific implementation by the board of directors, the board of supervisors, the management and all employees, and designed to achieve the company's control objectives.

11 | Anti-bribery Compliance

11.1 Overview of Anti-bribery Compliance of Medical and Health Enterprises

11.1.1 The basic status quo and risk points of anti-bribery compliance of medical and health enterprises

The field of medical and health is an important market for pharmaceutical companies and related personnel to pursue interests and participate in competition. According to the data available, since 2019, the global drug market demand has exceeded $1.2 trillion. Although affected by factors such as the rising cost of new drug research and development and the longer cycle and slower launch speed of new drugs by various large pharmaceutical companies, the growth rate of global drug health market demand has dropped below 4%; it may be difficult to increase the growth rate in the next few years, but only for developing countries. The medical and health market of these countries has gradually shifted to lower-cost areas because of the pharmaceutical manufacturing industry, and these countries have increased their investment in the medical and health industry to maintain rapid development that exceeds the world average.

Take China as an example. According to IMS Health, as early as 2009, the number of drugs sold through hospitals in China reached $35.6 billion, making it the second largest drug sales country in the world after the United States.

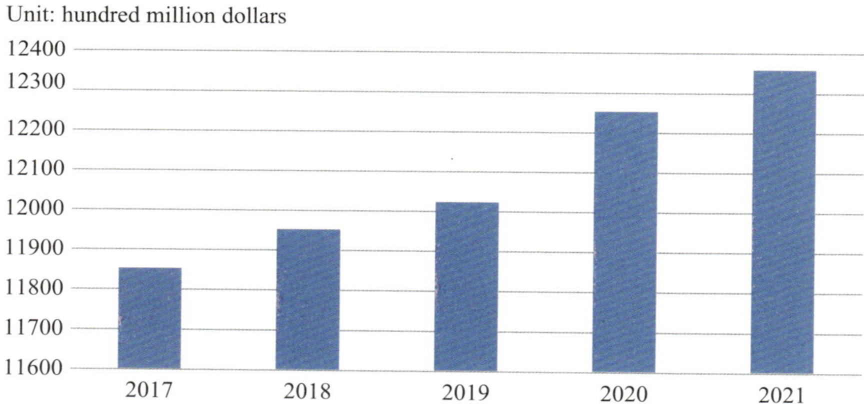

With the increasing demand for medicines, all kinds of medical and health enterprises have entered the market, and competition in the market has intensified. To occupy more market positions and seek increased market benefits, many related enterprises have begun to take risks and commit commercial bribery at the expense of breaking the law. In 2013, an anti-bribery storm involving GlaxoSmithKline (GSK), Sanofi, Novartis, Lilly, and many other pharmaceutical giants swept through China's medical and health industry. According to reports, the company involved in the case promoted and sold the company's drugs by bribing officials, hospital staff, and doctors. The case involved 4 senior executives as well as at least 18 company employees and medical staff, thus involving a large number of people, a wide range, and great influence, which attracted global attention. Therefore, how to effectively regulate the corruption crimes of medical and health enterprises, promote the establishment of internal control mechanisms of medical and health enterprises, and promote their compliance, orderly, and high-quality development has become a problem that we must consider at present.

11.1.2 The necessity and importance of anti-bribery compliance of medical and health enterprises

Commercial bribery has become the most typical, frequent, and serious corruption crime in medical institutions. However, once commercial bribery occurs in the medical and health field, its harmfulness and adverse effects are often manifold, causing not only serious impact and damage to the management of related subjects and the integrity of practice in the medical and health field, but also creating extremely unfavorable conditions for medical and health institutions to maintain normal order and a good reputation. Moreover, it greatly challenges the sound operation and sustainable development of the whole medical and health industry. In other words, corruption and bribery in medical and health enterprises include the following harms, which reflect the necessity and importance of anti-bribery compliance in medical and health enterprises.

On the one hand, the corruption and bribery of enterprises in medical and health fields directly harm the legitimate interests of patients and their families. Since the production and operation enterprises or individuals in the related medical and health fields offer commercial bribes to medical institutions and related staff by way of kickbacks to achieve their own purposes of selling inferior or even counterfeit drugs or medical devices, they cannot guarantee the quality and safety of drugs and medical devices, thus potentially harming patients' health. This may lead to the continuous increase of drug prices and further increase the economic burden of patients and their families, which are directly related to the interests of the majority of patients and their families.

On the other hand, the corruption and bribery of enterprises in medical and health fields also stimulate social contradictions and result in social governance problems. The intuitive manifestation of these corrupt and bribery behaviors is the increase of corruption and related economic crimes in society. From a deeper analysis, to seek illegitimate interests (including kickbacks, commissions, etc.), some medical institutions and related staff unreasonably or even illegally provide patients with fake and shoddy medical supplies that do not meet safety standards, or abuse certain medical supplies. Such behaviors are essential "endorsements" for illegal medical and health enterprises. Undoubtedly, it will seriously aggravate the problem of difficult and expensive medical treatment, stimulate the contradictions between doctors and patients, and not only seriously damage the good image of the entire medical and health industry and medical staff, but also cause medical management disorder, damage the credibility of the party and government, and have adverse effects on comprehensive social management.

In view of this, it is of unprecedented necessity and importance to effectively control and prevent corruption and bribery in the medical and health industry, and constantly promote the compliance and high-quality development of the medical and health industry.

11.1.3 Normative evolution of anti-bribery compliance of pharmaceutical and health enterprises

Examining the global perspective, many developed countries began to attach importance to and establish anti-corruption compliance systems as early as the 1970s. From the perspective of its normative evolution, in 1977, to curb the phenomenon of the overseas bribery of enterprises, the United States Congress enacted *the Foreign Corrupt Practices Act*, revised twice in 1988 and 1998. The law clearly stipulated the relevant anti-bribery provisions, which was of great significance to effectively regulate the overseas bribery of enterprises. Different from the traditional governance paradigm, *the Foreign Corrupt Practices Act* advocates for "anti-corruption compliance" in practice, which aims to prevent, detect, and stop corporate corruption by strengthening the internal control mechanism of enterprises, and provides a new paradigm and ideas for corporate corruption crime governance. During this period, in 1991, *the Federal Sentencing Guidelines of the United States* introduced the relevant contents of the compliance plan, which clearly stipulated that an effective compliance plan could help enterprises reduce their penalties when they are prosecuted and convicted for their own and their agents' illegal activities. In 1999, the United States Department of Justice issued the "*Principles of Federal Prosecution of Commercial Organizations*" (also known as the "Holder Memorandum"), which made the compliance plan an important consideration for prosecutors when handling enterprise-related cases. In 2003, the "Thompson Memorandum" was issued, suggesting that prosecutors should use pretrial diversion agreements (including deferred prosecution agreements and non-prosecution agreements) to handle and solve corporate litigation problems, and stipulating that an effective compliance plan is the statutory discretionary factor for prosecutors to decide whether to apply deferred prosecution or non-prosecution.

Based on the introduction of the above system documents and the recognition of the relevant concepts and rules of anti-corruption compliance in the United States, France, Britain, and many other developed countries began to learn from the successful experience of the United States and successively issued their own anti-corruption laws and regulations, which is of great significance to the anti-bribery compliance of global medical and health enterprises.

With the advancement of global compliance law enforcement, in China, since the implementation of *Criminal Law of the People's Republic of China* (PRC), the legislature has made a series of amendments to corruption and bribery crimes. With the further improvement of the relevant anti-corruption legislation, the punishment for corruption and bribery crimes has increased. In 2006, the General Office of the Central Committee of the CPC and the General Office of the State Council jointly issued *the Opinions on the Special Work of Combating Commercial Bribery*, and the Central Commission for Discipline Inspection led the establishment of the Leading Group for Combating Commercial Bribery to control commercial bribery. In this regard, the medical and health field has become one of the key areas to control commercial bribery. In 2007, the Office of the Leading Group for Combating Commercial Bribery of China's Ministry of Health issued the "*Regulations on Establishing Bad Records of Commercial Bribery in the Field of Medicine Purchase and Sale.*" Guided by this regulation, health administrative departments in various provinces and even some districts and counties formulated local "blacklist" systems to combat commercial bribery in the field of medicine. In 2018, the Supervision Law of the People's Republic of China was promulgated, which further demonstrated China's firm attitude of strictly punishing corruption and bribery crimes and zero tolerance for corruption. Since then, China has successively issued the *Guidelines for Compliance Management of Central Enterprises* (for Trial Implementation), *Guidelines for Compliance Management of Overseas Business of Enterprises*, and other relevant policy documents to promote enterprises to attach importance to and implement anti-corruption compliance. In September 2021, the State Supervision Commission of the Central Commission for Discipline Inspection, together with the Central Organization Department, the United Front Work Department, the Central Political and Legal Committee, the Supreme People's Court, and the Supreme People's Procuratorate, jointly issued *the Opinions on Further Promoting the Joint Investigation of Bribery*, which made it clear that bribery in the medical field was included among the five key points to investigate and handle bribery. The "Opinions" emphasized that it is necessary to improve and perfect the system and norms for punishing bribery, promote the standardization and legalization of bribery, organize research on market access and qualification restrictions of bribers, and explore the implementation of the "blacklist" system of bribers. This has played a positive role in further preventing bribery in medical and health fields.

Since 2015, nine ministries and commissions, including the National Health Commission, the Ministry of Industry and Information Technology, the Ministry of Public Security, the Ministry of Finance, the Ministry of Commerce, and the Administration of Traditional Chinese Medicine, have jointly issued the annual Notice on the Key Points of Correcting Unhealthy Practices in the Field of Medicine Purchase and Sale and Medical Service Organizations. In 2022, this document issued by nine ministries and commissions was the first to "effectively improve the cooperation efficiency between discipline inspection and supervision and competent departments," aiming to further promote the standardization and sound development of the medical and health industry by giving full play to the supervision and coordinating role of discipline inspection and supervision departments, and reducing or even eliminating the occurrence of corruption in the medical and health field. Furthermore, *the Code of Conduct for Drug Promotion* issued by the Pharmaceutical Research and Development Industry Committee and *the Code of Conduct for Drug Promotion* issued by the China Chemical Pharmaceutical Industry Association have become the industry norms for pharmaceutical and health enterprises.

11.2 Main Obligations of Anti-bribery Compliance of Medical and Health Enterprises

For enterprises in the medical and health field, it is of great significance for the sustainable and high-quality development of the entire medical and health industry to establish an effective compliance system to improve the internal control mechanism and prevent the occurrence of bribery and other crimes. The list of compliance obligations for the establishment of a complete anti-bribery compliance system is as follows.

11.2.1 Compliance risk assessment

Compliance risk assessment is the foundation of the entire anti-bribery compliance system, and its purpose is to identify and assess the corruption risks at all levels and links of the company's operations. Based on the results of the compliance risk assessment, the assessed company can fully consider and formulate a compliance plan to improve the company's internal control mechanism, so as to prevent or avoid corruption. Therefore, in the process of risk assessment, a key issue involved is the definition of the scope of the risk assessment. Different from corporate compliance risk assessment in a broad sense, this compliance risk assessment pays more attention to the bribery compliance risk of pharmaceutical and health enterprises, and the risk assessment is often combined with the strategic planning of enterprises to fully anticipate the possible risks in the near and distant future. Specifically, from the perspective of medical and health enterprises, the scope of anti-bribery compliance risk assessment should mainly include the following aspects: 1. whether there is any improper interest relationship between medical and health enterprises and related public hospitals, medical and health institutions, and related medical and health professionals, including offering kickbacks or direct bribes to related personnel for the purpose of selling their products; 2. bribery risks existing in the marketing activities of related medical and health products and devices, including free sample delivery, sponsorship fees, business entertainment, and so forth; 3. bribery risks existing in relevant academic conferences held by medical and health enterprises, including lecture fees, expert labor fees, business hospitality expenses, and so forth; 4. whether there is any improper interest relationship between medical and health enterprises and relevant distributors, agents, and others; 5. whether there is bribery compliance risk in pre- and post-sale clinical experiments. In this regard, the corresponding compliance assessment can be conducted according to the possible fields and existing risks of the above medical and health enterprises, so that when the relevant compliance risks are found, relevant compliance plans can be formulated in a timely and targeted manner to avoid and compensate for the risks.

11.2.2 Formulate compliance policies and procedures

A compliance policy provides a systematic written system of norms and process guidelines for the anti-bribery compliance of pharmaceutical and health enterprises. From the perspective of axiology, the formulation of compliance policies and procedures is conducive to establishing the basic standards of compliance for all businesses involved in medical and health enterprises, thus realizing the prevention of corruption risks including bribery, and providing operational norms and procedural guidelines for medical and health enterprises to conduct related business activities. In general, the formulation of compliance policies and procedures should be guided systematically, including all aspects of related business operations of medical and health enterprises, especially those areas with high bribery risks, such as research and development, procurement, sales, registration of medicines and enterprises, various trainings, business entertainment, academic activities, and so forth. Relevant medical and health enterprises should gradually formulate and implement compliance policies and procedures according to their own specific conditions, starting with the weakest link where the risk of bribery may exist. At the same time, the purpose and key of the formulation of compliance policies and procedures lie in their implementation. To ensure that anti-bribery compliance policies and procedures can be implemented, it is necessary to further improve the compliance awareness of all employees in the enterprise, not only at the level of policies and systems, but also at the level of compliance awareness. Thus, all employees in the enterprise know that anti-bribery compliance is not only related to the compliance health and high-quality development of the enterprise, but also fundamentally guarantees the personal interests and careers of employees in the enterprise.

11.2.3 Conduct compliance training and confirmation

We have already mentioned the work of raising awareness of anti-bribery compliance among all employees in the enterprise; thus, how can we further improve and enhance the awareness of anti-bribery compliance among employees in the enterprise? This requires medical and health enterprises to provide systematic and professional compliance training to their employees, management, and even third parties who have economic interests in the enterprises. To ensure the effectiveness of compliance training, it is necessary to further implement the procedures of confirmation and statements, requiring employees, management, and third parties with economic interests in medical and health enterprises to confirm the content of compliance training, corporate anti-bribery compliance policies and related processes, and to express that they have read, understood, and strictly complied with the anti-bribery compliance policies issued by enterprises by signing statements and confirmations. If there are still illegal behaviors such as bribery, they can be "linked" with the price of medicines and the credit rating of recruitment, thus raising awareness of the anti-bribery compliance of medical and health enterprises. For example, according to the relevant facts disclosed in the judgment of the People's Court of Erqi District, Zhengzhou City, Yichang Renfu Pharmaceutical Co., Ltd. was found to have engaged in commercial bribery in Henan Province; its drug price and credit dishonesty in the province were rated as "serious' .

11.2.4 Regular compliance audit

It is of great significance to conduct regular compliance audits on high-risk areas in the medical and health industry and related enterprises, to continuously monitor the implementation of compliance policies of medical and health enterprises, and to discover compliance risks in operations in time. In other words, from the content, the compliance audit includes not only the supervision of compliance policies and other related compliance by medical and health enterprises, but also the continuous discovery of various practical problems and mechanism risks in the operation process of medical and health enterprises, thus providing a realistic basis for the continuous improvement and perfection of enterprises' internal compliance system. According to the compliance policies of enterprises and related work requirements, to prevent non-compliance situations such as bribery in medical and health enterprises, the compliance department with certain independence within the medical and health enterprises should organize regular compliance audits. Among them, a dealer audit is a common practice used by medical and health enterprises to control the risks of dealers. Through regular on-site audits, it supervises the main issues including revenue recognition, expense payment, and related corruption risks.

11.2.5 Background investigations and due diligence

Background investigations and due diligence are also important elements of the anti-bribery compliance obligations of medical and health enterprises. The targets of the background checks and due diligence on anti-bribery compliance of pharmaceutical enterprises mainly include agents, distributors, and related third-party organizations. Through background investigation and due diligence, we can fully understand the business situation, mechanism operation, staff compliance, and other possible corruption risks of medical and health enterprises and related entities, thus ensuring the compliance and high-quality development of medical and health enterprises and related entities.

11.2.6 Special audit and disclosure involving related high-risk areas

Specifically, the special audit and disclosure of related high-risk areas mainly include: 1. the special audit of high-risk areas of the industry and enterprise, especially the audit of expenses and expenditure items, such as commissions, market expenses, research and development expenses, sample fees, business entertainment expenses, donations, and so forth; 2. for sensitive and bribery-prone expense subjects, such as conference fees, labor fees, donation fees, and so forth, more detailed information disclosure and guarantee clauses should be added. For example, in February 2021, Shanghai Shousheng Medical Technology Co., Ltd. invited 23 doctors to attend a meeting; the Market Supervision Administration held that Shanghai Shousheng Medical Technology Co., Ltd. violated the provisions of Item (1), Paragraph 1, Article 7 of *Anti-Unfair Competition Law of the People's Republic of China* (PRC) that "business operators shall not bribe the following units or individuals by property or other means to gain trading opportunities or competitive advantages: (1) the staff of the counterparty," and determined that the company bribed the counterparty to work.

Typically, it is not enough to rely on routine approval procedures for high-risk expenses and payment activities. Management needs to have a deeper understanding of the purpose and nature of business activities, so as to make forward-looking judgments on potential compliance risks. This requires participants to provide more detailed information to support managerial judgments. At the same time, it is also a necessary step for employees to self-assess the risk of activities. For example, some large medical and health enterprises have designed information disclosure forms for important market activities, which require the applicants of the activities to provide specific information, including the nature of the activities, participating medical and health professionals, government officials, the nature of expenses and payment methods, and so forth. The applicants and approvers are also required to confirm and guarantee the compliance of the activities.

11.2.7 Reporting, investigation, and corrective measures

The setting of reporting, investigation, and corrective measures is also an essential part of the establishment of an anti-bribery compliance system in medical and health enterprises. In April 2021, the National Health and Health Commission and nine other ministries and commissions issued *the Notice on the Key Points of Correcting Unhealthy Practices in the Field of Medicine Purchase and Sale and Medical Services*, requiring a new round of correcting unhealthy practices in medical services to be completed before the end of the year. It was also proposed for the first time that a "pro-clean," honest, and standardized doctor–business relationship should be built in an all-inclusive way, and the bottom line of communication should be drawn. Medical staff should abide by the bottom line when dealing with suppliers, agents, and medical representatives.

Specifically, it is necessary to provide channels for employees of enterprises to report suspicious matters that may involve bribery; for example, an anonymous hotline can be established. Simultaneously, it is necessary to set up corresponding investigation procedures for matters reported by others or self-discovered corruption incidents, and define the subject of the investigation, establish evidence protection and reporting mechanisms, and so forth. Moreover, in the setting of corrective measures, it is also necessary to clarify what punishment measures should be imposed on those who have committed bribery, and how to remedy the internal control defects of enterprises caused by bribery.

11.2.8 Continuous evaluation and improvement

The anti-bribery compliance system needs continuous evaluation and improvement. According to the changes in the business environment and the relevant requirements of the policies and regulations of pharmaceutical and health enterprises, the applicability of compliance policies and procedures should be evaluated regularly, and timely amendments should be made to meet the prescribed requirements. Furthermore, it is necessary to continuously supervise and improve the established compliance system, so as to constantly adapt to the changes in policies and norms of medical and health enterprises in the course of operation, and thus prevent the occurrence of bribery in medical and health fields.

The above eight anti-bribery compliance obligations or elements of medical and health enterprises are mutually conditional and mutually supportive in the compliance system. The composition of all obligation elements effectively guarantees the overall operation of the anti-bribery compliance system of medical and health enterprises. In general, we know that an effective anti-bribery compliance system not only needs to clarify the basic compliance principles, but also needs to list the elements of obligations, thus providing practical and effective guidance for employees involved in all business levels within the enterprise.

11.3 The Relevant Typical Case Push

The medical industry is the hardest hit area in terms of commercial bribery, and it is also the focus of law enforcement. The following cases are selected for enterprises to pay attention to, so as to avoid the occurrence of similar violations of laws and regulations.

11.3.1 Case 1: Bribery and accusation of GlaxoSmithKline

Case: GlaxoSmithKline (China) Investment Co., Ltd. wantonly paid bribes to hospitals, pharmaceutical industry associations, government officials, doctors, and other subjects, crowded out drugs made in China, and sold its own drugs at high prices, thus making huge profits. It has been found that most of the drugs sold by this company in China are in the name of overseas original research drugs. Before the drugs are imported, the customs declaration price of the drugs is increased by means of transfer pricing. On the basis of withholding huge profits at overseas prices, high sales costs are set to support bribery funds. According to the senior management of GlaxoSmithKline China Company, the company began to engage in bribes of this kind in 2009, wooing industrial and commercial personnel to increase sales, and intended to evade punishment.

Result: On September 19, 2014, Changsha Intermediate People's Court imposed a penalty on the relevant personnel and fined GlaxoSmithKline (China) Investment Co., Ltd. RMB 3 billion.

11.3.2 Case 2: Shanghai Ruida Pharmaceutical Technology Co., Ltd. bribery administrative punishment case

Case: To successfully conduct the subsequent sales business of the company, the party concerned donated RMB 100,000 in cash to Gu Jun, the then director of the New Drug Clinical Research Center of Shanghai Public Health Clinical Center (hereinafter referred to as "Public Health Center"), so as to obtain the help of Gu Jun and successfully purchase 50 blank blood samples from the Public Health Center. The contract unit price was RMB 5,000/case. Subsequently, the parties resold the blank blood to Shanghai Xihua Testing Technology Service Co., Ltd. (hereinafter referred to as "Xihua Company") at a price of 10,000 yuan/case, so as to obtain a profit. The client received a total payment of 515,000 yuan from Xihua Company, the cost of which was 251,050.98 yuan to the public health center, the total payment to 50 recruited subjects was 100,000 yuan, and the project translation cost was 9,223.30 yuan.

Result: In view of the bribery of the party concerned, the Market Supervision Administration held that the party's behavior of bribing the staff of the opposite party to buy goods violated the provisions of the first paragraph of Article 8 of *Anti-Unfair Competition Law of the People's Republic of China* (PRC), and constituted commercial bribery. Therefore, the party was issued an administrative penalty of the confiscation of illegal income of 154,725,720 yuan and a fine of 120,000 yuan.

11.3.3 Case 3: A series of typical cases of commercial bribery in the field of medicine purchase and sale

In December 2008, the Ministry of Health identified three typical cases of commercial bribery in the field of medicine purchases and sales. According to the circular, since 2007, the local authorities have successively investigated the cases of Dong Mou, former president of Dongxiang County People's Hospital in Jiangxi Province, Wei Mou, former chief of the medical equipment department, Xu Mou, former deputy chief physician of Tongji Hospital affiliated with the Tongji Medical College of Huazhong University of Science and Technology, Wang Mou, former president of Chen Jiang Hospital in Huicheng District, Huizhou City, Guangdong Province, and several heads of clinical departments illegally accepting kickbacks from pharmaceutical enterprises.

Dong Mou, formerly the president of Dongxiang County People's Hospital in Jiangxi Province, received money and goods equivalent to RMB 37,820 from pharmaceutical enterprises from 2005 to 2007. The People's Court of Linchuan District, Fuzhou City, Jiangxi Province, sentenced him to three years in prison, suspended for five years. According to the law, the relevant departments expelled him from the party and revoked his post as president of Dongxiang County People's Hospital. Wei Mou, formerly the chief of the medical equipment department of Dongxiang County People's Hospital, Jiangxi Province, received kickbacks of RMB 21,200 from pharmaceutical enterprises from 2005 to 2007. The People's Court of Linchuan District, Fuzhou City, Jiangxi Province sentenced him to one year and six months in prison, suspended for two years. The relevant departments revoked the post of Chief of Medical Equipment Department of Dongxiang County People's Hospital according to the law.

Xu, formerly the deputy chief physician of the Orthopedics Department of Tongji

Hospital, affiliated with Tongji Medical College of Huazhong University of Science and Technology, took advantage of his position from June 2006 to January 2007 and received a rebate of RMB 99,000 from a medical equipment company. In view of his meritorious service, the procuratorial organ decided not to prosecute. According to the cadre's management authority, Tongji Hospital administered greater punishment to his administrative record. Hubei Provincial Health Department revoked his doctor's practice certificate according to law and reported the case in the provincial health system.

Wang, formerly the president of Chen Jiang Hospital in Huicheng District, Huizhou City, Guangdong Province, received a drug rebate of RMB 90,000 from the beginning of 2006 to April 2007. The Huicheng District People's Court of Huizhou City sentenced him to one year in prison, suspended for two years. Chen, Zhu, and Deng were the medical section chief, emergency department director, surgery director, and obstetrics and gynecology director of the former Chen Jiang Hospital, respectively. From December 2006 to May 2007, three people received drug rebates of RMB 41,714, RMB 38,739, and RMB 42,078 respectively. Huizhou Huicheng District People's Court sentenced three people to four months, two months, and four months' detention, respectively.

The circular pointed out that practitioners in the national health system should learn a profound lesson from it, be strict in self-discipline, and resolutely resist commercial bribery. Health administrative departments at all levels and medical and health units should strengthen the education, management, and supervision of employees, strengthen the construction of a long-term mechanism to prevent and control commercial bribery, and resolutely investigate and handle commercial bribery cases in their own departments and units.

11.4 Systematic Compliance Governance Solutions

Bribery is a common crime type in the current medical and health fields. Once it occurs, it has a negative impact on the normal operation order of medical and health enterprises and the integrity of related personnel engaged in medical and health professions. In this regard, we propose the following systematic compliance governance solutions for anti-bribery in pharmaceutical and health enterprises.

11.4.1 The establishment of a compliance commissioner of pharmaceutical and health enterprises

From the perspective of corporate governance, the construction and emergence of a compliance system aims to prevent the enterprise and its staff from being damaged due to related illegal behaviors, which will then affect the normal and healthy operation of the enterprise. It is a check and balance mechanism among the ownership, management, and supervision of the organization, and the long-term sustainable development of the organization is guaranteed by compliance. Setting up compliance specialists in medical and health enterprises ensures the healthy and compliant operation and high-quality development of medical and health enterprises. As the organizer, promoter, and practitioner of anti-bribery compliance in medical and health enterprises, the compliance commissioner is attached to the overall compliance management structure of medical institutions and is specifically responsible for the implementation of anti-bribery compliance management functions.

11.4.2 The establishment of an anti-bribery compliance prevention system in medical and health enterprises

For anti-bribery compliance, prevention is key. The establishment of an anti-bribery prevention system has become one of the most important means of compliance management in medical and health enterprises. Therefore, the assessment of risk points plays a very important role. It is necessary to conduct an assessment of key risk points, fully discuss the possible bribery risks in all aspects of pharmaceutical research and development, clinical practice, distribution, and application, and formulate accurate compliance supervision measures. Therefore, it is very important to improve the ability of bribery risk assessment in medical and health enterprises. In this regard, it is necessary to strengthen the training of key risk points of anti-bribery in medical and health enterprises and improve the prevention and control of risk points within enterprises. Second, it is necessary to conduct a third-party investigation on the anti-bribery compliance of medical and health enterprises in due course, pay attention to the collection and investigation of violations of laws and regulations, bad records, and so forth of the counterparty, and fulfill the necessary duty of care of enterprises in the process of selecting transaction objects. Third, it is necessary to establish a compliance commitment mechanism, which is external; it is a solemn statement made by medical and health enterprises to strictly fulfill their anti-bribery compliance responsibilities, and also a pressure mechanism, which is conducive to achieving the internal supervision effect of anti-bribery in medical and health enterprises through the external supervision of relevant regulatory departments and society.

11.4.3 Establishment of an anti-bribery compliance monitoring system for pharmaceutical and health enterprises

The list of anti-bribery compliance obligations noted above involves auditing, continuous evaluation, reporting, investigation, and corrective measures of the anti-bribery compliance of medical and health enterprises. The combination of these obligation elements forms the anti-bribery compliance monitoring system of medical and health enterprises. In addition to the establishment of the reporting mechanism mentioned above, we can give full play to the role of compliance officers, and allow them to participate in the audit process of drug research and development, distribution, clinical, and other aspects of medical and health enterprises, focusing on the details of key risks involved in bribery. Furthermore, it is necessary to regularly compile corporate compliance reports, which show not only the effectiveness of corporate compliance, but are also an important form of supervision.

11.4.4 Establishment of an anti-bribery compliance response system for medical and health enterprises

After the above-mentioned prevention and timely monitoring, the anti-bribery compliance of medical and health enterprises will have obvious results, but there will still be violations of laws and regulations. Therefore, it is necessary to establish a response mechanism after the anti-bribery compliance of medical and health enterprises. The specific steps are as follows: 1. an internal investigation of violations of laws and regulations primarily constitute self-examination in combination with clues found in reports or daily supervision. 2. The internal handling of violations of laws and regulations and related personnel mainly consists of self-correcting behavior conducted in combination with internal investigations. If the behavior involves administrative or criminal responsibility, it is necessary to perform timely and truthful reporting procedures. 3. For the external investigation and cooperation of illegal acts, medical and health enterprises mainly cooperate with higher authorities in law enforcement. For this, they should fully cooperate, disclose the necessary information, and preserve evidence according to the law, and so forth. 4. To fill loopholes in the compliance system of medical and health enterprises, medical and health enterprises must improve compliance supervision as soon as possible while cooperating with the investigation and disposal of illegal acts, and constantly improve the supervision system to avoid the recurrence of subsequent illegal acts.

12 | Antitrust Compliance

The pharmaceutical and healthcare industry has long been under close attention of domestic and foreign antitrust enforcement agencies, as multiple stages of the industry chain are prone to antitrust risks, including the R&D, production, wholesale and retail of drugs, etc. In addition, the antitrust compliance risks in the pharmaceutical and healthcare industry take various forms, involving not only horizontal and vertical monopoly agreements, but also abuse of dominant market position and intellectual property rights, as well as illegal concentration of undertakings. Accordingly, for pharmaceutical and healthcare companies, antitrust compliance is of vital importance for sound operations, risk prevention and control, and goodwill maintenance.

China's new *Anti-monopoly Law* ("AML"), which took effect on August 1, 2022, further increases the gravity of the administrative penalties for antitrust infringements and adds personal liability for horizontal monopoly agreements. In addition, the AML also introduces a mechanism of public interest litigation in the fields regarding the national economy and the people's livelihood, which undoubtedly cover the pharmaceutical and healthcare industry. The various revisions of the AML have undoubtedly alerted pharmaceutical and healthcare companies to the pressing need for an effective system and mechanism of antitrust compliance.

12.1 Overview of Antitrust Risks

12.1.1 Overview of China's Antitrust Legal System

The State Anti-Monopoly Bureau (a vice-ministerial-level department), which sits within the State Administration for Market Regulation ("SAMR"), is the national-level authority in charge of anti-monopoly enforcement in China. It oversees unified anti-monopoly enforcement, while authorizing the local market regulators of each province under the central government to be responsible for anti-monopoly enforcement in each local region.

The key legislations in China's anti-monopoly legal system related to the pharmaceutical and healthcare industry are illustrated in the figure below:

12.1.2 The Significance of Antitrust Compliance in the Pharmaceutical and Healthcare Industry

The pharmaceutical and healthcare, as an important sector closely related to the national economy and the people's livelihood, falls under the focus of antitrust enforcement in both China and other jurisdictions such as the European Union and the United States. The *Notice by the State Council Regarding Issuing the Plan for the Modernization of Market Regulation for the "14th Five-Year Plan" Period*, released on December 14, 2021, explicitly proposed to "strengthen competition enforcement in the field of public utilities, medical care, pharmaceuticals, etc.". On August 1, 2022, the day the amended AML entered into force, the Supreme People's Procuratorate issued the *Notice on Implementing the Anti-monopoly Law of the People's Republic of China and Actively and Steadily Carrying out Public Interest Litigation Procuratorial Work in the Field of Anti-monopoly,* stressing that they will concentrate on the Internet, public utilities, medicine and other areas of livelihood guard.

Anti-Monopoly Law
Judicial Interpretation
Provisions of the Supreme People's Court on Several Issues concerning the Application of Law in the Trial of Civil Dispute Cases Arising from Monopolistic Conduct
Administrative Regulation
Provisions of the State Council on the Standard for Declaration of Concentration of Business Operators
Departmental Regulations
State Administration for Market Regulation
Interim Provisions on Prohibiting Monopoly Agreements
Interim Provisions on Prohibiting Abuse of Dominant Market Positions
Interim Provisions on the Examination of Concentrations of Undertakings
Interim Provisions on Prohibiting the Acts of Eliminating or Restricting Competition by Abuse of Administrative Power
Provisions of the State Administration for Industry and Commerce on Prohibiting the Abuse of Intellectual Property Rights to Preclude or Restrict Competition
Interim Provisions on Administrative Punishment Procedures for Market Regulatory Departments
Interim Measures for Hearings for Administrative Punishments by Market Regulatory Departments
Former State Administration for Industry and Commerce
Measures for the Administrative Authorities for Industry and Commerce to Determine Illegal Proceeds in Administrative Punishment Cases
Normative Documents
Anti-monopoly Commission of the State Council
Guide of the Anti-Monopoly Committee of the State Council for the Definition of the Relevant Market
Guide of the Anti-Monopoly Committee of the State Council to the Application of the Leniency System to Horizontal Monopoly Agreement Cases
Guide of the Anti-Monopoly Committee of the State Council to the Commitments Made by Undertakers in Monopoly Cases
Guide of the Anti-Monopoly Committee of the State Council to Anti-monopoly in the Active Pharmaceutical Ingredients Field
Guide of the Anti-Monopoly Committee of the State Council for Countering Monopolization in the Field of Intellectual Property Rights
Guidelines of the Anti-monopoly Commission of the State Council for Anti-monopoly in the Field of Platform Economy
Guide to the Anti-monopoly Compliance of Businesses
State Administration for Market Regulation
Guiding Opinions of the Anti-monopoly Bureau of the State Administration for Market Regulation on the Declaration of Concentration of Business Operators
Guiding Opinions of the Anti-monopoly Bureau of the State Administration for Market Regulation on Declaration for Simple Cases of Concentration of Business Operators
Guiding Opinions of the Anti-monopoly Bureau of the State Administration for Market Regulation on the Declaration Documents andMaterials of the Concentration of Business Operators
Guiding Opinions of the Anti-monopoly Bureau of the State Administration for Market Regulation on Regulating the Titles of Case on the Declaration of Concentration of Business Operators
Explanation by the Anti-monopoly Bureau of the State Administration for Market Regulation on Implementing the Declaration Form for the Anti-monopoly Review of Concentration of Undertakings
Notice of the State Administration for Market Regulation on the Empowerment of Anti-monopoly Law Enforcement
Guidelines on the Overseas Anti-monopoly Compliance of Enterprises

The focus of China's antitrust enforcement on the pharmaceutical and healthcare sector is as well fully reflected in enforcement practices. As of August 25, 2022, China's antitrust enforcement agencies have issued 31 antitrust penalty cases concerning the pharmaceutical and healthcare industry, including a total of 6 cases of horizontal monopoly agreements; 5 cases of vertical monopoly agreements; 11 cases of abuse of dominant market position; and 9 cases concerning the illegal concentration of undertakings by pharmaceutical and healthcare enterprises. Among the above cases, the *Yangtze River* case regarding vertical monopoly agreement involves the largest amount of penalty, with an amount of RMB 764 million. Consequently, the significance of antitrust compliance for pharmaceutical and healthcare companies cannot be ignored.

Summary of Penalties Against Horizontal Monopoly Agreements in the Pharmaceutical and Healthcare Industry

Case Name	Commodities Involved	Monopolistic Behavior Types	Penalty amount
Case on Horizontal Monopoly Agreement among Three Enterprises Including Wuzhou Huangpu Chemical Pharmaceutical Co., Ltd. (2021)	camphor API	fixing price and dividing markets	confiscation of illegal gains; fines of 1%, 3%, 5% of annual sales in 2018, respectively
Case on the Horizontal Monopoly Agreement among Three Enterprises Including Tianjin Tianyao Pharmaceutical Co., Ltd. (2021)	fluocinolone acetate API	fixing price and dividing markets	confiscation of illegal gains; fines of 2%, 3% and 4% of annual sales in 2019, respectively
Case on the Horizontal Monopoly Agreement among Three Enterprises Including Taishan City Xinning Pharmaceutical Co., Ltd. (2018)	glacial acetic acid API	fixing price	confiscation of illegal gains; fines of 4% of annual sales in 2017, respectively
Case on the Horizontal Monopoly Agreement among Three Enterprises Including Changzhou Siyao Pharmaceuticals Co., Ltd. (2016)	estazolam API and tablets	fixing price and joint boycott	Fines of 2.5%, 3% and 7% of annual sales of estazolam tablets in 2015, respectively
Case on the Horizontal Monopoly Agreement among Five Enterprises Including Shangqiu Huajie Medicine Co., Ltd. (2016)	allopurinol tablets	fixing price, and dividing markets	fines of 8%, 8%, 5%, 5%, 5%, 5% of the external sales of allopurinol tablets in 2014, respectively
Case on the Horizontal Monopoly Agreement between Two Enterprises Including Shandong Weifang Shuntong Pharmaceutical Co., Ltd. (2011)	Compound reserpine API	fixing price	confiscation of illegal gains and imposition of fines totaling RMB 6,870,000 and RMB 152,600, respectively

Summary of Penalties Against Vertical Monopoly Agreements in the Pharmaceutical and Healthcare Industry

Case Name	Commodities Involved	Monopolistic Behavior Types	Penalty amount
Case on Vertical Monopoly Agreement by Hainan Yishun Pharmaceutical Co., Ltd. (2022)	lianzhi anti-inflammatory dropping pills	limiting the minimum resale price	a fine of RMB 200,000
Case on Vertical Monopoly Agreement by Geistlich Trading (Beijing) Co., Ltd. (2022)	bone filling material and absorbable biomembranes	limiting the minimum resale price	a fine of 3% of annual sales in 2020
Case on Vertical Monopoly Agreement by Yangtze River Pharmaceutical (Group) Co., Ltd. (2021)	lanqin oral solution and other drugs	fixing the resale price and limiting the minimum resale price	a fine of 3% of annual sales in 2018
Case on Vertical Monopoly Agreement by Smith & Nephew Medical (Shanghai) Co., Ltd. (2016)	OTC products	fixing the resale price	a fine of 6% of the relevant annual sales in 2014
Case on Vertical Monopoly Agreement by Medtronic (Shanghai) Management Co., Ltd. (2016)	medical equipment for cardiovascular, restorative therapy and diabetes	fixing the resale price and limiting the minimum resale price	a fine of 4% of the annual sales of the products involved in 2015

Summary of Penalties Against the Abuse of Market Dominance in the Pharmaceutical and Healthcare Industry

Case Name	Commodities Involved	Monopolistic Behavior Types	Penalty amount
Case on Abuse of Market Dominance by Nanjing Ningwei Pharmaceutical Group Co., Ltd. (2021)	phosphate chloride API	unfair pricing and imposition of unreasonable trade conditions	confiscation of illegal gains and imposition of a fine of 4% of annual sales in 2019
Case on Abuse of Market Dominance by Shangqiu Xinxianfeng Medicine Co., Ltd. (2021)	phenol API	unfair pricing	confiscation of gains and imposition of a fine of 1% of annual sales in 2016
Case on Abuse of Market Dominance by Simcere Pharmaceutical Group Limited (2021)	batroxobin API	refusal to deal	a fine of 2% of annual sales in 2019
Case on abuse of Market Dominance by Wanbangde Pharmaceutical Group Zhejiang Drug Sales Co., Ltd.(2020)	bromhexine hydrochloride API	imposition of unreasonable trade conditions	confiscation of illegal gains and imposition of a fine of 3% of annual sales in 2019

续表

Case Name	Commodities Involved	Monopolistic Behavior Types	Penalty amount
Case on Abuse of Market Dominance by Shandong Kanghui Pharmaceutical Co., Ltd. (2020)	calcium gluconate API for injection	unfair pricing and imposition of unreasonable trade conditions	confiscation of illegal gains and imposition of fines of 10%, 9% and 7% of annual sales in 2018, respectively
Case on Abuse of Market Dominance by Hunan Er-kang Pharmaceutical Business Co., Ltd. (2018)	chlorpheniramine API	unfair pricing, tied selling, and refusal to deal	confiscation of illegal gains and imposition of a fine of 8% and 4% of annual sales in 2017, respectively
Case on Abuse of Market Dominance by Sichuan Jiuyuan Yinhai Changhui Software Co., Ltd. (2017)	medical insurance payment software	Tie-in sale	confiscation of illegal gains and imposition of a fine of 7% of the annual sales of medical insurance payment software in Guangyuan City in 2015
Case on Abuse of Market Dominance by Tianjin Handewei Pharmaceutical Co., Ltd. (2017)	pharmaceutical grade isoniazid API	unfair pricing and refusal to deal	a fine of 2% of annual sales in the relevant market in 2016, respectively
Case on Abuse of Market Dominance by Wuhan Xinxing Elite Pharmaceutical Co., Ltd. (2017)	pharmaceutical methyl salicylate API	imposition of unreasonable trade conditions	confiscation of illegal gains and imposition of a fine of 3% of annual sales of pharmaceutical API in 2015
Case on Abuse of Market Dominance by Chongqing Southwest No.2 Pharmaceutical Factory Co., Ltd. (2016)	phenol API	refusal to deal	confiscation of illegal gains and a fine of 1% of annual sales in 2015
Case on Abuse of Market Dominance by Case on Suspected Abuse of Market Dominance by Chongqing Qingyang Pharmaceutical Co., Ltd. (2015)	allopurinol API	refusal to deal	a fine of 3% of annual sales in 2013

Summary of Penalties Against Failure to Notify the Concentrations of Undertakings by Pharmaceutical and Healthcare Companies

Case Name	Fields Involved	Penalty Amount
Case of Establishment of Joint Venture Between Ping An Health Medical Technology Co., Ltd. and Softbank Co., Ltd. (2022)	Online medical services, consumer medical care, medical and health products and other products, health management, and health interaction	Ping An Health Medical Technology Co., Ltd. and Softbank Co., Ltd. were fined RMB 500,000 respectively.

续表

Case Name	Fields Involved	Penalty Amount
Case of Establishment of Joint Venture Between Ningbo Yuheng Health Investment Co., Ltd and Jiangsu Jingdong Bangneng Investment Management Co., Ltd. (2021)	internet medical and pharmaceutical e-commerce field	Ningbo Yuheng Health Investment Co., Ltd and Jiangsu Jingdong Bangneng Investment Management Co., Ltd. were fined RMB 500,000 respectively
Case of Share Acquisition of Guizhou Yishu Pharmaceutical Chain Co., Ltd. by Ali Health Technologies (China) Co., Ltd. (2021)	drug retailing	Ali Health Technologies (China) Co., Ltd. was fined RMB 500,000.
Case of Share Acquisition of Nanjing Hencer Pharmaceutical Co., Ltd. by Jiangxi Jimincare Group Co., Ltd. (2020)	drug retailing	Jiangxi Jimincare Group Co., Ltd. was fined RMB 300,000.
Case of Share Acquisition of Suzhou Jianshengyuan Pharmaceutical Chain Co., Ltd. by Suzhou Quanyi Health Pharmacy Chain Co., Ltd. (2019)	drug retailing	Suzhou Quanyi Health Pharmacy Chain Co., Ltd. was fined RMB 300,000.
Case of Share Acquisition of Henan Baijiahaoyisheng Pharmaceutical Chain Co., Ltd. by Cowell Pharmacy Co., Ltd. (2018)	drug retailing	Cowell Pharmacy Co., Ltd. was fined RMB 400,000.
Case of Acquisition of CiMing Health Checkup Management Group Co., Ltd. By Meinian Healthcare (Group) Co., Ltd., Shanghai Tianyi Asset Management Co.,Ltd., and Shanghai Weiitu Investment Center (2017)	health examination	Meinian Healthcare (Group) Co., Ltd. was fined RMB 300,000.
Case of Acquisition of Jilin Sichang Pharmaceutical Co., Ltd. by Dade Holding Group Co., Ltd. (2016)	cardiovascular and cerebrovascular drugs	Dade Holding Group Co., Ltd. was fined RMB 150,000.
Case of Acquisition of Suzhou Erye Pharmaceutical Co., Ltd. by Shanghai Fosun Pharmaceutical Industry Development Co., Ltd. (2015)	[Unspecified]	Shanghai Fosun Pharmaceutical Industry Development Co., Ltd. was fined RMB 200,000.

12.1.3 Types of Behavior Regulated by the Anti-monopoly Law

Pursuant to the AML and related supplementary rules, the types of behavior regulated by the AML are illustrated as follows:

- **Horizontal monopoly agreement:** The agreement, decision, or other concerted behavior between competitors to exclude or restrict competition.
- **Vertical monopoly agreement:** The agreement, decision, or other concerted behavior with the counterparty to the transaction to exclude or restrict competition.
- **Hub-and-spoke conspiracy:** The situation in which an undertaking organizes other undertakings to reach a monopoly agreement or provides substantial assistance for other undertakings to reach a monopoly agreement.
- **Abuse of dominant market position:** An undertaking with a dominant market posi-

tion abuses its position to commit acts that exclude or restrict competition. To determine whether certain behavior constitutes an abuse of dominant market position, the prerequisite is to determine whether the concerning undertaking holds a dominant market position by considering multiple factors such as market share, market competition conditions, and the ability to control the upstream and downstream markets.

- **Notification on concentrations of undertakings:** Where a transaction such as equity acquisition, asset acquisition and new establishment of a joint venture constitutes a concentration of undertakings under the AML, and also reach the statute threshold for notification, the obligating undertakings shall file a notification with the anti-monopoly enforcement agency in accordance with the law before closing. The anti-monopoly enforcement agency will review whether the concentrations may exclude or restrict competition, and accordingly issue unconditional approval, conditional approval or prohibition decision, depending on the competitive analysis in individual cases.
- **Administrative monopoly:** administrative authorities and organizations authorized by laws and regulations to manage public affairs shall not abuse their administrative power to restrict or impose disguised restrictions on the undertakings to conduct business, purchase or use goods provided by their designated undertakings. Since the subject of this type of illegal behavior does not involve enterprises, this article will not elaborate further.

12.1.4 Severe Consequences of Anti-monopoly Violations

Once a pharmaceutical and healthcare company has committed an illegal monopolistic behavior, it will be subject to potentially extremely grave consequences, including both administrative and civil legal liability, as well as reputation damages and disruption of business operation.

12. 1.4.1 Administrative Liabilities

The potential administrative legal liability of a company for violating the AML includes being ordered to terminate the illegal behavior, confiscating the illegal proceeds, and being imposed a fine. The range of fines for different types of monopolistic behavior is summarized as follows.

- **Monopoly agreement:** (1) if a monopoly agreement is reached and implemented, a fine of 1% to 10% of the preceding year's sales may be imposed, and if there are no sales in the preceding year, a fine of no more than RMB 5 million; (2) if the monopoly agreement reached has not yet been implemented, a fine of not more than RMB 3 million may be imposed; (3) the undertaking's legal representative, principal person in charge and directly responsible for reaching the monopoly agreement are individually responsible, a fine of not more than RMB 1 million may be imposed.
- **Abuse of dominant market position:** a fine of 1% to 10% of the preceding year's turnover may be imposed.
- **Illegal concentration of undertakings:** (1) for undertakings implementing the illegal concentration that has or may have the effect of excluding or restricting competition will be ordered to terminate the concentration, to dispose of shares or assets and to transfer business within a limited period, and to take other necessary measures to restore to the state before the concentration; a fine of up to 10% of the preceding year's sales may be imposed; (2) for undertakings implementing the illegal concentration

that does not have the effect of excluding or restricting competition, a fine of up to RMB 5 million may be imposed.

- **Aggravating circumstances:** for monopolistic acts with particularly severe circumstances, particularly detrimental effects and particularly grave consequences, the specific amount of fines shall be between 2 times and 5 times the aforementioned range of fines, namely: (1) undertakings implementing monopoly agreement may be fined up to 50% of the preceding year's sales, and if there are no sales in the preceding year, a fine of up to RMB 25 million can be imposed; (2) undertakings abusing of dominant market position, or involved with an illegal concentration of undertakings may be fined up to 50% of the preceding year's sales.

12. 1.4.2 Civil Liabilities

Pursuant to the relevant provisions of the AML, an undertaking who commits monopolistic acts and inflicts damages on others shall bear civil liabilities. According to the *Provisions of the Supreme People's Court on Several Issues concerning the Application of Law in the Trial of Civil Dispute Cases Arising from Monopolistic Conduct*, the civil liabilities referred to cessation of infringement, compensation for damages, etc.; the contracts and articles of trade associations that violate the AML can also be found invalid.

As the competition harms arising from monopolistic acts may extend to competitors, upstream and downstream enterprises as well as end consumers and other subjects, if an undertaking commits a monopolistic behavior, it will potentially be exposed to a great number of potential anti-monopoly civil lawsuits. In addition, the revised AML further provides that "if the undertaking implements monopolistic practices to the detriment of the public interest, the people's procuratorate at or above the district level may institute civil public interest litigation to the people's court in compliance with the law". Under the current trend of antitrust enforcement and justice, it is likely that increasing amount of antitrust public interest litigation cases would emerge going forward, especially in the fields closely related to people's livelihood, such as the pharmaceutical and healthcare industry.

12. 1.4.3 Impact on Reputation and Business Operation

According to Article 64 of the AML, undertakings who are subject to administrative penalties for violating the Law shall be recorded in the credit record system and shall be announced to the public. Information on penalties for cases of illegal implementation of concentration of undertakings will be publicly published on the official website of the anti-monopoly enforcement authorities. Considering the current national policy and social media's attention to antitrust cases, antitrust violations will likely incur reputation damages to violating companies, especially for listed companies and state-owned enterprises. For pharmaceutical and healthcare enterprises with financing or listing plans, once there are antitrust penalties imposed, their listing and financing plans may be negatively influenced. In addition, for pharmaceutical and healthcare enterprises, the published information on antitrust penalties may also negatively affect the eligibility for participation in government procurement and bidding projects.

12.1.5 Key Points of Antitrust Compliance for Pharmaceutical and Healthcare Enterprises

12. 1.5.1 Horizontal Monopoly Agreements and Compliance Highlights

1. Horizontal monopoly agreement: refers to an agreement, decision or other concerted conduct among competitors (for example, enterprises both engaged in the production and sale of antimicrobial chemical preparations) to exclude or restrict competition, and the main types of conduct include: (1) fixing or changing the price; (2) limiting the quantity of production or sales; (3) dividing the sales market or raw material procurement market; (4) restricting the purchase of new technologies or equipment or the exploitation of new technologies or products; (5) joint boycott. For the aforementioned monopoly agreements, the principle of "per se illegal" applies, meaning that the undertaking is presumed to have violated the AML once the agreement is identified by the anti-monopoly enforcement agency, regardless of the background, justifications and effects of the agreement.

For pharmaceutical and healthcare enterprises, common circumstances that are suspected to constitute horizontal monopoly agreements include:

- agreeing with competitors through joint production, joint procurement, joint sales, joint bidding agreements, etc. on the production quantity, the sales quantity, the sales price, the target customers and the sales region.
- communicating and coordinating sensitive information such as commodity sales prices, production capacity and output, production and sales plans through third parties (e. g. distribution companies, downstream producers) and through trade fairs and industry conferences.
- reaching an agreement with a competitor not to produce or sell certain products, for which the other undertaking compensates (pay-for-delay).
- communicating and coordinating with competitors regarding purchase quantities, purchasing targets, sales prices, sales quantities, sales targets, etc.

2. Compliance Highlights: The monopoly agreement is not limited to the written form. Oral agreements, telephone recordings, audio-visual materials, WeChat chat records, emails, minutes of meetings, etc., may as well be considered the forms of monopoly agreements. Therefore, on the one hand, enterprises should strictly examine whether there is any risk of constituting horizontal monopoly agreements in the routine agreements they enter into; on the other hand, they shall pay close attention to the risk of antitrust compliance by the personnel of the management, sales and other departments of the enterprise in business negotiations, meeting discussions and even leisure exchanges with competitors. Since the exchange of competition-sensitive information between competitors may entail an agreement of a monopolistic nature regarding the price, cost, and sales territory of their products, it is a scenario of high antitrust risk to which companies need to attach great importance.

12. 1.5.2 Vertical Monopoly Agreements and Compliance Highlights

1. A vertical monopoly agreement: is an agreement, decision, or other concerted act between an undertaking and its upstream or downstream enterprises such as suppliers and distributors (for example, a drug manufacturer and a retailer) that excludes or restricts competition. In determining whether an agreement constitutes a vertical monopoly agreement, it is required to consider whether two conditions are satisfied: (1) the parties to the agreement are counterparties to the transaction; (2) the agreement stipulates "fixing the resale price to third parties" or "limiting the minimum resale price to third parties" (usually called "vertical price monopoly agreement" or "RPM"), or "other monopoly agreement as determined by the anti-monopoly enforcement agency " (usually called "vertical non-price monopoly agreement").

The AML provides for a "safe harbor" rule for vertical monopoly agreements, which states that if an enterprise fulfills the requirements of "safe harbor" set forth by the anti-monopoly enforcement authorities, the vertical restraints in question will not be considered a vertical monopoly agreement prohibited by law. With respect to the "vertical price monopoly agreement", if the undertaking can substantiate that the agreement terms of "fixing the resale price" or "limiting the minimum resale price" not having the effect of excluding or restricting competition, the originally suspected contracts will fall outside the scope of vertical monopoly agreements prohibited by law.

Circumstances that are commonly suspected of vertical monopoly agreements for pharmaceutical and healthcare enterprises include:

- Directly fixing resale prices and limiting the minimum resale price of distributors through contractual agreements, verbal agreements, written letters, e-mails, price adjustment notices and other forms.
- Restrictions on the resale prices of distributors by offering incentives such as providing rebates, priority supply, providing support, or threatening by penalties such as canceling rebates, reducing discounts or even refusing supply or terminating the agreement, which is generally considered to be measures of supervision and punishment for implementing vertical monopoly agreements.
- For companies having a relatively high market share, agreements involving sales geographical restrictions or customer restrictions with the counterparty also have the risks of being found as vertical monopoly agreement, though it will need a case-by-case assessment.

2. Compliance Highlights: pharmaceutical and healthcare companies are advised to dynamically assess their antitrust risks. A few detailed compliance recommendations are listed below:

- Dynamically evaluates the company's market power and market share based on the company's production scale, sales volume, operating income, and market competition structure, and adapts the company's requirements for anti-monopoly compliance work accordingly.
- It is recommended that the pharmaceutical and healthcare companies carefully evaluate whether the "safe harbor" may applies continuously and carry out corresponding optimization measures. For example, if the market share of the enterprise itself plus its affiliates in the relevant market exceeds a certain range (e. g., beyond 15%), and if there are restrictive terms such as resale price maintenance in the agreements with the counterparties to the transactions, they should be promptly referred to the legal department or outside counsel to assess whether the relevant content and/or regulatory provisions require adjustment.

12. 1.5.3 Hub and Spoke Conspiracy and Compliance Highlights

1. Hub and Spoke Conspiracy: In the revised Article 19 of the AML, a new provision was introduced concerning the form of monopoly agreements, namely, "an undertaking shall not organize other undertakings to reach a monopoly agreement or provide substantial assistance to other undertakings to reach a monopoly agreement." This sort of situation is commonly referred to as "Hub and Spoke Conspiracy", i. e., a situation in which the undertakings with competitive relation take one undertaking as the "hub" and form the "spoke" to reach or implement a monopoly agreement that has the effects of excluding or restricting competition, and which cannot be strictly classified as a horizontal or a vertical monopoly agreement.

2. Compliance Highlights: pharmaceutical and healthcare companies should pay great attention to the antitrust compliance risks in the process of cooperation with upstream and downstream counterparties, or when providing services or coordinating matters as intermediaries. A few compliance recommendations are provided as follows:

- Any agreements with upstream and downstream counterparties that involve restrictive clauses limiting product prices, limiting production/sales quantities, dividing sales/purchasing markets, limiting new technology/new product development, limiting cooperation subjects, etc., should be relayed to the legal department for review or sought advice from external counsel. There exist relatively high compliance risks, if such restrictive clauses are the result of communication between the counterparty and the company as well as requiring the company to supervise or learning the fulfillment.
- As to the training, meeting or other activities that companies organize upstream and downstream companies to attend, a pre-review mechanism is suggested to be established. Information such as event procedures, activities, and written materials of the event are recommended to be submitted to the legal department for review prior to the event to ensure that such event does not involve exchange of competitive and sensitive information. Guidelines on antitrust compliance requirements should be distributed and/or delivered to attendees ahead of the event, specifying that competition-sensitive information is to be avoided, and requiring attendees to sign a commitment to comply with the relevant rules, as appropriate. If possible, it is recommended that the legal staff of the company or outside counsel attend such events to ensure that the event does not discuss what poses antitrust risks.

12. 1.5.4 Abuse of Dominant Market Position and Compliance Highlights

1. Determination of Market Dominant Position

The dominant market position refers to "the position with which the company has the ability to control the price, quantity or other trading conditions of goods in the relevant market, or to impede or influence the ability of other undertakings to enter the relevant market". To determine whether an undertaking has a dominant market position, it is necessary to first define the relevant market, i. e. "the range of goods and geographical scope in which companies compete each other". For instance, in the Case on Abuse of Market Dominant position by Shandong Kanghui Pharmaceutical Co., Ltd. and Other Companies, SAMR defined the relevant market as the market for sale of calcium gluconate API for injection.

After the market definition, to further determine whether a company has a dominant position in the market defined should take into account multiple factors including: (1) market share and competitive conditions of the relevant market; (2) ability to control the sales market or raw material procurement market; (3) financial and technical conditions; (4) the degree of reliance of other undertakings; (5) entry barrier. Among them, market share is the most important factor to be considered in practice.

Under the circumstances where the undertaking's market share meets one of the following threshold, the undertaking can be presumed to possess a dominant market position, although it is theoretically rebuttable: (1) one undertaking's market share in the relevant market reaches 1/2; (2) the combined market share of two undertakings in the relevant market reaches 2/3; (3) the combined market share of three undertakings in the relevant market reaches 3/4. In the aforementioned circumstances of subparagraphs (2) and (3), where some of the undertakings have a market share of less than 1/10, the undertaking shall not be presumed to hold a dominant position in the market.

2. Common Situations Constituting an Abuse

An undertaking with a dominant market position is prohibited from engaging in the following acts of abuse of dominant market position: (1) selling goods at an unfairly high price or purchasing goods at an unfairly low price; (2) selling goods at a price below cost without justifiable reasons; (3) refusing to deal with the counterparty without justifiable reasons; (4) limiting the counterparty to deal with it or with its designated undertaking without justifiable reasons; (5) tying the sale of goods or imposing other unreasonable trading conditions to the transaction without justifiable reasons; (6) treating differentially the counterparty in terms of trading price and other trading conditions without justifiable reasons; (7) other abuses of market dominance as determined by the anti-monopoly enforcement agency.

Common compliance risks of abuse of market dominance practices in the pharmaceutical and healthcare industry include: (1) selling goods at unfairly high prices; (2) limited transactions: supply and purchase exclusively; (3) refusal to deal; (4) tie-in sale; and (5) imposition of unreasonable trading conditions. Although adjusting product prices, selecting trading partners, and selling product portfolios usually lie within the autonomy of enterprises, there may exist antitrust compliance risks for enterprises with a dominant market position, if the scope of adjustment of product prices or other actions are found to be lacking in rationality, to which enterprises need to pay utmost attention.

3. Compliance Highlights: it is suggested to assess dynamically whether the company holds a dominant position and, on that basis, analyze whether there exists behavior that may constitute an abuse. For pharmaceuticals and healthcare sector, intellectual property restrictions, upfront R&D cost investment and other factors frequently contribute to a higher barrier for entering the relevant market, leaving the incumbent prone to gain a dominant position. Thus, pharmaceutical and healthcare companies need to dynamically evaluate their market share and timely assess whether there are any antitrust compliance risks associated with their behaviors and business models.

12. 1.5.5 Merger Filings and Compliance Highlights

1. Merger Filings: The concentration of undertakings, also called merger filing, refers to the following situations: (1) mergers of undertakings; (2) undertakings' gaining control over other undertakings by acquiring equity or assets; (3) undertakings' gaining control over other undertakings or being able to exert decisive influence over other undertakings through contracts and other means. The element for determining whether a transaction constitutes a concentration is whether any undertaking will acquire control over the other undertaking or can exert decisive influence thereover in some way. Notably the control or decisive influence under the AML is different from the dimension of control under the Corporate Law or the Securities Law. Under the AML, a comprehensive assessment of various factors is necessary, such as the shareholding structure, the voting rights of the shareholder meeting, the composition of board of directors, the right to appoint and dismiss executives, the transaction plan, etc.

For the concentration of undertakings that reaches the statute notification threshold, the obliging undertaking shall notify the antitrust enforcement agency in advance, and the concentration shall not be closed without approval. If the notification obligor fails to file a notification in accordance with the law, or if the transaction is closed or otherwise the acquirer substantially exercise control of the target before the approval decision is delivered, it will be exposed to the risk of a hefty fine and an order to return to the pre-concentration status.

The current notification threshold is based on the turnover of the "group" of the participating undertakings. As a result, companies with a group background of a certain scale should accord high priority to assessing whether the obligation to notify a concentration is thereby triggered when negotiating transactions such as mergers and acquisitions or the establishment of new joint ventures.

The review procedures of concentration notification, also called merger filing, can be divided into simplified and ordinary procedure. Generally speaking, it takes 1-2 months (from the time of filing) to complete the review in the simplified procedure and 3-6 months (from the time of filing) to complete the review in the ordinary procedure, except for filing that may subject to remedies. In addition, the requirements of filing documents for the simplified procedure are simpler compared with those of ordinary cases.

After the notification is submitted, the anti-monopoly enforcement agency will assess whether the concentration may have the effects of excluding or restricting competition and proceed to render the decision of unconditionally approval, conditional approval, or prohibiting the concentration. For the vast majority of merger filing cases, unconditional approval was granted. Among the released concentration of undertakings cases that have been examined and approved, only less than 2%were approved with remedies. In addition, as of August 25, 2022, China's antitrust enforcement agencies had published only three cases in which they decided to prohibit the transaction, including the Acquisition of *Huiyuan* by *Coca-Cola* (2009), the Establishment of Network Centers by *Maersk Line*, *Mediterranean Shipping* and *CMA CGM* (2014), and the Merger of *Huya* and *Douyu* (2021).

2. Compliance Highlights: Pharmaceutical and healthcare companies are encouraged to take the following measures to mitigate potential risks of failure to notify and the potential negative impact of the merger review procedure on transaction arrangements:

- In the stage of transaction negotiation and due diligence, pharmaceutical and healthcare companies are suggested to assess whether the transaction may trigger the filing obligation in mainland China and whether there are potential competition concerns, and prepare in advance the market definition, and collect market share data and other materials and information required for the filing in order to shorten the review time as far as possible.
- When negotiating transaction agreements, it is suggested to take full account of the merger review procedure, such as devising terms on closing conditions, closing date (including the extension), and the liability for failure to close to the favor of the company based on the above assessment. Meanwhile, it is recommended to stipulate in the transaction agreement that both parties should actively cooperate and take reasonable efforts to collect and submit relevant documents and materials as required during the review process of merger review within the time limit set by the relevant competent authority.

12.2 Typical Cases of the Pharmaceutical and Healthcare Industry and Implications

12.2.1 Horizontal Monopoly Agreement: the *Changzhou Siyao Pharmaceutical* Case

12. 2.1.1 Brief of Facts

On July 22, 2016, Changzhou Siyao Pharmaceutical Co., Ltd. ("Siyao"), Shandong

Xinyi Pharmaceutical Co., Ltd. ("Xinyi") and Huazhong Pharmaceutical Co., Ltd. ("Huazhong"), were punished by the National Development and Reform Commission ("NDRC") for entering and implementing a horizontal monopoly agreement in the sale of estazolam API and tablets. The NDRC ordered the parties to immediately terminate the violations and imposed a fine of 2.5% of the sales of estazolam tablets in 2015.

The NDRC found that the above companies entered and implemented the monopoly agreements of "joint boycott" regarding eszopiclone API and "fixing or changing commodity prices" regarding eszopiclone tablets during 2014 and 2015.

- During September and October 2014, the relevant personnel of Siyao, Xinyi and Huazhong met in a hotel room in Zhengzhou ("Zhengzhou Meeting") to discuss the arrangements relating to the API and tablets of eszopiclone. It was agreed that the parties will not supply the API of eszopiclone to the fourth party and uniformly increase price of eszopiclone tablets. The detailed agreements included: First, each company produced eszopiclone API only for its own production of tablets and will no longer sell to the external parties; second, a tacit agreement to collectively increase prices of eszopiclone tablets constituted, though no exact price increase level reached. Huazhong made a proposal for the joint increase of eszopiclone tablets to 10 cents/piece, which provided other companies with a definite expectation of price increase scope.
- Those three companies indeed implemented the monopoly agreement of "joint boycott", and significantly reduced quantities of external sales. The downstream tablet manufacturers said when they contacted those three companies several times after December 2014 for procurement, they all refused to supply on the grounds of tight supply and environmental pressure.
- Those three enterprises also implemented the monopoly agreement to "fix or change the price of commodities" for eszopiclone tablets. Specifically, following the Zhengzhou Meeting, the three enterprises issued price adjustment letters on December 4, 2014, June 29, 2015, and January 6, 2016, and gradually increased the ex-factory price of eszopiclone tablets through these price adjustments. During the period of the cases, the three enterprises communicated several times on the issue of price adjustment. Since 2015, the average price of eszopiclone tablets of the three enterprises had shown a significant increase with highly consistent timing. The increased price was basically identical to the price increase target of 10 cents/tablet proposed by Huazhong at the Zhengzhou Meeting.

12. 2.1.2 Implications and Compliance Risk Alerts

As the exchange of competition-sensitive information among competitors may lead to agreements of a monopolistic nature regarding the price, cost, and sales regions of products, it thus becomes a scenario of high antitrust risk. When competitors exchange competitively sensitive information and there is parallel behavior that involves the foregoing elements, it may be found that concerted behavior has been implemented that raises antitrust risks even if there is no explicit agreement. Generally, competitively sensitive information includes prices, discounts and discount policies, bidding programs or strategies, customers, suppliers, terms or conditions of sale, policies, or strategies for negotiating with customers, revenues, profits or margins, costs, new product development/project strategies, business expansion and contraction plans, etc.

The NDRC found in the above case that (1) Siyao participated in the meeting to negotiate the joint price increase of eszopiclone tablets, and that the participants did not object explicitly to the proposed price increase, nor did they proactively disclose this fact to the anti-monopoly enforcement agency: (2) after the meeting, Siyao and the other two companies issued price adjustment letters within one month, and the timing of price increase was basically the same. The NDRC, thereby, concluded that Siyao had entered into and implemented the monopoly agreement to "fix or change the price of eszopiclone tablets", and handed down a penalty decision. This reveals that there is a high antitrust risk in the contact and communication with competitors.

12.2.2 Vertical Monopoly Agreement: the *Yangtze River* Case

12. 2.2.1 Brief of Facts

On April 15, 2021, Yangtze River Pharmaceutical (Group) Co., Ltd. ("Yangtze River") was punished by the SAMR for entering and implementing monopoly agreements of fixing and limiting price in the retail channels of lanqin oral solution, bailemian capsule, astragalus essence, ipastar tablet and su huang cough capsule. The SAMR ordered Yangtze to terminate the violations and imposed a fine of 3% of its 2018 annual sales, totaling more than RMB 764 million.

From 2015 to 2019, Yangtze River entered into monopoly agreements to fix and limit resale prices with counterparties by signing cooperation agreements, issuing price adjustment letters and verbal notifications, as follows:

- **Agreements with primary distributors:** From 2015 to 2019, Yangtze River entered into an annual Purchase and Sales Agreement with primary distributors in order to regulate the sales practices of primary distributors. This Purchase and Sales Agreement contained content related to fixing and limiting prices.
- **Tripartite agreement with secondary distributors:** From 2015 to 2019, in order to regulate the sales practices of secondary distributors, Yangtze River also entered into an annual Tripartite Agreement with secondary distributors and their corresponding primary distributors. This agreement also contained content related to fixing and limiting prices.
- **A strategic service agreement with pharmacy chains and other retail pharmacies:** From 2015 to 2019, to regulate the sales practices of pharmacy chains and other retail pharmacies, Yangtze River signed form contracts with pharmacy chains and other retail pharmacies, which contained content related to fixing and limiting prices.
- **Issuance of price adjustment letters or price adjustment notices:** In addition, Yangtze River also requests counterparties to adjust drug prices by issuing price adjustment letters or price adjustment notices to reach *de facto* "agreements" with them to fix and limit prices.
- **Verbal notification through salespersons:** Yangtze Review as well informed its salespersons through telephone, WeChat, and home visits, directly requesting the counterparties to set or adjust the sales price of the drugs in accordance with Yangtze River's price policy.

Yangtze River's monopoly agreements of fixing and limiting resale prices were effectively carried out in all stages of the retail channel. Yangtze River also reinforced the implementation of fixing and limiting price agreements by establishing rules, tightening assessment and supervision, punishing distributors for price disruptions, and commissioning intermediaries to maintain prices, etc. About 92% of the investigation respondents acknowledged the existence of the agreements and their implementation.

- **Established rules and refined drug price control:** Yangtze River built a complete system of company price management system, including outlines, regulations, and detailed implementation rules, which provided detailed provisions on all aspects of drug price monitoring and control.
- **Enhanced the assessment and monitoring to ensure the strict implementation of fixing and limiting price agreements:** Yangtze River developed a refined performance assessment system and monitoring mechanism to stimulate sales staff s and distributors at all levels to strictly implement the fixed and limited price policy. First, the agreement strictly prohibited distributors from cross-region sales. Second, it forbade sales staff at all levels to cross region sales by means of internal fines and other means. Third, it arranged sales personnel from different regions to investigate the price of drugs in drugstores either openly or secretly.
- **Established penalties to maintain the fixing and limiting price system:** Yangtze River signed various agreements with distributors at all levels, providing that once a distributor had engaged in price disruptions and cross-region sales, it would be subject to penalties such as withholding bonuses, suspending expense reimbursement, and discontinuing goods supply. Some of the price adjustment letters issued by Yangtze River also involved the threat of stock cutting and the disqualification of distributors.
- **Hired intermediaries to monitor online retail prices:** Yangtze River signed a cooperation agreement with a company on May 6, 2019, authorizing this company to monitor the online retail prices of its five priority drugs. The company agreed with Yangtze River that "the price displayed on the website will be the price stipulated in the agreement; and all the products under the agreement will be maintained at the agreed price so that the current online price will be directly maintained at the agreed price." The company also routinely submitted price information monitoring and processing results of all the merchants to Yangtze River. According to several reports presented by the company to Yangtze River, the number of low-priced merchants on each platform had been markedly reduced since the supervision system was launched, and prices are increasingly in line with Yangtze River's requirements.

12. 2.2.2 Implications and Compliance Risk Alerts

In this case, the SAMR found that Yangtze River had implemented a vertical price-fixing agreement primarily on the basis of two facts: (1) Yangtze River entered into a cooperation agreement containing fixed and restricted resale price with the counterparties, sent price adjustment letters/notices to the counterparty and verbally notified the adjustment of sales price through the salespersons; (2) Yangtze River established supervision and punishment rules to secure the enforcement of price restrictions by punishing distributors for price disruptions and appointing intermediaries, etc. In this case, although the SAMR did not treat the geographical restriction as a separate vertical non-price monopoly agreement, it found in the facts that Yangtze River "strictly prohibited distributors from cross-region sales by agreement", and "prohibited sales staff at all levels from cross-region sales by internal fines" in determining the facts that Yangtze River "enhanced the assessment and monitoring to ensure the strict implementation of fixing and limiting price agreements".

For pharmaceutical and health care companies, it is recommended that internal professionals or external legal counsel assess whether there exists a risk of being considered a vertical monopoly agreement while merchandising that involves restrictions on downstream undertakings' prices, sales areas or channels, especially for companies with the market power. In practice, manufacturers, wholesaler and other entities may offer suggested or reference resale/retail prices to downstream undertakings to facilitate more reasonable sales of goods. If such prices only serve as the reference without any compulsion, they do not fall into the category of vertical price fixing agreements prohibited by the AML.

12.2.3 Abuse of Market Dominant Position: the *Kanghui Pharmaceutical* Case

12. 2.3.1 Brief of Facts

On April 9, 2020, Shandong Kanghui Pharmaceutical Co., Ltd. ("Kanghui"), Weifang Puyunhui Pharmaceutical Co., Ltd. ("Puyunhui") and Weifang Apollo Medicine Co., Ltd. ("Apollo") were punished by the SAMR for committing abuse of market dominance in the market of selling calcium gluconate API for injection in China. The SAMR ordered the parties to immediately terminate the illegal acts, confiscated the illegal proceeds and imposed fines of 10%, 9% and 7% of the annual sales in 2018, respectively.

1. Determination of the subject to be punished

The SAMR established that although Kanghui, Puyunhui and Apollo were registered as independent legal persons, the three enterprises collaborated and co-operated closely in the implementation of monopolistic acts.

- Kanghui exercised control over Puyunhui through personnel appointments, business control and financial contacts; and decided the transaction targets, transaction prices, and transaction quantities for Apollo's purchase and sale of calcium gluconate API for injection by sending instructions to Apollo. After extracting its share of the sales profits from the sale of calcium gluconate API for injection, Apollo reimbursed most of the profits to Kanghui through various forms.
- In the course of operating products such as calcium gluconate API for injection, both Puyunhui and Apollo were under the control of Kanghui and carried out their business activities as instructed by Kanghui, lacking the independent will to operate: (1) Kanghui regarded the two companies as its constituent departments and coordinated related matters through the *Working Contact Sheet*; (2) when counting product inventories, Kanghui aggregated its inventory with those of Puyunhui and Apollo as the total inventories; (3) when Kanghui conducted business with some customers, it was completed via Puyunhui and Apollo, resulting in Kanghui's possession of full control over the product transactions of Puyunhui and Apollo.

2. Determination of the subject to be punished

The SAMR found that Kanghui, Puyunhui and Apollo abused their dominant positions in the market for the sale of calcium gluconate API for injection in China during the period concerned and committed acts of "selling goods at unfairly high prices" and "imposing unreasonable trading conditions".

(1) Selling goods at unfairly high prices:

- Compared with purchase costs, the sales price of the three companies involved in the case was evidently unfair. Three companies involved in the case purchased raw materials of calcium gluconate API for injection from Zhejiang Ruibang Pharmaceutical Co., Ltd. and Jiangxi Xinganjiang Pharmaceutical Co., Ltd., and then sold them to the public at a price several times higher than the cost price, lifting the price from 9.5 times to 27.3 times.

- Compared with historical prices, the sales prices of the three companies were evidently unfair. Following the control of the sales market by three involved enterprises, the sales price of calcium gluconate API for injection increased from 19 times to 54.6 times in 2017 compared with 2014.
- Three companies concerned sold APIs at unfairly high prices through internal price increases layer-by-layer. After Kanghui and Puyunhui had procured the APIs of calcium gluconate for injection, Apollo would sell them to the preparation manufacturers, improving the sales price through internal invoicing and circulating within the three involved enterprises.

(2) Attaching unreasonable trading conditions:

- Three companies concerned compelled the preparation manufacturers to repurchase the produced calcium gluconate injection to the parties or act as their substitute factories, selling calcium gluconate injection as instructed, otherwise, the three companies would cut off the supply.

12. 2.3.2 Implications and Compliance Risk Alerts

The SAMR slashed a maximum penalty of a 10% fine of the preceding year's sales to Kanghui in this case, and penalties for the other two parties were also as high as 9% and 7% of the preceding year's sales, respectively. The case is of great significance for anti-monopoly compliance of pharmaceutical and health companies.

First, if the enterprises have a controlling relationship with each other in operation activities, they might be identified as the same party under the AML, and the antitrust risks arising from the behavior of affiliated enterprises in such cases need to be highly evaluated. In this case, the SAMR identified three companies concerned as the same subject based on their affiliation relationship and analyzed the market dominant position, and the abusive behaviors. Through a full assessment, the SAMR applied the "single economic entity doctrine" as a matter of fact. Namely, if there is a control relationship between companies in their business activities, even if they are all independent registered legal persons, there may still be considered to be one single undertaking. For affiliated companies with closer management relationships in business activities (e. g., parent company and subsidiaries, sibling companies within a group, etc.), particular attention needs to be placed on the compliance risks

Second, when determining or adjusting commodity prices, enterprises with the market power are supposed to make a prior assessment of the justifications and avoid the risk of being found unfairly overpriced. Although the price adjustment normally falls within the autonomy of enterprises, there may be anti-monopoly risks for companies with a dominant market position if the adjustment of product prices exceeds a reasonable range It is recommended to consider factors such as whether there is a positive and close correlation between changes in costs and prices, whether there is a wide gap compared with historical prices, and whether the price increase is within the range acceptable to downstream undertakings. To avoid the risk of being found unfairly overpriced by antitrust authorities or courts, it is recommended that companies retain the documents on which the assessment of prices is based, including but not limited to minutes of meetings, internal resolutions, market research reports, etc.

12.2.4 Antitrust Litigation Cases

12. 2.4.1 Antitrust Civil Litigation: *the Yangtze v. Hefei Medical Industry Case*

Company conducting monopolistic acts would face not only the risk of bearing legal responsibilities of administrative penalties such as fines, but also the potentional risk of civil liabilities such as terminating infringement and compensating damages if such acts cause losses on others. The contents of contracts and articles of trade associations that violate the AML may also be found invalid. As the scope of the exclusion and restriction of competition arising from monopolistic acts may include competitors in the same industry, upstream and downstream undertakings and end consumers, etc. and these entities may file civil antitrust lawsuits against monopolistic behavior and demand the performer bear the relevant responsibilities.

In the case of Yangtze River Pharmaceuticals v. Hefei Medical et al, the plaintiffs Yangtze River Pharmaceutical Group Guangzhou Hairui Pharmaceutical Co., Ltd. and Yangtze River Pharmaceutical (Group) Co., Ltd. (collectively referred to as "Yangtze") are the manufacturers of desloratadine citrate tablets. The plaintiffs sued the defendant, Hefei Medical and Pharmaceutical Co., Ltd. ("Hefei Medical"), Hefei Enruite Pharmaceutical Co., Ltd. ("Enruite") and Nanjing Hicin Pharmaceutical Co., Ltd. ("Hicin") for abusing their dominant market position in the Chinese market of desloratadine citrate API by committing acts of restrictive trade, unfairly overpriced sales, tie-in sales, and imposing unreasonable trading conditions. The plaintiffs requested that the defendant Hefei Medical and other undertakings terminate monopolistic acts and bear the liabilities of compensation.

On March 18, 2020, the Nanjing Intermediate People's Court of Jiangsu Province issued a first instance judgment on the plaintiff Yangtze's claims, including: (1) Hefei Medical and Enruite should immediately cease the monopolistic infringement and confirmed the partial or total invalidity of the relevant agreements signed between Yangtze, Hefei Medical and/or other subjects; (2) Hefei Medical and/or Hefei Enruite should compensate Yangtze for the total amount of economic damages and attorney's fees amounted to nearly 70 million RMB.

12. 2.4.2 Reverse Payment Agreement: The *AstraZeneca v. Aosaikang Case*

A reverse payment agreement usually refers to an original drug company paying a certain fee (usually at a higher level) to a generic drug company when a drug patent is about to expire or has expired, agreeing that the generic drug company shall not enter the relevant market during the term of the agreement. Since the reverse payment agreement restricts potential market players from entering the relevant market and is likely to result in high product prices, it poses a high risk of antitrust issues in practice.

On December 17, 2021, the Supreme People's Court ("SPC"), in the case of AstraZeneca Ltd ("AstraZeneca") v. Jiangsu Aosaikang Pharmaceutical Co. Ltd. ("Aosaikang"), ruled on AstraZeneca's application for withdrawal of the appeal, which included an antitrust judicial review of "reverse payment agreements" for pharmaceutical patents for the first time and clarified that such agreements are subject to antitrust judicial review, for which the path of analysis was also clarified.

• SPC found that the settlement agreement concerned is a "reverse payment agreement" of drug patents, i. e., the drug patent right holder promises to compensate the generic applicant for direct or indirect benefits (including disguised compensation such as reducing the generic applicant's negative benefits), and the generic applicant promises not to challenge the validity of the related patent and delay the entry into the related market.

- SPC clarified the analysis path for the antitrust jurisdiction review of the "reverse payment agreement" of the drug patents: the comparison between the actual situation and the hypothetical situation of not signing and fulfilling the relevant agreement, with emphasis on the possibility that the generic applicant has not withdrawn its invalidation request. The analysis can be based on whether and to what extent the agreement would harm competition in the relevant market.

12.3 The Systematic Solution for Antitrust Compliance in the Pharmaceutical and Healthcare Industry

As mentioned above, pharmaceutical and healthcare companies are under the focus of global antitrust enforcement, and antitrust compliance risks may emerge in all aspects of their business. To prevent or reduce antitrust compliance risks to the most extent, pharmaceutical and healthcare companies need to guarantee an effective systemic solution for antitrust compliance. The key points involve the aspects as follows:

12.3.1 To Build a Comprehensive Antitrust Compliance System

To minimize potential antitrust compliance risks, companies may need to review their existing antitrust compliance systems to ensure at least the following criteria has been satisfied:

- A detailed and achievable compliance management mechanism and processes, which should be readily comprehensible and accessible from the perspective of both managers and operational staff.
- The department/team taking charge of the compliance management shall have enough authority and resources which should be composed of senior management personnel and department heads, and operated under the guidance and assistance of the legal department meanwhile seeking assistance from external counsel if necessary.

12.3.2 To Incorporate Effective Compliance Management Tools

To facilitate effective antitrust compliance management, enterprises need to embed effective compliance management tools into their antitrust compliance mechanism, including but not limited to:

- Conducting regular antitrust compliance checkups (including document reviews and personnel interviews) to keep track of whether antitrust risks exist in the corporates, the degree of potential risk, and what positions are exposed to the risks, etc.
- Developing user-friendly antitrust compliance guidelines for high-risk positions.
- Conducting periodic antitrust compliance training for personnel in high-risk positions.

12.3.3 To Establish Antitrust Compliance Safeguards

The antitrust compliance not only owes a high degree of attention to the company's management but also hinges on effective compliance safeguards, including but not limited to:

- Integrating compliance requirements within staff appraisals and deducting performance bonuses for personnel who violate compliance requirements.
- Requiring relevant executives to sign a compliance commitment.
- Establishing an in-house anonymous and rewarding reporting system for potential monopoly violations, thereby facilitating the timely detection and treatment of risks.
- Conducting regular and casual checks for the compliance maintenance, with the target on business contracts, management systems, business correspondence emails, etc., and having interview with relevant personnel in each department.
- Conducting regular or casual antitrust compliance tests on company management and employees to deepen their understanding of antitrust compliance.

In addition, the platform economy sector has been the major focus of antitrust regulation since 2020, with a large number of Internet companies being penalized. Companies in areas such as Internet healthcare should devote great attention to the antitrust compliance risks of data, algorithms, technology, and platform rules in the following aspects:

- For the company with a dominant market position, behaviors like differential trading conditions imposed on users through big data and algorithms may constitute differential treatment.
- For the company with a dominant market position, behaviors like a collection of non-essential user information may constitute an act of imposing unreasonable trading conditions.
- For the company with a dominant market position, behaviors involving setting unreasonable restrictions and barriers by platform rules, algorithms, technology, traffic allocation and other aspects to make it difficult for the counterparty to carry out transactions may constitute a refusal to deal.
- Concerted behaviors among enterprises through data, algorithms to exclude or restrict competition, or spoke-and-hub conspiracy reached through platforms may constitute the conclusion or implementation of monopoly agreements.
- An enterprise may be deemed implement vertical monopoly agreements or abuse the dominant market position by limiting the price of products or other trading conditions for the counterparties through data and algorithms.

13 | Criminal Compliance in Healthcare Industry

13.1 Overview of Medical Criminal Compliance

13.1.1 Basic concepts of criminal compliance

Compliance means "complying with rules or legal requirements". The term was first used in the medical field to denote compliance with medical advice. It was then used in the field of corporate economics denoting to compliance with laws, standards, and directives within the enterprise.

According to Article 2 of *the Guidelines for the Compliance Management of Central Enterprises* (for Trial Implementation) issued by the State-owned Assets Management and Supervision Commission of the State Council, compliance refers to the operation and management behavior of central enterprises and their employees that aims to meet the requirements of the laws and regulations, regulatory provisions, industry standards, articles of association, rules and regulations of enterprises, and international treaties and rules.

In recent years, compliance was introduced into the field of criminal justice and transformed into an internal control mechanism to prevent, detect, and stop crimes within the enterprise. Although corporate criminal compliance is a subordinate concept of corporate compliance, it forms the core content of corporate compliance. Judging from the development of corporate compliance, corporate criminal compliance is an important external force to promote the development of corporate compliance. Its basic connotation is an internal prevention and control mechanism for criminal risks.

In 1991, the US Federal Sentencing Commission issued the "*Guidelines for Sentencing by Federal Organizations,*" which stipulated that criminal compliance refers to "the internal control mechanism used to prevent, detect and stop corporate crimes."The fact that an enterprise has effectively complied with the law, if it is prosecuted and convicted for the violation of the law by its agent, may enable the enterprise to reduce the penalty. After the Enron and WorldCom scandals broke out at the beginning of this century, the US Department of Justice revised the "*Federal Rules for the Prosecution of Companies*" on the basis of applying a large number of criminal compliance measures in dealing with corporate crimes in exchange for deferred prosecution, which enabled the companies involved to avoid criminal censure. Germany, Japan, Chile, Hungary, Poland, Portugal, Switzerland, and other countries also have laws relating to compliance programs. Since 2020, to achieve the unification of the legal, political, and social effects in judicial handling, China's judicial organs began to apply criminal compliance on the basis of exploring the relative non-prosecution of the enterprises involved.

Some describe criminal compliance as follows: In order to avoid the criminal responsibility brought to the enterprise by its related behaviors or those of its employees, the state enables the enterprise to identify, evaluate, and prevent its criminal risks by the standards of criminal law through positive incentives and responsibility attribution in criminal policies, and to formulate and implement plans and measures to comply with criminal law. Some people also think that criminal compliance is a set of management system that meets the regulatory requirements, with enterprises as the core, and based on the purpose of preventing and reducing criminal crimes committed by enterprises and employees, as well as avoiding and reducing legal responsibilities and damages caused by criminal crime.

According to Article 1 of *the Measures for the Construction, Evaluation and Review of Compliance of Enterprises Involved in a Case* (for Trial Implementation) jointly formulated by the Supreme People's Procuratorate, the Ministries of Justice and Finance, and nine other departments, compliance construction of enterprises involved in the case refers to the activities of the enterprises involved in the case to formulate special compliance rectification plans, improve the corporate governance structure and internal rules and regulations, and form an effective compliance management system for compliance risks that are closely related to suspected crimes. Corporate compliance focuses on the "involved" enterprises and pays attention to rectification and construction after the corporate crime, which is corporate criminal compliance in a narrow sense. In a broad sense, corporate criminal compliance should include the construction of corporate internal management standards before the case takes place (preventive mechanism), and should, in the process, monitor and provide remedies after the event for relevant illegal and criminal acts, guided by the avoidance of compliance risks.

The establishment of a criminal compliance system includes preventive criminal compliance with the original intention of preventing criminal legal risks, and the formulation of rules and regulations as part of daily operations to urge employees, business partners, and relevant third parties to conduct business activities in keeping with regulations, that is, prior compliance, which is an active form of compliance. It includes non-prosecution criminal compliance, that is, post-event compliance, which aims at reducing criminal responsibility and formulates rectification and correction plans after the occurrence of a criminal case in exchange for a lenient punishment from the judicial organ, which is negative compliance. As *ex-post* compliance is carried out on the premise that criminal law has been violated and is only applicable to minor criminal cases, it is less important when compared to *ex-ante* compliance.

Corporate compliance is a self-regulation and self-prevention mechanism established for related risks. It is mainly "corporate self-compliance" and is not equal to "entrepreneur's compliance." Criminal compliance aims to enable enterprises to carry out effective internal compliance supervision over employees, customers, subsidiaries, and business partners.

13.1.2 Importance of Criminal Compliance of Medical (Pharmaceutical) Enterprises

Criminal risk is the most severe form of risk that an enterprise may face in its operations. Corporate criminal compliance involves an internal prevention and control mechanism that aims to address the risks involved in crime. Its basic function is to reduce the risks of corporate crimes and its additional function is to encourage enterprises to reasonably assume social responsibilities.

Medical-related enterprises such as those that handle medical treatment, medicine, and medical devices, as well as big health enterprises provide products that concern the health and safety of the public. In a complicated market competition environment, some medical (pharmaceutical) and health enterprises (MPHEs), to seize benefits to the greatest extent, tend to take the shortcut in production and operation processes in pursuit of quick success and instant benefits, and wander into the "gray zone". They even stride the legal red line on some occasions. Other decision-makers in MPHEs operate in good faith and in accordance with the law, but ignore the standard management of employees and the construction of corporate culture. Some employees use their authority to engage in illegal and criminal activities to steal their personal interests from the enterprise and eventually lead themselves and the enterprise to a dangerous situation. Such stories are everywhere and thought-provoking.

Once an enterprise is involved in a criminal case, it will have to burden a great negative impact on its own development. When judicial authorities investigate such enterprises, it is highly probable that the parties suspected of committing crimes will be detained. At the stages in the criminal proceedings, judicial organs will take measures such as sealing up enterprise premises, seizing property and freezing funds involved in the case, and summoning and arresting personnel at important posts, which will seriously affect the production and operation of the enterprises involved in the criminal case. When the verdict of the case is settled, the relevant parties shall bear the penalty of imprisonment, which will affect their own and their immediate family members' employment. Some enterprises established for criminal purposes will close down because of seizure or cancellation. Aside from bearing huge fines and industry restraining orders, ordinary enterprises will face secondary disasters. As the saying goes, "good things never go out, bad things spread far and wide". Bad criminal records will damage the reputation and credibility of enterprises, leading to the loss of partners and customers and ruin the development prospects of enterprises. According to the US Department of Justice, "suing a company is tantamount to sentencing the company to death."

Today, modesty is advocated in criminal law to achieve maximum social benefits with minimum penalty expenditure. The traditional strict management model is no longer the last resort to deal with corporate cases. The modern law enforcement philosophy is to combine leniency with severity and to "cure the illness and save the patient". It is of great significance for medical enterprises that violate criminal law to pass criminal compliance checks, and for the organic unification of legal and social effects.

As a legal effect, the deterrent force of increasing punishment is not high, especially for large enterprises. The punishment of hundreds of millions of yuan to enterprises with tens of thousands of people will not affect the dividends of their shareholders, the performance of senior executives, the salaries of employees, etc.; the punishment of individual personnel will not deter others from taking chances, either. Compared with the disposal of property and the punishment of individuals, it is more critical to adjust the management system on which the enterprise survives and operates.

Some enterprises' illegal behaviors have "excusable" reasons to some extent, such as paying bribes under duress, surrendering to the hidden rules of the industry, being cheated by internal personnel, the enterprise's operation system being too complicated to be effectively controlled, dealing with unexpected events inappropriately, understanding laws and regulations incorrectly, and incomplete supervision system in the initial stage, etc. The imposition of heavy penalties indiscriminately is too simple, crude, and unreasonable. It is not conducive to the long-term development of the enterprises, which lead to the entire social and economic development. It will lead to the unemployment of enterprise employees and the decline of the industry. Pharmaceutical enterprises can bring forth serious social problems such as the shortage of clinical treatment drugs and/or medical devices. The establishment of a corporate criminal compliance system can prevent corporate criminal offenses, enhance corporate awareness and the ability to abide by the law, and ultimately optimize the business environment of the entire society.

If the medical, pharmaceutical, and health enterprises want to become bigger and stronger, they cannot rely solely on their personal moral qualities or interpersonal relationships. The "rule of man" lacks a system guarantee. When whether or not they make mistakes depends on luck, the risk will be too great. We cannot wait for the judicial organ and administrative authority to correct mistakes afterwards. At the material time, a big mistake has been made. Even if it is corrected, the losses already caused cannot be recovered.

General Secretary Xi Jinping once pointed out that "private entrepreneurs should be upright and take the right path. They should concentrate on running enterprises, abide by laws and regulations, and improve the competitiveness of enterprises in compliance with laws." Many scholars have combined the corporate compliance plan with corporate crime prevention and believe that the compliance plan is the best way to prevent corporate crime. Criminal compliance of MPHEs implies seeking to explain criminal compliance from the perspective of meeting the needs of these enterprises, with a focus on building a set of long-term applicable codes of conduct that can be integrated into the daily production and operation activities of such enterprises, with criminal laws, regulations, and policies serving as the main code of conduct for their employees. The intention is to help these enterprises reduce and avoid the risk of assuming criminal responsibility, and forming a law-abiding and positive atmosphere within the enterprises. This will culminate in creating a self-monitoring system for the sustainable development of these enterprises.

A complete criminal compliance system can help MPHEs effectively prevent criminal risks, improve their awareness and ability to regulate their operations, safeguard their legitimate rights and interests in accordance with the law, and prevent them from being hit hard by penalties or abusing by other criminals. It can guide MPHEs to make timely rectifications after committing a crime as a condition for relative non-prosecution or lenient sentencing and save those enterprises that have made mistakes but still have value. Some scholars believe that the role of corporate compliance construction is to affect corporate sentencing conviction. Corporate compliance can be used as a basis for MPHEs to perform their duties in accordance with the law, cutting off criminal acts committed by individual staff members and individuals and thus becoming the plea of innocence for enterprises.

13.1.3 Common legal risks in MPHEs

1. Common types of crimes of medical (pharmaceutical) health enterprises

The first segment covers crimes that disrupt the order of the socialist market economy. Chapter 3 of *the Criminal Law* addresses this type of crime and seeks to crack down on the criminal acts that disrupt the order of the market economy and maintain the healthy operation of the socialist market economy. The crimes that MPHEs may be involved in under this category include producing and selling fake and inferior products and drugs, and substandard medical equipment, and disrupting the administration of drugs. The crime of disrupting the management order of companies and enterprises, such as the crime of falsely reporting registered capital, the crime of falsely making capital contributions, the crime of withdrawing capital contributions, the crime of fraudulently issuing securities, the crime of illegally disclosing, the crime of not disclosing important information, etc.; Crimes against tax collection and administration, such as tax evasion, evading the recovery of overdue taxes, falsely issuing special invoices for value-added tax (VAT), defrauding export tax rebates, offsetting tax invoices, and falsely issuing invoices; the crime of infringement of intellectual property rights, such as the crime of counterfeiting a registered trademark, the crime of selling a commodity with a counterfeit registered trademark, the crime of counterfeiting a patent, the crime of infringing on a commercial secret, the crime of stealing, spying, buying or illegally providing a commercial secret for a foreign country; Crime of disrupting the market order, such as crime of damaging commercial reputation, commodity reputation, crime of false advertisement, crime of colluding in bidding, crime of contract fraud, crime of illegal operation, crime of evading commodity inspection, etc.

The second is the crime of disrupting social administration. Chapter 6 of *the Criminal Law* addresses this crime, and seeks to maintain a stable social order. The crimes that MPHEs may be involved in under this provision include crimes against public health, such as crimes against the prevention and control of infectious diseases, the spread of infectious disease strains and viruses, border health and quarantine, the production and supply of blood products, illegal collection of human genetic resources, smuggling human genetic resources and materials, illegal implantation of gene editors, cloning of embryos, and animal and plant epidemic prevention and quarantine, and destroying environmental resources, such as the crime of polluting the environment.

The third category is corruption and bribery. Chapter 8 of *the Criminal Law* addresses such crimes, and aims to safeguard the integrity and inviolability of state functionaries. The type of crimes under this section includes bribery and bribery to units, etc. Chapter 3 addresses the crime of bribery by non-state personnel and seeks to punish acts that disrupt the management of enterprises.

The fourth category is the crime of violating citizens' personal rights. Chapter 4 of *the Criminal Law* addresses this crime and seeks to protect citizens' personal rights such as life and health from infringement. The crimes that MPHEs may be involved in under this section include forced labor and violating citizens' personal information, etc.

2. Criminal legal risks of MPHEs

Some of the crimes mentioned above are specific ones that only enterprises in the MPH industry will be involved in, such as producing and selling substandard medical equipment and fake medicines. Some are common criminal risks that all enterprises may encounter, such as illegal operations and falsely making out invoices. There are some crimes that ordinary citizens will commit besides enterprises and employees, such as environmental pollution and infringing citizens' personal information. The victims of the crimes mentioned above and the damage to legal interests can be described as "all-encompassing." Some are citizens, such as in the crime of producing and selling substandard medical equipment and fake medicines, which harms the health and safety of customers. Some are enterprises, such as counterfeiting registered trademarks and infringing on trade secrets. In some crimes, the economic order of the market is affected, such as in the case of false advertisement and collusion in bidding. In some cases, the environment and public health are affected, such the spread of infectious disease strains, toxic species, and environmental pollution. In other cases, the enterprises themselves are victims, such as in the cases of occupation, sabotaging production and operation, and forced labor, which infringe on the enterprise's property, production, and operation activities and the rights and interests of the employees of the enterprise. The perpetrator may be a senior or middle-level manager, an ordinary employee, or the unit itself. Aside from setting up enterprises to commit crimes (when enterprises themselves are the tools of criminals), most enterprises are suspected of committing crimes, which is related to the lack of supervision or non-standard management systems within the enterprises. MPHEs face numerous criminal and legal risks, which may be "stepping on their thunder" in the process of operation. Therefore, it is necessary to guide enterprises to avoid risks, identify hidden dangers, and correct violations through criminal compliance.

13.1.4 Major obligations of MPHEs for criminal compliance

MPHEs has several obligations vis-à-vis criminal compliance. The common ones are as follows:

1. Providing good quality products in reasonable quantities

MPHEs, as a part of the market economy, should fulfill their obligations as enterprises and provide qualified medical services, medicines, medical (sanitary) materials, equipment, health services, and other medical products to their customers. They should standardize procedures for the purchase of commodities and raw materials, review the supplier's qualifications, source of goods, quality and license for production, operations, and products strictly, pay attention to internal approval and management processes, and ensure the quality and quantity of medical (pharmaceutical) products to be placed on the market.

2. Complying with the social administration

MPHEs should pay attention to the protection of public health and environmental resources in the course of research and development of drugs and waste disposal and not cause environmental pollution and the spread of epidemics. Medical ethics should be followed. The illegal collection and smuggling of human genetic resources, illegal implantation of gene editing, cloning of embryos, and other acts are not allowed.

3. Regulate the daily operation of their enterprises

In their daily operations, MPHEs should be honest, follow economic standards and codes of conduct in line with the order of the market economy, and standardize the systems of enterprise registration, securities listing, important information disclosure, financial records, etc. It must pay taxes to the state in full and cooperate with the supervision department in inspections, and strengthen the management of the issuance of VAT invoices. The legitimate rights and interests of the staff and workers of the enterprise shall be protected, necessary material guarantees shall be provided for their work, and the personal and property rights and interests of the staff and workers shall not be infringed upon openly or in a disguised form.

4. Maintain fair and just social atmosphere and market competition order

MPHEs should stick to the bottom line in the fierce market competition, not serve illegitimate interests through bribery, and not commit acts that disrupt the market competition order, such as infringing on the intellectual property rights of others, maliciously interfering with the operation of competitors, false commercial propaganda, bidding, etc.

13.2 MPHEs Common Crime Cases

13.2.1 Bribery

Case: GlaxoSmithKline is the largest pharmaceutical company in the UK and its branch in China is one of the largest multinational pharmaceutical companies in China. To acquire more drug sales channels and raise drug prices, GlaxoSmithKline China used travel agencies and other channels to bribe government officials, pharmaceutical industry associations and foundations, hospitals, doctors, and others. Its senior executives are suspected of economic crimes such as embezzlement and bribery of non-state workers. After this case, GlaxoSmithKline's core business, which is mainly composed of prescription drugs and vaccines, plunged 61% in China.

Interpretation: To attract business, crack down on competitors, and compete for market resources, commercial "reciprocity" has become a common phenomenon in large enterprises. In addition, Chinese society has been a nepotist society since ancient times, and it is a tradition to exchange gifts and pay for others for the sake of maintaining relationships However, once these "reciprocity" measures exceed the limit and are bound up with seeking benefits, they may constitute bribery. The object and subject of bribery include state functionaries. Criminal law addresses bribery because it violates the honesty and integrity of state functionaries' official acts. However, the objects and subjects of bribery are not limited to national staff. It is a crime to bribe a non-state employee to seek illegitimate benefits. It is a crime for a company or enterprise employee who is not a state employee to take advantage of his position to ask for or illegally accept another person's property to obtain many benefits for another person, in economic transactions in violation of state regulations, and to accept rebates or handling fees and keep them all. Such hidden rules have destroyed the normal market competition order, violated the principles of fairness and justice, and hindered the management order of enterprises.

Commercial bribery is rare. Many well-known multinational companies, such as Pfizer, Morgan Stanley, IBM, Lucent, Wal-Mart, Depp, and Airlie Denison, have been suspected of commercial bribery in China. Bribery can help gain priority in market competition in the short term, but when the case is exposed, it will seriously affect the reputation of the enterprise. The enterprises involved in the case will also be subject to health administrative penalties and included in the "blacklist" of the Health and Wellness Committee, and will be restricted from bidding in the medical and health industry. After the incident, GlaxoSmithKline's shares of two core businesses plunged by more than half in China, which is the lesson of blood.

13.2.2 Illegal business operations

Case: Guangdong Lianjiang Fuben Medical Device Co., Ltd. is engaged in medical devices. With the outbreak of COVID-19 in 2020, a citizen reported that the company increased the selling price of disposable medical masks to RMB600 per box on Tmall platform, which was 12 times the usual price. On January 31, 2020, Lianjiang Public Security Bureau initiated an investigation, and on the same day, Tan Moumou, a man suspected of illegal business operations, was arrested in Anpu Town, Lianjiang City. After examination, Tan, in violation of the State's regulations on market operation and price management during the period of preventing and controlling sudden epidemics of infectious diseases and other disasters, bid up prices and profiteered, with a sales amount of 65,300 yuan, seriously disrupting the market order. He was suspected of committing the crime of illegal business operation. On February 6, Lianjiang People's Procuratorate made a decision to approve the arrest of suspect Tan Moumou.

Interpretation: China's Criminal Law addressed the crime of speculation and profiteering. With the establishment of the market economy system, the 1997 Criminal Law abolished the crime and replaced it with the crime of illegal business operations. Merely engaging in business that is not permitted by the law and not approved by the relevant national authorities constitutes this crime. It has become a natural and legal act for enterprises to earn profits by selling and buying commodities. However, there is still a bottom line for business operations, that is, it is important not to seriously disrupt the market order. Although normal transactions are no longer interfered by the administrative organs, during the outbreak of catastrophic events, the relevant departments will still stipulate the operation scope and price ceiling to ensure the stability of the market order and the protection of the basic living needs of the public. These regulations are necessary restrictions on the market operation behavior in specific periods.

In this case, the defendant, in violation of the above-mentioned regulations, hoarded and bid up the prices of masks, goggles, protective clothing, disinfectant and other protective articles, drugs and other items related to people's livelihood, profiteered, disrupted the market order, and exceeded the normal and lawful behavior of buying and selling in the market economy,. He deserved to be punished for the crime of illegal business operations.

The cases in which a medical (pharmaceutical) health enterprise constitute the crime of illegal business operation include engaging in the business of medical services, dealing in pharmaceutical products and medical (sanitary) materials and medical devices without obtaining the business qualification of the enterprise and the business license for medical services, pharmaceutical products, medical (sanitary) materials and medical devices, selling the pharmaceutical products licensed under the (pharmaceutical) trade name for treatment as health care products, or selling the health care products licensed under the (health) trade name for health care as pharmaceutical products. Whereas some enterprises have qualifications and licenses to operate, other unqualified enterprises and self-employed individuals are allowed to operate under such circumstances.

A gentleman makes money in a right way. In the end, he was imprisoned for playing tricks and taking dishonest advantages.

13.2.3 Crime of selling fake goods

Case: Defendant Cheng Moumou was a pharmaceutical representative of a pharmaceutical company in Nanjing. At the end of January 2020, masks were in short supply in the market. Defendants Cheng and Zhu negotiated to purchase masks and increase their prices while selling to pharmacies to make a profit. On January 21, the two defendants contacted a self-employed household in a commodity wholesale market in Nanjing to purchase masks. Later Ding purchased 51,600 "3M" masks from Zhang, an operator in the same market, for resale to Cheng and Zhu, and told them that they were imitation masks. After investigation, the masks were found to be masks of an inferior quality that were passed off as 3M masks produced by a small family workshop run by Xu. On January 22, Cheng released a message in the drugstore operator WeChat group which he had joined, saying that a batch of masks manufactured overnight by 3M Company for epidemic prevention and control could be supplied to various drugstores. On the night of January 22, Cheng sold the inferior masks to over 20 pharmacies at a price of over RMB309,000 in the lobby on the first floor of the pharmaceutical company where he worked and provided false inspection reports. After verification, the masks were found to infringe the exclusive right to use the "3M" registered trademark, and the filtering efficiency did not meet quality standards.

On January 29 and 30, 2020, the Yuhuatai Branch of Nanjing Public Security Bureau arrested four defendants, Cheng, Zhu, Ding and Zhang, who were suspected of selling fake masks and detained them for criminal cases. The Nanjing Yuhuatai District Procuratorate initiated a public prosecution on February 21. The Nanjing Yuhuatai District Court sentenced the defendants Cheng and Zhu to three years and two months' imprisonment and a fine of 160,000 yuan on March 2 for selling goods with fake registered trademarks. It sentenced the defendant Ding to nine months' imprisonment and a fine of RMB60,000 and Zhang, to six months' imprisonment and a fine of RMB60,000.

Interpretation: Medical drugs and (hygienic) materials and instruments are important tools for disease treatment and epidemic prevention, and concern public health and safety. Commodities sold with fake trademarks infringe upon the legitimate rights and interests of trademark owners (including loss of expected revenue from selling commodities and the reputation of their commodities being damaged owing to poor quality). They also harm the legitimate rights and interests of consumers, disrupt the market order, and undermine the overall anti-epidemic actions.

In recent years, the national judiciary has attached great importance to cracking down on the production and sale of fake and shoddy medical products. The operators of medical (pharmaceutical) enterprises should not make small losses and big gains. They should not use inferior raw materials to produce or buy finished and semi-finished products that cut corners to save costs.

13.2.4 Offenses against citizens' personal information

Case: In November 2018, the leader of a fraud gang in Qidong City, Jiangsu Province was introduced to the staff of a pharmacy in Beijing. He was specially asked to purchase personal information of customers who had purchased drugs for male diseases from the pharmacy online. After that, the gang fabricated a Chinese medicine expert, forged corresponding certificates and photos, and packaged a large box of candy into golden oysters, ginseng, and deer penis slices, etc., which were sold for 1,200 yuan to 1,300 yuan and 600 yuan to 700 yuan, respectively in the form of "quick" and "chronic" treatment plans. Up to the time of the crime, the fraud gang successively contributed over 140,000 yuan to purchase 5,708 pieces of customer's personal information from the staff of the pharmacy, and defrauded over 6,000 victims of more than 33 million yuan in less than 3 years.

Interpretation: One of the most important links in telecom fraud is to target. The simple "Guangfa Hero Post" type of overseas investment fraud advertisement has low efficiency and high cost. If the fraud is carried out precisely for customers with specific needs, the probability of success of the crime will be greatly improved. In the process of performing their duties and providing services, the drugstore personnel sold the personal information of citizens to others, which helped the gang to target patients, and played a key role in the success of the fraud.

In carrying out business activities, MPHEs will gain access to the data of several customers. Once these data are accessed, customers are vulnerable to becoming victims of fraud, theft, and other crimes. Therefore, regardless of whether it is for profit, anyone who violates relevant regulations of the state and sells or provides the personal data of citizens to others, if the circumstances are serious, they shall bear criminal responsibility. According to the judicial interpretation of the Supreme Court and the Supreme Court on cases of infringement of citizens' personal information, if the infringement of citizens' personal information constitutes a crime, not only the illegal income shall be confiscated, but also a fine of 1 to 5 times the amount of the illegal income shall be imposed. Therefore, those who expect to profit by selling others' personal information cannot achieve their goal.

13.2.5 Offenses against trade secrets

Case: Yorit Company is a national high-tech enterprise specializing in research and development, and the production, sales, and service of medical diagnostic products. From 2016 to 2018, many of the company's core research and development personnel left their jobs one after another and set up their own companies. In doing so, they obtained the original company's technology and commercial secrets through improper means, to make profits, which caused huge economic losses to Yorit. After the incident, one of the major suspects was sentenced by a court. Two others are under judicial investigation.

Interpretation: Every enterprise has its own business secrets, including information in important areas such as customer resources, production technology, intellectual property rights, capital flows, etc. This information is not known to the public, has commercial value, and can help the obligee occupy a favorable position in the market by taking appropriate confidentiality measures. Obtaining the trade secrets of others through improper means will infringe upon the legitimate rights and interests of the obligee of trade secrets, and at the same time, destroy the normal market economic order, thus constituting the crime of infringing trade secrets.

Most acts of infringing on trade secrets are carried out to obtain other people's trade secrets through improper means such as theft, bribery, fraud, coercion, and electronic intrusion. The criminals did not take the illegal measures mentioned above, but as employees who once worked in the victim's unit, they grasped the business secrets of the former employers through legal ways. However, the crime of infringing on trade secrets is broad and not limited to illegality of the means of mastering the trade secrets. It is also an act of infringing trade secrets to disclose, use, or allow others to use the trade secrets they hold in violation of the confidentiality obligation or the obligee's requirements for keeping trade secrets.

13.2.6 Environmental pollution

Case: Shanxi biochemical pharmaceutical co., ltd is a pharmaceutical enterprise, that deals in Chinese medicinal materials, herbal pieces, patented medicines, chemical preparations, antibiotics, and other medicines. In July 2019, over 10 kinds of drugs such as norfloxacin capsules and yinhuang granules from the company expired and needed to be disposed of a timely manner. Tian, as the controller, knew that the expired drugs had to be disposed of innocuously, and decided to dump and dispose them without permission. On July 3, 2019, Yan and Lu, the company's staff, drove 3,217.672 kg of expired drugs to Xiaodian district, Taiyuan, for dumping and disposal. After investigation, the expired drugs involved in the criminal case are classified as hazardous wastes in the National Catalogue of Hazardous Wastes.

The court found that the defendant had illegally dumped and disposed over three tons of hazardous waste in violation of state regulations, seriously polluting the environment. Tian, as the person directly responsible for and in charge of the defendant's unit, decided on and arranged for the illegal disposal of hazardous waste by the Company's personnel. Yan and Lu, as the other directly responsible personnel from the defendant unit, committed the act of disposing hazardous waste, which constituted the crime of environmental pollution. The defendants were each fined 50,000 yuan. Tian was sentenced to 10 months' imprisonment and an additional fine of 5,000 yuan. Yan and Lu were both sentenced to six months in prison and fined 3,000 yuan.

Interpretation: Pharmaceutical enterprises produce many drugs that expire after certain periods of time, at which point they will lose their efficacy and produce side effects. Pharmaceutical companies are required to regularly dispose of unsold expired drugs. Although drugs are used to cure diseases and save lives, the chemical elements they contain may have side effects on the human body and cause environmental pollution. The ancients have said that "medicine always has a side effect", not to mention drugs synthesized by modern technology. According to the provisions of the National Catalogue of Hazardous Wastes, "invalid, deteriorated, unqualified, obsolete and fake chemicals and biological products (excluding vitamins and mineral drugs listed in the National Catalogue of Essential Drugs, drugs for regulating water, electrolyte and acid-base balance), and toxic traditional Chinese medicines listed in the Measures for the Administration of Toxic Drugs for Medical Use" are all hazardous wastes and belong to the "toxic substances" stipulated in Article 338 of *the Criminal Law*.

After the expiry of the drug, its components scattered in the environment are highly likely to cause pollution, and can affect the basic functions of soil and water resources, which, in turn, can infringe human health. Expired drugs should be disposed of innocuously and not be dumped, buried, or burned at will. Behavior causing environmental pollution should bear criminal and civil liability. The procuratorial organs will supervise actors in order to repair the damaged environment by instituting public welfare lawsuits. At that point, the actor's fine and expenses toward restoring the environment will be much higher than the cost of the innocuous treatment of drugs.

13.3 Typical Cases of Medical (Pharmaceutical) Criminal Compliance

13.3.1 Criminal Compliance before event

Case: AstraZeneca, a British pharmaceutical company, is an innovation-driven global biopharmaceutical company with production bases in 17 countries. In August 2021, AstraZeneca found in its internal compliance inspection that some employees of its Shenzhen branch had tampered with or participated in the falsification of patient testing reports, allegedly defrauding the medical insurance fund. In accordance with its compliance policy, AstraZeneca dealt with these employees who violated the Company's rules and regulations. It reported the violation to the local medical insurance department immediately and actively assisted the judicial authorities in the investigation. All 17 suspects were arrested.

Interpretation: The basic medical insurance fund comprises an overall fund and a personal account. The basic medical insurance premiums paid by individual employees are included in individual accounts. The medical insurance fund is managed by the medical insurance center and has the attribute of being specially used. The medical insurance fund in the former account can be used by the head of the medical insurance card. The medical insurance fund in the latter account is not the personal property of the insured and can only be used when the head of the medical insurance card has a disease. Those who defraud the reimbursement of this part of money encroach on the funds managed by the medical insurance center and should be investigated for fraud. Some employees of medical units (enterprises) have the authority to query and modify the inspection report information of the head of the medical insurance card. Once these powers are abused, it may cause a large loss of the medical insurance fund. If the staff of a medical unit (enterprise) tampers with or participates in tampering with the patient test report to help the head of the medical insurance card defraud the medical insurance fund, it will constitute a crime of fraud.

AstraZeneca, through a corporate criminal compliance process, discovered the involvement of its employees in criminal activities within the enterprise and reported it to the local medical insurance bureau in a timely manner. It actively assisted the judicial authorities in their investigation and handling, which effectively proved that the employees' individual criminal acts had nothing to do with the enterprise, cleared the criminal responsibility that the enterprise should not have undertaken, and prevented the reputation and normal operation of the enterprise from being severely damaged.

13.3.2 Ex-post criminal compliance

Case: Defendant Guan was the controller of Defendants Shanghai A Medical Technology Co., Ltd. and Shanghai B Technology Co., Ltd. Between 2016 and 2018, Guan, while operating the businesses of Companies A and B, allowed others to falsely issue 219 special invoices for VAT for both companies by way of the payment of invoicing fees through the introduction of others without real transactions in goods, with a total VAT of more than RMB28.87 million, of which tax of more than RMB4.19 million was reported for deduction. In October 2019, Guan XXX truthfully confessed to these acts and paid the taxes due.

In June 2020, the public security organ transferred Companies A and B and Guan to the procuratorial organ for examination and prosecution on suspicion of falsely issuing special invoices for VAT. After the Shanghai Baoshan District Procuratorate accepted the case, it visited the enterprises involved and relevant parties to learn about the operation and asked the local government about their tax payment and employment. The investigation concluded that a leading enterprise in a certain technology field in China and a high-tech enterprise in Shanghai, with strong scientific and technological strength, and it was found that they had made great contributions toward promoting local economic development and employment. The management and staff of this company generally have high academic qualifications, high acceptance of compliance management, strong execution. In short, its compliance construction is feasible. The procuratorial authority urged the enterprise to implement the appropriate compliance commitment.

In November 2020, the procuratorial organ prosecuted Companies A and B, and Guan for falsely issuing special invoices for VAT and applied the system of guilty plea and lenient punishment. In December, the Shanghai Baoshan District People's Court adopted the sentencing recommendations of the procuratorial organs and sentenced Companies A and B to fines of 150,000 yuan and 60,000 yuan, respectively, for falsely issuing special invoices for VAT. The defendant was sentenced to three years' imprisonment and suspended for five years.

After the ruling, the procuratorial organ and tax authority paid a return visit and found that the compliance construction of the enterprises involved still needed improvement. Therefore, the procuratorial organ issued procuratorial suggestions to the enterprises concerned and made a public announcement. It proposed to strengthen the awareness of legal and compliance operations, tighten the business supervision process, and improve tax planning and cost control capacities. The enterprises involved actively responded to the procuratorial suggestions, gradually established effective compliance systems such as compliance audit, internal investigation, and compliance reporting, and engaged professionals to conduct tax planning, thus significantly saving production and operation costs and increasing market share.

Interpretation: The defendant Guan, as the actual controller of the company, fraudulently issued special invoices for VAT to defraud the tax declaration and deduction. As the act was committed in the name of the company, the illegal income belonged to the company and constituted a unit crime. Therefore, the company in which he worked had to bear legal liability and be fined. As the directly responsible person in charge of the company, Guan was subject to punishment.

Both the defendant and the defendant's enterprise were punished, but compared with other cases in which the defendant served his sentence in prison, the defendant's enterprise was discredited, and the defendant in this case was given a suspended sentence. His enterprise did not fall because of the judgment. Guan was shown leniency because he confessed and paid his dues, and presented a remorseful attitude. The second reason is that the defendant enterprise accepted the procuratorial organ's suggestion to carry out criminal compliance, established effective compliance systems such as compliance audit and reporting and internal investigation, and It rectified the problems in the imperfect system, and the incomplete review and imperfect management system in the enterprise in preventing illegal and criminal activities, thus eliminating hidden dangers of illegal and criminal activities in a timely manner. Unlike ex-ante compliance of self-examination and self-correction, ex-post compliance is carried out under the guidance of the procuratorial organ after a criminal case is committed. Although this is a good time to make amends, it is not too late if the enterprises involved learn a lesson and seriously reflect on positive rectification.

13.4 Systematic Solution for Criminal Compliance of MPHEs

Enterprises are the cells of the economy. When an enterprise enjoys vitality, the economy can develop healthily. The establishment of systematic criminal compliance in MPHEs can enable the implementation of a compliance system, promote their and the entire industry's standardized development, and create a firm foundation to enable the steady development of enterprises.

13.4.1 Basic Principles for Criminal Compliance of MPHEs

1. The compliance plan shall be based on the operating characteristics of the enterprise

The business operation, enterprise scale, governance structure, management model, compliance risk, and non-compliance events of different MPHEs vary. For example, the major problems of large MPHEs pertain to bribery, data, and monopoly rights. The major problems of medium MPHEs concern tax payments, environmental pollution, and intellectual property rights. The major problems of small MPHEs pertain to product quality, advertising, and invoice management. Criminal compliance cannot copy the rules and regulations of their peer enterprises, and there is no one-size-fits-all management system in judicial practice. A risk prevention and control system that is suitable for the development of the enterprise should be established for the specific compliance risks of the enterprise (i. e. areas prone to violations of laws and regulations), in order to ensure that the compliance content is feasible, accurate, and effective, and can truly prevent legal risks and plug loopholes in the system, instead of merely creating documents used for show.

2. Compliance implementation requires the establishment of an authoritative, independent, and efficient organizational system

Most medical (pharmaceutical) health enterprises have embarked on the road of breaking the law and committing crimes. This is because of the lack of a well-organized management system, rules and regulations, and the negligence of supervisors in performing their duties. The organizational system of corporate compliance must be authoritative, independent, and efficient. The compliance department and officer should be given a higher administrative level. The operational and compliance governance and financial management systems should be separated. Compliance management should be embedded in all aspects of corporate operation and management, making it a pre-process for all corporate management affairs.

3. The compliance system should be dynamically updated

The criminal risks faced by MPHEs are not unchangeable. When the external market environment changes, laws or policies are adjusted, corporate structures or strategies are changed, and products, customers, and/or partners are upgraded, new legal risks will emerge. The original criminal compliance plan cannot prevent, identify, and eliminate criminal risks. Therefore, there is no once-and-for-all criminal compliance system for MPHEs. It is necessary to establish and implement a continuous and dynamic improvement mechanism for changes in criminal risks.

4. Compliance involves necessary costs and a loss of efficiency

Criminal compliance involves an increase in the approval process and a tightening of decision-making authority, which will have an impact on the operating efficiency of the enterprise. It requires the establishment of a compliance department and the recruitment of related personnel. They think twice about their operations and increase the operating costs of the enterprise. This is a necessary sacrifice for criminal compliance. As the saying goes, the sparrow is small but has all its internal organs. Compliance is essential for the healthy operations of an enterprise. It is not feasible to stop eating just because compliance entails costs and incidental losses. The criminal risks brought about by imperfect criminal compliance will bring far more evil consequences to enterprises than the losses of criminal compliance itself.

5. Compliance enterprises must deal with existing serious problems

Some MPHEs conduct criminal compliance in a tight-knit manner. When the mechanism is established, it does not cover all risk areas. Some employees deliberately evade corporate supervision and commit crimes, which results in the enterprises being involved in criminal cases. Enterprises should deal with, rather than cover up, their shortcomings and all existing illegal and criminal problems. When an enterprise discovers any employee's illegal behavior during internal compliance inspections, it shall report to the administrative organ responsible for supervision in a timely manner. When an employee has been suspected of a crime, they should voluntarily report to the judicial authority and actively cooperate with the investigation. If the employee's personal problem does not affect the enterprise, they can plead in accordance with the law. However, they should correct the existing problem and promise the judicial authority that they will start criminal compliance afterwards to receive leniency.

13.4.2 Basic Elements of Criminal Compliance of MPHEs

1. Issues to be addressed for medical (drug) criminal compliance

MPHEs gets involved in criminal cases for the following reasons. The first is that the decision-making level is eager for quick success and instant benefits and ignores the law and discipline. To make the enterprise stand out in a fiercely competitive market environment, some senior executives may direct their subordinates to engage in illegal and criminal activities. The criminal acts are from top to bottom, and the top beam is not straight and the bottom beam is crooked. Other enterprises have not issued illegal orders at the decision-making level, but think that as long as they can bring economic benefits to the enterprise, they will not review the behaviors of their subordinates, and will acquiesce in illegal operations.

Second, the compliance system is careless and ineffective. Most medical (pharmaceutical) health enterprises formulate internal management systems. However, some rules and regulations are too principled, for example, they only require employees to abide by the law, but do not specify the legal risks that should be given due attention. They only stipulate that employees who violate laws and regulations should be dealt with according to the regulations, but do not offer clear measures that should be taken to deal with them. They only restrict grass-roots staff and do not call for the supervision of middle and senior cadres. The rules and regulations with vague content are just pieces of paper. They are not practical and can neither restrain employees nor guide enterprises to operate according to law.

Third, team management is chaotic and loose, and execution is poor. Although some MPHEs have formed a relatively perfect mechanism, regulators are limited to the worldly wisdom and tactful mode of dealing with people, and are not allowed to commit crimes. They are lazy in performing their supervisory duties. Other enterprise management teams cannot use the law, and have not formed a deterrent through reporting, rewards, and punishments, and have thus caused employees to turn a deaf ear to the rules and regulations.

Fourth, corporate culture is decadent and negative, and self-interest is paramount. Successful enterprises should create a positive corporate culture. However, some enterprises are rife with money worship and utilitarianism. They only want to get promoted and become rich, and ignore legal norms and corporate compliance.

2. the measures of Medical (pharmaceutical) criminal compliance

To establish the criminal compliance of MPHEs, it is necessary to define rules and regulations that can easily mitigate criminal risks and offer remedies appropriate for each case.

The first step is to restrain the senior management of the enterprise. Senior executives who organize enterprises and employees to engage in illegal and criminal activities shall be promptly transferred to judicial organs for the investigation of their criminal responsibilities. If the senior management ignores the illegal and criminal activities of the enterprise and its employees, they should urge them to perform their duties in the enterprise by deducting salaries and adjusting their jobs. At the same time, the command and approval authority of the senior management of the enterprise should be adjusted and restricted in a timely manner.

The second step is to improve the rules and regulations, which can only play a role if they are scientific, reasonable, and specific. Criminal legal risks that may be encountered in the operation of medical (pharmaceutical) health enterprises should be listed in detail in order to enable employees to have laws and regulations they can follow and "lightning protection" in a timely manner.

The third step is ensuring strict team management. Compliance systems must be implemented in keeping with regulations. The organization or personnel shall be established to implement the contents of the compliance under the articles of association, and any violation must be prevented in a timely manner. Those who fail to perform their supervisory duties shall be replaced.

The fourth step is to develop a compliance culture. This involves forming, developing, and spreading compliance culture. To obtain the management and staff's recognition, criminal compliance must promote the construction of corporate culture by creating a good compliance atmosphere.

3. Essential elements of medical (pharmaceutical) criminal compliance

The Measures for the Construction, Evaluation, and Review of Compliance of Enterprises Involved in Criminal Cases (for Trial Implementation), jointly formulated by the Supreme People's Procuratorate and nine other departments, sets out the procedures for conducting (ex-post facto) criminal compliance. The formulation of criminal compliance plans for enterprises involved in criminal cases requires the cessation of crimes and violations, commitment and declaration of compliance value, provision of manpower and material resources, and establishment of relevant mechanisms. When an enterprise carries out criminal compliance in advance, it should incorporate these elements into the enterprise compliance program.

Some scholars have pointed out that an effective compliance plan should include at least five basic elements. First, there should be a code of conduct for business that all employees must follow. Second, there must be an independent and authoritative compliance team. Third, there must be a compliance risk prevention mechanism. Fourth, there must be an effective compliance risk identification mechanism. Fifth, there must be a system for responding to the compliance crisis in a timely manner after the illegal events occur. These viewpoints can serve as useful reference for MPHEs when they carry out criminal compliance.

13.4.3 A systematic solution for criminal compliance of MPHEs

The systematic solution for criminal compliance of MPHEs designed by the author can be divided into three stages: prevention in advance, supervision in the process, and rectification after the event, combining the purpose of compliance before and after the event.

1. Preventive measures

Prevention in advance involves forming a legal system and cultural atmosphere for the operation of MPHEs by establishing rules and regulations, in order to prevent them from falling vulnerable to legal risks as far as possible. This part of compliance is the basis of the criminal compliance plan and should include the following items:

The first is to explain the significance of criminal compliance. The criminal compliance program should clearly state that compliance is a priority for the enterprise, adopt a zero-tolerance attitude toward violations of laws and regulations, and ensure that compliance is integrated into the development objectives and strategies and management systems of the enterprise. The enterprise should clarify the purpose and importance of criminal compliance to all employees through training, handbooks, the corporate WeChat official account, and intranet notices, among other means to shape the enterprise culture of complying with the rule of law and operating in accordance with regulations.

The second is to set up an independent body to implement the criminal compliance program. Compliance management institution or management personnel commensurate with the type, scale, business scope, and industry characteristics of the enterprise must be established. Large and medium-sized MPHEs can set up a separate compliance department, and small and micro ones should also arrange for special personnel who are familiar with the domain to be responsible for implementing the compliance content. Although the compliance management institution or management personnel can set up or manage both, the responsibilities of compliance management must be clear, specific, and assessable. Except for one-person companies, departments and personnel responsible for the enforcement of criminal compliance content should not be mixed with administrative departments and personnel. Their positions in the enterprise should be higher than those of ordinary employees. They should be on the same level as the senior management of the enterprise to ensure the authority and effectiveness of the enforcement of compliance, and prevent compliance enforcement personnel from "playing games and judging" or investigating superiors at lower levels, thus affecting enforcement. The compliance management mechanism shall ensure that the compliance management institution or management personnel perform their duties independently and have the right to fully express their opinions and participate in decisions involving significant compliance risks.

The third is to improve the internal management of the enterprise and standardize the measures for the relevant links of the enterprise operation. In view of the needs of prevention and control of criminal compliance risks and the performance of duties by compliance management agencies, the system and mechanism for criminal compliance management were established and improved by formulating criminal compliance management standards and closing loopholes in supervision and management. Both the compliance management institution and the management and operation organizations at all levels should set compliance targets and refine measures according to their functional characteristics. Such as corporate registration, purchase of raw materials, production of products, sales of goods, information disclosure, advertising, competitive bidding, securities listing, financial audit, labor management, tax payment, administrative convergence, and other business operation matters, should be in accordance with the compliance obligation list in the form of rules and regulations to clarify the laws and regulations to be followed, to guide employees to accurately avoid legal risks.

The fourth is to ensure compliance with the law. This is reflected in maintaining the minutes of compliance meetings and records of emails on compliance matters, among other things. Compliance marking aims to preserve evidence and clarify responsibilities. When an enterprise faces criminal investigation, it can show objective evidence of compliance to the law enforcement authorities to prove that the enterprise has a complete compliance system and a dynamic process of implementation, in order to reduce or avoid punishment. Enterprises can use compliance marks as a basis for identifying and punishing employees who knowingly commit crimes. Criminal compliance is a long-term process, and compliance plans and risk prevention and control plans must be adjusted from time to time based on changes in the internal and external environment of the company. Compliance marks can serve as a reference for updating the compliance system, so the content will not change in a cliff-like manner, which will lead to the implementation of "yellow and yellow" and ensure the sustainability of the risk prevention effect.

The fifth is to ensure the availability of human and material resources. Enterprises should allocate personnel, training, publicity, places, equipment, funds, and other human and material resources for the effective operation of the criminal compliance management system, so that criminal compliance work can be carried out independently and effectively without being subject to administrative departments.

2. In-process supervision

In-process supervision puts criminal compliance plans into action, to detect and stop illegal issues in a timely manner, and prevent adverse consequences and enterprises from being subject to criminal proceedings. This involves the implementation of the criminal compliance program and includes the following steps:

The first is to formulate a risk assessment plan. In the course of the business development and daily operations of an enterprise, the compliance department or personnel can predict and analyze future criminal risks in a timely manner and install risk prevention assessment plans for use by the decision-making authorities. Aside from conducting criminal compliance against the enterprise, in the course of developing partners like suppliers, agents, and distributors, the enterprise should conduct due diligence investigations and assessments on the compliance of the third party, to prevent the illegal activities of the third party from being turned into the enterprise's own risk. Large-scale MPHEs involved in overseas business should master relevant overseas laws and regulations to avoid being investigated for criminal responsibility owing to legal differences or inconsistent product standards.

The second is to establish an internal error detection system. The compliance mechanism of an enterprise shall have the effect of whole-process early warning in the operation process. Through the establishment of monitoring, reporting and investigation mechanisms, the company will monitor the employees' business behaviors that may bring risks, encourage employees to report illegal behaviors to the compliance enforcement department or personnel, and investigate pre-existing signs and tendentious problems, such as auditing the financial statements, interviewing the employees with knowledge of the situation, and sampling and testing the risk products, so as to ensure that the company can timely detect and monitor the legal risks brought by the illegal behaviors of the company or the employees.

The third is to establish a self-correcting mechanism. The error correction procedure should begin immediately after non-compliance problems are found, and the problems should be corrected as soon as possible. For example, we should stop illegal business activities, recall products that are not up to par or that infringe on the intellectual property rights that flow to the market, pay overdue taxes, pay for goods and wages, and disclose information in a timely manner to avoid slipping further into the abyss of crime. If damage has already been caused, we should try our best to make up for it, do a good job of compensation and consolation to victims, communicate and report to the relevant regulatory authorities such as the tax, market supervision, industrial and commercial, and environmental protection bureaus, pay fines, restore damaged legal interests, and minimize damage caused by illegal acts.

The fourth is to initiate staff disciplinary mechanisms. An enterprise shall establish a compliance performance evaluation mechanism and introduce compliance indicators to assess those responsible, operation and management personnel, key technical personnel, etc. of the enterprise. For the employees found to have violated laws and regulations, disciplinary actions are taken through admonishing conversation, salary reduction, post adjustment, dismissal, dismissal by persuasion, civil lawsuits, etc. to prevent more serious consequences, and to serve as a warning to other employees.

The fifth is to establish a crisis management mechanism. Diagnose and predict criminal risks and provide crisis management and public relations solutions. Employees who violate criminal law should be reported to the judicial authority in a timely manner and relevant evidence should be submitted to cooperate with the judicial authority to initiate an investigation. Employees who commit criminal acts by abusing their positions should be resolutely cut off and judicial authorities must be informed that the enterprise has fulfilled its management obligations and has not participated in the crimes. Large and well-known MPHEs with certain influence in the society and industry should issue press releases in a timely manner to explain the situation to the public and their peers, and reduce room for rumors to spread, while restoring the damaged reputation of the enterprise by expressing regret for the unfavorable supervision, taking corrective measures and being willing to properly handle the follow-up work.

3. Post-event rectification

Post-event rectification helps take remedial measures when the enterprise has entered into criminal proceedings and strives to enable the person in charge of the enterprise to exchange criminal compliance with non-arrest, non-prosecution, and non-sentencing, while also preventing the recurrence of illegal and criminal acts in the future. This refers to criminal compliance in a narrow sense. It is an improvement on the previous criminal compliance plan and includes the following steps:

The first step is to actively seek to initiate criminal compliance measures. In the practice of criminal compliance carried out by judicial organs, there are two modes, which are initiated by procuratorial organs and initiated upon application by enterprises. When an MPHE is suspected of a criminal case, it should apply to the judicial authorities to initiate criminal compliance and promise to strictly abide by the laws and regulations, actively cooperate with the judicial authorities in handling cases according to law, and seek judicial reconciliation to obtain a lighter, mitigated or exempted punishment.

The second step is to formulate special compliance plans. The involvement of the enterprise in the crime proves that the previous criminal compliance plan was either flawed or not implemented. The enterprise should issue a letter of commitment to the people's procuratorate and submit special or multiple compliance plans according to the requirements of third-party organizations, which can effectively prevent the recurrence of the same or similar illegal and criminal acts.

The third step is to establish a mechanism of coordination, supervision, and evaluation. After the criminal compliance starts, the procuratorial organ, the state-owned assets supervision department, the financial department, and the Federation of Industry and Commerce will take the lead to set up a third-party supervision and evaluation mechanism management Committee in conjunction with the relevant departments such as judicial administration, ecological environment, taxation, market supervision, health care committee, social security, and the China Council for the Promotion of International Trade. The management committee of the third-party supervision and evaluation mechanism will inspect the enterprises involved and determine whether to prosecute and the sentencing range based on the rectification of the enterprises. The enterprise shall actively cooperate with the management committee of the supervision and evaluation mechanism of the third party to conduct an evaluation and inspection on itself, and truthfully report the operation status of the enterprise (including the operation status affected by the case, the previous production and operation status and contribution to the local economy and society), the corporate governance structure of the enterprise (including internal management, staff, etc.), the development prospect and potential of the enterprise (including whether the enterprise is a scientific and technological innovation enterprise, a key industrial enterprise, an enterprise in the field of environmental protection, etc.), the market or regional influence of the enterprise, the previous integrity of the enterprise and industry evaluation, etc.. The enterprise should accept guidance, management, and supervision with an open mind, truthfully reflect the relevant issues and provide relevant materials, at the same time, according to the requirements of the third-party supervision and evaluation organization, regularly and truthfully report the implementation of the enterprise compliance program. If the enterprise entrusts a professional organization or person to assist in the formulation of the enterprise compliance program, the entrusted organization and personnel materials shall be submitted to the third-party supervision and evaluation organization and the procuratorate for record review. The enterprise involved shall provide necessary support and facilities for the professional personnel of the third-party supervision and evaluation organization to perform their duties.

The fourth step is to establish and implement a rectification and correction mechanism. In response to the issues and suggestions raised by the management committee of the third-party supervision and evaluation mechanism, the procuratorial organ and patrol inspection team, and the enterprises involved in the case, shall earnestly fulfill the criminal compliance program in keeping with the time limit requirements and shall not refuse to fulfill or in disguised form refuse to fulfill obligations under the compliance plan or commit other acts of serious breach of the compliance plan.

The fifth step is to establish mechanisms such as continuous rectification and regular reporting. The enterprise shall arrive at an agreement with the management committee of the supervision and evaluation mechanism of the third party and the procuratorial organ on the inspection period and legal consequences of the performance or breach of contract. In the testing period, the enterprise shall clearly define the responsibilities that it must assume if it fails to fulfill its compliance obligations as agreed, and undertake to ensure that the compliance management system and mechanism are constantly adjusted and improved in light of the actual operation and development of the enterprise.

Section II

ESG Tone from the Top

《ESG Compliance for Healthcare Globalization
Interviewed Guests

Eric ZHENG
President of American Chamber of Commerce in Shanghai

Christine ZHOU
SVP & President of Region China of Novo Nordisk Pharmaceuticals Co., Ltd.

Joerg WUTTKE
President of European Union Chamber of Commerce in China

Li ZUO
Vice president of China Pharmaceutical Industry Association

Baoyuan JIA
Chief Editor of Faren Magazine, director at the Corporate Compliance Committee of China Enterprise Evaluation Association

Geralyn RITT
Head of Extern Affairs and ESG ORGANON

Jay DONG
Founder and CEO at UltraDx; Biotechnology Former President of MIT Club of Shanghai

Gladdy HE
Founder and CEO of Become Consulting; former Senior Client Partner and APAC Managing Director of Life Science Practice at Korn Ferry.

James DENG
Global Operating Committee and Senior Vice President & General Manager of Greater China at Becton, Dickinson & Co.

Valtero CANEPA
General Manager of Bracco in Mainland China and Hong Kong

Christine LIU
Founder & Chairwoman of sHero

James
Co-founder Chairman and Executive Office Therapeuti

Allan GABOR
President of Merck China, Managing Director of Merck Electronics China

Frank JIANG
Chief Executive Officer of CStone Pharmaceuticals

Julie XING
President of Greater China and global Senior VP of Envista Holdings Corp.

Jason PENG
Danaher Vice President and Group Executive-China

Tony A
Vice President General Manag AbbVie Chin

Wei JIANG
Member of the Board of Directors, Cordis

Robert BROWN
Brickell CEO, Ex Chief Marketing Officer of Eli Lilly

Ning LI
Chief Executive Officer at Shanghai Junshi Biosciences

Helen CHEN
Greater China Managing Partner and Head of L.E.K. China Life Sciences of L.E.K. Consulting

Victor CHAN
Agilent Global Vice President & Greater China General Manager

John CA
Founder and Exec Chairman of Acade China Healthca Innovation Platf

Guillaume DELMOTTE
General Manager, Ipsen Specialty Care China

Shirley ZHAO
Co-Founder and CEO, Bennubio Therapeutics

Xuefeng YU
Co-founder, Chairman and CEO of CanSino BiologicsInc.

Weihong XIAO
General Manager of Sunshine Guojian

Judy LI
Partner, Climate Change and Sustainability Services of Greater China of Ernest & Young

Lei XION
Founder an Chairman of 3D Diagnostics

1 An Interview with Eric Zheng, President of American Chamber of Commerce in Shanghai

Eric Zheng
President of American Chamber of Commerce in Shanghai

1.1 Brief Introduction

Eric Zheng is the President of the American Chamber of Commerce in Shanghai. He has been involved in the Chamber for many years as a member, committee leader, Board member, Board treasurer, Board secretary, Board vice chair, and Board chair. Eric worked in management consulting with PwC in the U. S. and later served with the U. S. Department of Commerce as the principal commercial officer at the U. S. Consulate in Guangzhou. Eric had a long career with AIG in China and held a series of positions that culminated in his service as CEO of AIG China. The Shanghai municipal government has granted Eric its Magnolia Gold Award in recognition of his significant contributions to the city.

1.2 An Interview

Q: Please give a brief introduction of your company (institution) business and its global presence.

A: The American Chamber of Commerce in Shanghai (AmCham Shanghai), known as the "Voice of American Business" in China, is one of the largest American Chambers in the Asia Pacific region. Founded in 1915, AmCham Shanghai was the third American Chamber established outside the United States. As a non-profit, non-partisan business organization, AmCham Shanghai is committed to the principles of free trade, open markets, private enterprise and the unrestricted flow of information.

AmCham Shanghai's mission is to enable the success of our members and strengthen US-China commercial ties through our role as a not-for-profit service provider of high-quality business resources and support, policy advocacy and relationship-building opportunities.

Q: How do you view the importance of Compliance and ESG topic to your company (institution)? And please specify?

A: In the past, compliance was coupled with other organizational disciplines to achieve workforce efficiency. However, it did not also result in an effective strategy, as it took a back seat to higher priorities. Compliance was often in the job description of the HR Director or the General Counsel and sometimes, even embedded in the roles and responsibilities of the GM.

While this is not necessarily a flawed approach, it wasn't until the last decade in China that we saw the compliance role be clearly defined and set apart as a stand-alone full-time job. There is a trend for companies to base the global compliance role (covering China) in the European or US headquarters. Business ethics and compliance have taken center stage in many MNCs in China. This is reflected not only by the place it has in the boardroom but also by the proactive strategies, such as training, whistleblower management, and the tone from all levels of the organization. Many changes are taking place in the compliance world in China, and fortunately, many, if not all, can be categorized as positive and trending in the right direction.

ESG has been at the core of the Chamber for many years. Looking forward, the importance of ESG will continue to grow. As China's regulations around carbon, consumer protection, and other areas increase, they will catalyze companies to actively make adjustments/improvements throughout their operations, including the development of new products.

As AmCham Shanghai's 2021 China Business Survey shows, the areas where member companies focus their ESG efforts appear to be fit-for-purpose to their strategies. Businesses in industrial manufacturing, chemicals, non-consumer electronics, automotive and agriculture and food are more concerned by their greenhouse gas emissions footprint. But across all industries, the human elements of ESG were more popular than any environmental programming. Respondents overwhelmingly chose diversity and inclusion (48.5%), training and development (48.5%) and business ethics/governance (43.2%) as their primary areas of ESG focus over the next three years.

One thesis is that human-centric ESG programming is less expensive and easier to implement than capital-heavy emissions reduction programs and KPIs are also easier to measure. Another explanation is that our members have already put resources into reducing their emissions/carbon footprints. Regardless, within manufacturing, 41.8% of companies selected their greenhouse gas emissions footprint as an area of focus, but more manufacturers chose diversity and inclusion (49.4%) and training and development (48.2%).

However, among companies with China revenues in excess of $500 million, 66.7% reported that their greenhouse gas emissions footprint will be an ESG focus over the next three years. Meeting carbon emissions targets may be easier for industrial producers with large revenues than smaller companies operating in older manufacturing industries.

Q: What are your expectations over the capabilities of a first-class Compliance Officer?

A: The role of the compliance officer has evolved over the last 10-20 years in China. Given the diverse skills expected of a compliance officer today, those with legal backgrounds no longer exclusively occupy this discipline. The capabilities of a first-class compliance officer must be well-versed across a variety of skills, namely, a good understanding of the company's business, global perspective on the company's role, the stakes involved, and market developments.

Today's compliance professionals, especially in the health care industry, must be familiar with the company's overall strategy to align the compliance function with the overall business and understand the potential risks to anticipate them, thus securing and protecting the business. In addition, compliance officers need to be active listeners to understand the pressure points between the business and the law. Compliance officers must be persuasive and able to influence the business, especially when the procedures or policies may be unpopular or difficult but necessary. Compliance officers need to be skilled at designing understandable and straightforward processes and procedures to mitigate the risks identified by the business. Lastly, in terms of qualities, compliance officers should possess the following characteristics: leadership, independence, charisma, integrity, a clear communication style and must be approachable, yet firm.

The compliance officer is an integral part of the company who must have the best interests of your organization in mind to face regulatory challenges head-on. Some industry professionals believe the role of the compliance officer is actually seven careers placed inside a single job description. For instance, an investigator, technologist, philosopher, teacher, designer, counselor, and confessor, a role that has evolved rapidly since the days of being part-time or not even existing inside an organization.

1.3 Eric's recommendation on the book

ESG has been at the core of many member companies of AmCham Shanghai, including those in the pharmaceutical and healthcare industry. Businesses focus not only on environmental issues such as carbon emissions footprint, but also on human elements such as diversity and inclusion, training and development, business ethics, and governance. As government regulations and social awareness increase, they will also catalyze companies to actively improve their ESG results throughout their operations. I have no doubt that the importance of ESG will continue to grow in the future.

2 | An Interview with Christine Zhou, SVP & President of Region China of Novo Nordisk Pharmaceuticals Co., Ltd.

Christine Zhou
SVP & President of Region China of Novo Nordisk Pharmaceuticals Co., Ltd.

2.1 Brief Introduction

Dr. Christine Zhou Xiaping is Senior Vice President & President of Region China, a member of Novo Nordisk's global Management Board, and the Vice Chair of the Executive Committee of RDPAC (R&D Based Pharmaceutical Association Committee).

Christine has extensive experience from a number of senior leadership roles in the pharma industry, both in China and global markets. She joined Novo Nordisk in April 2018 from the role of Senior Vice President and Head of Bio-Medicines and Oncology with Lilly in China.

In her 28-year career in the pharma industry, Christine dedicated more than half of her time in China, but has 11 years of experience in the US and Asia. Christine has held leadership positions within various functions including marketing and sales, international government affairs, global strategy, late phase drug development and general management in US, China and Malaysia. The diverse work experiences have given her a robust and well-rounded view of the industry and global perspectives, coupled with deep China insights. Christine has been responsible for driving innovation and sustainable business growth, both from the pipeline development and commercial perspective, through her roles leading global therapy area-specific development platforms, as a General Manager and as President of Novo Nordisk Region China. In 2021, Christine was awarded the "2021 Business Person of the Year" by the DCCC, Danish Chamber of Commerce in China, and the "Innovative Leader in the Pharmaceutical Industry" award by Sina. com.

Christine is actively engaged in advocating for public health, particularly in chronic disease management. She has been a speaker at Summer Davos in China, providing thought leadership on the industry.

Christine was raised and educated in China and is a physician by training. She started her career as a medical doctor in Zhongshan Hospital after graduating from Shanghai Medical University in 1988, before switching to the pharma industry as a product manager in 1994. In 2010, Christine attended the General Management Leadership Program at Columbia Business School. Christine is also an alumni of Harvard after she completed the Advanced Management Program (AMP) at Harvard Business School in 2012.

2.2 An Interview

Q: Please give a brief introduction of your company (institution) business and its global presence.

A: Founded in 1923 and headquartered in Denmark, Novo Nordisk now is a leading global healthcare company. Our purpose is to drive change to defeat diabetes and other serious chronic diseases such as obesity and rare blood and endocrine disorders. We do so by pioneering scientific breakthroughs, expanding access to our medicines and working to prevent and ultimately cure disease.

Novo Nordisk has 80 offices around the world and market our products in 169 countries / areas. Novo Nordisk Region China covers China Mainland, Hong Kong of China, Macau and Taiwan of China. Novo Nordisk has strategical production site and research and development center in China.

Deeply rooted in China for the past 28 years, Novo Nordisk have established a local presence covering the whole value chain. Adhering to our "patient-centric" philosophy, we continue to introduce innovative medicines into the market with long-term investment on research and development. We aim to achieve simultaneous drug approval in China and globally, so that patients in China can benefit from our innovative medicines together with these in other countries. Meanwhile, we are dedicated to building the ecosystem of "changing diabetes" in China through various partnership.

We are working together with the government and experts to continuously improve diagnosis and treatment for diabetes with a focus on the community and rural areas. In urban areas, the main battlefield of combating diabetes, our "Cities Changing Diabetes" programme has been launched in 6 cities nationally. At the same time, to empower both doctors and patients, we are building an integrated "online + offline" digital chronic disease management system together with partners from different sectors, so as to help patients improve their disease self-management.

While maintaining our deep commitment to diabetes, we are moving into new therapy areas where we can apply our expertise to help people living with other serious chronic disease, including obesity, haemophilia, growth disorders, non-alcoholic steatohepatitis, Alzheimer's disease, cardiovascular disease, chronic kidney disease and other chronic diseases.

Committed to the "Triple Bottom Line", we have been striving to conduct our activities in a financially, socially and environmentally responsible way, adding values to the society. By expanding our footprint in China, we contribute to offering more job opportunities, generating more tax revenue, and promoting the development of the entire industry. We are also actively fulfilling the commitment to environment protection under the strategy of 'Circular for Zero' and our corporate social responsibilities.

Looking ahead, we will continue to bring high quality innovative medicines for Chinese patients and make treatment accessible through close cooperation with our partners to help patients achieve early diagnosis, early treatment and better outcomes. We will strive to fulfil our commitment to change diabetes and other serious chronic diseases in China, helping achieve the goals of Healthy China 2030.

Q: How do you view the importance of Compliance and ESG topic to your company (institution)? And please specify?

A: Novo Nordisk attaches great importance to ESG, adheres to the triple bottom line principle, and is committed to carrying out business activities in a way that is socially, environmentally and economically responsible. We are committed to integrating sustainability into everything we do and actively practicing our commitment to patients and society. Our aspiration on environmental responsibility is to progress towards zero environmental impact; our social responsibility is being respected for adding value to society; our governance responsibility is to maintain and build trust.

Novo Nordisk released the global environmental strategy of "circular for zero" in 2019, which determined the ambition of "zero environmental impact". We have an interim target to reach zero CO2 emissions from operations and transportation by 2030. That is to say, all direct supply chain will be using 100% renewable electricity and no production waste to be landfilled. Our eventual target is to realize net zero emissions across our entire value chain by 2045, which is to say that our suppliers, sub suppliers, employee commuting and product material will all be achieving net zero emissions.

On May 2020, Novo Nordisk announced new social responsibility strategy: Defeat Diabetes. This strategy will keep enforcing our commitment and introduce a new long-term ambition, which is to provide access to affordable care for vulnerable patients in every country and to prevent children from die of Type 1 diabetes.

In year 2020, Novo Nordisk Region China established Green Team and made a three year "Circular for Zero" plan. By doing these, we are orderly promoting a series of practical and effective energy conservation and emission reduction actions.

Business ethic and compliance is one of the priorities of company governance, that is an important part of ESG framework. In Novo Nordisk, business ethic is the way to create long-term business value and make Novo Nordisk a sustainable business. "We never compromise on quality and business ethics" is one of the essentials in our Novo Nordisk Way, which describes the values that characterize our company. Novo Nordisk global has established a comprehensive compliance mechanism covering anti-bribery, anti-fraud, data security and other aspects. While following the global compliance mechanism, Novo Nordisk China attaches great importance to local laws, industry Code of Conduct and policy guidance, and formulates high-standard local compliance strategies and action plans.

In terms of compliance governance, we have established Business Ethic Committee, which is composed of executive management members. This committee holds monthly meetings to decide on compliance strategies, analyze compliance risks and trends and decide risk management measures, and role model compliance culture. Meanwhile, the company has set up a dedicated compliance team. With the development of the company's business, the compliance team and compliance system continue to be strengthened to ensure the effectiveness of compliance governance.

In terms of compliance culture, the company always advocates "high performance with high integrity". We continuously enhance compliance mindset of whole organization through continuous training and systematic compliance management. We emphasize that every employee owns compliance, and particularly focus on managers' responsibility on managing compliance. We strive to integrate compliance into daily business management and decisions, so as to enable business with ethics and integrity and achieve high performance with high integrity.

In terms of compliance implementation, we have established a thorough compliance program, including risk and trend, policy, governance, training and communication, audit & monitoring, report, investigation and correction. We always set a high standard in implementation in order to ensure effectiveness of the compliance program. As an example, we always ensure compliance spot check on activities with a checking rate higher than industry average, and regularly conduct high-quality audit with engagement of top external auditing firms. At the same time, we continuously invest and optimize compliance systems and processes, develop digital tools, and ensure efficient risk prevention through advanced system controls and insightful data analysis.

In addition, company's executive management and compliance team actively work with industry association and other external stakeholders and highly support government agenda to improve healthcare industry compliance environment, and actively advocate high standard industry Code of Conduct and promote best practices.

Q: What are your expectations over the capabilities of a first-class Compliance Officer?

A: Generally speaking, an excellent Compliance Officer should be an excellent business partner, protecting company and enabling business, make compliance a way to carry out business, to promote the long-term sustainable development of business, and to eventually help enterprise to benefit society and patients. Specific capability expectations include the following aspects.

Primarily, an excellent Compliance Officer should have a comprehensive and in-depth understanding of relevant international and domestic laws, regulations, industry norms and compliance practices, and should be capable on using professional knowledge to formulate a thorough compliance system for the company and protecting the company s operation foundation and reputation, and enable business.

Compliance requires the joint efforts of the industry. Excellent Compliance Officers must have deep insight and foresight into the business model and development trend of the industry, must have prediction on risks and can actively work with industry with a strong leadership, to promote development of compliance standards and best practices in the industry.

Compliance Officers should have a profound understanding of the business, so as to identify risks and opportunities, and be able to work as a business enabler and ensure the business develops in ethical way.

To build a company's compliance culture, excellent leadership and cross function collaboration and communication are needed. The Compliance Officer should be able to effectively and impactfully cultivate company compliance culture, and engage the whole organization to understand and embrace compliance culture and do the right things in the right way.

2.3 Christine's recommendation on the book

Serving patients is the common duty and mission of every one of us in the pharmaceutical and healthcare industry, and ESG has put forward clear requirements for companies to move forward steadily. Only companies with a sense of social and environmental responsibility and awareness of compliance can continue to carry out our mission of serving patients.

The in-depth discussion of ESG in this handbook is the need of the hour, and it is worthwhile for companies to learn and think with a strategic vision of sustainable development.

3 An Interview with Jörg Wuttke, President of European Union Chamber of Commerce in China

Jörg Wuttke
President of European Union Chamber of Commerce in China

3.1 Brief Introduction

Jörg Wuttke is Vice President and Chief Representative of BASF China, based in Beijing. Since joining BASF in 1997, Mr. Wuttke has been responsible for helping guide the company's investment strategies for China, negotiation of large projects and government relations.

Previous to joining BASF, Mr. Wuttke worked with ABB for 11 years; In fact his first professional encounter with China was in 1988 as the Finance and Administration Manager of ABB Beijing. In 1990, he returned to Germany as Sales Manager of ABB Power Plants Division, responsible for gas turbine sales to Africa and Russia. In 1993, he became Chief Representative ABB China in Shanghai and in 1994 moved to the President's Office of ABB China in Beijing, where he was responsible for the development and financing of large projects.

From 2001 to 2004 Mr. Wuttke was the Chairman of the German Chamber of Commerce in China. He is President of the EU Chamber of Commerce in China – an office he already held from 2007 to 2010 and from 2014 to 2017.

From 2011 to 2019, Mr. Wuttke was Chairman of the BIAC China Task Force of the Business and Industry Advisory Committee to the OECD (BIAC), a Paris based body of major business associations that lobbies the OECD.

From 2013 to 2016, and again since 2019 Mr. Wuttke is Vice Chairman of the CPCIF International Cooperation Committee, a group representing Multinational Companies in China's Chemical Association.

Since its establishment in 2013, Mr. Wuttke is member of the Advisory Board of Germany's foremost Think Tank on China, Mercator Institute for China Studies (MERICS), in Berlin.

In January 2019 Mr. Wuttke joined the International Board of the Stars Foundation, in

Switzerland. Stars - for Leaders of the Next Generation.

Mr. Wuttke received the following orders:

August 2011: "Order of Leopold II " by the Belgian King Albert II.

April 2018: "Chevalier de la Légion d'Honneur" by the French President Macron.

June 2018: "Order of Italian Star " from the Italian President Mattarella.

January 2019: Merit of the Federal Republic of Germany (Verdienstorden) by the German President Steinmeier.

Mr. Wuttke holds a BA in Business Administration and Economics from Mannheim and studied Chinese in Shanghai 1982 and Taipei 1984-85.

A frequent speaker on business and industry issues in China, he co-authored:

"*The Chemical and Pharmaceutical Industry in China*" Springer Publishing Trust (2005)

"*Energy Resources Security*" Konrad Adenauer Stiftung (2006)

"*My 30 years in China*" ACA Publishing (2008)

"*Gelebte Geschichte - 40 Erfahungen*" (2012) CBT China Book Trading

"*The Handbook of Chinese Organizational Behavior: Integrating Theory, Research, and Practice*" Edgar Elgar Publishing in May 2012

"*Peter Tichauer; Perspektivenwechsel*" (2015) OWC

"*The Dark Side of China's Economic Rise*" in "*Europe and the World: Global Insecurity and Power Shifts*"; Helmut K. Anheier and Robert Falkner (eds.); (2017) University of Durham and John Wiley & Sons, Ltd

"*Chinese FDI in the EU and the US - Simple Rules for Turbulent Times*" edited by Tim Wenniges, Walter Lohman; Palgrave Macmillan; 1st ed. 2019 edition

"*Social Credit Rating*" Springer Gabler; edited by Oliver Everling; 1st Edition November 2020

"*Unpacking EU Policy-Making towards China*"; Palgrave Studies in Asia-Pacific Political Economy; December 2021

"*Standort Deutschland: Herausforderungen und notwendige Reformen* "; edited by Dieter Thomaschewski & Rainer Völker; W. Kohlhammer; July 2021

"*The EU-China CAI—perspectives from the European business community in China*"; Asia Europe Journal. Springer Nature, July 2021

3.2 An Interview

Q: Please give a brief introduction of your company (institution) business and its global presence.

A: The European Union Chamber of Commerce in China was founded in 2000 by 51 member companies that shared a goal of establishing a common voice for the various business sectors of the European Union and European businesses operating in China. It is a members-driven, non-profit, fee-based organisation with a core structure of 26 Working Groups and 9 Fora representing European business in China. The European Chamber now has more than 1,800 members in 7 chapters operating in 9 cities: Beijing, Nanjing, Shanghai, Shenyang, South China (Guangzhou and Shenzhen), Southwest China (Chengdu, Chongqing) and Tianjin. Each chapter is managed at the local level by local boards reporting directly to the Executive Committee. A company must purchase an additional membership(s), offered at a discounted rate, if it wishes to be a member and enjoy Chamber services in more than one location. The Advisory Council which includes the CEOs and presidents of some of the largest EU companies with investments in China, influences the priorities and line of action to be taken by the Chamber by providing advice on its strategic direction. The Chamber is recognised by the European Commission and the Chinese Authorities as the official voice of European business in China. It is recognised as a Foreign Chamber of Commerce with the Ministry of Commerce and China Council for the Promotion of International Trade.

Q: How do you view the importance of Compliance and ESG topic to your company (institution)? And please specify?

A: Created in 2015, the EU Chamber Compliance and Business Ethics Working Group provides a trusted platform for European Chamber members to discuss management practices, including any successes or failures they have experienced in compliance and business ethics. Working group members meet in an effort to advocate for greater clarity on compliance-related legislation and to better understand how businesses can comply with existing regulatory structures. By sharing their experiences, working group members can learn and develop while enhancing compliance practices across China. The working group is active in Shanghai and Beijing, and membership is open only to industry representatives who are in-house counsels, compliance officers or internal auditors.

A company's compliance function consists of any and all efforts it makes to exert control and address any negative impacts that may arise over their internal operations. Effective compliance management and ethical practices by corporations will not only reduce their risk of non-compliance, but, by promoting market integrity, will also help build trust among clients and business. Such practices can also substitute for state led law enforcement and uphold the rule of law.

Q: What are your expectations over the capabilities of a first-class Compliance Officer?

A: Compliance officers are responsible for ensuring their organization complies with government regulations — domestically as well as globally, if applicable — and avoids missteps that could result in hefty fines, legal ramifications and reputation damage. Compliance officers also need to make sure that employees are following internal compliance policies. Along with assessing financial risks and creating a game plan to handle those potential issues, compliance officers provide regular reports on the effectiveness of a business's compliance measures. They also advise business leadership on any actions or changes that should be implemented. In many organizations, senior management expects the compliance officer to collaborate as a partner, and demonstrate how compliance is a business priority and can help drive strategy.

Compliance officers must have strong knowledge of federal and state regulatory guidelines and standards. They also need to monitor accounting and regulatory guidelines as they relate to financial reporting and documentation. In addition, compliance officers should possess knowledge of compliance standards and policies, audit techniques, regulatory issues, and operations and procedures that relate specifically to the company. Industry experience can be a key attribute as well, particularly in highly regulated areas such as financial services. While the details of specific mandates can be learned, companies can benefit from hiring compliance officers who are knowledgeable about the broader regulatory landscape for their specific sector.

While both financial and business acumen are necessities for compliance officers, these professionals should also have a solid mix of soft skills, including leadership abilities. Expert communication and public speaking skills are needed to facilitate a better organizational understanding of complex regulatory standards. Integrity and a history of ethical decision-making are also essential.

3.3 Mr. Wuttke's recommendation on the book

ESG is our license to operate. EUCCC has been recognizing our member contributions to their ESG efforts since 2017 at our annual "Sustainable Business Awards". In 2021, "An outstanding Environmental and Climate Performance Award" was granted to Novonordisk, the Danish Pharmaceutical Co. for their outstanding, Vintage Scandinavian performance. The eco-system the healthcare industry in China can only be improved when we have more member healthcare companies walk the talk in their daily ESG compliance. And we need high profile model companies to showcase that it can be done.

4 An Interview with Li Zuo, Vice president of China Pharmaceutical Industry Association

Li Zuo
Vice president of China Pharmaceutical Industry Association

4.1 Brief Introduction

Vice President of China Pharmaceutical Industry Association, and Executive Deputy Director and Secretary General of the Industry Enterprise Compliance Management Professional Committee;

Deputy director and secretary-general of the joint working mechanism of the industry association for the construction of credit system in the field of medical and pharmaceutical-related industries;

Member of the Expert Committee of the National Enterprise Compliance Committee of China;

Executive Deputy Director of the Preparation Committee of the *Compliance Management Code for the Pharmaceutical Industry*;

Executive Deputy Director of the Preparation Committee of *ESG Code for the Pharmaceutical Industry*;

Co-editor-in-chief of the *Professional Textbook for Corporate Compliance Officers in the Pharmaceutical Industry.*

Ms. Zuo Li presided over the formulation of China's first *Compliance Management Code for the Pharmaceutical Industry* (Version 1.0), *Evaluation Standards for the Effectiveness of the Compliance System*, *Regulatory Measures for Compliance Service Organizations*, and *Professional Technical Skills Requirements for Corporate Compliance Officers in the Pharmaceutical Industry*;

Co-edited the *Professional Textbook for Corporate Compliance Officers in Pharmaceutical Industry*; led the research and preparation of the *2022 Research Report on Comprehensively Promoting Compliance Management Construction in China's Pharmaceutical Industry*; participated in the compilation of the *Blue Book on Pharmaceutical Industry (2020),*

Blue Book on Pharmaceutical Industry (2021), Blue Book on Credit - Review and Implementation of Social Credit System Construction Planning Outline (2014-2020) Prospect. He is leading the development of ESG disclosure, evaluation and management standards for the pharmaceutical industry.

4.2 An Interview

Q: Could you briefly introduce the China Chemical Pharmaceutical Industry Association?

A: China Pharmaceutical Industry Association (hereinafter referred to as the Association) was established in September 1988, a national social organization legal person approved by the Ministry of Civil Affairs of the State. In November 2022, the Association entered the work of the tenth Council, the Association now has 10 departments, 18 professional committees.

The purpose of the Association is: to serve the enterprise, to service industry, to service government, and to service society. Association always adheres to the principle that enterprises and entrepreneurs run the Association, and adopts unit membership. Members mainly consist of backbone pharmaceutical enterprises (groups), regional pharmaceutical industry associations, pharmaceutical research and design units, universities and colleges. The Association has more than 500 members; the income of member companies accounted for more than 65% of the pharmaceutical industry; total profits accounted for about 60%.

Q: What is the importance of compliance and ESG topics in the China Pharmaceutical Industry Association? What are the specific aspects?

A: In terms of compliance, we have established the management standard of *Compliance Management Code for Pharmaceutical Industry* (Version 1.0), and the talent standard of *Technical Skills Requirements for Corporate Compliance Officers in Pharmaceutical Industry, compiled the Professional Textbook for Corporate Compliance Officers in Pharmaceutical Industry*, and are actively conducting pilot exploration of compliance. We have established the management standard of *Compliance Management Code for Pharmaceutical Industry* (Version 1.0) and the talent standard of *Technical Skills Requirements for Corporate Compliance Officers in Pharmaceutical Industry, compiled the Professional Teaching Materials for Corporate Compliance Officers in Pharmaceutical Industry*, and are actively conducting pilot exploration of compliance.

Second, the pharmaceutical industry ESG has the characteristics of natural, diverse, policy-sensitive, and institutional repositioning.

The natural aspects of ESG include externality, morality, and life relevance; the diverse aspects include technological attributes, manufacturing attributes, and consumer attributes. Therefore, the pharmaceutical industry is particularly rich in ESG topics. The compliance issue is an ESG issue of common concern to companies, monitoring regulators and investors. Currently, eight national industry associations, led by the China Association of Chemical Pharmaceuticals, with the participation of the China Association of Traditional Chinese Medicine, the China Biochemical Pharmaceutical Association, the China Vaccine Association and the China Medical Devices Association, have initiated the construction of a localized ESG standard for the pharmaceutical industry, including ESG disclosure, evaluation and management, to explore the application scenarios of compliance indicators in the

ESG index system and to stimulate enterprises' awareness and attention to the importance of compliance system construction.

Q: What are your specific expectations for a good compliance officer?

A: An excellent compliance officer must know the enterprise and know the rules. Knowing the enterprise means knowing and understanding the characteristics, mode, method, law and external environment of production and operation management of the enterprise; knowing the rules means being familiar with the policies and regulations related to the industry and really knowing compliance, especially having the ability to accurately understand the laws and regulations closely related to the production and operation activities of the enterprise, the ability to identify the compliance risks of the enterprise and the ability to propose effective preventive measures, the ability to solve the compliance You should have the ability to identify compliance risks and propose effective preventive measures, the ability to solve compliance risks, and the ability to plan and build a compliance management system for the enterprise.

4.3 Ms. Zuo Li's recommendation on the book

We will work together to help the pharmaceutical and health industry, to strengthen compliance management, to strengthen the three models: a model of practicing the concept of green development, a model of fulfilling social responsibility, and a model of establishing the image of a global famous brand. We will show first-class ESG building to the world, and contribute to the adaptation of Chinese pharmaceutical and health enterprises to ESG international standards.

5 An Interview with Baoyuan Jia, Chief Editor of Faren Magazine, director at the Corporate Compliance Committee of China Enterprise Evaluation Association

Baoyuan Jia
Chief Editor of Faren Magazine, director at the Corporate Compliance Committee of China Enterprise Evaluation Association

5.1 Brief Introduction

Mr. Jia Baoyuan is the Chief Editor of Faren Magazine and has served as senior editor of Legal Daily. Mr. Jia holds the position of director at the Corporate Compliance Committee of China Enterprise Evaluation Association. Mr. Jia has achieved many national awards such as China News Award, National People's Congress News Award, National Legal System Good News Award, etc.; Mr. Jia was primarily responsible for the establishment of the Enterprise Compliance Professional Committee with the joint effort of China Enterprise Evaluation Association. Mr. Jia leaded the draft of the first group standards T/CEEAS 004-2021 Enterprise Compliance Professional Skill Evaluation Standard, and was in charge of the evaluation on vocational skills of enterprise compliance officer according to the standard teaching materials.

5.2 An Interview

Q: Please give a brief introduction of your company (institution) business and its global presence.

A: China Enterprise Evaluation Association (CEEA) was founded by the Development Research Center of the State Council in 1991, and is the national association registered by the Ministry of Civil Affairs with enterprise evaluation qualification. In the late 1980s, CEEA pioneered the evaluation of Chinese enterprises and, together with the relevant ministries and commissions of the State Council, released the "*500 largest industrial enterprises in China, the best economic efficiency, the 500 in China's construction industry and the 500 in China's service industry*" for eight consecutive years in accordance with international practice. Since 2000, CEEA has carried out a series of studies on "*Growing SMEs*", "*Innovation of Enterprises*", "*International Competitiveness of Large Enterprises*" and "*Competitiveness of Listed Companies*", "*Prosperous Enter-*

prises in Intellectual Property", "*Top 500 Corporate Social Responsibility*" and other evaluation systems. CEEA published various evaluation reports. The above evaluation studies have played a positive role in promoting the transformation and innovation of Chinese enterprises, international competition and high-quality development, and have provided empirical basis and reference for government decision-making.

Q: How do you view the importance of Compliance and ESG topic to your company (institution)? And please specify?

A: CEEA attaches great importance to the integration of corporate compliance management and ESG. On July 5, 2022, the "*Evaluation of the Effectiveness of Corporate Compliance Management System*", the first corporate compliance group standard in China, was officially announced by the China Enterprise Evaluation Association. *The Evaluation of the Effectiveness of Corporate Compliance Management System* aims to provide a basis for third-party organizations and enterprises to carry out relevant measurements independently, and is used to regulate and guide the construction of corporate compliance governance system and effectiveness evaluation activities. Relying on the AAAAA rating of the Standard, it can be used as a tool for the tripartite assessment of compliance of central enterprises, compliance of state-owned enterprises and compliance of private enterprises, to achieve a comprehensive diagnosis of the operational effectiveness of corporate compliance management, to help enterprises enhance the role of compliance management capabilities, levels and performance, and to promote the healthy, orderly and high-quality sustainable development of enterprises in accordance with the law and compliance management.

Q: What are your expectations over the capabilities of a first-class Compliance Officer?

A: An excellent compliance officer should have the awareness of rule of law, norms and standards. An excellent compliance officer should always operate the enterprise with standards such as laws and regulations, industry standards, and corporate rules and regulations. A good compliance officer can set reasonable internal management standards, and during the operation of the enterprise, the compliance officer should let the employees quickly understand and accept the management standards, so that the enterprise can prevent risks and develop safely and steadily in the fierce market competition.

5.3 Mr. Jia's recommendation on the book

"*The benevolence of doctors, the duty of doctors.*" The rule of law and compliance management of the pharmaceutical industries influence national welfare and the people's livelihood, it is the basic project to ensure the people's health.

Observing discipline, obeying the law, operating according to law and compliance management are the requirements of the era. ESG promotes pharmaceutical industries to build the modernization of corporate governance system and improves the ability of the compliance management by law. Meanwhile, ESG improves the level of the compliance management of other industries and promotes the healthy, orderly, high-quality and sustainable development of enterprises.

6 | An Interview with Geralyn Ritter, Head of External Affairs and ESG of Organon

Geralyn Ritter
Head of External Affairs and ESG of Organon

6.1 Brief Introduction

Geralyn Ritter is Head of External Affairs and ESG for Organon, leading the global communications, public policy and government affairs, and ESG sustainability functions of the company. She is focused on advancing Organon's vision by developing the company's strategy in each of these areas, leading its implementation, and engaging with the company's many stakeholders.

Geralyn joined Organon from Merck, where she served as Senior Vice President, Corporate Secretary and Assistant General Counsel advising Merck's board of directors and executive team and leading shareholder engagement on corporate governance matters. During this time, Geralyn was also Head of Global Public Policy and Corporate Responsibility from 2012 to 2014, the Merck department she joined in 2008, and until 2014, was also responsible for public policy, government affairs, ESG reporting and corporate philanthropy. Geralyn also served as President of the Merck Foundation and led the creation of Merck for Mothers, a global initiative to end maternal mortality. Previously, Geralyn worked at PhRMA, the Office of the U. S. Trade Representative and the law firm of Covington& Burling LLP.

A survivor of traumatic injury, Geralyn is a passionate advocate, author and frequent speaker on the topics of resilience, wellness and trauma recovery. Her book, "Bone by Bone," will be published in2022. She co-chairs the Patient and Family Advisory Council at Penn Presbyterian Medical Center and is a board member of the Sanford School of Public Policy at Duke University, Business for Social Responsibility, and Power to Decide.

Geralyn received a master's degree in international economics and European politics from the School of Advanced International Studies (SAIS) at The John Hopkins University, a J. D. from Stanford University School of Law, and an undergraduate degree from Duke University.

6.2 An Interview

Q: Please give a brief introduction of Organon business and its global presence.

A: Organon is a global health care company formed through a spin-off of MSD (known as Merck in the United States and Canada), with the vision to create a better and healthier every day for every woman. We seek to deliver innovation, improve access, and expand choice to help address the vast unmet medical needs of women across the globe, and ultimately improve their lives.

Very few companies dedicate resources to innovation and improving women's health. We are investing in high-need areas that have no established precedent and where we believe the current standard of care is unacceptable to meet the needs of patients.

We focus on three key areas to achieve our vision of a better and healthier every day for every woman:

We believe that women are the foundation of a healthier world, and we know that women need more choices when it comes to their healthcare. Our business focuses on four cornerstones of women's health: contraception, fertility, maternal and peripartum conditions, and conditions unique to women.

Biosimilars, which are approved by regulators as being highly similar to approved biologic medicines, are used to treat a range of serious conditions. They offer patients more treatment options and reduce costs compared to biologics—potentially helping expand access to biologic medicines.

Our established brands include well-known products, which generally are beyond market exclusivity, across a range of therapeutic areas including respiratory, cardiovascular, dermatology, non-opioid pain, and more.

We are one of the few healthcare companies that is dedicated to pursuing scientific innovations for women's health, prioritizing where critical therapeutic gaps exist. We reach patients in 140 markets, providing 60 medicines and other products.

50 percent of our global organization of 9,500 employees, (or founders as we refer to them), are women, and seven out of 12 people on our board of directors are women – the highest level of female representation of any healthcare company in the S&P 500. In one study conducted by an external source, Organon had the highest proportion of female board members.

Q: How do you view the importance of ESG theme to Organon? And please specify?

A: Our ESG strategy helps ensure we deliver on our corporate vision — a better and healthier every day for every woman. Our business is inextricably linked to our ESG priorities. We focus on the issues that matter most to our stakeholders, our business, and most importantly, women around the world.

We formally announced our ESG platform called Her Promise on June 4, 2022, on Organon's one year anniversary, and published our first annual ESG Report.

Here is a statement that explains why we are so passionate about this ESG platform:

There are almost 4 billion women and girls in the world, and each holds a unique promise. This promise is fueled by the power of her health. Healthy women are the backbone of a thriving, stable, and resilient society. And when we invest in her health and equity, we all benefit from the power of her promise.

At Organon, our vision is to create a better and healthier every day for every woman.

Her promise is our purpose. That's why we are working with partners around the world to introduce health solutions that help women and girls achieve their promise through better health. By addressing gender-related disparities in health, we build a more sustainable future for women, families, economies, and society.

Our purpose is inextricably linked to our business strategy, where we seek to accelerate innovation and introduce and expand access to health options that help secure her promise and equitable place in the world.

Q: What are your expectations over the capabilities of a first-class ESG Officer and their career futures?

A: It takes a great deal of resilience for leaders to run a sustainable business that serves a critical societal need, as we nurture relationships with multiple stakeholders, and balance priorities and market and economic headwinds.

Highly resilient companies and leaders are those that have invested in their capacity to anticipate, embrace, and adapt to change to support long-term success.

A robust ESG strategy supports the resilience of the business and enhances its ability to achieve its purpose by meeting the shifting expectations of customers, investors, regulators, and employees.

Thoughtful ESG leadership demands sophisticated analysis of long-term risks and opportunities, requires regular verification and reassessment, and builds the trust of constituencies that matter—all of which supports organizational resilience that will help an organization avoid storms on the horizon, or at least safely ride them out.

Resilience is an especially important topic for Geralyn Ritter. As a survivor of a near-fatal Amtrak train crash in 2015, and in the many years she has spent recovering, Geralyn often links her personal resilience story to the company resilience we must create and maintain – for the good of our companies and our industry.

6.3 Geralyn's recommendation on the book

On basis of "Her Promise, Our Purpose" ESG strategy, Organon focus on meeting unmet healthcare needs for women around the globe. In this fast changing world, it is increasingly significant that a corporate citizen implement ESG, take responsible actions, and gain long-term sustainable development in the means of ESG. As Head of External Affairs and ESG for Organon, I'd like to recommend this publication, to join us for this ESG journey for Healthcare Globalization.

7 An Interview with Jay Dong, Founder and CEO at UltraDx; Biotechnology Former President of MIT Club of Shanghai

Jay Dong
Founder and CEO at UltraDx; Biotechnology Former President of MIT Club of Shanghai

7.1 Brief Introduction

Jay Dong is Founder and CEO at UltraDx Biotechnology, a Partner at Kunpeng Healthcare Investment. Founding Co-President of Academia-Industry Consortium on Innovation and Entrepreneurship of China CSCB, and a co-founder and Secretary General and Vice Chairman of the Professional Committee for Precision Medicine & Companion Diagnostics of CSBT.

He earned an M. B. A (MIT), M. A. (Tufts) and Master of Medicine from Peking Union Medical College.

He started his career as a researcher and R&D scientist at Tufts University Medical Center and Millennium Pharmaceuticals.

For the last twenty years, Jay focused on marketing, commercialization and management. Then he marched into business management as a marketing and business leader with Becton Dickinson (BD) Bioscience in the United States and in Singapore, and then, as the founding General Manager of China/Asia Pacific and Global VP of CST, building the company from "scratch" to a "golden standard" in the industry and had been invited speaker at Peking University, Fudan University, Wuhan University, as well as MIT MBA EMBA classrooms etc.

With diverse educational and professional experiences, he deeply understands the importance of multidisciplinary cooperation. Additional voluntary social responsibilities included board member on a list of non-profit organizations such as BayHelix Group, Sino American Biomedical and Pharmaceuticals Association(SABPA).

7.2 An Interview

Q: Please give a brief introduction of your company (institution) business and its global presence.

A: UltraDx, which is led by a team full of successful business experience and world-renowned venture capital, is inspired to build and provide the world's leading multi-dimensional application platform, services and products for disease screening and auxiliary precision diagnosis based on Simoa single-molecule digital hypersensitivity immune-detection technology, through the introduction of HD-X platform and the development of localized detection equipment and reagents followed by the clinical registration and application. With Alzheimer's disease as the entry point, the products will focus on neurology, oncology, immunology, cardiovascular and infectious diseases.

Q: How do you view the importance of Compliance and ESG topic to your company (institution)? And please specify?

A: ESG is considered in the context of the company's strategy. The company has done a series of charity activities such as building book corners for children in poor areas; it also tries to actively respond to the double-carbon policy by laying out environmentally friendly factories; it actively works on gender diversity at all levels of employees....

Q: What are your expectations over the capabilities of a first-class Compliance Officer?

A: Within the healthcare industry, an excellent compliance officer of the future should have the ability to identify, diagnose and enhance the company's compliance in the three dimensions of environmental, social and corporate governance as required by the company's board of directors in the great era of ESG. Therefore, a good compliance officer, on the basis of deep understanding and participation in managing and supervising the operation of corporate business operation model (such as anti-bribery and anti-trust; data compliance, etc.), understands and participates in the management of corporate environmental compliance; corporate diversity and equality, supply chain labor standards, etc., which are requirements of S of ESG, will also highlight an excellent compliance officer's progressive attitude. Therefore, the ability of a good compliance officer to learn new things quickly is especially important in the VUCA era. In my opinion, a good compliance officer should not only master the basic knowledge of laws, regulations, industry standard management and company's compliance policy, and ways to do a good job in compliance training for employees, but also assist the CEO to build a good corporate compliance culture within the organization, so that all employees can form the idea of "I want ESG compliance". That is the real winner.

7.3 Jay's recommendation on the book

We look forward to the publication of book in English and Chinese versions to communicate with global practitioners and investors in the big healthcare industry soon. We also look forward to more and more healthcare companies to disclose ESG information voluntarily. We hope investors in the industry will promote their contribution in sustainable development and fulfillment of corporate social responsibility based on the ESG rating results of their investment targets. Let's work for a better tomorrow for our human society!

8 An Interview with Gladdy He, Founder and CEO of Become Consulting; former Senior Client Partner and APAC Managing Director of Life Science Practice at Korn Ferry

Gladdy He
Founder and CEO of Become Consulting; former Senior Client Partner and APAC Managing Director of Life Science Practice at Korn Ferry.

8.1 Brief Introduction

Gladdy He founded Become Consulting with the vision and mission to develop top global organizations and leaders from China.

Previously, she was the Senior Client Partner and APAC Managing Director of Life Science Practice at Korn Ferry. She led the team across executive search, RPO and leadership consulting, and successfully grew the business by many folds.

Prior to Korn Ferry, she was Director of Consulting and Leadership Consultant for Gallup Consulting in Greater China and Southeast Asia. There, she managed global accounts focusing on talent selection, employee engagement, conducted hundreds of coaching sessions for C-level and senior executives in APAC. Before that, she served as engagement manager and research director for Gallup in Washington, D. C. Her clients covered top government and healthcare agencies.

She started her career as a management trainee in market and risk leadership program at General Electric (GE) Capital Services.

Ms. He holds a master's in business administration degree from Wharton Business School, University of Pennsylvania, and a master of science degree in agricultural and resource economics from the University of Connecticut, as well as a bachelor's degree in economics from Nankai University in Tianjin, China.

She is the Founding Board Member at Wharton Alumni China Healthcare Club. She is the China Executive Chairman of fashion jewelry company Diamanti Per Tutti (DPT). She is the Member and officer of Young President Organization (YPO). Recently, she was invited by the HK Life Sciences Society (HKLSS) as its Senior Advisor.

8.2 An Interview

Q: Please give a brief introduction of your company (institution) business and its global presence.

A: Become consulting is a talent and organization consulting company headquartered in Shanghai, China. We are committed to helping enterprises on total strategic HR solutions in the phase of rapid growth and critical transformation. Our services include executive search, leadership coaching and development, Org Structure, and incentive system design. Our mission is to develop leading global enterprises and global leaders in China and Asia through long-term partnership: Accompany, Facilitate and Co-create. Become has offices in Shanghai, Hong Kong of China, and Singapore, as well as global alliances partners in US and Europe.

Q: How do you view the importance of Compliance and ESG topic to your company (institution)? And please specify?

A: Become placed ESG and compliance as one of the corporate pillars, in order to achieve the long term sustainable and scalable growth. In the company Value statement, "Ethical" is one of the core values. We encourage our partners to work and serve the healthcare clients that have strong compliance culture and ESG practice. Additionally, we actively conduct research and develop leaders and talents in the ESG and compliance areas.

Q: What are your expectations over the capabilities of a first-class Compliance Officer?

A: An outstanding Chief Compliance Offer should first be a change agent and a forward looking business leader who understand the nature of the business and macro trends, and has the total system mindset. Then it comes to the risk management and control systems to safe-guard and promote the long term business growth. Additionally, a CCO should have great resilience to adapt complex corporate the external changes, being highly ethical and strong in building the rapport.

8.3 Gladdy's recommendation on the book

In the era of VUCA, executives of pharmaceutical and healthcare industry can lead their companies to advance steadily and achieve sustainable development only if they have the strategic vision of ESG and the management awareness of compliance to keep up with the times. This handbook provides a good methodology in the context of ESG.

9 An Interview with James Deng, Global Operating Committee and Senior Vice President & General Manager of Greater China at Becton, Dickinson & Co.

James Deng
Global Operating Committee and Senior Vice President & General Manager of Greater China at Becton, Dickinson & Co.

9.1 Brief Introduction

James Deng is a member of Global Operating Committee and Senior Vice President & General Manager of Greater China at Becton, Dickinson & Co. He is also the Chairman of AdvaMed China Board for four consecutive terms.

James is known for his 30 years of senior management experience in healthcare industry. Prior to joining BD, James served successively as Vice President of Novartis Pharmaceuticals Corporation in US, and the CEO & President of Novartis in China. James also worked for Johnson & Johnson in China. Previously he used to teach in Medical College and was a clinician for five years.

He graduated from Medical College of Zhejiang University, received an EMBA from China Europe International Business School (CEIBS) and graduated from General Management Program (GMP) of Harvard Business School.

James now takes active role as Deputy Chairman of Shanghai Alumni of CEIBS and Deputy Head of Healthcare Industry Division in China Health Economics Association.

9.2 An Interview

Q: Please give a brief introduction of your company (institution) business and its global presence.

A: BD is one of the largest global medical technology companies in the world with tracked record of around 125 years in advancing the world of health by improving medical discovery, diagnostics and the delivery of care. We are now with presence in almost all countries and regions worldwide and with nearly **70,000** employees, and a revenue of over US$ **20 bn** (ranked among **the world's top 4** medtech companies) to address some of the most challenging global health issues.

The three key business units are medical care, intervention and life sciences. By working in close collaboration with customers along the continuum of healthcare, BD have a passion and commitment to help improve patient outcomes, improve the safety and efficiency of clinicians' care delivery process, enable laboratory scientists to better diagnose disease and advance researchers' capabilities to develop the next generation of diagnostics and therapeutics.

BD entered China **in 1994** and has achieved rapid development since. BD Greater China is insofar the **2nd largest** country market (after the US) worldwide, with over **4000+** employees in over 20 business offshoots in China, and a revenue of around **USD 1.5 bn**. BD China is committed to building a high-quality localized multinational company to address the unmet healthcare needs of Chinese customers.

Q: How do you view the importance of Compliance and ESG topic to your company (institution)? And please specify?

A: Medtech is a highly regulated industry, for products we produced are directly applied to human body and closely linked with public health. We are in an industry where customers or consumers choose products out of their credence in the company, their trust in the quality of its products and in its full compliance of relevant laws and regulations. Henceforth, 'license to operate' is the first and foremost importance to our business. Our objective to build and perfect a Compliance and Ethics system, is to strictly comply with laws and regulations from global to local from all aspects of our business activities to protect BD reputation and interest.

There are several key compartments of our Compliance & Ethics work, including anti-bribery risk, anti-trust and distributor management risk, cyber security and data security risk, custom supervision and import/export control risk, etc. For example, with regard to the compliance risks from the increasing uncertainties of global trade and supply chain, we have conducted studies on relevant foreign and domestic legal precedents and renewed clauses to ensure in-time proper responses from our side.

ESG is raising to importance these years, BD has set goals accordingly from global perspective, and started evaluation on accessible and quantified targets for the coming years. In BD Greater China, we are amongst the earliest companies in China to include ESG initiatives in our business strategy. I believe one of the inevitable aspects of ESG target is 'good governance'. Only with a well-established Compliance and Ethics system, you can guarantee a transparent and good environment to ensure the company to do the right thing.

Q: What are your expectations over the capabilities of a first-class Compliance Officer?

A: In my opinion, a first-class Compliance Officer should be capable of establishing and maintaining a multi-dimensional Compliance & Ethics system throughout different stages of business activities, from regular supervision, necessary aftermath investigation, to daily training and communication on compliance related knowledge. For me, good deliveries of compliance work mean not only to prevent anticipated risks from happening, but also alleviating tensions from potential risks to systematic ones. I would like to compare it to anti-pandemic endeavors, you should obstruct the infection as well as ameliorating the inflected ones to least harmful. Therefore, I think a good Compliance Officer is more than an operator in maintaining or sustaining a high standard to ensure company's comply with laws and regulations, he/she might communicate effectively with our employees to embed our principals in Compliance and Ethics as part of their values in accordance with our corporate mission and vision. At the same time, I think a good Compliance Officer's deep understanding of business, customers and the work nature of business personnel is also a very important part of his/her ability.

9.3 James' recommendation on the book

In the ESG era, AdvaMed will work more and more closely with the Chinese government and all stakeholders to help ensure that patients have access to advanced medical technologies, and that business ethics are observed throughout the industry. We recommend that our colleagues in the pharmaceutical and healthcare industry read this handbook.

10 An Interview with Valtero Canepa, General Manager of Bracco in Mainland China and Hong Kong of China

Valtero Canepa
General Manager of Bracco in Mainland China and Hong Kong

10.1 Brief Introduction

Mr. Canepa worked more than 34 years at the Bracco group, where he made his debut as a medical representative, taking on several roles including Global Marketing Director, Country Manager Italy and Project Leader for global product life cycle management.

In 2013 he moved to China, and he is presently living in Shanghai.

He is presently responsible for the mainland and Hong Kong of China business of the Group, with three companies (two affiliates and a JV), focused on diagnostic contrast agents and medical devices, with total revenues of more than 150 million euros and employing more than 400 people, including R&D, business development, medical and regulatory, production, distribution and promotion and sales.

Thanks to the different assignments in his long career, he developed a very extensive knowledge of the global healthcare market, both for pharmaceuticals and medical devices.

Mr. Canepa strongly believes in the personal social responsibility every individual and even more every person with leadership roles should have. He is contributing as a volunteer to several organization, among which the China-Italy Chamber of Commerce (CICC), of which he has been Vice President for six years and among the founders of the Healthcare Working Group of the CICC, and Slow Food, a global agro-ecology organization, of which he is the Shanghai community leader.

10.2 An Interview

Q: Please give a brief introduction of your company (institution) business and its global presence.

A: Our company is a multinational organization headquartered in Milan, Italy. It operates through 3 business units: Bracco Imaging, Bracco Medical Technologies and Centro

Diagnostico Italiano.

Bracco Imaging is an international leader in diagnostic imaging with a wide range of products and solutions for all diagnostic modalities.

Bracco Medical Technologies includes contrast agent administration systems, medical devices for cardiac intervention and parametric imaging software.

Centro Diagnostico Italiano is a network of out-patient centers offering prevention, diagnosis, rehabilitation and therapeutic services in Italy.

Our company has about 3,600 employees worldwide with products sales in about 100 countries.

Our company's annual turnover is about € 1.4 billion. In the Imaging business the most important market is the USA, followed by China.

Q: How do you view the importance of Compliance and ESG topic to your company (institution)? And please specify?

A:

Compliance and ESG are very important.

1. the Group CEO and the whole leadership team, including the China's General Manager pay a very high level of attention to Compliance and ESG.

2. Compliance and ESG are integrated into the corporate DNA and values. At the same time, the DNA and values are refined into the specific standards and procedures for employee's performance assessment and promotion.

3. The corporate governance includes programs, policies and procedures, integrating the contribution of different internal functions such as HR, Finance, Communications, Internal Audit and Legal/Compliance, EHS, to implement Compliance and ESG values.

4. ESG values are incorporated in the business operation, following the principle of "SUSTAINABILITY WHICH CREATES VALUE: we work to improve people's lives". The embedding of ESG in the business processes ensure the implementation of the ESG plan.

5. A Sustainability ESG report is published every year. The last edition includes a message of our President and our CEO in which it is underlined how Bracco manages resources and relations with all stakeholders ethically, responsibly and in a manner oriented towards generating positive economic and social impacts throughout the value chain. This daily commitment is based on criteria of participation, information and prevention, to combine economic growth and protection of the territory, safety and business choices.

Q: What are your expectations over the capabilities of a first-class Compliance Officer?

A:

1. Business understanding and insight;

2. Make risk assessment based on the regulatory environment and business conditions;

3. Execution of the compliance program under the current business conditions.

10.3 Canepa's recommendation on the book

ESG is an important differentiating factor and can be an important driver for the business performance of pharmaceutical and medical devices companies.

Business integrity is a key pillar of ESG. ESG driven companies are not just respecting the laws and regulations but are integrating ESG in the company processes and promoting

ESG-driven behaviour throughout the organization.

Aside from the fact that integrity is always the right choice, there are valid business reasons for making it a priority. An integrity-based company culture is an element of differentiation.

Customers are evolving. Decision making power is spread among different actors in the hospital. Customers' needs are changing.

A company having integrity as one of the key pillars of the company mission is going to have competitive advantages also because zero tolerance for non-compliant behavior obliges the company to be creative in designing new and more sophisticated promotion activities.

11 An Interview with Christine Liu, Founder & Chairwoman of sHero

Christine Liu
Founder & Chairwoman of sHero

11.1 Brief Introduction

In 2006, Christine envisioned an IDEA of starting and promoting a DIALOGUE amongst women of women communicating to one another their stories of workplace and home life balance, leadership and empowerment of other women. She defined a vision of leadership consonant with the mission and values of sHero and attuned to the needs of today's world.

Christine is the force behind this amazing organization driving impact on one of today's most pressing issues in global business and management: Women in Leadership, and the derived impact on economy, society and global world.

For more than a decade Christine has been addressing the concerns of contemporary women in China.

Based in Shanghai, Christine has held leadership positions in multinational companies and she is an accomplished Human Resources Executive with practical insights into human capital and organizational development.

She is also an alumnus of the world-class "Women and Power" program concucted by the Kennedy School of Government at Harvard University.

11.2 An Interview

Q: Please give a brief introduction of your company (institution) business and its global presence.

A: sHero represents the evolution of an enduring legacy supporting and advancing women in the workplace.

For a decade, we have been working with the world's leading and most forward-thinking companies, through innovative initiatives, signature events, and creative content, to champion for cultural change and women's advancement.

First as a champion of working women, our vision, breadth and depth grew as our thought leadership and expertise expanded to meet the changing marketplace demands for DE&I.

Today, as a driving force for Diversity Equity & Inclusion, we help companies create energetic cultures and real business impact.

Q: How do you view the importance of Compliance and ESG topic to your company (sHero)? And how do you drive DEI?

A: The world has changed. Your people want to be part of something worthwhile, get behind something they believe in. Your customers and investors expect you to behave ethically in how you treat people and the planet. It's not enough to turn a profit. You must make a difference.

If you want to deliver on the promise of your ESG (Environmental, Social and Governance) and sustainability strategy, then change is not just inevitable; it's vital. And for truly successful ESG and sustainability transformation, you need to define your purpose, then develop the skills, talent, leaders and culture you need to achieve it.

People make that happen. They are the catalyst for changing your organization for good. For our society, for our planet and the prosperity of all.

2021 was a landmark year for diversity, equity, and inclusion. More than ever, organizations and leaders listened to their employees and customers to develop progressive initiatives that introduce fair workplace practices. We, in collaboration with PageGroup, has produced the first bilingual digital guide entitled "China Best Practice for DEI" in Asia and the very first Best Practice List for DEI.

For the first time in-its-kind the bilingual digital Guide is to help companies to benchmark on how they do it in DEI and organizations that aspire to become more inclusive places for work.

For a decade and more a lot of organizations in China both MNCs and local companies have the right intent of making themselves inclusive, it is the best timing to curate the right guidance to manifest this intention. Thus, this GUIDE will act as a catalyst to make corporate a more inclusive place to work.

Based on the Best Practices we will select Best of the Best organizations and people to recognize their work and influence in defining and embedding Diversity, Equity, and Inclusion (DEI) in corporate China.

Could 2022 prove to be a turning point? When the world had brought DEI front and center as ever before. Businesses and leaders are starting to take decisive actions.

We know it's going to be a year full of challenges, but we're also energized by the possibilities.

Q: What has women contributed to the development of healthcare industry and ESG?

A: On April 28th, 2022, sHero China and Korn Ferry International jointly organized an online event with the theme of "Self Care" for Women's Health and Happiness Day. During the event, we were honored to have engaged Ms. Clarissa Shen Yanrong, Senior Advisor of the Great China Compliance Program (funded by the World Bank) and a Mentor for the Association of China Compliance Professionals; Ms. Judy Li Jing, a VIP expert in the field of ESG in China; Ms. Zuo Li, senior leader from China Pharmaceutical Industry Association; Ms. Shirley Zhao Ping, Co-founder and CEO of Bennu Biotherapeutics; Ms. Lily Dong

Lijun, Executive Vice President and Chief Operating Officer of Luoxin Pharmaceutical Group Stock Co. Ltd.; Ms. Anita Wu Qingyi, Chief Commercial Officer of Dizal Pharma; and Madam Feng Danlong, member of the National Committee of the Chinese People's Political Consultative Conference to discuss the hot topic "Women's leadership in promoting ESG for the benefit of patients". These outstanding ladies have exchanged their professional views on the importance of ESG in healthcare industry resectively.

For example, Ms. Lily Dong told us that Luo Xin Pharmaceutical Group has always adhered to the philosophy of delivering health and is committed to guarding the green of the earth. She said, "we have released a green factory development plan and implemented a green factory construction program to make energy usage as low as possible and indirectly reduce room temperature gas emissions. The carbon emissions per unit of product of Rosin Group are far lower than the industry average. The Group also attaches great importance to energy saving and green environment protection, realizing the recycling of waste heat and energy in the production process, practicing the life cycle of pharmaceuticals, green production, reducing the output of hazardous waste, and it is also equipped with advanced waste gas, waste water and solid waste treatment facilities. All of Luo Xin Group's every medicine or every seasonal product is birthed in the whole green journey. We believe that through unremitting efforts to promote green development and innovation drive, we will have continuous breakthroughs in our journey to protect the earth and contribute to the industry."

From Ms. Anita Wu Qingyi, we obtained her clear message, "No matter what kind of company you are in now, EGS is a social responsibility of every company in every industry and even every person, and we need to accomplish ESG goals from different perspectives as much as possible. At the same time, we not only accomplish the goal, but also have the responsibility to call for it in various occasions, so that the concept of ESG can be known to the whole industry."

Also, from Madam Feng Danlong, who is well-known for her advocacy representing China Medical and Health Industry, to the National Committee of the Chinese People's Political Consultative Conference, our on-line event participants have been brought to the attention of her proposals to the Chinese government in the past two years.

- On stimulating commercial health insurance and supporting the development of health industry

- On the comprehensive and life-cycle management of breast cancer to improve the quality of patients' survival

- Improving perinatal depression screening and strengthening comprehensive maternal health services

- On building the capacity of vaccination personnel

- Maternity incentive program for men and women to take maternity leave together

- About commercial health insurance and multi-level medical protection system for rare diseases

- On the prevention and treatment of hypertension in young and middle-aged people and the prevention and treatment of depression in the elderly

Apr. 28th. 2022 sHero event is a follow up to last year's 4.28 event's high-level panel discussion on "Women Driving Health - Women Leaders Accelerating Innovation and Healthcare".

In 2021, sHero and Korn Ferry successfully released the first "White Paper on Workplace Health and Happiness of Chinese Female Executives", which provides an in-depth understanding of the current health and happiness of Chinese female executives in terms of five happiness indices: health, balance, learning, emotional intelligence and leadership. It breaks the invisible ceiling that limits the health and happiness of female executives in the workplace, and helps Chinese female executives find resources and methods to improve their health and well-being in the workplace.

Q: What are your expectations over the capabilities of a first-class Compliance Officer?

A: A good compliance officer must possess superior interpersonal skills, good listening skills and discretion. In addition, a compliance officer is a figure of public trust and as such must be able to provide the highest standards of professionalism, integrity and competent service.

11.3 Christine's recommendation on the book

The world has changed. Your people want to be part of something worthwhile, get behind something they believe in. If you want to deliver on the promise of your ESG (Environmental, Social and Governance) and sustainability strategy, then change is not just inevitable; it's vital. And for truly successful ESG and sustainability transformation, you need to define your purpose, then develop the skills, talent, leaders and culture you need to achieve it. And women leadership is indispensable!

12 An Interview with James Li, Co-founder, Chairman and Chief Executive Officer of JW Therapeutics

James Li
Co-founder, Chairman and Chief Executive Officer of JW Therapeutics

12.1 Brief Introduction

James Li co-founded JW Therapeutics with Juno Therapeutics and WuXi AppTec in early 2016, and now serves as Chairman and Chief Executive Officer.

From January 2012 to June 2015, James was Vice President and the General Manager Greater China at Amgen, where he led the company in expanding its business into the Chinese market to help Chinese patients gain access to Amgen's vital medicines.

Prior to joining Amgen, James was a Partner at Kleiner Perkins Caufield & Byers life science practice. He successfully invested in many companies, which were in the early stage, growth stage, and led a portfolio company went to public in 2010.

From 1991 to 2006, James spent over 15 years with Merck Co. & Inc. where he held leadership positions with increasing responsibilities in clinical research, regulatory affairs, new product development and franchise management, both in the US and Asia Pacific. During his tenure, he was instrumental in obtaining regulatory approvals of Merck vaccines across Asia Pacific Region when the Vaccine Division started operations in the region, successfully built the foundations of Merck's medical operations in China and drove the success of Merck's largest franchise in Asia.

James received his Medical Degree from Shanghai Medical University followed by a Master of Science degree in Microbiology from the University of Montana.

12.2 An Interview

Q: Please give a brief introduction of your company (institution) business and its global presence.

A: WuXi Juno (HKSE: 2126) is an independent, innovative biotechnology company focusing on developing, manufacturing and commercializing cellular immunotherapy products. Founded in 2016, WuXi Juno is committed to being a leader in cellular immunotherapy with innovation at the forefront. WuXi Juno has built a world-class technology and product development platform for cellular immunotherapy, as well as a promising product pipeline covering hematology and solid tumors, with the aim of bringing hope to patients in China and around the world, and leading the healthy and regulated development of the cellular immunotherapy industry in China.

Currently, the company has offices in Shanghai, Beijing and Guangzhou, as well as manufacturing bases for cell therapy products in Shanghai Waigaoqiao and Suzhou Industrial Park. The company also gradually plans to expand its overseas business and set up overseas branches.

Q: How do you view the importance of Compliance and ESG topic to your company (institution)? And please specify?

A: As a pharmaceutical company, we have a pharmaceutical compliance course and a management system for our employees to study and set up exams to ensure the effectiveness of the study. In terms of process, there are SOPs and procedures for pharmaceutical compliance projects. In the daily management, the compliance department also joins the discussion and communication of large and small projects as a core department.

In terms of ESG, the company issues an ESG report in the form of a separate report every year, audits it with external experts, and verifies the situation with the relevant person in charge for the second time regarding the relevant issues found by the audit.

Q: What are your expectations over the capabilities of a first-class Compliance Officer?

A: Understanding of industry trends.

A good understanding of the company's product features as well as its operating model.

Identifying compliance risks in projects and being able to propose solutions.

Execution supervision during the process as well as post-performance spot checks.

12.3 James' recommendation on the book

ESG sets the direction for the sustainable development and social values of biotech companies. Integrating ESG concepts into the corporate strategy and daily operations, we bring the hope of a cure for more patients, lead and drive the sustainable development of the cell immunotherapy industry through solid corporate governance, quality and innovative products and services, and close partnership with key stakeholders.

13 An Interview with Allan Gabor, President of Merck China, Managing Director of Merck Electronics China

Allan Gabor
President of Merck China, Managing Director of Merck Electronics China

13.1 Brief Introduction

Allan Gabor has been appointed as the President of Merck China, and Managing Director of Merck's Electronics business sector in China, since February 1st, 2018. He is also a permanent member of Merck's Electronics Executive Committee (ELEC), responsible for topics in China. As President of Merck China, he is responsible for developing and driving growth strategies in this key country and building on the company's 353-year presence and reputation. China is one of the Group's top-selling countries with all the three Business Sectors of Merck developing rapidly. Prior to this role, he was the President of Asia Pacific for the biopharma business of the Merck Group. He assumed this position since January 2016.

Before Mr. Gabor was promoted to President of the Asia-Pacific region, he was the President and CEO for the biopharma business in China and was instrumental in expanding Merck's Asian footprint with a series of investments including establishing Merck's new €170 million world-class pharmaceutical manufacturing facility located in the Nantong as well as building an extensive network of collaborations with leading academic and medical institutions, thereby enhancing Merck's commercial presence in China.

Prior to joining Merck, Mr. Gabor spent 25 years at Pfizer in leadership roles including Chairman and General Manager for China, and Regional President for North Asia, Russia, India, Turkey and Eastern Europe, across many different businesses and geographies with responsibilities within sales and marketing, strategy, mergers and acquisitions and general management. Mr. Gabor successfully directed the launch of many of Pfizer's innovative medicines into China and opened the China Regional Investment Center and a state of the art research and development center in Shanghai.

In recognition of his tireless contribution towards the economic construction, social development and international exchange and cooperation of Shanghai, Mr. Gabor has been awarded the Magnolia (Baiyulan) Award twice by the Shanghai municipal government.

Mr. Gabor is a highly seasoned executive with an extensive knowledge of strategy, commercial operations and business development. He holds a BA in Communications from the College of Wooster and pursued further education at the University of Tennessee and Harvard Business School.

13.2 An Interview

Q: Please give a brief introduction of your company (institution) business and its global presence.

A: Merck is a leading technology company focused on three areas: healthcare, life sciences and electronics. Approximately 58,000 employees worldwide serve Merck and are committed to continuously advancing technology and improving people's lives. Merck is everywhere, covering everything from gene-editing technology to tackling disease challenges. In 2021, Merck's total global sales amounted to 19.7 billion euros.

Merck has a history of 88 years in China, and the first branch in China was first established in Shanghai in 1933 - Merck Chemical Co., Ltd. China is one of Merck's most important market in the world and has become a global innovation center for Merck. In 2021, Merck employs around 4,600 people in China and generates total sales of €2.6 billion.

Q: How do you view the importance of Compliance and ESG topic to your company (institution)? And please specify?

A: Merck has done a lot of work in terms of developing all-round talents in terms of compliance and increasing communication with headquarters. In terms of corporate sustainability, one of the major difficulties faced by enterprises is how to strike a balance between maximizing economic profits and maximizing social efficiency. What Merck has done is to establish a long-term vision at the beginning of each business, for example, in the field of medicine and health, Merck is committed to improving the quality of life and health of 40 million patients in China, and all work revolves around the core of serving the majority of patients. Since entering China, Merck has always placed the fulfillment of corporate citizenship obligations in a very important position. Our corporate responsibility is reflected in many aspects, including patient assistance, health education, energy conservation and environmental protection, poverty alleviation and education, scientific awareness and enlightenment. Adherence to public welfare and corporate responsibility has become part of Merck's corporate culture.

Sustainability is in a very important position at Merck. Merck Headquarters officially released its sustainability strategy in 2020. The company has done a lot of work in this area over the past decade, and sustainability has become an important direction that requires direct reporting to the board of directors, long-term investment in the company's systems, and the allocation of specialized personnel to ensure the effectiveness of implementation.

Q: What are your expectations over the capabilities of a first-class Compliance Officer?

A: A comprehensive understanding on the company and the capacity to make decisions based on timely evaluation on risks. The capacity to face internal and external uncertainty.

13.3 Gabor's recommendation on the book

Merck has always been a business that thinks and acts sustainably, our ESG Strategy is fully integrated with our purpose as One for Patients, helping to create, improve and prolong lives. As pioneers in science and technology, we need to ensure that we are not just a contributor but a leader in sustainability efforts. In this regards, we are committed to working together with our industry peers to raise awareness of this important issue.

14 An Interview with Frank Jiang, Chief Executive Officer of CStone Pharmaceuticals

Frank Jiang
Chief Executive Officer of CStone Pharmaceuticals

14.1 Brief Introduction

Dr Jiang has over 25 years of rich experience in leading drug development in the U. S. and China. He founded CStone Pharmaceuticals in 2016, Dr Jiang is the CEO, and has led the company's successful listing on HKEx in only 3 years. With 15 products in the pipeline, CStone is focused on immuno-oncology and precision medicines, with 4 drugs approved and multiple new NDAs expected in the near future.

Prior to joining CStone, Dr Jiang served as Global Vice President and Head of Asia Pacific R&D at Sanofi, leading the R&D department in Asia (incl. Japan) with 1,400 staff.

Dr Jiang led a 21,000 patient megatrial in the U. S. that resulted in the global registration of Lovenox. In the last 5 years with Sanofi, Dr Jiang oversaw almost 80 clinical trials and obtained 30 NDA approvals in the Asia Pacific region.

14.2 An Interview

Q: Please give a brief introduction of your company (institution) business and its global presence.

A: CStone is a biopharmaceutical company focused on researching, developing, and commercializing innovative immuno-oncology and precision medicines to address the unmet medical needs of cancer patients in China and worldwide. Established in 2015, CStone has assembled a world-class management team with extensive experience in innovative drug development, clinical research, and commercialization. The Company has built an oncology-focused pipeline of 15 drug candidates with a strategic emphasis on immuno-oncology combination therapies. Currently, CStone has received six drug approvals. CStone's vision is to become globally recognized as a world-renowned biopharmaceutical company by bringing innovative oncology therapies to cancer patients worldwide. CStone's employees are located in 56 cities across China, United States and Australia to support global research and development, collaboration, and commercialization activities for launched products.

Q: How do you view the importance of Compliance and ESG topic to your company (institution)? And please specify?

A: CStone is one of the council members of the China Pharmaceutical Innovation and Research Development Association (PhIRDA), has consistently been focused on developing sustainable business activities. Based on the high standards of business ethics and code practice in biopharmaceutical industry, CStone established and constantly improved its compliance system with an emphasis on the implementation of compliance related management approaches. The Legal and Compliance team worked proactively and closely with other functions to carry on compliance review, assessment, monitoring and provide regular training sessions in connection with business development, product innovation and management optimization. Such implementation ensures the sustainability of our growth and protects company's reputation.

At CStone we value ESG management of utmost importance and have integrated ESG management work into our strategic development. The Company has developed Corporate Social Responsibility Policy and published the ESG Report on an annual basis pursuant to the applicable HKEx rules. We hope that the public be able to obtain a deeper understanding of our business philosophy and social responsibility practices based on our annual ESG Report. Additionally, the ESG Report serves as an important opportunity to review ESG performance and communicate with stakeholders. Pursuant to Hong Kong Stock Exchange ESG Reporting Guides, our annual ESG Report will summarize key activities and achievements in various sectors including environment, health & safety, responsibilities for biopharmaceutical industry, research innovation, talent development and product liability.

Q: What are your expectations over the capabilities of a first-class Compliance Officer?

A: With the mission of "Driven by Innovation" and as a fast-growing innovative biopharmaceutical company, we need "all-rounder" type of compliance officers possessing not only outstanding ethical standards but also sophisticated capabilities with a global vision. In order to meet local innovative companies' business and operational demands, such desired compliance officers should have the ability to view things from corporate strategic perspective and leverage his/her experiences in multinational corporations, so that he/she would be able to establish and implement a practicable compliance system suitable for innovative biopharmaceutical companies. Furthermore, as a listed company, we also anticipate that the compliance officer has the capability on crisis management and an acute pre-judgment on regulatory enforcement trends.

14.3 Frank's recommendation on the book

To fully integrate ESG considerations into business operations and management as part of company development strategy, to continue to promote the commercialization of the company and sustainable development of enterprises has always been the concept we uphold. It is pleased to see this handbook focusing on the discussion between ESG and corporate governance, sharing how to continuously improve ESG performance and create long-term positive value to the environment and society.

15 An Interview with Julie Xing, President of Greater China and global Senior VP of Envista Holdings Corp.

Julie Xing
President of Greater China and global Senior VP of Envista Holdings Corp.

15.1 Brief Introduction

Julie Xing, Ph. D. is President of Greater China and global Senior VP of Envista Holdings Corp. (NYSE: NVST), one of the largest dental total solution companies in the world. She is the executive committee member and executive officer of the company. She is also the member of Board of Directors of Mars Incorporated, one of the largest global manufactures of confectionery, pet food, and other food products and a provider of animal care services.

Julie brings 20+ years of experience in pharmaceutical, biotech, diagnosis, and other areas within the healthcare industry. Julie joined Envista in Sept. 2019. Prior to Envista, Julie's most recent leadership role was with Eli Lilly & Company, one of the top pharmaceutical firms in the world. There, she led the global new product planning and pricing reimbursement access initiatives for the diabetes portfolio with annual revenue of $9.6 billion. During her 9.5 years of tenure at Eli Lilly & Company (LLY), Julie also worked at Eli Lilly China where she led the oncology business unit, driving significant business growth and commercial transformation and led Eli Lilly China's market access, key accounts, and government affairs functions.

Prior to Eli Lilly, Julie served as General Manager and Vice President of Asia Pacific/ Japan of Affymetrix Inc. (now Thermo Fisher Scientific, TMO). Before this position, Julie was the China President and General Manager of Illumina Inc.(ILMN), the largest next generation gene sequencer company in the world.

Julie has very strong track record in general management, global marketing, new product launches, market access, commercial transformation, government relations, digital health, and business development.

Julie is a scientist by training. She holds a Doctorate in Biology from The Hong Kong University of Science and Technology and she was a post-doctoral fellow at both Harvard

University and Stanford University Medical School. She is a well-known professional Chinese writer and has published over 100 articles covering subjects ranging from coaching and self-growth to women in leadership and career development. Her book *Win in the Workplace* is recently published.

15.2 An Interview

Q: Please give a brief introduction of your company (institution) business and its global presence.

A: KAVO Group is a wholly owned subsidiary of Envista Holdings Corporation of United States and is listed on the New York Stock Exchange. We are a global family of more than 30 trusted dental brands operating in more than 120 countries with over 125 years of dental industry excellence. Our comprehensive portfolio provides more than 1 million professionals with technologies, including dental implants and treatment options, orthodontics, and digital imaging technologies, covering an estimated 90% of dentists' clinical needs for diagnosing, treating, and preventing dental conditions as well as improving the human smile.

Q: How do you view the importance of Compliance and ESG topic to your company (institution)? And please specify?

A: We recognize that the work we do impacts the world around us. Specifically, as a global manufacturer of medical devices, with employees and customers worldwide. In our ESG journey forward, we have aligned our efforts with the United Nations Sustainable Development Goals ("UNSDGs"), a framework of global commitments to create a fairer and more sustainable world by 2030.

Our sustainability priorities and key topics are focused in five thematic areas:

As a medical device manufacturer, our mission is to enable dental health professionals to deliver healthier, better smiles. Achieving our mission depends on our ability to guarantee the safety and quality of our products and solutions, both in our own operations and those of our suppliers. Beyond a focus on quality, we are committed to doing our part to expand access to our products and solutions across the world.

Our success as a business relies on the quality and engagement level of our team. Achieving workplace excellence begins by fostering a diverse and inclusive workforce. We work hard to ensure that our employees operate in safe, healthy workspaces, feel empowered to bring their authentic selves to work, and that they feel fairly recognized and rewarded for great performance.

In 2021 Envista achieved pay equity between men and women in the United States. Envista China has been certified as a Top Employer China 2022.

Given our global footprint, we recognize our responsibility to act as a good corporate citizen. We are mindful of the impact that our operations have on the environment. Where possible, we seek to minimize waste generation, water consumption, and our overall emissions profile. We also include product lifecycle considerations in our product development processes to mitigate the impact of our products and solutions once they are in use by our customers.

We believe that operating with integrity is critical to delivering high-quality products. As such, we are committed to antibribery, anti-corruption, ethical marketing, and protecting our customers' data. Our robust compliance programs provide oversight in an effort to ensure that our employees follow our protocols and operate with accountability.

Good governance practices are the foundation upon which corporate success is built. We work hard to ensure robust oversight for key operational and sustainability risks and opportunities. To this end, we continue to focus on optimizing our governance practices. This includes ensuring that our executive leadership and governance structures are aligned with current best practices and appropriately incentivizing our leaders to drive performance.

Q: What are your expectations over the capabilities of a first-class Compliance Officer?

A:

1. Integrity and respecting rules.

2. Able to transform compliance requirements to business advantage, not impediment. With strong execution ability, can implement compliance projects into daily operations.

3. Have systematic compliance management mindset, able to identify risks and make effective judgments.

15.3 Julie's recommendation on the book

ESG allows companies to re-examine their sustainability by focusing on core issues of environment, social responsibility and corporate governance, in order to serve patients better which is the original aspiration of the healthcare industry.

In the context of quality development, the in-depth discussion on ESG in this handbook is meaningful for every company in the healthcare industry to learn and explore with a strategic view.

16 An Interview with Jason Peng, Danaher Vice President and Group Executive-China

Jason Peng
Danaher Vice President and Group Executive-China

16.1 Brief Introduction

Jason oversees Danaher's over $4 billion China business with China platform and corporate functional leaders reporting directly to him. He is responsible for developing and implementing Danaher China strategy which aligns with China's priorities around health and the environment. Jason has management responsibility for Danaher China businesses, in China for China product development and manufacturing, innovation and localization, talent and leadership development M&A and Danaher Business System (DBS). Jason is also a member of the global Danaher Leadership Team.

Under Jason's leadership, Danaher China revenues grew significantly over the past few years, reaching $4 billion. Additionally, he drove breakthrough change and investments to reposition the Diagnostics platform in China as a $1.4B organization across multiple operating companies, while navigating China complex policies in an increasingly competitive environment.

During his 14 years with Danaher, Jason has held a range of roles in the Danaher companies with operations, sales and service before being named VP/General Manager of JAPAC in 2015. Prior to joining SCIEX, Jason spent 15 years working for PerkinElmer and AlliedSignal in Singapore in various management positions of increasing responsibilities.

Jason graduated with double degree in engineering and business management from Tsinghua University and MBA from National University of Singapore.

16.2 An Interview

Q: Please give a brief introduction of your company (institution) business and its global presence.

A: Danaher is an innovator in science and technology, with more than 25 multinational companies in global operations, focusing on life sciences, medical diagnostics, environmental and application solutions. Ranked 156th in the 2021 Forbes Global 2000, Ranked No. 2 in the Fortune Global Most Admired Companies In the Medical Device Industry, Ranked 130th in the 2021 Fortune US 500, Ranked 52nd in the Hurun Global 500, Ranked 74th in PwC's Global Market Capitalization 100, Forbes Global Best Employer, Aon Select Best Employee Health Employer. Global revenue increased 32% year-over-year to $29.5 billion in 2021, with a market capitalization of more than $200 billion. In 2021, Danaher's revenue in China reached nearly $4.5 billion.

The company's global headquarter is located in Washington, USA. China District headquarter is located in Shanghai, and the company has more than 40 legal entities in the country; the company has more than 100 offices, 20 exhibition centers, 13 factories, 10 logistics centers in 27 provinces; the company has about 80,000 employees worldwide, with more than 7,000 employees in China, including 17 R&D teams, more than 400 scientists and engineers.

Q: How do you view the importance of Compliance and ESG topic to your company (institution)? And please specify?

A: Danaher attaches great importance to compliance and ESG, which has become our company culture that permeates every aspect of our daily work. Through sound compliance policies, codes of conduct, an agile legal compliance team, and regular training and internal and external audits, employees have built up trust in Danaher's compliance culture. We encourage employees to speak up and create multiple platforms and provide multilingual services so that employees can put aside their worries and speak out their suggestions better. In Danaher's 2022 compliance priorities, we focus on prevention, conduct regular compliance training for employees and distributors, and carry out the Compliance Ambassador Program to make our compliance culture deeply rooted in the hearts of the people. Secondly, we accurately identify, assess and review possible compliance risks, establish a supervision and audit system, and start the speed-up project. The third is our response mechanism, after confirming the case, we first report the incident to the senior management, discuss and reflect on the incident with the middle level, establish a reward and punishment system, confirm corrective behavior, and share the case as a case at the all-staff meeting to enhance the compliance awareness of employees. Danaher's legal compliance team will hold regular special meetings, we will invite external experts to explain the recent hot policy compliance topics, internal team discussion, risk analysis and business impact analysis, and share the results of the meeting, policy research conclusions, etc. to the relevant functional teams in a timely manner, so that they can better avoid compliance risks.

Based on ethical compliance, our pursuit of the environment, sustainability and corporate governance stems from our common goal of achieving unlimited potential for life. In addition to the environmental health and safety assessment at the group level, our key operating companies and factories have full-time EHS personnel to test the safety of the working environment, protect the health of personnel, provide a safe working environment for employees, empower the production and operation of enterprises, and provide protection for the healthy development of society.

For our outstanding performance in compliance, we have been awarded the Forbes Global Best Employer and the Aon Reserve Best Employee Health Employer, which also represents the full recognition of Danaher's compliance and ESG careers from all walks of life.

Q: What are your expectations over the capabilities of a first-class Compliance Officer?

A:

1. In-depth study of policies and regulations at the national and local levels can effectively help enterprises solve compliance problems encountered in their business.

2. Unique insights into some regulations or guidelines that are still in the "draft for comments" stage, which can help enterprises identify breakthroughs that can affect policy formulation in the future.

3. While doing a good job in the company's compliance risk prevention, it can serve the business well.

16.3 Jason's recommendation on the book

At Danaher, we have always believed in the management philosophy of compliance and integrity.

To our clients, we show respect and keep our promises; to our partners, we are open and honest, and cooperate to a win-win strategy; to our employees, we insist on "one minute on duty, one minute compliance".

Under the framework of ESG, with compliance at hand, we are willing to work together with our friends to overcome difficulties and work for a brighter tomorrow.

17 An Interview with Tony Au, Vice President and General Manager of AbbVie China

Tony Au
Vice President and General Manager of AbbVie China

17.1 Brief Introduction

Tony Au has been the leader of AbbVie China since the company was founded in 2013. Under Tony's leadership, AbbVie China has been awarded Top Employer by the Top Employers Institute for 8 consecutive years and many other recognitions in areas such as innovation, drug safety, customer trust and corporate social responsibilities.

He entered the industry in 1993 and has more than 20 years' experience in sales and marketing in the pharmaceutical industry in Greater China. Before joining AbbVie, he worked as Head of Marketing and Strategy then as Vice President of Launch Excellence and Customer Solutions in Merck Sharpe & Dohme, China. Prior to MSD, he held various executive positions in sales and marketing at Bristol-Myers Squibb, including leadership of business units in Mainland China, Hong Kong of China and Taiwan of China.

Tony began his career as a Medical Representative in Hong Kong of China and then moved to managerial roles at various organizations including Eli Lilly and Amgen.

Tony is from Hong Kong of China. He earned a Bachelor of Science Degree in Mathematics from The Chinese University of Hong Kong.

17.2 An Interview

Q: Please give a brief introduction of your company (institution) business and its global presence.

A: Founded in 2013, AbbVie is a top 5 research-based global biopharmaceutical company headquartered in North Chicago, Illinois, the USA. AbbVie's mission is to discover and deliver innovative medicines that solve serious health issues today and address the medical challenges of tomorrow. We strive to have a remarkable impact on people's lives across several key therapeutic areas: immunology, oncology, neuroscience, eye care, virology, women's health and gastroenterology, in addition to products and services across its Allergan Aesthetics portfolio.

In China, headquartered in Shanghai, AbbVie draws on its expertise and understanding of the patient journey in immunology, oncology, virology, anesthesiology, kidney diseases, ophthalmology, neuroscience and aesthetics to bring innovative solutions to people.

Q: How do you view the importance of Compliance and ESG topic to your company (institution)? And please specify?

A: Acting with Integrity is of our principles. We strive to always do the right thing. With uncompromising integrity at the heart of everything we do, we pursue the highest standards in quality, compliance, safety and performance.

In 2021, we introduced the first AbbVie Environmental, Social & Governance (ESG) Report. It is intended to share the innovative ways our company makes a genuine and lasting impact for our patients, customers, employees and communities, both today and tomorrow. This report reflects our company's principles and how we work with integrity and intention to advance long-term patient health and a sustainable business that delivers for our stakeholders.

As a research-driven pharmaceutical company, we discover and deliver innovative medicines that solve serious health issues and enhance people's lives. Our commitment to science is a commitment to better our society, our communities and the lives of our patients and customers around the world.

Our ESG Framework is built around three foundational pillars that align with our enterprise goals and principles.

1. We discover and deliver innovative medicines that solve serious health issues and enhance people's lives by pushing the boundaries of innovation, putting people and patients first, creating high-quality therapeutic solutions and ensuring their safety, efficacy and accessibility.

2. We unlock the full potential of diverse and talented teams—and partners—to deliver today and into the future. We do this by attracting and retaining the best talent, embracing diversity of thought and through collaboration. We know that when we unlock the full potential of our people and our partners, we accelerate innovation, enhance people's lives, and meet our business objectives.

3. We innovate with integrity and intention to advance long-term patient health and business resiliency. We ensure that we are prepared for the future by operating a sustainable, agile business model and governance structure that anticipates and evolves in a dynamic industry and society. We are unwavering in assuring supply of innovative medicines to patients and life-enhancing products to customers.

In terms of ethics and compliance, our 2020 Highlights include:

- 99% employees certified in our Code of Business Conduct training
- +$544M spend with small and diverse suppliers

To make a positive long-term impact for patients, we earn and maintain their trust by acting with integrity in everything we do. We follow all relevant laws and industry codes, and through our Code of Business Conduct, Supplier Code of Conduct and our internal anti-harassment and discrimination policy, we set clear expectations for appropriate behavior. Our Code of Business Conduct applies to all employees globally and is available in 31 languages. Each year, all employees are required to complete training on the Code and certify that they will adhere to it. Our compliance training is continually reviewed and updated as necessary. We also provide training to employees on anti-harassment and anti-discrimination policies and practices, and employees in relevant functions receive additional mandatory training on topics such as anti-corruption and antibribery, conflicts of interest and more. We are committed to ethical marketing practices, as outlined in our Code of Business Conduct.

Creating an environment where employees can raise questions and concerns helps us advance our commitment to ethical behavior. We have established systems and processes for all employees to ask questions and report suspected or actual violations of our Code, policies and procedures. We offer various reporting resources to employees, such as our Ethics and Compliance Helpline, a telephone and Web-based hotline which is available 24/7 and can be used anonymously. Employees may also contact the Office of Ethics and Compliance or Chief Ethics and Compliance Officer directly. All allegations are promptly investigated. If we find that violations have occurred, we take corrective or disciplinary action as appropriate. We do not tolerate retaliation against anyone who makes a good faith report.

Q: What are your expectations over the capabilities of a first-class Compliance Officer?

A:

1. Strong leadership to build strategic compliance control plans and drive effective executions.
2. Embracing team work and build alignments with multi stakeholders and common goals.
3. Proactively contribute to achieve goals of the affiliate, global compliance team and local industry.
4. Strong people leadership to attract, engage and develop talents.

17.3 Tony's recommendation on the book

Staying true to our mission - while we all focus on inventing innovative solutions to solve unmet medical needs, ESG remains to be a critical guidance to ensure we put patients at center, as what we had aimed to do. Gratitude to all efforts in collecting high perspicacity from leaders all over the world to publish this useful handbook. It tells us how to do the "right things right"!

18 | An Interview with Wei Jiang, Member of the Board of Directors, Cordis

Wei Jiang
Member of the Board of Directors, Cordis

18.1 Brief Introduction

Wei Jiang was in his role as the Executive Vice President of Bayer Pharmaceuticals and the President of China & APAC Region, Bayer Pharmaceuticals from October 2015 to Sep. 2021. He was also appointed as the President of Bayer Group Greater China from July 2019 to Sep. 2021.

Wei has been a member of the Board of Directors for the Waters Corporation, a S&P 500 company which is listed in the U. S since July 2021. He was also a member of the board for China Red Cross Society from Sep. 2019 to Jan. 2022, and a board member of RDPAC, the industry association for Innovative Pharmaceutical companies from July 2015-July 2021.

Wei is a recipient of "Jing Hua Award" from the Beijing Municipal government in September of 2018.

Wei Jiang has over thirty years of Sales & Marketing and General Management experience within the healthcare industry. Wei started his pharmaceuticals career with Eli Lilly as a Medical Representative in Boston, Massachusetts. He held a number of positions of increasing responsibility in sales and marketing in the US, Hong Kong of China and mainland China. Wei served as Managing Director for Guidant Corporation in China 2004 -2006 before joining AstraZeneca as Vice President of Strategy & Business Development. He had served the roles as General Manager for Taiwan of China, Regional Marketing Director for Japan/China & Asia Pacific Region, and Sr. Vice President for China Operations in AstraZeneca.

Wei joined Bayer as the Head of Asia Pacific region in 2012, based in the regional headquarters in Singapore. Wei is a member of Pharma Executive Committee. He was appointed as President of Region for China & APAC, Bayer Pharmaceuticals in July of 2015. Wei was named as President for Bayer Group Greater China in July 2019.

Wei holds a BBA in Business Administration & Finance from Campbell University, North Carolina, and a MA in Economics, Indiana State University.

18.2 An Interview

Q: Please give a brief introduction of your company (institution) business and its global presence.

A: Bayer is an innovation company with a history of nearly 160 years. Bayer's core competencies are in the life science fields of health care and agriculture. With innovative products, Bayer is helping to find solutions to some of the major challenges of our time. With life expectancy continuing to rise, Bayer`s aim is to improve quality of life for a growing population by focusing our research and development activities on preventing, alleviating and treating diseases. At the same time, Bayer aims to develop breakthrough innovation, so as to shape agriculture to ensure farmers and consumers to get healthy, safe, affordable food, which is grown in ways that are good for their communities and good for the planet. "Health for all, Hunger for none", that's the vision guided by the company purpose, Science for a Better Life.

Bayer's links with China have a long tradition, going back to 1882 when the company first came to China. Today, Bayer is represented in China by its three business divisions: Pharmaceuticals, Consumer Health and Crop Science, and operates several production facilities. With the country now being among the fastest-growing markets in the world, Bayer is continuously stepping up its involvement.

Q: How do you view the importance of Compliance and ESG topic to your company (institution)? And please specify?

A: Compliance and ESG have been and remain a top priority for Bayer. Several years ago, Bayer has globally established an integrated Compliance management approach. This approach aims to embed compliance requirements and high ethical standards directly into day-to-day operations and business strategies. By doing so, Compliance and Ethics have become part of Bayer`s DNA.

Starting with a strong "tone from the top", our integrated Compliance management system not only relies on clear policies and comprehensive training. Equally important are the inclusion of Compliance related requirements into robust business processes. In addition, a strong monitoring and auditing concept that makes use of advanced technologies has been implemented. Such monitoring and auditing ensures consistent scrutiny on the effectiveness of Compliance processes in day-to-day operations. It also enables to continuously improve the systems if loopholes are detected.

Q: What are your expectations over the capabilities of a first-class Compliance Officer?

A: To begin with, a first-class Compliance Officer would need a very solid understanding of all relevant external and internal rules and regulations. Such expertise should be accompanied by experience and profound knowledge of the relevant industry. On that basis, consistency in providing Compliance advice is important to build trust. Furthermore, a Compliance Officer should have the ability to provide convincing explanations why certain practices might either be prohibited or restricted. A Compliance Officer should also be able to outline alternative solutions and ideally strike the right balance to meet business needs while ensuring full compliance with all applicable laws and regulations. By doing so, Compliance would be positioned within the company as a business enabler and a competitive advance rather than being perceived as an obstacle to business development and success.

18.3 Wei Jiang's recommendation on the book

ESG is one of the important tools to promote business for good and guide capital for good. It is recommended that, in the process of globalization of pharmaceutical and healthcare industry, shareholders start from the comprehensive compliance, and gradually understand the dynamic relationship between ESG and global governance, social governance and corporate governance, so as to jointly contribute their share to the global sustainable development of the pharmaceutical and healthcare industry.

19 An Interview with Robert Brown, CEO of Brickell, former CMO of Lily USA

Robert Brown
CEO of Brickell, former CMO of Lily USA

19.1 Brief Introduction

Rob Brown joined Brickell as Chief Executive Officer, after having spent over 30 years at Eli Lilly and Company, where he served as chief marketing officer (CMO) and senior vice president of marketing from 2009 through 2018.

Prior to his role as CMO, Brown held the position of vice president and chief marketing officer for Lilly USA from 2007 - 2009, where he partnered with the business units to ensure Lilly continued to develop industry leading marketing capabilities, streamline and improve marketing processes, and transform marketing by building a consumer marketing center of excellence.

From 2003-2007, Brown was the executive director of marketing for the Intercontinental region, including responsibility for Europe. As the head marketer for Lilly's international operations, Brown was responsible for the marketing of all Lilly products outside the United States.

Brown previously served as the global marketing director for Cialis and Lilly ICOS, a 50/50 joint venture between Lilly and ICOS Corp from 1999-2003. Brown oversaw the global marketing strategy for the first competitor to Viagra and influenced the product development to ensure maximum market value. In 2004, Cialis was awarded Best Brand Launch of the Year by the Pharmaceutical Marketing Congress.

In addition, Brown held a variety of other leadership roles of increasing responsibility within Lilly's sales, marketing and product management departments, including serving as general manager for Lilly China, where he helped Lilly establish its presence. During his tenure as GM, he managed a joint venture in Suzhou, oversaw the construction of Lilly's first manufacturing facility and expanded the affiliate's reach from 12 to 45 cities. Notably, Brown also helped establish STC Corporation, a generic subsidiary for Lilly, and served as its first president.

Brown joined Lilly in 1985, after receiving a bachelor's degree in economics from De-

Pauw University and a master's in business administration from Indiana University. Brown currently serves on the board of trustees of Franklin College.

19.2 An Interview

Q: Please give a brief introduction of your company (institution) business and its global presence.

A: Brickell Biotech, is a small cap publicly traded biotech working on breakthrough therapies in the areas of Inflammation and Auto Immune Disease. All of our products are still in development with one asset having completed phase 3. The other assets are in preclinical. We are primarily focused on the US, at this time, but have formed a partnership with Kaken Pharmaceutical. They have been successful in advancing our lead asset in Axillary Hyperhidrosis, launching in Japan in late 2020. So today our international footprint is through partnerships. We also have recently in-licensed two platforms, one from a Korean enterprise, Voronoi, and another from Carna Bioscience, a Japanese based enterprise.

Q: How do you view the importance of Compliance and ESG topic to your company (institution)? And please specify?

A: As a young small company, our reputation is still being formed. We have our personal reputations, but the company is for the most part unknown to many potential partners and investors. So conducting business with integrity and in a forthright manner is critical. We know that even the perception of impropriety can severely damage an organization. It is also critical for a start up to establish compliance in the roots of the organization. From the beginning we must make it clear to the team how things will be done. Doing the right thing, even if it's more than what is needed legally, sets the right tone and direction of the company. By establishing this culture we will attract employees who value this and create an environment that reinforces doing things the right way.

Q: What are your expectations over the capabilities of a first-class Compliance Officer?

A: Even though we have only 14 employees, we have a Chief Compliance Officer. He is also our General Council. The rules and regulations of a biotech company are complicated, changing and varied by country. Bringing in a CCO who has similar values and philosophy as myself was important. That way employees don't receive mixed messages on our approach to compliance. Besides the CCO understanding the rules, they must also be able to connect with team members. If people are afraid to ask questions, for fear of being perceived maybe as not wanting to follow the rules, we will have a problem. So the CCO must be able to translate the opaque guidelines we face and help team members understand. With the CCO we are building compliance programing that include anonymous hotlines and good compliance policies and training. Finally, the CCO must have courage. There are times they may need to stand up to me as the CEO if I have mistakenly taken the company the wrong way.

19.3 Brown's recommendation on the book

I am thrilled to see that if my peer CEOs have provided their thoughts regarding the importance and role of Chief Compliance Officers. Hopefully our experiences will challenge readers. I trust if all healthcare industry leaders are committed to the ESG journey, we can insure the industry will place the health of patients first and continue to grow responsibly.

20 An Interview with Ning Li, Chief Executive Officer at Shanghai Junshi Biosciences

Ning Li
Chief Executive Officer at Shanghai Junshi Biosciences

20.1 Brief Introduction

Ning Li is currently the Chief Executive Officer at Shanghai Junshi Biosciences. Before he joined Junshi Biosciences, Dr. Li had been appointed as Vice President and Head of Region Asia and China Regulatory Affairs and Medical Policy in Sanofi. He has extensive experience and expertise in clinical research and medical product evaluation.

Dr. Li worked at US Food and Drug Administration previously as a regulatory reviewer and held various positions from Oncology drug team reviewer, senior reviewer/expert reviewer, senior GCP medical reviewer to team leader, branch chief with increasing responsibilities. Dr. Li was a member of multiple technical committees and the lead or medical reviewer for dozens of new drug applications (NDA) and over 200 investigational new drug applications (IND). Prior to his US FDA career, Dr. Li served on the faculty of Internal Medicine Department at University of Iowa and Shanghai Medical University (Fudan University).

Dr. Li obtained his medical degree from Shanghai Medical University (Fudan University) and a doctorate degree from University of Iowa. He has published more than 30 scientific papers in the area of clinical trial methodology.

He is a member of Cooperative Drug Development Grants Review Committee, NIMH, NIH and Special Emphasis Panel NIDR, NIH, an adjunct faculty member at Johns Hopkins University and Peking University, a researcher at Yihong Business School of Shenyang Pharmaceutical University, and an academic advisor at the Pharmaceutical Economics Institute of Sun Yat-sen University. Dr. Li participated in the formulation of multiple FDA/NMPA clinical research technical guidelines. He has served as a member of the Shanghai Stock Exchange Science and Technology Innovation Board Stock Listing Committee since 2020.

20.2 An Interview

Q: Please give a brief introduction of your company (institution) business and its global presence.

A: Founded in December 2012, Junshi Biosciences (HKEX: 1877; SSE: 688180) is an innovation-driven biopharmaceutical company dedicated to the discovery, development and commercialization of innovative therapeutics. The company has established a diversified R&D pipeline comprising 45 drug candidates, with five therapeutic focus areas covering cancer, autoimmune, metabolic, neurological, and infectious diseases. Junshi Biosciences was the first Chinese pharmaceutical company that obtained marketing approval for anti-PD-1 monoclonal antibody in China. Its first-in-human anti-BTLA antibody for solid tumors was the first in the world to be approved for clinical trials by the FDA and NMPA and its anti-PCSK9 monoclonal antibody was the first in China to be approved for clinical trials by the NMPA. In early 2020, Junshi Biosciences joined forces with the Institute of Microbiology of Chinese Academy of Science and Eli Lilly to co-develop JS016 (etesevimab), China's first neutralizing fully human monoclonal antibody against SARS-CoV-2. JS016 administered with bamlanivimab has been granted Emergency Use Authorizations (EUA) in over 15 countries and regions worldwide. The JS016 program is a part of our continuous innovation for disease control and prevention of the global pandemic. Till the end of June, 2021, Junshi Biosciences has over 2,500 employees in the United States (San Francisco and Maryland) and China (Shanghai, Suzhou, Beijing and Guangzhou).

Q: How do you view the importance of Compliance and ESG topic to your company (institution)? And please specify?

A: As an 'A+H' listed company, Junshi Biosciences attaches great importance to corporate compliance and ESG topics.

Junshi's mission is to provide patients with treatment options that work better and cost less. Focusing on innovation, Junshi also pays great attention to compliance. Junshi strictly follows local regulations and industry norms in all respects, including product research, development and production, commercialization and cooperation and so on. Gradually, Junshi establishes a comprehensive compliance system for business operation and development. The compliance system provides guidance and instruction for business innovation and rapid development with policy and SOP, communication and training, procedure and application, monitoring and supervision.

As required by the Rules Governing the Listing of Securities on The Stock Exchange of Hong Kong Limited, the Company's annual report includes a special chapter summarizing the annual ESG work each year. The specific content covers aspects of human resources, environmental protection, investor relationships, media and public relations, social contribution, etc. For further details, please refer to the Company's annual report in previous years.

Q: What are your expectations over the capabilities of a first-class Compliance Officer?

A: First-class compliance officers are an important part of the compliance system. I hope the compliance officers of Junshi have keen insight, flexible cooperation, long-term foresight and firm belief. First-class compliance officers must grow rapidly with the business, or even faster. They should adopt a much more proactive approach to assess potential risks of business innovation and environment change, and take responsibility to give opinion.

20.3 Dr. Li's recommendation on the book

ESG is an important part of non-financial information disclosure for capital markets, and is also an important basis for investors to evaluate the non-financial risks and sustainable development potential of companies. Especially for the pharmaceutical industry, it is crucial to effectively integrate CSR into daily operations.

21 An Interview with Helen Chen, Greater China Managing Partner and Head of L. E. K. China Life Sciences of L. E. K. Consulting

Helen Chen
Greater China Managing Partner and Head of L. E. K. China Life Sciences of L. E. K. Consulting

21.1 Brief Introduction

Helen Chen is the Greater China managing partner of L. E. K. Consulting based in Shanghai, and a winner of the prestigious Global Leaders in Consulting for 2019 award from *Consulting Magazine*. She sat on L. E. K.'s Global Leadership Team, the firm's governing board, from 2012 to 2016, and served as the head of L. E. K.'s China practice from 2011 to 2018 and Asia life sciences practice from 2015 to 2019. Helen has over 30 years of consulting and industry experience in the U. S. and Asia, and has resided in China since 2000.

Helen is the head of L. E. K.'s China healthcare practice and a board member of L. E. K.'s Asia Pacific Life Sciences Centre of Excellence, supported by Singapore's Economic Development Board. She has extensive case work and industry experience covering the full biopharmaceutical and medtech value chain, ranging from early research services to post-market product positioning and sales force effectiveness. In China, she has developed commercial strategies for international biopharmas and medtechs, investment thesis for financial investors, business plans for domestic startups and policy analyses for industry associations.

Helen is a frequent speaker and author on the opportunities and issues in the China healthcare and life sciences, and has been quoted by publications including *BioCentury, BioWorld, In Vivo, Wall Street Journal, South China Morning Post, Financial Times* and *Forbes Asia*.

Prior to joining L. E. K., Helen was an associate director of finance at Genentech (now Roche) and a sales planner at Abbott Laboratories (now AbbVie). She was on the Board of Pharmaceutical Management Sciences Association from 1995 to 1997.

Helen received her A. B. *cum laude* in applied mathematics from Harvard University.

21.2 An Interview

Q: Please give a brief introduction of your company (institution) business and its global presence.

A: L. E. K. Consulting is a global strategy consulting firm. We have offices in North and South America, Europe, and throughout Asia Pacific including China. We cover a wide range of industry sectors, including healthcare, consumer and retail, industrials, private equity, and others.

For more information, please see our website at www. lek. com

Q: How do you view the importance of Compliance and ESG topic to your company (institution)? And please specify?

A: Both compliance and ESG are important elements to L. E. K.

1. Compliance: As a professional services firm, we have our standards in professionalism in sourcing our projects, usage of client confidential information, appropriate sourcing of the secondary data and interview candidates, managing our analyses, and proper interpretation and communications of our findings to our clients.

In addition, we recognize that the industries we serve have their own compliance issues which we will need to be aware. This influences how we review the market data and feedback, explain the distortion (if any) to our clients, and recommend strategies and tactics that allows them to compete in a compliant way.

2. ESG: ESG has been an important cultural element for L. E. K. We were the first strategy consulting firm to go carbon neutral in 2008, and has continued to demonstrate commitment to environment and social causes via pro bono work and other internal and external actions.

L. E. K. has also recently launched a Sustainability Centre of Excellence (https://www. lek. com/about/sustainability-centre-excellence) to support the sustainability efforts of our clients. This COE has participation from our global geographies and industry leaders, and is in the process of developing tools and credentials to better inform our clients and guide them as they manage through their challenges.

Q: What are your expectations over the capabilities of a first-class Compliance Officer?

A: Understanding of the legal and regulatory issues of their industry, balanced with the understanding of the business environment so he or she can hold the line AND offer practical solutions.

21.3 Helen's recommendation on the book

Leaders are putting sustainability at the heart of strategy, framing decisions in terms of environmental, social and human impact. Across all industries, sustainability has become a central consideration. It is rapidly emerging as a key component of governance and compliance in response to perceived public discontent with long-term damage that arises from short-term financial focus.

Healthcare companies are innovating in areas such as value-based care models, personalized and precision medicines, supply, manufacturing, and novel patient engagement. Life sciences companies are confronting the environmental impact of manufacturing, packaging and waste management; issues of affordability; and the gap between high- and low-income countries in their access to medicine.

Addressing compliance is one of the foundation blocks for sustainability and ESG. It ensures that companies have the basic core governance in place while exploring and addressing the complexity of a sustainable business. It requires balancing higher upfront investment against unusually tight timelines. Clear strategic choices and decision focus on meeting the needs of current and future generations are required.

22 | An Interview with Victor Chan, Agilent Global Vice President & Greater China General Manager

Victor Chan
Agilent Global Vice President & Greater China General Manager

22.1 Brief Introduction

Mr. Victor Chan is Agilent's Global Vice President and Greater China General Manager. As Greater China General Manager, Mr. Chan is responsible for the commercial operation and development success of Agilent's all product lines, workflow and solutions in the Greater China region. He also drives the Agilent Greater China strategy, divisional re-alignment and re-organization, talent development, cultural building and related government department and key accounts healthy relationship maintenance and enhancement. Since Mr. Chan joined Agilent on Apr 1st, 2016, Agilent business in Greater China has made remarkable achievements. Meanwhile, he had made solid foundation for the G China Commercial Organization on Business Operations Compliance Enhancement, Talent Identification and Succession Planning, and continuous update and fine-tune of Agilent G China long range 5 years plan.

Mr. Victor Chan has more than 20 years of senior management experience in China and Asia. Before joining Agilent, Mr. Chan worked for Merck, headquartered in Darmstadt, Germany, as Senior Vice President and the head of Laboratory Products of Merck Milibor in Asia. Before joining Merck, he served as Vice President of Sanofi's core products (Cardiovascular & Internal Medicine) business unit in China. He also held various executive positions at GlaxoSmithKline China, including director of sales, director of marketing, and director of the business group. He also served as sales director for Searle China under Monsanto Group, the national sales manager for the Pharmaceutical Division of Warner-Lambert China, and market development manager for Johnson & Johnson Medical Devices in China.

Mr. Victor Chan obtained his EMBA degree from China Europe International Business School (CEIBS) in 2007. He graduated from Hong Kong Baptist University with BBA (Bachelor of Business Administration) degree major in Finance in 1990.

22.2 An Interview

Q: Please give a brief introduction of your company (institution) business and its global presence.

A: Agilent is the world leading scientific Instrument/consumables/service supplier to serve a very broad customer base (26k+ labs) in 110 countries with our 18,000 employees.

In FY22, we achieved 6.85B$ Rev with 8% YoY growth, and we have built up very solid potion in the 6 focused market: pharma, Chemical & Materials, Clinical & Diagnostic, Academic & Gov't, Food, Environment& Forensic.

In China, our 2000+ colleagues, most of them are customer-facing employee, who is serving field customer with our highly innovative products, one-stop consumables, and service to link the next generation lab ecosystem, so that to accelerate the scientific discovery in research area and improve the products quality and lab efficiency in manufacturing industry.

Our G. China Rev is around 1.5 B$ in FY22 with double digital growth, our business in China doubled in past 7 years, due to our growth strategy well aligned with China high-quality development initiatives which highlighted in 14th FYP.

Our scale & products/service quality has built up perfect base in China market, with our NEW one Agilent Commercial Organization, under our unique Agilent culture of uncompromised integrity, we are targeting to drive the sustainable development, both for Agilent business and the society.

Q: How do you view the importance of Compliance and ESG topic to your company (institution)? And please specify?

A: ESG (Environmental, social, and corporate governance) is woven into the fabric of Agilent's business.

In 2022, Agilent released its first ESG global report, including the company's first TCFD (Task Force on Climate-Related Financial Disclosures) climate risk report; details on its commitment to reach net-zero greenhouse gas emissions by 2050; and progress on cultivating a diverse, inclusive, and engaged workforce.

Led by Victor, Agilent China also released a localized Agilent ESG report with China's key elements in 2022. Among MNCs, Agilent China is leading the way in the industry.

For China's 14th Five-Year Plan with high-quality development as a priority, the introduction of new laws and regulations promotes the protection of the environment, fair competition, data and privacy protection, and ESG has become the focus of Agilent China's strategy. We will spare no effort to promote the implementation of ESG core elements in China, focusing on customer value, social responsibility, scientific and technological innovation and compliance, and making substantial and effective contributions to China's prosperity and development.

We have a firm determination of "in China, for China". With the ESG initiative, Agilent China is committed to improving our work to improve the quality of human life. Driven by the goals of ESG, we will provide more localized, automated, integrated, intelligent, digital solutions and the best technical support and contribute to an innovative, green, healthy, and digital China.

One of Agilent's core values is uncompromising integrity, which shows how our company values compliance. We have worked out compliance policy, relevant processes and programs, rolled out compliance trainings to employees (both online and f2f) on regular base, we also have active monitoring systems to prevent risk and investigate violations. In the end, we also have effective remediation of any violations including continuous process improvement and personal punishment to employees concerned.

Q: What are your expectations over the capabilities of a first-class Compliance Officer?

A: An enterprise compliance officer refers to a person who is engaged in the construction, management, and supervision of corporate compliance, so that the behavior of the enterprise and its internal members complies with laws, regulations, regulatory requirements, industry regulations and ethics. In fact, the position of corporate compliance officer has existed abroad and in some foreign companies in China for several years and has long become an indispensable position. Moreover, its work requirements and work content are extremely professional and irreplaceable. Usually, a compliance officer is hired to set up a system for the company to prevent and control legal compliance risks to ensure that the enterprise does not be involved in illegal operations in its operations, thereby bearing huge economic and reputational losses. The ability of compliance officers is one of the important factors to ensure the stable operation of enterprises.

For excellent compliance officers in China, it is best to understand Chinese, be grounded, be able to understand China's market environment, the trends of government departments, and keep pace with the times. In-depth understanding of market dynamics, competitive landscape, and business operating model. And for doing business in such an environment, if it achieves compliance, it can be implemented and effectively insightful. In addition to saying no to the business unit, tell the business how to make the deal under compliance.

22.3 Victor's recommendation on the book

In the current era of geopolitical tensions, ideological conflicts, ESG is recognized and firmly embraced by all as a universal value! It is one of the necessary paths to pursue the optimization of human community.

We firmly believe that the future development of ESG still has a long way to go, and there are still many things we need to do together. However, we firmly believe that with the same vision and the same mission, we will work together to create a better future for humanity.

23 An Interview with John Cai, Founder and Executive Chairman of Academy of China Healthcare Innovation Platform

John Cai
Founder and Executive Chairman of Academy of China Healthcare Innovation Platform

23.1 Brief Introduction

John Cai is the Founder and Executive Chairman of Academy of China Healthcare Innovation Platform (CHIP Academy), a non-for-profit healthcare think-tank. He was the ex-Director of Centre for Health Care Management and Policy at China Europe International Business School (CEIBS). For near 30 years, he has been involved in teaching, research and consulting at universities of both China and U. S., consulting company and the US government in the field of health economics, management and policy. He received Ph. D. in Public Policy from Brandeis University in US, and MA in Economics at Fudan University in China.

Dr. Cai participated in the design, implement and evaluation of the first comprehensive Health Care Reform Plan (Massachusetts) in the U. S. and working actively in the design of the latest China's National Health Care Reform Plan. In China. Dr. Cai was the Co-Founder and Director of the Institute of Economic Development at East China University of Science and Technology and the first Chair at Department of Public Economics of Fudan University.

Dr. Cai received 1990 Sun Ye-fang National Economic Science Prizes-Best Paper Award (China's top economic award), 2002 Most Outstanding Abstract Award by Academy for Health Services research and Health Policy Annual Research Meeting in Washington D. C.

23.2 An Interview

Q: Please give a brief introduction of your company (institution) business and its global presence.

A: Shanghai CHIP Academy (below refer as "The Academy") is a non-prcfit organization in the field of healthcare sector. Its mission is to integrate the development of policy, technology and business model. It aims to promote the in-depth exchanges and learning among the industry, academia, government, investment and media, to establish one platform to accelerate value innovation of the healthcare industry and sustainable growth of the leaders. The institute is under the guidance of Shanghai Municipal Health Commission.

In 2019, Prof. John CAI, known as the expert on healthcare economic and policy, established The Academy along with Prof. HU Shanlian (of the School of public health, Fudan university), Prof. Yu Wei (of the School of Public Economics and Management, Shanghai University of Finance and Economics,) and Prof. Song Chengli (of the College of Medical Device and Food Technology, University of Shanghai for Science and Technology). The Academy also received lots of support from government leaders, other academic experts, industry leaders and practitioners in healthcare sector.

Adhering to the vision of "Wisdom Navigation, Healthcare Innovation and Value Creation", the Academy carries out research consultation, learning & exchanges and meetings & forums centering on the three levels of policy system, industrial innovation and technological development. By empowering healthcare industry leaders, it promotes the upgrading of healthcare industry management capacities in China. By establishing a bridge between domestic and global advanced scientific research achievements and its go-to-market strategies and tactics, it promotes the value-based innovation in the healthcare sector.

The brands of The Academy in terms of conference and forum are:

1. Shanghai Round Table on Healthcare Policy. Since its inception in September 2012, it has become a well-known brand for policy development and advocacy platform.

2. China Health Innovation Platform (CHIP Award). Since its establishment in 2014, it has held three sessions of "CHIP Award", also held a series of roadshows for innovative projects, and published two blue books on innovation, becoming a well-known brand in the field of innovation in China's health industry.

3. China Healthcare Policy Summit (QiCe Forum). Since its establishment in 2017, the 2-year event has successfully brought together China's top healthcare government officials, policy experts and industry leaders to discuss issues that the country is facing, and to shape the policies and regulatory for the future.

Professor John CAI is the executive director of The Academy, and Professor Yu Wei is the executive president of The Academy. Professor Hu Shanlian, of school of Public Health of Fudan University, is the Honorary President of The Academy. Three famous leading experts in the healthcare sector serve as consultants of The Academy: Mr. Bi Jingquan, member of the 13th CPPCC National Committee and deputy Director of the Economic Committee, Executive Vice President of The China Center for International Economic Exchanges, former Director of the State Food and Drug Administration and member of the 19th CPC Central Committee; Mr. Huang Jiefu, former Vice Minister of The Ministry of Health and alternate member of the 15th and 16th CPC Central Committee; Mr. Chen Kaixian, well-known pharmaceutical expert of Shanghai Institute of Materia Medica, Chinese Academy of Sciences, academician of Chinese Academy of Sciencs.

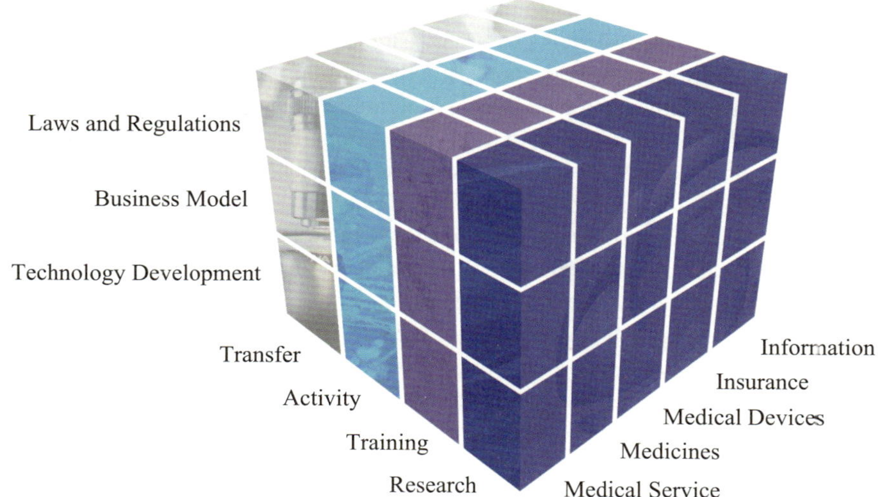

The portfolios of The Academy can be graphically shown in the above rubik's cube composed of three dimensions.

The first dimension covers five major sectors of the health industry: medical services, pharmaceuticals, medical devices, medical insurance, and medical information.

The second dimension contains three levels of concern: (1) policies and regulations: the health industry is a field highly affected by policies. The core experts and professors of the Academy participate in the research and consultation of government policies and keep close contact and interaction with relevant government departments, which can play the role of communication between the government and the industry. (2) business models: it focus on the innovation and advanced management of healthcare sector, look for the key principles of the development in the sector. (3) technology development: it focus on the trend of technology development and its impact in the healthcare sector.

The third dimension includes the forms of activities, including research and consultation, learning seminars and programs, events/conferences and forums. When appropriate, The Academy will also incubate selective innovative and entrepreneurial projects to promote the development and growth of the industry.

To Empower and grow leaders in the healthcare sector is the core of The Academy.

Q: How do you view the importance of Compliance and ESG topic to your company (institution)? And please specify?

A: The Academy pay great attention to compliance which is imbodied in the following aspects.

The mission of The Academy is to become an independent, professional and credible think-tank and platform in healthcare sector. Therefore, The Academy always regards social responsibility and industry development as its priority, and core competitiveness. The Academy hopes to connect all stakeholders in healthcare sector to increase mutual understanding through exchanges and interactive learning, find and explore a win-win solutions, and pursue the path of sustainable development, rather than maximizing the interests of one party at the expense of other parties.

The following measures has been put in place:

Firstly, when an enterprise wants to commission a project to the Academy, we will first consider whether the project content represents the common or representative needs of the industry, rather than promoting or endorsing a certain enterprise or product. For example, in 2021, we held a series of small invitation-only seminars /workshops, all of which were invited by enterprises to reflect the problems and needs of enterprises. Several of the topics were related to the volume-based procurement of pharmaceutical consumables, involving certain products, such as antibiotics, insulin, high-value consumables, etc. After research, we accepted this project as we believe that this category of products does encounter common problems, rather than problems of just one product.

Secondly, in the activities hosted by The Academy, we always try to invite all relevant stakeholders to participate, including the government, academies, industry associations, medical institutions, enterprises and so on, so that everyone can express their views openly. The Academy itself does not represent the interests of any one party, but allows the voices of all parties concerned to be heard. Only in this way can decisions be made more objectively, more scientifically and more sustainably.

Thirdly, activities hosted by The Academy should avoid the influence of commercial interests, especially the award could not be influenced by donation or sponsorship. The CHIP Award of China healthcare innovation platform held by the Academy has had a great impact on the healthcare sector. However, the judges voted back-to-back for each award, which did not allow any black box and monetary exchange.

Fourthly, the research and consulting projects carried out by The Academy are mainly cooperated with the government body. Although enterprises usually provide sponsorship, however the topics of the projects must represent the needs of the healthcare sector and society.

Q: Please specify the risks your institution emphasizes.

A: The Academy is neither a government-funded institution nor a profit organization. As an independent social organization, the survival and development of The Academy completely depends on its own business operation, without any funding from the government or investors. The Academy regards serving enterprises as one of its tasks and does not refuse to cooperate with enterprises or accept financial support from enterprises. Therefore, it is often a challenge to ensure its own survival and development, and at the same time to maintain credibility of the Academy and put the interests of the society in the first place. In particular, we have to give up some projects that go against the original aspiration and values of the Academy even though they have considerable economic rewards. Some projects, although of little economic benefit, are of great social significance, and we need to pay attention to them with limited consideration.

The Academy often works with the government and enterprises, and has access to some sensitive information of government agency and sensitive business information of enterprises. In accordance with the requirements of our partners, we limit the sensitive information involved to the scope of requirements and do not spread it. Activities hosted by the Academy include closed-door meetings and open meetings. In closed-door meetings, participants can express their opinions, we will keep participants' mobile phones in uniform custody, and it is not allowed to take photos or spread them to the outside. In this way, participants are more likely to feel free to share their true thoughts, which is conducive to frank communication, better understanding of each other and achieving the purpose of the meeting.

Q: What are your expectations over the capabilities of a first-class Compliance Officer?

A:

1. In addition to understanding the industry and the enterprise, He/she also needs to understand the macro policies, plans and goals of national economic and social development, such as the five-year plan of economic, social and industrial development, the development plan of Healthy China, and the major policies of relevant departments such as health, medical insurance and drug administration. Only in this way can we not only have a limited and narrow perspective of the problem, but also have a prophetic view of the background and trend of our policies and regulations, and make a good layout and early warning in advance. Only in this way can compliance work not be limited to a narrow perspective, but stand on a higher perspective and proactively do a good job.

2. It is related to the interdisciplinary nature of the healthcare industry itself, and an excellent compliance officer needs to have the integrated knowledge or cross-functional background.

In addition to being familiar with the professional knowledge of their function, they also need to have a good understanding and mastery of the basic knowledge of law, politics, economy, culture and psychology.

3. Compliance officers need to deal with many departments in their work, so they need to have strong communication skills, including written and oral communication.

4. Excellent compliance officers need to coordinate and maintain good balance of interests between their own institutions and departments, and the interests of the industry and society. They should strive for win-win situation, rather than just stand in the perspective of their own institutions. The kind of ability of balancing builds on the combination of value and art. It requires someone to contently up-skill themselves in their profession.

23.3 Professor CAI's recommendation on the book

Pharmaceutical products are related to people's lives and health, and the safety and quality of pharmaceutical products are particularly important. Therefore, compared with other industries, social responsibility and compliance with the law in this industry are particularly important. The opinion exchange and idea sharing between experts of the industry can play a role in promoting the understanding of each other and the healthy development of the industry.

24 An Interview with Guillaume Delmotte, General Manager, Ipsen Specialty Care China

Guillaume Delmotte
General Manager, Ipsen Specialty Care China

24.1 Brief Introduction

Guillaume Delmotte, the General Manager of Ipsen China Specialty Care, is responsible for the management of Ipsen Specialty Care China business. Joined Ipsen in 2004 as International Strategic Planning Manager responsible for North & Eastern Europe, Russia, CIS, China and South Korea. He then spent two years in Moscow as Strategic Planning & Operational Manager. Guillaume Delmotte has been the General Manager for Poland since July 2018, responsible for implementing the Ipsen strategy to be a leading global mid-size biopharmaceutical, transforming Poland to be a commercial and medical powerhouse and regaining competitive market share position for key products from Ipsen. Under his leadership, he has also built up a high cross-functional performing team by developing and attracting talents.

Guillaume Delmotte was appointed as the General Manager of Ipsen China Specialty Care in 2021. He is responsible for business operation and management for Ipsen China Specialty Care, leading the team to focus on oncology, rare diseases, neuroscience businesses, and further practicing Ipsen Group's strategy to focus on China.

Guillaume Delmotte has a degree in in Biology Engineering and a Master in Strategy and Management of International Affairs from ESSEC business school.

24.2 An Interview

Q: Please give a brief introduction of your company (institution) business and its global presence.

A: Ipsen is a global, mid-sized biopharmaceutical company focused on transformative medicines in oncology, rare disease, and neuroscience. It has 5,700 employees worldwide, and markets 20 drugs in 115 countries.

Q: How do you view the importance of Compliance and ESG topic to your company (institution)? And please specify?

A: We are committed to conducting business with agility and accountability, promoting the highest ethical standards across the company. Ipsen has a responsibility to society, to the health of patients, and for the well-being of our employees, communities and the planet. Our corporate social responsibility (CSR) approach is built on three pillars – employees, communities and the environment – and it is fully embedded in our company strategy, contributing to the sustainability of our business model and based on a strong ethical culture. Our three pillars are aligned with the United Nations' internationally recognized Sustainable Development Goals. Ipsen is also highly committed to fighting against corruption, and received the ISO 37001 certification for anti-corruption management systems in December 2021.

Q: What are your expectations over the capabilities of a first-class Compliance Officer?

A: Being able to implement the right structure for controls, education and monitoring. Being able to guide the business to understand that business ethics is critical to a sustainable business. Also, being part of the business from the beginning to make the right things happen and takes the right path.

24.3 Guillaume's recommendation on the book

As pharmaceutical industry, it is our responsibility to better serve patient and society. Integrating within our strategy and vision a clear direction on social and environmental responsibility is essential to deliver a positive impact for the society. ESG will provide the guiding principles and rule to enhance and align our Ethics and compliance quality standard. We strongly believe that the ESG can support our industry to ensure our mission.

25 An Interview with Shirley Zhao, Co-Founder and CEO, Bennubio Therapeutics

Shirley Zhao
Co-Founder and CEO, Bennubio Therapeutics

25.1 Brief Introduction

Dr. Shirley Zhao is Co-Founder and CEO of Bennubio Therapeutics. She has over 28 years of working experiences in China, Asia and US pharmaceutical market at different multinational and biopharma corporations with profound insight and strategic thinking, market access and government affairs. She worked as Vice President and the Greater China General Manager at Eli Lilly, Gernzyme, Allergan, Bristol-Myers Squibb (BMS) and Cstone. She demonstrated strong leadership and entrepreneurship and led several companies to be the industry leaders in Oncology, Rare Disease, Medical Aesthetic field in China.

She devoted 22 years to the oncology field and 6 years in medical aesthetic area, led the successful launches of over 30 brands and established them as market leaders in China in her tenure. Early in her career at Eli Lilly China and BMS China, she significantly contributes to the establishment and development of several influential platforms in the oncology field, including the Chinese Society of Clinical Oncology (CSCO) and the Chinese Lung Cancer Summit.

Dr. Zhao started her career as an OB/GYN physician. She received MD training in Clinical Medicine from Tongji University in China, and earned MBA degree from the University of Leicester, United Kingdom. She is the Vice Chair and steering committee of Tongji University Alumni Association, also a strong advocator for women to pursuit life potential, as founder for multiple women leadership organizations and a member of the Advisory Council of Women Business Collaborative (WBC), an international women's leadership organization.

25.2 An Interview

Q: Please give a brief introduction of your company (institution) business and its global presence.

A: Tackling critical medical needs with innovative T cell therapies

Bennubio Therapeutics (Shanghai) Co., Ltd. focuses on cutting-edge exploration and translation in cell and gene therapies, striving to becoming a global leader in innovative therapies for oncology and inflammatory diseases. In recent years, cell therapies have generated tremendous breakthroughs in the treatment of solid tumors, with T-cell-based therapies, such as TIL, TCR-T, CAR-T and Treg showing unique clinical efficacy advantages and promising prospects in the treatment of tumors and other diseases.

Q: How do you view the importance of Compliance and ESG topic to your company (institution)? And please specify?

A: A journey must be traversed for the pharmaceutical industry to strive for modernization and sustainable development is research and innovation, as well as the basic basis for maintaining public health interests. As a new path of sustainable development, ESG enables innovative enterprises to comprehend the opportunities and risks, to realize the positive value orientation of environmental impact, social responsibility, and corporate governance. This handbook of ESG and compliance concepts are also actively driving the pharmaceutical industry towards a new path of sustainable development and innovation.

Q: What are your expectations over the capabilities of a first-class Compliance Officer?

A: Corporate Compliance Officers play an important role in the long-term sustainable development of enterprises. In the pharmaceutical industry, we are committed to exploring the life sciences while finding solutions that threaten human health to meet unmet medical needs. Corporate compliance involves many aspects. In biotech startups, compliance is like building a mansion. When we build the foundation, we follow the GCP standard of clinical trials practice, the rules of ethics, and the management practices of national regulation of human genetics, et. al. Compliance officers help enterprises to identify risks and rectify them timely at all development stages, and more importantly, prevent risk before it happens. In this way, the concept of compliance become a culture that widely embedded in the organization, and the enterprises could avoid detours in the process of development.

25.3 Shirley's recommendation on the book

In the post-epidemic era has brought greater global attention to the social and environmental impacts of sustainable development. As a double standard of social environment and economic attributes, the morality level of pharmaceutical industry in operation and management is directly related to the public health. It's urgent to think and discuss how to integrate ESG and compliance in the pharmaceutical industry into the sustainable development of enterprises. The ESG and compliance concept of the handbook accelerates the progress of pharmaceutical enterprises towards global sustainable development and provides us with a new vision.

26 | An Interview with Xuefeng Yu, Co-founder, Chairman and CEO of CanSino BiologicsInc.

Xuefeng Yu
Co-founder, Chairman and CEO of CanSino BiologicsInc.

26.1 Brief Introduction

Xuefeng Yu, co-founder, Chairman and CEO of CanSino Biologics Inc. He received his master's degree in microbiology from Nankai University in 1988, and his doctorate in microbiology from McGill University in Canada in 1997. Dr. Yu has over 30 years of experience in biotech research and development. During his service in Sanofi Pasteur in Canada, he used to hold the positions of scientist of product development and the global director of bacterial vaccine development, where he was one of the youngest leaders of the management team.

In 2009, Dr. Yu returned back to China and established CanSino Biologics Inc. (CanSino BIO), an innovative biopharmaceutical company dedicated to exploring best solutions to the prevention of diseases through cutting edge research & development, advanced manufacturing and commercialization of innovative vaccine products for human use worldwide. With his rich experience in the industrial development of biological products and enterprise management and operation, CanSino BIO has established a robust pipeline of 17 vaccines preventing 12 diseases, including the world's initial vaccine for Ebola virus disease Ad5-EBOV,the Recombinant Novel Coronavirus Vaccine (Adenovirus Type 5 Vector) conditionally approved in 2021, the Group A and Group C Meningococcal Conjugate Vaccine (CRM197) and the Group ACYW135 Meningococcal Conjugate Vaccine (CRM197) approved in the same year.

Dr. Yu led the construction of the company's first vaccine manufacturing facility, whose design, construction and operation conform to international GMP standards. He also successfully drove the listing of CanSino BIO on the main board of the HKEX and Sci-Tech Innovation Board (STAR Market) of the Shanghai Stock Exchange, making it the first "A+H" dual listing vaccine company. Under the leadership of Dr. Yu and his team, CanSino BIO continues to the research and production of innovative and affordable vaccines for global public health security, empowering people to lead a healthy and better life.

26.2 An Interview

Q: Please give a brief introduction of your company (institution) business and its global presence.

A: CanSino is an innovative vaccine company committed to the R&D, production and commercialization of vaccines in accordance with Chinese and international standards. Under the leadership of management, CanSino has developed a range of innovative vaccines against COVID-19, Ebola virus disease, meningitis, DTP, pneumonia, tuberculosis, shingles and many others that are in high clinical demand. Currently, the group is headquartered in China, with offices in Tianjin, Shanghai, Nantong, Hong Kong of China, Singapore, Canada and other places. As of December 2021, the recombinant Novel Coronavirus vaccine (adenovirus type 5 vector) developed by CanSino has obtained emergency authorization for use in Mexico, Pakistan and other overseas countries and conditional marketing approval in China. The Ebola virus disease vaccine and two meningococcal vaccine products have completed new drug registration. DPT vaccine, pneumonia-conjugate vaccine and tuberculosis vaccine are in clinical trials.

Q: How do you view the importance of Compliance and ESG topic to your company (institution)? And please specify?

A: In recent years, CanSino has earned valuable trust from its customers, business partners and the public all over the world with innovative technology, excellent products, strict quality, high sense of social responsibility and good business reputation, which stems from our integrity, trustworthiness and compliance in R&D, production and business events. In the process of establishing excellent goodwill, CanSino always abides by the belief of complying with the rules and laws.

CanSino attaches great importance to the comprehensive compliance management of the company and will never tolerate any form of violations of laws and regulations. We are committed to establishing a comprehensive compliance management system to cover: organizational structure of compliance management – managed by the board of directors, led by the Risk and Internal Control Management Committee, controlled by Legal and Compliance Department, and assisted by the compliance contacts of various departments; establishment, implementation, inspection, supervision and continual improvement of the policy, system and process of the company; compliance consultation and training; establishment and promotion of compliance culture; compliance assessment mechanism; whistleblowing system; compliance accountability mechanism; perfection of compliance system and continual improvement of compliance management.

CanSino attaches great importance to ESG management and disclosure. A dedicated ESG working group led by the chairman and CEO is responsible for the implementation, management and disclosure, coordinates all departments to improve ESG management level. Since CanSino listing on the Hong Kong Stock Exchange in 2019, CanSino has been disclosing human resources, environment, social responsibility, compliance governance, supply chain, intellectual property and other contents every year in accordance with the requirements of The Hong Kong Stock Exchange ESG reporting guidelines. At present, CanSino has attracted the attention of many mainstream ESG rating agencies, among which, in the MSCI evaluation in the past two years, CanSino has been rated as A, indicating a good overall performance. According to MSCI's report, Cansino has no weak item.

CanSino is dedicated to exploring best solutions to the prevention of diseases and making innovative and high quality vaccines accessible to people in China and all over the world thus making due contributions to global public health care. Since the outbreak of COVID-19, the founder has been on the frontline, stationed in several severely affected countries with clinical medical teams for a long time to support and guide the local phase III clinical trials of COVID-19 vaccine. Management traveled to Mexico and Pakistan to guide technology transfer, improve the availability of COVID-19 vaccines in low- and middle-income countries, and upgrade the capacity of the vaccine industry in developing countries. CanSino will continue to actively promote the promotion of various issues in ESG, promote the sustainable development of the company, and make greater contributions to the global public health.

Q: What are your expectations over the capabilities of a first-class Compliance Officer?

A: The comprehensive compliance management system is a system integrating legal, risk control, finance, audit, human resources, production safety, quality and environmental protection, operation management and sustainable development, involving multi-party management of all departments. An excellent compliance officer must be based on law and corporate rules and regulations, have professional ability in compliance management, In addition to constantly improving the company's compliance system, an excellent compliance officer should also have insight into business risks, be able to dig out the essence and pain points of different compliance matters, balance enterprise risks and operational efficiency, and promote feasible compliance policies and standards at different stages of enterprise development. In addition to professional abilities, excellent compliance officers are all responsible for comprehensive management, so, efficient communication and coordination skills are also essential. An excellent compliance officer can not only create value in the compliance field, but also be a valuable resource for the overall operation and management of an enterprise.

26.3 Dr. Yu's recommendation on the book

Environmental, Social and Governance (ESG) is one of the fundamental success factors to ensure the long term sustainable growth of an enterprise. Incorporate ESG factors into strategic decision making and daily operations will improve enterprise's compliance capability and reduce the operation risks.

This ESG handbook has analyzed the status of ESG practices of Chinese Bio/Pharmaceutical companies in different development stages. It has provided great tools and guidelines for businesses that are willing to achieve high efficient growth while in compliance to ESG.

27 An Interview with Weihong Xiao, General Manager of Sunshine Guojian

Weihong Xiao
General Manager of Sunshine Guojian

27.1 Brief Introduction

Mr. Xiao Weihong graduated from the University of International Business and Economics with a bachelor's degree in economics, and has served as an international MBA consultant at Peking University.

Other Current Positions:

Member, the Standing Committee of the Chinese People's Political Consultative Conference Shanghai Pudong New Area Committee;

Member, the 16th Central Biotechnology and Pharmacy Working Committee, the Chinese Peasants and Workers Democratic Party;

Vice Chairman, the 16th Chinese Peasants and Workers Democratic Party Shanghai Pudong New Area Committee;

Vice President, the Chinese Pharmacists Association.

Mr. Xiao Weihong has been deeply engaged in the pharmaceutical industry for nearly 20 years, working with large multinational companies, large Sino-foreign joint-venture pharmaceutical companies and large local biopharmaceutical companies. He has rich experience in strategy-making, business operations, and overall business management.

After joining 3Sbio, Mr. Xiao Weihong has integrated and led the business team to improve the overall efficiency steadily and continuously. He has made unremitting efforts to maintain the strong growth of business performance and to achieve the company's vision of becoming a globally leading Chinese biopharmaceutical company.

1999 ~ 2007 HR Manager, Senior Manager and Director, Pfizer (China) Investment Co., LTD

2007 ~ 2012 General Manager, Business and Diversification Division, Pfizer (China) Investment Co., LTD

2012 ~ 2015 Chief Executive Officer, Hisun Pfizer Pharmaceutical Co., LTD

2016 ~ Present General Manager, Sunshine Guojian

27.2 An Interview

Q: Please give a brief introduction of your company (institution) business and its global presence.

A: Founded in 1993, 3SBio Inc is a high-tech company with 29 years of experience in R&D, production and sales, with a focus on biopharmaceuticals. In 2007, the company became the first Chinese biopharmaceutical company listed on NASDAQ. Being listed on the Hong Kong Stock Exchange (stock code: 1530. HK) in 2015, the company became the world's largest biomedical IPO in the same year. After listing, 3SBio was included in the Hang Seng Comprehensive Large and Mid-Cap Stock Index, MSCI China Index, and Hang Seng China (Hong Kong-listed) 100 Index. From 2015 to 2020, 3SBio has been ranked among the top 100 corporations in the Chinese pharmaceutical industry for six consecutive years as well as the top 20 pharmaceutical R&D companies in China.

To this day, 3SBio has been adhering to the corporate philosophy of "cherishing life, caring for life, and creating life", and has taken "innovation-driven development, China-based manufacturing, and the world as the market" as the development strategy. With great diligence, 3SBio will continue to improve the life quality for patients and benefit public health with high-quality medicines.

For now, more than 30 products of 3SBio are currently on the market. The core products, TPIAO, YISAIPU, two recombinant human erythropoietin ("rhEPO") products, EPIAO and SEPO, as well as Mandi are respectively dominating relevant therapeutic fields.

With extensive experience in R&D, production, and marketing, the company currently has a number of subsidiaries at home and abroad, including Shenyang Sunshine Pharmaceutical Co., Ltd., Sunshine Guojian Pharmaceutical (Shanghai) Co., Ltd., Zhejiang Wansheng Pharmaceutical Co., Ltd., Shenzhen Sciprogen Bio-pharmaceutical Technology Co., Ltd.., and Sirton Pharmaceutical Co., Ltd. (Italy).

In July 2020, Sunshine Guojian was listed on the STAR market, stock code: 688336. Established in 2002, Sunshine Guojian is among the first innovative biopharmaceutical high-tech companies in China focusing on antibody drugs. Sunshine Guojian has rich experience and a well-established system of R&D, industrialization and commercialization of antibodies that is scarce in the industry. As of June 2021, the company, with more than 1,500 employees, is serving 32 provinces, municipalities, and autonomous regions in China and more than ten countries overseas.

With innovative therapeutic antibody drugs as the main research direction for R&D, the company provides high-quality, safe and effective clinical solutions for the treatment of Autoimmune Diseases and other major diseases. Currently, the company has three therapeutic antibody medicines on the market. The main product, YISAIPU, as China's first fully humanized antibody medicine on the market, fills the blank in the therapeutic field of rheumatism in China where no biological agents were available. Due to its stable efficacy, YISAIPU's domestic market share has been dominating since 2006. Xenopax can significantly improve the survival rate of transplanted organs as well as the living quality of the patients. It is currently the only humanized anti-CD25 monoclonal antibody approved in China. Cipterbin is China's first self-developed innovative anti-HER2 monoclonal antibody. With an optimized manufacturing process and a stronger ADCC effect, Cipterbin breaks the monopoly of imported medicine in the domestic anti-HER2 monoclonal antibody market and improves the availability of national innovative medicines which can benefit more Chinese patients.

Sunshine Guojian has a National Engineering Research Center for antibody-drug development with an R&D team of about 350 researchers. The research center covers the entire process of antibody-drug development including the discovery, development, registration, clinical trials, production, and commercialization. In short, Sunshine Guojian is capable of antibody R&D from target verification to product industrialization. Most of the 19 products under research are class 1 therapeutic drugs. Currently, Sunshine Guojian has 65 valid invention patents.

With nearly 20 years of experience in industrial-scale antibody manufacturing, Sunshine Guojian operates one of the largest antibody drug manufacturing bases among domestic biopharmaceutical companies. Sunshine Guojian has built bioreactors with a total scale of over 40,000 liters and is capable of fully realizing automation and informatization on the entire manufacturing line. The company regards product quality as the lifeline and has maintained the product quality with international standards. The company's quality management system covers the entire process of product development, technology transfer, commercial production and product delisting. In addition, Sunshine Guojian has 4 GMP certificates in China, 4 GMP certificates overseas, and 2 EU QP certifications.

As a national antibody-drug company, Sunshine Guojian has always been concerned about Chinese society and has been taking up social responsibilities by actively carrying out public welfare projects such as donation of medicines and poverty aid. Since 2019, Sunshine Guojian has been actively supporting the National Ankylosing Spondylitis Health Poverty Alleviation Project and Ankylosing Spondylitis Healthy Village Project, aiming to offer help to 20,000 patients with moderate to severe ankylosing spondylitis on record. In 2020, the Leading Group Office of Poverty Alleviation and Development awarded Dr Lou Jing, the chairman of Sunshine Guojian, the National Poverty Alleviation Dedication Award.

In terms of international layout, 3SBIO was among the first Chinese biopharmaceutical companies to extend its international presence. Since 2004, the company has established all-round partnerships (with local agents) in the Middle East, CIS, Latin America and Asian countries to comprehensively expand our international business.

At present, numbers of our innovative antibody drugs have successfully obtained the IND approval and carried out clinical trials in China and US. The core product 609A (PD1) was successfully licensed-out to American partner, with a license fee of hundreds of millions USD. Meanwhile, 3SBIO is collaborating with several international companies such as NUMAB(Switzerland), Toray (Japan), SELECTA and Verseau(US) in innovative drug development. In addition, 3SBIO's manufacturing plants also acquired GMP certificates from international drug regulatory authorities, including ICH member Brazil, PIC/s member Ukraine, Mexico, Turkey, Indonesia, among others.

Our core products have obtained more than 50 Marketing Authorizations in over 20 countries, while more than 70 applications are expecting the approval from relevant regulatory authorities.

Yisaipu is the FIRST monoclonal antibody drug independently developed, approved and commercialized in China. It has also obtained the Marketing Authorizations in 16 countries overseas and is under registration in other 10+ countries. 3SBIO's internationalization has achieved preliminary success and keeps marching ahead.

With the enhancement of local production protection worldwide, pharmaceutical regulations are becoming more stringent. Other than seeking innovative drug cooperation in Europe and US, arranging cutting-edge biotechnology R&D and clinical research, we also conduct extensive layout in major emerging markets around the world. Middle East and North Africa, South Asia, Southeast Asia, LATAM and CIS, as per company's strategy, are the key regions to achieve the target of internationalization. The company will actively look for opportunities to carry out localized production and joint investment projects in Mexico, Turkey, Morocco, Indonesia, Pakistan, Bangladesh and etc. In this way, 3SBIO may help local enterprises improve local biopharmaceutical production and quality management capacity, reduce costs, enhance drug accessibility, benefit local patients, indirectly improve the level of cooperation between the pharmaceutical industries and deepen the friendship among the peoples. 3SBIO has, and will strive in every possible way to become the world's leading Chinese biopharmaceutical company.

Q: How do you view the importance of Compliance and ESG topic to your company (institution)? And please specify?

A: When we discuss compliance against the backdrop of doing business in China, we talk about the idea of macro-compliance. An old Chinese saying teaches us that we will not accomplish anything if we fail to comply with norms and standards. Slightly different from those outlined by the Foreign Corrupt Practices Act (FCPA), the norms and standards in this context apply to the entire management process from decision-making to execution and supervision. Compliance matters as it involves every employee and covers trading, production safety, quality control, employment, intellectual property, export control, data protection, anti-monopoly, anti-money laundering, conflict of interest, and many other fields.

3SBio has attached great importance to compliance. The company set up an independent department in 2016 to oversee compliance. The department reports to a commission whose members include the company's CEO, CFO, COO, and other senior executives. The responsibility of building a sound compliance system does not solely fall on the compliance department. It involves every other one. For example, the finance department has to align its practices with financial norms. The IT department has to comply with information safety standards and protect privacy.

As a people-oriented company, 3SBio advocates that compliance should involve everybody. The company also builds a corporate culture that emphasizes compliance. We have nominated nearly 200 compliance ambassadors in multiple departments. Under the guidance of the compliance department, these ambassadors help promote compliance-related policies and practices. Only when we instill everybody with the habit of compliance can our business thrive.

The nature of compliance is to spot, prevent, and respond to violations. A corporate culture that stresses compliance ensures that we run our business in line with laws and regulations.

3SBio is committed to making innovative bio-pharmaceuticals accessible. We will not accomplish this mission without ESG as the cornerstone. Over the years, we have prioritized ESG by strengthening leadership, enforcing systematic management, and building an

ESG-oriented corporate culture.

1. Strong leadership. The involvement of senior management is key to ESG management. 3SBio set up in 2020 an ESG commission led by the board of directors. The commission is responsible for researching, designing, and enforcing ESG policies and strategies. It also monitors how the company's ESG is going and assesses risks and opportunities. A working group is set up under the commission to make plans and enforce them. The working group reports to the commission regularly and receives guidance. Meanwhile, the KPIs and remuneration of the company's senior management are also linked to the ESG.

2. Systematic management. Over the years, 3SBio's ESG management has witnessed significant improvement from regular reports to systematic data management. The company issued its first ESG report in 2016. Since then, ESG has become an indispensable chapter in each annual report. 3SBio was one of the first in China to introduce systematic management in 2017 by collecting and analyzing ESG-related data every year. The company refined its data management in 2020 when it conducted collection and analysis every three/six months.

3. ESG-oriented corporate culture. 3SBio attaches great importance to promoting ESG among its employees. The company also creates opportunities for them to participate in ESG management. Such efforts have been well recognized by the public and the market. 3SBio received an A for its MSCI ESG Rating in 2020, exceeding 78% of the companies worldwide on the rating list. 3SBio also received a B (management level) in the CDP Climate Change Questionnaire, exceeding 74% of the companies from around the world.

Q: What are your expectations over the capabilities of a first-class Compliance Officer?

A: The risk of compliance never comes from laws and regulations but from individual and business practices. That is why we have to understand how and why people behave. Compliance officers must familiarize themselves with the business operation to understand its model and logic. Then, they could adopt the perspective of risk management to prevent practices that violate laws and moral norms. Compliance officers must also excel at coordination, as compliance requires the involvement of every person and department.

27.3 Mr. Xiao's recommendation on the book

The powerful ESG management structure, the scientific and systematic ESG management mechanism and the corporate culture of all ESG staff are the troika of ESG management of 3SBio. There are also many ESG practice cases of excellent companies in this handbook. You are most welcome to read it.

28 | An Interview with Judy Li, Partner, Climate Change and Sustainability Services of Greater China of Ernst & Young

Judy Li
Partner, Climate Change and Sustainability Services of Greater China of Ernst & Young

28.1 Brief Introduction

Judy Li works in Ernst & Young. She is a Partner, Climate Change and Sustainability Services, Financial Services, Greater China, Director of ESG Management Office, Greater China, Sustainability Leader, Financial Services, Asia-Pacific.

Ms. Li used to be the global project manager of the environment and Energy Bureau at the headquarters of the United Nations Development Programme (UNDP) in New York, the research commissioner for climate change, and the environmental energy project manager of the China office. She has deeply engaged with ESG, green finance and climate change for many years. She has been nominated as the Expert of Green Securities Committee of China Securities Regulation Commission, the Expert committee member of Climate Investment and Financing Committee of Department of Climate Change of Ministry of Ecology and Environment, the Special Expert of Top 50 of China Carbon Neutrality Forum, the member of expert Advisory Committee of Shanghai Institute of Energy and Carbon Neutrality Strategy, the Deputy Director of the Green Finance Special Committee of the Bulk Commodity Derivatives Association, the Expert of Green Finance Reform and Innovation Committee of Huzhou Zhejiang. She has been performing as technical expert to participated in the research and expert suggestions on ESG, green finance, transitional finance, climate investment and financing, sustainable development and other topics or policy standard guidelines led by the Ministry of finance, the national development and Reform Commission, the people's Bank of China, the Ministry of ecological environment, the China Securities Regulatory Commission, the China Banking and Insurance Regulatory Commission and other national ministries and commissions.

Ms. Li has been leading EY CCaSS team to win many honors, such as Best Green Finance Verification Agency Award by Asia Money for four consecutive years, the Global Green Financial Institution Award by International Finance Forum (IFF) for two consecutive years, the Excellent Green Asset Evaluation Award by Beijing Green Exchange for two consecutive years.

Ms. Li has been leading EY CCaSS team to support customers in various industries to make breakthroughs in carbon neutrality, green finance, ESG and other fields, and contribute to the realization of green, low-carbon, common prosperity and other goals with leading technology and professional services.

As a guest lecturer, industry tutor and evaluation tutor, Ms. Li cooperates with Fudan University, Shanghai Jiaotong University, Zhejiang University, University of international business and economics, Hong Kong Polytechnic University and other universities to actively cultivate young students in the field of sustainable development. And she has been invited to participate in domestic and foreign forums, lectures, training, etc., in order to provide support for industries and enterprises training.

28.2 An Interview

Q: Please give a brief introduction of your company (institution) business and its global presence.

A: EY is a global leader in assurance, consulting, tax, strategy and transaction services. We employ more than 310,000 people across more than 150 countries and regions. In the Greater China region, we have been offering professional services for more than half a century.

Q: How do you view the importance of Compliance and ESG topic to your company (institution)? And please specify?

A: Driven by EY Global's NextWave strategy, EY Greater China Region established the ESG Management Committee. This committee is responsible for formulating ESG strategy and goals, supervising and guiding the implementation of ESG initiatives, and promoting positive interactions between EY and our internal and external stakeholders, while increasing EY's impact in the sector of sustainability.

EY will bring greater global consistency to policies and practices in relation to responsible business. EY will show compliance at all levels of our global organisation in relation to issues such as human and labor rights, fair business practices and sustainable procurement, and environment management. We will share our progress transparently with our clients and other stakeholders.

Q: What are your expectations over the capabilities of a first-class Compliance Officer?

A: First, you should understand the industry and be familiar with the enterprise's strategy, products, services, systems, etc.

Second, you should have systematic cognition, understanding and rich practical experience in compliance and ESG.

Third, you will be able to apply compliance and ESG expertise to specific businesses, that is, practical ability.

28.3 Judy's recommendation on the book

The pharmaceutical and massive health industry coincides with the concept advocated by ESG, which is to make people's life better. During this process, enterprises should follow ESG standards and guidelines to strengthen ESG management, which can make the industry more stable and sustainable. This global compliance handbook is aiming to enable people to better understand the importance of compliance and ESG, and to contribute to the sustainable development of the pharmaceutical and massive health industry.

29 | An interview with Lei Xiong, Founder and Chairman of 3DMed Diagnostics

Lei Xiong
Founder and Chairman of 3DMed Diagnostics

29.1 Brief Induction

Dr. Lei Xiong graduated from the Institute of Biochemistry and Cell Biology, Chinese Academy of Sciences, with a Ph. D. in Biochemistry and Molecular Biology, and was a postdoctoral fellow at the University of Zurich, Switzerland.

Dr. Xiong founded 3DMed Group in 2010 and is a leader in the field of precision medicine in China. Since 2013, Dr. Xiong Lei has been rooted in Pujiang Town, Minhang District, Shanghai, and has established the headquarters of 3DMed Diagnostics. He has taken the lead in promoting intelligent diagnostic laboratory solutions characterized by automation and intelligence in the field of molecular diagnosis. The Group's business covers the fields of tumor, infection and genetic diseases, with its clinical laboratory having obtained CAP and CLIA double certification.

29.2 An Interview

Q: Please give a brief introduction of your company (institution) business and its global presence.

A: Founded in Shanghai in 2010, 3DMed Diagnostics is one of the earliest companies engaged in precision medicine in China. Its diagnosis business covers the two major fields of tumor and infection, and has formed a three-dimensional system centered on "early tumor diagnosis + tumor companion diagnosis + infection diagnosis" with its business running through the whole process of the upstream, middle and downstream of the industry. After a long period of hard work and development, 3DMed Diagnostics has become one of the leaders in automated and intelligent accurate diagnosis in China.

At present, the company has more than 1,000 employees, over 300 R&D personnel, and has applied for/owned nearly 200 patents. It has built a comprehensive R&D platform integrating equipment engineering, electrical, life science technology, materials science and artificial intelligence data analysis, with the ability to realize fully automated R&D and manufacturing operations in the field of precise diagnosis and intelligent data processing. 3DMed Diagnostics also has industry-leading CAP/CLIA qualifications, and owns an independent medical laboratory accredited by China CNAS (in accordance with ISO15189) and America A2LA.

Q: How do you view the importance of Compliance and ESG topic to your company (institution)? And please specify?

A: With the gradual expansion of corporate business, the importance of compliance is also increasing for 3DMed Diagnostics. We promise and require all companies in the 3DMed Diagnostics Group, all departments and all employees of the Group to comply with the laws, regulations and norms of the countries and regions where we operate.

As a high-tech innovation and start-up company in the field of life sciences, the company adheres to the mission of "allowing every patient in the world to receive accurate treatment at anytime and anywhere", and is committed to benefiting the public, serving the vast majority of domestic and global patients, and creating a healthier and safer living environment and conditions for the masses. While actively promoting the establishment of a sound compliance system, the company also does not forget to actively repay the society and set an example in compliance and social responsibility performance.

Q: What are your expectations over the capabilities of a first-class Compliance Officer?

A: The ability to implement compliance in the enterprise, rather than simply preaching, in our opinion, it is the key indicator to distinguish excellent compliance officers from mediocre ones. We expect excellent compliance officers to consider the actual situation of the enterprise and the industry, and combine the evolution of policies and regulations to propose practical and effective compliance programs.

29.3 Dr. Xiong's recommendation on the book

The pharmaceutical and massive health industry coincides with the concept adv. We are very grateful to Great China Compliance for spending a lot of effort to publish a compliance book with practical guidance for medical and health companies. We also hope to make progress together with our peers on the road of compliance and contribute to the progress of society and the health of the public.

Postscripts

The "Great China Compliance Project" funded by the Siemens Group, under the supervision of the World Bank, engaged in systematic research and teaching of enterprise compliance from January 9, 2020 to December 31, 2022, aiming to promote compliance higher education, cultivate compliance talents, and disseminate and share compliance concepts, especially in China's medical industry.

I must dedicate my most sincere thanks to Professor Zhang Zhiming, Head of the Enterprise Compliance Research Center and Dean of the School of Law, of East China Normal University. And Zhou Wanli, an associate professor of the University and the project head of The "Great China Compliance". Without the kind invitation from the two professors, I will not have the privilege to have engaged nearly 30 executives from the global medical health industry and related industry associations, chambers of commerce, consulting companies, research institutes and other institutions to participate in the 2022 ESG Compliance Forum as a research fellow of the Enterprise Compliance Research Center and senior consultant of this Project. This project experience has led to the availability of "ESG Tone from the Top" that you may find in the Section II of this book, which displays the importance of ESG compliance treasured by the interviewees and the enterprises (institutions) they work for. In addition, you can find the expectations of the enterprise management for the competence of excellent compliance officers.

In every dialogue and communication, I was deeply moved by the faith of the interviewees advocating ESG compliance. Some of the executives participating in the ESG Compliance Forum gave up their personal rest time during the Spring Festival in 2022, and some arranged interviews during business trips or even during hotel epidemic prevention and quarantine, regardless of the fatigue of personal travel.

In any case, I will not forget that Ms. Gladdy He (founder and CEO of Become Consulting) did her best to accommodate our interview and contributed to the article "Status and Development of ESG Compliance Talents" in Chapter 3 of this book. She tried every means to adjust the schedule of her personal summer vacation in 2022, as per the need of the progress of the "Great China Compliance Project" from early June to mid-August in the year. The geographical span is so varied, from North America to Europe, and then to Southeast Asia.

I will always remember the full harvest from my September 27 2022 on-line interview with Ms. Geralyn Ritter (Global Head of External Affairs and ESG of Organon) on the other side of the Atlantic, who is a survivor of the 2015 Amtrak train derailment and the author of the memoir of "Bone to Bone". Ms. Ritter not only stressed the urgency for global pharmaceutical and health enterprises to promote and practice ESG concept and therefore the sustainable development of human society, but also patiently answered questions such as "how enterprises can cultivate and develop future ESG talents at an early stage".

I can hardly forget that Mr. Valtero Canepa, general manager of Shanghai Bracco, enthusiastically attended with me at the First China Enterprise Compliance Management and Practice Conference held in Suzhou City, Jiangsu Province in August 2022. In addition, he was so passionate and supportive to contribute to on-line C-Suite level Forum of "ESG Compliance for Healthcare Industry", together with Ms. Judy Li, Ms. Shirley Zhao and Ms. Lia Zuo, by sacrificing his personal spare time to help adding ESG vitality and possibilities to more enterprises.

I can't thank every distinguished guest who participated in the ESG Compliance Forum, the enterprises (institutions) they represent, and the authors involved in the writing of each chapter in this limited space of the postscripts. But I always believe that in the foreseeable future, because of your selfless dedication , this book will have a ripple effect - more and more enterprises from healthcare industry will work with us to deeply implement ESG management concepts, actively respond to international ESG initiatives, maintain the sustainable development of global resources, and jointly protect the earth, the only beautiful home for us mankind.

Clarissa Shen

图书在版编目(CIP)数据

全球医疗健康企业ESG合规：汉英对照 / 周万里，沈艳蓉主编. — 北京：中国法制出版社，2023.6
ISBN 978-7-5216-3495-2

Ⅰ. ①全… Ⅱ. ①周… ②沈… Ⅲ. ①制药工业—工业企业—企业法—研究—中国—汉、英 ②医疗器械—制造工业—工业企业—企业法—研究—中国—汉、英 Ⅳ. ①D922.291.914

中国国家版本馆CIP数据核字（2023）第072743号

责任编辑：王雯汀　　封面设计：李　宁

全球医疗健康企业ESG合规：汉英对照
QUANQIU YILIAO JIANKANG QIYE ESG HEGUI：HAN-YING DUIZHAO

主编 / 周万里　沈艳蓉
经销 / 新华书店
印刷 / 三河市紫恒印装有限公司
开本 / 710毫米×1000毫米　16开　　印张 / 38.5　字数 / 590千
版次 / 2023年6月第1版　　2023年6月第1次印刷

中国法制出版社出版
书号 ISBN 978-7-5216-3495-2　　定价：198.00元

北京市西城区西便门西里甲16号西便门办公区
邮政编码：100053　　传真：010-63141600
网址：http://www.zgfzs.com　　**编辑部电话：010-63141824**
市场营销部电话：010-63141612　　**印务部电话：010-63141606**
（如有印装质量问题，请与本社印务部联系。）